秦皇岛市中级人民法院志

（1990—2018）

《秦皇岛市中级人民法院志》编纂委员会　编

燕山大学出版社

·秦皇岛·

图书在版编目（CIP）数据

秦皇岛市中级人民法院志：1990—2018 / 《秦皇岛市中级人民法院志》编纂委员会编. —秦皇岛：燕山大学出版社，2022.12

ISBN 978-7-5761-0425-7

Ⅰ. ①秦… Ⅱ. ①秦… Ⅲ. ①法院－工作概况－秦皇岛－1990—2018 Ⅳ. ①D926.22

中国版本图书馆 CIP 数据核字（2022）第 213127 号

秦皇岛市中级人民法院志（1990—2018）

《秦皇岛市中级人民法院志》编纂委员会 编

出 版 人：陈 玉

责任编辑：朱红波　　**策划编辑：**裴立超

责任印制：吴 波　　**封面设计：**方志强

出版发行：燕山大学出版社 YANSHAN UNIVERSITY PRESS　　**电　　话：**0335-8387555

地　　址：河北省秦皇岛市河北大街西段 438 号　　**邮政编码：**066004

印　　刷：秦皇岛墨缘彩印有限公司

开　　本：889mm×1194mm 1/16　　**印　　张：**41.5　　**插　　页：**14

版　　次：2022 年 12 月第 1 版　　**印　　次：**2022 年 12 月第 1 次印刷

书　　号：ISBN 978-7-5761-0425-7　　**字　　数：**862 千字

定　　价：199.00 元

《秦皇岛市中级人民法院志》编纂委员会
（2018 年 12 月 1 日—2021 年 6 月 30 日）

主　任：胡华军　党组书记、院长

副主任：李顺武　党组副书记、常务副院长

　　　　程　安　党组副书记、副院长

　　　　郭　辉　审判委员会专职委员

委　员：宁雨卿　党组成员、市纪委监委驻市法院纪检监察组组长

　　　　董宝军　党组成员、副院长

　　　　王建文　正县级审判员

　　　　赵爱彬　党组成员、副院长

　　　　李敬松　审判委员会专职委员

　　　　刘光明　副调研员

《秦皇岛市中级人民法院志》编纂委员会办公室

主　任：郭　辉　审判委员会专职委员

副主任：刘光明　副调研员

成　员：奚学峰　周海生　刘　鑫　李美悦

《秦皇岛市中级人民法院志》编纂委员会
（2021 年 7 月 1 日—2021 年 9 月 30 日）

主　任：张　莉　党组书记、院长

（2021.06.30 党组书记、副院长、代院长；2021.08.30 党组书记、院长）

副主任：李顺武　党组副书记、常务副院长

郭　辉　审判委员会专职委员

委　员：裴永新　党组成员、副院长

董宝军　党组成员、副院长

赵爱彬　党组成员、副院长

韩宏召　党组成员、市纪委监委驻市法院纪检监察组组长

王利民　党组成员、政治部主任

李敬松　审判委员会专职委员

刘光明　四级高级法官

《秦皇岛市中级人民法院志》编纂委员会办公室

主　任：郭　辉　审判委员会专职委员

副主任：刘光明　四级高级法官

成　员：周海生　研究室（审管办）主任科员

《秦皇岛市中级人民法院志》编纂委员会
（2021 年 10 月 1 日—2022 年 6 月 30 日）

主　任：张　莉　党组书记、院长
副主任：胡永军　党组副书记、常务副院长
　　　　郭　辉　审判委员会专职委员
委　员：裴永新　党组成员、副院长
　　　　赵爱彬　党组成员、副院长
　　　　韩宏召　党组成员、市纪委监委驻市法院纪检监察组组长
　　　　王利民　党组成员、政治部主任
　　　　杨　超　党组成员、副院长

《秦皇岛市中级人民法院志》编纂委员会办公室

主　任：郭　辉　审判委员会专职委员
副主任：周　华　研究室（审管办）主任
成　员：周海生　研究室（审管办）主任科员

主　编：张　莉
副主编：胡永军　郭　辉（执行）
编　辑：周　华　周海生

《秦皇岛市中级人民法院志（1990—2018）》
评 审 委 员 会

主　任：李淑萍　秦皇岛市地方志办公室副主任、副编审

副主任：杨敬宝　秦皇岛市地方志办公室方志科科长

　　　　王志荣　秦皇岛经济技术开发区法院原院长

成　员：范沙沙　秦皇岛市地方志办公室方志馆副馆长

　　　　吴尚伟　秦皇岛市中级人民法院行政审判庭原庭长

　　　　毕明玉　秦皇岛市中级人民法院行政审判庭原副庭长

　　　　吴　畴　秦皇岛市地方志办公室方志馆馆员

　　　　魏迎楠　秦皇岛市地方志办公室方志馆馆员

2003年7月5日，最高人民法院副院长姜兴长（左一）到市法院调研

最高人民法院副院长江必新（左三）到秦皇岛朗格斯酒庄调研（2008年）

1990年8月22日，最高人民法院副院长林准（中排左三）到秦皇岛市北戴河法院看望干警并合影

1998年10月21日，最高人民法院副院长刘家琛（左二）到市法院调研

全国政协副主席任建新接见秦市中级法院全体干警 1998.8.19

最高法院院长肖扬接见秦市中级法院全体干警 1999.8.16

1990年7月12日，最高人民法院党组成员、人事厅厅长项华（中排左六）到秦皇岛市北戴河法院看望全体干警并与大家合影

1991年3月15日，省法院院长李永进（前排左四）到秦皇岛市北戴河法院看望干警并与大家合影

1998年7月25日，省法院院长李玉成（左二）到市法院调研

2005年7月28日，省法院院长刘瑞川（前排左一）到海港法院视察并指导工作

高勇院长与秦皇岛中院干警合影留念 2008. 7. 24

2008年7月24日，省法院院长高勇（前排左五）与市法院干警合影

2018年8月17日，省法院院长卫彦明（左二）到市法院调研

2015年2月，省法院常务副院长杨泰安（左一）到秦皇岛市山海关法院调研，慰问干警

省法院副院长朱良酷到市法院参加三级人大代表视察法院活动（2012年）

2015年7月13日，省法院副院长王越飞（前排左二）到市法院调研指导工作

省法院副院长甄树清（右二）到市法院接待信访当事人（2009年）

历任院长

市法院院长孙志宏（左四）主持召开市法院工作会议（1995年）

1999年3月6日，市法院院长王瀛泽在全市法院工作会议上讲话

2003年7月29日，市法院院长黄永维（左三）参加全市法院“严打”现场会

市法院常务副院长孙盘柱（2006年7月—2007年1月主持工作）主持召开市法院工作会议

2009年2月19日，市法院院长闫五一在市第十二届人民代表大会第二次会议上作《秦皇岛市中级人民法院工作报告》

2018年2月8日，市法院院长胡华军在市第十四届人民代表大会第三次会议上作《秦皇岛市中级人民法院工作报告》

序

以史为镜，知往鉴今。

正值党的二十大胜利召开喜庆之时，《秦皇岛市中级人民法院志（1990—2018）》付梓，这是秦皇岛市两级法院文化建设的一件大事，实乃市法院之幸，可喜可贺！本志延续《秦皇岛法院志》，承前启后、存史资政、益在当代、惠及后人，为市法院文化建设新增之靓景，是市两级法院宝贵的历史记忆和精神财富。

本志从百年党史的丰厚资源中汲取精神源泉，传承市法院人文精神，坚持“尊重历史、还原史实，大事详记、小事从略，体例完整、文辞规范”的原则，实事求是地记录了市法院从1990年至2018年共28年的光辉历程。主要记述市两级法院的组织沿革，分编记录审判制度、刑事审判、民事审判、行政审判、国家赔偿、审判监督、执行、司法改革、审判管理、审判调研、队伍建设、司法监督与指导、司法行政等内容，全景展示了市法院历届领导班子率先垂范、精诚创业、求真务实的风貌；回顾了全体法院干警努力拼搏、开拓创新、追求公正的风采；再现了市法院服务大局、司法为民、公正司法的本色，推动铸牢人民法院建院之本、强院之基、司法之魂。

市法院始终坚持以马克思列宁主义、毛泽东思想、邓小平理论、“三个代表”重要思想、科学发展观、习近平新时代中国特色社会主义思想为指导，认真践行习近平法治思想，忠实履行宪法法律赋予的职责，紧紧围绕党委中心工作，推动党建与审判深度融合，充分发挥审判职能作用，依法服务大局；严厉惩治犯罪，维护社会秩序，化解民商事纠纷，解决行政争议，保障民生权益，力争实现司法审判政治效果、法律效果和社会效果的有机统一；为推进民主法治建设，服务保障秦皇岛全面深化改革、社会大局稳定和高质量发展作出了积极贡献。近年来，市法院始终坚持党对法院工作的绝对领导，全面落实党中央决策部署和省委、市委、上级法院工作要求，争创“政治最坚定、纪律最过硬、作风最廉洁、能力水平一流”法院，审判质效逐年提高，忠诚干净担当的法院队伍正在建成，司法体制改革不断深化，智慧法院建设与运用实现质的飞跃，法院建设取得丰硕成果。

修志以存史，知史而鉴今。院志煌煌，印证市两级法院辉煌发展历程，承载法院前辈之伟业，弘扬务实进取之风范，彰显广大干警艰苦奋斗之坚毅、迎难而上之精神！相信在全面建设社会主义现代化强国的道路上，市两级法院必将更加紧密地团结在以习近平同志为核心的党中央周围，在市委坚强领导、上级法院正确指导下，在人大及其常委会有力监督和政府、政协、社会各界大力支持下，胸怀“两个大局”，心系“国之大者”，励精图治、再接再厉，以优异的审判执行工作成绩谱写新篇章、奋进新征程、建功新时代！

秦皇岛市中级人民法院院长 

凡　例

一、本志以马克思列宁主义、毛泽东思想、邓小平理论、“三个代表”重要思想、科学发展观、习近平新时代中国特色社会主义思想为指导，用辩证唯物主义和历史唯物主义的观点、方法，实事求是地记述秦皇岛市中级人民法院工作的历史与现状，力求做到思想性、科学性和资料性的有机统一，力求体现新时代司法之特点、市法院司法之特色，起到“资政、存史、教化”的作用。

二、本志开篇为概述，次为大事记，之后为组织机构、审判制度、刑事审判、民事审判、行政审判、国家赔偿、立案　涉诉信访、审判监督、执行、司法改革、审判管理、审判调研、队伍建设、司法监督与指导、司法行政等15编，编下设章、节，最后设附录、编后记。

三、本志是续志，其为首部《秦皇岛法院志》续修，上限始于1990年1月1日，下限断至2018年12月31日。为保持记述内容的完整，个别事物记述的时限适当上溯。

四、本志采用述、志、图、表、录等诸体裁相结合形式进行叙述。概述有叙有议；大事记采用编年体和纪事本末体相结合的方法予以记述；各编均采用现代语体文，力求简明、朴实、准确、生动，寓观点于事实之中。

五、本志所用资料来源于法院工作报告、简报、信息、档案、书刊、网络以及相关庭、室提供的资料；本志数据，一般采用本院档案保存的统计数字。

六、本志使用的汉字、标点符号等，均执行国家语言文字工作委员会的相关规定。计量一般采用国家规定的计量单位。时间采用公元纪年，用阿拉伯数字书写。

七、按习惯用语，最高人民法院简称最高法院，河北省高级人民法院简称省法院，秦皇岛市中级人民法院简称市法院，市中级人民法院和县区人民法院简称市两级法院，各基层人民法院简称为地名＋法院。

八、因编写工作需要，本志所采纳案例均系根据原判决归纳、摘要而成，对原判决书文字上有概括增减，如有歧义，以原判决书为准。

九、本志引用法律名称，一般采用简写方式。如《中华人民共和国刑法》简写为《刑法》，《中华人民共和国民事诉讼法》简写为《民事诉讼法》，其余以此类推。

目　　录

第六编　国家赔偿

第七编　立案　涉诉信访

第八编　审判监督

第九编　执行

第十编　司法改革

概　　述

秦皇岛市位于河北省东北部，境域北依燕山，南濒渤海，东和东北与辽宁省的绥中县、建昌县、凌源市相接，西北与河北省宽城满族自治县相连，西隔滦河与唐山市的迁安市、滦州市、滦南县、乐亭县、迁西县搭界。市境地理坐标为北纬39°24′～40°37′，东经118°33′～119°51′。西距首都北京280千米，距天津市220千米，西南距河北省省会石家庄市483千米。京哈、津山、大秦、秦沈客运专线、津秦客运专线、秦南、秦山7条铁路和京沈高速公路、沿海高速公路、承秦高速公路及102国道、205国道在秦皇岛市交会。南起滦河口，北至青龙满族自治县大石岭乡老岭湾村北，南北最大纵距127千米。东起山海关区孟姜镇顺山店村东，西至青龙满族自治县凉水河乡杏树岭村西，东西最大横距110千米。2018年年底，全市辖海港区、山海关区、北戴河区、抚宁区、昌黎县、卢龙县、青龙满族自治县。总面积7802平方千米，其中市区面积2131.51平方千米。市区及昌黎县濒临渤海，海岸线长162.7千米，海域面积1805平方千米。秦皇岛市地处环渤海经济圈的中间地带，是我国第一批沿海开放城市、河北省对外开放的窗口、世界闻名的旅游城市、我国最大的能源输出港所在地。

1949年8月，秦皇岛市人民法院成立；1968年4月，市人民法院撤销，审判权被公安机关军管会取代；1973年3月，恢复市人民法院。1983年，经最高法院〔1983〕法司字第73号文批复，市人民法院于同年8月16日升格为秦皇岛市中级人民法院。院址仍设于原市人民法院旧址处，1984年8月迁入文化路政廉街1号。2002年5月15日，秦皇岛市机构编制委员会印发《秦皇岛市中级人民法院职能配置、内设机构和人员编制规定的通知》（秦编〔2002〕80号），明确秦皇岛市中级人民法院主要职责：（一）依法审判法律规定由中级人民法院管辖的和其认为应当由自己审判的刑事、民事、行政等第一审案件。（二）依法审判有关基层人民法院移送的刑事、民事、行政等第一审案件。（三）依法审判法律规定由市中级人民法院管辖的刑事、民事、行政等第二审案件。（四）受理不服下级人民法院生效裁判的各类申诉和再审申请，对其中确有错误的，提审或指令下级人民法院再审，办理减刑、假释案件。（五）依法审判由人民检察院按照审判监督程序提出的抗诉案件。（六）依法受理和审查各类告诉、申诉案件；审判各类再审案件，接待、处理群众来信来访。（七）依法办理发生法律效力的民事、行政案件判决和裁定的执行事项以及刑事案件判决和裁定中有关财产部分的执行事项；办理法律规定由法院执行的其他法律文书的执行事项。（八）依法对下级人民法院行使指定管辖权。（九）监督、指导基层人民法院的审判工作。（十）依法行使司法决定权。（十一）依法决定国家赔偿。（十二）组织、指导下级人民法院办理司法协助事项。（十三）负责审判工作的调查研究，总结审判工作经验，针对审理中发现的问题提出司法建议，负责适用法律政策问题的请示、答复。（十四）对市中级人民法院的法官和其他工作人员进行思想政治教育，组织专业培训；指导各基层人民法院的思想政治工作和教育培训工作；按照权限管理法官和其他工作人员；协助市主管部门管理全市人民法院的机构设置、人员编制工作。（十五）领导下级人民法院的监察工作。（十六）管理人民法院的有关经费和物资装备。（十七）负责全市人民法院的司法技术鉴定、通信、计算机等技术的管理工作。（十八）在审判工作中宣传法治，教育公民忠于社会主义祖国，自觉地遵守宪法、法律和社会公德。（十九）执行死刑，警卫法庭，押解人犯，送达法律文书；维护本机关工作秩序。（二十）承办其他应由市中级人民法院负责的工作。

根据《人民法院组织法》《法官法》《党政领导干部选拔任用工作条例》的有关规定，市法院在任免调配干部工作中，按照法官队伍职业化建设和实现法院人事分类管理制度改革的要求，注重配强配齐法官及其他工作人员。2018 年 12 月底，市法院共有法官 58 名、法官助理 46 名、司法行政人员 32 名、司法警察 13 名、执行员 4 名、司法技术人员 3 名，书记员全部是聘用人员。

（一）

刑事审判是人民法院的一项基本职能。它的任务是通过刑事审判活动，依法严厉打击刑事犯罪分子，保障国家、集体和公民个人的生命、财产安全不受侵犯，维护稳定的社会秩序。刑事审判事关公民的名誉、财产、自由乃至生命，事关国家安全和社会稳定，事关全市改革开放大局和经济社会持续健康快速发展。从社会公众关注程度看，刑事审判最吸引公众的眼球，极易成为舆论的焦点、热点，向来是社会公众评判司法公正的重要对象。市两级法院切实履行维护稳定第一责任，依法严惩严重刑事犯罪，维护国家安全和社会稳定，保护人民群众的人身和财产权益。（1）严厉打击危害国家安全、公共安全以及暴力恐怖犯罪，打击黑恶势力犯罪以及故意杀人、抢劫、绑架、强奸等严重暴力犯罪和严重危害人民群众安全感的犯罪，维护人民群众正常的生产、生活秩序。（2）依法严惩危害食品药品安全、危害生产安全、重大安全责任事故等群众反映强烈的犯罪，保护人民群众的生命健康。（3）依法严惩破坏生态环境和自然环境犯罪，特别是对发生重大环境污染、破坏性采矿盗砂等破坏环境资源的犯罪，依法保护生态文明建设。（4）依法严惩黑恶势力犯罪、重大安全责任事故、制售伪劣食品药品所涉及的国家工作人员职务犯罪，严惩发生在社会保障、征地拆迁、教育医疗、企业改制、扶贫救灾等领域严重损害群众利益、社会影响恶劣、群众反映强烈的职务犯罪。市两级法院重点打击严重暴力性犯罪、团伙犯罪、街头多发性侵财犯罪、入室盗抢、暑期景区犯罪、盗窃机动车、拐卖儿童妇女、破坏涉及国计民生基础设施及重点建设项目犯罪，尤其是严厉惩治团伙性、系列性跨区域流窜犯罪分子。在专项行动中，充分发挥刑事审判职能作用，做到“快”“准”“狠”，确保严打实效在审判环节得以充分体现。对起诉到法院的重点犯罪案件快审查、快开庭、快合议、快宣判，尽可能在法定时限内以最快速度予以审结，使犯罪分子得到及时打击。按照“两个基本”和宽严相济原则，严把案件的事实关、证据关、法律关，确保每一起严打案件定性准确、量刑适当。充分考虑维护社会稳定的实际需要和人民群众的呼声反映，对团伙性、系列性跨区域流窜等犯罪分子，坚决从重惩处，决不手软。密切与公安、检察等机关的配合、沟通，提前介入重大案件的侦办，及时补充、完善证据，为审判工作奠定良好基础。及时挖掘、发现团伙、恶势力犯罪的线索和蛛丝马迹，努力做到除恶务尽。抓好重大刑事案件的公开审判，适时组织召开公判大会，营造严打声威，鼓舞、教育群众。

民事审判工作是人民法院的重要工作之一。其任务是依照国家法律、法规，运用法律手段，调整公民之间、公民与法人或法人之间的民事法律关系，确定民事权利、义务，制裁民事违法行为，维护社会安定团结，促进经济发展，保障国家、集体和公民的合法权益。民事审判工作的质量和效果，不仅关系到辖区的社会稳定、经济发展和改革进程，而且关系到当事人最关心、最直接、最现实的利益问题。1990 年以来，市两级法院树立正确的司法指导思想，扎实开展民事审判工作，保证了民事审判工作不断发展与进步。（1）坚持能动司法，着力服务全市工作大局。根据市委、市政府工作总体要求和战略部署，2008 年 9 月，市法院出台《关于为城市改造拆迁工作提供法律服务和司法保障的若干意见（试行）》；2008 年 10 月，市法院出台《关于为建设良好金融生态环境提供司法保障和服务的若干意见（试行）》；2009 年 4 月，市法院出台《关于积极应对金融危机，服务保障企业发展，全力维护社会和谐稳定的若干意见》；2014 年，市法院出台《为西港搬迁改造工作提供司法保障和法律服务的实施意见》《为我市调整经济结构、转变发展方式、治理污染和京津冀协同发展战略提供司法保障和服务的实施意见》，以此引领审判工作的开展。依法妥善审理涉土地使用权流转、建筑工程、道路施工、房屋拆迁、招投标等类型案件，为全市经济发展提供有力司法保障。依法审理民间借贷、金融信贷案件，保护合法债权，化解金融风险。坚持开展活动，深入了解各基层、各行业司法需求，主动为人民群众提供法律服务。紧紧围绕市委、市政府工作中心，在维护金融安全、促进经济结构调整、维护公平交易秩序等方面发挥积极作用。（2）坚持司法为民，着力保障民生。全市法院坚持谋民生之利、解民生之忧，作为开展民事审判工作的出发点和落脚点，依法妥善处理与人民群众密切相关的案件，切实保障群众权益，努力使人民群众有更多的获得感。妥善审理婚姻家庭、抚养继承纠纷案件，依法调解婚姻家庭、财产关系，促进社会和谐。妥善审理损害赔偿纠纷案件，依法保护公民的生命权、健康权和财产权。妥善审理劳动争议案件，既保护劳动者的合法权益，又促进用人单位的用工规范。加强巡回审判，围绕生态立市战略和旅游发展规划，在山海关、北戴河、北戴河新区等地成立旅游巡回法庭审判点，将司法服务功能前延，积极化解旅游纠纷，助力全市旅游业可持续发展。（3）坚持和谐司法，着力化解社会矛盾。市两级法院民事审判工作坚持贯彻“调解优先、调判结合”原则，把调解作为处理民事案件的首选方式，将调解工作贯穿于立案、审判、执行等各个环节，实行全员调解、全程调解、全方位调解，不断完善调解工作机制，创新调解方式方法，总结推行调解工作经验，大力倡导诉讼调解结案，化解了大量社会矛盾。

（二）

行政审判的任务是通过审判案件监督保障行政机关依法行使行政职权，从而保护公民、法人和其他组织的合法权益，维护行政管理秩序。1990 年 10 月 1 日，中华人民共和国第一部行政诉讼法正式实施。1990 年年初，省法院确定市法院为全省行政诉讼法实施试点单位，市法院以公开开庭和案件协调为主要抓手，以“案结事了、维护稳定”为目标，充分发挥行政审判职能作用，依法审理各类行政案件，在执法办案、解决突出问题等方面均取得显著成绩。（1）充分保护人民群众合法权益，依法审理了大量行政案件。1990 年受理行政案件 46 件，1993—1997 年受理行政案件 349 件，2003—2007 年受理行政案件 879 件，2008—2012 年受理行政案件 1163 件，2013—2016 年受理行政案件 2100 件。受理案件的范围和种类不断扩大。行政诉讼案件被告已由公安、土地等部门拓展到房屋登记、土地征收、劳动保障、环保、物价、民政、教育、交通、税务、安监、人防、卫生、通信、气象、出版等近 30 个行政管理领域。被诉的行政行为种类已由最初的以行政处罚为主要类型扩展到行政许可、行政补偿、行政登记、行政处理决定、政府信息公开、行政复议、行政不作为、行政赔偿等多种类型。作为原告的公民、法人和其他组织的合法权益得到了保护。根据《行政诉讼法》第二十二条及最高法院有关司法解释，市法院制定了《一审行政诉讼案件指定管辖暂行办法》，并经审委会讨论通过实施。（2）监督与维护并重，有效推进了依法行政。在支持行政机关依法行政方面，对事实清楚、适用法律正确、程序合法的行政行为，明确予以维持或驳回原告诉讼请求或确认合法、有效。特别是在事关全市政治稳定、经济发展的大是大非问题上，站在大局高度，依法支持行政机关依法行政。如备受关注的王某诉市政府拆迁案，法院在协调未果的情况下，依法作出判决，驳回其诉讼请求，支持了行政机关的行政行为，使得在城市中心区拖赘多年的行政拆迁争议最终得以解决。近年来，市两级法院根据市国土部门的申请，加大对违法占地的执行力度，市两级法院互相配合，精心部署，执结了一批严重违法占地案件，尤其对海港区102国道两侧的违章建筑进行了集中强拆，共拆除违章建筑45处，恢复土地面积近100亩，此举对违法占地行为起到了震慑作用。依法监督行政机关行使行政职权，是法律赋予人民法院的职责。市法院除在个案中纠正违法行政行为外，还通过与行政机关沟通情况、交换意见、座谈讨论，提出司法建议，提出改进措施和建议。依法纠正执法过程中存在的重实体、轻程序的现象，依法纠正行政执法中适用法律错误的问题，依法纠正行政执法中事实不清的问题，依法督促行政机关履行法定职责，依法纠正行政机关超越职权、滥用职权的行为。针对行政机关在执法过程中存在的问题，自2009年以来，市法院在全省法院率先建立制作《行政案件司法审查报告》（白皮书）的制度，每年以白皮书的形式向行政机关提出意见和建议。针对个案存在的违法问题及时发送司法建议书，建议行政执法人员不断提高依法行政的自觉性，努力提高执法水平，重视依法及时履行职责，杜绝行政不作为。上述做法受到省法院及市有关领导的好评，并作为典型在全省范围内推广。（3）积极探索行政诉讼协调新机制，妥善化解行政纠纷。在诉讼中成功协调了一大批具有影响力和代表性的案件，取得了良好的法律效果和社会效果。如被媒体炒作的杨某某诉昌黎县计生委计划生育一案，备受各级领导关注。中央、省、市领导作出批示，要求法院稳妥处理此案。在审理此案中，市法院以业务骨干组成合议庭，院长、庭长直接参与，经过大量艰苦细致的工作，使杨某某同意接受调解，主动撤回了起诉，此案最终协调解决，消除了不良影响。市委主要领导批示表扬，市法院行政庭荣记集体三等功。在进行诉讼协调的同时，市两级法院与行政机关互相配合，加强诉前调解，部分法院在诉讼和非诉案件多发的行政机关建立“诉前调解室”。初步建立法院与行政机关解决行政争议的协调联动机制。市法院会同市政府法制办，与市住房保障和房产管理局、人力资源和社会保障局、国土资源局、卫生局、人防办、安监局、计生委、公安局、质监局、国税局、交通局等多个行政机关建立联席会议制度，既解决个案问题又研究了行政执法中普遍存在的问题。市法院领导以及相关庭室还深入津秦客运专线、南戴河二小区国有土地收储、海港区西部四村拆迁、北戴河机场和秦承高速等重大项目中，为其提供法律帮助，均收到了良好效果。（4）深入实际调查研究，创新行政审判工作。市法院组织10余次调研活动，先后撰写了《浅淡具体行政行为程序违法的表现形式、成因及对策》《依法办案与灵活协调相结合　积极探索规范行政撤诉案件》《试述司法审查的必要性和迫切性》等10余篇具有独到见解的调研文章，并集中进行了编印。在调研的基础上，市法院出台了一系列加强和改进行政审判工作的措施，其中《落实省法院〈关于加强行政审判若干问题的意见〉的措施》《行政诉讼证据文书样式》《秦皇岛市中级人民法院非诉行政执行案件若干问题暂行规定》《一审行政诉讼案件指定管辖暂行办法》被省法院转发，向全省推广。

《国家赔偿法》实施以来，市法院成立赔偿办公室，赔偿办公室工作人员由本院行政庭审判人员兼任。随着经济社会的发展，历年受案逐渐增多，类型逐渐扩大。在审理国家赔偿案件中，市两级法院推行《关于在审理国家赔偿案件中的听证程序的规定》，强化赔偿请求人的知情权和赔偿义务机关的举证责任，促进赔偿义务机关严格执法和公正司法。（1）做好立案审查工作。经赔偿办公室与立案庭沟通，赔偿确认申请案件，由赔偿办公室进行审查认为符合立案条件后，交由立案庭立案。在审查过程中严格收案标准，把好立案审查关。（2）严把案件审理程序。凡受理的赔偿确认案件，合议庭做到每案必须进行听证程序，并通知做出确认行为的基层法院，必须派人员听证并作出答辩。当庭举证质证，查清案件事实。听证会后，合议庭针对案件事实认真评议，严格依照法律规定，当确则确，依法作出公正裁决。（3）做好协调疏导工作，尽量化解矛盾。在审理赔偿确认案件时，对法律法规和司法解释没有规定或规定不明确的司法行为，认真做好申请人的解释和思想疏导工作。对司法行为不违法但存在程序上的瑕疵的情况，提出赔偿确认请求的，在不违背立法和司法原则的前提下，在法律允许的范围内做协调工作，由做出司法行为的人民法院予以一定的救助或补偿，尽可能地化解矛盾，解决纠纷。

（三）

1983 年市法院成立以后，有条件的基层法院开始在办公室内设立执行室或着手组建执行庭，至 1990 年年底，市两级法院全部增设了执行庭。20 世纪 90 年代初，市两级法院执行收结案比较平稳，1990—1994 年受理执行案件 7303 件，执结 7105 件。自 1996 年开始，市两级法院执行收案大幅度增加，1996—2002 年 7 年间受理执行案件 28952 件，是 1988—1994 年 7 年间受理案件的 2.2 倍。1999 年，中央批转了《中共最高人民法院党组关于解决人民法院“执行难”问题的报告》（以下简称“中央 11 号文件”），全市法院以贯彻“中央 11 号文件”精神为契机，加大了执行工作力度，努力克服和解决“执行难”问题，取得了显著成绩。1999—2002 年执结案件 17488 件，标的金额 226689 万元。2000 年，市两级法院开展了“清理执行积案”活动，在卢龙县法院召开了清理积案工作现场会。该年度全市法院执行积案 737 件，标的金额 4820 万元。2005 年，中央政法委下发《关于切实解决人民法院执行难的通知》，给人民法院执行工作提供了前所未有的机遇。2007 年 10 月 25 日，第十届全国人大常委会通过了《关于修改〈中华人民共和国民事诉讼法〉的决定》，用立法形式确立了执行联动威慑机制，人民法院可以限制被执行人出境，在诚信系统中记录被执行人不履行义务情况，通过媒体公布不履行义务人信息等措施，形成社会合力，迫使被执行人履行义务。2012年，第十一届全国人大常委会对《民事诉讼法》第二次修正，最高法院针对新民事诉讼法的通过也适时制定了如何适用的司法解释，为进一步解决执行难问题提供了有力的法律保障。2014年以来，市法院加快推进执行指挥中心建设，各基层法院与市法院执行指挥中心系统实现对接并正式运行。市法院网络执行查控系统与省内各商业银行实现了信息互联互通，实现查控财产的自动化、规范化、集约化，提高了执行效率。当年已发送查询申请4651次，涉及186起案件的265名被执行人，收到协助执行部门反馈3289次，查询金额2580万元。积极推进执行人主动履行义务，对拒不执行法院生效判决的28名被执行人依法移送公安机关立案侦查。2015年，全市法院共执结案件8021件，执行标的金额26.24亿元。市两级法院对687名失信被执行人名单进行公开曝光，并对其采取限制工商登记、限制高消费、限制贷款和限制出境等措施；深入开展“涉民生案件集中执行专项行动”，严厉惩戒拒执行为，司法拘留257人，追究刑事责任10人。2016年，认真落实最高法院“两到三年内基本解决执行难”的部署，全面强化执行工作，执结案件38251件，执行标的金额137.82亿元。加强对失信被执行人联合惩戒，向社会曝光失信被执行人10735名，使他们一处失信、处处受限。开展反规避执行、反抗拒执行、反消极执行等专项整治活动，司法拘留493人，追究刑事责任29人。2017年，执结案件17082件，执行标的金额54.31亿元。加大网络执行查控、联合惩戒、打击规避抗拒执行行为力度，通过网络查控被执行人财产2.87亿元，向社会曝光失信被执行人4696名（包括法人），对“老赖”司法拘留216名、限制出境4名、追究刑事责任13名。2018年，市两级法院执结案件1.97万件，执结标的金额83.71亿元，执行标的到位金额15.19亿元，“基本解决执行难”4项核心指标任务全部完成。

（四）

1990年以来，市两级法院根据最高法院、省法院、市委政法委的部署和要求，坚持“把握方向、立足国情、依法推进、确保公正”的改革原则，开展了深化司法体制和工作机制改革的各项工作。

“三位一体大调解”体系改革。2007年7月16日，市法院下发《关于加强司法调解与人民调解、行政调解衔接配合的意见》，加强司法调解与人民调解、行政调解的衔接配合，深化“三位一体”调解工作体系建设，努力提升化解人民内部矛盾纠纷的能力。2009年7月30日，市法院第23次审委会讨论通过《关于完善“三位一体”调解体系建设进一步加强司法调解工作的指导意见（试行）》，充分发挥人民法院的诉讼调解工作在多元化纠纷解决机制中的重要作用，坚持司法为民，提高案件质量，减少涉法涉诉上访，维护社会和谐稳定。2010 年，全市法院与市仲裁委建立日常联络、业务研讨、重大案件会商、联席会议 4 项工作制度，推动民商事仲裁制度在市内的实行；与劳动、工会、企业家协会等部门和组织建立联席会议制度，前移工作关口，预防和化解劳动争议，使劳动争议诉讼案件比上年减少 21.2%。围绕审判热点、难点开展专项调研，进一步完善有利于矛盾纠纷化解的司法工作机制。经过努力，在社会矛盾凸显的形势下，全市法院民事一审案件受理数量十年来首次实现负增长。2012 年 5 月，针对涉保险案件纠纷不断攀升、综合性和复杂性日益增加的现实，市法院与市保险行业协会携手探索建立保险纠纷联动调解机制，并在海港区法院先行试点。2012 年全年共受理保险合同纠纷案件 112 件，仅海港区法院交通巡回法庭就与保险调委会共同调解保险纠纷 106 件，调解率 100%，调解案件自动履行率 100%，当事人无一信访缠诉。2013 年 1 月，市法院与市保险行业协会制定出台《关于建立保险纠纷联动机制的意见》。1 月 23 日，市法院召开全市法院与市保险行业协会保险纠纷联动调解机制工作会议，将在海港区法院试点的全市保险纠纷联动调解机制正式向全市法院全面推广。2014 年，市法院与市消费者协会联合制定下发了《关于建立消费纠纷联动调解工作机制的实施意见》（以下简称《意见》），推动建立诉讼与非诉讼相衔接的矛盾纠纷解决机制。根据《意见》，法院、消协联合成立消费争议调解中心（以下简称调解中心），办公地点设在消协，由消协负责调解中心日常工作。调解中心由消协配调解员 4 名，负责处理日常的消费争议；法院指派法官 2 名，对中心的调解工作提供支持、指导，受邀参与重大、疑难投诉的联合调解。法院立足职能，依法开展诉前调解、委托调解、协助调解和司法确认等工作。2015 年，全市法院与司法行政部门和律师协会等联手，按照“国家主导、司法推动、社会参与、多元并举、法治保障”的现代纠纷解决理念，建立经常性沟通交流平台，共促多元化纠纷解决机制不断完善。2017 年，市道路交通事故纠纷人民调解委员会被司法部授予全国模范人民调解委员会，得到了社会的一致好评。

量刑规范化改革。量刑规范化是指规范裁量权，将量刑纳入法庭审理程序（简称“量刑规范化改革”），是中央确定的重要司法改革项目，并被纳入《人民法院五年工作规划纲要》。2010 年 3 月下旬，省法院在石家庄市召开了全省法院量刑规范化试点工作会议，秦皇岛成为量刑规范化改革的全国试点城市，市法院及海港、昌黎、抚宁 3 个县区法院被确定为试点法院。2010 年 6 月 1 日起，最高法院在全国法院开展量刑规范化试点工作，要求各高级法院首先确定一个中级法院和三个基层法院为试点法院。在大量实证研究的基础上，进一步修改完善量刑的标准和量刑程序，为在全国法院全面推行量刑规范化改革做好充分准备。2010 年 9 月 16 日，最高法院决定从 10 月 1 日起在全国法院全面试行刑事案件量刑规范化改革，目的在于进一步规范量刑活动，规范法官裁量权，将量刑纳入法庭审理程序，引入量刑建议，增强量刑公开性与透明度。作为改革的指导性文件，《人民法院量刑指导意见（试行）》以及《关于规范量刑程序若干问题的意见（试行）》于2010年10月1日起全面试行。《人民法院量刑指导意见》明确了未成年犯、未遂犯、自首、立功等14种常见量刑情节对基准刑的调节幅度，选择了常见、多发的交通肇事、故意伤害、抢劫、盗窃等15种犯罪进行规范。通过量刑规范化改革，增强了量刑的公开性，促进了司法公信力的提高。量刑规范化试点工作开展以来，市法院采取5条措施，贯彻落实省法院量刑规范化试点工作会议精神。（1）做好汇报工作，争取党委、人大支持。市两级法院在党委领导下，统一思想，统一认识，统一行动，确保中央量刑规范化这一司法改革任务落到实处。（2）积极搞好市法院本身的试点工作。市法院迅速成立了量刑规范化领导小组，组织刑一庭、刑二庭的审判人员进行专题学习，尽快熟悉并掌握最高法院以及省法院有关量刑规范化文件精神；制定量刑规范化实施方案，选择试点案件，做好市法院刑事案件一审的庭审示范准备。（3）组织基层法院做好试点工作。市法院向各县、区法院下发《量刑规范化有关资料文件汇编》，并要求各基层法院认真组织学习。各基层试点法院迅速制定本院的《规范量刑指导意见》《规范量刑程序指导意见》；与市法院相对应地成立量刑规范化领导组织；精心选好拟开庭刑事案件，为观摩庭审做好充分的准备。（4）以观摩庭审为契机，抓好试点示范工作。市法院和海港、昌黎、抚宁3个试点法院分别进行量刑规范化审理刑事案件庭审观摩活动，邀请市委政法委、市人大内司委、市检察院、市公安局、市司法局等机关和部门的领导参加，并准备适时在所有基层法院推开。（5）市法院刑二庭负责对全市基层法院的指导、协调和统筹，解决试点工作中的问题。2011年春节前，市法院从全市法院刑事审判和调研部门抽选精通刑事业务、富有审判经验、具有研究能力的13名高素质法官，组成量刑规范化专题调研组，收集汇总情况，及时发现和解决工作中出现的问题，有针对性地制定了《关于量刑规范化工作实施意见》《量刑规范化刑事诉讼证据工作指导意见》《量刑规范化庭审提纲》等规范性文件，加强对量刑规范化工作的具体指导。在海港区法院、昌黎县法院先后3次组织全市刑事审判干警集中观摩量刑规范化庭审，同时，邀请人大、政法委、公、检、司的70余名侦查人员、检察官、律师和有关人员参加旁听、观摩。2011年3月18日，市法院召开全市刑事审判暨量刑规范化工作电视电话会议。会议就下一步更好地试行量刑规范化提出具体意见。

家事审判改革。2016年4月，市法院被最高法院确定为家事审判改革试点法院以来，全市法院凝聚全员共识，主动作为，先行先试，坚持以“四强”推进“四化”，改革机构建设、创建十大工作机制、开展多元化矛盾化解及促进审判方式和效果社会化，努力促进家庭和睦及社会和谐稳定，有效预防了民转刑事件的发生。2016年，市法院被省法院荣记集体二等功，市法院民一庭被全国妇联评为“全国维护妇女儿童权益先进集体”。海港区法院长城家事法庭先后荣获“全国十佳法庭”“全国指导人民调解工作先进集体”“全国维权先进集体”等9项国家级荣誉。2018年7月，最高法院召开全国法院家事审判方式和工作机制改革试点工作总结大会暨家事审判方式和工作机制改革联席会议第二次全体会议，对全国法院系统家事审判工作中的先进集体和先进个人进行了通报表彰，市法院民一庭被评为“全国法院家事审判工作先进集体”。

（五）

市两级法院审判监督工作，坚持实事求是、有错必纠的原则，认真审理再审案件，做到领导重视、齐抓共管、上下联动、狠抓落实，努力建立健全一套务求实效的工作机制。（1）审判监督工作实现观念上的更新，确立了既维护公民的申诉权，坚持“依法纠错”，又注重维护终审判决既判力的指导思想；（2）认真办理各类再审案件，依法纠正确有错误的生效判决，捍卫法律尊严；（3）讲求工作方式方法，耐心细致地做当事人的思想工作，努力化解矛盾，力求办案法律效果和社会效果的有机统一；（4）在办理减刑案件中，继续推行在被告人服刑地公开开庭审理的方式，不仅促进了减刑案件质量的提高，而且寓教于审，有利于服刑人员的教育、改造；（5）管住案件“出口”质量，对案件进行事前、事中、事后全方位监督。运用“细阅卷、严把关、勤督促、快反馈”的原则，坚持对改判和发回重审案件进行评析。1993年，市两级法院共受理各类审判监督案件160件，审结156件，结案率97.5%，其中维持127件，改判29件，改判率18.6%。采取有力措施，解决“老大难”案件69件，使秦皇岛市进京赴省上访人数始终处于全省最低。1996年，市两级法院发挥告诉申诉工作的窗口作用，着力解决群众告状难问题。全年再审案件立案166件，审结165件。2000年共受理再审案件267件，审结260件，维护了司法权威。充分发挥案件评查组作用。市两级法院由一些退居二线或者退休的老院长、庭长和具有丰富经验的审判员组成案件评查组，负责对本院已经审结的案件进行质量评查。2001年，全市法院把告申工作与审判工作摆到同等重要的位置，做到领导重视、齐抓共管、上下联动、狠抓落实，努力建立健全一套务求实效的工作机制。全年受理再审案件228件，审结197件；受理减刑案件47件，审结47件。2003年，认真办理各类再审案件，耐心细致地做当事人的思想工作，努力化解矛盾，仅市法院就调解处理申诉再审案件52件，其中王某某与渤海化工厂赔偿纠纷案的妥善调处，受到省委领导的表扬。2004年，市两级法院受理审判监督案件128件，审结126件，结案率98.44%。审判监督工作讲究工作方法，力求办案的社会效果。全年调解王某某等59名退休职工与港务局实业服务公司劳动争议案、李某某与滦南县程庄镇政府行政赔偿案等一批多年缠诉、缠访案件。受理申诉复查案件349件，复查完毕215件。2005年，市法院成功调解解决八达房地产公司与玮辰公司的预售商品房等一批缠诉、缠访，矛盾异常尖锐的案件，彻底化解了纠纷。2011年，市法院强化层级监督，规范和完善审判质量责任终身制、审判管理责任制。坚持案件质量评估讲评，分析研究审判态势，找准问题，改进管理。深化审判绩效考核，激励多办案、快办案、办好案。加强审判流程管理，推进案件繁简分流和节点监控，着力提高办案效率。对长期未结案件开展专项清理评查活动，制定预防违法超审限26条措施。深入开展执法大检查活动，重点解决审判执行工作中存在的突出问题。专题调研审判执行工作的焦点、难点，注重对下监督指导，有效提升整体司法水平。认真开展审判监督工作，依法审理再审案件135件，其中改判发回27件，调解23件。2013年，坚持依法纠错，审查申诉和申请再审案件113件，决定再审83件，因原判确有错误或其他法定事由改判的26件。2015年，市两级法院积极推行阳光司法机制建设，进一步完善审判流程、裁判文书、执行信息三大司法公开平台。组织“法院开放日”活动27场（次），举办新闻发布会30场（次），邀请人大代表、政协委员、媒体记者、大专院校学生和各界群众800多人次走进法院，增强工作透明度。制定司法公开工作标准和考核办法，以阳光司法指数评估倒逼审判质效提升。2018年，开展“全面深化管理年”活动，认真开展审判监督工作，复查申诉、申请再审案件274件，114件进入再审。

审判管理是指人民法院通过组织、领导、指导、评价、监督、制约等方法，对审判工作进行合理安排，对司法过程进行严格规范，对审判质效进行科学考评，对司法资源进行有效整合，确保司法公正、廉洁、高效的管理活动与管理手段。市法院十分注重抓好审判流程管理、审判质量管理、法官业绩考核、案件质量评查工作。审判流程管理的突出特点是将整个案件分为若干个流程，并在各个流程阶段设置多个监控节点，每个节点都设置时间限制，必须在规定的时间内完成该节点规定的任务。法官业绩考核目的在于选拔任用优秀人才，以便更好地完成审判工作任务，实现“公正与效率”的司法目标。审判质量是审判工作的生命线，是人民法院司法能力的集中体现。审判质量检查监督工作是人民法院一项长期的工作，是行政管理职能的重要内容，同法律意义上的审判监督、纪检监察意义上的审判监督不同，重在改进工作，重在提高质量。2008年12月18—29日，市法院审判质量管理工作检查评比小组采取听汇报、现场检查的方式，从领导重视程度、组织机构落实、有关文件制定、登记统计建立、裁判文书和庭审规范等5个方面，对全市8个基层法院审判质量管理工作进行了检查，发现问题，及时解决。1. 审判质量年。2009年省法院在全省法院部署开展了“审判质量年”活动。4月10日，市法院召开全市法院案件质量分析会，深入贯彻省法院关于开展“审判质量年”活动的要求，通报第一季度全市法院重要业务指标的完成情况，查摆审判、执行工作存在的问题，分析症结所在，研究对策与措施。7月9日，全市法院审判管理工作现场会在海港区法院召开。会议的主要任务是回顾总结近年来市两级法院加强审判质量管理工作，尤其是开展“审判质量年”活动情况，查摆存在的问题与不足，通过学习借鉴海港区法院经验，推动全市法院进一步落实省法院“安平”现场会和“5·26”电视电话会议精神，市委政法委关于加强精细化管理的部署要求，切实把“审判质量年”活动引向深入，有效提升审判管理水平，为实现年初制定的“争创一流业绩”目标奠定坚实基础。为加强审判管理，提高案件质量，降低案件的发回改判率，确保“审判质量年”活动取得实效。2. 全面深化管理年。2010 年，省法院在全省法院深入开展“全面深化管理年”活动，进一步推进司法业务、司法人事、司法行政管理，积极构建科学合理、严格规范、职责明晰、有效协同的综合性司法管理模式。3 月 12 日，市法院召开全市法院“全面深化管理年”活动动员会议，宣布《秦皇岛市中级人民法院关于在全市法院开展“全面深化管理年”活动的实施方案》。8 月 3 日，全省中级法院院长会议在秦皇岛市召开，市法院院长闫五一就开展“全面深化管理年”活动情况进行了汇报。市两级法院通过全面深化司法管理，初步构建起审判质效量化评价、全方位管理手段并轨运行、多层次管理主体积极参与、管理成果综合利用的司法管理工作格局，有力地促进了审判执行以及法院其他工作的开展。2010 年 1—7 月，市两级法院审结各类案件 8312 件，结案率 56.05%，同比上升 1.47 个百分点，解决诉讼标的金额 1.95 亿元；执行案件 1927 件，执行标的金额 5.41 亿元。民事一审结案 6583 件，调解结案 4838 件，调解率 76.26%；诉前调解案件 1267 件，占民事一审结案数量的 19.24%；通过工作关口前移，注重案外协调，二审劳动争议案件同比减少 55%。案件发回改判率 18.22%、上诉率 26.38%、申诉率 1.02%、申请执行率 33.19%，同比分别下降 6.35、8.7、0.57、7.82 个百分点。2013 年，全市法院综合运用审判管理手段，切实提高办案质量效率。全面开展案件质量效率评估，围绕提高结案率、服判息诉率、调解率，降低上诉率、发回改判率、错案率的目标，定期召开研讨会和评议会，建立常态化案件质量效率评查机制。全市法院民商事一审案件调解、撤诉结案 15408 件，调撤率 89.03%；全部一审案件发回改判率 3.64%。开展对涉诉信访案件、裁判文书和庭审的专项评查，共评查案件 274 件、裁判文书 382 份，观摩庭审 67 次。通过局域网实现案件繁简分流和审限警示催告，加强案件在立案、送达、审理、执行等过程的节点跟踪监督；加大审限管理力度，强化对审限内结案率的考核；进一步规范调卷、退卷和归档制度，健全收结案动态平衡机制。3. 创先争优达标年。2011 年 1 月 21 日，全省中级法院院长会议召开，省法院确定 2011 年为全省法院“创先争优达标年”，并提出“全省法院审判质效综合指数超过全国法院平均水平，其他各项工作取得新突破”的年度新目标。4 月 12 日，全省法院召开“创先争优达标年”活动讲评推进电视电话会议。当日市法院随即召开全市法院“创先争优达标年”活动调度会，强力推进“创先争优达标年”活动。一年里，市法院采取五项措施，强力推动“创先争优达标年”活动深入开展。(1)健全完善审判质效四级管理责任制。充分发挥合议庭、审判庭、分管副院长和院长的层级管理职能作用，明确和落实各个管理主体在案件质量评估工作中的职责。将审判管理列入“一把手”工程，院长对全院案件质量负总责，熟知案件质量评估体系内容，亲自谋划部署、亲自监督指导、亲自检查落实；分管副院长是主管审判业务质量的第一责任人，明确目标任务、靠前督促指导、强化监督管理；庭长对本部门审判质量具体负责，时刻关注案件的审判质效，做到底数清、情况明，确保每月、每季、全年均衡结案；合议庭（独任审判员）作为审判组织，不仅要承担审判职责，而且要对自身审理案件的质量评估指数负责。要通过层级管理稳步提升案件的质量、效率和效果。(2)坚持领导带头，全员普及审判质量评估体系技术标准。4月7日，市法院审委会全体成员认真听取审管办人员专题授课，学习有关审判质量评估知识。市法院审管办还用一个多月的时间，逐一对8个县、区法院的审判管理主体、专兼职司法统计人员进行专题培训。(3)实行诫勉谈话制度。4月12日，市法院党组成员、纪检组组长宁雨卿受党组书记、院长闫五一的委托，对未完成全省法院第一季度结案率指标的6个业务庭长进行集体诫勉谈话，要求他们所在的审判庭根据未结案件法定审限到期日的实际情况，制定具体的案件审理时间表，倒排工期，组织力量，加班加点，力保完成省法院确定的三个时期结案率的任务，实现法定审限内结案率、均衡结案率的最佳值。(4)对持续落后的单位和部门实行严肃问责。对于行动迟缓、措施不力、成效不明显的，特别是待第二季度省法院通报公布后，排名仍在后20名或因某个业务庭审判质量的原因拖了全市法院后腿的，这个单位和部门的“一把手”要在全市法院会议上作深刻检查，并“一票否决”，取消年终评先资格；对限期整改仍不到位的，要追究有关责任人的责任直至组织处理，聘用人员要予以辞退。(5)市法院领导包院蹲点指导。认真落实院级领导联系基层法院工作制度，对审判质量指数排名全省法院后20位的县、区法院采取实地蹲点、具体指导等方式，重点帮扶，限期达标。

（六）

调查研究是各级领导正确决策的重要途径，是人民法院依法履行各项职责的重要保证，是人民法院服务审判工作、队伍建设、司法改革的重要信息载体。市法院高度重视调研工作，坚持调研为大局服务、为审判执行工作服务、为领导决策服务的工作方针，全面提升调研能力和成果转化水平，促进了全市法院审判质效的提升。1990年，为切实做到“抓基层、抓基础、抓落实”，市两级法院都建立了“法庭工作指导小组”，两级法院院长和副院长都有1～2个法庭作为自己的联系点，深入基层经常进行调查研究和检查指导工作。1994

年 4 月 28 日，市法院院长孙志宏带领开发区法庭的同志在该区管委会有关人员的陪同下，深入辖区房地产公司、物资总公司和中外合资的华燕邦迪有限公司、中兴电子有限公司，调查了解企业的生产经营情况和需要运用法律手段解决的经济纠纷。2004 年 6 月 22 日，市法院院长黄永维到山海关区法院调研。黄院长在调研中强调指出：夯实审判、执行工作基础，抓住政治、队伍建设根本，利用各项活动这个载体，全面推进法院各项建设。2008 年 8 月 5—14 日，市法院院长闫五一到交通银行秦皇岛分行、人民银行秦皇岛中心支行、农业银行秦皇岛分行、银行业监督管理委员会秦皇岛监管分局、建设银行秦皇岛分行、河北省农村信用社联合社秦皇岛办事处、秦皇岛市商业银行等金融机构，就人民法院如何为建设良好金融生态环境和社会信用体系提供司法保障和服务问题进行专题调研。2009 年 2 月 23 日—3 月 11 日，市法院院长闫五一深入市内具有代表性的 19 家企业调研，了解当前国际金融危机给企业发展带来的影响，积极寻求应对金融危机、服务保障企业发展的司法措施，并现场办公，对调研企业存在的 30 余件涉法在诉案件逐一进行了分析，提出解决方案。调研结束后，闫五一以走访中掌握的第一手资料为基础，完成了《暖企心分企忧解企困 为实现我市经济平稳较快发展提供司法保障和法律服务的调研报告》，并指导市法院相关部门迅速拟定了《关于积极应对金融危机，服务保障企业发展，全力维护社会和谐稳定的若干意见》。为了使这些服务和保障措施更加切实可行，3 月 27 日，市法院召开部分企业代表座谈会，邀请秦港集团、耀华集团、海三建设、广顺集团、戴卡轮毂、首秦板材、骊骅淀粉和吉祥恒矿业等 10 家企业代表，向企业代表当面“问计”，力争使调研成果尽快转化为服务大局、维护社会和谐稳定的促进力量。2008—2012 年，市法院积极研究探索行政审判工作的新情况，先后组织 10 多次调研活动，集中编印了调研文章、经验材料汇编，先后写出《浅淡具体行政行为程序违法的表现形式、成因及对策》《依法办案与灵活协调相结合积极探索规范行政撤诉案件》《试述司法审查的必要性和迫切性》等 10 多篇具有独到见解的调研文章。在调研的基础上，市法院出台了一系列加强和改进行政审判工作的措施，制定的《落实省法院〈关于加强行政审判若干问题的意见〉的措施》《行政诉讼证据文书样式》均被省法院转发，向全省推广。通过对全市基层法院非诉行政执行案件的调研，制定了《秦皇岛市中级人民法院非诉行政执行案件若干问题暂行规定》，省法院予以转发，要求全省法院参照执行。对市两级法院近年来审理、执行涉及违法占地、房屋拆迁行政案件的状况进行调研，制定了《关于为城市改造拆迁工作提供法律服务和司法保障的若干意见》。在最高法院及全省行政审判工作会议上，市法院介绍了一审行政诉讼案件指定管辖的经验，上级法院及各兄弟法院给予了高度评价，为最高法院制定指定管辖司法解释提供了实践依据。2013 年 6 月，为解决经济快速发展过程中土地违法问题日益突出的情况，市法院组成专门工作组，经过 3 个多月的调查研究，形成《关于土地行政处罚决定强制执行案件情况的调研报告》，以翔实的数字和具体案例归纳梳理全市土地非诉执行案件的基本情况，深入分析土地非诉执行案件执行难的原因，并有针对性地提出对策和建议。2013 年 12 月 27 日，全市法院审判执行工作培训座谈会召开，市法院院长闫五一在会上提出，调查研究是法院的一项基础性工作，是法官的基本功，要把调查研究作为一项经常性工作抓好，要加强对类型化问题的前瞻性研究，练好调查的基本功。市两级法院要充分开展经常性的专题调研活动，针对审判执行工作中反映出的经济社会发展中的各种问题，找症结、摸规律、探趋势、建言献策、堵塞漏洞，努力从源头上预防矛盾纠纷的发生。在加强案例研究的同时，调研工作的内容要侧重于对类型化案件的分析。要深入基层，深入群众，敢于面对热点、难点问题，真正把问题找准，把情况摸清。要运用科学的方法、正确的逻辑分析，研究问题的本质，找出切实可行的解决办法，推动审判执行工作。2018 年 8 月 15 日，市法院下发《关于落实领导赴基层开展“大调研”活动和“基层一日带班执勤”活动的通知》，要求各位院领导紧紧围绕全市工作大局及法院中心工作，深入开展调查研究，按照职责分工，于 2018 年 8 月 24 日—9 月 10 日前，带着问题赴基层联系点，沉下身子、深入群众、解决问题，积极主动推动工作开展和落实。

案例指导。案例来源于实践，是生动具体的法治。市两级法院高度重视案例的重要价值和现实意义，充分发挥案例的示范、指导作用，结合实际，有针对性地建立案例制度，组织好对案例的学习借鉴，促进提升办案人员的司法办案能力和水平。

（七）

2018 年，全市法院坚持以习近平新时代中国特色社会主义思想为指导，深入学习贯彻党的十九大和十九届二中全会、中央政法工作会议精神，按照市委十二届二次全会的部署，紧紧围绕“四市”发展战略实施和推动秦皇岛高质量发展，认真履行好维护国家政治安全、确保社会大局稳定、促进社会公平正义、保障人民安居乐业的主要任务，为开创新时代全面建设沿海强市、美丽港城和国际化城市新局面作出应有贡献。（1）着眼全市工作大局，依法服务保障高质量发展，深入推进平安秦皇岛建设、法治秦皇岛建设，为全市高质量发展创造安全稳定环境。牢牢盯住建设一流国际旅游城市、推动港口转型、推进生态文明建设、全面深化改革、加快形成全面开放新格局、大力实施乡村振兴战略、巩固提升文明城市创建成果等全市重点工作，主动服务，精准施策。着力抓好破产审判工作，促进供给侧结构性改革；加大产权保护力度，依法维护市场公平交易，优化营商环境；立足金融审判，防范化解金融风险；完善环境资源审判机制，积极促进生态文明建设；强化知识产权司法保护，优化科技创新法治环境。（2）坚持以人民为中心的发展思想，有效维护人民群众的合法权益。主动聚焦人民群众日益增长的司法需求与人民法院工作发展不平衡、保障群众权益不充分之间的矛盾。依法妥善审理民生案件，强化民生权益保障，推进诉讼服务便利化，加大司法救助力度，坚决打赢“基本解决执行难”这场硬仗，进一步丰富和创新司法为民举措，使人民群众拥有更多的司法获得感。（3）深化司法改革和信息科技应用，不断推进司法制度体系和司法能力现代化。积极推动以司法责任制为重点的司法体制改革政策落地见效，优化审判资源配置，健全完善审判权运行监督和法官业绩考核评价机制，严格执行法官惩戒制度，科学实施司法责任认定和追究。加强智慧法院建设，力促司法信息平台深度融合，推进发展电子诉讼，普及网上办公办案、监督管理，不断提升司法智能应用水平；增强司法大数据的挖掘应用能力，更好地服务司法决策和经济社会治理。（4）全面从严治院，大力加强法院队伍正规化、专业化、职业化建设。按照“五个过硬”的要求，把政治建设放在首位，深入开展“不忘初心、牢记使命”主题教育，扎实推进“两学一做”学习教育常态化制度化，不断用习近平新时代中国特色社会主义思想武装干警头脑。大力培养干警的专业精神、专业素养，增强适应新时代要求的司法本领；以“深化管理年”活动为载体，狠抓司法规范化建设；坚持从优待警，落实职业保障政策和措施；认真履行全面从严治党“两个责任”，扎紧审判权运行的制度铁笼，持之以恒正风肃纪，促进干警清正、队伍清廉、司法清明。

千川汇海阔，风好正扬帆。全市法院适应新时代、聚集新目标、担当新使命，求真务实、攻坚克难，凝心聚力、砥砺前行，忠实履行审判职责，为新时代经济社会持续健康发展提供更加有力的司法保障和服务！

大 事 记

1990年

2月26—27日，市法院召开全市法院工作会议，安排部署1990年法院工作任务。市委副书记朱桂英到会并讲话。会议期间，市领导朱桂英、赵铭、武克、陈力生等接见了参加会议的全体代表。

3月19日，市法院院长孙志宏在市第八届人民代表大会第三次会议上作《河北省秦皇岛市中级人民法院工作报告》。

6月1日，从当日开始开展执法检查，市两级法院对1989年6月—1990年5月末审结的刑事、民事、经济、行政等各类案件7754件逐件进行了检查，其中刑事案件1167件、民事案件587件、经济案件644件、行政案件56件。检查中，认为好的或较好的案件7612件，占应查案件的98.17%。

6月23日，市法院召开法院系统思想政治工作经验交流会。与会人员交流了近几年来开展思想政治工作的经验，就如何在新形势下大力加强和改进思想政治工作提出了一些设想和建议。市委副书记刘任英、省法院人事处副处长王志恩以及市委政法委的领导出席会议。市委副书记刘任英、市法院院长孙志宏分别讲话。

8月30日，市法院在市、县（区）人大代表、政协委员中聘请38名执法监督员，召开了第一次执法监督员座谈会，征求他们对两级法院在执法方面的意见和要求，并向他们颁发了证书。

9月1—15日，为保障第十一届亚运会水上项目在秦皇岛市顺利举行，严厉打击犯罪分子的嚣张气焰，全市法院系统在15天内共召开公判大会6场，判处罪犯94人。

10月1日，中华人民共和国第一部行政诉讼法正式实施。市两级法院结合行政审判工作，认真学习行政诉讼法，撰写大量宣传稿件，通过新闻媒介广泛进行宣传。同时，国庆节期间走上街头，深入乡镇开展行政诉讼法咨询活动。

11月16日，市法院召开秦皇岛市第一次行政审判工作会议，基层法院院长和市法院行政审判庭人员参加会议。会议总结和交流了行政审判工作经验，有效地推动了行政审批工作的开展。

11 月 20 日，市法院召开告诉工作会议，重点解决人民群众“告状难”的问题，对上访老户实行分类排队、领导包人、限期解决，进一步建立健全告诉有关规章制度。

12 月 3 日，召开法院干部教育培训工作会议。参加会议的有各基层法院院长和市法院各庭、室的负责人。会议传达了省法院干部教育培训工作会议精神，学习了最高法院院长任建新和副院长祝铭山的讲话，讨论了市法院“关于法院干部 1991 年至 1998 年教育培训规划（讨论稿）”。市委书记顾二熊、市委副书记刘任英、市人大常委会副主任李贤出席会议并讲话。

1991 年

1 月 3 日，市人大常委会副主任武克及市委政法委、市检察院、市法院有关部门领导到卢龙县木井乡法庭，就 1990 年 12 月 20 日执行工作受阻事件进行座谈调查，做好群众工作。

1 月 17 日，市委书记顾二熊、市委副书记刘任英到市法院调研，在听取孙志宏院长汇报 1990 年工作情况和 1991 年工作安排意见后，对法院工作提出指导性意见。

1 月 29—30 日，召开全市法院院长会议。市两级法院院长和市法院各庭、处、室负责同志参加会议。孙志宏院长在会上作了题为《发挥政治优势，提高执法水平》的工作报告。市人大常委会副主任武克就进一步认识人大常委会的法律地位，搞好执法责任制和办案责任制提出要求。

2 月 9 日，市法院在昌黎县师范学校广场召开公判大会，对故意杀人犯刘某某、路某某宣读罪状和省法院执行死刑的命令，执行死刑。昌黎县法院对一批罪犯进行公开宣判，县城近 2000 名群众参加宣判大会。

2 月 14 日，市法院召开党组会议，作出《向潘火中学习》的决定。潘火中任北戴河区法院经济庭庭长，他严于律己，勤奋工作；严肃执法，秉公办案；刚正不阿，清正廉洁。在身患肝癌期间，仍坚持在办案第一线，于 1991 年 2 月 11 日在北京医院逝世。潘火中住院期间，北戴河区委、市法院负责人到医院看望。

3 月 5 日，省法院作出决定：给潘火中同志追记一等功，号召全省法院干警向潘火中同志学习。

3 月 10 日，省法院召开 1990 年度全省庆功表彰大会。参加全省中级法院院长会议和全省民事审判工作会议的同志以及部分先进代表参加大会。省委、省人大常委会和省公、检、司等部门的领导同志出席。海港区法院荣立集体三等功；青龙满族自治县凉水河法庭庭长张俊余荣立二等功，晋升一级工资；海港区法院执行庭记集体二等功。

3月30日，市法院召开法院系统司法统计工作总结表彰大会。会议认为，1990年司法统计工作取得了显著成绩，市法院被评为全省司法统计工作先进单位；抚宁县法院、昌黎县法院、卢龙县法院、北戴河区法院被评为市级司法统计工作先进单位；会议对1991年统计工作提出具体要求。

4月19日，中共中央政法委副书记、最高法院院长任建新，在最高法院研究室原主任张懋，办公厅副主任张力理，机关事务管理局副局长孙俊奇和省法院院长李永进的陪同下，在北戴河亲切接见了市两级法院院长。市法院院长孙志宏向任院长汇报了市两级法院的工作开展情况后，任院长对在基层工作的同志表示问候，他强调：人民法院要更好地为经济建设服务，要发扬优良传统，把队伍带好，队伍要年轻化，今后要多培养女法官。

4月23—29日，市法院召开全市法院院长会议和全市民事审判工作会议，四县三区法院院长和各基层法庭庭长以及本院各庭、处、室负责人参加会议。院长孙志宏，副院长张贤勋、刘世久、王秀兰分别主持了会议。会议期间，最高法院院长任建新、最高法院研究室原主任张懋，在市人大常委会副主任武克、市委政法委副书记王庆生、马玉俊、董连兴，市法院院长孙志宏的陪同下，接见了参加会议的各县区法院院长、各基层法庭庭长和市法院全体同志，并同大家合影留念。

4月27日，市法院召开法医技术顾问座谈会。自市法院建立法医门诊中心以来，为适应法医技术工作的需要，经与市卫生局协商同意，从市几大家医院和部队驻秦医疗单位聘请16名技术专长的医学专家为市法院法医门诊中心的技术顾问，其中主任医师1名、副主任医师10名、主治医师1名、主检法医师1名。座谈会上向受聘的16名技术顾问颁发了聘书。

5月10日，市法院召开县、区法院政工科长会议。会议传达了最高法院项华同志讲话、省法院政治思想和人事工作要点、加强领导班子建设意见和后备干部队伍建设的意见。

5月13日，市法院院长孙志宏在市第八届人民代表大会第四次会议上作《河北省秦皇岛市中级人民法院工作报告》。

6月3日，市委在工人文化宫召开“优秀共产党员潘火中同志命名表彰大会”，市委书记丁文斌，市委副书记朱桂英、张玉书，市人大常委会副主任武克，市政协副主席赵瑞新，市委常委、市纪检委书记王瑞东，市委常委、宣传部部长刘朔全，市委常委、组织部部长冯国华，市委常委、北戴河区委书记周卫东等党政领导同志出席大会。省委政法委副书记、省法院院长李永进，省法院副院长高俊国专程出席会议。会上，潘火中生前单位北戴河区法院向大会报告潘火中事迹，省法院副院长高俊国宣读关于为潘火中追记一等功并号召全省法院干警向潘火中同志学习的决定，李永进院长颁发奖章和荣誉证书。随后，市委常委、组织部部长冯国华宣读了中共秦皇岛市委关于授予潘火中同志“优秀共产党员”称号的决定和关于向潘火中同志学习的决定。

6 月 6 日，市法院在体育场召开严厉打击严重刑事犯罪分子公开处理大会。市委副书记张玉书，市人大常委会副主任武克，市政协副主席谭伯宇，公、检、法等部门领导及群众代表 5000 余人参加大会。大会由副院长刘世九主持，市委副书记张玉书讲话。

7 月 25 日，市法院在海港区法院召开办案责任制经验交流现场会。各县、区法院院长，市法院各庭、处、室负责同志参加，市委副书记张玉书、市委政法委副书记张文友、市人大法工委主任陈凤春到会。海港区法院以“强化制约监督，实行目标管理”为题作了经验介绍，其他县区法院也都介绍了本院的做法。市委副书记张玉书提出了指导性意见。

8 月 22 日，最高法院院长任建新在市法院院长孙志宏的陪同下，视察昌黎县、北戴河区法院和抚宁县牛头崖法庭。在昌黎县，任建新院长对法院转变观念、主动参与社会治安综合治理工作给予肯定。在北戴河区，任院长看望了潘火中生前所在经济庭的全体同志并和大家握手。到抚宁县牛头崖法庭，任院长向县领导多年对法院物资建设的大力支持表示感谢。

8 月 23 日，最高法院院长任建新为市法院题词“执法如山”，这是任院长对市法院全体干警的极大鼓舞。

9 月 4 日，最高法院法人奖〔1991〕2 号文件决定，追认潘火中同志为全国法院模范。

10 月 4—6 日，在北戴河法官培训中心召开全市法院院长会议和经济审判工作会议，传达贯彻全省第二次中级人民法院院长会议精神和全省第二次经济审判工作会议精神。会议期间，市委副书记张玉书，市政府常务副市长陈来立，市人大常委会副主任武克分别讲话。孙志宏院长讲了贯彻落实的意见。各县、区法院院长，市法院各庭、处、室负责同志参加了会议。

10 月 12 日，市法院对 9 月份开展纪念《行政诉讼法》一周年法制宣传月活动进行总结。市法院以行政庭为主，其他庭、室密切配合，利用广播、电视、报刊等新闻媒体和其他形式广泛开展《行政诉讼法》的宣传。同时，市法院行政庭人员走访工商、土地、公安等部门，主动征求意见，对案件进行回访。解答有关法律问题，为管理部门、政府机关授课。

11 月 2 日，市委政法委副书记董连兴、市人大法工委主任陈凤春、市人大代表李洪泉以及市法院院长孙志宏等到抚宁县走访 7 个法庭，与县委、人大、政府负责同志就加强人民法庭建设交换了意见。

11 月 8 日，市法院院长孙志宏及研究室负责人到耀华玻璃厂与厂长张景涛同志座谈法院如何为大中型企业服务，帮助企业排忧解难问题，张厂长对市法院主动上门为企业服务表示感谢。市法院确定耀华玻璃厂、港务局、山海关船厂为联系点。

11 月 27 日，市委副书记张玉书，市委政法委副书记马玉俊到市法院现场办公。在听取院长孙志宏的工作汇报后，张玉书同志提出了指导性意见。

1992年

1月23日，市委在抚宁县召开全市人民法庭建设现场会。与会同志实地参观了抚宁县留守营法庭建设。市法院院长孙志宏传达了“中共秦皇岛市委批转市法院关于人民法庭建设五年规划的通知”和最高法院、国家计划委员会“关于加强审判法庭和人民法庭建设、发挥法庭在依法治县中的作用”和“搞好法庭建设，促进依法治区”的经验。市委副书记张玉书、市人大常委会副主任李贤出席会议。各区主管政法工作的书记、县（区）长、两级法院院长参加会议。

2月14日，经市八届人大常委会第三十次会议决定，任命孙盘柱同志为市法院副院长、审判委员会委员。

3月9—10日，召开全市法院院长及表彰先进大会。市委副书记张玉书，市人大常委会副主任武克，市政府副市长陈立生，市政协副主席谭伯宇以及市委政法委、各区人大领导出席会议。会议传达了最高法院、省法院院长会议精神，部署1992年任务，表彰了法院系统立功受奖的先进单位和个人。

3月19—21日，召开全市行政审判工作会议，两级法院主管行政审判工作的副院长，全体行政审判干部参加。会议期间，各单位交流了经验，王秀兰副院长总结了前段行政审判工作情况，对后三个季度的审判工作提出了具体要求。

3月27日，市法院院长孙志宏在市第八届人民代表大会第五次会议上作《河北省秦皇岛市中级人民法院工作报告》。

4月9日，市法院召开执行工作会议，市两级法院主管执行工作的院长、庭长参加。会议传达了最高法院、省法院关于清理委托执行案件的电话会议精神，肯定了执行工作的成绩和存在的问题，孙志宏院长结合全市执行工作开展情况提出了具体意见和要求。

4月15日，市法院召开全市经济司法联络员颁发聘书会议。参加会议的有市政府市长助理，市人大法工委主任，市经委副主任，市法院正、副院长和全市国有大、中型企业新聘任的30名经济司法联络员，部分国有大、中型企业厂长、经理以及市法院有关庭、室负责人。会议首先向新聘任的经济司法联络员颁发证书，市人大常委会法工委副主任李洪歧、市经委副主任李学东就设立经济司法联络员的重要性及如何发挥其职能作用等问题发言。孙志宏院长对法院如何为国有大中型企业服务提出了意见。

4月28日，市法院中层以上干部参加了市人大常委会召开的“评议全市法院经济审判工作会议”。会上，孙志宏院长汇报了全市经济审判工作自查自纠情况，人大代表广泛评议了法院的经济审判工作。会议结束前，市委副书记朱桂英、市人大常委会主任田玉成结合这次评议情况对法院的经济审判工作提出了要求。

6月3日，市法院召开“经济审判如何为经济建设服务经验交流会”。市委政法委、市经委的领导同志及市法院院长，市两级法院管理经济审判工作的副院长，市法院有关庭、室的负责人和全市部分企业经济司法联络员、执法监督员参加了会议。各县、区法院院长介绍了他们大胆解放思想、拓宽服务内容、主动为全市经济建设服务的经验。会议还讨论了新疑难案例和审判实践中遇到的新情况、新问题，研究了改进工作的具体措施。

6月4日，经市编委秦编〔1992〕17号文件批复，撤销市法院经济审判庭，建立经济第一审判庭和经济第二审判庭。

6月18日，召开法院系统告诉、申诉工作会议。参加会议的市两级法院主管告诉申诉工作的副院长，告诉申诉审判庭庭长，市法院有关庭室负责人，市人大常委会法工委、信访办公室、省法院告诉申诉庭的领导同志也应邀出席了会议。会议传达了最高法院副院长祝铭山同志在全国14个省、市（区）刑事上访工作座谈会上的讲话，省法院马达副院长、告诉申诉审判庭庭长梁军在全省法院告诉申诉工作会议上的讲话，市委书记丁文斌和市委副书记张玉书有关加强暑期保卫、加强信访工作的指示。各县、区法院汇报了前段告诉申诉工作简况，交流了经验。孙志宏院长和市委有关领导同志分别就加强告诉工作和信访工作、确保暑期安全提出了意见。

6月23—24日，市法院召开法院系统纪检、监察工作会议。市纪检委副书记，市法院正、副院长，各县区法院主管纪检监察工作的副院长，专兼职纪检监察干部和市法院有关庭、处、室负责人参加了会议。会议分别传达了最高法院院长任建新，纪检组组长项华、副组长杨树庄在全国法院纪检监察工作座谈会上的讲话；市纪委书记王瑞东在县、区纪委书记会议上的讲话。各县、区法院回顾了前段纪检监察工作情况，介绍了经验。市纪委副书记王守坤，市法院院长孙志宏、副院长王秀兰分别讲话。

7月10日，全市法院《调研文集》第二集内部出版发行。省法院院长李永进、市委副书记张玉书题词。文集共选编了1990年7月—1992年5月间，市两级法院广大干警撰写的曾在市法院《法院调研》，省法院《调查研究》《河北审判》以及在国家、省、市级刊物上发表过的各类文章75篇。

8月4—5日，市法院召开刑事审判工作会议。市两级法院主管刑事审判工作的副院长、刑庭庭长参加。会议传达了全国法院审理经济犯罪案件工作会议精神，研究部署了工作意见。会议还特邀市经委主任王连臣同志作了全市经济发展形势的报告。

9月17日，市法院在昌黎县召开法院纪检、监察工作会议。参加会议的有两级法院主管纪检、监察工作的副院长，市法院纪检组、监察室的负责人，省法院纪检组组长吕炳成应邀出席会议。会议传达了省法院李永进院长致全省中级法院纪检组组长、监察室主任的公开信，最高法院纪检组副组长杨树庄在全省纪检组组长、监察室主任会上的讲话；全省中级法院纪检组组长、监察室主任会议纪要；市纪委副书记王玉田在会议上的讲话。各县、区法院汇报了前 8 个月的工作情况，交流了经验。孙志宏院长就如何贯彻省法院会议精神，杜绝法院外出办案与当事人“三同”（同行、同吃、同住）现象；开展错案追究制；查处违法违纪案件；充实完善纪检、监察机构；加强队伍建设等问题提出了意见。

10 月 23—29 日，为认真落实人大代表在评议“两院”工作中提出的意见，主动接受监督，孙志宏院长，王秀兰副院长带领有关业务庭负责人，先后走访了青龙、卢龙、抚宁、昌黎、北戴河、海港、山海关等县、区人大机关，主动征求意见，汇报法院的整改工作情况。

11 月 9—10 日，召开全市城镇法庭工作会议。市法院院长、基层法院主管民事审判工作的副院长以及来自全市法院审判工作第一线的 28 名城镇法庭庭长参加了会议。与会人员参观了新建的山海关高建庄法庭、海港区白塔岭法庭，孙志宏院长就如何加快“标准化”法庭建设、提高法庭干警素质提出了意见。

11 月 14—22 日，孙志宏院长带领三区四县法院院长赴山东潍坊市、烟台市、威海市、青岛市中级人民法院考察。考察期间，听取了上述法院领导同志关于审判工作如何为经济建设服务的经验介绍，参观了各中院、部分县、区法院的自身建设、审判法庭建设、基层法庭建设情况。

12 月 1 日，为提高基层人民法院干警的政治、业务素质，加强法院正规化建设，市法院举办人民法庭岗位规范化培训知识竞赛。市政协副主席李文浩，市法院副院长王秀兰、刘世久、孙盘柱亲临比赛现场。这次知识竞赛，青龙满族自治县代表队获团体总分第一名，海港区法院、卢龙县法院分别获第二、第三名。

1993 年

3 月 23—24 日，市法院召开全市法院工作会议。市委副书记张玉书、市人大常委会副主任武克、市政府副市长陈力生出席会议，市检察院、司法局负责同志，市委政法委、市人大法工委和各县、区法院院长，市法院副科级审判员以上干部参加会议。会议传达了第十六次全国法院工作会议精神和全省法院工作要点，表彰了 1992 年度先进集体和先进个人，部署了今后一个时期的工作任务。

3 月 30 日，经市第九届人民代表大会第二次全体会议通过，孙志宏院长连任市法院院长职务。

4 月 20 日，市法院院长孙志宏在市第九届人民代表大会上作《河北省秦皇岛市中级人民法院工作报告》。

7 月 27 日，市法院召开整顿金融秩序服务经济建设座谈会，参加会议的有市人民银行、建设银行、交通银行、农业银行、工商银行以及下属各银行部分办事处、信用社共25家金融单位负责人和主管业务工作的同志。市人大、市政协、市委政法委的负责同志应邀出席会议。孙志宏院长要求两级法院要强化对整顿金融秩序重要性的认识，努力增强责任感和使命感，进一步发挥审判职能，全面受理多类金融案件，严惩经济犯罪，保护合法借贷，为金融系统主动提供法律服务。

8月16日，市法院召开建院10周年座谈会。会议宣读了最高法院办公厅、省法院的贺电和省人大常委会副主任、省法院原院长李永进同志的贺信。最高法院原院长郑天翔，市人大常委会原副主任武克、李贤，市政协原副主席赵瑞新出席会议。市纪检委、人大法工委、政法委、组织部、检察院、司法局、市法院领导以及各县、区法院院长、各庭室负责人、市法院离退休老干部50余人参加了座谈会。与会人员回顾审判工作历程，更加激起了干警们为改革开放和经济建设服务再立新功的斗志。郑天翔就坚持严肃执法，加强廉政建设和发扬艰苦奋斗作风等问题提出要求。

8月23日，市法院召开刑事审判工作会议。各县、区法院主管刑事审判工作的副院长、刑事庭庭长以及市法院刑事审判庭的全体同志参加。会议传达了最高法院院长任建新、副院长刘家琛在部分省市高级法院审理生产、销售伪劣商品犯罪案件工作会议上的讲话。会议确定了今后一个时期的主要工作任务。

9月1日，市法院受理秦皇岛市首例商标专用权纠纷案。受案后，院领导十分重视，立即组织审判力量抓紧审理，要求尽快结案。市法院民庭经过耐心细致的工作，仅用半个月时间就促使原、被告双方自愿达成协议，圆满地审理了这起案件。

9月17日，市法院召开经济审判工作会议。两级法院主管经济审判工作的副院长，经济庭长，市法院庭、处、室负责人，经济审判庭的全体同志参加。市委副书记张玉书应邀出席会议并讲话，张玉书充分肯定了市法院系统经济审判工作在近几年中取得的成绩，并对今后如何开展好这项工作提出了要求。

10月4日，根据中央、省、市委和省法院关于近期反腐败斗争的工作部署，市法院制定了法院系统反腐倡廉和纠风工作的安排意见。市法院党组决定在全市法院系统集中清理和纠正群众反映强烈的几股不正之风，继续开展执法执纪大检查活动。

10月5日，市法院组织召开全市民事审判工作会议。会议总结了两年来全市民事审判工作情况。会议认为，全市法院民事审判干部坚持解放思想、更新观念、努力工作，在市场经济大潮中，坚持依法扶持乡镇企业，帮助农民完善承包合同，充分发挥了巡回法庭和基层人民法庭的作用。特别是新《民事诉讼法》颁布以后，大家认真学习、宣传、坚持搞试点、培训干部，在适用中积极、慎重，取得了较好的经验。会议要求广大民事审判干部要增强做好民事审判工作的责任感，坚持严肃执法，秉公办事。会议还结合审判实践中存在的问题，对如何进一步审判好房地产案件，劳动争议案件，涉港、澳、台案件，医疗赔偿、合伙债务、损害赔偿、离婚案件中的转移财产以及如何运用监督程序清理债务，正确适用调解方式等作了认真的研究讨论。

10月5日，市法院组织召开全市法院院长会议，传达全国高级法院院长座谈会和全省中级法院院长会议精神，认真学习最高法院院长任建新的讲话，讨论研究了在新形势下，法院如何更好地运用法律手段为经济建设和社会稳定服务的措施。市委副书记张玉书、市人大常委会副主任吴泽吉应邀出席会议。

10月18日，市法院系统召开行业作风现场评议会，听取人大代表、政协委员、民主党派对法院系统服务作风状况的评价和意见。市委副书记、政协主席朱桂英，市委副书记张玉书，市委常委、纪委书记王瑞东，市政协副主席方宝枝出席会议，市人大代表、政协委员、民主党派、市纪委、政法委、监察局、廉政办、市直机关工委等负责同志以及重点行业评议团成员参加了会议。市法院院长孙志宏汇报了全系统近年来服务工作和行业风气情况，市廉政办负责人通报了对市法院系统社会测评和社会调查的综合意见。市委常委、市纪委书记王瑞东讲了意见。

12月30日，市法院召开新提职级干部座谈会，院长孙志宏、副院长王秀兰出席会议。与会同志认为，这次职级评定是法院领导对提职干部的工作肯定与信任，决心把这次职级变动作为今后工作的新起点和加油站。孙院长对与会同志提出了希望和要求。

1994年

1月7日，市法院与市广播电台合作，在《夕阳无限好》节目中坚持每周一次对听众“说法讲法”，侧重赡养、收养、抚养、继承、离婚、房屋、宅基以及老年再婚等问题，并开通热线电话解答听众的法律咨询。

1月18日，市法院在市环保局设立环保巡回法庭。在挂牌仪式上，孙志宏院长就环保巡回法庭设置的目的、任务、工作原则、职责等作了说明。市人大常委会副主任吴泽吉，市政协副主席方宝枝，市委政法委、公安局、司法局、工商局、税务局、城建局等部门负责同志及市环保局全体同志60多人参加了挂牌仪式。吴泽吉副主任讲话。

1月30日，由中央电视台、中国电视剧制作中心拍摄的反映北戴河区法院经济庭原庭长潘火中生前事迹的8集电视连续剧《法官潘火中》自1993年12月中旬开拍以来，在著名导演潘霞和制作人李佩铎的精心策划指挥下，拍摄成功。市委书记、市人大常委会主任王大名，市委副书记、市长陈来立，市委常委、北戴河区委书记周卫东，市委常委、组织部部长田树昌，市委常委、市军分区司令员王汝桥，市委常委、宣传部部长冯首生，市法院院长孙志宏等领导在求仙入海处宾馆出席了电视剧《法官潘火中》首映式，并接见了摄制组成员。

3月5日，经市第九届人大常委会第七次会议讨论通过，高步春同志任市法院副院长。

3月7日，市法院召开法院系统司法警察第一期培训动员大会，市法院有关领导和全体法警参加。为法警队尽快适应新形势新任务，市法院从即日起将举办为期7天的法警统一集训。

3月30日，市法院院长孙志宏在市第九届人民代表大会第二次会议上作《河北省秦皇岛市中级人民法院工作报告》。

4月12日，市法院召开部分大中型企业厂长、经理座谈会。近20名厂长、经理在座谈会上发言。与会同志充分肯定了市法院在过去一年里在为企业服务中所起的作用。孙志宏院长代表全院干警诚恳地向与会同志征求了意见。

4月18日，市法院召开执行工作会议。会议传达了全省法院执行工作会议精神，总结了上年市两级法院案件执行情况，对今后的工作提出了具体要求。

4月25日，市法院组织召开全市法院领导班子思想作风建设经验交流会。与会人员分别介绍了他们在加强领导班子建设方面的做法和体会，孙志宏院长分析了市两级法院领导班子的现状并对今后进一步加强领导班子思想作风建设提出了要求。市委副书记赵铁练、市人大常委会副主任吴泽吉、市政协副主席方宝枝等领导出席会议。

4月26日，市法院召开法院系统党风廉政建设会议。市两级法院院长、纪检组组长，市法院庭、处、室负责同志参加会议，部分人大代表、政协委员作为执法监督员应邀到会。会议传达了全省法院和市委党风廉政会议精神，部署了今年反腐倡廉工作任务。

4月28日，市法院院长孙志宏带领开发区法庭的同志在该区管委会有关人员的陪同下，深入辖区房地产公司、物资总公司和中外合资的华燕邦迪有限公司、中兴电子有限公司，调查了解企业的生产经营情况和需要运用法律手段解决的经济纠纷。

5月12日，市法院组织召开开发区法庭成立一周年座谈会。该区工委、市人大法工委及信访处的有关领导和开发区部分企业的代表应邀出席会议。会议畅谈了开发区法庭一年来在为发展经济保驾护航过程中所取得的成绩。会议广泛征求了各级领导、部分企事业代表对法院工作的意见和建议，并对法庭今后一个时期的工作任务提出了具体要求。

5月17日，市九届人大常委会第八次会议决定授予市法院“经济审判工作先进单位”荣誉称号。市委书记、市人大常委会主任王大名出席大会，市人大常委会副主任吴泽吉就市法院今后如何继续保持荣誉称号，使审判工作更好地为发展经济服务提出了意见。

5月24日，市法院院长孙志宏带领院纪检组人员到昌黎县法院参加该院党组民主生活会。会议由该院院长、党组书记冯春普同志主持。县法院党组全体成员和庭长以上干部参加。市委组织部、廉政办公室也派人参加了会议。与会同志共同学习了昌黎县委领导干部廉洁自律的实施意见，该院每个党组成员对照上级规定，进行了自查自纠，开展批评与自我批评。

6月5日，“世界环境日”。市法院行政庭全庭干警在王秀兰副院长的带领下，走上街头，向市民宣传环境保护法律法规和环保知识，并配合环保部门发放宣传材料3万余份，接待群众法律咨询200余人次。

6月10日，市法院在抚宁县法院召开加强廉政建设、提高办案质量现场会。市两级法院院长、纪检组组长和各业务庭负责同志近70人参加了会议。9位同志先后在会上介绍了他们在强化廉政建设、不断提高办案质量方面的做法和体会。孙志宏院长向与会同志提出了要求。

6月13日，市法院召开审判委员会会议，与会人员分别听取了派出的3个检查小组就辖区基层人民法院审结的刑事、民事、经济未上诉案件审理情况的汇报。会议肯定了各检查小组的工作成绩，并对检查发现的问题进行了分析研究，形成了具体的指导意见。

6月17日，省法院马达、梁军副院长在结束公务返回前专程来市法院看望广大干警。在孙志宏院长的陪同下，两位副院长逐个办公室看望了正在紧张工作的全院干警并向大家表示慰问。

7月1日，市法院全体干警集会庆祝中国共产党建党73周年。会上，机关党委表彰7名优秀共产党员。党组书记、院长孙志宏代表党组向优秀党员们表示热烈的祝贺，他希望广大党员干部在今后的党建工作、审判工作和其他各项工作中做出新成绩。

7月26日，市两级法院在山海关召开办公室主任会议，会议对如何提高法院信息质量进行了专题研讨。市委办公室有关负责同志应邀到会，并就信息的收集、筛选、制作工作进行了指导。会上，市法院还选择了最高法院、省法院、市委编制的一部分立意鲜明、内涵深刻的信息材料组织大家进行学习。

7月29日，省法院党组成员、纪检组组长黄醒明，为市法院系统专兼职纪检监察干部授课。他结合省法院系统纪检监察工作情况和具体案例，讲述了该项工作的性质、任务、工作方针、基本原则、案件检查工作的程序、当前违法违纪案件的特点与对策，并布置了今后的工作重点。

8月1日，中共中央书记处书记、中央政法委书记、最高法院院长任建新在北戴河听取了市法院院长孙志宏就近年来两级法院审判工作、队伍建设、档案工作等方面的工作汇报。任院长对市两级法院的工作表示满意，并委托孙志宏院长向广大干警表示亲切的慰问，勉励大家做潘火中式的好法官。

8月9日，最高法院院长任建新亲临北戴河区法院慰问全体干警，视察该院新办公大楼，并同全体干警握手合影留念。河北省委副书记、政法委书记许永跃，市委常委、北戴河区委书记周卫东，北戴河区区长闫树德以及市法院院长孙志宏，副院长王秀兰、高步春陪同。

10月18日，市法院在海港区法院召开全系统错案追究制研讨会，最高法院、省法院、市人大常委会领导同志及两级法院院长、纪检组组长出席了会议。会议期间，各院就自身在推行错案追究制以来取得的经验作了交流，并广泛讨论了贯彻错案追究制的各方面问题。会议认为，错案追究制出台4年来，在保证办案质量、增强办案人员的依法办事观念、促进法院廉政建设方面都起到了积极作用。

10月31日，根据省法院和市委政法委领导指示，市法院召开集中整顿干警队伍动员大会。会议要求全体干警务必深刻认识这次教育整顿工作的重要意义，结合自己的本职工作，查摆问题。各级领导要带头开展批评，率先垂范。整顿工作要坚持实事求是，以自我教育为主。市委政法委副书记马玉俊同志参加了动员大会，并对市法院整顿工作提出要求。

11月15日，市法院召开执法监督员座谈会，会议广泛征求了社会各界对法院工作的建议与意见。与会执法监督员充分肯定了市两级法院在各项审判工作中取得的成绩，同时对市法院干警队伍中的个别不廉洁现象和少数案件审理中存在的问题提出了具体意见和建议。孙志宏院长向与会同志通报了市两级法院开展教育整顿工作的情况，并希望执法监督员努力配合法院工作，多提意见和建议。通过这次整顿，广大干警的政治素质和精神状态得到了明显提高和改善。

11月29—30日，市法院召开民事审判工作会议。市委副书记周卫东、市人大常委会副主任吴泽吉到会并讲话。海港区法院、昌黎县法院、抚宁县法院分别就及时开庭、当庭宣判、指导当事人举证、强化庭审功能等方面介绍了庭审改革的经验。院长孙志宏、副院长王秀兰分别就民事办案质量和改进审判作风等问题提出了意见。市委副书记周卫东要求市两级法院干警通过这次会议进一步明确方向，振作精神，真抓实干，圆满地完成今年的民事审判工作任务。

12月13日，市法院召开院长会议，会议总结了一年来的法院工作情况。会议认为，市两级法院在过去的一年中，狠抓了各项审判工作和干部队伍建设，取得了较大的成效。孙志宏院长在讲话中充分肯定了市两级法院在领导班子、干警队伍建设，经济审判工作中取得的成绩。他要求市两级法院要正视不足，戒骄戒躁，认真制定好明年的工作规划，把法院的工作做得更好。

12月23日，最高法院下达批复，同意设立秦皇岛经济技术开发区人民法院，行使基层人民法院职权。

1995年

1月5日，市法院27名中层干部在总结部门工作的基础上向全院干警作了述职报告。干警们还根据中层干部述职情况投票表决干部是否称职。

2 月 7 日，市法院召开党组会议，对如何进一步加强机关党建工作进行了专题研究。会议听取了院机关党委专职副书记柳森林关于 1994 年机关党建工作的汇报。党组对机关党建工作成绩给予了充分肯定，并同意机关党委对党建中存在问题的分析。会议议定以党组名义下发《关于加强法院机关党建工作的意见》，以更好地促进机关党建工作的开展。

2 月 14 日，市法院召开市两级法院院长会议。市法院正副院长，各基层法院院长，市法院各庭、处、室负责人参加。会议表彰了 1994 年度全市法院系统立功受奖集体和个人，传达了全省全市政法工作会议精神，孙志宏院长作了题为《全面加强审判工作，搞好队伍建设，为改革、发展、稳定和建设经济强市服务》的讲话。

3 月 4 日，市法院院长孙志宏在市第九届人民代表大会第三次会议上作《河北省秦皇岛市中级人民法院工作报告》。

4 月 19 日，经省法院和市档案局联合验收，市两级法院的档案管理已全部达到省一级标准，在全国法院系统处于领先地位。

4 月 25 日，市法院召开党风廉政建设工作会议，市两级法院纪检组组长参加。会议传达了全省法院党风廉政建设工作会议和市委党风廉政建设工作会议精神，重点学习了省法院纪检组组长黄醒明和市纪委书记王瑞东的讲话。会上，各县、区法院分别就前一时期纪检和廉政建设工作交流了情况，对重点问题作了剖析并提出了处理意见。

4 月 28 日，市法院召开全院干警大会，正副院长及各庭、处、室负责人在会上层层签订了廉政保证书，即副院长向院长负责，部门负责人向主管院长负责，保证自身及所负责部门的干警不违反中央、省、市委及最高法院、省法院下达的一系列廉政规定。如有违反，除对违法违纪干警作相应处理外，还要追究保证人的领导责任。

5 月 6 日，市法院院长孙志宏率领院有关庭、室的负责人深入抚宁县牛头崖、留守营、榆关镇 3 个人民法庭，就法庭建设及基层基础工作的开展情况进行了调研。在走访中，孙志宏院长详细询问了 3 个法庭各方面的工作情况，并就存在的一些实际问题与陪同走访的抚宁县委领导交换了意见。

5 月 23—25 日，市法院举行首次司法统计计算机培训班。最高法院技术局计算机处处长王德进、省法院研究室统计科科长陈建国来市法院指导，帮助学员解决了许多操作过程中的难点。培训期间，计算机专业教师为学员们讲授了计算机应用基本知识和如何对机器进行维护管理，院司法统计员向学员们讲解了统计报表软件输入（出）的各项程序，并逐个进行辅导操作，使学员基本上掌握了计算机的性能和简单的操作方法。

5 月 25—29 日，最高法院在秦皇岛市召开全国法院档案升级工作经验交流会。市法院、海港区法院作为全国法院系统档案工作先进单位分别介绍了档案管理工作经验，讨论了档案工作业务调查提纲，观摩了海港区法院档案计算机管理和工作程序。

5 月 27 日，最高法院办公厅主任助理努尔兰 · 阿不都满金、省法院副院长梁军在市法院孙志宏院长的陪同下，分别到山海关区、抚宁县法院就实行五天工作制情况与干警们进行座谈。两个基层法院领导汇报了为适应五天工作制克服工时少、案件多这一矛盾而采取的措施：为业务量较大的审判庭充实力量，抓好业务培训提高办案能力。法院领导对两个基层法院合理安排工作时间，充分利用 8 小时，积极发挥院庭领导协调、组织、督促作用，使法院审判工作没有受到影响表示满意。

5 月 30 日，市法院召开党组扩大会，贯彻省法院黄骅会议精神，部署当前的维护稳定工作。孙志宏院长在会上强调：要抓好各项审判工作，提高办案质量，防止矛盾激化；要防止当事人上访，特别是集体上访和赴京到省上访，努力做好对当事人的劝阻、息诉工作；要加强机关值班和安全保卫工作；要加强对重大问题的信息反馈，对有可能影响到稳定的案件要及时向党委和上级法院报告；要落实好中院维护稳定领导小组的责任制度。

6 月 24 日，按省法院统一部署，市两级法院在各地繁华街头同时开展了《法官法》咨询宣传活动。300 多名干警走上街头设立 8 个宣传服务站，并接受记者采访，回答过往群众提出的刑、民、经、行政各方面的法律问题。活动中，共散发宣传资料近万份。市委副书记周卫东、市人大常委会副主任陈立生、市政协副主席方宝枝、市法院副院长孙盘柱等领导参加了这一天的宣传活动。

7 月 20 日，市法院召开全市少年审判工作会议。会议传达贯彻了全国及全省少年法庭工作会议精神，学习了上海市长宁区法院、石家庄市长安区法院少年审判工作的先进经验。各县、区少年法庭庭长在会上互相交流了工作情况。市法院孙盘柱副院长充分肯定了市两级法院几年来少年审判工作所取得的成绩，对今后工作作出了具体部署。他指出：少年审判工作要在“寓教于审”及“审教结合”上下功夫，坚决执行《未成年人保护法》中对少年犯所确定的“教育、感化、挽救”的方针以及“教育为主、惩罚为辅”的原则。孙志宏院长在会上要求各院要从社会治安综合治理的高度来认识少年审判工作，把这项关系到国家长治久安及民族兴衰的大工程建设好。

7 月 25 日，省法院高文英副院长听取了市法院关于基层基础工作情况汇报。她肯定了市法院系统基层基础工作的成绩，表示对物质条件差的地区从法院系统的角度尽量给予支持帮助，鼓励贫困地区要向张家口尚义县法院那样，不等不靠，积极想办法，逐步把法庭硬件搞上去。

7 月 25 日，在海港区法院召开全市法院系统推行错案追究制现场会，省法院副院长高文英、纪检组组长黄醒明，市人大常委会副主任韩以祥，市委政法委副书记吴洪林，海港区委、区人大等领导出席了会议。海港区法院院长李晓伶介绍了本院实行错案追究制以来取得的成绩、经验和做法。抚宁县法院、山海关区法院在会上介绍了经验，其他法院都作了书面发言。市法院院长孙志宏总结了全市法院系统推行错案追究制以来取得的成绩和存在的问题，对今后如何把法院系统这项工作做得更好提出了新的要求。省法院副院长高文英、市人大常委会副主任韩以祥在会上分别讲话。

7月29日，省法院代院长李玉成在市法院孙志宏院长的陪同下视察了北戴河区法院，察看了区法院的大小审判庭、院长办公室和文化活动厅，对该院的两庭建设予以了充分肯定，并与市、区两级法院的同志们展开了座谈，他对北戴河区法院提出了工作要求。

7月31日—8月1日，省法院代院长李玉成在市法院孙志宏院长的陪同下，考察了抚宁县牛头崖法庭和山海关区高建法庭，听取了抚宁县、山海关区法院关于法庭建设的简要汇报。逐一参观了法庭办公室、审判庭和干警宿舍，并对法庭如何开展规范化工作、探索民事审判改革等问题作了指示。

8月2日，中共中央书记处书记、中央政法委书记、最高法院院长任建新在北戴河省法院法官培训中心接见了参加市法院基层基础工作会议的全体干警。陪同任院长参加接见的领导还有省法院代院长李玉成、市委书记陈来立、市委副书记周卫东。任院长听取了市法院孙志宏院长对市法院工作的汇报，任院长对市法院工作表示满意，并通过李玉成院长转达了他的希望和要求。接见后，任建新院长同市两级法院与会人员合影留念。

8月2日，全市法院基层基础工作会议在北戴河省法院法官培训中心召开。市两级法院院长、副院长，市法院各庭室主要负责人参加。孙志宏院长在会上讲话。他强调，今年下半年市两级法院要狠抓基层基础工作，落实省院“基层基础工作年”的要求，抓好两级建设。要抓好基层法院和法庭的干警队伍建设，特别是廉政建设；下大力量抓好基层的物质建设。此外，法庭要着眼于社会治安的综合治理。

11月1日，市法院院长孙志宏就《人民法院报》连续报道“建一流队伍、创一流业绩”的12篇文章，致信市两级法院院长。他在信中突出强调了人民法院的地位和作用，以及肩负的重大历史使命，就“建一流队伍、创一流业绩”的问题，他要求市两级法院必须要建设一个“团结、奋进、务实、开拓、廉政、高效”的领导班子，要有一种团结拼搏、负重奋进、自加压力、敢于争先的勇气和决心，特别是一把手在各方面要起模范表率作用。

11月13日，市法院院长孙志宏邀请全市各金融部门的主要负责人来市法院，共同商量人民法院如何为清收非正常贷款提供法律服务。市人民银行行长张建平，市工商银行、市建行、市农行、市中行及市联社的主要领导及有关具体负责同志，市法院主管副院长、经济庭的负责人参加了座谈会，会上大家共同分析了造成非正常贷款的原因及清贷难点，并就今后如何打好清贷攻坚战研究了具体方法和措施。

11月22日，市法院召开法医技术工作研讨会，市两级法院主管法医技术工作的副院长和全体法医参加了会议。会议总结回顾了全市法院法医技术工作开展以来的整体情况，研究探讨了当前法医技术工作中的几个问题，明确了今后法医工作的指导思想和任务。会议强调市两级法院要进一步提高对法医技术工作重要性的认识，努力提高法医的自身素质，并对今后如何开展法医工作、如何加强法医队伍建设和物质建设提出了具体要求。

12 月 7 日，市法院系统召开法官先进事迹报告会，市人大常委会副主任吴泽吉，市法院院长孙志宏，市法院副院长王秀兰、孙盘柱、高步春及市法院和 8 个基层法院的 300 多名干警参加了会议。有 5 位先进典型代表先后发言，汇报了他们在平凡岗位上做出的不平凡的事迹。孙志宏院长在会上讲话，他要求全体干警要虚心向先进人物学习，在全系统掀起了“建一流队伍、创一流业绩”的活动。市人大常委会副主任吴泽吉充分肯定了法院在为人民服务大讨论中树立的正面典型，并就今后法院如何强化宗旨教育、秉公执法、全心全意为人民服务提出了意见。

1996 年

1 月 2 日，市委副书记、市委政法委书记周卫东到市法院看望广大干警，并同院长们进行了座谈。周卫东代表市委、市委政法委对市法院 1995 年的工作给予肯定，赞扬市法院的领导班子是一个团结的好班子。孙志宏院长作了表态发言。

1 月 20 日，市法院召开“争创一流”动员大会，市委副书记周卫东、市人大常委会副主任吴泽吉、市政府副市长毕登启、市政协副主席冯国华等领导亲临大会，各县、区法院院长，主管民事工作的副院长、民庭庭长、法庭庭长以及市法院副科以上干部共 140 人参加会议。孙盘柱副院长在会上代表市法院党组宣读了《关于在全市法院系统开展建一流队伍，创一流业绩活动的决定》，孙志宏院长作了题为《团结拼搏，自加压力，负重奋进，积极开展争创一流活动》的动员报告。周卫东副书记代表市委在大会上讲话。

1 月 21—23 日，市法院召开全市人民法庭工作会议，市两级法院院长，主管民事工作的副院长、民庭庭长、基层法庭庭长及市法院民庭全体审判人员共计 110 余人参加会议。会议就如何加强人民法庭建设等问题作了研究部署。

2 月 11 日，根据省委决定，承德市中级人民法院原院长王瀛泽任秦皇岛市中级人民法院党组书记，秦皇岛市中级人民法院原院长孙志宏调离。

3 月 3 日，市法院代院长王瀛泽在市第九届人民代表大会第四次会议上作《河北省秦皇岛市中级人民法院工作报告》。

3 月 5 日，市第九届人民代表大会第四次会议选举王瀛泽同志为市法院院长、审判委员会委员。

3 月 12 日，省法院副院长高文英来市法院调研，在听取市法院的工作汇报后，高文英副院长在王瀛泽院长、孙盘柱副院长的陪同下考察了市法院所属的15个人民法庭，亲切慰问了战斗在审判第一线的广大干警。

4月8日，市法院根据《人民法庭奖惩暂行办法》和省法院的通知精神，经年终评比逐级审查批准，市两级法院共评出立二等功的集体2个：市法院刑事第一审判庭、海港区法院办公室。立三等功的集体5个：北戴河区法院民事审判庭、海港区法院执行庭、青龙县法院刑事第二审判庭、山海关区法院、市法院刑事第二审判庭。立二等功的个人3名：海港区法院李利民、卢龙县法院陈振文、山海关区法院梅利。除此之外，还评出全市法院系统先进集体26个，立三等功个人13名，先进工作者182名。

5月14日，市法院召开全市法院“严打办案会战”工作会议。全市基层法院的主管院长、刑庭庭长和市法院全体刑事审判人员参加了会议。会议传达了中央领导同志关于开展“严打”工作的指示精神和省委政法委、省法院的有关文件，听取了各院“严打办案会战”第一阶段的工作汇报。

5月18日，省委副书记、省委政法委书记许永跃在秦皇岛市、昌黎县主要领导的陪同下到昌黎县法院检查“严打”工作情况，并看望了在“严打”第一线的广大干警。

5月28—30日，市法院组织全市“十佳法官”事迹报告团分别在青龙县法院、昌黎县法院、抚宁县法院及市法院进行四场报告会。全市广大干警深受教育。市法院的报告会由王秀兰副院长主持，王瀛泽院长，孙盘柱、高步春副院长出席，市人大常委会副主任吴泽吉到会讲话。

6月7—18日，省法院党组成员、纪检组组长黄醒明来到市法院检查指导工作，听取了市法院关于反腐败工作情况、法院干警违法违纪和查办“三案”等情况汇报。黄组长对市法院的工作表示满意。

6月18日，省法院在市法院召开执法监督员座谈会，省法院和市法院的部分执法监督员参加了座谈会。省法院党组成员、纪检组组长黄醒明同志主持会议并讲话。市法院纪检组的同志参加了会议。

6月19日，为贯彻省法院申诉工作会议精神，研究和交流工作经验，部署如何加强和改进信访申诉工作，市法院组织召开全市法院系统申诉工作座谈会。会议总结了1995年全市法院系统申诉工作，各县、区法院交流了工作经验，同时分析了工作中的不足。

7月3日，市人大常委会主任王大名、副主任吴泽吉视察团一行8人来市法院视察《法官法》实施情况，并就法院工作进行指导。

7月3日，市法院组织各县、区法院在海港区法院召开标准化法庭建设现场会。市委副书记、政法委书记周卫东，市政协副主席冯国华，市法院院长王瀛泽，省法院司法行政处处长康志强，市委政法委副书记马玉俊等领导出席，各县、区的法院院长、分管副院长，各县、区政法委专职副书记参加了大会。会议由孙盘柱副院长主持。主要内容为组织与会者参观白塔岭等3个标准化人民法庭和海港区法院的办公自动化，部分法庭介绍先进经验，海阳镇党委书记作支持法庭建设的发言。市委副书记周卫东讲话，强调各级党委政府要支持人民法庭建设，市法院王瀛泽院长作了发言。

8月17日，最高法院任建新院长在北戴河同市法院领导座谈。市法院王瀛泽院长参加了座谈。

8月26—27日，市法院召开全市基层法院院长会议，重点解决加强队伍建设，实行审判方式改革问题。会议传达了最高法院祝铭山副院长在全国法院审判方式改革工作会议上的讲话、省法院刘瑞川副院长关于审判方式改革的讲话。会议还传达了李玉成院长在全省法院纪检组组长会议上的讲话，学习了最高法院关于机构改革的实施意见，各院汇报了班子建设、队伍建设、审判方式改革等项工作。王秀兰副院长讲了全市法院党风廉政建设、反腐败工作情况。王瀛泽院长总结了上半年工作，对今后几个月的工作进行了部署。市两级法院院长、政工科科长、纪检组组长及市法院各庭、处、室负责人参加了会议，市人大常委会副主任吴泽吉到会讲话。

10月21日，市委副书记、政法委书记周卫东，市法院院长王瀛泽到青龙满族自治县医院慰问在执行抓捕任务中临危不惧、勇斗凶犯的青龙县法院干警张东升、张英杰、刘海涛。

1997年

1月9日，市委书记陈来立，市委副书记、政法委书记周卫东来到市法院，听取了1996年度工作汇报，并就新一年的工作提出要求。院党组成员参加了汇报会。

1月17日，市法院对庭以上干部进行了调整，有20名同志走上新的领导岗位，5名庭干部因年龄和身体原因退居二线。

1月17日，市法院研究室主持编写的《法院内部制度汇编》正式定稿并印制成册。全书共涉及98项制度，近20万字，涵括了法院工作的方方面面。为从严治警，从严治院，规范化、科学化管理提供了保障，在实现由人管到靠制度约束方面迈进了坚实一步。

1月28日，市法院组织召开全市法院院长会议，传达省法院召开的全省法院院长会议精神，总结1996年度工作情况，部署1997年工作任务。

2月19日，市法院院长王瀛泽在市第九届人民代表大会第五次会议上作《河北省秦皇岛市中级人民法院工作报告》。

2月20日，王瀛泽院长主持召开紧急会议，传达市委关于邓小平同志逝世的紧急通知精神，要求市法院所属各部门和全市各基层法院要组织全体干警认真学习《告全党全军全国各族人民书》，深切缅怀邓小平同志的丰功伟绩；要化悲痛为力量，努力做好本职工作，化解各种矛盾，全力维护社会稳定。在悼念期间，各单位要坚持24小时值班，注意掌握和了解当地各方面情况，发生问题要及时上报，稳妥处理；要搞好信息和宣传报道工作，搞好信息反馈。

3月11—13日，为加快建立规范化审判新格局，进一步明确民事审判的指导思想，提高执法水平，市法院组织召开了全市民事审判工作会议，常沛江副院长代表市法院部署了新一年的工作任务。市人大常委会副主任吴泽吉、市法院院长王瀛泽到会并讲话。

4月1—3日，市法院组织召开全市法院系统“十佳法官”事迹报告团巡回报告会。市人大常委会副主任吴泽吉，市委政法委副书记乔世民，市法院领导和党组成员王瀛泽、王秀兰、孙盘柱、徐子良、刘瑞琴到会，市法院、海港区、山海关区、北戴河区、开发区、抚宁县法院等单位的近300名干警参加了大会。

4月10日，全市法院反腐败工作会议在市法院召开。会议传达贯彻了中纪委、最高院、省委反腐败工作会议精神，总结了上一年全市法院党风廉政建设和反腐败工作情况，部署了1997年反腐败工作任务，并在全市法院推行“干警廉政档案”制度。

4月21日，市人大常委会主任王大名、副主任吴泽吉率领有关部门的负责同志到市法院检查验收执法责任制情况。王瀛泽院长代表市法院党组作了详细汇报。王大名主任充分肯定了市法院的工作成绩，称市法院在落实执法责任制工作上为全市带了好头，树立了好榜样。

6月17日，市法院组织专人分成两组，对市直五大机关有关部门进行走访。同时，采取随机抽卷形式，对市法院上半年审结的部分案件当事人进行回访，把形象建设年活动推向深入。

8月6—7日，最高法院副院长谢安山在省法院、市法院领导的陪同下视察了8个基层人民法院，对全市人民法院法庭建设工作给予高度评价。

8月18日，最高法院唐德华副院长与市法院领导及干警座谈民事审判工作。

9月8日，市法院组织召开全市法院刑事审判工作汇报会，并对秋季严打进行再部署再动员。王瀛泽院长强调维护稳定是当前压倒一切的中心任务。两级法院主管刑事的副院长及刑庭庭长到会。

9月9日，市法院组织召开全市法院思想政治工作经验交流会。传达省委政法委第三次思想政治工作会议精神和省委政法委书记许永跃的讲话。学习省委政法委下发的“河北省政法系统领导班子、领导干部思想政治建设责任制”，并传达了省法院反腐败工作会议精神。王瀛泽院长到会并讲话。

12月2日，市法院召开创建文明法院夺文明执法优胜杯活动动员大会。

1998年

1月7日，市法院印发《关于1997年调研工作情况的通报》。通报指出，截至1997年12月底，市法院研究室共组织调研稿件185篇，编发52篇，有32篇被上级机关及各类报刊采用，其中国家级采用6篇，省级采用22篇，组织上报典型案例17篇，有5篇被省法院及最高法院采用。市法院研究室被市委评为1997年度调研工作先进集体。

1月8日，市委副书记、市长赵铁练在圈阅市法院撰写的《认真搞好执行工作，努力为我市经济建设保驾护航》的报告后，作出批示："报告很好，中院的执行工作成绩是突出的，今后在执行中对每个企业状况进行深入具体分析，既执行好，惩办不法或不守信用者，又要有利于企业生存、发展，望市法院在这方面多探索，多出经验，为秦皇岛的经济社会发展做出更大的贡献。"

1月8日，市法院王瀛泽院长在新春佳节即将来临之际，专程来北戴河看望已故全国法院模范潘火中同志的家属高云。王院长首先代表全市法院的800多名干警向高云同志表示慰问，随后详细了解高云一家的生活和工作情况，亲自到高云同志所在的铁道部疗养院和疗养院领导沟通情况。

1月9日，市法院编发的《重复收取取保候审保证金做法不妥应予纠正》这则信息由市委信息中心作为专报转发后，先后被河北省委办公厅、中共中央办公厅采用，实现本院信息工作的历史性突破。王瀛泽院长指示信息采编人员，要以中办采用此信息为契机，多出精品信息，使信息真正为领导决策服务。

2月13日，经省法院研究决定，市法院执行庭、海港区法院经济审判第二庭荣立集体二等功。海港区法院院长李晓伶、卢龙县法院副院长曹庆恩、海港区长城人民法庭审判员王泽文、山海关区法院办公室副主任孙德增荣立个人二等功。

2月26—27日，全市法院院长会议在市法院召开。市法院庭以上领导和各基层法院院长、纪检组组长、办公室主任参加了会议。会上传达了省、市政法工作会议和全省法院院长会议精神，交流和总结了1997年工作经验，表彰了1997年度先进单位和个人，部署了1998年工作任务。市委副书记周卫东作了《坚持司法公正，反对司法腐败，维护社会稳定，促进经济建设》的书面发言。市法院王瀛泽院长讲话。

2月26日，市法院印发《河北省秦皇岛市中级人民法院为全市经济发展实现第二次跨越提供有力司法保障和服务的几点意见》。

2月27日，市法院印发《河北省秦皇岛市中级人民法院关于进一步加强参与社会治安综合治理工作的意见》。

3月5—15日，市法院认真贯彻秦办发〔1998〕18号和秦直工〔1998〕3号文件精神，在全院广泛深入地开展解放思想大讨论。印发《关于开展解放思想，强化审判，为实现全市经济社会发展第二次跨越保驾护航大讨论的实施意见》。

3 月 13 日，王瀛泽院长带队深入全市各基层法院和青龙、昌黎部分基层法庭，听取各院执法检查工作进展汇报，实地考察基层法院执法检查工作的操作情况，掌握了大量第一手材料，有针对性地对各基层法院执法检查工作提出指导性意见。

3 月 15 日，市法院广大青年法官走上街头，向市民、群众义务进行法律咨询，开展法律宣传活动。共接待群众 184 人次，回答各类法律问题近 300 个，散发法律宣传材料近 4000 份。

3 月 25 日，市法院院长王瀛泽在市第十届人民代表大会第一次会议上作《河北省秦皇岛市中级人民法院工作报告》。

3 月 25 日，市法院对 1997 年宣传工作评比结果进行通报。1997 年全市法院在市级以上新闻媒体发稿 97 篇，其中省级以上 93 篇。评出先进单位 3 个，即海港区法院、山海关区法院、抚宁县法院；宣传先进个人 6 人：马大壮、徐士龙、王红艳、孙德增、王贵玖、丁文江，并评出优秀稿件 16 篇。

3 月 26 日，市法院对 1997 年信息工作评比结果进行通报。1997 年共编发信息、简报、情况反映、大要案专刊共 138 期 200 条，被中央办公厅和省委办公厅采用 1 条，最高法院采用 8 条，省法院采用 56 条，有 6 条信息分别被最高院领导，省、市领导批示。上采率和上采层次实现历史性突破。评出先进单位 3 个：海港区法院、山海关区法院、抚宁县法院。先进个人 9 人：徐士龙、黄枫、孙德增、张柏丽、孙志新、王凤祥、侯英才、张新英、吴华。评出优秀信息及作者 13 篇、14 人。

3 月 27 日，市法院会同经委部门召开特困企业、大中型企业厂长、经理座谈会。孙盘柱副院长、经济庭庭长及有关业务庭室人员参加了会议。

3 月 31 日，市法院召开执法检查汇报会议。王瀛泽院长参加并主持了会议，会上听取本院各庭、处、室负责人汇报执法检查自查阶段的情况，分析解剖了具体案件，王瀛泽院长提出具体意见和要求。

4 月 10 日，市法院从中院和基层法院挑选 20 余名审判经验丰富的庭长和审判员，市法院 4 名副院长带队，分别对各基层法院执法检查情况进行抽查和互查。这次抽查互查主要采取“看”和“听”的方式进行，查看卷宗，听取各院对前阶段检查情况的汇报，找出经验和存在问题，从而达到交流经验、取人之长、补己之短、互相学习、共同提高之目的，从而把执法检查向前推进一步。

4 月 14 日，召开全市法院信息宣传工作会议。各县、区法院主管信息宣传工作的领导、宣传信息员参加了会议。这次会议总结部署工作，表彰先进，传达贯彻省法院办公室主任会议和市委信息工作会议精神。市法院王秀兰副院长在会议上作了讲话。王瀛泽院长在肯定全市法院信息宣传工作成绩的同时，就如何继续巩固成果、保先进位、开创法院信息宣传工作新局面强调四落实，即思想落实、组织落实、任务落实、措施落实。

4 月 20 日，市法院在省法院召开的全省档案工作廊坊会议上受到省档案局和省法院的联合表彰，被评为河北省法院系统档案工作先进单位。市法院档案员张晓玲被评为全省档案工作先进个人。在这次受表彰的 6 个中院系统中，市法院名列第一。

4 月 28 日，市第十届人大常委会第二次会议通过，任命马玉俊为市法院副院长、审判委员会委员。

5 月 5 日，召开全市法院院长会议，市法院中层领导也参加会议。会上传达了省委政法委、省法院座谈会精神，学习了最高法院肖扬院长、省法院高文英副院长的讲话。各基层法院院长着重围绕司法腐败汇报了重点案件的纠查情况，市法院马玉俊副院长进行了再动员。市法院王瀛泽院长在会上提出了具体要求。

5 月 6 日，市法院召开深化审判方式改革座谈会，研究谋划下一步审判方式改革工作。市法院中层以上领导参加了会议。座谈会上，马玉俊副院长认真听取了市法院各审判业务庭贯彻落实本院年初制定的关于《深化审判方式改革实施办法》补充意见的情况汇报，与参会人员分析讨论目前困扰审判方式改革的主要困难和问题，研究解决办法，谋划今后一个时期继续加大审判方式改革工作力度的思路和具体措施。

5 月 6 日，市法院发出在全市法院系统开展讲文明、树新风竞赛活动的通知。这次讲文明、树新风竞赛活动，是市廉政办为有力推动全市社会主义精神文明建设，决定在全市公、检、法、工商、税务、劳动、交通、电力、卫生、公共事业等 10 个行业开展“讲文明、树新风竞赛活动”。具体内容同市文明委布置的夺杯活动相结合，分为 6 个阶段，时间从 4 月中旬开始到年底结束。全市法院开展此项活动具体组织实施，由市法院政治处、纪检组负责。

5 月 10 日，市法院党组研究决定，重新调整“严打”领导小组成员。王瀛泽院长任组长，马玉俊、高步春副院长任副组长，唐秋涛、程安、王志荣、王玉山、王忠保、白素环任成员。负责市两级法院“严打”期间的组织指挥、督查检查工作，确保“严打”斗争深入开展。

5 月 11 日，市法院召开新闻发布会，向新闻媒体、社会各界郑重宣布，市两级法院“法官违法违纪投诉中心”正式成立。投诉中心设主任 1 名、副主任 3 名、办公室负责人 1 名、负责接待 2 名。主任由市法院党组副书记、副院长马玉俊担任，副主任由市人大法制工作委员会李春平和市纪委常委监察局副局长王文钊同志担任。办公室由市法院副院长、纪检组组长徐子良负责。监察室副主任潘广友和科员容芳负责接待。在新闻发布会上，市法院马玉俊副院长指出了投诉中心的职责是接受党政机关、社会团体、企事业单位和公民对人民法院的法官和法院其他工作人员在审判活动中发生的吃拿卡要、索贿受贿、徇私舞弊、贪赃枉法等违法违纪行为的举报、投诉和调查处理；并向与会人员公布了投诉中心的组成人员、工作程序以及各法院的投诉电话号码。发布会邀请了市电视台、电台、报社及河北省各大新闻媒体驻秦记者站的记者 10 余名，市人大常委会和市纪委有关领导参加了新闻发布会。

5 月 18 日，市法院在全省法院举办的信息、宣传培训班及 1997 年度信息、宣传工作表彰会上受到表彰。在省法院信息工作表彰的 5 个中级法院中，市法院名列第二，被评为先进单位。在表彰的 13 个基层法院中，海港区法院、山海关区法院被评为先进单位。市法院的徐士龙、山海关区法院孙德增荣获全省法院信息工作先进个人。在省法院宣传工作表彰的 4 个中级法院中，市法院名列第三，被评为先进单位，市法院的徐士龙、海港区法院的王红艳被评为宣传工作先进个人。

5 月 26 日—6 月 5 日，全省法院首届刑事审判“尖子法官”培训班在北戴河法官培训中心举办。就如何学习好、掌握运用好修改后的“两法”进行为期 10 天的集训，市法院王瀛泽院长参加了开班典礼。

5 月 29 日，召开全市法院告诉申诉信访工作会议。各县、区法院院长及告申庭负责人及市法院的庭、处、室负责人参加了会议。市法院王瀛泽院长主持了会议。会议传达了省委、市委信访工作会议精神，市法院宣布了《一九九八年市法院系统将继续实施信访工作责任目标制度的意见》，并就进一步做好信访老户工作提出要求，表彰了 1997 年信访工作先进单位和个人。徐子良副院长代表党组总结了全市法院前段告申信访工作，部署了今后工作任务及进一步明确了告申信访工作的主攻方向。会上，各县、区法院院长同市法院领导签订了信访目标管理责任状，王瀛泽院长结合法院告申信访工作实际和暑期安全稳定任务提出要求。

6 月 3 日，召开全市法院经济民事审判方式改革和审理企业破产案件工作会议。会议传达了贯彻省法院经济审判方式改革座谈会精神，总结了近几年来市两级法院经济、民事审判方式改革的经验和不足，传达了省法院景汉朝副院长关于经济审判方式改革工作和审理企业破产案件的两个讲话。各县、区法院院长，有关庭、室负责人参加了会议，副院长孙盘柱代表院党组讲话。最后，王瀛泽院长就本市法院审判方式改革有关领导问题等强调了几点意见。

6 月 13 日，市法院建立“下岗职工法律服务信箱”。成立以马玉俊副院长为主任、部分业务骨干为成员的法律服务办公室。统一处理下岗职工的来信、来访，并对提出的问题依法给予解答，对下岗职工反映出的共性问题，法院将同新闻媒体联系，通过电视、电台、报纸向下岗职工集体答疑；对于个性问题将逐一进行书面解答。

6月16日，市法院成立教育整顿领导小组。党组书记、院长王瀛泽为组长，党组副书记、副院长马玉俊为副组长，其他党组成员为成员。在政治处成立教育整顿领导小组办公室，下设综合、信息材料、案件督办三个组，分工负责，共同抓好教育整顿各项工作的落实。

6月26日，市法院召开“三先一优”表彰暨庆祝建党77周年座谈会。全院114名党员及团员、青年欢聚一堂，畅谈党77年走过的光辉历程。会上有3个先进党支部、3名先进党务工作者、3名先进党小组组长、7名优秀共产党员受到表彰。新老党员、入党积极分子以及团员，青年代表在会上发言，党组书记、院长王瀛泽，党组副书记、副院长马玉俊在会上谈了体会。

6月29日，市法院党组决定在全院范围内开展“征集好建议活动”。要求集思广益，为法院全面建设增砖加瓦，为消除和抵御司法腐败动脑筋、出主意、提建议，以口头或书面形式报教育整顿领导小组办公室。院里将对征集的好建议进行评比，对优秀的给予奖励。

7月11—15日，省法院党组成员、纪检组组长黄醒明同志带领省法院检查组到市法院检查工作。黄醒明组长听取了市法院副院长徐子良同志前段执法检查自查自纠情况的汇报，征求了市经委、政法委、组织部、市直机关法工委等单位的意见，召开执法监督员和案件当事人、企业代表座谈会。召开干警大会，进行问题调查，对市法院各庭的案件进行审查，通过检查，黄组长对市法院的执法大检查工作取得的阶段性成果表示肯定，肯定成绩的同时也提出了希望。

7月14—15日，市法院召开法庭建设巡回现场会。观摩法庭建设情况，检查法庭管理水平，验收新建法庭。到6月底为止，全市法院的46个法庭中已有43个法庭达标。按市法院制定的标准，小楼式的一类法庭24个，建设面积达200～300平方米，10间房一套院的二类法庭13个，达到6间房五室配套的三类法庭6个。在巡回现场会上，市法院法庭硬件建设领导小组组长、副院长孙盘柱作总结发言。

7月17日，市法院召开邀请全市8家特困企业厂长、经理参加的经济审判服务特困企业座谈会。座谈会上，市法院公布了经济审判为特困企业服务的10条意见。8家特困企业的厂长、经理均在座谈会上就市法院意见提出了一些建议。市法院领导和经济庭、执行庭的负责同志分别就厂长、经理提出的问题根据法律进行了解释和答复，市法院副院长马玉俊、孙盘柱，市经委主管领导参加了座谈会并讲了话。

7月25日，省法院李玉成院长在市法院王瀛泽院长的陪同下视察了市法院正在修缮、续建中的办公楼和审判庭。李玉成院长还到家属楼里看望市法院部分干警。

7月30日—8月1日，省法院李玉成院长在市法院王瀛泽院长的陪同下先后考察了青龙、昌黎、抚宁三个基层法院的10个人民法庭的硬件建设和审判方式改革情况。李院长对我市基层法庭高标准的硬件建设、规范的工作秩序和严格的庭内管理给予高度评价，并对审判方式改革提出了希望和要求。

7月31日，市法院党组决定，成立清理经商办企业活动领导小组。组长：王瀛泽（院长），副组长：马玉俊（副院长）、徐子良（副院长兼纪检组组长），成员：刘瑞琴（政治处主任）、王玉山（司法行政处处长）、王志荣（办公室主任）。领导小组下设办公室，办公室设在监察室。

8月13日，市法院召开支援灾区捐款动员大会。近一个时期以来长江和嫩江流域连续发生特大水灾，给人民群众的生命财产造成巨大损失，广大干警心系灾区人民，纷纷伸出友爱之手，市法院王瀛泽院长、马玉俊副院长在院机关捐款动员会后立即拿出300元捐给灾区群众，全院干警在院领导的带动下踊跃捐款，不到一天时间就捐到了1万余元。

8月14日，市法院召开全市基层法院院长会议。各县、区法院院长、办公室主任等参加了会议，市人大常委会刘向东副主任出席了会议。会上传达了全国、全省法院院长座谈会精神，总结了前段工作，部署了今后5个月的工作任务。王瀛泽院长在会上提出了意见。

8月19日，全国政协副主席、最高法院原院长任建新同志在市委副书记周卫东、市法院院长王瀛泽等领导的陪同下视察市法院工作，看望了市法院广大干警并和广大干警留影。王瀛泽院长向任建新副主席就法院的工作进行了汇报，任建新副主席对法院近年来的工作给予了充分肯定。

8月20日，召开全市法院书记员竞赛活动颁奖大会。对在全市法院书记员竞赛中获得优胜的单位和个人进行表彰奖励。海港区法院荣获团体得分第一名，海港区法院杨超等9名书记员分别获得一、二、三等奖。卢龙县法院和山海关区法院获得组织奖。

8月25日，全国政协副主席、最高法院原院长任建新在市委、市法院领导的陪同下视察了海港区法院长城法庭。

8月31日，市法院为落实中央关于领导干部廉洁自律工作的八项规定，按省、市委，省、市纪委的统一部署，认真清理了公费购置、安装、使用移动电话和住宅电话，狠刹用公款吃喝玩乐歪风，严格控制招待费，精简合并压缩会议，紧缩会议费用等问题，并写出《关于贯彻落实中央廉洁自律八项规定情况报告》。

9月17日，召开全市法院刑事审判工作会议。这次会议主要是回顾和总结今年以来，特别是开展“严打”统一行动以来的刑事审判工作，传达全国、全省法院“两法”实施座谈会精神，部署今年最后一个季度的工作任务。各县、区法院院长对刑事审判工作情况和贯彻“两法”的问题互通情况、交流经验。

9月29日，市法院召开清理积案、执行会战会议。会上迅速传达了全省法院执行工作座谈会精神，布置清理执行积案工作。会议提出，全市法院将从10月初开始利用3个月时间集中力量开展执行会战，确保清理积案任务的完成，年底前案件执行率要力争达到75%。王瀛泽院长在会上强调市两级法院要重视这次执行会战，实现认识到位、领导到位、组织到位、措施到位、标准到位。

9 月 30 日，市法院组织各县、区法院办公室主任，对各院司法统计工作进行联查，通过联查，各院互相取长补短，达到共同提高的目的。

10 月 8 日，市法院系统举行的优秀裁判文书评选工作结束。21 份文书分别获刑、民、经、行前六名，卢龙县法院、青龙县法院、昌黎县法院获得前三名。

10 月 18 日，全省法院系统先进典型事迹报告会在市法院举行。全市法院 300 多名干警代表参加了报告会，聆听了 5 位先进个人的先进事迹报告。会后，全市法院组织干警对先进事迹报告团的先进事迹进行了学习讨论，市法院以庭、室为单位就如何学习先进事迹进行了座谈。王瀛泽院长号召在全市掀起学先进、赶先进的活动热潮。

10 月 21 日，最高法院刘家琛副院长到市法院搞调查研究，刘家琛副院长在听取市法院和海港区法院领导就今年进行的执法检查和教育整顿工作汇报后说，要巩固教育整顿成果，加大改革力度，通过建章立制，从根本上防止司法腐败，并强调法官要从办公室走进审判庭。

10 月 28 日，市法院举行第三批执法监督员颁发聘书仪式，专门为 14 名由市人大、市政协推荐的人大代表、政协委员以及民主人士颁发执法监督员证书和聘书。市人大常委会副主任刘向东、市政协副主席方宝枝、市法院孙盘柱副院长在颁发聘书会议上讲话。

11 月 11—12 日，省法院检查组来市法院对市法院的执法检查教育整顿工作进行检查。检查组听取了院领导的汇报，召开了干警座谈会，邀请市党政机关、群众团体及企事业的代表进行了民意测评，征求了市委、市人大、市政府、市政协的评价意见，召开了执法监督员座谈会，对市法院执法检查、教育整顿工作进行了全方位的检查验收，在 2 天时间里，先后与 48 人座谈，发出征求意见表 35 份。省法院检查组对市法院执法检查、教育整顿工作评价很高，也指出存在的不足。

12 月 11 日，市法院召开两级法院法官等级首次评定准备工作会议。市法院专门成立以王瀛泽院长任组长，马玉俊副院长、刘瑞琴主任为副组长的法官等级评定领导小组。会上，传达了最高法院、省法院有关评定工作的文件精神和标准要求，明确了工作任务、操作程序和办法。会上，马玉俊副院长代表领导小组对市法官等级首次评定工作提出了具体要求。

12 月 21 日，市法院召开新任命副处级审判员座谈会。市委组织部柴俊副部长代表市委宣读任命。王瀛泽院长对新任命的 10 名副处级审判员提出更高要求和希望。

12 月 26 日，市法院干警走上街头，开展“审务公开宣传日”活动，在全市掀起了推行审务公开、宣传审判工作的高潮。这次宣传活动从上午 9 点开始，在市中心设置了宣传站，向过往群众散发宣传品，并进行法律咨询服务，市法院王瀛泽院长、马玉俊副院长参加了整个宣传活动。

1999 年

1 月 25 日，市法院召开全市法院工作会议，总结 1998 年工作，宣布表彰 1998 年度全市法院系统立功集体和个人的决定，全面部署 1999 年工作任务，宣布市法院作出的学习北京海淀区法院的决定以及开展“案件质量年”和“两满意”活动的实施意见。市法院王瀛泽院长在会上讲话。市委副书记、政法委书记周卫东出席会议并讲话，市人大常委会副主任杨文波出席会议。

2 月 5 日，王瀛泽院长在市第十届人民代表大会第二次会议上向代表们作《秦皇岛市中级人民法院工作报告》。

2 月 11 日，市法院在春节期间开展“送温暖”活动。市法院领导分成 4 个慰问组分别深入各基层法院、法庭，慰问伤残、有病和家庭困难的干警，为他们送去慰问金和慰问品。

3 月 1 日，市法院对 1998 年度司法统计工作情况通报，青龙县、抚宁县、昌黎县法院获综合考核评比一等奖，开发区、北戴河区法院获二等奖，海港区、卢龙县、山海关区法院获三等奖。

3 月 10 日，市法院在海港区法院召开全市法院办公室主任联席会议。会议传达了全市党委系统办公室会议上市委王建忠书记、周卫东副书记和范怀良秘书长的讲话，各县、区法院办公室主任汇报了本院贯彻落实全市法院工作会议精神的情况。市法院对 1998 年度办公室指标化管理考核情况进行了讲评，表彰了信息、宣传、档案、综合考评等先进集体和先进个人。市法院马玉俊副院长在会上讲话，并指出了办公室要落实党委和上级法院要求，做到“明确一个思想，保持三股劲头，做好五个表率”。王瀛泽院长就当前法院工作重点提出要求。

3 月 25 日，市法院印发《关于开展“执行年”活动的实施方案》，方案中根据最高法院和省法院关于开展“执行年”活动的部署，结合本市法院执行工作实际，对开展“执行年”活动的指导思想、工作目标、方法步骤、具体措施、组织领导作出了具体规定。

3 月 29 日，市法院出台《一九九九年“创建文明法院，夺文明执法优胜杯”活动实施方案》，方案对这项活动的指导思想、创建目标、时间步骤、主要措施、组织领导等作出了具体规定。

3 月 31 日，市法院召开全市法院“三项活动”调度会。传达贯彻最高法院召开的全国电视电话会议和省法院召开的全省中级法院院长、纪检组组长、执行庭长工作会议精神。听取前一段各院在“三项活动”中的开展情况，市法院副院长马玉俊在“三项活动”调度会上讲话。

4 月 12 日，市法院成立“为群众和干警排忧解难”工作小组。党组副书记、副院长马玉俊为组长，副院长常沛江为副组长，政治处、办公室、司法行政处、机关党委、民庭、告申庭、法警队、法医室等负责同志为成员，负责领导和协调实施工作。

4月14日，市法院组织了参加在职攻读法律硕士专业学位推荐考试的预考工作。参加这次预考的同志都是在法院系统工作5年以上、具有法律专业本科学历的拔尖人才。全市法院系统共有15名报名者，通过择优选拔2名向省推荐参加全国联合考试。

4月28日，市法院召开了全市法院办公室主任联席会议。市法院王瀛泽院长，马玉俊、高步春、徐子良副院长参加了会议。在听取了各县、区法院关于开展“三项活动”情况的汇报后，马玉俊副院长代表院党组对市法院开展“三项活动”情况进行了总结，对今后的工作提出了具体意见。王瀛泽院长提出要求。

5月5日，市法院决定开展送法进企活动，并制定了送法进企的计划安排，孙盘柱副院长首先为建管局所属企业的60多名干部讲授《行政诉讼法》，拉开了两级法院送法进企的帷幕。

5月25日，市法院印发了关于落实省法院《关于带着感情做好群众工作实施意见》的通知，要求全体干警要把带着感情做好群众工作纳入“两满意”活动，以推动此项活动的开展。

5月28日，市法院召开全院干警大会，迅速传达和贯彻市委常委会（扩大）会议精神，传达和学习了《中共秦皇岛市委办公室、秦皇岛市人民政府办公室关于做好我市维护稳定工作的意见》。会上，王瀛泽院长就法院如何贯彻落实市委常委会（扩大）会议精神、做好当前维护稳定工作提出了具体要求。

5月31日，市法官协会、女法官协会成立大会在市法院隆重召开。市法院全体法官及各基层法院的法官代表110多人参加了成立大会。省法院副院长景汉朝，市检察院、公安局、司法局、社科联、民政局等市直有关单位领导到会祝贺，市法院王瀛泽院长及其他院领导班子成员参加了大会，大会通过了《秦皇岛市法官协会章程》《秦皇岛市女法官协会章程》及“两个协会”发展接纳会员具体规定、经费筹集与使用管理办法、常务理事会工作制度。大会还选举产生了“两个协会”第一届理事会、常务理事会组成人员。王瀛泽院长当选为市法官协会第一届常务理事会会长，刘瑞琴当选为女法官协会第一届常务理事会会长。

6月17日，市法院召开了由驻秦部分全国人大代表、省人大代表、市人大代表及执法监督员参加的“三项活动”通报会，会议由市法院院长王瀛泽主持，常务副院长马玉俊通报了全市法院“三项活动”开展情况，与会的人大代表、执法监督员对全市法院的工作提出了中肯的意见和建议。

6月29日，市法院第五次行政审判工作会议在市法院举行，会上交流了行政审判工作经验，研讨了行政审判中出现的疑难问题。市法院副院长常沛江代表党组对行政审判工作进行总结并对今后如何开展行政审判工作提出了意见，王瀛泽院长、马玉俊副院长分别就全市行政审判工作提出了具体要求。

6月30日，市法院隆重召开纪念建党78周年座谈会暨表彰会，对先进党支部、优秀党务工作者、优秀党小组组长、优秀共产党员进行了表彰，颁发了证书和奖品。党组副书记、副院长马玉俊代表院党组、院领导向战斗在各庭、处、室、队等岗位上的共产党员致以节日的祝贺，并为全体党员上了一堂题为“审判机关党员干部贯彻落实‘三讲’几点思考”的党课。

7月9日，市法院召开全市法院告诉申诉信访工作会议。会上传达贯彻了省、市委信访工作会议精神。副院长徐子良代表市法院党组对过去一年全市法院告申信访工作进行了总结，对如何贯彻省委、市委信访工作会议精神提出了具体意见。王瀛泽院长在会上就告申信访工作提出了具体要求，强调要严密措施，完善制度，确保暑期稳定。会上还对1998年度信访工作先进单位及先进个人进行表彰。受到表彰的先进单位4个、先进个人9名。

8月9—10日，市法院召开全市法院“三项活动”经验交流会。会上学习了中共中央中发〔1997〕11号文件，学习了最高法院《关于人民法院若干问题的规定》。交流会上，海港区法院、昌黎县法院、抚宁县法院、卢龙县法院、青龙县法院、山海关区法院、开发区法院、北戴河区法院民庭、海港区法院长城法庭7个法院2个庭作了典型经验发言。交流会由副院长马玉俊主持，王瀛泽院长作了题为《深化认识、强化落实，确保三项活动取得实效》的重要讲话，省法院政治部副主任姜栓榜、市人大常委会副主任刘向东等领导出席会议并讲话。

8月16日，最高法院院长肖扬在省法院院长李玉成，省委政法委副书记、市委副书记周卫东，市人大常委会副主任刘向东，市法院院长王瀛泽等领导的陪同下视察了市法院和海港区法院长城法庭，察看了长城法庭和市法院设施，在听取汇报后与全体干警合影。肖扬院长强调指出：“要以人民群众满意为标准，全面做好各项审判工作。”肖扬院长还对市两级法院开展的“三项活动”工作给予了高度评价，他赞扬市两级法院在开展“三项活动”中动手早、抓得紧、力度大、效果好。

8月25日，市法院在昌黎县召开了以“人民法院司法改革理论与实践”为中心议题的学术研讨会。这次学术研讨会共征集论文20多篇，并在大会上发言，充分反映出全市法院司法调研、学术理论研究所取得的成果。市两级法院调研机构负责人及调研骨干参加了会议。省法院研究室、市委研究室、市委政法委研究室的负责同志参加了会议并发言。市法院马玉俊副院长对今后全市法院司法调研工作提出了具体要求。

10月8日，市法院根据党的十五届四中全会作出的《关于国有企业改革和发展若干重大问题的决定》向各县、区法院发出了《关于认真组织全体干警学习党的十五届四中全会精神的通知》，要求全市法院要认真组织全体干警学习、贯彻、落实四中全会精神，结合各院和辖区实际，充分发挥审判职能，积极配合党的中心工作，保障和促进国有企业改革和发展。

10 月 14 日，市法院为贯彻落实省法院在雄县召开的“一案两卡”制度现场会精神，规范审判程序，根据雄县法院“一案两卡”经验，结合实际情况，提出了关于“一案两卡”制度的实施方案。方案中对实施“一案两卡”的指导思想、目标要求、方法步骤、组织领导、具体要求提出了明确具体的意见。

10 月 15 日，最高法院刑一庭东北组组长王玉琦、华北组组长王桂霄和宋楚萧等一行 3 人到市法院召开贯彻刑法、刑事诉讼法座谈会，市法院高步春副院长，市法院刑一庭、刑二庭及山海关区、海港区、抚宁县法院主管刑事的副院长、庭长及有关人员参加了座谈会。

10 月 15 日，市法院开展“百日集中执行大会战”。为认真贯彻落实中央 11 号文件精神，实现“执行年”活动的既定目标，根据省法院安排部署，经市法院党组决定，从 10 月中旬开始到明年春节，在全市法院系统开展“百日集中执行大会战”（简称百日大会战）行动。为保证百日大会战的顺利实施，市法院出台了《关于开展“百日集中执行大会战”行动的实施意见》。对这次会战的指导思想、目标任务、方法措施、具体要求等作了详细的规定。

10 月 20 日，市法院顺利执行卢龙县武山矿业有限公司申请执行天津天钢集团有限公司债务纠纷一案。当天，市法院组织干警 42 人、警车 8 辆、运输车 25 台，邀请本市电视台、报社等新闻记者赴天津强制执行。经过周密组织、严肃执法、文明执行、集中兵力，该案得以胜利执行，共执行钢材 800 吨。

11 月 3 日，市法院组织全体干警学习全国人民代表大会常委会《关于取缔邪教组织，防范和惩治邪教活动的决定》及《关于办理组织和利用邪教犯罪案件具体应用法律若干问题的解释》，王瀛泽院长提出了具体要求。

11 月 11—12 日，召开全市民事审判工作会议。传达全国、全省民事审判工作座谈会精神，互相交流了经验，徐子良副院长和民庭庭长毛悦先结合本市民事审判工作的实际先后发言，市法院王瀛泽院长以“切实加强调解工作，努力提高民事审判质量”为题作了发言，要求全市民事审判干部要切实加强调解工作，加大调解力度，促进社会稳定。市人大常委会副主任刘向东到会并讲话。在学习、讨论座谈的基础上，还集中半天时间，由市法院副院长孙盘柱给民事审判干部讲解《合同法》。

11 月 16 日，市法院作出《关于调整民事、经济纠纷案件争议金额级别管辖标准的规定》，规定了市法院受理第一审民事、经济纠纷案件金额为 200 万元以上，涉外、涉港澳台的民事案件，争议金额为 100 万元和市法院认为属于本辖区有重大影响的案件。

12 月 15 日，市法院出台《为国有企业改革和发展提供保障和服务的意见》。

2000年

1月13日，市法院召开全市法院维护农村稳定工作会议。市法院领导、刑事审判庭的全体审判人员、有关庭室的负责人，各基层法院主管刑事审判工作的副院长、刑事审判庭庭长共40人参加了会议。市人大常委会副主任刘向东到会并讲话。

1月24日，市法院召开全市法院院长会议。各县、区法院院长，市法院领导、各庭室负责人、副处级以上审判人员参加会议。市领导周卫东、刘向东应邀到会并讲话。

2月24日，市法院院长王瀛泽在市第十届人民代表大会第三次会议上作《河北省秦皇岛市中级人民法院工作报告》。

3月10日，市法院举行中层副职竞职演讲大会，26名竞职者进行演讲，市人大常委会、市纪委、市委政法委和市委组织部的有关领导出席了演讲会。

3月11日，市法院以秦中法〔2000〕11号文件下发市法院“三讲”教育实施方案。院党组决定从3月25日—5月30日在院党组和党组成员中集中开展以“讲学习、讲政治、讲正气”为主要内容的党性党风教育活动。

4月7日，市法院召开了全市法院党风廉政建设和反腐败工作会议。各县区法院院长、纪检组组长及市法院全体干警参加了会议。会议对全市法院党风廉政建设和反腐败工作进行了安排部署。王瀛泽院长讲话。

4月14日，市法院“法律应用文写作与处理”培训按计划开始实施，标志着市两级法院教育培训活动“素质教育日”的正式启动。将每周五作为全市法院教育培训活动的“素质教育日”。

5月30日，市法院召开签订党风廉政建设责任书会议。由院长王瀛泽与各位副院长，各位副院长与分管庭、室、队的主要负责人层层签订了党风廉政建设责任书。

7月12日，市法院组织召开了全市看守所所长、监所检察室座谈会，提出办理减刑、假释案件一律实行公开开庭审理后方能作出裁定是否予以减刑的要求。

7月30日，最高法院院长肖扬在北戴河接见了市法院院长王瀛泽和海港区法院院长赵立祥。肖扬院长强调要深化改革，狠抓工作落实，并对下半年工作提出了明确要求。

8月21—23日，市法院组织全市基层法院政工部门对最高法院下发的“法院人事信息管理系统”1、2版进行培训。

9月27日，市法院王瀛泽院长及各县区法院院长和有关人员参加了最高法院召开的“全国法院进一步清理超审限案件电视电话会议”。会后，就具体贯彻落实最高院指示和要求，市法院领导进行了部署和安排。

10月7日，市法院召开全市民事审判工作座谈会。市法院徐子良副院长主持会议。王瀛泽院长到会并讲话。各县、区分管民事的副院长和民庭庭长参加了会议。

10月8日，市法院召开全院干警大会，传达贯彻了全国、全省法院清理积案电视电话会议精神。学习了最高法院《关于严格执行案件审限制度的若干规定》，王瀛泽院长在会上就市法院进一步清理超审限案件抓紧年底前2个月时间开展清理积案统一行动进行了战前动员，并提出要求。

10月27日，市法院以秦中法发〔2000〕27号文件下发“三讲”教育“回头看”活动实施方案。院党组决定从2000年11月24日—2001年1月10日，在市法院党组、党组成员和副处级干部中开展“三讲”教育“回头看”活动。

2001年

1月12日，市首例“法轮功”犯罪案在青龙县法院公开开庭，以利用邪教组织“法轮功”破坏国家法律实施罪，依据《刑法》和最高法院、最高检察院《关于办理组织和利用邪教组织犯罪案件具体应用法律若干问题解释》的规定，对青龙满族自治县政府招待所干部刘某某一审判处有期徒刑五年。

1月12日，市法院召开由市人大代表、政协委员和有关人员组成的执法监督员座谈会，征求对法院工作的意见和建议，党组书记、院长王瀛泽代表党组向执法监督员通报了2000年市两级法院的全面工作和2001年的工作设想，执法监督员对一年来的工作提出了13条建议。

1月16日，市法院以对人民负责、对法律负责的态度，主动虚心接受人大常委会的监督指导，邀请市人大常委会副主任韩以祥、高兰栓、刘向东、杨文波等领导来市法院，专题汇报工作。王瀛泽院长详细地汇报了2000年法院工作，并阐释了法院2001年工作要点，通报了下步法院民事审判工作的重大改革。市人大常委会副主任韩以祥代表市人大常委会和王建忠主任讲话，主管政法工作的刘向东副主任对一些具体工作提出了要求。

2月14日，经市委批准，全市法院院长暨纪检监察工作会议在市法院召开。这次会议的主要任务是传达贯彻全国、全省法院院长会议及纪检监察工作会议精神，总结全市法院2000年工作，表彰先进集体和个人，部署2001年全市法院工作任务。

2月21日，市法院院长王瀛泽在市第十届人民代表大会第四次会议上作《河北省秦皇岛市中级人民法院工作报告》。

3月28—30日，为了更好地搞好法院的宣传报道工作，更好地宣传法律、宣传法院，市法院组织市两级法院的专兼职通讯员40余人，进行新闻写作培训，组织这一大规模的培训在市法院尚属首次，为今后法院更好地开展宣传报道工作奠定了坚实的基础。

4 月 3—4 日，市法院举办由全市各基层法院纪检监察和综合统计部门有关人员参加的全市法院纪检监察统计培训班。市法院院长王瀛泽到会看望了与会同志，市法院党组成员、纪检组组长刘福明参加培训动员大会并讲话。

4 月 6 日，市委副书记、政法委书记周卫东同政法委副书记张文友、市法院院长王瀛泽一起视察了正在建设中的法院固定刑场。固定刑场的建设在河北省还是首例。刑场建成后，除可以更安全地用于正常的死刑执行外，还为全市法警的业务训练提供了培训基地。

4 月 19 日，秦皇岛市召开了近年来规模、声势较大的“严打”公捕公判大会，5000 多人参加了会议。市法院对严重危害社会治安的 41 名重大刑事犯罪分子分别进行了公开宣判，此次会议标志着“严打”整治斗争在秦皇岛市已全面展开。

4 月 24 日，市法院投资 180 余万元建设的固定刑场正式竣工并投入使用，结束了市法院长期以来执行死刑无固定刑场的历史，并成为全省首家具有固定刑场的中院。固定刑场的建成，增大了执行死刑的安全系数，同时便于组织指挥和管理，有利于保密。

5 月 14 日，卢龙县武山矿业有限责任公司申请执行天津天钢集团有限公司一案，在最高法院的协调下，在天津高院的参加下，在市法院的主持下，双方当事人达成执行和解协议，圆满执结，卢龙武山矿业有限责任公司已经拿到 375 万元现款。至此，备受最高法院、省法院以及天津市委等各级领导关注的此案画上了圆满的句号。

5 月 24 日，市法院和海港区法院共同召开宣判大会，公开对 36 名犯罪分子进行了宣判，社会各界 6000 多名群众参加了大会，这次公判大会使全市“严打”再掀高潮，狠狠打击了犯罪分子的嚣张气焰。

6 月 22 日，全市法院立案信访工作会议在市法院召开。市法院王瀛泽院长参加了会议，马玉俊副院长在会上讲话。这次会议是市两级法院陆续成立立案庭一年多来召开的一次具有总结回顾工作、明确今后工作方向和目标的会议。

6 月 28 日，市法院在市二宫礼堂门前广场召开公判大会。市委副书记、市委政法委书记周卫东到会并讲话，到现场受教育的社会各界群众达 1.5 万余人。这次行动起到了宣传法治、稳定人心的良好社会效果。

8 月 4 日，最高法院肖扬院长在北戴河接见了市法院和海港区法院领导。肖扬院长强调指出，审判庭建设要从长远考虑，要体现时代特征，体现现代审判制度，体现法律文化，同时，对审判长选任制改革和违法审判追究也发表了意见并作出指示。

8 月 20—21 日，市法院召开全市法院立案信访工作会议。会议由市法院副院长马玉俊主持，市人大信访处副处长张延军、市信访局有关人员参加了会议。各县区法院主管信访、立案工作的副院长和市法院立案庭、各县区法院立案庭全体成员参加了会议。

8 月 29 日，随着抚宁县法院以 98.5 分的成绩通过由市档案局组织的省一级档案复检，全市基层法院（除开发区法院不在受检之列外）已全部通过省一级档案复检。

9月14日，最高法院和省法院等一行6人检查组来市法院进行保密检查，因市两级法院历来重视保密工作，不断提高保密队伍的业务素质，完善各项保密措施，市两级法院的保密达到了一个较高的水平，因此顺利通过此次检查。

9月24日，市法院召开全市法院纪检监察工作汇报会，市两级法院纪检监察工作和违法审判监督办公室负责人参加了会议。市法院纪检组组长刘福明就上半年全市法院纪检监察和违法审判监督工作任务的开展和完成情况进行了总结，并就如何做好下半年工作提出了各项具体要求。

10月11日，市两级法院认真贯彻落实全国社会治安工作会议精神，全力投入市委统一部署的严打“秋风行动”当中。市两级法院共组织召开了5场公判大会。这几场公判大会由2万余名社会各界群众参加，起到了很好的社会效果。

10月15日，市法院在市档案局组织的档案管理工作省一级复检中以99分的最高分通过复检。至此，市两级法院的档案管理工作全部顺利通过省一级复检。

10月26日，市法院召开全市法院“严打整治”斗争表彰大会，对4个先进集体和22名先进个人予以表彰。王瀛泽院长在会上讲话。

12月4日，在全国第一个法治宣传日来临之时，市法院的全体法官在新世纪公园举行了庄严的升国旗、宣誓仪式。宣誓后，法官们又聚集到市主要街道进行法治宣传，发放宣传材料300份，接待群众咨询50余人次。

2002年

3月4日，市法院院长王瀛泽在市第十届人民代表大会第五次会议上作《河北省秦皇岛市中级人民法院工作报告》。

4月5日，市法院召开由全院干警参加的动员大会，对开展“述、评、纠、建”活动进行全面部署。会上，市法院纪检组组长刘福明传达了市纪委会议精神和有关文件，并就全院开展该项活动进行了部署。院长王瀛泽在动员会上讲话。

4月25日，市法院出台《关于改革执行案件收费办法的暂行规定》，于5月1日起施行。根据此规定，企业申请法院执行不再需预交执行费。此举是市两级法院转变审判作风，减轻企业不必要诉累，为人民服务的一件实事、好事。

4月28日，为确实有效开展好行风评议活动，调动各基层法院和院属各部门及全体干警参加活动的积极性，市法院党组决定，对2002年全市法院系统开展的行风评议活动实行奖优罚劣。

5月11日，市法院召开由两级法院院长、纪检组组长、基层法庭庭长和市法院全体干警参加的全市法院“两为两树民主评议行风动员”大会，并特邀社会执法监督员到会。市法院王瀛泽院长进行动员讲话，市人大常委会副主任刘向东、市纪委副书记刘玉萍出席会议并分别提出要求。

6月5日，为将全市法院民主评议行风活动推向高潮，市两级法院统一开展了法律咨询日服务活动。市法院和海港区及开发区法院共同在海港区鑫园广场举办咨询活动，王瀛泽院长亲自接待群众咨询，并接受了市电视台、市广播电台的采访，就全市法院的行风建设向社会作出了6项承诺。

6月18日，市法院在抚宁县法院召开全市法院立案信访工作座谈会。市人大法工委、信访处，抚宁县政协、政法委的领导出席了会议，市法院副院长马玉俊参加会议并讲话。会前市法院组织全市县区法院主管立案的副院长和立案庭庭长参观了抚宁县法院的立案大厅。

6月24日，省法院指定抚宁县法院审理的石家庄市原市委副书记、市长张某某受贿案正式开庭审理。

7月23日，省法院院长李玉成在市法院副院长常沛江的陪同下视察了山海关开发区人民法庭。

7月29日，最高法院院长肖扬在对市两级法院考察工作时强调：努力实践“三个代表”重要思想，扎扎实实地加强基层法院工作。省法院院长李玉成及市委书记王建忠、市法院院长王瀛泽陪同参加了考察。

8月7日，省法院纪检组组长黄醒明带领检查组来市法院，检查指导市法院开展“民主评议行风”和“转变审判作风年”活动开展情况。黄醒明同志对市两级法院工作给予了充分肯定，并对下一步工作提出了要求。

8月12—14日，全省民商审判当庭宣判经验交流现场会在秦皇岛市召开，省法院副院长景汉朝，省法院民二庭、民三庭正副庭长，全省各中级人民法院和部分基层法院的代表参加了会议，6名代表在会上发了言。

9月4日，市法院召开民主评议行风工作调度会。副院长兼纪检组组长刘福明对民主评议行风工作进行了总结和部署，副院长马玉俊对抓好审判工作和法院队伍管理、加强理论学习和廉政教育提出了要求。院长王瀛泽出席会议并讲话。

9月26—29日，全省法院国家赔偿审判工作会议暨听证程序现场会在秦皇岛市召开。全省各中院的代表现场观摩了市法院对刘贤申请青龙县检察院、青龙县法院共同赔偿一案的听证会，并参加了为期一天半的专项培训。省法院副院长、赔偿委员会主任米振祥发表了讲话。他要求全省法院要全面提高国家赔偿审判工作水平，主要做好8个方面工作。

10月10日，为迎接党的十六大的胜利召开，维护社会稳定，确保国家经济建设和社会发展的良好环境，市法院召开了全市法院信访工作紧急会议。会上传达了最高法院黄尔梅庭长在全国部分高院信访座谈会上的讲话精神。

11 月 19 日，市法院召开全市法院办公室工作会。会上传达了最高法院曹建明副院长、最高法院办公厅鲍圣庆副主任、省法院刘瑞川副院长和省法院办公室崔新文主任的讲话。院长王瀛泽、副院长马玉俊参加了会议并讲话。各县、区法院办公室主任参加了会议。

11 月 28 日，为更好地贯彻落实省法院会议精神，部署市法院的民事审判工作，切实搞好当庭宣判，使市法院当好全省法院当庭宣判工作的排头兵，市法院召开了全市法院民商事审判工作会议。市法院孙盘柱副院长，民四庭正、副庭长及各基层法院主管民事审判的副院长，民庭正、副庭长参加了会议。孙盘柱副院长作了总结发言，对 2003 年的民商事审判工作作出部署。

12 月 17 日，市法院为贯彻司法“公正与效率”主题，总结交流全市法院审理劳动争议案件经验，研究审判实践中遇到的问题，进一步提高审理劳动争议案件经验，研讨审判实践中遇到的问题，进一步提高审理劳动争议案件的司法水平，组织召开了全市法院审理劳动争议案件研讨会。市法院院长王瀛泽、副院长高祥分别讲话。

2003 年

1 月 6 日，市委书记宋长瑞、市委副书记周卫东等一行 5 人到市法院视察。宋书记对市两级法院近年来的工作给予了充分肯定，并对 2003 年的工作提出了总体要求。同时，也代表市委向全体干警表示新年的问候。

1 月 27 日，为实践“三个代表”重要思想、丰富干警春节文化生活，市法院组织举办了以歌颂党、歌颂祖国、歌颂中华民族、歌颂十六大精神为主题的诗歌朗诵比赛，比赛期间还穿插了文艺表演。市委书记宋长瑞等领导亲临市法院观看比赛和表演。

2 月 25 日—3 月 15 日，市法院组织纪念毛泽东主席“向雷锋同志学习”题词发表 40 周年活动，开展以“学习发扬雷锋精神，做人民好公仆、好法官”为主题的大讨论，进一步增强广大干警学习和弘扬雷锋精神的自觉性。

3 月 27 日，市法院代院长黄永维在市第十一届人民代表大会第一次会议上作《河北省秦皇岛市中级人民法院工作报告》。

3 月 30 日，黄永维同志在市第十一届人民代表大会第一次会议上被选为市法院院长。

4 月 1 日，市法院在全市法院系统开展“树正气、讲团结、求发展”教育活动。成立了由院长黄永维任组长的教育活动领导小组，活动目的是全面推进法院建设，为完成市委确定的“五三三”目标提供强有力的精神动力、思想保证和组织保证，创造安全稳定的社会环境。

4月25日，市法院召开全市法院办公室、研究室工作会议。会议的主要内容是表彰先进、总结2002年工作以及布置2003年的工作，刘福明副院长参加会议并讲话。

5月1日，法院院长电子信箱在“秦皇岛信息港”正式开通，同时，在网页上发布了《致全市人大代表的一封信》，法院与人民群众的联系沟通又增加了一条新的通道。

5月5日，市法院按照省法院、省检察院、省公安厅联合下发的《关于严厉打击破坏防治“非典”工作犯罪的通告》要求，向全市法院发出通知，严厉打击破坏防治“非典”工作的犯罪。

5月9日，市人大常委会副主任刘玉萍来市法院检查信访工作情况。谢绍忠副院长及立案庭庭长作了工作汇报，刘主任充分肯定了立案庭所做的大量工作和取得的成绩，同时对法院信访工作提出了新要求。黄永维院长作总结发言。

6月3日，市法院院长黄永维在市法院党组成员、政治部主任赵秀义的陪同下到抚宁县法院检查指导工作。考察后，黄院长一行听取了抚宁县法院院长李顺武的工作汇报，黄院长对抚宁县法院的工作给予了充分肯定，并就队伍建设、审判工作、物质装备建设问题发表了意见。黄院长还与抚宁县委、县人大、县政府的主要领导交换了意见。

6月9日，市法院作出（2003）秦行终字第18号终审行政裁定，市第一例镇政府停止村主任职务一案宣告审结。这是一起新型行政案件，它的审结对进一步贯彻村委会组织法、规范政府行为、推进农村基层民主都具有积极作用。

6月11日，市法院召开全市法院“三不”案件清理工作调度会，会议听取了基层法院和市法院有关部门的工作汇报，副院长刘福明对前段工作进行了总结，并对下一步工作作了安排部署。党组书记、院长黄永维到会并讲话。

6月19日，为进一步做好全市法院参与优化投资环境工作，市法院发出紧急通知，在全市法院开展走访市先进民营企业、企业家及个体工商户工作，谋求优化民营经济发展环境的新思路、新举措。

6月25日，市法院为贯彻最高法院《关于行政诉讼证据若干问题的规定》，在总结经验的基础上，统一规范全市法院行政诉讼证据文书样式。文书样式的出台，对于落实行政诉讼证据规则，规范、细化行政诉讼程序，是一个新的尝试，将会起到积极的作用。

6月30日，市法院隆重召开庆祝建党82周年大会。全院干警以诗歌朗诵暨表彰“一先三优”的形式，歌颂党的丰功伟绩和抗击“非典”的胜利。院党组书记、院长黄永维以及党组成员为先进党支部和优秀党员颁发了荣誉证书。党组副书记、副院长孙盘柱在讲话中号召全体党员为实现司法公正与效率而努力奋斗。

7月1日，市法院“公正与效率”司法大检查全面启动。这是最高法院部署的21世纪以来在全国法院进行的第一次大规模的检查活动。黄永维院长特别提出了市法院这次司法大检查的 5 条原则。

7 月 4 日，市法院召开全市法院院长会议。市法院党组书记、院长黄永维与市法院党组成员、各基层法院院长签订了党风廉政建设和行风评议工作责任书，市法院各主管副院长与所分管部门负责人签订了党风廉政建设和行风评议工作责任书。部署了全市法院 2003 年党风廉政建设以及开展“公正与效率”司法大检查等项工作。对 2002 年全市法院系统立功受奖单位和个人进行了表彰和奖励。

7 月 5 日，最高法院姜兴长副院长在市法院黄永维院长的陪同下视察了市法院固定刑场及法警训练基地。姜兴长副院长对市法院法警支队积极投入防治“非典”工作，并很好地完成执行死刑等工作表示满意。

7 月 29 日，省法院刘瑞川院长在市法院院长黄永维的陪同下考察了市两级法院的工作，就法院队伍建设情况进行调研。刘院长一行在考察了开发区法院和海港区法院后，对两级法院的工作给予了充分肯定和赞扬，也提出了新的更高的要求。最后，刘院长来到市法院与各庭、室负责人亲切见面，并强调指出要把班子和队伍建设放在各项工作的首位。

8 月 5 日，市法院黄永维院长到市电台值守“市民热线”，倾听群众呼声，解决实际问题。对广大群众关注的执行工作、商品房买卖合同纠纷、民事诉讼证据等问题进行了解答。对不能当时答复的问题，黄院长则安排专人负责限期给予办理。

8 月 13 日，最高法院肖扬院长在省法院院长刘瑞川、市法院院长黄永维的陪同下在北戴河召集秦皇岛法院部分院长和基层法院法官座谈会，强调指出人民法院要坚持“学习理论、实践主题、司法为民”。

8 月 27 日，市法院邀请北京大学贺卫方和王敏远两位著名教授来秦，举办为期一天的法律讲座，市法院全体干警和基层法院院长及部分干警参加了讲座。

9 月 25 日，省委政法委督导组李政严一行 2 人，代表省委政法委对市法院开展“三项活动”情况进行检查指导。副院长刘福明代表市法院作了工作汇报，院长黄永维、政治部主任赵秀义参加了汇报并陪同实地检查。李政严对市法院开展“三项活动”给予了高度评价。

11 月 19 日，市委副书记、政法委书记周卫东，市人大常委会副主任田树昌以及市委政法委副书记刘志刚等领导，在市法院黄永维院长的陪同下接见了全市法院司法为民先进事迹报告团成员，周书记在接见时强调，人民法院要坚持审判工作的公正与效率，坚持司法为民。

11 月 19 日，全市法院系统司法为民先进事迹报告会在市消防支队礼堂隆重举行。市法院赵爱彬、海港区法院赵莉、抚宁县法院葛立昌、昌黎县法院杨凤春、卢龙县法院霍文等 5 位同志作了精彩生动的事迹报告。全市各界的部分领导以及市法院和 4 个区法院全体干警共计400余人参加了大会。大会由市法院党组副书记、常务副院长孙盘柱主持，黄永维院长讲话。

12月23日，省法院党组成员、政治部主任郭羊城来市法院检查指导工作。在市法院黄永维院长的陪同下，郭主任先后到海港区法院和开发区法院听取了工作汇报，郭主任对市两级法院的工作予以肯定的同时，还对政工部门的工作提出了要求。

12月29日，市法院审判监督庭成功地调解审结了一起青龙满族自治县兴鑫金矿与青龙满族自治县安子岭乡政府历时5年，历经一、二审后又申请再审，双方矛盾很深，金矿投资方还多次上访的经济合同纠纷案件，取得了良好的社会效果。

2004年

1月6日，市法院司法警察达标工作领导小组按照省法院工作部署，并以省法院《达标评比细则》为标准，对全市基层法院法警达标工作情况进行了检查验收。开发区法院法警大队在全市名列前茅。

1月13日，市法院根据国务院关于解决农民工工资拖欠问题的电视电话会议精神，专门下发了《关于切实做好拖欠农民工工资案件审判工作的通知》，制定了6条具体措施，对全市法院此类案件的审理起到指导和推动作用。

2月28日，市法院院长黄永维在市第十一届人民代表大会第二次会议上作《河北省秦皇岛市中级人民法院工作报告》。

3月5日，市法院代表队荣获市直机关庆“三八”诗歌朗诵比赛一等奖。

3月9日，市法院召开全院干警参加的中层干部竞争选任工作动员大会，准备已久的干部人事制度改革全面展开。黄永维院长在动员大会上讲话。

4月8日，市委书记宋长瑞、市委副书记周卫东、市委秘书长范怀良等领导对市法院《秦皇岛法院信息》2004年第10期编发的题为《十年恩怨，一朝化解》的信息作出批示。

4月29日，为贯彻《未成年人保护法》《预防未成年人犯罪法》和国务院《关于进一步加强和改进未成年人思想道德建设的若干意见》，市法院出台10条措施，进一步做好少年刑事审判及未成年人违法犯罪预防工作。

5月8日，市法院召开全院新任中层干部座谈会，黄永维院长寄语新干部要强化“六个意识”，切记“六个不可”，坚持“六个做到”。会议由常务副院长孙盘柱主持，党组成员及全院中层干部参加了会议。

5月10日，市法院11名中层正职、12名中层副职全部走上工作岗位。这标志着市法院历史上最大规模的中层干部竞争上岗工作圆满结束。

5月11日，为响应市委号召，努力推进全市农村改革发展和稳定，加快农村小康建设进程，市法院第二期“驻访帮解”24名干部奔赴农村第一线。

5月13日，市法院副院长刘福明，民一庭庭长、副庭长一行到北戴河区法院，就涉及“出嫁女”等村民“要待遇”类型的诉讼案件进行专题调研。刘院长在听取汇报并就此案件的相关问题进行讨论后，提出了几点意见，对今后的审判起到积极的指导作用，为维护暑期“夏都”社会稳定产生了积极影响。

6月3—8日，市人大刑事诉讼法执法检查组对市法院系统刑事诉讼法执行工作进行了抽查并全面验收。市法院成为全省首家刑事诉讼法执法检查工作正式经市人大验收的法院。市人大领导称赞市法院：领导重视，措施得力，工作扎实，问题查找准确，整改方案切实可行。

6月8日，为提升法院执行工作的公信力和透明度，确保执行公正，提高执行效率，市法院出台《关于执行中拍卖、变卖的规定（试行）》。

6月22日，市法院黄永维院长到山海关区法院调研。黄院长在调研中强调指出：夯实审判、执行工作基础，抓住政治、队伍建设根本，利用各项活动这个载体，全面推进法院各项建设。

6月25日，市法院召开全市法院院长会议，迅速掀起学习贯彻省、市政法系统政治工作会议精神，研究、部署全市法院政治工作。会议提出，以“七抓”为切入点，全面落实“政治建警”要求，努力开创全市法院政治工作新局面。

6月30日，市法院为纪念建党83周年，特邀市委党校党史党建教研室主任、教授安秀荣为全院干警作了反腐倡廉专题报告。院党组成员、纪检组组长王彭年主持报告会。

7月2日，市法院积极做好北京西单友谊集团、秦皇岛西单商场有限公司租赁合同纠纷涉案当事人的稳控工作。该案涉及500多名业主切身利益，备受社会各界关注，事关社会稳定大局。黄永维院长作出批示，刘福明副院长督促、指导、协调该案的审判工作，力求案件妥善、圆满地得以解决。

7月6日，市两级法院召开集中清理未结执行案件、执行款物及执行案卷动员会，会上传达了最高法院执行办俞灵雨主任的讲话和市法院《关于开展集中清理未结执行案件、执行款物及执行案卷活动实施方案》。市法院秦建国副院长对下半年工作作出部署。

7月22日，《人民法院报》头版刊发了由市法院供稿的《秦皇岛两级党委倾力支持法院基层建设》，省委常委、政法委书记刘金国，市委书记宋长瑞阅后分别作出批示。

7月26日，市法院根据省、市委及上级法院关于做好暑期稳定工作、切实解决涉法上访问题的一系列部署和指示精神发出紧急通知，就如何加强暑期涉诉信访工作提出7条措施。

9月7日（12日），市法院对13名罪大恶极的犯罪分子进行公开宣判，河北省委常委、政法委书记刘金国对此给予充分肯定，作出批示：“很好，各市都应召开秦市这样的大会……”

9月8日，为使全市法院系统纪检监察统计工作走上科学化、规范化、现代化轨道，市法院在卢龙县法院举办了全市法院纪检监察统计工作电脑培训班。市法院党组成员、纪检组组长王彭年主持会议并进行了动员。全市各县、区法院的纪检监察干部及负责监察统计的工作人员参加了学习培训。

9月16日，省法院督导组在市法院黄永维院长的陪同下就涉诉信访工作进行督导检查。督导组在海港区法院重点检查了省委政法委和省法院督办案件的进展情况。黄永维院长表示市法院将全力支持海港区法院的涉诉信访工作，确保信访工作任务圆满完成。

9月22日，全市法院行政审判庭审评比活动在海港区法院拉开帷幕。这是市法院根据黄永维院长批示精神，为增强审判人员驾驭庭审能力、提高综合素质而开展的庭审评比活动，庭审评比将在全市8个县区法院陆续举行，以最后得分多少评出前三名。

9月24日，市法院成功调解一起省法院挂账督办的原告李某某诉被告滦南县程庄镇政府，时间长达8年，经过唐山市法院再审后当事人不服，仍继续申诉的行政赔偿案。

10月15日，市法院为深入贯彻全省政法和法院系统政治工作会议精神，进一步活跃法院文化体育生活，在市法院机关举办了首届全市法院系统篮球、乒乓球比赛。孙盘柱副院长在比赛开幕式上致辞，纪检组组长王彭年在闭幕式上讲话。

11月5日，“秦皇岛法院执行网”正式开通。这是河北省法院系统第一个专门性法院执行网站。市法院在开通网站的同时还下发了《关于在执行网上公布民事案件被执行人名单的通知》，对促进法院执行工作以及提高人民群众的诚信意识将起到积极作用。

11月23日，市法院刑二庭由于在违法犯罪青少年帮教和预防青少年犯罪方面成绩突出，被共青团秦皇岛市委命名为秦皇岛市“优秀青少年维权岗”。团市委同时号召全市法院系统向市法院刑二庭学习。

11月26日，市法院为进一步提高全市法院行政审判庭审记录水平、推进庭审的规范化，在抚宁县法院举行了市两级法院行政审判庭审评比和书记员庭审记录评比活动。全市法院行政审判人员参加了此次观摩，省法院行政庭庭长李广宇、市法院副院长秦建国亲临指导。

12月13日，省委常委、政法委书记刘金国就秦皇岛法院采取超常措施，确保所有案件在审限内结案的做法作出批示，对全市法院依法从重从快打击犯罪予以肯定。

2005年

1月5日，市法院制定《关于在执行程序中实施债权凭证制度的若干规定（试行）》，经审判委员会讨论通过，在市两级法院正式实施。

1 月 28 日，市法院刑一庭副庭长赵爱彬以高票当选河北省“十佳人民法官”，成为秦皇岛市有史以来第一个获此殊荣的青年法官。

2 月 27 日，市法院院长黄永维在市第十一届人民代表大会第三次会议上作《河北省秦皇岛市中级人民法院工作报告》。

4 月 9 日，市法院召开新闻发布会，向媒体、社会各界通报了全市法院组织开展小标的额集中执行活动情况，并公布了一批重点执行的群众反映强烈的案件。

4 月 12 日，市法院在海港区法院举行大会，隆重表彰荣获“全国十佳人民法庭”称号的长城法庭和荣获“全国优秀女法官”称号的市法院赵爱彬。省法院有关领导和市委书记宋长瑞等市委领导出席大会，宋长瑞书记讲话，市法院黄永维院长宣读《关于在全市法院开展向长城法庭和赵爱彬学习的决定》，并代表院党组讲话。

4 月 19 日，市委书记宋长瑞，市委常委、秘书长范怀良作出批示，高度评价卢龙县法院优秀党员王学义的先进事迹。

4 月 26 日，市法院召开全市刑事审判工作会议，院长黄永维出席会议并讲话，副院长谢绍忠就如何做好当前刑事审判工作进行具体部署。会议还对 2004 年度刑事审判工作质量进行了评价，印发了《全市法院刑事审判质量考核办法（试行）》。

4 月 29 日，市法院召开贯彻落实省法院纪检监察暨机关效能工作会议，黄永维院长在会上提出具体要求。会议通报了市法院纪检组被省法院评为先进纪检组的情况，印发了《关于开展机关效能建设的实施方案》。

5 月 8 日，市法院黄永维院长到卢龙县潘庄法庭看望慰问该庭法官、市法院系统先进典型王学义，代表市法院党组送去 2 万元慰问金。

6 月 1 日，市法院刑一庭副庭长赵爱彬荣获秦皇岛市第六届“优秀人民公仆”称号，这是市法院系统近年来唯一获此殊荣的个人，为市两级法院和全体干警争得了荣誉。

6 月 30 日，市法院召开专门会议，传达贯彻落实省法院“规范执行行为，促进执行公正”电视电话会议精神。黄永维院长强调 3 点意见。主管执行工作的秦建国副院长也强调了 4 个方面的问题。

7 月 4 日，市法院研究出台《干警岗位目标责任制考核奖惩办法》。院党组为此专门召开中层副职以上干部会议，就实施该办法进行动员部署。黄永维院长要求以实施岗位目标责任制为突破口，深入推进机关效能建设和专项整改活动。

7 月 25 日，市法院召开全市法院“规范司法行为、促进司法公正”专项整改活动汇报会，就推进下步工作提出要求。党组书记、院长黄永维，党组副书记、副院长孙盘柱分别讲话。

8 月 17 日，市法院出台 40 条意见，认真贯彻市委书记宋长瑞关于“公正司法、一心为民”和深化专项整改活动的批示精神。

9 月 16 日，市法院组织召开全市法院行政审判工作座谈会。会议传达了省法院行政审判工作座谈会精神，总结部署全市法院行政审判工作。

11 月 1 日，省法院接访组与市法院、抚宁县法院领导亲赴上访老户金某某居住地抚宁县西河南村，实地察看纠纷现场，省市县三级法院联合“会诊”，共同研究解决办法。省法院接访组和市法院黄永维院长当场就如何彻底解决问题、化解矛盾提出指导性意见。

11 月 18 日，市法院召开中层干警竞争上岗动员大会，院领导班子成员及全体干警参加了会议，黄永维院长提出要求。

2006 年

1 月 23 日，市法院在院多功能厅举办了全市法院系统迎新春“弘扬廉政文化、建设和谐机关”书画作品比赛活动。本次活动得到了市法院和各基层法院干警的大力响应和支持，截至 1 月 23 日共收到书画作品 168 幅。

2 月 22 日，市法院为贯彻落实中央政法委《关于切实解决人民法院执行难问题的通知》精神，按照最高法院切实解决执行难电视电话会议精神和省法院关于在全省法院开展清理执行积案专项活动工作的要求，向全市法院发出通知，部署开展集中清理执行积案专项活动，并确定了指导思想、任务、目标和要求。

2 月 26 日，市法院刑一庭副庭长赵爱彬从全国 33 名候选人中脱颖而出，当选“中国法官十杰”。

2 月 27 日，市法院院长黄永维在市第十一届人民代表大会第四次会议上作《河北省秦皇岛市中级人民法院工作报告》。

4 月 9 日，市人大常委会旁听、评议法院庭审专题调研工作动员会议结束后，市法院党组高度重视，立即召开党组会对人大会议精神认真进行学习、领会，并就如何抓好贯彻落实进行研究和部署。市法院党组书记、院长黄永维对市两级法院积极配合人大开展旁听、评议法院庭审工作提出明确要求。

4 月 18 日，市法院印发《关于贯彻落实违法审判责任追究制若干问题的意见》。

4 月 28 日，市法院下发了修改后的《河北省秦皇岛市中级人民法院关于进一步贯彻落实违法审判责任追究制若干问题的意见》，违法审判监督领导小组《关于调阅卷宗的规定》《违法审判监督办公室工作办法》《关于对基层人民法院违法审判责任追究工作检查、督导办法》，确保司法公正与效率。

5 月 10 日，省法院通报表彰了 2005 年度全省法院系统立功受奖集体和个人。市法院继

2004年度荣立二等功后再次被省法院荣记二等功。市法院系统另有7个集体、个人被省法院记功奖励。开发区法院、海港区法院民事审判第一庭、北戴河区法院执行局荣记二等功；市法院民事审判第一庭副庭长曹敬东、海港区法院民事审判第一庭庭长李长富、山海关区法院院长李晓明、抚宁县法院民事审判第二庭庭长杜艳茹荣记个人二等功。

5月26日，市法院在多功能厅召开全市法院行政审判暨国家赔偿审判工作座谈会，秦建国副院长对全市行政审判暨国家赔偿工作进行总结、部署。

6月6日，市法院在大审判庭公开开庭审理了由市人民检察院提起公诉的被告人陈某某、姜某某、李某某、康某组织他人偷越国境案。此案经过5个多小时的庭审后进行了当庭宣判，此案从立案到一审宣判，历时仅19天。

6月13—15日，市法院举办了全市法院系统新任书记员岗前培训班，新招录的24名聘任制书记员接受了培训。市法院党组副书记、常务副院长孙盘柱及其他3名法学理论知识和实践经验比较丰富的法官分别讲授了三大诉讼法，书记员职业道德、职业纪律、记录技巧、庭前准备、卷宗装订等方面内容。

10月11—14日，省法院督导组对市法院领导班子建设、社会主义法治理念教育、队伍建设、党风廉政建设、落实省委“五条决定”情况进行了巡视检查。督导组听取了市法院党组的工作汇报，并采取与领导班子、中层干部分组座谈，全体干警民主测评，抽查基层法院等方式对5项重点工作进行了全面考察。

10月26日，市法院开庭审理备受全市关注的李某某特大贪污、受贿、挪用公款、巨额财产来源不明，隐匿、销毁会计凭证、会计账簿案，社会各界群众100多人参加了旁听。

11月24日，省市两级法院在市法院多功能厅组织召开了驻秦省人大代表座谈会。会上，省法院副院长甄树清和市法院党组副书记、副院长孙盘柱向与会代表通报了今年以来省市两级法院的主要工作情况，并认真听取了代表们对法院工作的意见和建议。

12月27日，市法院受理了秦皇岛市天宇房地产开发有限公司诉秦皇岛市恒大房地产开发有限公司请求返还4000万元保证金民事纠纷案。

2007年

1月25日，市法院为深入贯彻落实《国务院关于解决农民工问题的若干意见》《最高人民法院关于进一步清理拖欠工程款和农民工工资案件的通知》精神，践行“公正司法、一心为民”指导方针，依法维护广大农民工的合法权益，促进社会和谐稳定，制定出台了《依法维护农民工合法权益的实施意见》。

2月8日，市法院副院长谢绍忠在市第十一届人民代表大会第五次会议上作《河北省秦皇岛市中级人民法院工作报告》。

2 月 11 日，市法院召开党组（扩大）会，学习贯彻市“两会”精神。闫五一院长向与会同志传达了市委书记王三堂在市政协十届五次会议开幕时的讲话，在参加海港区人大代表团审议《政府工作报告》时的发言及市长管瑞亭《政府工作报告》的主要精神。闫五一院长要求市两级法院要紧紧围绕中心、服务大局，充分发挥审判职能作用，为建设沿海强市和“和谐秦皇岛”提供有力的司法保障。

3 月 14 日，市法院组织召开全市法院院长会议。主要内容是学习贯彻省、市政法工作会议、全省中级法院院长会议及全市“两会”精神，回顾总结过去一年的工作，部署 2007 年乃至今后一个时期全市法院工作。

5 月 15 日，市法院为规范和加强涉诉信访工作，建立健全长效工作机制，制定出台《信访工作流程管理暂行办法》《涉诉信访接待工作规定》《领导分案由接访日规定》。

6 月 8 日，全省法院严打整治专项斗争电视电话会议结束后，市法院立即召开党组扩大会议，进一步学习、领会省、市委及上级法院领导关于开展严打整治专项斗争的讲话精神，结合全市法院实际，研究、部署贯彻意见。

6 月 14 日，市法院为切实提高审判、执行工作质量，坚决遏制和减少涉诉信访发生，根据中央政法委《涉法涉诉信访责任追究规定》和最高法院《人民法院审判人员违法审判责任追究办法（试行）》《人民法院审判纪律处分办法（试行）》以及省法院《关于进一步严格公正文明司法的规定》，结合市法院工作实际，制定出台了《关于进一步加强涉诉信访责任追究的规定（试行）》。

6 月 27 日，市法院召开民商事审判工作会议，各县区法院分管院长、市法院民四庭全体审判人员及有关部门负责人参加了会议。市法院副院长秦建国作了总结讲话，并就今后一个时期如何提高民商事审判质量提出指导性意见。

7 月 16 日，市法院印发《关于加强司法调解与人民调解、行政调解衔接配合的意见（试行）》。

10 月 12 日，闫五一院长在海港区法院与部分省、市人大代表座谈，针对全市法院工作征求意见和建议。

2008 年

2 月 25 日，市法院召开全市法院队伍思想纪律作风教育活动动员会，党组副书记、常务副院长谢绍忠就如何贯彻落实全市政法队伍纪律作风建设会议精神，巩固、扩大解放思想大讨论活动成果，全面提高法院队伍整体素质提出要求。

2 月 27 日，在全省法院工作会议上，市法院刑一庭被省法院荣记集体二等功。刑一庭以严打整治专项斗争为抓手，紧紧围绕“公正与效率”工作主题，突出打击重点，充分发挥刑事审判职能作用。

2 月 29 日，最高法院在北京召开了“全国模范法院”“全国模范法官”“全国三八红旗集体”“全国三八红旗手”表彰颁奖大会。市法院刑一庭庭长、十七大代表赵爱彬再次榜上有名，获得“全国模范法官”荣誉称号，这是秦皇岛市法院系统继海港区法院原院长赵立祥之后第二个获此殊荣的法官。

3 月 7 日，市法院召开紧急会议，就做好全国“两会”期间稳控和上级交办涉诉信访案件办理工作进行再动员、再部署。市法院领导班子成员、中层负责人和各县区法院院长参加了会议。闫五一院长传达了市委政法委《关于扎实做好“两会”期间稳定工作的紧急通知》，并结合当前涉诉信访面临的严峻形势提出了具体要求。

3 月 13 日，市法院信访接待大厅正式投入使用，同一天，市法院信访办迁至位于燕山大街的新址办公。新落成的信访接待大厅与信访办新址紧密相连，均位于燕山大街市法院审判厅大院，共有办公用房 10 间，建筑面积达 230 多平方米，两者配套使用，有利于及时接访、处访，提高办案效率。

3 月 25 日，市法院院长闫五一在市第十二届人民代表大会第一次会议上作《秦皇岛市中级人民法院工作报告》。

4 月 29 日，市法院机关召开全体干警大会，迅速贯彻学习全省政法系统抓队伍、保奥运电视电话会议精神。闫五一院长主持会议，会议原原本本地传达了省委政法委《关于奥运会安全保卫中进一步加强政法队伍教育管理的若干规定》和省委常委、政法委书记王其江讲话精神。

5 月 13 日，市法院召开党组会，就迅速贯彻中央关于抗震救灾指示精神，尽快向灾区伸出援助之手及扎实做好以奥运安保为重点的各项工作进行研究部署。

5 月 19 日，市法院再次召开上级交办涉诉信访案件调度会，党组副书记、常务副院长刘福明主持会议，并就确保 6 月上旬以前力争全部完成息诉罢访目标提出意见和措施。

6 月 5 日，市法院印发《关于办理非诉行政案件若干问题的规定（试行）》。

6 月 25 日，市法院在大审判庭召开严打整治公开宣判大会，依法宣布对边某某等 10 人团伙犯罪的判决。其中被判处无期徒刑 2 人，其余 8 人（7 人未成年）分别被判处 2 ～ 19 年不等的有期徒刑。

7 月 24 日，省法院高勇院长在市法院信息上作出两次批示：“秦皇岛市法院抓争创一流工作有力度，望抓落实、抓出成效”；“卢龙县法院争创一流业绩的措施很具体，目标很明确，望狠抓落实，早日进入全省先进行列”。

7月29日，市法院党组副书记、副院长赵秀义主持召开各部门负责人会议，传达贯彻全省奥运安保决战暨县委书记大接访再动员电视电话会议精神，并结合全市法院奥运安保和大接访活动实际提出了具体的落实意见。市法院党组成员、政治部主任邵中玲还就做好7月30日奥运火炬传递值勤护卫工作进行了安排部署。

8月1日，省法院副院长甄树清带领有关办案人员在市法院副院长甄晓丽的陪同下深入案发地抚宁县、卢龙县、青龙满族自治县解决涉诉信访老户问题。

9月4日，市法院印发《关于为城市改造拆迁工作提供法律服务和司法保障的若干意见（试行）》。

9月26日，市法院召开为建设良好金融生态环境提供司法保障和服务座谈会，对在前一阶段专题调研基础上形成的《关于建设良好金融司法环境和促进社会信用体系建设专题调研报告（讨论稿）》及《关于为建设良好金融生态环境提供司法保障和服务的若干意见（讨论稿）》进一步征求意见。市委政法委、市人大法工委、市政府法制办有关负责人，10家主要金融机构及金融监管部门的主管领导，市法院各审判庭及有关部门负责人参加了座谈会。

10月9日，市法院印发《关于为建设良好金融生态环境提供司法保障和服务的若干意见（试行）》。

2009年

2月19日，市法院院长闫五一在市第十二届人民代表大会第二次会议上作《河北省秦皇岛市中级人民法院工作报告》。

3月27日，市法院召开部分企业代表座谈会，邀请秦港集团、耀华集团、海三建设、广顺集团、戴卡轮毂、首秦板材、骊骅淀粉和吉祥恒矿业等十几家企业代表，向企业代表当面“问计”，力争使调研成果尽快转化为服务大局、维护社会和谐稳定的促进力量。

4月2日，市法院印发《关于积极应对金融危机服务保障企业发展，全力维护社会和谐稳定的若干意见（试行）》。

4月8日，市法院就中小企业发展、农民工管理、依法治企等问题向市委、市政府及相关企业提出司法建议。

4月23日，市法院以科学发展观为指导，坚持“以人为本”全面推进法院队伍建设，顺利完成了近年来全市法院历史上最大规模的干部选拔调整工作，23名干警通过竞争走上中层正副职岗位，11名中层干部轮岗交流。

6月29日，市法院制定《改进机关人员作风五项制度》，重点解决群众在涉诉信访、窗口服务、警容风纪、办案效率等方面反映的突出问题。

7月15日，市法院会同劳动保障部门调研预防劳动纠纷的对策与措施，认真执行上级法院关于保障企业发展、维护金融安全、促进社会信用体系建设等意见和措施。

7月30日，市法院印发《关于完善“三位一体”调解体系建设，进一步加强司法调解工作的指导意见（试行）》。

8月31日，市法院下发《河北省秦皇岛市中级人民法院关于领导干部接访、约访（下访）和办案人员下访工作实施意见》，在全市法院系统开展领导干部接访、约访（下访）活动。

9月9日，省法院副院长甄树清在秦皇岛市召开部分驻秦省人大代表座谈会，听取代表对法院工作的意见和建议。

10月10日，市法院召开刑事大案要案业务联席会。会议的目的是筹备建立由市法院刑一庭牵头组织，公、检刑事部门参加，共商刑事大案要案办理中的问题，寻求提高办案质量对策的审判业务工作新机制。

10月15日，市委副书记杨泰安在《秦皇岛日报》2009年10月15日刊登的《司法调解化解疑难促和谐》上作出批示：“司法调解是‘三位一体’调解体系中的重要组成部分，对于化解矛盾纠纷，建设和谐社会，具有重要意义。司法审判机关发挥了重要作用，望再接再厉，不断深化调解手段，加强衔接，把全市的调解工作做得更好。”

10月30日，市法院举办全市法院专兼职信息员培训班，传达学习全省法院信息工作座谈会精神，相互交流信息工作经验，并由市法院审委会专职委员李敬松作了专题辅导。市两级法院办公室主任、主管信息工作的副主任、专职信息员及兼职信息员共70余人参加了培训班。开班前，市法院向全市法院兼职信息员颁发了聘书。

12月3—5日，省法院建立实施瑕疵档案检查督导组一行4人来秦进行检查督导，在市法院党组副书记、副院长赵秀义的陪同下，检查组对市法院瑕疵档案建立情况进行了全面检查，并随机抽查了海港区和开发区等基层法院。

12月16日，省法院院长高勇对市法院开展裁判文书评查并通报瑕疵裁判文书的做法给予充分肯定，在有关情况的反映上作出批示：“在审判管理中来真的、动实的，长此坚持下去，审判案件质量肯定会大幅提升。”

2010年

1月28日，市法院院长闫五一在市第十二届人民代表大会第三次会议上作《河北省秦皇岛市中级人民法院工作报告》。

2月1日，市法院会同市人力资源和社会保障局、市总工会、市企业家协会组织召开了秦皇岛市劳动争议纠纷预防和化解工作联席会议。主要目的是研究探讨预防和化解劳动争议纠纷的有效途径、办法，建立健全多渠道解决劳动争议纠纷机制，积极促进劳动关系的和谐稳定。

2月20日，市法院召开党组会，研究部署执法办案、全国“两会”期间信访稳定、巩固扩大“清积”活动成果、审判专题调研等近期重点工作。闫五一院长主持会议并提出了意见。

3月12日，市法院召开全市法院反腐倡廉工作会议。市法院党组成员、纪检组组长宁雨卿回顾总结了2009年全市法院党风廉政建设情况，安排部署了2010年的工作任务。

3月13日，市法院召开清理涉诉信访积案攻坚行动动员部署会议。会议印发了《秦皇岛市中级人民法院关于集中开展清理涉诉信访积案攻坚行动工作方案》。

3月20日，省法院在石家庄召开全省法院量刑规范化试点工作会议，秦皇岛成为量刑规范化改革的全国试点城市，市法院及海港、昌黎、抚宁三个县（区）法院被确定为试点法院。

5月13日，市法院召开全市法院立案信访工作会议，传达学习全省涉法涉诉案件清积评查工作会议和全省法院立案信访工作暨现场经验交流会精神，结合本市法院实际，研究部署贯彻落实意见。

5月31日—6月1日，市人大常委会党组副书记、副主任刘玉萍率市人大内司委、信访处等部门负责人到市法院和海港区法院调研修改后《民事诉讼法》的实施情况。

6月9日，省法院刑一庭对被告人雷某某故意杀人案进行提审。与以往提审形式不同的是，省法院采用网络视频系统，由远在千里之外的法官对在市法院的被告人雷某某进行审讯。这是市法院首次采用视频技术配合省法院异地提审。

6月17—18日，市法院在审判大厅公开审理津秦铁路客运专线秦皇岛工程指挥部原指挥长林聚海被害一案。

6月18日，省法院院长高勇在市法院院长闫五一、山海关区委书记郭爱民的陪同下到山海关区法院调研三项重点工作。高院长听取了区法院工作情况汇报，座谈了解基层法院存在的困难和问题，并就下一步深入推进三项重点工作提出要求。

7月22日，省法院院长高勇在市法院院长闫五一、市委政法委副书记刘振芳及海港区委领导的陪同下到海港交通巡回法庭视察指导工作。高勇院长亲切看望了巡回法庭全体干警和与法庭联合办公的市公安交警事故处理大队的干警，认真听取了海港区法院关于交通巡回法庭成立以来的工作情况汇报，并与市公安交警事故处理大队的负责人进行了座谈交流。

8月20日，在市法院执行干警的不懈努力下，最高法院督办的、全国人大代表高度关注的河北众成建设有限公司诉秦皇岛四海数控机电设备有限公司买卖合同纠纷案被执结，有力地维护了辖区经济、社会稳定，得到了上级法院、全国人大代表及当事人的充分肯定与好评。

11月4日，市法院印发《审判委员会管理规则（试行）》《审判委员会议事规则（试行）》。

2011年

1月31日—2月1日，当260余户西单商场业主从市商业银行领回失而复得的购房款时，激动、感激之情溢于言表，纷纷表示，这是市法院送给他们最好的春节礼物。

2月24日，市法院院长闫五一在市第十二届人民代表大会第四次会议上作《河北省秦皇岛市中级人民法院工作报告》。

3月24日，市法院第七次审委会讨论通过了《关于提高审判效率预防案件超审限的实施意见（试行）》，深入推进三项重点工作，提高审判效率，确保案件质量，以程序公正促进实体公正，从根本上解决群众反映强烈的案件久拖不结、久拖不执问题，从源头上预防和遏制涉诉信访案件的发生。

3月26日，根据省法院的统一部署，按照市法院的统一安排，市两级法院执行局统一开展了反规避执行宣传日活动。当天，市法院和海港区法院同时在人民广场、各基层法院分别在本辖区流动人口多、宣传效果好的地方设置了宣传站。

4月20日，按照最高法院通知要求，在省法院的统一部署下，市法院法警支队开展法警岗位大练兵活动，于4月11—18日，分5批对全市法院系统的123名安保人员进行了安检二级培训。

6月23日，市法院党组书记、院长闫五一带领政治部、北戴河区法院有关负责人到北戴河新区进行实地调研。闫院长首先考察了北戴河新区人民法庭的临时办公场所，听取了北戴河区法院院长裴永新对新区人民法庭组建筹备情况的汇报，对法庭的前期准备工作表示满意，对北戴河区法院组建新区法庭给予充分肯定。同时，对下一步工作提出明确要求。

7月14日，由省法院刑二庭副庭长曹新义任组长，王密东、宫艳艳为成员的省法院督导组在市法院召开案件调度会，市法院打击危害食品安全犯罪领导小组副组长、常务副院长刘福明，市两级法院的院领导、庭长及案件主办人参加会议。会上，案件主办人分别对丘比特、嘉华、野力三案的基本事实、基本证据作了详细汇报，并就法律适用上可能出现的疑难问题作了分析说明。

7月22日，市法院法警支队组织开展了全市法院司法警察职业技能知识竞赛活动。竞赛分为个人必答题、小组必答题、抢答题、风险题4个部分。

7月25日，市法院、海港区法院按照计划分别对丘比特案、嘉华案开庭进行审理。至此，市2起省委政法委挂账督办案件在市两级法院院党组的领导下，在刑事审判部门的精心组织和其他部门的全力支持下，开庭审理工作顺利完成。

7月25日，省法院院长高勇在市法院院长闫五一、北戴河新区和昌黎县委领导的陪同下到北戴河新区法院和昌黎县大蒲河人民法庭视察指导工作。

8月3日，最高法院执行局局长卫彦明、副局长金剑锋等一行8人在市法院、北戴河区委有关领导的陪同下到北戴河区法院对执行工作进行调研。

9月1日，市法院召开电视电话会议，对全市法院贯彻落实“禁令”和纪律规定专项督查活动进行动员部署，对发生在市法院的3起违法违纪案例进行通报。市法院党组书记、院长闫五一作了动员和警示教育讲话，市两级法院领导班子成员及全体干警参加了会议。

11月21日，市法院召开全市法院队伍职业化建设推进工作会议。当天上午8点，与会人员参观考察了职业化建设试点单位，即昌黎县法院大蒲河法庭、海港区法院长城法庭和海港区法院机关。下午，与会人员在海港区法院开会。市法院党组成员、纪检组组长宁雨卿代表院党组在会上宣读了《关于进一步推进法院队伍职业化建设的通知》，闫五一院长和市委政法委常务副书记李文阁先后讲话。

11月22—27日，由省法院组织的“2011年法院杯”乒乓球团体赛落下帷幕，全省11个市法院和省法院共12个代表队参加了比赛，经过循环赛、淘汰赛、小组赛和决赛，最终市法院代表队不负众望，技压群雄，勇夺冠军。

2012年

2月19日，市法院院长闫五一在市第十二届人民代表大会第五次会议上作《河北省秦皇岛市中级人民法院工作报告》。

3月4日，经省法院抽查考核评比，市法院法警支队所训科目均达到考核标准，并在省法院组织的考核评比中取得第三名的好成绩。

3月23日，市法院召开全市法院队伍职业化建设调度会议，总结队伍职业化建设前期工作情况，部署今后一个时期的工作重点，进一步统一思想、明确任务、落实责任、推进工作。市法院党组书记、院长闫五一出席会议并讲话。

3月28日—4月4日，由市法院党组成员、副院长赵秀义带队，市法院部分中层干部和县区法院部分院领导组成的考察组先后对广东清远中院、浙江省宁波市鄞州区法院进行学习考察。

4月6日，市法院组织50名团员青年到昌黎县泥井镇前北庄村栽植了220棵海棠树。

这次活动是市法院落实省委、市委的部署要求，开展基层建设年活动的一项内容。

6月4日，市法院召开全院安保工作警示教育大会，通报近期全国、全省法院发生的几起安保事件和市法院安全工作中存在的问题，根据新的形势和任务，就加强机关安保和庭审、执行安全工作进行再教育、再重申、再部署。

6月12日，市法院专门邀请部分市人大代表同“两评查”领导小组成员一起对民商事案件进行了评查。评查的内容既包括法官的庭审驾驭能力，法官及其他工作人员的着装、言谈举止、精神面貌等情况，又包括案件卷宗、裁判文书制作质量。参加评查的人大代表充分肯定了法院在规范庭审和裁判文书制作方面所取得的成绩，同时，对工作中需要改进的地方提出了中肯的意见和建议。

7月24日，市法院院长闫五一到帮扶村昌黎县泥井镇前北庄村进行调研，看望慰问了市法院驻村工作队队员和部分困难群众，为村里解决急需的街道“亮化”帮扶资金。

8月22—23日，省法院院长高勇在市法院院长闫五一的陪同下到抚宁县法院、卢龙县法院视察指导工作。

9月24—25日，市人大常委会副主任孙盘柱带领市人大常委会部分常委和市人大代表对全市行政审判工作进行视察。在视察活动中，分别召开汇报座谈会，听取了市法院、海港区法院、抚宁县法院关于行政审判工作情况的汇报，并与市两级法院有关负责同志和基层审判人员座谈。市法院院长闫五一参加了汇报座谈会。

11月8日，院长闫五一与全体干警在市法院多功能厅认真收看中国共产党第十八次全国代表大会开幕式实况转播。干警们表示，一定要以十八大的胜利召开为契机，立足岗位、踏实工作，认真办好每一起案件，接待好每一位当事人，努力为“宜居宜业宜游、富庶文明和谐”滨海名城建设作出新的贡献。

12月29日，市法院报送的调研成果《农民工权益的司法保障问题研究》获中央维稳办二等奖（河北省仅有2篇成果获奖，另1篇获三等奖）。该成果于2010年还曾获河北省法学会首届“河北法治论坛”一等奖。

2013年

1月11日，市法院召开全市法院审判管理暨调研工作会议。会议传达学习全省法院审判管理及研究室工作会议精神，全面总结全市法院2012年审判管理、调研工作，对2013年两项工作作出安排部署。

1月23日，市法院召开全市法院与市保险行业协会保险纠纷联动调解机制工作会议，将在海港区法院试点的全市保险纠纷联动调解机制正式向全市法院全面推广。此举标志着全市法院牢固树立能动司法理念，立足职能，不断拓展矛盾纠纷化解新领域，积极参与和创新社会管理的司法实践有了新的突破。

2月5日，省法院院长卫彦明，轻车简从来到秦皇岛，深入山海关区法院和海港区法院长城法庭，就审判执行工作和队伍建设等问题进行调研，并看望慰问工作在基层一线的法院干警。市委常委、政法委书记曹子玉，市法院院长闫五一陪同调研。

3月31日—4月2日，市法院各部门负责人在党组副书记、常务副院长李顺武的带领下赴辽宁对大连市和营口市中级人民法院进行了为期3天的“对标先进”学习考察活动。

4月10日，市法院院长闫五一在市第十三届人民代表大会第一次会议上作《秦皇岛市中级人民法院工作报告》。

4月12日，市法院院长闫五一在政治部主任薛文明的陪同下到“深化加强基层建设年”活动市法院帮扶村昌黎县茹荷镇胡草科村了解帮扶工作开展情况，并就全市法院如何立足职能更好地服务保障新农村建设进行调研。

4月18日，中国人民财产保险公司（以下简称“中财保”）河北省分公司副总经理冯新竹和秦皇岛市分公司总经理高长斌一行带着锦旗和感谢信来到市法院，对该院依法、公正、高效审结“中财保”秦皇岛分公司与市汇丰投资有限公司的财产保险赔付纠纷案表达谢意，市法院党组副书记、副院长李顺武接受锦旗和感谢信。

4月22—27日，市法院组织相关人员先后到深圳、温州市中级人民法院学习考察执行信息查询网络建设。其间，实地参观了审判设施建设情况，与有关负责同志进行了座谈，收集了有关资料。

5月30日，市法院制定出台《为建设沿海强市美丽港城提供司法服务和保障的实施意见》，围绕服务跨越赶超，从6个方面提出29条具体措施。

7月1日，市法院在海港区法院以召开全市法院基层党的建设现场经验交流会的形式庆祝中国共产党建党92周年，市法院班子成员、各庭室党支部书记、各基层法院院长、党总支书记、政治处主任、先进党支部书记代表共80名同志参加了会议。

9月7日，市法院开展“精品案件”“办案能手”和“优秀裁判文书”评选，促进法官不断提升办案水平。

11月15日，市法院制定实施《加强廉政风险防控，规范审判权力运行》手册，使司法权力的运行更加规范和高效。

2014年

1月20日，市人大常委会主任李秦生，副主任高文涛、高坤元、刘志新、刘文杰、张增振和秘书长杨守勇等一行 7 人到市法院，就法院工作进行调研并看望慰问干警。调研组听取了市法院工作情况汇报，并与市法院领导班子成员座谈。在听取闫五一院长的工作汇报后，李秦生主任讲话。李主任首先代表市人大常委会向全市法院干警表示慰问，对市两级法院在维护社会和谐稳定、服务保障发展大局方面作出的贡献予以充分肯定。李主任要求在新的一年，全市法院要认真贯彻落实党的十八届三中全会精神，紧紧围绕市委十一届六次全会要求，以提升司法公信为核心，充分发挥审判职能作用，深化司法改革，推进司法公开，提高司法能力，确保公正司法、为民司法、廉洁司法，促进各项工作再上新台阶。

1 月 27 日，市法院举办全市法院微博管理运用培训班，对市两级法院 30 多名官方微博主管领导、管理员进行了系统培训。市法院政治部主任薛文明强调，市两级法院要高度重视微博管理运用工作，使它充分发挥对法院工作公开的正面作用。

1 月 28 日，省法院常务副院长杨泰安在市法院常务副院长李顺武的陪同下到抚宁县石门寨人民法庭调研并看望慰问基层干警。杨泰安副院长对法庭的工作给予充分肯定。他指出，各级法院一定要深入学习贯彻党的十八届三中全会、中央和全省政法工作会议精神，认真落实全省中级法院院长会议的各项部署，尤其要深刻认识信息化建设对于服务人民群众、服务审判执行、服务审判管理的重要意义，按照省法院第二个信息化建设三年计划，多方筹措资金，优化资源配置，循序渐进地落实信息化建设的各项任务。

2 月 12 日，市法院院长闫五一在市第十三届人民代表大会第二次会议上作《秦皇岛市中级人民法院工作报告》。

2 月 28 日，市法院召开 2014 年度全市法院院长会议。会议由常务副院长李顺武主持，院长闫五一总结了 2013 年全市法院工作，部署了 2014 年重点工作任务。

3 月 7 日，市法院院长闫五一深入党的群众路线教育实践活动联系点海港区法院长城法庭，就党的群众路线教育实践活动开展情况进行蹲点调研。闫院长对长城法庭历任庭长打下的坚实基础和保持多年的优良作风给予肯定，对长城法庭近期的审判工作业绩给予充分认可。在随后进行的座谈中，闫院长了解到，长城法庭近期所办的一件变更抚养权案件的双方当事人由于精神病和智障而无力抚养三级智残的 14 岁女孩。案子虽然已经办结，但女孩的归宿却成了问题，法庭正在为此事犯愁。闫院长当即指示海港区法院和长城法庭领导尽快联系市民政局和福利院，抓紧解决女孩的抚养问题。闫院长还就党的群众路线教育、市法院工作和服务联系基层等问题耐心听取了长城法庭提出的意见和建议。

3 月 10 日，市法院常务副院长李顺武到党的群众路线教育实践活动基层联系点抚宁县法院石门寨法庭蹲点调研，了解法庭情况，宣讲中央和省市有关会议及领导讲话精神，并对教育实践活动提出了指导意见：要进一步明确实践活动的重大意义；要进一步明确教育实践活动的特点；要进一步明确教育实践活动必须掌握的重点内容；要进一步明确教育节点，搞好活动统筹谋划；要努力作好活动资料的收集和信息整理。

3 月 11 日，市法院副院长赵爱彬带领督导组到山海关区法院对群众路线教育实践活动进行督导。督导组听取了山海关区法院的情况汇报，查阅了活动领导小组的机构建设、活动实施方案、会议记录、党员学习笔记等资料后，认为山海关区法院的群众路线教育实践活动领导重视、部署到位、行动迅速，活动方案紧扣实际。关于下一步的教育实践活动，赵爱彬副院长强调，要继续保持良好精神状态，继续坚持领导干部带头，坚持求真务实。

3 月 12 日，市法院组织百名党员干警赴河北省爱国主义教育基地昌黎五峰山李大钊革命活动旧址和河北省廉政教育示范基地山海关甲申史鉴馆接受革命传统和廉政警示教育。在向李大钊塑像敬献了花环后，全体干警庄严地举起右手，重温了入党誓词。随后，集体参观了五峰山李大钊革命活动旧址，重温了“以笔为刀、首传马列”的历史功绩、“南陈北李、坚持革命”的革命斗争精神，进一步理解了“坚定信仰、勇于担当、无私奉献、敬贤开放”的五峰精神。党组书记、院长闫五一强调，希望全体干警通过这次瞻仰李大钊革命实践旧址活动，进一步坚定共产主义信仰，坚定中国特色社会主义共同理想，补足精神之“钙”，真正把李大钊同志留下的宝贵精神财富运用到自己的具体工作中，并使之发扬光大。

3 月 13 日，市法院副院长程安到青龙县法院肖营子法庭，详细询问了硬件建设和人员配备等基本情况，听取了工作汇报并与干警座谈。程院长强调，要将开展群众路线教育实践活动落实到每一位干警的日常工作中，贯穿于法院工作的全过程。要根据司法实践需要，不断创新工作思路、规章制度、方式方法，为群众路线教育实践活动不断注入新的活力。

3 月 14 日，市法院院长闫五一再次到海港区法院长城法庭调研，并主持召开了党的群众路线教育实践活动征求意见座谈会。当事人代表、律师代表、社区代表、人大代表和政协委员等来自社会各界的 20 余人参加座谈会，10 名代表先后在座谈会上畅谈对法院工作的意见和建议。在认真听取大家的发言后，闫院长强调，人民法院开展党的群众路线教育实践活动，是践行司法为民根本宗旨的必然要求，是加强公正司法、提升司法公信力的有效途径，是推动人民法院工作科学发展、更好地为党和国家工作大局服务的有力保障。

4 月 4 日，市法院召开全市法院党风廉政建设和反腐败工作会议，院长闫五一就深入推动全市法院反腐倡廉工作提出要求。市法院纪检组组长宁雨卿作了题为《创新制度机制强化权力监督 扎实推进全市法院党风廉政建设和反腐败工作》的工作报告，对 2013 年全市法院党风廉政建设和反腐败工作进行了认真总结回顾，并对 2014 年主要工作任务进行了安排部署。

4 月 30 日，全省法院司法警察体能达标活动考核验收中，市法院以全省中级法院第一名的成绩喜获“全省法院司法警察体能达标活动先进单位”。市法院司法警察支队李跃东、陈信强和山海关区法院白永海，卢龙县法院李文浩，青龙县法院杨新武等 5 名同志被评为全省法院司法警察体能达标活动先进个人，受到了省法院的通报表扬。

5月5日，市法院制定出台了包括5个方面17项内容的《加强保密工作和网络信息安全管理的若干意见》，意见要求，市两级法院采取必要的安全技术防范措施，不断加强保密和网络安全管理，特别是要搞好网络安全基础建设，加强对网络基础设施的完善综合评测，确保相关技术防护措施健全到位。

10月20日，市法院制定《关于全市法院院长定向分级联系人大代表、政协委员的实施意见》，加强与代表、委员的联络沟通。

12月4日，在第一个“国家宪法日”，市法院在市广电中心广场开展了“深入学习宣传宪法、大力弘扬法治精神”主题宣传活动。活动现场发放数百本法律宣传漫画和近千页资料。

12月26日，市委副书记、代市长张瑞书对市法院“一乡一庭”建设作出批示，对全市法院充分发挥法庭在基层治理中的职能作用给予肯定。市委副书记刘辰彦也作出批示，对市法院充分发挥人民法庭在基层治理中的职能作用、强力推进“一乡一庭”建设予以充分肯定。

12月28日，市人大常委会主任李秦生对市法院积极进取、主动作为、大力推进“一乡一庭”建设取得的显著成效作出批示，给予充分肯定。

2015年

1月15日，省委常委、市委书记田向利作出批示，充分肯定市法院强力推进“一乡一庭”建设取得的成效。田向利批示指出：“此做法好，请市委办公厅总结经验，上报信息。”

2月5日，市法院院长闫五一在市第十三届人民代表大会第三次会议上作《河北省秦皇岛市中级人民法院工作报告》。

3月4日，市委常委、市委政法委书记、市法院院长闫五一应邀在市政府全体会议上作了题为《支持和促进依法行政助推法治政府建设》的报告，就政府系统依法行政作专题辅导讲座。

5月7日，市法院审委会研究通过了《河北省秦皇岛市中级人民法院登记立案操作规程（试行）》，及时为全市法院登记立案工作提供了指导。

5月12日，市法院召开全市法院涉土地非诉行政执行审查案件专题座谈会。市两级法院主管行政审判工作的院领导、行政庭庭长和市法院行政庭有关人员参加了会议。市法院副院长王建文就行政审判工作形势和召开本次会议的背景以及下一步工作打算作了说明。

5月22日，市法院召开全体干警大会。市委常委、组织部部长陈书增，市委常委、政法委书记闫五一及市法院新任党组书记胡华军出席会议，市法院全体干警和各基层法院院长参加会议。陈书增宣布任免决定：闫五一同志不再担任市法院党组书记职务，胡华军同志任市法院党组书记，提名为市法院副院长、代院长。

6月18日，市第十三届人大常委会第十八次会议任命胡华军为市法院副院长、代院长。

7月1日，市法院召开全体党员干警大会暨“法官进社区党员志愿服务行动”启动仪式。党组书记、代院长胡华军在启动仪式上宣布，市法院“法官进社区行动”正式启动。

7月3日，全市法院对失信被执行人名单进行公开曝光，并对其采取限制工商登记、限制高消费、限制贷款、限制出境等措施。

8月2日，省法院党组副书记、常务副院长杨泰安赴秦皇岛市督导基本解决“执行难”工作。杨泰安对秦皇岛市各级党委、政府及社会各界对法院执行工作的支持和帮助表示衷心感谢，对市两级法院扎实开展基本解决“执行难”工作及取得的阶段性成效给予充分肯定，并就下一步工作提出具体要求。

8月27日，市委常委、政法委书记闫五一作出批示，对市法院周密部署、强力推进全市法院信访维稳工作给予充分肯定。闫五一在批示中强调：市法院思想认识到位，工作部署全面，请继续抓好各项措施的落实。

9月1日，市法院党组书记、代院长胡华军主持召开党组会，就市法院如何迅速贯彻落实8月29日国家主席习近平签署的《关于特赦部分服刑罪犯的决定》进行安排部署。

9月2日，市法院党组书记、代院长胡华军赴山海关区法院调研。调研重点围绕抗战胜利70周年纪念活动期间的安全稳定、审判执行质效、司法公开、信息化建设和队伍建设等工作内容进行。

9月24日，市法院协同市金融办和市银监分局制定实施《关于建立全市金融审执联动机制的实施意见》，通过全市法院、金融主管部门和金融机构之间的良性互动，形成政府牵头、法院主导、各部门联动的金融案件审判执行工作新格局。

9月25日，市法院召开人民陪审员选任工作新闻发布会，新闻发言人、党组成员、政治部主任薛文明宣布，市法院首批100名拟任人民陪审员已完成前期报名和审查工作，只待提交市人大常委会任命后就将上岗。

10月4日，市委副书记、市长张瑞书作出批示，就市法院与市金融办和市银监分局召开座谈会，深入研究保障和服务全市金融安全的方法举措及建立处理金融案件审执联动机制予以充分肯定。

10月28日，市十三届人大常委会第二十次会议通过并任命了党组书记、代院长胡华军提请任命的市法院100名人民陪审员。至此，市两级法院已经有711名（其中，县区法院611名）人民陪审员。

10 月 30 日，市法院召开新闻发布会，向社会公布市法院及个别基层法院审执结的部分民商事、刑事、执行等各类典型案例，这是本院首次通过新闻媒体向社会公布典型案例，是加强法院司法公开工作的又一项新的举措。

11 月 4 日，市法院党组书记、代院长胡华军赴青龙满族自治县看望部分驻青省、市人大代表，并在县法院召开座谈会，征求代表们对法院工作的意见建议。

11 月 6 日，市法院与市司法局联合召开多元化纠纷解决机制暨律师工作座谈会，重点围绕新形势下如何进一步推动多元化矛盾纠纷解决机制建设，促进基层社会治理法治化，以更好地维护社会和谐稳定进行研讨。

11 月 20 日，市法院召开党组会，认真传达学习最高法院院长周强在河北调研时的重要讲话精神和省法院党组书记、院长卫彦明在省法院党组会上就贯彻落实周强院长讲话提出的贯彻落实意见。市法院党组书记、代院长胡华军主持会议并组织传达。

11 月 26 日，市法院党组书记、代院长，燕山大学特聘硕士研究生导师胡华军应邀到燕山大学文法学院主讲该院第十九期“司法论坛”。胡院长以“关于河北省多元化矛盾纠纷解决机制建设的思考与探讨”为题，为燕山大学师生进行了精彩的讲演。

12 月 4 日，“12•4”国家宪法日之际，市法院为推动法治教育工作制度化、常态化，在市人民广场开展了以“大力弘扬法治精神、建设法治秦皇岛”为主题的宣传活动。

2016 年

1 月 11 日，新年伊始，市法院召开新一年首场新闻发布会，向媒体公布与市司法局联合出台《关于建立矛盾纠纷多元化解机制的实施意见》《建设“学习型、服务型、创新型”法院》的有关情况，将矛盾纠纷多元化解机制纳入法治化轨道。

1 月 12 日，人民网舆情监测室发布新的一期“阳光法院新媒体榜”，从传播力、服务力、互动力和庭审透明力 4 个维度评估各地法院的阳光指数成果。在全国 3000 家法院中，市法院新浪官方微博上榜前 50 名并排位第 32 名，是本期河北法院官方微博中唯一的上榜法院。

1月21日，市委法治建设领导小组向市直各部门全文转发了市法院制定出台的《为“全面推进法治秦皇岛建设”提供司法保障和服务的实施意见》，并要求市直各部门认真学习借鉴，共同推进工作落实。

1 月 29 日上午，市法院党组书记、代院长胡华军应邀在市第十三届政府第二十九次常务会议上以“法治的思维规律及其方法”为题作法治讲座，市委副书记、市长张瑞书主持，市政府全体领导，市人大、市政协领导，各民主党派、工商联负责人，市委秘书长、副秘书长，各局局长等共90多人参加。

2月4日，市法院党组研究决定，在全市法院通报表彰开发区法院沙河路人民法庭副庭长孙庆，并组织全院干警为其患病家属捐款。

2月19日，市法院代院长胡华军在市第十三届人民代表大会第四次会议上作《河北省秦皇岛市中级人民法院工作报告》。

2月20日，市第十三届人民代表大会第四次会议闭幕，会议通过了2015年法院工作报告，市法院党组书记、代院长胡华军全票当选市法院院长。

2月27日，《人民日报》报道了市法院联合海港区法院开展的“法院开放日”活动剪影，并在第4版要闻版大幅刊登，为这场主题为“培育法治信仰、走好人生之路”的活动作了最好的宣传。

3月10日，在市法院召开的全市法院院长会议上，全市县区法院院长和市法院19个业务部门负责人与市法院党组签订了《审判管理、司法公开及信息化建设目标任务责任状》，明确2016年各单位各部门在审判管理及司法公开、阳光司法指数评估、信息化建设等工作中的目标任务。

4月7日，全省法院司法警察工作会议在衡水市举行，根据会议安排，市法院法警支队支队长刘旭就如何加强队伍建设作了典型发言，受到与会领导和同志们的高度赞扬。

4月16日，市法院召开全市法院机动车交通事故责任纠纷案件研讨会，会议旨在研究、探讨、解决机动车交通事故责任纠纷案件在审判实践中存在的问题，以达到上下级法院共识，统一裁判标准，确保案件质量，提升司法的公信力和人民群众的满意度。

4月25—26日，蒙古国最高法院大法官阿塔尔琪琪格率领蒙古法官代表团一行25人，在国家法官学院副院长冯文利的陪同下对市两级法院进行为期2天的参观考察。这是市法院第三次接待蒙古国法官考察团。

4月28日，市法院党组书记、院长胡华军到青龙满族自治县凉水河乡杏树坨村，看望慰问驻村干部，并到凉水河人民法庭就基层基础建设和矛盾纠纷多元化解决体系建设进行调研。

5月6日，市委常委、政法委书记闫五一作出批示，对市法院制定出台《关于发挥人民法院职能作用，依法积极服务“双违”专项整治行动的实施意见》，积极保障“双违”整治工作开展予以充分肯定。

6月3日，市两级法院对2起污染环境案进行了集中公开宣判，2起案件被告人以污染环境罪依法分别处以有期徒刑2年、1年3个月并处罚金的刑罚。

6月16日，省法院院长卫彦明，在市委常委、政法委书记闫五一，市法院院长胡华军的陪同下赴卢龙县、抚宁区法院调研指导工作。

6月24日，市两级法院对6起涉毒案件共17名被告人集中进行了公开宣判。市法院在大审判厅集中宣判了2起重大贩毒案件，部分市人大代表和政协委员以及各界群众参加了宣判活动，进一步提高社会公众珍爱生命、远离毒品的意识。

6月25日，最高法院党组作出决定，授予北京市密云区人民法院等101个单位“全国法院党建工作先进集体”荣誉称号，市法院榜上有名，被授予“全国法院党建工作先进集体”荣誉称号，是河北省法院系统唯一受表彰的中级法院。

7月6日，以江苏省泰州市法院院长徐军为首的泰州市两级法院一行10人来市法院参观考察，并就多元化纠纷解决机制、司法改革和化解“执行难”等问题进行深入座谈交流。

7月11日，市委书记孟祥伟和市委常委、政法委书记闫五一在市法院依法保障旅游业健康发展专报上作出批示，对市法院依法服务和保障全市旅游业健康发展的经验做法予以充分肯定。

7月13日，市法院召开专题会议，认真学习贯彻市委书记孟祥伟和市委常委、政法委书记闫五一等领导在市法院依法保障旅游业健康发展专报上作出的批示精神，部署推进旅游巡回法庭后续工作。

8月2日，省法院常务副院长杨泰安赴秦皇岛市督导“基本解决执行难”工作。杨泰安对市各级党委、政府及社会各界对法院执行工作的支持和帮助表示感谢，对市两级法院扎实开展“基本解决执行难”工作及取得的阶段性成效给予充分肯定，并就下一步工作提出要求。

8月25日，2015年推动河北法治进程十大案件评选揭晓，市法院审理的秦皇岛水务局诉首创水务公司拖欠水资源费案等三宗典型案件入选“2015推动河北法治进程十大案件”。

9月29日，市法院召开全市法院“互联网+诉非衔接”工作推进会，进一步深入推进矛盾纠纷大调解工作。

11月16日，2016年市法院被最高法院确定为家事审判改革试点单位。为落实好最高法院的任务、不断推进家事审判改革、深入化解社会矛盾、维护基层社会稳定，市法院充分发挥长城法庭的典型引导作用，先行先试，打造出了全市法院家事审判的标兵。

12月8日，市法院胡华军院长与刘京、周华组成合议庭，公开开庭审理一起建设工程施工合同纠纷案。这是全省法院法官员额制改革以来，胡华军院长首次以员额法官身份公开直播开庭审理案件，也是全省11个地市法院中率先公开开庭审理案件的中级法院院长。

12月30日，市法院被评为河北省秦皇岛市文明单位。

2017年

1月25日，市法院院长胡华军走访慰问了市法院部分离、退休老干部及家属。在院政治部主任薛文明和机关同志的陪同下，胡华军院长先后看望了市法院原院长孙志宏、原常务副院长孙盘柱和原院长王瀛泽及家属，看望了市法院原副院长、离休老干部孙清武，为全市法院建设发展作出了重要贡献的老干部们带去了院党组的关心和新春祝福。

3月1日，最高法院以“坚定法治信仰、守望公平正义”为主题的全国法院第四届十佳微电影评选结果揭晓，市法院与海港区法院联合拍摄的《大姐》获优秀微电影奖。

4月9日，市法院院长胡华军在市第十四届人民代表大会第一次会议上作《河北省秦皇岛市中级人民法院工作报告》。

4月12日，在市第十四届人民代表大会第一次会议上，市法院党组书记、院长胡华军再次全票当选市法院院长。

4月14日，市法院院长胡华军赴海港区法院长城法庭调研指导家事审判改革试点工作，市法院副院长赵爱彬、海港区法院院长刘光明陪同调研。

4月19日，省人大常委会内司委委员张增良率调研组到秦皇岛市，就法院执行工作情况进行专题调研并召开座谈会。市人大常委会副主任曹玉宝、市法院院长胡华军、市检察院副检察长郝一众参加座谈。

4月20日，市委办公厅、市政府办公厅向各县区委和人民政府、市直各部门、各人民团体转发市法院研究制定的《秦皇岛市家事纠纷综合解决机制实施方案》，要求结合实际认真贯彻落实。

6月28日，市法院出台《关于进一步发挥审判职能作用，依法服务和保障全市旅游业健康发展的实施意见》，进一步规范旅游市场秩序，努力打造法治旅游、优质旅游环境，为秦皇岛市承办省第二届旅游发展大会、第三届园林博览会和市委“建设国际滨海休闲度假之都”的战略部署提供司法服务和保障。

6月29日，市法院召开家事审判方式和工作机制改革工作推进会，对全市法院家事审判改革工作进行中期验收和全面推动。市两级法院从事家事审判工作的副院长、庭长，市法院民一庭相关人员参加了会议，市法院副院长赵爱彬参加会议并讲话。

7月27日，市法院召开诉讼服务中心建设推进会暨立案审判工作会议。会议的主要任务是深入贯彻全省法院诉讼服务中心建设现场推进会精神和市法院关于近期重点工作的部署，有的放矢地安排下一步改进工作的措施。市法院院长胡华军出席会议并讲话。

8月8日，市法院召开全市法院院长会议，市法院院长胡华军主持会议并强调，全市法院要深入学习贯彻习近平总书记系列重要讲话精神，坚决落实全面从严治党要求，牢牢把握司法为民公正司法主线，深化司法改革，创新司法机制，加快推进智慧法院建设，着力破解工作难题，努力建设一支过硬法院队伍，服务加快转型、绿色发展、跨越提升的发展新路。

8 月 12 日，市法院机关党委组织全院党员干警 40 余人到市海港区临河里社区开展创城活动。院长胡华军亲自参加并慰问 3 户临河里社区的空巢老人和生活困难的党员家庭，向每户困难家庭送去了慰问金。

8 月 18 日，市法院下发《关于大力推进案件繁简分流机制改革切实提高审判工作质效的意见》（以下简称《意见》），要求各基层法院对照《意见》深入查找短板不足，坚持问题导向，有的放矢地制定具体措施。各院要建立由一把手任组长的繁简分流机制改革领导小组，立即行动，强力推进。

8 月 25 日，市法院院长胡华军赴卢龙县法院调研指导工作，卢龙县委政法委书记肖影陪同调研。在卢龙县法院，胡华军院长听取了县法院全面建设情况介绍，并就牢固树立问题导向、法院执行工作、信息化建设和基础设施建设等薄弱环节进行了“会诊”。

9 月 5 日，市法院院长胡华军到对口帮扶村青龙满族自治县凉水河乡杏树坨村慰问，并为援建的村民活动中心揭牌。胡院长强调，要在落实好精准扶贫的同时，发挥自身优势，开展好精神扶贫和法治扶贫。

11 月 8 日，市法院与燕山大学签订了《家事审判项目战略合作协议》，携手开启了秦皇岛家事审判改革的新实践。

11 月 15 日，市委书记孟祥伟作出批示，对市法院立足职能、倾力服务保障全市发展大局的做法予以充分肯定。2017 年，市法院紧紧围绕市委的重大决策部署，发挥职能、积极作为，着力服务保障全市重点工作开展，取得良好成效。

12 月 3 日，最高法院主办的全国部分法院家事审判方式和工作机制改革试点工作推进会召开。会上，市法院作为河北省唯一代表作了经验介绍。特别是与燕山大学开展家事审判战略合作的做法，受到了最高法院审委会专职委员杜万华的充分肯定。

2018 年

2 月 7 日，省法院在市法院审判庭依法对被告人金某某、曾某某等 35 名被告人组织、领导参加黑社会性质组织犯罪案件进行公开宣判。

2 月 8 日，市法院院长胡华军在市第十四届人民代表大会第三次会议上作《河北省秦皇岛市中级人民法院工作报告》。

3 月 6 日，市法院印发《关于开展“全面深化管理年”活动的实施意见》。

3 月 9 日，市法院党组书记、院长胡华军应市纪委监委邀请主讲市纪委监委第 21 期机关大讲堂，胡华军以“法治的规律与法官的思维方法”为题进行了交流授课。市委常委、市纪委书记刘新宏等参加授课。

4 月 10 日，市法院对中国生物多样性保护与绿色发展基金会诉秦皇岛方圆包装玻璃有限公司环境民事公益诉讼案进行一审公开宣判。此案是《最高人民法院关于审理环境民事公益诉讼案件适用法律若干问题的解释》出台后河北省法院宣判的首例大气环境污染公益诉讼案。

4 月 27 日，市法院制定出台《关于积极投身“双创双服”活动，努力创造“四个环境”，为实现全市高质量发展提供强有力司法保障的意见》。市委书记孟祥伟，市人大常委会主任刘辰彦，市委常委、政法委书记闫五一对此作出批示予以肯定，并要求市两级法院抓好落实。

5 月 17 日，市法院制定下发《秦皇岛市中级人民法院 2018 年度司法巡查工作方案》，对 2018 年度司法巡查工作作出具体安排。

6 月 17 日，市法院推进诉讼服务中心改造升级，在提供“一站式、一条龙”诉讼服务的同时，使当事人享受网上查询、网上立案、在线调解、视频接待等服务。

7 月 19—20 日，市人大常委会法院执行工作评议调查组在市人大常委会副主任曹玉宝的带领下，就市、县区法院 2016 年以来的执行工作情况开展调研。市法院院长胡华军陪同调研，并汇报了市法院关于“基本解决执行难”工作情况。

7 月 27 日，最高法院执行局副局长周翔带领最高法院第五巡查组一行 14 人对市两级法院“基本解决执行难”工作进行全面巡查。巡查组分别对市法院和海港区法院执行指挥中心信息化建设情况进行实地检查，并抽查了 100 多份执行卷宗，检查了案件办理、信访工作，电话回访当事人了解案件情况。

8 月 12 日，最高法院对全国法院家事审判工作先进集体和先进个人予以表彰通报，市法院民一庭被评为全国法院家事审判工作先进集体。市法院还作为全省唯一代表在全国家事审判改革推进会上介绍经验。

8 月 17 日，省法院院长卫彦明到市法院调研指导工作。市委常委、政法委书记闫五一陪同调研。卫彦明院长听取了市法院院长胡华军作的 2018 年以来市法院主要工作的汇报，对各级各类巡查、督查发现的秦皇岛法院问题进行通报和分析，并针对存在的问题提出了具体整改要求。

8 月 18 日，市委书记孟祥伟作出批示，对市法院呈报的《民商事审判白皮书（2017）》给予高度评价。此前，市委副书记、市长张瑞书，市委常委、政法委书记闫五一也作出批示，对市法院 2017 年民商事审判工作予以充分肯定。

8 月 24 日，为促进全市金融工作改革和发展的顺利进行，更好地服务保障“沿海强市、美丽港城”和国际化城市建设，市法院出台《关于服务和保障金融工作发展改革的实施意见》。意见明确了全市法院要明晰工作重点，支持加强对小微企业、“三农”和偏远地区的金融服务，主动化解政府债务，促使金融资源有效配置，满足人民群众和实体经济的金融需求。

8 月 29 日，市第十四届人大常委会第十二次会议对全市法院 2016 年以来执行工作进行评议。会议在全面听取市法院院长胡华军关于执行工作报告和市人大内司委惠吉峰主任关于评议调查情况报告的基础上，与会常委会组成人员经过积极讨论，最后以无记名投票的方式进行评议表决。会议共发出并收回评议票 33 张，其中满意票 31 张、基本满意票 2 张，与会市人大常委会组成人员对法院执行工作给予充分肯定。

9 月 17 日，省法院副院长杨宝森到市法院督导“基本解决执行难”工作。杨宝森简要传达了省委常委扩大会会议精神和王东峰书记关于“基本解决执行难”工作的重要讲话精神，就攻坚决战“基本解决执行难”提出了要求。

10 月 19 日，市委书记孟祥伟主持召开市委常委会（扩大）会议，听取了市法院院长胡华军关于“基本解决执行难”工作情况汇报并讨论通过《关于解决人民法院执行难问题的意见》《秦皇岛市解决执行难问题工作任务分解表》2 个文件，强调要抓好工作落实，切实把会议确定的各项任务落到实处。

11 月 15 日，市委办公厅、市政府办公厅向全市印发市法院起草的《关于解决人民法院执行难问题的意见》，要求各县区党委和人民政府、市直各部门、各人民团体充分发挥职能作用，切实加强协调配合，共同推动“执行难”问题早日解决。

11 月 17 日，市法院召开全市“基本解决执行难”工作推进会，听取各县区法院在迎接第三方评估工作中存在的突出问题及下步工作安排的汇报，就全市“基本解决执行难”工作进行安排部署。

12 月 28 日，全国法院司法警察教练员教学技能比赛在浙江杭州落下帷幕，市法院法警支队队长刘旭、干警陈信强代表河北省法院参加比赛，一举夺得警务技能项目第一名。

第一编　组织机构

根据《人民法院组织法》的规定，我国法院的审级实行四级二审制，从高到低包括最高人民法院、高级人民法院、中级人民法院和基层人民法院。人民法院内的专业审判庭有刑事审判庭、民事审判庭、行政审判庭、审判监督庭、立案庭、执行庭等。此外，人民法院内部与专业审判庭平行的还有办公室、研究室、信访处、政治部、监察室、行政处等辅助性机构。专业审判庭和与之平行辅助性机构构成了法院内部组织机构的横向框架。

第一章　中级人民法院

1949 年 8 月，秦皇岛市人民法院成立；1968 年 4 月，市人民法院撤销，审判权被公安机关军管会取代；1973 年 3 月，恢复市人民法院。1983 年，经最高法院〔1983〕法司字第 73 号文批复，市人民法院于同年 8 月 16 日升格为秦皇岛市中级人民法院。院址仍设于原市人民法院旧址处，1984 年 8 月迁入文化路政廉街 1 号。2002 年 5 月 15 日，秦皇岛市机构编制委员会印发《秦皇岛市中级人民法院职能配置、内设机构和人员编制规定的通知》（秦编〔2002〕80 号），明确市法院的主要职责：（一）依法审判法律规定由市法院管辖的和其认为应当由自己审判的刑事、民事、行政等第一审案件。（二）依法审判有关基层人民法院移送的刑事、民事、行政等第一审案件。（三）依法审判法律规定由市法院管辖的刑事、民事、行政等第二审案件。（四）受理不服下级人民法院生效裁判的各类申诉和再审申请，对其中确有错误的，提审或指令下级人民法院再审，办理减刑、假释案件。（五）依法审判由人民检察院按照审判监督程序提出的抗诉案件。（六）依法受理和审查各类告诉、申诉案件；审判各类再审案件，接待、处理群众来信来访。（七）依法办理发生法律效力的民事、行政案件判决和裁定的执行事项以及刑事案件判决和裁定中有关财产部分的执行事项；办理法律规定由法院执行的其他法律文书的执行事项。（八）依法对下级人民法院行使指定管辖权。（九）监督、指导基层人民法院的审判工作。（十）依法行使司法决定权。（十一）依法决定国家赔偿。（十二）组织、指导下级人民法院办理司法协助事项。（十三）负责审判工作的调查研究，总结审判工作经验，针对审理中发现的问题提出司法建议，负责适用法律政策问题的请示、答复。（十四）对市法院的法官和其他工作人员进行思想政治教育、组织专业培训，指导各基层人民法院的思想政治工作和教育培训工作，按照权限管理法官和其他工作人员，协助市主管部门管理全市人民法院的机构设置、人员编制工作。（十五）领导下级人民法院的监察工作。（十六）管理人民法院的有关经费和物资装备。（十七）负责全市人民法院的司法技术鉴定、通信、计算机等技术的管理工作。（十八）在审判工作中宣传法治，教育公民忠于社会主义祖国，自觉地遵守宪法、法律和社会公德。（十九）执行死刑，警卫法庭，押解人犯，送达法律文书；维护本机关工作秩序。（二十）承办其他应由市法院负责的工作。

1999 年 5 月 18 日，市法院办公楼

第一节　机构人员简述

1983 年 8 月，经最高法院批准，秦皇岛市人民法院升格为秦皇岛市中级人民法院。市法院设院长 1 人、副院长 3 人，内设刑事第一审判庭、刑事第二审判庭、民事审判庭、经

济审判庭、办公室和政治处。1998年11月，市法院机构改革后，设有审判业务庭室11个、综合部门7个，全院干警134人。2002年5月，经秦皇岛市机构编制委员会（秦编〔2002〕80号）批准，市法院设有办公室、政治部、立案庭等20个庭室，全院干警139人。2007年12月，市法院共有在编人员185人，其中院长1人、副院长4人、其他干部167人、工勤人员13人。2016年12月，内设22个职能部门：办公室、政治部组织人事处（法官管理处）、政治部教育培训处、政治部宣传处、立案一庭、立案二庭、刑事审判第一庭、刑事审判第二庭、民事审判第一庭、民事审判第二庭、民事审判第三庭、民事审判第四庭、行政审判庭（赔偿委员会办公室）、审判监督庭、环境资源审判庭、执行局执行一庭、执行局执行二庭、执行局案件协调管理处、研究室（审判管理工作办公室）、司法技术辅助室、法警支队、计划财务装备管理处。另设机关党委、老干部处、监察室。截至2018年12月，市法院有25个内设机构：办公室，政治部内设组织人事处（法官管理处）、教育培训处、宣传处，立案一庭，立案二庭，刑事审判第一庭，刑事审判第二庭，民事审判第一庭，民事审判第二庭，民事审判第三庭，民事审判第四庭，行政审判庭（赔偿委员会办公室），审判监督庭，环境资源审判庭，执行局内设案件协调管理处、执行一庭、执行二庭，研究室（审判管理办公室），司法技术辅助室，法警支队，计划财务装备管理处，机关党委，老干部处，监察室。

2008年以来，市法院年收案数量均在3000件以上，约占全市法院年收案数量的10%。市法院坚持公正司法、司法为民的根本宗旨，不断改革创新审判管理，狠抓法院队伍建设，倡导公正廉洁执法，加大科技信息投入，夯实基层基础，多项工作走在了全市乃至全省法院的前列。2010年6月以来，市法院广泛开展法院队伍职业化建设，从“有形入手、无形延伸”，坚持抓党建、带队伍、促审判工作思路不动摇，完善了“条块结合、上下联动、整体推进”的法院系统党建工作新格局；凝神聚力，不断优化队伍职业化建设环境氛围，使文化软实力进一步增强；坚持素质提升，增强司法能力，持续激发队伍职业化建设活力，积极补充人才，实行有序交流，努力建设一支公正、高效、廉洁、为民的干警队伍；坚持科技强院，强化信息主导，不断完善和提升网络基础设施和司法公开平台建设水平；坚持绩效考核，规范审判流程，建立起较为完备的审判管理体系；坚持能动司法，紧紧围绕党和政府工作中心，充分发挥司法审判职能，职业素养和职业能力显著提高，职业行为和工作规范明显加强，基础设施明显改善，司法公信力明显提升。党的群众路线教育实践活动开展以来，市法院牢牢坚持司法为民宗旨和公正司法的生命线，着力在联系法院工作实际、解决群众反映强烈的突出问题上下功夫，扎实推进教育实践活动的深入开展，各项工作取得显著成绩。

法院院长。1990—2018 年，先后有孙志宏等 5 名同志任市法院院长。

孙志宏，男，汉族，1942 年 11 月出生，中共党员，大学学历。1966 年 9 月参加工作，历任新疆维吾尔自治区伊犁哈萨克自治州塔城地区公安处干部，秦皇岛市中级人民法院干部、办公室副主任、刑庭副庭长、副院长，1988 年 3 月—1996 年 2 月任秦皇岛市中级人民法院党组书记、院长。

王瀛泽，男，满族，1941 年 11 月出生，内蒙古喀喇沁旗人，1961 年 12 月入党，1962 年 7 月参加工作，历任承德市围场县兰旗卡伦小学教师，县文教局科员，县委宣传部、组织部干事，县艾林河公社、心地公社党委书记，县委常委、宣传部部长，县委副书记；滦平县委书记；承德地区法院副院长、院长，承德市中级人民法院筹备组组长、法院院长；1996 年 2 月—2003 年 3 月，任秦皇岛市中级人民法院党组书记、院长。

黄永维，男，汉族，1963 年 8 月出生，河北永年人，1985 年 10 月入党，研究生学历，西南政法大学诉讼法学博士。1982 年 7 月参加工作，历任河北省高级人民法院研究室干部，河北省石家庄市人民法院藁城县法院书记员、助理审判员，河北省高级人民法院业大分校教师，河北省高级人民法院办公室秘书科副科长、院长秘书、党组秘书，《人民法院报》河北记者站站长，河北省高级人民法院办公室秘书组长、助理审判员，河北省高级人民法院新闻发言人，河北省高级人民法院办公室副主任兼院长秘书、审判员，河北省人大常委会常务副主任秘书（正处级），河北省高级人民法院告诉申诉庭副庭长、庭长、审委会委员、民事经济审判监督庭庭长、审判监督庭第二庭庭长，2003 年 3 月—2006 年 8 月，任秦皇岛市中级人民法院党组书记、院长。

闫五一，男，汉族，1964 年 9 月出生，陕西蒲城人，中共党员，清华大学法律硕士。1988 年 7 月参加工作，历任河北省人民检察院科员、副主任科员，省委政法委副主任科员、主任科员、助理调研员、案件协调督办处副处长、政治部副主任兼宣传教育处处长，其间任昌黎县委副书记（挂职），2007 年 2 月—2015 年 6 月任秦皇岛市中级人民法院党组书记、院长。

胡华军，男，汉族，1969年9月出生，河北容城人，中共党员，中国政法大学法律硕士。1991年7月参加工作，历任河北省高级人民法院民一庭书记员、助理审判员、副庭长、研究室主任、民一庭庭长、审判委员会委员，2015年5月任秦皇岛市中级人民法院党组书记、副院长、代院长，2016年2月任秦皇岛市中级人民法院院长。

领导班子成员。2018年，领导班子成员共7名。党组书记、院长胡华军（2015年5月27日任党组书记，2016年2月20日任院长）；党组副书记、常务副院长李顺武（2012年3月23日任党组副书记，2013年7月3日任副院长）；党组成员、纪检组组长宁雨卿（2007年6月18日任职）；党组成员、副院长董宝军（2013年12月24日任党组成员，2014年3月11日任副院长）；正县级审判员王建文（2016年9月21日任职）；党组成员、副院长赵爱彬（2009年1月18日任党组成员，2009年3月12日任副院长）；党组成员、政治部主任薛文明（2012年9月任职，2018年12月13日因病免职）。

法院副院长。1990—2018年，先后有张贤勋等22名同志任秦皇岛市中级人民法院副院长（见附表）。

姓名	性别	职务	任职时间
张贤勋	男	副院长	1990.01—1991.08
刘世久	男	副院长	1990.01—1993.12
王秀兰	女	副院长	1990.01—1998.04
孙盘柱	男	副院长	1992.02—2007.01
高步春	男	副院长	1994.03—2002.06
王瀛泽	男	副院长	1996.02—1996.03
常沛江	男	副院长	1997.01—2003.10
徐子良	男	副院长	1998.04—2002.06
马玉俊	男	副院长	1998.04—2003.04
高　祥	男	副院长（挂职）	2001.12—2003.01
谢绍忠	男	副院长	2002.06—2008.06
刘福明	男	副院长	2002.06—2013.06

（续表）

姓名	性别	职务	任职时间
秦建国	男	副院长	2003.10—2009.12
甄晓丽	女	副院长	2003.10—2012.03
赵秀义	男	副院长	2008.06—2011.11
赵爱彬	女	副院长	2009.03—2018.12
李顺武	男	副院长	2011.11—2018.12
邵中玲	男	副院长	2012.10—2014.01
程　安	男	副院长	2013.08—2018.12
王建文	男	副院长	2014.01—2016.09
董宝军	男	副院长	2014.03—2018.12
胡华军	男	副院长	2015.06—2016.02

审委会委员。1990—2018 年，先后有张贤勋等 71 名同志任秦皇岛市中级人民法院审委会委员（见附表）。

姓名	性别	任职时间
邹景文	男	1990.01—1991.01
孙淑华	女	1990.01—1991.04
张贤勋	男	1990.01—1991.08
王晋辉	男	1990.01—1992.05
敖炳库	男	1990.01—1993.06
刘世久	男	1990.01—1993.12
张春贵	男	1990.01—1994.07
柳森林	男	1990.01—1994.07
孙志宏	男	1990.01—1996.02
董德强	男	1990.01—1996.09
高瑞松	男	1990.01—1997.01
王秀兰	女	1990.01—1998.04

（续表）

姓名	性别	任职时间
潘聚元	男	1992.11—1996.01
孙盘柱	男	1992.02—2007.01
谢绍忠	男	1993.06—1995.06
苑俊琴	女	1993.08—1996.04
邵敬强	男	1993.09—1997.01
孙敬东	男	1993.10—2002.04
高步春	男	1994.03—2002.06
席贺莲	女	1994.09—1997.01
王志荣	女	1994.09—2003.04
曾昭贵	男	1994.09—2007.10
黄占金	男	1996.01—2002.04
唐秋涛	男	1996.01—2004.04
毛悦先	男	1996.01—2007.10
王瀛泽	男	1996.02—2003.03
崔守保	男	1996.06—2005.12
徐子良	男	1997.01—2002.06
程　安	男	1997.01—2003.04
常沛江	男	1997.01—2003.10
甄晓丽	女	1997.01—2012.03
马玉俊	男	1998.04—2003.04
刘志军	男	2000.04—2002.04
刘光明	男	2000.04—2007.04
白素环	女	2000.04—2009.04
秦建国	男	2000.04—2009.12
刘福明	男	2000.10—2013.06
高　祥	男	2001.12—2003.01

（续表）

姓名	性别	任职时间
谢绍忠	男	2002.06—2008.06
黄永维	男	2003.03—2006.08
吴尚伟	男	2004.04—2010.04
王新忠	男	2004.04—2011.11
王立民	男	2004.04—2011.11
郑秀梅	女	2004.04—2018.12
王　瑛	女	2004.04—2018.12
褚晓峰	男	2004.04—2018.12
李敬松	男	2004.04—2018.12
郭　辉	男	2005.12—2018.12
赵爱彬	女	2006.04—2018.12
闫五一	男	2007.02—2015.06
邵中玲	男	2007.10—2014.01
赵秀义	男	2008.06—2011.11
任秀文	男	2008.06—2018.12
张　涛	男	2009.04—2014.01
曹敬东	男	2009.04—2014.03
薛文明	男	2009.04—2018.12
刘长新	男	2009.04—2018.12
张勇武	男	2009.04—2018.12
刘金芳	女	2009.04—2018.12
贾文华	男	2009.04—2018.12
张霜剑	男	2009.04—2018.12
李顺武	男	2011.11—2018.12
秦建国	男	2012.03—2015.04
程　安	男	2013.08—2018.12

（续表）

姓名	性别	任职时间
高　侠	女	2013.11—2018.12
杨连升	男	2013.11—2018.12
张　岩	女	2013.11—2018.12
谢　益	男	2013.11—2018.12
鲍成新	男	2014.01—2018.12
王建文	男	2014.01—2018.12
董宝军	男	2014.03—2018.12
李　蓬	女	2014.03—2018.12
胡华军	男	2015.06—2018.12

2018 年 12 月有审委会委员 24 人：胡华军、李顺武、程安、董宝军、赵爱彬、王建文、李敬松、郭辉、薛文明、刘长新、杨连升、张霜剑、王瑛、张勇武、任秀文、郑秀梅、李蓬、张岩、刘金芳、褚晓峰、贾文华、鲍成新、高侠、谢益。

审判委员会专职委员。2009—2018 年，先后有李敬松等 3 名同志任市法院审判委员会专职委员（见附表）。

姓名	性别	任职时间
王立民	男	2009.01—2011.08
李敬松	男	2009.01—2018.12
郭　辉	男	2012.09—2018.12

庭长（主任）、副庭长（副主任）。1990—2018 年，各庭庭长（主任）、副庭长（副主任）任职情况见附表。

刑事审判第一庭（原刑事第一审判庭）

庭长	性别	任职时间
缺		1990.01—1993.06
董德强	男	1993.06—1996.09
缺		1996.09—1997.01
程　安	男	1997.01—2000.04
崔守保	男	2000.04—2005.12
缺		2005.12—2006.04
赵爱彬	女	2006.04—2009.04
王新忠	男	2009.04—2011.11
缺		2011.11—2014.01
张霜剑	男	2014.01—2018.12
副庭长	**性别**	**任职时间**
董德强	男	1990.01—1993.06
谢绍忠	男	1990.01—1993.06
王林雁	女	1994.01—1997.01
吴尚伟	男	1997.01—2000.04
赵爱彬	女	2004.04—2006.04
刘　旭	男	2005.12—2010.10
戴　强	男	2009.04—2018.12
冯海英	女	2013.11—2018.12

刑事审判第二庭（原刑事第二审判庭）

庭长	性别	任职时间
王瑞增	男	1990.01—1990.07
缺		1990.07—1992.11
潘聚元	男	1992.11—1996.01
唐秋涛	男	1996.01—2004.04
王新忠	男	2004.04—2009.04
王　瑛	女	2009.04—2018.12

（续表）

副庭长	性别	任职时间
潘聚元	男	1990.05—1992.11
唐秋涛	男	1990.12—1996.01
杨学军	女	1997.01—2000.04
周学勤	女	2000.04—2004.04
杜东明	男	2000.04—2005.12
刘金芳	女	2005.12—2009.04
容　芳	女	2009.04—2013.11
孟祥才	男	2009.04—2018.12
戴臻喜	男	2013.11—2018.12

经济审判庭

庭长	性别	任职时间
王晋辉	男	1990.01—1992.05
副庭长	**性别**	**任职时间**
杨翠英	女	1990.01—1991.10
邵敬强	男	1990.01—1992.11

民事审判第一庭（原民事审判庭）

庭长	性别	任职时间
高瑞松	男	1990.01—1997.01
毛悦先	男	1997.01—2000.04
刘志军	男	2000.04—2002.04
王立民	男	2004.04—2009.04
张　涛	男	2009.04—2013.11
张勇武	男	2013.11—2018.12
副庭长	**性别**	**任职时间**
毛悦先	男	1990.01—1996.01
黄占金	男	1990.01—1996.01

（续表）

副庭长	性别	任职时间
程　安	男	1996.06—1997.01
马建荣	女	1997.01—2000.04
李晓明	男	1998.12—2004.03
王新忠	男	2000.04—2004.04
曹敬东	男	2004.04—2009.04
李　蓬	女	2004.04—2009.04
杨连升	男	2005.12—2009.04
杨　峰	男	2009.04—2012.10
刘秋丽	女	2009.04—2018.12
杨彦军	男	2009.04—2018.12
刘子明	男	2013.11—2018.12

民事审判第二庭（原知识产权庭）

庭长	性别	任职时间
王志荣	女	2000.04—2003.04
郑秀梅	女	2004.04—2009.04
张勇武	男	2009.04—2013.11
任秀文	男	2013.11—2018.12
副庭长	**性别**	**任职时间**
马建荣	女	2000.04—2008.06
鲍成新	男	2009.04—2014.01
韩　颖	女	2014.01—2018.12

民事审判第三庭（原经济第一审判庭）

庭长	性别	任职时间
孙敬东	男	1993.10—2000.04
刘光明	男	2000.04—2007.04
郑秀梅	女	2009.04—2018.12

（续表）

副庭长	性别	任职时间
孙敬东	男	1992.11—1993.10
任建生	男	1994.09—1997.01
刘光明	男	1997.01—2000.04
王立民	男	2000.04—2004.04
李晓红	女	2004.04—2006.04
张　涛	男	2005.12—2009.04
杨连升	男	2009.04—2013.11
张新华	男	2009.04—2018.12
高晓武	男	2013.11—2018.12

民事审判第四庭（原经济第二审判庭）

庭长	性别	任职时间
邵敬强	男	1993.09—1997.01
曾昭贵	男	1998.03—2000.04
甄晓丽	女	2000.04—2003.10
王　瑛	女	2004.04—2009.04
曹敬东	男	2009.04—2013.12
李　蓬	女	2014.03—2018.12
副庭长	性别	任职时间
邵敬强	男	1992.11—1993.09
刘志军	男	1997.01—2000.04
吴尚伟	男	2000.04—2004.04
郭　辉	男	2004.04—2005.12
张霜剑	男	2005.12—2009.04
王　巍	女	2005.12—2018.12
李　蓬	男	2009.04—2014.03

行政审判庭

庭长	性别	任职时间
孙淑华	女	1990.01—1991.04
苑俊琴	女	1993.08—1996.04
崔守保	男	1997.01—2000.04
秦建国	男	2000.04—2003.10
吴尚伟	男	2004.04—2010.04
张　岩	女	2013.11—2018.12
副庭长	**性别**	**任职时间**
苑俊琴	女	1991.03—1993.08
崔守保	男	1996.06—1997.01
毕明玉	男	1997.01—2005.04
张　岩	女	2005.08—2013.11
戴臻喜	男	2006.01—2013.11
冯　娟	女	2013.11—2016.04
刘志高	男	2013.11—2018.12

政治部（原政治处）

主任	性别	任职时间
孙甫亮	男	1990.01—1991.09
刘瑞琴	女	1991.09—2002.01
何庆元	男	2002.01—2002.12
赵秀义	男	2003.03—2003.12
邵中玲	男	2004.12—2012.09
薛文明	男	2012.09—2018.12
副主任	**性别**	**任职时间**
甄晓丽	女	1994.01—1997.01
秦建国	男	1997.01—2000.04
孙连东	男	2000.04—2004.03
邵中玲	男	2000.04—2004.12
张传友	男	2004.04—2018.08
杜清徐	男	2004.11—2018.12
甘　军	男	2013.10—2018.12

政治部组织人事处（法官管理处）

处长	性别	任职时间
孙连东	男	2000.04—2004.03
张传友	男	2004.04—2018.07
副处长	**性别**	**任职时间**
任大贵	男	2004.04—2004.10
齐海峰	男	2004.04—2010.11
容　芳	女	2005.08—2009.03
吴从民	男	2009.03—2016.12
连兴旺	男	2010.08—2018.12

政治部教育培训处

处长	性别	任职时间
邵中玲	男	2000.04—2004.11
杜清徐	男	2004.11—2018.12
副处长	**性别**	**任职时间**
李跃东	男	2004.04—2006.03
顾莹莹	女	2009.03—2018.12

政治部宣传处

处长	性别	任职时间
齐海峰	男	2010.11—2018.12

研究室（审判管理办公室）

主任	性别	任职时间
张春贵	男	1990.01—1994.05
毛悦先	男	1995.12—1997.01
程　安	男	2000.04—2003.04
徐士龙	男	2004.03—2006.01
郭　辉	男	2006.01—2013.09
高　侠	女	2013.09—2018.12

（续表）

副主任	性别	任职时间
王秀珍	女	1990.01—1997.01
白素环	女	1997.01—2000.04
李敬松	男	2000.04—2004.04
史林波	男	2004.10—2009.03
冯　娟	女	2009.03—2013.09
高　侠	女	2011.09—2013.09
刘双全	男	2013.09—2018.12
吕　铭	男	2013.09—2018.12

办公室

主任	性别	任职时间
柳森林	男	1990.01—1994.05
王志荣	女	1994.09—2000.04
孙敬东	男	2000.04—2002.03
李敬松	男	2004.04—2009.04
谢　益	男	2009.04—2018.12
副主任	性别	任职时间
孙敬东	男	1990.01—1991.04
常佩江	男	1990.01—1993.09
王志荣	女	1991.12—1994.09
程　安	男	1994.03—1996.06
马大壮	男	1997.01—2000.04
白雪梅	女	2000.04—2000.08
徐士龙	男	2000.04—2004.04
胡向东	男	2000.09—2018.12
谢　益	男	2005.12—2009.03
杨韶忠	男	2009.03—2018.12

审判监督庭（原告诉申诉审判庭）

庭长	性别	任职时间
高步春	男	1990.01—1994.03
席贺莲	女	1994.09—1997.01
甄晓丽	女	1997.01—2000.04
曾昭贵	男	2000.04—2007.10
刘金芳	女	2009.04—2018.12
副庭长	**性别**	**任职时间**
席贺莲	女	1990.01—1994.09
李兴章	男	1994.09—1997.04
杜东明	男	1997.01—2000.04
郑秀梅	女	2000.04—2004.04
丁保军	男	2004.04—2012.08
贾文华	男	2005.12—2009.04
高晓武	男	2009.04—2013.11
崔冠军	男	2009.04—2018.12
史林波	男	2013.11—2018.12

司法技术辅助室［原司法鉴定技术室（原法医技术室）］

主任	性别	任职时间
郑新民	男	1997.01—2008.05
李吉惠	男	2008.05—2018.12
副主任	**性别**	**任职时间**
郑新民	男	1994.01—1997.01
杨旭高	男	2005.12—2008.03
杨宝成	男	2010.08—2018.12

执行局（原执行庭）

局长	性别	任职时间
赵秀义	男	2008.06—2011.09

（续表）

庭长	性别	任职时间
敖秉库	男	1990.01—1993.06
谢绍忠	男	1993.06—1995.06
黄占金	男	1996.01—2002.04
褚晓峰	男	2004.04—2005.12
副庭长	**性别**	**任职时间**
孙敬东	男	1991.04—1992.11
吴殿发	男	1993.09—2004.04
褚晓峰	男	2000.04—2004.04
温代岭	男	2000.04—2014.12
副局长	**性别**	**任职时间**
褚晓峰	男	2006.01—2018.12

执行一庭

兼庭长	性别	任职时间
褚晓峰	男	2006.01—2018.12
副庭长	**性别**	**任职时间**
褚晓峰	男	2000.04—2004.04
温代岭	男	2000.04—2014.12
董　滨	女	2004.04—2009.04
张勇武	男	2004.04—2009.04

执行二庭

庭长	性别	任职时间
贾文华	男	2009.4—2018.12
副庭长	**性别**	**任职时间**
程国荣	男	2009.4—2018.12

案件协调管理处

处长	性别	任职时间
张霜剑	男	2009.04—2014.01
鲍成新	男	2014.01—2018.12
副处长	**性别**	**任职时间**
史林波	男	2009.03—2013.09
魏晓龙	男	2013.09—2018.12

监察室（纪检组）

主任	性别	任职时间	备注
王秀兰	女	1992.11—1996.10	主任兼驻院纪检组组长
徐子良	男	1996.11—1999.06	驻院纪检组组长
刘福明	男	1999.06—2003.10	驻院纪检组组长
王彭年	男	2003.10—2007.06	驻院纪检组组长
李吉惠	男	2004.11—2008.05	
宁雨卿	男	2007.06—2018.12	驻院纪检组组长
宋继范	男	2009.04—2014.10	2012.06—2014.10 兼驻院纪检组副组长
王利民	男	2017.12—2018.12	
副主任	**性别**	**任职时间**	
王玉山	男	1992.11—1997.01	兼驻院纪检组副组长
潘广友	男	1998.02—2005.12	
康以胜	男	2010.08—2017.12	
杨　峰	男	2012.06—2018.12	驻院纪检组副组长
张永军	男	2017.12—2018.12	

业大分部办公室

主任	性别	任职时间
刘晋阁	男	1991.08—2000.04
副主任	**性别**	**任职时间**
程凤鸣	男	2000.04—2001.12

计划财务装备管理处（原司法行政处（机关事务管理处））

处长	性别	任职时间
常沛江	男	1993.09—1997.01
王玉山	男	1997.01—2004.03
陈铁军	男	2004.04—2016.10
副处长	**性别**	**任职时间**
王忠保	男	1994.09—2000.04（兼）
王海峰	男	1997.01—2004.10
任大贵	男	2004.10—2018.07
戚　锐	男	2013.09—2018.12

机关党委

书记	性别	任职时间
王秀兰	女	1990.10—1998.04（兼）
马玉俊	男	1998.04—2003.05（兼）
孙盘柱	男	2003.05—2007.06（兼）
谢绍忠	男	2007.06—2008.06（兼）
刘福明	男	2008.06—2015.09（兼）
李顺武	男	2015.09—2018.12（兼）
副书记	**性别**	**任职时间**
王玉山	男	1990.10—1994.01
柳森林	男	1994.01—1997.01
王林雁	女	1997.04—2000.08（专职）
王彭年	男	2000.08—2004.10（专职）
薛文明	男	2004.06—2011.09（专职）
容　芳	女	2013.09—2018.12（专职）

老干部处

处长	性别	任职时间
李吉惠	男	2004.03—2004.11
王海峰	男	2005.04—2018.12

（续表）

副处长	性别	任职时间
王海峰	男	2004.10—2005.04

法警支队（原法警大队）

支队长	性别	任职时间
常沛江	男	1995.03—1997.01（兼）
侯志强	男	2000.04—2013.09
刘　旭	男	2013.09—2018.12
政委	**性别**	**任职时间**
王忠保	男	1995.03—2005.12
刘　旭	男	2010.11—2013.09
宋继范	男	2014.10—2017.08
副政委	**性别**	**任职时间**
刘永明	男	2013.09—2018.12
副支队长	**性别**	**任职时间**
程凤鸣	男	1997.01—2000.04
李跃东	男	2006.03—2010.08
王东明	男	2010.08—2018.12

立案一庭（原立案庭）

庭长	性别	任职时间
白素环	女	2000.04—2009.04
刘长新	男	2009.04—2018.12
副庭长	**性别**	**任职时间**
王　瑛	女	2000.04—2004.04
刘长新	男	2004.04—2009.04
刘秋丽	女	2005.08—2009.04
李道华	男	2009.04—2018.12
董　滨	女	2009.04—2018.12

立案二庭（原信访办）

庭长（主任）	性别	任职时间	备注
任秀文	男	2008.05—2013.09	主任
杨连升	男	2013.11—2018.12	庭长
副庭长（副主任）	**性别**	**任职时间**	**备注**
刘志高	男	2009.03—2013.09	副主任
袁相坡	男	2013.11—2018.12	副庭长
张金政	男	2013.11—2018.12	副庭长

秦皇岛经济技术开发区法庭

庭长	性别	任职时间
曾昭贵	男	1994.01—1995.04
副庭长	**性别**	**任职时间**
曾昭贵	男	1993.08—1994.09
毕明玉	女	1994.09—1995.04

山海关经济技术开发区法庭

庭长	性别	任职时间
毛悦先	男	2000.04—2001.12（2001.02 划归市开发区）
副庭长	**性别**	**任职时间**
谢秀莲	女	2000.04—2001.12（2001.02 划归市开发区）

1993 年 3 月 3 日，秦皇岛经济技术开发区人民法庭挂牌成立

第二节　内设机构及职能

1983年8月26日，原秦皇岛市人民法院升格为河北省秦皇岛市中级人民法院，内部机构设有办公室、政治处、刑事第一审判庭、刑事第二审判庭、民事审判庭、经济审判庭。1987年11月，内部机构有刑事第一审判庭、刑事第二审判庭、民事审判庭、经济审判庭、行政审判庭、政治处、研究室、办公室。1988年4月，建立告诉申诉审判庭。1988年11月，建立法医技术室、执行庭。1989年2月，建立经济纠纷调解中心，与执行庭合署办公。1989年12月，建立监察室。1990年，经市直机关工委批准，成立机关党委。1990年，内设机构：刑事第一审判庭、刑事第二审判庭、民事审判庭、经济审判庭、行政审判庭、告诉申诉审判庭、执行庭（经济纠纷调解中心）、法医技术室、政治处、研究室、办公室、监察室、机关党委。1991年3月，成立全国法院干部业余法律大学秦皇岛分部办公室。1992年3月，撤销经济审判庭，建立经济第一审判庭、经济第二审判庭，并将经济纠纷调解中心改设在经济第一审判庭。1993年3月，设立秦皇岛经济技术开发区人民法庭。1993年6月，设立司法行政处。1994年6月，设立法警大队。1995年4月，撤销秦皇岛经济技术开发区人民法庭。1998年11月，秦编〔1998〕53号批准市法院机构改革方案，增设知识产权审判庭；司法行政处更名为计划财务装备处（机关事务管理处）；法警大队更名为法警支队；政治处更名为政治部。机构改革后，内设职能部门：办公室、刑事审判第一庭、刑事审判第二庭、民事审判庭、经济审判第一庭、经济审判第二庭、行政审判庭（赔偿委员会办公室）、告诉申诉审判庭、执行庭、知识产权审判庭、研究室、法医技术室、计划财务装备处（机关事务管理处）、法警支队、政治部、机关党委、纪检组（监察室）、业大分部办公室。

2000年2月，设立山海关经济技术开发区人民法庭，增设立案庭，告诉申诉庭更名为审判监督庭。2001年2月，山海关经济技术开发区人民法庭转隶秦皇岛经济技术开发区人民法院。2001年7月，内设职能部门：办公室、刑事审判第一庭、刑事审判第二庭、民事审判庭、经济审判第一庭、经济审判第二庭、行政审判庭（赔偿委员会办公室）、告诉申诉审判庭、执行庭、知识产权审判庭、研究室、法医技术室、计划财务装备处（机关事务管理处）、法警支队、政治部、机关党委、纪检组（监察室）、业大分部办公室。2002年5月，秦编〔2002〕80号批准，内设17个职能部门：办公室、政治部组织人事处（法官管理处）、政治部教育培训处（宣传处）、立案庭、刑事审判第一庭、刑事审判第二庭、民事审判第一庭、民事审判第二庭、民事审判第三庭、民事审判第四庭、行政审判庭（赔偿委员会办公室）、审判监督庭、执行庭（执行局）、研究室、司法鉴定技术室、法警支队、计划财务装备管理处；另设机关党委、老干部处、纪检组（监察室）。2006年4月，撤销执行庭，成立执行局案件协调管理处、执行局执行一庭和执行局执行二庭。2006年7月，成立信访办公室。2007年8月，司法鉴定技术室更名为司法技术辅助室。2010年3月，研究室增挂审判管理工作办公室牌子；宣传处由在教育培训处挂牌子改为独立设置。2011年7月，立案庭更名为立案一庭，信访办公室更名为立案二庭。2016年12月，撤销原纪检机构，改为市纪委派驻纪检组。2016年12月，设立环境资源审判庭。2016年12月，内设22个职能部门：办公室、政治部组织人事处（法官管理处）、政治部教育培训处、政治部宣传处、立案一庭、立案二庭、刑事审判第一庭、刑事审判第二庭、民事审判第一庭、民事审判第二庭、民事审判第三庭、民事审判第四庭、行政审判庭（赔偿委员会办公室）、审判监督庭、环境资源审判庭、执行局执行一庭、执行局执行二庭、执行局案件协调管理处、研究室（审判管理工作办公室）、司法技术辅助室、法警支队、计划财务装备管理处；另设机关党委、老干部处、监察室。截至2018年12月，市法院有25个内设机构：办公室，政治部内设组织人事处（法官管理处）、教育培训处、宣传处，立案一庭，立案二庭，刑事审判第一庭，刑事审判第二庭，民事审判第一庭，民事审判第二庭，民事审判第三庭，民事审判第四庭，行政审判庭（赔偿委员会办公室），审判监督庭，环境资源审判庭，执行局内设案件协调管理处、执行一庭、执行二庭，研究室（审判管理办公室），司法技术辅助室，法警支队，计划财务装备管理处，机关党委，老干部处，监察室。

办公室。协助院领导组织、协调、处理司法公务；协调本院各部门的工作；办理院务会、院长办公会等会议事务；起草综合性文件、报告等文稿；组织综合性会议；负责对外接待事项；负责本院重要活动的组织实施；负责人大代表、政协委员及市法院督导员的联络工作；负责督办、机要文秘、信息、资料、档案管理、保密、新闻宣传和办公自动化管理；对基层人民法院的有关工作进行指导。

组织人事处（法官管理处）。政治部内设组织人事处（法官管理处），协助有关部门管理全市法院机构编制、干部人事管理工作；负责全市法院非法官考试录用和进人审核报批工作；负责本院机关的干部任免、调配、奖惩、工资福利、出国出境政审、退休和法官等级、法警警衔及其他职称评定工作，法官等级和司法警察警衔管理工作；负责管理机关人事档案、全市法院人事信息的采集、干部人事统计和有关干部人事职称管理等工作；协助地方党委管理全市法院系统领导班子建设和班子成员选配；负责全市法院法官择优选录，办理《法官法》规定的有关工作；负责基层人民法院和基层人民法庭的设立、更名、撤销的审核及呈报；办理市法官考评委员会决定事项。

教育培训处。政治部内设教育培训处，配合有关部门搞好本院机关的思想政治、宣传教育工作；指导基层法院宣传教育和思想政治工作，负责表彰奖励工作；指导全市法院队伍建设，总结推广先进典型经验；负责全市法院干部教育培训工作，承办院党组决定的有关事项；办理其他有关工作事宜。

宣传处。政治部内设宣传处，宣传社会主义民主与法治；宣扬法院系统的先进典型；负责新闻发布、新闻报道工作；负责院内重大活动的对外宣传、联络工作；办理其他有关工作事宜。

立案一庭。对本院依法受理的各类案件进行登记立案，依法审理管辖争议、不予受理、驳回起诉等上诉案件；办理诉前财产、证据保全及诉前和解和立案调解；负责诉讼费收缴和缓、减、免诉讼费工作；监督指导下级人民法院的立案工作；办理上级领导机关或监督机关交办的其他工作。

立案二庭。负责全市涉诉信访接待处理工作；对不服本院刑事、行政案件和下级人民法院民商事案件的生效裁判提出的各类申诉以及再审申请进行审查、立案登记和处理；指导下级人民法院的涉诉信访工作；办理上级领导机关或监督机关交办的其他信访工作。

刑事审判第一庭。依法审判一审危害国家安全犯罪案件，可能判处无期徒刑、死刑的普通刑事案件，外国人犯罪的刑事案件。

刑事审判第二庭。依法审判二审各类刑事犯罪案件；监督、指导下级法院的刑事审判工作。

民事审判第一庭。依法审判一审涉外、涉侨、涉港澳台婚姻、家庭、继承、损害赔偿、债权、债务和人身权等民事纠纷案件，在本辖区内有重大影响的婚姻、家庭、继承、损害赔偿、债权、债务、人身权案件，房地产及其他不动产案件，最高法院确定由中级人民法院管辖的民事案件；审理不服一审法院裁判的相关二审民事案件；监督、指导下级人民法院的民事审判和人民法庭工作。

民事审判第二庭。依法审判一、二审著作权、商标权、制止不正当竞争、知识产权纠纷和知识产权合同以及技术合同纠纷案件；监督、指导下级人民法院的相关审判工作；在审理好知识产权案件、加强一审知识产权指导的基础上，审理劳动争议等部分二审民事案件。

民事审判第三庭。依法审判一审涉外合同、期货、股票、金融债券、票据等纠纷案件，在本辖区内有重大影响的合同纠纷案件，期货、股票、金融债券、票据案件，国内外经济损害赔偿案件。

民事审判第四庭。依法审判二审合同、证券、票据纠纷案件，企业破产案件；监督、指导下级人民法院的相关审判工作。

行政审判庭（赔偿委员会办公室）。依法审判第一、二审行政案件；负责接待行政机关的法律咨询、行政诉讼法宣传、有关法律、法规的修改和非诉讼行政案件的审查、执行工作，办理行政赔偿案件；依法办理赔偿委员会受理的国家赔偿案件；执行赔偿委员会决定事项；审查处理赔偿告诉、申诉案件；监督、指导下级人民法院的行政审判工作和赔偿案件工作。

审判监督庭。审理不服本院生效裁判的刑事、民事、行政再审案件；审判不服下级人民法院生效裁判的刑事、民事、行政再审案件；审判市人民检察院抗诉的刑事、民事、行政再审案件；办理国家赔偿确认；办理减刑、假释案件；办理人大、上级法院及有关部门要查报结果的各类申诉案件；接待处理与之相关的来信来访；监督指导下级人民法院的刑事、民事、行政审判监督工作；办理上级领导机关或监督机关要查报结果的案件。

环境资源审判庭。受理全市较为复杂、疑难、影响较大的涉生态环境刑事、民事、行政案件；审理基层人民法院作为生态环境资源案件一审法院的上诉案件；审理省法院指定的生态环境案件；负责全市法院生态环境资源保护审判工作的审判监督和业务指导。

案件协调管理处。执行局内设案件协调管理处，负责上级部门督办案件和委托、受委托执行案件的处理；对全市各县区法院之间的执行争议进行协调；办理提级执行、指令执行和交叉执行；监督纠正基层法院执行中的错误；统一组织实施和指挥全市范围内的集中执行；审查当事人对下级的罚款、拘留决定提出的复议；负责全市法院执行工作的调研，执行案件档案管理，执行统计、报表、信息反馈；接待处理涉及执行问题的群众来信来访；办理领导交办的其他事项。

执行一庭。执行局内设执行一庭，审查对仲裁裁决、公证债权文书是否有不予执行事由；制作强制执行法院文书；裁定变更、追加被执行主体；裁定执行担保人财产；裁定执行到期债权；对当事人和案外异议进行审查；对分配争议进行裁决；审查对下级法院裁定提出的复议；裁定执行回转；中止、终结执行；办理领导交办的其他案件。

执行二庭。执行局内设执行二庭，送达执行法律文书；调查被执行财产状况；制定个案执行方案；查询、冻结、划扣、提取、扣押被执行财产；主持执行和解；呈报并实施拘传、罚款、拘留等民事强制措施；制作执行公告；其他执行实施行为。

研究室（审判管理办公室）。对市法院审结生效并归档的案件进行规范化、制度化的考评检查；评定案件质量等次，界定案件差错并认定差错责任；筛选优秀案件和优秀裁判文书，负责案件质量评估体系的具体工作；负责市法院审判流程管理工作；负责围绕审判质量和效率，开展统计、分析、评估、通报、决策建议工作；负责市法院审判部门和法官的审判业绩考评及司法档案管理工作，协同有关部门进行年度综合考核；负责市法院司法统计工作；负责相关工作的对下指导和监督检查；负责上级和领导交办的其他工作。

司法技术辅助室。负责本院和全市法院的司法鉴定工作；进行法医技术鉴定和复核鉴定、工程质量鉴定、工程预决算、会计审计鉴定及文检鉴定等技术鉴定工作；负责全市法院的司法技术人员的培训；指导下级人民法院的司法鉴定及其他专门技术工作。

法警支队。负责全市法院司法警察警务工作；警卫法庭、押解人犯、送达有关法律文书；执行死刑；配合有关审判庭和执行庭执行有关事项；负责全市法院司法警察的警务、训练、警容警纪和警服、装备、枪械、警号标志等行政管理工作；负责本院司法警察管理和本院的安全保卫；指导协调下级人民法院的司法警察工作。

计划财务装备管理处。负责本院行政后勤事务、管理和服务工作；负责全市法院的计划、财务工作；负责法院的服装、车辆等专项物资装备计划、管理及分配；负责人民法庭和审判法庭的物质建设；指导监督诉讼费的收缴、使用、管理工作；负责本院办公设备的购置、保管、发放、维修；机关车辆购置、管理、使用、保养、驾驶员的教育管理工作；本院召开会议的后勤服务工作；通信工作；机关房屋修缮、基建工作和机关环境卫生、干警卫生保健工作。

机关党委。领导所属基层党组织的工作；负责本院党组织的思想、组织、作风建设；领导本院工、青、妇等群众组织。

老干部处。负责本院老干部工作。

监察室。负责党风廉政教育，开展反腐败斗争。监督检查所在党组织及其领导干部执行党的路线、方针、政策情况，查处所在单位党组织及党员违反党的纪律的案件；监督检查全市法院及其工作人员执行国家法律、法规、政策及行政纪律的情况，负责对违法审判和两错案件线索的收集、调查及对责任人的追究工作；调查处理本院各庭、室及其工作人员，下级人民法院院长、副院长、监察室主任违法违纪案件；受理对法院及其工作人员的检举、控告，受理法院工作人员对不服行政处分的申诉。

第二章　基层人民法院

秦皇岛市中级人民法院下辖9个基层人民法院，即海港区人民法院、山海关区人民法院、北戴河区人民法院、抚宁区人民法院、昌黎县人民法院、卢龙县人民法院、青龙满族自治县人民法院、秦皇岛经济技术开发区人民法院、北戴河新区人民法院。各基层法院坚持以习近平新时代中国特色社会主义思想为指引，以服务大局、保障发展为己任，司法为民守初心，公正裁判担使命，努力让人民群众在每一个司法案件中感受到公平正义。

第一节　海港区人民法院

海港区法院建于1983年，坐落于秦皇岛市海港区秦皇东大街486号。2004年8月，海港区法院审判大楼启用，办公地点由海港区文化路搬至现址，建筑面积为20088.8平方米，审判大楼内有大小审判庭27个。全院现有正式干警213人，其中班子成员8人，平均年龄47岁，员额法官45人。本科学历干警194人，研究生学历干警13人，党员155名，另有聘任制干警151名。全院设有10个内设机构：综合办公室、政治部（机关党委）、行政审判庭（综合审判庭）、立案庭（诉讼服务中心）、民事审判一庭、民事审判二庭、刑事审判庭、执行局、审判管理办公室、司法警察大队。下辖6个派出法庭：长城法庭、东港法庭、海港法庭、西港法庭、海阳法庭、石门寨法庭。近年来，年均收案21000件左右，法官人均收案430余件。

建院以来，始终坚持政治建院、从严治院、公信立院、科技强院、文化兴院的理念，时刻以“公正司法、司法为民”为主题，全面贯彻落实党的十九大精神和习近平新时代中国特色社会主义思想，牢固树立“四个意识”，紧紧围绕“让人民群众在每一个司法案件中感受到公平正义”的目标，狠抓执法办案第一要务，深入推进司法体制改革，各项工作取得新进展。先后获得“全国法院模范集体”“全国人民满意的好法院”等27项国家级荣誉，“全省精神文明建设先进单位”“全省十佳法院”等96项省级荣誉，并涌现出全国优秀法官杨超、宋庆国，全省十佳亲民法官杜艳文等一大批先进模范人物。2004年8月，长城法庭参加“全国十佳法庭”评选，获全国十佳法庭之首，在北京接受最高法院领导颁奖。

第二节 山海关区人民法院

1983年，随着秦皇岛市管县体制改革的深化，山海关被确定为区级建制，同年6月，山海关区法院宣布成立。成立初时，山海关区法院工作人员仅7人，院址设在西顺城胡同4号。随着法院工作的发展，法院院址几经迁移，工作人员数量不断增加。2007年12月17日，山海关区法院正式搬迁到现址：山海关区正安街15号。新建成的审判综合办公大楼共有5层，建筑面积约5000平方米。截至2018年年底，山海关区法院共有内设机构13个、派出法庭1个、基层法庭3个、工作人员157人，其中员额法官19人。1983年山海关区法院成立以后，根据中华人民共和国五届人大通过的《人民法院组织法》规定，设置了办公室，并陆续成立了刑事审判庭、民事审判庭、经济审判庭和审判委员会。1988年10月，设立申诉庭，专门负责审查立案、审理申诉、处理来信来访工作。1989年2月，经市法院批准，山海关区法院成立执行局。2000年1月，根据上级有关规定和要求，山海关区法院撤销了告诉申诉庭，同时成立了立案庭和审判监督庭，实现了告诉申诉庭的功能细分和转换。2001年3月26日，经山海关区机构编制委员会批准，山海关区法院撤销了经济审判庭，同时成立了民事审判第一庭和民事审判第二庭。近年来，年均收案4000件以上，法官人均收案在260件左右。

建院以来，山海关区法院始终秉持司法为民、公正司法工作原则，努力打造出“山一样的坚强意志，海一样的宽广胸怀，关一样的严谨作风”的山海关法治精神，努力锻造忠诚、干净、担当的法院铁军，使法院真正成为守护辖区经济建设的坚固长城、确保人民安居乐业的铁壁雄关。山海关区法院先后荣获全国法院十大调解案例、“基本解决执行难”集体二等功、河北省扫黑除恶专项斗争先进集体等省级以上集体荣誉18项，个人荣誉37项。

第三节 北戴河区人民法院

北戴河区法院坐落在北戴河区红石路中段，成立于1983年6月1日。自成立以来，区法院审判工作与祖国改革开放事业、社会主义现代化建设同频共振，与全区经济社会发展、打造一流国际旅游城区合拍共鸣，沿着“为大局服务、为人民司法”的路径，按照“公正、高效、廉洁、诚信、礼仪、规范”的要求，以“建一流班子、带一流队伍、创一流业绩”为目标，锐意进取，勇于实践，求实创新，公正执法，锻造出一支忠诚、干净、担当的“铁军”队伍，书写出一部创业奋进精彩的历史画卷。至高的荣誉就是最好的诠释和注脚：全国法院模范、河北省“人民满意好法院”、“优秀青少年维权岗”、“优秀共产党员潘火中”等。

自成立以来，区法院从小到大、从旧到新、从弱到强，变化日新月异：截至2018年年底，有正式在编干警38人，本科以上学历35人，占总人数的92.1%；硕士5人，占总人数的13.2%。北戴河区法院设有办公室、纪检组、政治处、法警大队、立案庭、刑事审判庭、民事审判第一庭、民事审判第二庭、行政审判庭、戴河法庭、牛头崖法庭、执行局共计12个部门。审判及组织机构更加健全，基础设施及业务装备逐步改善，队伍建设稳步提升，审判工作飞跃发展，党风廉政建设扎实推进，正朝着“建一流班子、带一流队伍、创一流业绩”的目标迈进。

第四节　抚宁区人民法院

1949年10月，抚宁县人民政府设司法处。1950年10月，县司法处改建为县法院，县长兼任院长。1953年1月，开始设专职院长，院长由县人民政府任免。1954年7月，临榆、抚宁两县法院合并，称抚宁县法院，设院长、副院长。1958年11月，抚宁县建制撤销，县法院随之撤销。1961年6月，抚宁县建制恢复，县法院随之恢复。1966年5月，“文化大革命”开始后，县法院停止工作。1972年11月，县法院恢复办公。2015年8月，国务院批复撤销秦皇岛市抚宁县，设立秦皇岛市抚宁区，抚宁县法院更名为秦皇岛市抚宁区法院，辖抚宁、留守营、榆关、台营、大新寨镇，茶棚、深河乡，抚宁镇坟坨、下庄、田各庄管理区，骊城街道办事处。

抚宁区法院坐落在秦皇岛市抚宁区金山大街西段，机关内设立案庭（诉讼服务中心）、刑事审判庭、民事审判庭、行政审判庭（综合审判庭）、执行局、政治部（机关党委）、综合办公室、审判管理办公室（研究室）、司法警察大队9个处室队，下辖城关、榆关、留守营、台营4个人民法庭，现有正式干警87人，员额法官34人，平均年收案件4000余件。近些年获得“先进基层人民法院”“文明单位标兵”“争先创优先进基层党组织”“法治宣传教育先进集体”“全省优秀法院”“全市政法系统政治工作先进单位”等荣誉。

第五节　昌黎县人民法院

昌黎县法院始建于1946年，其前身为昌黎县民主政府司法处，于1949年9月正式挂牌成立，现位于昌黎县昌黎镇地王大街147号。新中国成立以来，在县委、县政府的领导下，昌黎县法院紧紧围绕国家法律赋予的职能，自觉遵守宪法和法律，依照法律规定独立行使审判权，审判刑事、民事和行政案件，加强执行工作，确保法院生效判决依法履行。通过审判、执行活动，惩办一切犯罪分子，解决民事纠纷，促进政府机关依法施政，保卫人民民主专政制度，维护社会主义法治和社会秩序，保护社会主义全民所有财产、劳动群众集体所有财产，保护公民私人所有的合法财产，保护公民的人身权利、民主权利和其他权利，保障社会主义革命和社会主义建设事业的顺利进行，为县域社会稳定和经济发展提供了有力的司法保障。

建院以来，昌黎县法院紧紧围绕落实党和政府的指示要求，狠抓干警队伍建设，在全体干警中不断强化“立党为公、公正执法”的宗旨意识，为法院不断发展进步奠定了坚实的思想基础。昌黎县法院的组织机构、人员建制逐步发展壮大，从1949年的2个巡回法庭、6人的建制，至2018年发展为包括政治处、办公室、监察室、研究室、计划器材装备管理科、司法警察大队、刑事审判庭、行政审判庭、审判监督庭、执行局、民事审判第一庭、民事审判第二庭、立案一庭、立案二庭及7个基层人民法庭共21个内设机构，编制人员105人的组织机构健全的司法机关。2016—2018年，全院已年均受理民事、刑事、行政、执行案件6000件以上，成为“为民执法、公正司法”的坚强集体。建院以来，县法院多次被上级法院荣记集体三等功、二等功。进入21世纪，先后两次被评为全省优秀法院，2017年被省法院荣记一等功。2008—2015年，连续8年被秦皇岛市委、市政府评为“精神文明建设标兵单位”，2016—2018年连续三年被河北省委、省政府评为全省“精神文明建设先进单位”。

第六节　卢龙县人民法院

1946年8月，建立县政府司法处，负责审理刑事、民事案件。1950年2月8日，成立卢龙县法院，院长由县长兼任。1958年11月，将卢龙并入昌黎、迁安两县。卢龙县法院并入昌黎县法院，原卢龙县只设“昌黎县卢龙城关法庭”。1961年6月，昌黎、卢龙分开，复卢龙县治，并恢复卢龙县法院。1967年6月，县公、检、法机关撤销，建立“中国人民解放军卢龙县公安机关军事管制委员会”。1971年3月1日，撤销“军事管制委员会”，复置县公安局。1973年3月，公安局、法院分开，恢复人民法院，同时恢复和建立了秘书室、刑事审判庭、民事审判庭和木井、刘田庄、陈官屯、潘庄4个人民法庭。1981年11月20日，设立经济审判庭。1982年8月，成立执行庭；11月26日，增设石门、蛤泊、燕河营3个人民法庭。1983年5月13日，唐山地区撤销，实行市管县体制，卢龙县划归秦皇岛市管辖。同年8月16日，经最高法院批准，秦皇岛市（基层）人民法院升格为秦皇岛市中级人民法院，县法院归秦皇岛市中级人民法院管辖。1988年3月30日，设立卢龙县法院行政审判庭和告诉申诉审判庭。1990年6月，相继成立政工科、法警队。同年7月27日，设置下寨法庭、横河法庭、刘营法庭。8月，增设监察室。1993年8月20日，成立纪检组。

1995年以来，根据上级法院机构改革文件精神，到2002年先后撤销告申庭、城关法庭、双望法庭、燕河营法庭、执行庭，相应成立审监庭、立案庭，成立执行局，执行局内设机构增设执行第一庭和执行第二庭。2002年7月，政工科更名为政治处。2014年9月24日，成立立案二庭和审判工作管理办公室。2014年11月，成立7个乡镇法庭，即城关法庭、印庄法庭、蛤泊法庭、刘家营法庭、下寨法庭、双望法庭和燕河营法庭。2017年6月19日，根据河北省机构编制委员会办公室、省法院《关于印发〈河北省内设机构改革试点方案〉的通知》，设置内设机构8个，即综合办公室、政治处、诉讼服务室、民事审判庭、刑事审判庭、行政审判庭、执行局和审判监督庭；基层法庭5个，即陈官屯法庭、潘庄法庭、木井法庭、石门法庭和刘田各庄法庭。截至2018年12月，卢龙县法院设置内部机构8个，下辖5个中心法庭和7个乡镇人民法庭。有中央政法编制96人，实有89人；员额法官38人，占编制人数的39.58%；辅助人员及其他人员51人，占编制人数的53.13%；其中男58人，女31人；大学以上学历74人，占83.15%，大专以下学历15人，占16.85%；党员67人，占75.28%；副处级1人，正科级1人，副科级1人，主任科员5人，副主任科员10人；技师2人，高级工3人，中级工1人；30岁以下19人，40岁以下16人，50岁以下25人，50岁以上29人。

1949—2018年，卢龙县法院共受理刑事、民事、行政、执行等各类案件98000件，审执结97475件，结案率99.46%。其中受理刑事案件7959件，审结7943件；受理民事案件65190件，审结65142件；受理行政案件256件，审结248件；受理国家赔偿案件6件，审结6件；受理执行案件24589件，执结24136件。特别是2014年以来，年均收案5800件左右，法官年人均收案突破150件。

建院以来，卢龙县法院坚持以马克思列宁主义、毛泽东思想、邓小平理论、“三个代表”重要思想、科学发展观和习近平新时代中国特色社会主义思想为指导，坚持“公正司法、司法为民”工作主题，坚持“以党建带队建、以队建促审判”的工作思路，紧紧围绕不同时期工作重心开展主题教育，队伍建设和审判工作取得新进步，涌现出一大批工作突出、业绩显著、德才兼备的优秀法官、办案能手、模范集体和个人。据统计，1983年以来有124个集体和264名个人被省高院、市法院、市委、市委政法委等授予文明单位、人民满意的好法院、调解工作先进集体、优秀法庭、劳动模范、优秀法官等荣誉称号，有40个集体和83名个人荣记二、三等功。其中，卢龙县法院1999—2000年连续两年荣立集体二等功；曹庆恩、陈振文、徐胜、刘春勇、赵志华等同志荣立个人二等功；潘庄法庭审判员王学义被评为“感动秦皇岛七大人物”、秦皇岛市劳动模范。

第七节　青龙满族自治县人民法院

青龙县法院成立于1949年3月，1987年青龙满族自治县成立，青龙县法院更名为“青龙满族自治县法院”。截至2018年，共有政法编制干警102人，其中员额法官40人、法官助理36人、书记员4人、司法警察5人、工勤8人、司法行政编制9人。为充实干警队伍，近年来共招录文职、劳务派遣人员56人。完成内设机构改革后，下设立案庭、刑事审判庭、民事审判一庭、民事审判二庭、行政审判庭、执行局、政治处、综合办公室、研究室、司法警察大队10个内设机构和城关法庭、祖山法庭、隔河头法庭、双山子法庭、土门子法庭、木头凳法庭、肖营子法庭、八道河法庭、凉水河法庭等9个派出法庭。2010年，县法院高标准、高起点地完成了综合审判大楼的建设。审判大楼占地12亩，建筑面积近12000平方米，分为立案接待区、审判调解区、法官办公区、法警办公区、生活附属区，各区之间相互联结又相对隔离。2018年共收案6612件，审执结6227件，结案率94.18%。

青龙县法院始终坚持党的领导、跟随时代步伐，顺势而为、谋势而动，始终坚持思想和行动与党的方针政策自觉统一，始终坚持理论和实践与人民群众所思所想不谋而合，确保方向不变、成效不减，取得了不平凡的成绩。连续两次被省法院荣记集体一等功，被最高法院授予“全国优秀法院”荣誉称号，司法警察大队被评为“全国优秀司法警察大队”，领导班子连续11年被县委、县政府考核为“实绩突出领导班子”；石均被评为全国优秀法官，王凤祥、石均、蔡晓春等5人荣获省法院优秀法官等荣誉，祖山法庭等4个法庭被省法院评为“五好法庭”，司法警察大队、杨新武、吴春龙、姚志国等40个集体和个人获得省、市法院各种奖励。

第八节　秦皇岛经济技术开发区人民法院

1995年7月27日，秦皇岛经济技术开发区法院挂牌成立，截至2018年年底，先后有3位院长任职，分别是谢绍忠、王志荣、裴永新。法院成立之初，有干警11名，其中办案人员4名，设办公室、民事审判庭、经济审判庭3个机构。2000年11月，原隶属市法院的山海关法庭划归开发区法院。2001 年 7 月，开发区法院山海关开发区法庭批准成立。2003 年，成立书记官管理处，为事业编制。截至 2018 年年底，全院共有干警 38 名，其中员额法官 16 名，下设刑庭、民一庭、民二庭、涉外庭等 12 个内设机构及高家岭法庭、沙河路法庭、山海关开发区法庭 3 个派出法庭。开发区法院成立之初，院址设在开发区仁和大厦 5 楼，有 5 间办公用房、1 台车和 1 台电脑。2004 年，开发区工委、管委为开发区法院提供了 3600 平方米的审判大楼，有办公用房 40 余间，楼内设有监控系统、防火系统、防盗系统等安全设施。

开发区法院成立 23 年来，狠抓审判、执行工作，严惩刑事犯罪，扎实推进扫黑除恶专项斗争，维护开发区的经济社会稳定。创新机制体制，采取巡回办案、司法调解、诉前调解、司法救助等多种方式维护群众合法权益，公平公正地审理好各类民商事案件，为开发区的经济社会发展创造良好的法治环境。不断加大执行力度，开展执行攻坚，维护法律权威和当事人的合法权益。开发区法院自成立以来，共受理案件 37762 件，其中刑事案件 2349 件、民事案件 25577 件、行政案件 256 件、执行案件 9461 件、再审案件 119 件。2002 年 7 月，成立涉外民商事审判庭，是河北省首家可以审理涉外民商事案件的基层法院，共受理涉外案件 21 件，充分发挥职能作用，妥善处理各种涉外关系。开发区法院围绕“努力让人民群众在每一个司法案件中感受到公平正义”的工作目标，推进司法公开工作。2015 年 6 月，开发区法院被省委政法委确定为省级司法公开阳光法院评估指数示范单位。开发区法院被省法院、市法院多次评为先进单位，多项审判工作名列前茅。2005 年、2010 年、2015 年被省法院荣记法院系统集体二等功。2008 年，开发区法院民一庭被最高法院授予全国法院民事审判工作先进集体。2017 年，开发区法院被最高法院评为全国法院信息化工作先进集体。

第九节　北戴河新区人民法院

北戴河新区法院设立于 2012 年 8 月 28 日，由最高法院批准成立。2012 年 11 月 22 日，河北省机构编制委员会办公室下发文件，核定政法专项编制 30 名，设院长 1 名（正处级）、副院长 2 名。2013 年 11 月 4 日，秦皇岛市机构编制委员会确定了秦皇岛北戴河新区法院的主要职责、内设机构、人员编制和领导职数。核定政法专项编制 16 名，设 4 个内设机构，分别是综合办公室（纪检监察室、政治处）、立案庭（审判监督庭、执行局、法警大队）、刑事审判庭、民事审判庭。设院长 1 名（正处级）、副院长 2 名（副处级，分别兼任纪检组组长和政治处主任）。正科级职数 4 个。2013 年 11 月 22 日，中共秦皇岛市委提名邵中玲同志为北戴河新区法院院长人选。2014 年 1 月 24 日，秦皇岛市人大常委会任命邵中玲为秦皇岛北戴河新区法院院长，赵志伟、张涛为秦皇岛北戴河新区法院副院长，拉开新区法院组建的序幕。2014 年 10 月 16 日，秦皇岛北戴河新区法院揭牌并正式受理案件。2014 年，受理案件 124 件，结案 72 件，结案率 58.06%；2015 年受理案件 715 件（含旧存 52 件），结案 583 件，结案率 81.54%；2016 年受理案件 1202 件（含旧存 132 件），结案 1117 件，结案率 92.93%；2017 年受理案件 1581 件（含旧存 85 件），结案 1442 件，结案率 91.21%；2018 年受理案件 1599 件（含旧存 139 件），结案 1427 件，结案率 89.24%。

北戴河新区法院在全市第一个实现了所有审判法庭的数字化，建设了第一个庭审直播平台，建设了完整的审判执行信息化建设网络；组织公众开放日向社会开放，召开新闻发布会，直播庭审，文书上网，接受更广泛的群众监督，审判管理和阳光司法都有明显的进步；秉持为大局服务、为人民司法的工作理念，始终把法院工作置于北戴河新区改革、发展、稳定的大局之中去谋划和开展，根据北戴河新区工管委的工作重心调整法院工作的思路，出台相应的规范性文件；在全省第一个设立旅游巡回法庭，为北戴河新区旅游事业的发展保驾护航，开展法官进社区党员志愿者行动，为群众提供法律服务；针对北戴河新区改革发展中出现的新情况新问题，积极提供司法建议，妥善处理群体性矛盾纠纷，为北戴河新区的发展提供司法保障和服务。

第二编　审判制度

重视制度建设，充分发挥制度的约束和激励作用，是人民法院树立科学发展观、对现代管理理念的积极借鉴，是加强自身建设、提高司法能力的必然选择。市法院不断总结工作经验，探求审判工作规律，建立完善了审判管理、行政管理和队伍管理等方面的制度，形成了比较完备的制度化、规范化、科学化管理体系。把权力关进制度的笼子里，从群众最关注、权力最集中、工作最薄弱的环节入手，按照合理分权、公开示权、有效控权的要求，建立有权须有责、用权受监督、失职要问责、违法必追究的制度体系，形成以制度管案、管事、管人的工作机制。坚持公开审判等项制度是司法改革的重要内容，是公开促公正、透明保廉洁的重要方式和手段，是群众路线教育实践活动的重要内容，是司法为民的最佳载体。

1954 年，《人民法院组织法》规定，人民法院审理案件实行四级两审制。四级指基层、中级、高级、最高人民法院。当事人不服一审判决和裁定的，可依法上诉到二审法院，二审法院为终审机关。与此同时，同一级人民检察院也可以按照法定程序向上一级人民法院提出抗诉。1978 年，中共十一届三中全会以后，在加强社会主义民主和法治建设过程中，国家又制定了上百种法律法规，人民法院办案进入了有法可依的新阶段。这期间，市两级法院审理案件依法执行公开审判、辩护代理、合议、两审终审、回避、人民陪审员等制度。实行公开审判等项制度，是社会主义民主在诉讼中的体现，公开审判使广大人民群众有机会了解案件的审理活动，并且对案件中的审理活动进行监督，使案件的审理活动依法有序进行，体现社会主义民主；实行公开审判制度，使法院的审判活动被置于当事人和社会监督的阳光之下，增强了审判活动的透明度，从而有助于审判人员增强责任感，正确行使审判权，提高办案质量，防止司法专横，杜绝司法腐败，实现司法公正；公开审判是当事人行使诉讼的结果，公开审判的主要目的是防止司法腐败，实现诉讼公正，保护当事人的合法权益，因此公开审判的初衷是为当事人的利益着想，是当事人行使诉讼的结果；公开审判有利于在社会上普及法律知识，通过具体案件的公开审理，能够使旁听群众生动、形象地接受法治教育，增强法治观念，提高广大人民群众遵守法律的自觉性，尤其是对一些影响大的案件进行现场电视转播，社会效果更为明显。

市两级法院以开庭审理为核心，以强化当事人举证责任、强化庭审功能、强化合议庭职责为主要内容的庭审方式改革，从学习发动到试点示范、观摩开庭；从积极推广到养成习惯、形成制度；从民事庭审改革到行政、刑事审判全面铺开；从一审到二审逐步推行，逐步深入，逐年提高，基本做到了有理讲在法庭，有证举在法庭，是非明辨在法庭，使胜诉方赢得堂堂正正，败诉方输得明明白白，办案的质量和效率明显提高，法官的庭审能力得到极大的锻炼，法院审判工作透明度进一步增强。

第一章　基本审判制度

基本审判制度包括公开审判制度、辩护代理制度、合议制度、两审终审制度、回避制度、人民陪审员制度。公开审判制度是指人民法院在审判活动中，除合议庭评议案件外，将审理过程和判决结果应当依法向社会公开的制度。辩护制度是指法律赋予被告人在刑事诉讼中依法有权获得辩护的一种制度。任何刑事被告人都有权获得辩护。合议制度是指人民法院由审判员三人或三人以上组成合议庭对案件进行审理的制度。实行合议制，是为了发挥集体的智慧，弥补个人能力上的不足，以保证案件的审判质量。两审终审制度是中国案件的审理制度，是指一个案件经过两级人民法院审判后即告终结并发生法律效力的制度。回避制度是指为了保证案件的公正审判，而要求与案件有一定利害关系的审判人员或其他有关人员不得参与本案的审理活动或诉讼活动的审判制度。人民陪审员制度是国家审判机关召集人民陪审员参加对案件审理的法律制度，它是人民群众参与人民法院的审判活动、行使管理国家事务权利的重要形式，是人民当家作主在司法领域的具体体现。

第一节　公开审判制度

公开审判制度是指人民法院在审判活动中，除合议庭评议案件外，将审理过程和判决结果应当依法向社会公开的制度。人民法院审理案件和宣告判决，除法律另有规定，一律公开进行。公开审理的案件，要先期公布案由、当事人的姓名、开庭时间和地点，允许公民到法庭旁听，允许新闻记者采访和报道，定期公开宣判的应当先期公告。总之，应当把法庭审判活动的全过程，除了合议庭评议外，都公布于众。依照法律规定，下列案件不公开审理：涉及国家机密的案件；涉及个人隐私的案件；未成年人犯罪的案件；离婚当事人和涉及商业秘密案件的当事人申请不公开审理的，可以不公开审理。对于不公开审理的案件，应当当庭宣布不公开审理的理由，但判决仍然应当公开宣告。

新中国成立初期，针对重大刑事案件和反革命案件，召开群众大会公开审判，邀请各界人士或人民代表陪审，允许受害者当众控诉。1954 年《宪法》和《人民法院组织法》颁布后，除法律规定的和涉及国家机密、个人隐私案等不公开审判外，一律公开进行，允许群众旁听。1958 年因受“左”的影响，公开审判被否定。1961 年后逐步恢复公开审判制度。“文化大革命”期间，这一制度又被取消。《刑事诉讼法》颁布实施后，全面实行公开审判制度。为了扩大办案的社会效果和进行法治宣传，造成“严打”声威，1990 年市两级法院召开大型公判会 51 场次，有 21 万余人参加旁听，起到了震慑犯罪、教育群众、促进社会稳定的作用。1998—2002 年期间，召开“严打”公判大会 144 场，公开宣判 977 案犯，受教育群众达 81 万人次。2004 年 9 月 7 日、12 日对 13 名罪大恶极的犯罪分子进行公开宣判，河北省委常委、政法委书记刘金国对此给予充分肯定，作出批示：“很好，各市都应召开秦市这样的大会……”

保持“严打”态势，公开宣判严重暴力犯罪分子（2005 年）

1999 年，市两级法院把公开审判作为实现司法公正的有效途径常抓不懈，坚持开庭计划报送制度，敞开法庭大门，真诚欢迎各界旁听庭审。在审判庭设立人大代表、政协委员旁听席，全年共邀请 106 名人大代表、政协委员，旁听了部分疑难复杂案件的庭审，采纳他们的建议意见 20 多条。2000 年，市两级法院一审案件公开开庭审判率达到 100%，二审和再审案件公开开庭审判率达到40%以上。让当事人理在庭上讲、证在庭上举，明明白白打官司，提高了审判案件的透明度，受到了当事人的好评。对于事实清楚、证据确实充分及当庭调解的案件，做到了当庭合议、当庭宣判，市法院经一庭当庭宣判率达到了70%，受到省法院的表彰。2001年，市法院民三庭当庭宣判率达到73%，该庭强化当庭宣判的经验在全省法院民事审判经验交流会上进行了交流，得到了省法院领导的充分肯定，并在全省法院推广。

2014年，《秦皇岛市中级人民法院依法公开工作推进意见》中明确了庭审公开内容：（1）除法律明确规定不公开审理的案件外，所有案件均应公开开庭进行审理。（2）公开审理的案件应当严格依照相关诉讼法规定时限发布开庭公告。案件案号、案由、当事人、开庭时间、开庭地点、承办法官、合议庭成员等信息，通过公告栏、电子触摸屏、政务网站、官方微博、微信等形式向社会公告。（3）在政务网站上公开人民陪审员名册。（4）公开审理的案件，社会公众持有效证件，可以进入法庭旁听。（5）每年选择一些社会关注度高、有法治宣传教育意义的案件，按照有关规定，在政务网站、官方微博进行庭审网络直播。（6）主动接受人大、政协监督，定期邀请人大代表、政协委员旁听庭审。（7）加强巡回审判工作，公开庭审过程，健全完善工作机制。（8）落实《最高人民法院关于庭审活动录音录像的若干规定》，实现庭审过程同步录音录像。（9）依法向当事人告知诉讼权利义务，包括案件受理通知书、应诉通知书、举证通知书、合议庭组成人员告知书、保全裁定、中止诉讼裁定等文书，以及根据审理进展及时告知当事人相关权利义务。（10）告知双方当事人相关重大程序事项，如延长审限、合议庭组成人员变更、是否准许当事人申请法院调查取证、委托鉴定等。（11）所有证据应当在法庭上公开。能当庭认证的，应当当庭认证。

第二节　辩护代理制度

辩护制度是指法律赋予被告人在刑事诉讼中依法有权获得辩护的一种制度。任何刑事被告人都有权获得辩护。被告人除自己行使辩护权益外，还可以委托辩护人，或者由人民法院指定辩护人为他辩护。在整个刑事诉讼过程中，被告人都有权为自己辩护。

依据《人民法院组织法》，1955年5月起试行辩护制度，除允许被告人在法庭上辩护外，也可委托律师或人民团体，或者被告人所在单位推荐的、或经法院许可的公民、被告人亲属、监护人为其辩护。若被告人是聋哑人或是未成年人，未委托辩护人的，由法院为被告人指定辩护人。1957年整风“反右”运动中，由于“左”倾思想和法律虚无主义的影响，辩护制度被否定。“文化大革命”期间，被告人的辩护权完全被剥夺。中共十一届三中全会以后，司法工作拨乱反正，辩护制度得以恢复。1979 年 7 月《刑事诉讼法》公布后恢复。《律师法》颁布实施后，规范了辩护制度和律师辩护制度，刑事被告人享有充分的辩护权。刑事审判是控辩审三方的组合格局，法官必须严格保持中立，保持不偏不倚的态度和地位，既要倾听控方的公诉和举证，也要仔细研究辩方的反驳和辩解，对于被告人或辩护人提供线索，申请调取证明被告人无罪、罪轻的证据材料，本人无法调取的，法院应依职权调取。要充分保证控辩双方在法庭上有均等的权利和机会进行陈述、辩解、举证、质证、辩论，全面听取控辩双方的意见，在证据采信、事实认定、适用法律等环节上保持一视同仁，做到既重视公诉方有罪、罪重的事实、证据和意见，又重视辩方无罪、罪轻的事实、证据和意见。尤其要克服审判中重公诉方、轻辩护方，重有罪指控、轻辩护辩解的思维定式，纠正只围绕证明被告人有罪、罪重的问题审理案件，而对无罪、罪轻的证据或线索不作细致调查核实的倾向。在裁判文书中，对有罪、无罪、罪轻的证据都应进行审查、分析，应当全面如实地反映辩护意见，充分阐述采纳与否的理由，绝不能一笔带过甚至避而不谈。

刑事代理指的是代理人接受公诉案件的被害人及其法定代理人或者近亲属、自诉案件的自诉人及其法定代理人、附带民事诉讼的当事人及其法定代理人的委托，以被代理人名义参加诉讼，进行活动，由被代理人承担代理行为法律后果的一项法律制度。辩护与代理的区别：（1）产生根据不同。刑事辩护人参加刑事诉讼根据是犯罪嫌疑人、被告人委托授权或法院的依法指定，而刑事代理人参加诉讼只能是当事人及其法定代理人授权。（2）诉讼地位不同。辩护人具有独立的诉讼地位，以自己名义进行辩护而不受被告人约束，但代理人不具有独立的诉讼地位，是附属于被代理人的，依被代理人意志从事活动。（3）诉讼任务不同。刑事辩护承担的是辩护职能，即反驳控方控诉，证明嫌疑人、被告人无罪或罪轻，应减轻或免除刑事责任，而代理人职责在于维护被代理人的合法权益。（4）适用范围不同。两类对象的诉讼利害关系正好相反，刑事辩护适用于公诉案件的犯罪嫌疑人、被告人，自诉案件的被告人；刑事代理适用于公诉案件的被害人、自诉人和附带民事当事人。（5）权利内容不同。（6）权限范围不同。（7）活动名义不同。辩护人和代理人相同之处：辩护人、代理人都是为了维护各自委托人的利益而参加到诉讼中，都与案件处理后果没有直接的法律上的利害关系，二者在诉讼权利和义务以及一些程序上有许多相通的地方。

民事代理是指平等民事主体之间发生的一种民事法律关系，代理人以被代理人（又称本人）的名义，在代理权限内与第三人（又称相对人）实施民事行为，其法律后果直接由被代理人承受的民事法律制度。（一）法律特征：1. 民事代理行为源于代理人的代理权。而代理权的产生又有两种途径：（1）法律的明文规定，这种代理权称为法定代理权，可以认为是法律授予的代理权；（2）约定的代理权，来自被代理人的委托授权，被代理人的授权行为只要是在法理允许的范围内是可以根据个人意思来决定的。代理权具有核心性。2. 虽然民事代理行为是由被代理人之外的代理人代而为之，但是其代理行为必须由被代理人的名义实施，不能由代理人以自己的名义实施。3. 由所代理的法律行为所产生的法律后果直接归属于被代理人。4. 在代理关系中，相当一部分的代理行为是存在于对方当事人的，相对代理关系人被称为第三人，该人的权利与义务是不容忽视的，第三人对于民事义务履行与否、履行质量好坏都直接决定被代理人的民事权利和民事利益是否得以实现。（二）适用范围：1. 民事代理只适用于民事法律行为的范围之内，非民事法律行为不可以使用民事代理。2. 民事代理只适用于可代理的民事法律行为，对于与当事人特定的人身、特定的身份、特定的法律资格密不可分的民事法律行为是不适用民事代理的。

行政诉讼代理人是指依照法律规定，或由法院指定或由当事人委托，以当事人的名义，在代理权限范围内为当事人进行行政诉讼活动，但其诉讼法律后果由当事人承受的人。依据《行政诉讼法》的规定，按照代理权限产生的根据不同，可以将行政诉讼的代理人分为法定代理人和委托代理人。法定代理人是根据法律的规定，代替无诉讼能力的公民进行诉讼活动的人。行政诉讼上的法定代理，是为无诉讼能力的当事人设立的一种代理制度。行政诉讼中的法定代理人具有以下特征：（1）代理权的产生和代理权限的范围必须是基于法律的明确规定。（2）法定代理人所代理的被代理人，是没有诉讼行为能力的自然人。（3）法定代理不仅是一种权利，而且是一种义务。委托代理人是指基于被代理人的委托授权而发生的诉讼代理活动中，受当事人或法定代理人的委托而代为进行诉讼行为的人。《行政诉讼法》第二十九条规定：“当事人、法定代理人可以委托一至二人代为诉讼。律师、社会团体、提起诉讼的公民的近亲属或者所在单位推荐的人，以及经人民法院许可的其他公民，可以受委托为诉讼代理人。”

第三节 合议制度

《人民法院组织法》第九条规定，人民法院审判案件实行合议制，除第一审的简单的民事案件和法律另有规定的案件外，都要组成合议庭进行审判。

合议制度是指人民法院由审判员 3 人或 3 人以上组成合议庭对案件进行审理的制度。实行合议制，是为了发挥集体的智慧，弥补个人能力上的不足，以保证案件的审判质量。按合议制组成的审判组织，称为合议庭，在不同的审判程序中，合议庭的组成人员有所不同。总的来说，合议庭有 3 个及以上的单数的审判人员组成。在普通程序中，合议庭的组成有两种形式：一种是由审判员和人民陪审员共同组成，陪审员在人民法院参加审判期间，与审判员有同等的权利；另一种是由审判员组成合议庭。例如，在第二审程序中，合议庭由审判员组成；在再审程序中，再审案件原来是二审的，按第二审判程序另行组成合议庭；在特别程序中，只要是要求对案件的审理实行合议制度的，合议庭都由审判员组成。合议庭的审判工作，由审判长负责主持。

在合议制度的执行上，市法院出台了相应的规定，并在各种场合注重强调合议制度。2014 年 7 月 24 日市法院审判委员会第 68 次会议通过的《秦皇岛市中级人民法院审判委员会工作规程（试行）》第三章第十三条规定：审判委员会讨论案件时，合议庭全体成员及案件承办庭的庭长应当列席会议。对本院审结的已发生法律效力的案件提起再审的，原审合议庭成员及审判业务部门负责人原则上应当列席会议。主持人可以决定其他有必要列席的人员。第三章第十五条规定：提交审判委员会讨论决定的案件，合议庭应对案件的事实、证据负责，合议庭应当对法律适用问题有明确、具体的意见，如意见有分歧时要说明分歧的焦点及理由。审判委员会原则上就法律适用等疑难问题进行讨论并作出决定。

在合议制度的执行上，市法院坚持由主管副院长、庭长亲自担任审判长审理重大、疑难案件制度。同时，强调审判长、合议庭的职责。

第四节　两审终审制度

两审终审制度是我国案件的审理制度，是指一个案件经过两级人民法院审判后即告终结并发生法律效力的制度。地方各级人民法院第一审案件的判决和裁定，当事人可以按照法律规定的程序向上一级人民法院上诉，人民检察院可以按照法律规定的程序向上一级人民法院抗诉。经过二审的判决或裁定，即发生法律效力。地方各级人民法院第一审案件的判决和裁定，如果在上诉期限内当事人不上诉，人民检察院不抗诉，就是发生法律效力的判决和裁定。

中华人民共和国成立初期曾实行三级三审制。1954 年，《人民法院组织法》实施后改为四级两审制，即两审终审制度。《民事诉讼法》第十条规定，人民法院审理民事案件，依照法律规定实行两审终审制度。法院审判案件，就审判程序而言是两审终审制，就法院体系而言是四级两审制。也就是说，地方各级法院对于按照审判管辖权的规定对由它审判的第一审（初审）案件作出判决或裁定以后，若当事人不服，可以在法定期限内向上一级法院提起上诉；若同级的检察院不服，可以在法定期限内向上一级法院提起抗诉。上一级法院有权受理针对下一级法院第一审判决或裁定不服的上诉或抗诉，有权经过对第二审案件的审理，改变或维持第一审法院的判决或裁定。这时，上级法院的第二审判决、裁定，就是终审判决、裁定，当事人不得上诉。审级制度的实质是要求审判必须按审判程序严格进行，不得越级审理案件。

《民事诉讼法（试行）》（1991 年）第十条规定：人民法院审理民事案件，依照法律规定实行合议、回避、公开审判和两审终审制度。

党的十八届四中全会决定，完善审级制度，一审重在解决事实认定和法律适用，二审重在解决事实法律争议、实现二审终审，再审重在解决依法纠错、维护裁判权威。

第五节　回避制度

回避制度是指为了保证案件的公正审判，而要求与案件有一定利害关系的审判人员或其他有关人员不得参与本案的审理活动或诉讼活动的审判制度。该项制度的基本内容有：（1）回避适用的对象。根据《民事诉讼法》的规定，适用回避的人员包括：审判人员（包括审判员和人民陪审员）、书记员、翻译人员、鉴定人、勘验人员。（2）适用回避的情形。根据《民事诉讼法》的规定，具有下列情形之一的，应予以回避：第一，审判人员或其他人员是本案当事人或当事人、诉讼代理人的近亲属；第二，审判人员或其他人员与本案有利害关系；第三，与本案当事人有其他关系，可能影响对案件的公正审理。（3）回避的程序。回避的提出，可以是当事人提出申请，也可以是审判人员或其他人员主动自行提出。回避应当在案件开始审理时提出，回避事由在案件开始审理后知道的，可以在法庭辩论终结前提出。提出回避申请应当说明理由。回避申请提出后，是否准许申请由法院决定。其他人员的回避由审判长决定。法院对当事人提出的回避申请，应当在申请提出 3 日内以口头或书面形式作出决定，申请人对决定不服的，可以在接到决定时申请复议一次。（4）回避的法律后果。在当事人提出回避申请到法院作出是否同意申请的决定期间，除案件需要采取紧急措施的外，被申请回避的人员应暂停执行有关本案的职务。法院决定同意申请人回避申请的，被申请回避人退出本案的审判或诉讼；法院决定驳回回避申请而当事人申请复议的，复议期间，被申请回避的人员不停止参与本案的工作或诉讼。

建院初期，为防止先入为主和徇私舞弊，审判人员对与本人有特定关系的案件实行回避，不承担办理该案的任务。同时，当事人申请回避受法律保护。院长担任审判长的回避，由审判委员会决定，审判长的回避由院长决定，其他人员的回避由审判长决定。1954 年，中级人民法院审判员对有特定关系的案件可不承担办理，当事人亦有权申请回避。“文化大革命”期间，取消了回避制度。1979 年 7 月修改后的《人民法院组织法》颁布施行后，重新恢复回避制度。根据 1996 年修订后的《民事诉讼法》的规定，审判人员、检察人员、侦查人员、书记员、翻译人员和鉴定人有下列情形之一的，应当自行回避，当事人及其法定代理人也有权要求他们回避：一是本案的当事人或者是当事人的近亲属；二是本人或者他的近亲属和本案有利害关系的；三是担任过本案的证人、鉴定人、辩护人、诉讼代理人的；四是与本案当事人有其他关系，可能影响公正处理案件的。

2011 年，最高法院发布的《关于对配偶子女从事律师职业的法院领导干部和审判执行岗位法官实行任职回避的规定（试行）》要求，凡人民法院领导干部和审判、执行、立案、审判监督、国家赔偿等业务岗位工作的法官，其配偶、子女在其任职法院辖区内开办律师事务所，以律师身份为案件当事人提供诉讼代理或者其他有偿法律服务的，应当一方退出，实行任职回避。

2014 年 7 月 24 日市法院审判委员会第 68 次会议通过的《秦皇岛市中级人民法院审判委员会工作规程（试行）》第二章第七条规定：审判委员会讨论案件，依法实行回避制度。审判委员会委员是所讨论案件的当事人或者当事人、诉讼代理人的近亲属，与案件有利害关系或者与本案当事人有其他关系，可能影响案件公正审理的，该委员应主动申请回避或依当事人申请回避。是否准许由审判委员会讨论决定。

严格遵守《人民法院组织法》以及《法官法》中关于审判人员的回避制度。审慎对待当事人提出的回避申请，法官从人民法院离任后 2 年内，不得以律师身份担任诉讼代理人或者辩护人；法官从人民法院离任后，不得担任原任职法院办理案件的诉讼代理人或者辩护人；法官的配偶、子女不得担任该法官所任职法院办理案件的诉讼代理人或者辩护人。

第六节　人民陪审员制度

人民陪审员制度是国家审判机关召集人民陪审员参加对案件审理的法律制度，它是人民群众参与人民法院的审判活动、行使管理国家事务权利的重要形式，是人民当家作主在司法领域的具体体现。人民陪审员制度产生于第二次国内革命战争时期，1932 年 6 月 9 日，中华苏维埃共和国中央执行委员会颁布的《裁判部暂行组织及裁判条例》规定了陪审员参加审判的原则。新中国成立后，人民陪审员制度得到进一步巩固，1951 年颁布的《人民法院暂行组织条例》第六条作了专门规定。1954 年《宪法》将人民陪审员陪审案件确定为宪法原则，同年颁布的《人民法院组织法》规定：人民法院第一审案件，实行人民陪审员制度，但简单的民事案件、轻微的刑事案件和法律另有规定的案件除外。“文化大革命”期间，人民陪审员制度遭到严重破坏。1977 年 7 月，陪审制度恢复，除自诉的轻微刑事案件外，仍由 1 名审判员和 2 名人民陪审员组成合议庭进行审判。1979 年《人民法院组织法》和《刑事诉讼法》、1982 年《民事诉讼法（试行）》、1989 年《行政诉讼法》、1991 年《民事诉讼法》，均对人民陪审员制度作了规定。2004 年 8 月 28 日，全国人大常委会通过了中国历史上第一部关于人民陪审员制度的单行法律《关于完善人民陪审员制度的决定》，2005 年 5 月 1 日正式实施，这是我国社会主义民主与法治建设的一项重要举措，对于构建具有中国特色的人民陪审员制度具有重大的理论和现实意义。

党的十八届三中、四中全会召开以来，党中央对加强人民陪审员工作改革提出了一系列明确要求，为新时期人民陪审员建设指明了方向。为认真落实中央全会精神和最高法院的部署要求，2014 年 5 月，省法院下发了《关于试行中级人民法院选任人民陪审员的通知》，明确规定在全省范围内试行中级人民法院选任人民陪审员工作，要求各中级人民法院选任的人民陪审员数量原则上不少于法官数的 2 倍。此前人民陪审员的选任工作仅限于基层法院，中院审判案件依法应当由人民陪审员参加合议庭审判的，从辖区内基层法院陪审员名单中随机抽取确定。2015 年 9 月 25 日—12 月 29 日，市法院先后 2 次进行人民陪审员的选拔，通过人大常委会任命 150 名中级法院人民陪审员。按照上级要求，市法院研究制定了《选任人民陪审员工作实施方案》，分别在《秦皇岛日报》和市法院官方网站、官方微博发布人民陪审员选任公告。报名人员涵盖了机关事业单位干部、教师、金融从业人员、离退休人员、农民、企业职工、社区工作者、新闻从业人员、退伍军人、自由从业人员等 10 多个行业。报名人员中除少数为高中学历外，大多数具有大专以上学历。市两级法院已经有 761

2015 年 12 月 22 日，首批人民陪审员任命书颁发仪式暨岗前培训会议

名（其中，县区法院 611 名）人民陪审员，年龄最小的 28 岁，最大的 63 岁，平均年龄 40 岁。2016 年 10 月，市法院主管人民陪审员参与审判的立案一庭从所有市法院人民陪审员信息库中抽取 18 名作为第一批参与上岗的人员，根据个人意愿，分为刑事、民事、商事、行政、执行 5 个类别，采取随机抽取的方式，让他们有序参与审判工作，王彩云作为市法院的第一位上岗的人民陪审员被选中参与一审刑事审判。

为加强人民陪审员日常管理，保障人民陪审员制度实施，2016 年市法院制定《秦皇岛市中级人民法院关于人民陪审员的日常审判管理细则》。从陪审员参审案件的范围、诉讼期间的权利义务、应当履行的法定职责及相应的责任承担等方面进行规范，为人民陪审员制度的实施、陪审员依法正确履职提供了依据。2018 年 4 月，国家出台了《人民陪审员法》。

第二章　刑事审判制度

刑事审判中，市两级法院在坚决执行基本审判制度的同时，严格执行刑事审判程序制度、刑事审判证据制度以及减刑、假释、特赦制度。法院对一切案件的判处都重证据，重调查研究，不轻信口供。只有被告人供述，没有其他证据的，不能认定被告人有罪和处以刑罚；没有被告人供述，证据确实充分的，可以认定被告人有罪和处以刑罚。减刑、假释是我国刑罚执行制度的一个重要组成部分，减刑、假释工作也是人民法院审判工作的重要一环，对于促进罪犯教育改造及顺利回归社会、维护监管秩序、构建和谐社会具有重要意义。

第一节　刑事审判程序制度

第一审程序。审判刑事案件的第一审程序分为公诉案件的审理程序和自诉案件的审理程序。

公诉案件的审理程序主要分为审查案件、庭前准备和开庭审理 3 个阶段，其中开庭审理须经以下几个环节：（1）宣布开庭；（2）法庭调查；（3）法庭辩论；（4）被告人作最后陈述；（5）评议宣判。

自诉案件的审理程序与公诉案件基本相同。自诉案件情节比较简单，可由审判员一人独任审判。

第二审程序。第二审程序也称上诉和抗诉程序。当事人或法定代理人不服地方各级人民法院第一审判决、裁定的，可在法律规定的时间内向上一级人民法院提出上诉。为保护公民的上诉权利，上一级人民法院在审理案件时，不得加重被上诉人的刑罚。人民检察院发现同级人民法院第一审判决或裁定有错误时，也可以向二审法院提出抗诉。

第二审程序的任务是对第一审人民法院作出的判决或裁定所认定的事实是否清楚、适用法律是否正确、诉讼程序是否合法进行全面审查和审理，并依法作出维持、改判或发还重审之判决。

执行程序。执行程序主要包括死刑立即执行，死刑缓期二年执行，无期、有期徒刑和拘役的执行，拘役缓刑和有期徒刑缓刑的执行，管制、剥夺政治权利的执行。

审判监督程序。审判监督程序必须由下列机关提起：

（一）各级人民法院院长对本院已经发生法律效力的判决和裁定，如果发现在认定事实或适用法律上确有错误，提交本院审判委员会讨论决定。

（二）最高人民法院对地方各级人民法院和专门人民法院、上级人民法院对下级人民法院已经发生法律效力的判决和裁定，如果发现确有错误，有权提审或指令下级人民法院再审。

（三）最高人民检察院对各级人民法院、上级人民检察院对下级人民法院已经发生法律效力的判决和裁定，如果发现确有错误，有权按照审判监督程序提出抗诉。此外，当事人、被害人及其家属或其他公民，对已经发生法律效力的判决裁定认为在认定事实或适用法律上确有错误的，也可以向人民法院提出申诉，但不能停止判决、裁定的执行。

决定再审的案件适用下列程序：（1）依照审判监督程序另行组成合议庭。（2）对需要再审的案件就原判认定的事实和适用法律的情况进行全面检查。（3）再审时如果原来是第一审的，依照第一审程序进行，原来是第二审的或上级法院提审的，依照第二审程序进行。

审判程序制度修改完善。《全国人民代表大会关于修改〈中华人民共和国刑事诉讼法〉的决定》于2012年3月14日由十一届全国人大五次会议通过，并于2013年1月1日起施行，是1996年以来全国人大对《刑事诉讼法》的第二次修正，是中国特色刑事诉讼制度的重大发展。本次修改对证据制度、辩护制度、强制措施、侦查程序、审判程序、执行程序等方面进行了完善，并增设了4种特别程序，分别是未成年人刑事案件诉讼程序，当事人和解的公诉案件诉讼程序，犯罪嫌疑人、被告人逃匿、死亡案件违法所得的没收程序，依法不负刑事责任的精神病人的强制医疗程序。2018年10月26日，根据第十三届全国人民代表大会常务委员会第六次会议《关于修改〈中华人民共和国刑事诉讼法〉的决定》进行了第三次修正，并于同日公布施行。此次修改，加大了对贪腐等犯罪的打击力度，规定了缺席审判制度，将速裁程序、认罪认罚从宽制度写入《刑事诉讼法》，新增条款18条。

第二节　刑事审判证据制度

在刑事审判中，或者说在刑事案件的诉讼中，证据是定罪量刑的重要依据。《刑事诉讼法》中规定，刑事诉讼有8种证据：（1）物证；（2）书证；（3）证人证言；（4）被害人陈述；（5）被告人供述和辩解；（6）鉴定意见、勘验、检查、辨认、侦查实验等笔录；（7）视听资料；（8）电子数据。

在刑事审判的实践中，市两级法院严格遵守证据规则：

一、法院审判人员依照法定程序，收集能够证实犯罪嫌疑人、被告人有罪或者无罪、犯罪情节轻重的各种证据。严禁刑讯逼供和以威胁引诱、欺骗以及其他非法方式收集证据。不得强迫任何人证实自己有罪。

二、法院有权向有关单位和个人收集、调取证据。有关单位和个人应当如实提供证据。行政机关在行政执法和查办案件过程中收集的物证、书证、视听资料、电子数据等证据材料，在刑事诉讼中可以作为证据使用。对涉及国家秘密、商业秘密、个人隐私的证据，应当保密。凡是伪造证据、隐匿证据或者毁灭证据的，无论属于何方，必须受法律追究。

三、法院对一切案件的判处都重证据，重调查研究，不轻信口供。只有被告人供述，没有其他证据的，不能认定被告人有罪和处以刑罚；没有被告人供述，证据确实充分的，可以认定被告人有罪和处以刑罚。

第三节　减刑、假释、特赦制度

减刑、假释制度。减刑、假释制度是我国刑罚执行制度的一个重要组成部分，减刑、假释工作也是人民法院审判工作的重要一环，对于促进罪犯教育改造及顺利回归社会、维护监管秩序、构建和谐社会具有重要意义。

中华人民共和国成立初期至1979年制定《刑法》《刑事诉讼法》，是我国减刑、假释制度的初创时期。这段时期的减刑、假释主要依据《劳动改造条例》，再以各种单行条例及司法解释为补充。1979年制定《刑法》《刑事诉讼法》至1997年修改后的《刑法》《刑事诉讼法》实施，是减刑、假释的定型期。这一时期的减刑、假释制度在继承前一时期的基本格局的基础上，规定更加细化，也更趋规范，特别是对法院调查核实案件的方式作了规定。1997年修订的《刑法》标志着我国减刑、假释制度的成熟。《刑法》第七十八条规定，被判处管制、拘役、有期徒刑、无期徒刑的犯罪分子，在执行期间，如果认真遵守监规，接受教育改造，确有悔改表现的，或者有立功表现的，可以减刑；有下列重大立功表现之一的，应当减刑：（一）阻止他人重大犯罪活动的；（二）检举监狱内外重大犯罪活动，经查证属实的；（三）有发明创造或者重大技术革新的；（四）在日常生产、生活中舍己救人的；（五）在抗御自然灾害或者排除重大事故中，有突出表现的；（六）对国家和社会有其他重大贡献的。减刑以后实际执行的刑期，判处管制、拘役、有期徒刑的，不能少于原判刑期的二分之一；判处无期徒刑的不能少于10年。2014年1月21日，中央政法委员会出台了《关于严格规范减刑、假释、暂予监外执行切实防止司法腐败的意见》（以下简称《意见》），以职务犯罪、金融犯罪和涉黑犯罪罪犯的减刑假释案件为重点，从严格实体条件、完善程序规定、强化环节责任、严惩腐败行为4个方面，对减刑、假释、暂予监外执行提出了新要求和新标准。2014年3月14日，最高法院专门召开全国法院贯彻落实中央政法委《意见》会议，紧抓刑罚执行程序运行中的5个关键节点，提出“凡是减刑、假释、暂予监外执行案件，一律在立案后将减刑、假释建议书或者暂予监外执行申请书等材料依法向社会公示；凡是职务犯罪、黑社会性质组织犯罪和金融犯罪罪犯减刑、假释案件，一律依法公开开庭审理；凡是职务犯罪、黑社会性质组织犯罪和金融犯罪罪犯减刑、假释案件的公开开庭，一律邀请人大代表、政协委员或有关方面代表旁听；凡是减刑、假释、暂予监外执行案件的裁判文书，一律在中国裁判文书网依法发布；凡是法院工作人员在办理减刑、假释、暂予监外执行案件中有违纪违法行为甚至构成犯罪的，一律依法从重追究责任”的工作要求，明确减刑、假释的公开公正。2015年2月13日，全国法院减刑、假释、暂予监外执行信息网正式开通。全国法院减刑、假释、暂予监外执行案件自此一律通过信息网依法向社会公示。

刑事再审及减刑假释研讨会在市法院召开（2008年6月30日—7月3日）

市两级法院认真执行制度规定，1997—1999年，共办理减刑75件、假释1件、保外就医6件。2003年，依法审理减刑案件，继续推行在羁押场所公开开庭审理的方式，寓教于审，促进服刑人员的教育、改造。

特赦制度。宪法关于特赦制度的规定是基于实践经验不断发展完善的产物（1959年12月4日至2019年8月29日，9次特赦）。

为纪念中国人民抗日战争暨世界反法西斯战争胜利70周年，按照党中央的决策部署，中央政法委会同有关部门，对在纪念中国人民抗日战争暨世界反法西斯战争胜利70周年之际特赦部分服刑罪犯进行了深入研究，形成了《关于特赦部分服刑罪犯的决定》代拟稿及说明稿，经中央书记处办公会专题研究并经中央政治局常委会议通过后，2015 年 7 月 20 日，习近平总书记主持召开中央政治局会议，原则通过了代拟稿及说明稿。2015 年 8 月 29 日，贯彻党中央决策部署，根据宪法有关规定，第十二届全国人大常委会第十六次会议审议通过了《全国人民代表大会常务委员会关于特赦部分服刑罪犯的决定》。同日，国家主席习近平发布特赦令，对参加过中国人民抗日战争、中国人民解放战争等 4 类部分服刑罪犯实行特赦。这是新中国成立以来第八次，也是 1982 年宪法颁布实施以来第一次实行特赦，是实施宪法规定的特赦制度、体现依法治国理念和人道主义精神的创新实践，具有重大政治意义和法治意义。

2015 年 9 月 1 日，市法院党组书记、代院长胡华军主持召开市法院党组会，就市法院如何迅速贯彻落实 8 月 29 日国家主席习近平签署的《关于特赦部分服刑罪犯的决定》进行安排部署。

从 2015 年 9 月 22 日起，市司法局共向市法院报送 4 批第四类特赦罪犯案件。市法院审监庭与立案一庭合署办公，对提请材料进行严格审查，做到同日立案、同日向市检察院发出听取意见函；合议庭成员依法严格审核、认真核实、准确认定，在收到市检察院同意特赦的书面检察意见后，严格按照最高法院发布的统一样式制作特赦裁定书。市法院于 2015 年 9 月 25 日采取大会模式集中对第一批被特赦罪犯进行宣判。党组书记、代院长胡华军亲自参加宣判，并邀请市委政法委副书记孟繁居、市检察院副检察长郝一众、市司法局调研员曹苏宁出席。副院长王建文宣布对第一批罪犯予以特赦后，代院长胡华军、市司法局调研员曹苏宁分别对被特赦人员进行了帮教谈话。第二、三、四批特赦罪犯案件均严格掌握在 7 日内作出特赦裁定，裁定作出后 3 日内送达。合议庭先后 5 次分赴各县区以法庭宣判的模式送达被特赦罪犯本人、提请机关和同级人民检察院，并抄送原审法院。

第三章　民事审判制度

民事审判中，市两级法院在坚决执行基本审判制度的同时，严格执行民事审判程序制度、民事审判证据制度。相对于刑事诉讼程序来说，人民群众接触最多的应该是民事诉讼，民事诉讼是解决民事纠纷的最后手段，当法院受理案件后会按照程序审理。“打官司就是打证据”，证据是诉讼的核心。《最高人民法院关于修改〈关于民事诉讼法证据的若干规定〉的决定》对实施了超过18年的《最高人民法院关于民事诉讼证据的若干规定》（法释〔2001〕33号）进行系统修订，其中原规定中未作调整的条文仅11条，修改条文41条，新增条文47条。

第一节　民事审判程序制度

一审程序包括普通程序和简易程序。普通程序是《民事诉讼法》规定的民事诉讼当事人进行第一审民事诉讼和人民法院审理第一审民事案件通常适用的诉讼程序。

适用普通程序审理的案件根据《民事诉讼法》的规定，应当在立案之日起6个月内审结。有特殊情况需要延长的，由本院院长批准，可以延长6个月；还需要延长的，报请上级法院批准。

二审程序（又称上诉程序或终审程序），是指由于民事诉讼当事人不服地方各级人民法院尚未生效的第一审判决或裁定，在法定上诉期间内向上一级人民法院提起上诉而引起的诉讼程序。由于我国实行两审终审制，上诉案件经过二审法院审理后作出的判决、裁定称终审的判决、裁定，诉讼程序即告终结。

审判监督程序即再审程序，是指由审判监督权的法定机关和人员提起，或由当事人申请，由人民法院对发生法律效力的判决、裁定、调解书再次审理的程序。

相对于刑事诉讼程序来说，人民群众接触最多的应该是民事诉讼，民事诉讼是解决民事纠纷的最后手段，当法院受理案件后会按照程序审理。

民事诉讼审理程序如下：（1）开庭审理。开庭审理时，审判长要核对当事人、诉讼代理、第三人，宣布合议庭组成人员，告知当事人的诉讼权利和义务，询问当事人是否申请回避等。（2）法庭调查。（3）法庭辩论。

第二节　民事审判证据制度

民事诉讼证据是指依照民事诉讼规则认定案件事实的依据。民事诉讼证据对于当事人进行诉讼活动、维护自己的合法权益、对法院查明案件事实、依法正确裁判都具有十分重要的意义。民事诉讼证据有3个最基本的特征，即客观真实性、关联性和合法性。根据《民事诉讼法》第六十三条规定，民事诉讼证据可分为8种，分别是当事人陈述、书证、物证、视听资料、证人证言、电子数据、鉴定意见、勘验笔录。

2019年12月25日，最高法院发布《最高人民法院关于修改〈关于民事诉讼证据的若干规定〉的决定》（以下简称“新规定”），对实施了超过18年的《最高人民法院关于民事诉讼证据的若干规定》（法释〔2001〕33号）（以下简称“原规定”）进行系统修订，其中原规定中未作调整的条文仅11条，修改条文41条，新增条文47条。新规定将于2020年5月1日正式施行。

“打官司就是打证据”，证据是诉讼的核心，因此本次证据规定的修改对于今后法院的审判活动、当事人的诉讼活动都会产生极为重要的影响，本次修订内容对今后民事诉讼的影响主要集中在以下几个方面：

完善了民事诉讼自认规则。自认，是我国民事诉讼中一项重要制度，指当事人一方对另一方当事人所主张于己不利的事实承认为真实时，无需进行举证。原规定第八条、七十四条对此进行了规定，但过于简陋，以至于在司法实践中存在诸多问题，比如原规定第八条第一款“诉讼过程中，一方当事人对另一方当事人陈述的案件事实明确表示承认的，另一方当事人无需举证”，从字面含义来理解，并未将“于己有利的事实”排除在外，如果另一方主张对自己有利的事实也构成自认的话，则可以理解双方都成立自认，明显违背了自认逻辑含义。

完善了“书证提出命令”制度，拓宽了取证途径。2015年，《最高人民法院关于适用〈中华人民共和国民事诉讼法〉的解释》第一百一十二条对“书证提出命令”作出了原则性规定，新规定在此基础之上，对其申请条件、审查程序、范围以及不遵守“书证提出命令”的法律后果进行了详细规定，完善了“书证提出命令”制度。此外，新规定第九十九条还特意强调了“关于书证的规定适用于视听资料、电子数据”，这对于司法实践中收集他方控制的对案件有重要意义的证据具有积极作用。

完善了电子数据的范围以及司法审查规则。随着科学技术的进步、信息化的发展，电子数据越来越多地出现在审判实践中，最典型的比如微信聊天记录、电子交易记录、网页截图等，在新规定出台之前并没有统一的规定，各地各级法院对此认定存在不一致的地方，新规定对于该类证据的审查规则进行了规定，为今后电子数据证据的认定统一了法律适用标准。

完善了证人具结和鉴定人承诺制度以及当事人、证人虚假陈述和鉴定人虚假鉴定的制裁措施。

第三节　民事审判调解制度

民事诉讼调解又称法院调解，是指按照《民事诉讼法》的有关规定，在法院审判人员的主持下，双方当事人就发生争议的民事权利义务自愿进行协商、达成协议、解决纠纷的诉讼活动。

民事诉讼调解是我国《民事诉讼法》的一项重要的基本原则。做好民事诉讼调解工作，对于及时化解矛盾、促进社会交易的正常流转具有十分重要的现实意义。《民事诉讼法》第九条规定："人民法院审理民事案件，应当根据自愿和合法的原则进行调解；调解不成的，应当及时判决。"

所谓的民事审判调解制度，是指人民法院审理民事案件的过程中，可以在查明事实、分清是非的基础上，根据自愿和合法的原则，主持并促使当事人双方达成协议，协商解决纠纷的制度。它不是对抗性的，也不是权威压制型或者违背法律意识的"和稀泥"式的，而应当是当事人意思自治型的，尊重当事人的意思自治应当是现代调解制度的核心观念。

《最高人民法院关于适用简易程序审理民事案件的若干规定》（以下简称《若干规定》）于 2003 年 12 月 1 日起施行，其中对调解作了详细的规定，下列民事案件，人民法院在开庭审理时应当先行调解：（1）婚姻家庭纠纷和继承纠纷；（2）劳务合同纠纷；（3）交通事故和工伤事故引起的权利义务关系较为明确的损害赔偿纠纷；（4）宅基地和相邻关系纠纷；（5）合伙协议纠纷；（6）诉讼标的额较小的纠纷。

"应当先行调解"就是以"司法解释"的方式将庭前调解确定为诉讼必经程序，以上"应当先行调解"的 6 种类型的案件，占各类民事案件的绝大多数。如果充分利用好先行调解制度，将对提高案件审理速度、及时化解民事纠纷起到很大作用。

同时，此《若干规定》及最高法院所公布的于 2004 年 11 月 1 日起施行的《关于人民法院民事调解工作若干问题的规定》，也对不适合进行调解的几种民事案件进行了详细规定：适用特别程序、督促程序、公示催告程序、破产还债程序的案件，婚姻关系、身份关系确认案件以及其他依案件性质不能进行调解的民事案件，人民法院不予调解。

这几种类型的案件，由于其特定的案件性质，不适宜调解，或者法律规定不允许调解，因此，规定这几类没有必要调解的民事案件可以不用调解程序而直接进行审判。通过以上的规定，使审判程序更具有了可操作性。

第四章　行政审判制度

在行政审判中，市两级法院积极探索建立行之有效的制度，即行政审判联席会议制度，行政机关负责人出庭应诉制度，行政审判白皮书制度，行政案件协调解决机制，重大、疑难行政案件报告制度，行政案件管辖制度，非诉执行行政案件审查制度，行政审判证据制度。市法院自2009年开始至2018年连续10年积极推行行政审判白皮书制度，正确引导行政机关依法规范行政行为，收到了良好的工作成效。市法院积极推行行政审判白皮书制度的做法，受到省法院及市有关领导的好评，并作为典型在全省范围内推广。

第一节　行政审判联席会议制度

为进一步构建秦皇岛市行政执法、行政复议和行政审判的良性互动机制，充分发挥行政复议和行政审判在化解行政争议、构建和谐社会中的重要作用，提高行政执法、行政复议和行政审判水平，共同推进秦皇岛市依法行政工作，根据省法院与省直行政执法机关联席会议制度的规定要求，经研究决定建立秦皇岛市行政审判联席会议制度。

联席会议的组织机构：

（一）联席会议成员单位：市政府法制办公室和市法院；市行政争议案件较多的行政执法部门，具体为：市国土资源局、市环境保护局、市规划局、市公安局、市工商局、市国税局、市人力资源和社会保障局、市卫生局、市计生委、市林业局、市安监局、市房产局等部门。

（二）其他单位可视会议内容和工作需要，经市政府法制办公室与市法院同意后参加。

联席会议的主要职责：

（一）通报本地区年度行政复议、行政审判情况，剖析典型案例，分析行政执法中存在的问题和不足，研究解决行政执法、行政复议中遇到的新情况、新问题。

（二）协调和解决行政复议与行政审判存在的重点、难点问题，促进行政执法部门、行政复议承办部门与审判机关之间的沟通与联系，依法加强对行政执法的指导和监督。

（三）协调解决行政复议和行政审判重大、复杂的争议案件，探讨有关法律法规的理解和适用以及实践操作问题。

（四）其他需要研究和探讨的问题。

联席会议的工作规则：

（一）联席会议实行定期和不定期召开的形式，每年定期召开一次成员单位全体会议。此外根据成员单位的工作需要，可不定期召开联席会议。不定期联席会议由提议召开的成员单位提出议题，由市政府法制办公室与市法院商量确定是否召开。不定期联席会议原则上由提议召开的成员单位举办，会议由市政府法制办公室或市法院主持，具体会务由举办单位负责。提议召开会议的成员单位应认真准备议题，提供相应资料，提出具体意见。联席会议成员单位要严格遵守保密制度，不得擅自对外透露会议中要求保密的内容信息。

（二）每次会议后，主持召开会议的单位根据会议讨论意见，视情况就议定事项形成会议纪要或工作简报，以内部资料形式印发各有关单位。

（三）市政府法制办公室复议科和市法院行政审判庭分别确定一名联络员，负责日常联系及会务的筹备协调工作和会议纪要或工作简报的起草工作。

第二节　行政机关负责人出庭应诉制度

作为被告单位的行政机关负责人亲自出庭应诉，当面接受行政相对人的质询，直接听取老百姓的意见和掌握民众诉求，有利于强化政府部门的亲民意识，能够有效克服中国几千年遗留下来的官本位思想，拉近与老百姓之间的距离，密切干群关系，提高政府官员在人民群众中的形象。行政机关负责人也可以通过出庭应诉更清楚和直接地了解案情，真实地感受到民情、民怨，能够现场了解行政争议的症结所在，从而协调行政纠纷，有利于快速有效地解决行政争议。人民群众认为，行政诉讼就是“民告官”，当作为原告的老百姓真正走上法庭时，却没能看到“官”，难免在心理上产生负面影响，认为自己的诉求没有得到行政首长的关注和重视。这样的内心倾向容易使原告对我们一贯提倡的法治理念和法院的司法能力产生怀疑，不利于官民矛盾的化解。司法实践证明，在行政首长出庭的案件审理过程中，原告的态度能显得平和，发表的意见比较理性；行政首长在亲历庭审的事实调查、辩论后，能够对行政行为的合理性作出更为客观的评判，有助于及时解决行政纠纷，协调官民矛盾。特别是在处理社会矛盾比较突出的涉众型案件时，行政机关负责人出庭应诉具有不可替代的特殊作用。

2014 年 9 月，秦皇岛市全面推进依法行政工作领导小组办公室、秦皇岛市中级人民法院、秦皇岛市人民政府法制办公室印发《河北省全面推进依法行政工作领导小组办公室、河北省高级人民法院、河北省人民政府法制办公室关于建立行政机关负责人行政诉讼出庭应诉制度的通知》（冀依法行政办〔2014〕2 号），结合秦皇岛市依法行政工作实际，提出以下要求：（1）统一思想，提高认识。建立行政机关负责人出庭应诉制度，对于加快建设法治政府、推进依法行政极具现实意义，也是现阶段的必然选择。（2）建章立制，严格执行。要严格遵照《通知》提出的被诉行政机关主要负责人应当出庭应诉的“九类”情形执行。要建立行政诉讼情况定期沟通、行政诉讼案件庭审旁听、行政机关负责人行政诉讼出庭应诉情况统计通报和行政诉讼出庭应诉指导等四项制度。（3）加强领导，狠抓落实。各级各部门要高度重视行政机关负责人出庭应诉工作，主动接受司法机关的监督。各级人民法院要与全面推进依法行政工作领导小组办公室、政府法制办公室、有关行政机关通力协作，共同推动行政机关负责人出庭应诉工作的深化，力促行政执法工作的改进和依法行政水平的提升。

2015 年，为贯彻落实好行政机关负责人出庭应诉制度，全市两级政府和两级法院都采取多项措施予以推进。法院立案受理行政案件后，依法对每案邮寄行政机关负责人出庭通知书，告知依法其应当履行的义务；市政府制定了《行政机关负责人应诉办法》和《关于建立行政应诉案件统计备案制度》等措施，强化对出庭应诉工作的督导、通报、考核。党政领导高度重视，法院和政府携手联动、紧密配合，全市行政机关负责人出庭应诉工作取得明显成效，以往行政机关负责人主动出庭应诉情况较为少见，2015 年后行政机关负责人主动到庭应诉已成为常态。

第三节　行政审判白皮书制度

为充分发挥人民法院行政审判支持、监督行政机关依法行政的职能作用，市法院自 2009 年开始至 2018 年连续 10 年积极推行行政审判白皮书制度，正确引导行政机关依法规范行政行为，收到了良好的工作成效。

行政审判白皮书，紧紧围绕年度本院办理行政案件的基本情况及特点、行政机关存在的主要问题、行政诉讼案件败诉和行政非诉执行案件不予执行的原因分析，进一步提高行政机关执法能力，预防和化解争议性建议等诸多方面，以年度行政案件司法审查报告形式发送辖区政府和行政机关。同时积极督导行政机关负责人出庭应诉，完善相关制度规定，做好应诉准备工作，提高应诉意识和能力，不断完善行政机关与法院之间的良性互动机制，形成预防和化解行政争议的合力。该制度建立以来，进一步畅通和拓宽了解决行政争议的沟通渠道，促进了行政复议与行政诉讼的有效衔接，形成了及时通报情况动态信息，准确了解对方困难与需求，积极听取对方意见与建议，群策群力，密切配合，合理解决好行政争议，促进依法行政工作上水平的长效机制。

市法院积极推行行政审判白皮书制度的做法，受到省法院及市有关领导的肯定，并作为典型在全省范围内推广。2015年年初，省委常委、市委书记田向利，市委副书记、市长张瑞书在市法院呈报的《秦皇岛市法院2014年度行政案件司法审查情况年度报告》（行政审判白皮书）上作出批示，对全市法院认真落实上级法院的决策部署、充分发挥人民法院行政审判职能作用、妥善化解行政争议、推进依法行政、切实维护人民群众的合法权益取得的良好效果予以肯定。田向利同志批示："报告很翔实，阅后受启发，地市级如何依法行政是个现实的紧迫问题。上半年要集中做一次普法讲座及考试，请闫五一同志牵头，会同市人大等方面，集中搞一些案例分析，找准在依法行政中需要注意的问题，引以为戒。"张瑞书同志批示："请闫五一同志在政府全体会议上做一次专题讲座。"

第四节　行政案件协调解决机制

人民法院审理行政案件的实践中，由于城市拆迁、征地补偿等行政案件大量增加，一些行政案件呈现出当事人之间矛盾容易激化、容易导致群体性事件等不良社会效果的特点。为此，从构建社会主义和谐社会的大局出发，积极探索建立促进行政案件当事人协调处理的工作机制，努力寻求妥善化解行政争议、减少社会对抗的有效途径，最大限度地化解社会矛盾。

诉前调解。在进行诉讼调解的同时，市两级法院与行政机关互相配合，加强诉前调解，使部分案件避免了进入司法程序，节约了当事人的诉讼成本和法院的审判资源，减轻了行政机关的应诉工作，消除了信访隐患。市两级法院在诉讼和非诉案件多发的行政机关建立"诉前调解室"，在相关行政机关的大力配合下，2008—2012年诉前化解行政争议160余件。

建立法院与行政机关解决行政争议的协调联动机制。市两级法院为预防和化解行政争议，促进官民和谐，找准行政审判与行政执法的结合点，对行政争议早预警、早沟通，尽可能将矛盾纠纷化解在萌芽状态。一些行政机关在做出具体行政行为前，对法律法规把握不准确的，专门邀请法院领导和行政审判人员就涉及的法律问题进行探讨，使行政行为力求做到稳妥慎重、合法合理，有效消除了行政争议隐患。市人力资源和社会保障局专门制定了《秦皇岛市工伤认定联席会议制度》，为配合新的《工伤保险条例》的实施，与法院、公安机关共同研究执法中的难点和疑点，保证行政机关与司法机关在适用法律上的统一。

建立行政调解与司法审判的协调衔接机制。加强行政调解和司法审判的协调衔接，实行无缝隙调解和协调机制，对解决行政争议、化解社会矛盾、促进社会和谐具有重要作用。发生争议先由行政机关进行行政调解，必要时行政机关可以提前向法院通报信息，介绍案情，两家共同分析、共同商议如何化解矛盾的办法，力争调解。如产生诉讼，前者为后者进行了铺垫，法院已经提前了解情况、掌握案情，就可以使法院的协调工作掌握主动权，协调解决行政争议的可能性大大增强。

第五节　重大、疑难行政案件报告制度

重大、疑难案件是指在全市范围内影响重大的案件，人数众多，涉及面广，法律关系复杂，舆情风险大。为了审理好行政重大、疑难案件，做到政治效果、法律效果、社会效果的统一，在处理这类案件时，市法院遵循以下原则：提高政治站位，高度重视，制作案件审理报告，向省法院请示；向中共秦皇岛市委、市人大常委会报告案件情况；向市人民政府通报案件情况；慎重处理，坚持党的领导，按照上级法院的意见，依法处理好重大、疑难案件。

切实增强重大、疑难行政案件报告的政治敏锐性和责任感。加强重大、疑难案件报告工作是加强政务管理工作的重要环节，是确保司法政令畅通的有效渠道。市法院站在讲政治、讲大局的高度，及时、准确地报告重大、疑难案件审判情况，确保下情上达，政令畅通。

重大、疑难案件报告范围及内容。发生在秦皇岛市内涉案人数众多、矛盾尖锐、可能引发严重不稳定因素的行政诉讼案件，详细报告案件的诉讼理由、庭审准备、开庭审理、宣判、当事人反映、需要解决的问题以及社会影响等情况。

严格落实重大、疑难案件报告领导责任和工作责任。相关责任人要切实担负起责任，认真研究，落实措施，加强督查，防止迟报、漏报、瞒报、错报，确保重大、疑难行政案件报告制度有效落实。

在处理重大、疑难行政案件中，着力构建联调工作机制，争取行政机关的理解与支持，促进化解矛盾纠纷，以保护行政管理相对人的合法权益和监督政府机关依法行政，做到法律效果与社会效果的统一。同时，注重积极主动邀请党委、人大参与、指导行政诉讼协调工作，以保障协调工作的顺利进行，达到协调结案，案结事了。

第六节　行政案件管辖制度

行政诉讼管辖权具体规定如下：基层人民法院管辖第一审行政案件。中级人民法院管辖下列第一审行政案件：（1）确认发明专利权的案件、海关处理的案件；（2）对国务院各

部门或者省、自治区、直辖市人民政府所作的具体行政行为提起诉讼的案件；（3）本辖区内重大、复杂的案件。高级人民法院管辖本辖区内重大、复杂的第一审行政案件。最高法院管辖全国范围内重大、复杂的第一审行政案件。行政案件由最初作出具体行政行为的行政机关所在地人民法院管辖。经复议的案件，复议机关改变原具体行政行为的，也可以由复议机关所在地人民法院管辖。对限制人身自由的行政强制措施不服提起的诉讼，由被告所在地或者原告所在地人民法院管辖。因不动产提起的行政诉讼，由不动产所在地人民法院管辖。两个以上人民法院都有管辖权的案件，原告可以选择一个人民法院提起诉讼。原告向两个以上有管辖权的人民法院提起诉讼的，由最先收到起诉状的人民法院管辖。有管辖权的人民法院由于特殊原因不能行使管辖权的，由上级人民法院指定管辖。人民法院对管辖权发生争议，由争议双方协商解决。

为改善行政审判环境，解决案件管辖法院所在地对行政审判的干扰问题，市法院根据《行政诉讼法》第二十二条及最高法院有关司法解释，制定了《一审行政诉讼案件指定管辖暂行办法》，并经审委会讨论通过实施。一审行政案件指定管辖，在现行体制下比较有效地解决了地方和部门保护主义干扰的问题，对保障原告诉权，保护公民、法人和其他组织合法权益，提供了制度支持。2008—2012 年，市法院共指定管辖案件 53 件，取得了良好的法律效果和社会效果。

2015 年 8 月 25 日，根据国务院《关于同意河北省调整秦皇岛市部分行政区划的批复》（国函〔2015〕121 号）精神，市法院及时下发文件，调整相关法院案件管辖范围。原由抚宁县法院管辖的石门寨镇、驻操营镇、杜庄镇的一审民事案件及被诉机关为上述 3 个镇人民政府的行政案件，调整为由海港区法院管辖。原由抚宁县法院管辖的牛头崖镇的一审民事案件及被诉机关为牛头崖镇人民政府的行政案件，调整为由北戴河区法院管辖。原抚宁县法院已经受理的一审民事、行政和执行案件，不受管辖变更的影响，由抚宁区法院作出裁决和执行。对于市法院发回重审或上级法院指令再审的案件，仍由原审人民法院处理。对已经发生法律效力的民事和行政案件，当事人申请执行的，由原审人民法院受理和执行。调整自 2015 年 8 月 28 日起开始实施，抚宁区法院、海港区法院、北戴河区法院及相关基层法庭要加强协调，做好案件受理工作。

第七节　非诉执行行政案件审查制度

非诉执行行政案件审查，是指人民法院依照法律、法规的规定，根据行政机关或法定主体的申请，依法审查申请执行的非诉具体行政行为的合法性，并就是否准予强制执行作出裁定。根据《最高人民法院关于执行〈中华人民共和国行政诉讼法〉若干问题的解释》第九十三条的规定，非诉执行行政案件审查工作由各级人民法院行政审判庭负责。

为了规范非诉行政案件执行，加强对具体行政行为合法性审查力度，市法院行政审判庭与市政府法制办公室，于2008年年初邀请了各县、区具有行政执法权的行政单位进行面对面座谈、交流和沟通。通过座谈和下基层调研发现，各基层法院对具体行政行为合法性的司法审查力度逐步加大，但存在一些缺陷和瑕疵，如对申请执行的具体行政行为合法性怎样进行审查，审查的标准和程度如何掌握，缺乏统一的规定和经验的总结，认识和做法也不尽相同，因而不同程度地影响了办案质量和效率。市法院行政庭以此次调研为契机，将统一全市法院非诉执行案件的审查标准，规范审查程序，提高审查质量，加大执行力度，改善和优化司法环境。为此，2008年6月5日市法院审判委员会通过《关于办理非诉行政案件若干问题的规定》（以下简称《规定》）下发各县区法院参照执行。

《规定》强调办理非诉执行案件，应当遵循以下原则：坚持依法对申请执行的具体行政行为合法性进行审查的原则；坚持合议制度的原则；坚持以生效的有执行内容的行政法律文书为依据的原则；坚持说服教育促使行政相对人自动履行与强制执行相结合的原则。

《规定》提出，行政机关在法定期限内申请人民法院执行的非诉行政案件，应向人民法院提交以下法律文书及材料：（一）强制执行申请书；（二）行政处罚决定书或行政处理决定书；（三）行政机关送达回证；（四）有关现场勘验笔录、图片及相关的证据材料；（五）行政机关处理此案的有关程序材料；（六）行政机关作出具体行政行为的法律依据；（七）被执行人的财产状况。对非诉行政案件，行政庭要填写立案审批表。包括案由、收到申请书日期、当事人基本情况、申请内容、申请执行费用收据、审查意见、立案日期和案件编号。以上由行政审判庭内勤负责填写，行政庭庭长审查签字后，交立案庭登记。对符合条件的申请，应在7日内立案并通知申请人。对不符合条件的，应在7日内作出裁定不予受理。

《规定》提出，审查一般采用书面方式，审判人员应向双方当事人了解询问有关情况。具有下列情形之一的应举行听证方式进行调查：（一）涉及征收和征用、房屋拆迁、劳动和社会保障的；（二）涉及可能难以执行回转，事后不能补救的；（三）案外人提出异议且人民法院（或合议庭）认为有必要的；（四）被申请人提出申请，且人民法院（或合议庭）认为有必要的；（五）以书面审查方式难以查清案件主要事实的；（六）涉外及涉港澳台的案件的；（七）执行标的1万元以上的。

对生效的具体行政行为进行审查，包括以下内容：（一）具有下列情形的，应当认定具体行政行为明显缺乏事实根据：1. 行政机关在法定审查期限内未能向人民法院提供认定事实主要证据的；2. 行政机关在法定审查期限内向人民法院提供的证据不能证明具体行政行为所认定的基本事实的；3. 行政机关认定事实的主要证据是行政机关作出具体行政行为之后补充调查的。（二）具有下列情形的，应当认定具体行政行为明显缺乏法律依据：1. 具体行政行为适用的法律、法规、规章不适当、不明确；2. 具体行政行为适用法律、法规、规章条、款、项确有错误；3. 具体行政行为适用了尚未生效的法律或已经废除的法律；4. 具体行政行为未适用任何法律、法规和规章。（三）具有下列情形的，应当认定具体行政行为明显违法：1. 具体行政行为超越了行政机关的法定职权范围；2. 具体行政行为做出过程中，行政机关滥用职权，严重违反法定程序；3. 具体行政行为属重复罚款的。上述三项应同时具备"损害被执行人合法权益"的情形。

《规定》要求合议庭应在受理案件 30 日内作出是否准予强制执行的裁定。

第八节　行政审判证据制度

证据是指用以证明案件事实的一切材料和事实。行政诉讼证据是能够证明行政案件真实情况的一切事实，具有客观性、关联性和合法性，有书证、物证、视听材料、证人证言、当事人的陈述、鉴定结论、勘验笔录和现场笔录。行政诉讼的证据的作用是证实或说明行政案件的真实情况是否存在，任何一个行政案件的真实情况都需要用证据来加以说明。在行政诉讼中，需要以证据加以证明的证明对象包括当事人主张的法律事实和程序性事实、人民法院依职权调查的事实，习惯经验、定理和专门知识，法律法规和其他行政规范性文件等。人民法院在收集和运用证据时，必须从实际出发，实事求是，重证据，重调查研究，各种证据都必须经法庭审查属实，才能作为定案的根据。

行政诉讼证据的特点。受行政诉讼性质决定，其证据制度具有如下特点：（1）行政诉讼证据所要证明的最终事实是被诉具体行政行为是否合法。（2）行政诉讼被告必须自始至终地承担证明被诉具体行政行为合法的法定举证责任。（3）行政诉讼被告在诉讼过程中不得自行向证人和原告收集证据，作为被告代理人的律师也不得自行向原告和证人收集证据。（4）人民法院在行政诉讼中有收集证据的权利，而无收集证据的义务，其主要任务是审查判断证据。

行政诉讼证据的法定种类。根据不同标准可以将证据分为直接证据和间接证据、原始证据和传来证据、主要证据和次要证据、言词证据和实物证据、本证和反证等。

加强证据意识，依法履行举证义务。行政机关做出的具体行政行为，认定案件的事实必须建立在证据的基础之上，不仅应当以事实为依据，其所依据的事实还应当与法律规范所预设的事实一致。实践中，要努力追求法律事实与客观真实相一致，要严格地按照法定程序、方式和形式进行调查取证，注意证据的规范制作和妥善保存，认真审查核实相关证据材料，确保证据的真实性、合法性和关联性。

“以事实为根据、以法律为准绳”是所有行政机关在行政执法中必须遵循的一项基本原则，违反该原则的执法行为，均属于违法行为。按照这一原则的要求，行政机关必须在查清事实的基础上，才能做出具体行政行为。根据《行政诉讼法》第五十四条第（二）项的规定，“人民法院对主要证据不足的具体行政行为，应当判决予以撤销”。因此，具体行政行为的主要证据是否确实、充分，是人民法院判断具体行政行为是否合法的要件之一。2009年，行政机关败诉案件中，事实不清、证据不足，是主要原因之一。主要表现：（1）行政机关在做出具体行政行为时，对事实缺乏全面、细致的调查取证，在没有充分掌握行政管理相对人违法事实的情况下，就对行政管理相对人做出了具体行政行为。（2）行政机关虽然掌握了证据，但是没有严格按照法定的程序做好取证工作，以致在诉讼时不能提供合法、有效、充分的证据。例如，秦皇岛国海实业发展有限公司诉抚宁县国土资源局收回土地使用权纠纷一案。国海公司在南戴河二小区有国有土地200亩使用权。2007年11月28日，抚宁县国土资源局在《秦皇岛日报》上连续刊登公告，决定收回其200亩土地的使用权。但在该收回公告中没有写明收回的原因，无任何认定事实，同时该公告只引用了《土地管理法》第五十八条，而该条款有5种情形，不知依据的是哪种情形。采取公告的方法从法律规定来看，既不属于行政机关的决定，又不属于行政处罚，缺乏事实和法律依据。同时，行政机关作出重大行政处罚决定，按法律规定应召开听证会，而抚宁县国土资源局在执法中缺少这一法定程序，最终败诉。因事实不清、主要证据不足而导致败诉的行政案件，在行政诉讼中占38%。

第三编　刑事审判

刑事审判生杀予夺，事关公民的名誉、财产、自由乃至生命，事关国家安全和社会稳定，事关全市改革开放大局和经济社会持续健康、快速发展。从社会公众关注程度看，刑事审判最吸引公众的眼球，极易成为舆论的焦点、热点，向来是社会公众评判司法公正的重要对象。市两级法院切实履行维护稳定第一责任，依法严惩严重刑事犯罪，维护国家安全和社会稳定，保护人民群众的人身和财产权益。(一)严厉打击危害国家安全、公共安全以及暴力恐怖犯罪，打击黑恶势力犯罪以及故意杀人、抢劫、绑架、强奸等严重暴力犯罪和严重危害人民群众安全感的犯罪，维护人民群众正常的生产、生活秩序。(二)依法严惩危害食品药品安全、危害生产安全、重大安全责任事故等群众反映强烈的犯罪，保护人民群众的生命健康。(三)依法严惩破坏生态环境和自然环境犯罪，特别是对发生重大环境污染、破坏性采矿盗砂等破坏环境资源的犯罪，依法保护生态文明建设。(四)依法严惩黑恶势力犯罪、重大安全责任事故、制售伪劣食品药品所涉及的国家工作人员职务犯罪，严惩发生在社会保障、征地拆迁、教育医疗、企业改制、扶贫救灾等领域严重损害群众利益、社会影响恶劣、群众反映强烈的职务犯罪。市两级法院重点打击严重暴力性犯罪、团伙犯罪、街头多发性侵财犯罪、入室盗抢、暑期景区犯罪、盗窃机动车、拐卖儿童妇女、破坏涉及国计民生基础设施及重点建设项目犯罪，尤其是严厉惩治团伙性、系列性跨区域流窜犯罪分子。在专项行动中，充分发挥刑事审判职能作用，做到“快”“准”“狠”，确保严打实效在审判环节得以充分体现。对起诉到法院的重点犯罪案件快审查、快开庭、快合议、快宣判，尽可能在法定时限内以最快速度予以审结，使犯罪分子得到及时打击。按照“两个基本”和宽严相济原则，严把案件的事实关、证据关、法律关，确保每一起严打案件定性准确、量刑适当。充分考虑维护社会稳定的实际需要和人民群众的呼声反映，对团伙性、系列性跨区域流窜等犯罪分子，坚决从重惩处，决不手软。密切与公安、检察等机关的配合、沟通，提前介入重大案件的侦办，及时补充、完善证据，为审判工作奠定良好基础。及时挖掘、发现团伙、黑恶势力犯罪的线索和蛛丝马迹，努力做到除恶务尽。抓好重大刑事案件的公开审判，适时组织召开公判大会，营造严打声威，鼓舞教育群众。

年度刑事案件审判情况。1990 年，全年共受理一审刑事案件 1105 件，审结

1095件，结案率99.1%。受理刑事二审案件164件，审结163件，结案率99.4%。在判决发生法律效力的1318人中，判处无期徒刑以上54人，15～20年有期徒刑24人，10～15年53人，5～10年289人，5年以下624人，拘役29人，管制14人，其他处理3人，免予刑事处罚21人，宣告无罪的5人。1991年，全年共受理一审刑事案件1143件，审结1130件，结案率98.9%。受理二审刑事案件182件，审结180件，结案率98.9%，判决发生法律效力的1225人中，判处无期徒刑以上46人，15～20年有期徒刑11人，10～15年45人，5～10年230人，5年以下490人，拘役37人，管制14人，免予刑事处罚22人，宣告无罪14人（其中自诉案件12人）。1992年，全年共受理一审刑事案件1184件，审结1173件，结案率99.1%。受理二审刑事案件137件，审结137件，结案率100%。在严厉打击严重刑事犯罪分子的同时，适时开展了打击“六害”犯罪及破坏电力设备、重大盗窃等项斗争。1993年，受理刑事案件1196件1709人，审结1155件1656人，结案率96.6%。判决发生法律效力的1016人中，判处无期徒刑以上41人，判处5年以上有期徒刑229人，判处5年以下有期徒刑、拘役和管制707人，免予刑事处罚30人，宣告无罪3人。市法院审结的一审重大刑事案件经过省法院二审或死刑复核没有发回改判的。审结二审刑事案件107件，其中维持原判46件，改判10件，发回27件，发回改判率36.6%。1993—1997年，受理各类一审刑事案件8166件，审结7892件，其中审结公诉案件6122件，刑事自诉案件1770件，审结刑事二审案件857件。在判决发生法律效力的案件中，有283人被判处无期徒刑以上，有2063人被判处5年以上有期徒刑。1996年，根据中央的统一部署，市两级法院把“严打”作为压倒一切的政治任务，广泛动员干警，精心组织审判力量，积极投身全国范围的“严打”统一行动，圆满完成了党和人民赋予的光荣使命，受到省法院的表扬。1998—2002年，受理一审刑事案件8802件，审结8613件，收、结案率分别比前五年上升7.8%和9.1%。受理二审刑事案件1363件，审结1356件。310人被判处无期徒刑，1210人被判处5年以上有期徒刑。2001年，全市法院刑事案件的审判质量得到了省法院的好评。2002年，省法院指定抚宁县法院审理石家庄市原市长张某某涉嫌受贿案，市两级法院高度重视，精心准备，严密组织，依法定罪量刑，张某某认罪服判，市两级法院圆满完成了审判任务，受到省委、市委的表彰。2003—2007年，审结刑事一、二审案件8674件，在判决生效的8616名被告中，被判处无期徒刑以上261人，被判处10年以上有期徒刑425人。2008—2012年，贯彻宽严相济刑事政策，依法惩治犯罪，保护人民，努力维护国家安全和社会稳定。审结刑事案件10721件，判决有罪12219人。2013—2016年，审结刑事案件10474件，判决生效被告人9294人，其中判处无期徒刑以上111人，5年以上有期徒刑608人。2017年，深入贯彻总体国家安全观，充分发挥刑事审判职能作用，依法惩治各类犯罪。审结刑事案件2705件，判决生效1532件2069人，给予刑事处罚1944人，其中判处5年以上不满15年有期徒刑114人、15年以上42人。2018年，深入开展扫黑除恶专项斗争，全年审结涉黑恶案件22件104人，集中组织公开宣判6次。协助省法院对金某某、曾某某等35人涉黑案件公开宣判被中央权威媒体报道。开展“一案三查”，深挖黑恶线索及保护伞。2018年全市法院一审涉黑恶案件结案率96%，二审涉黑恶案件结案率100%，位居全省第二。

2009年10月13日，市法院审判涉黑案件

第一章　危害公共安全案件审判

危害公共安全罪，是指危害广大人民群众生命健康和公私财产的安全，足以使多人死伤或使公私财产遭受重大损失的行为，是刑事犯罪中危害性极大的一类犯罪。这类犯罪侵犯的客体是公共安全，它同侵犯人身权利的杀人罪、伤害罪以及侵犯财产的盗窃罪等有显著的不同，以造成不特定的多人死伤或使公私财产遭受重大损失危险为构成要件，其危

害的范围和程度，往往是难以预料的。根据《刑法》分则第二章以及《刑法修正案（三）》《刑法修正案（六）》《刑法修正案（八）》的规定，危害公共安全罪共有47个罪名。《刑法修正案（三）》对该类犯罪作了一定的修改与补充：（1）将投毒罪修改为投放危险物质罪；（2）将过失投毒罪修改为过失投放危险物质罪；（3）将非法买卖、运输核材料罪修改为非法制造、买卖、运输、储存危险物质罪；（4）将盗窃、抢夺枪支、弹药、爆炸罪修改为盗窃、抢夺枪支、弹药、爆炸物、危险物质罪；（5）将抢劫枪支、弹药、爆炸物罪修改为抢劫枪支、弹药、爆炸物、危险物质罪；（6）规定增加了资助恐怖活动罪等。

秦皇岛市内发生危害公共安全案件主要有放火案件、涉枪涉爆案件、危险驾驶案件、破坏电力设备案件等。1992年，市两级法院在严厉打击严重刑事犯罪分子的同时，适时开展了打击"六害"犯罪及破坏电力设备等专项斗争。1993—1997年，市两级法院坚持依法"从重从快"的严打方针，加大打击力度，加快办案节奏，牢牢把握刑事审判工作的主动权，依法严惩了一大批严重危害社会治安的犯罪分子。1998—2002年，始终把打击重点指向黑社会性质组织犯罪，爆炸、放火、投毒等严重危害公共安全的犯罪。2008—2012年，针对危险驾驶等犯罪比较突出的问题，加大打击力度，对108名醉驾人员依法追究刑事责任。2014年，依法严惩严重危害国家安全、社会治安和人民群众安全感的犯罪，审结此类案件690件949人。2015年，全市法院审理危害公共安全案件，收案621件，旧存84件，结案679件；2016年收案784件，旧存26件，结案771件；2017年收案796件，旧存39件，结案735件；2018年收案1000件，旧存100件，结案1020件。

2001年11月，全市法院"严打整治"斗争表彰大会

第一节　放火案件审判

放火罪，是指故意引起火灾，危害公共安全的行为。客观构成要件为实施放火行为，危害公共安全。“放火”是指故意使对象物燃烧、引起火灾的行为；火灾是指在时间上或者空间上失去控制的燃烧所造成的灾害。放火的方法没有限制；燃烧的对象物既可以是财物，也可以是财物以外的其他物质。主观构成要件为故意，即明知自己的放火行为会发生危害公共安全的结果，并且希望或者放任这种结果的发生。

2002 年、2003 年、2005 年，市法院各审结放火案件 1 件，总计 3 件 7 人。从犯罪动机看，多因泄愤报复而放火，造成不特定人员伤亡或不特定财产遭受重大损失。根据《刑法》第一百一十四条、第一百一十五条，《最高人民法院、最高人民检察院关于办理组织和利用邪教组织犯罪案件具体应用法律若干问题的解释（二）》（2001 年 6 月 11 日起施行，法释〔2001〕19 号）第十条以及《国家林业局、公安部关于森林和陆生野生动物刑事案件管辖及立案标准》（2001 年 5 月 9 日，林安字〔2001〕156 号）第二至十四节的规定，其中 6 人被判处无期徒刑以上刑罚，1 人被判处 10 年以上刑罚。

案例：（一）2015 年 3 月 21 日上午，被告人单某某到自家位于抚宁县抚宁镇渤海寨村村东的石景山（即东山）西坡地里干活，吸烟后扔未熄灭的烟头引燃自家地里的杂草和玉米叶子，火顺着风向沿着地边烧到石景山。经张家口鼎盛林业司法鉴定中心鉴定，抚宁县抚宁镇渤海寨村石景山“3·21”失火案中过火林地面积 336 亩，其中有林地面积 159 亩、荒山 177 亩，发生火灾范围内主要树种为柞树、油松、栗树等。法院认为，被告人单某某因过失引发森林火灾，其行为已构成失火罪，故抚宁县人民检察院指控成立。综合考虑被告人单某某自愿认罪、赔偿被害人经济损失并得到谅解，犯罪时年龄在 75 周岁以上等从轻减轻情节，对被告人单某某予以从轻处罚。依照《刑法》第一百一十五条第二款，第十七条之一，第七十二条第一款，第七十三条第二款、第三款的规定，判决如下：被告人单某某犯失火罪，判处有期徒刑 3 年，缓刑 4 年。

（二）2017 年 7 月 5 日，开发区人民检察院指控被告人王某某涉嫌犯以危险方法危害公共安全罪，向法院提起公诉。法院依法组成合议庭，8 月 7 日公开开庭进行了审理。经审理查明，2016 年 12 月 14 日上午 11 时许，被告人王某某因与其前妻张某某发生矛盾，张某某没有回与王某某共同居住的经济技术开发区渤海家园小区，王某某打电话让张某某回家，并声称如果不回家，就点燃液化气罐把楼炸掉自杀。张某某随后报警，在民警接警到达王某某居住的居民楼后，王某某将自己家厨房中的液化气罐连接的管子拆下，打开阀门放出液化气，后被进门后的张某某将液化气罐阀门关闭并将煤气罐搬出，王某某手里的打火机被进屋后的张某某强行拿走。法院认为，被告人王某某以危险方法危害公共安全，尚未造成严重后果，其行为已经构成以危险方法危害公共安全罪，公诉机关的指控成立。被告人王某某主动认罪，依法可以从轻处罚。为保护社会公共安全、打击犯罪，依照《刑法》第一百一十四条，第六十四条，第七十二条第一款和第七十三条第二款、第三款之规定，判决被告人王某某犯以危险方法危害公共安全罪，判处有期徒刑 3 年，缓刑 4 年。

第二节　涉枪涉爆案件审判

《刑法》第一百二十五条规定的非法制造、买卖、运输、邮寄、储存枪支、弹药、爆炸物罪，是指违反国家有关枪支、弹药、爆炸物的管理规定，未经批准，非法制造、买卖、运输、邮寄、储存枪支、弹药、爆炸物，危害公共安全的行为。非法持有、私藏枪支弹药罪，是指违反枪支、弹药管理规定，非法持有、私藏枪支、弹药的行为。“非法持有”，是指不符合配备、配置枪支、弹药条件的人员，违反枪支管理法律、法规的规定，擅自持有枪支、弹药的行为。爆炸罪，是指行为人故意用爆炸的方法，危害公共安全的行为。客观方面表现为行为人引发爆炸物或者用其他方法制造爆炸，危害公共安全的行为；主观方面表现为故意。爆炸案件具有突发性强、危害性大等特点，给社会的安全稳定和人民的生命财产安全带来严重的负面影响。

1993—2002 年，市两级法院“严打”的重点始终指向爆炸、放火、投毒等严重危害公共安全的犯罪。2003 年，被告人康某、许某某、刘某某、高某 4 人从黑龙江和吉林流窜到秦皇岛市，持枪在居民区入室抢劫钱财，手段残忍，社会危害严重，检察院起诉到市法院后，市法院依法从重从快审结此案，判处康某死刑，其余三犯无期徒刑。2004 年，备受社会关注的“10・23”特大持枪杀人案，被告人张某、李某某、王某某跨越五省市流窜作案 10 余起，市法院一审判决三被告人死刑。2009 年，把“严打”整治的重点放在以黑恶势力为主的有组织犯罪活动、以命案为主的严重暴力犯罪活动、以涉枪涉暴犯罪为主的暴力恐怖犯罪活动。2010—2017 年，依法严厉打击涉枪涉爆等严重刑事犯罪，围绕平安秦皇岛建设，深入开展打击整治涉枪涉爆违法犯罪专项行动，依法严惩涉枪涉爆犯罪，切实提升人民群众安全感和满意度。

案例：2014 年，市法院妥善审理一起涉藏人员非法买卖枪支案件。由于此案被告人泽某某、罗某某系藏族，四川省阿坝州黑水县人，刑一庭敏锐地意识到此案背后涉及的民族、宗教、社会稳定问题，及时向主管领导作了汇报。按照领导要求，市法院向市委政法委报告相关情况，并在其支持下，与二被告户籍所在地黑水县政法委取得联系，建议当地党委、政府关注此案，协同做好稳控工作。该县政法委对此非常重视，并对市法院着眼稳定大局、积极主动工作的做法表示赞赏。黑水县委随即派出泽、罗二被告人所在地的镇长李光明和村主任罗尔基木两位藏族干部来院配合工作。李光明镇长和罗尔基木村主任介绍了二被告家里情况，黑水县藏区群众处于半牧半农的生产生活状态，当地政府目前正启动惠民政策，政府向不适合居住的高山地区藏族同胞发放补贴，划拨土地在平整区域建房群居。二被告人家也划分了土地，二人家庭条件差，房子一直没有盖。二被告人的亲属担心其二人在案件办理过程中应有的权利不能得到保障，曾有多人向市法院询问案件审理情况并表达参加旁听庭审的意愿。在当地党委的支持下，李光明镇长和罗尔基木村主任已将二被告人的亲属劝阻在当地，并保证回去后如实向他们介绍审理情况。市委政法委和市法院领导分别会见了两位藏族干部，双方沟通了信息，交换了意见。市法院按照《刑事诉讼法》的相关规定，聘请李光明和罗尔基木二人担任二被告人的翻译，参加了庭审，法庭审理过程严格遵守法律规定，充分尊重民族地区风俗习惯，整个过程平稳、有序、顺畅。庭审结束后，李光明和罗尔基木还向二被告人介绍了家乡和家人的情况，并对他们进行了法治教育和思想疏导，二被告人情绪稳定。院长闫五一指出，市两级法院要从此案中得到启示，凡是涉及该类少数民族和敏感区域的案件，各办案单位一定要从维护民族团结、尊重宗教自由、维护社会和谐稳定的高度来认识和把握，制定周密的工作预案，精细工作，使案件办理取得良好的社会效果和法律效果，同时遇到该类情况要及时向政法委报告情况。

第三节　危险驾驶案件审判

危险驾驶罪的犯罪主体为一般主体，即任何在道路上行驶的机动车的驾驶人。本罪侵害的是双重客体，主要是道路交通秩序，同时也威胁到不特定多数人的生命财产安全。犯罪人在主观上应当为故意，尽管犯罪人在主观上并没有追求交通事故、人员伤亡等后果的发生，但是对于危险驾驶的行为是明知或者放任发生的。构成危险驾驶罪的行为有以下 4 种：（1）追逐竞驶，情节恶劣；（2）醉酒驾驶机动车，醉酒驾车是指车辆驾驶人员血液中的酒精含量大于或等于 80mg/100mL 的驾驶行为；（3）从事校车业务或者旅客运输，严重超过额定乘员载客，或者严重超过规定时速行驶；（4）违反危险化学品安全管理规定运输危险化学品，危及公共安全。秦皇岛市内发生危险驾驶案件，多数属于醉酒驾车。2008—2012 年，针对危险驾驶等犯罪比较突出的问题，加大打击力度，对 108 名醉驾人员依法追究刑事责任，有效遏制了酒后驾驶的危险行为，保障了人民财产、生命安全。

自危险驾驶罪增设后，市两级法院加大了对危险驾驶行为的打击力度。2011 年，海港区法院、抚宁县法院分别对危险驾驶案进行了公开审理，并在认真审理案件事实、充分听取控辩双方辩论意见的基础上，对被告人张某某、王某分别以犯有危险驾驶罪，判处拘役 1 个月并处罚金人民币 2000 元，拘役 3 个月并处罚金 2000 元。

案例：（一）被告人张某某，男，1979 年 6 月 18 日出生，系来秦打工的农民。2011 年 7 月 4 日 21 时 58 分许，被告人张某某醉酒无证驾驶无牌号轻便二轮摩托车在秦皇岛市海港区迎宾路由南向北行驶至“天天练歌城”南侧路口时，肇事致本人受伤及对方车辆受损。被告人张某某对本次事故负有同等责任。经酒精检验：被告人张某某血液中的酒精含量为 92.33mg/100mL。经海港区法院审理认为，被告人张某某醉酒后无证驾驶无牌号二轮摩托车在公路上行驶，其行为已构成危险驾驶罪，依据《刑法》第一百三十三条第一款的规定，遂作出上述判决。

（二）被告人王某，河北省昌黎县人。2011 年 5 月 11 日 13 时 20 分许，被告人王某无证驾驶无牌号众星二轮摩托车沿留守营沿海高速公路连接线由南向北行驶，与前方张某驾驶的停在路边的辽 C72060 号重型厢式货车左后角相撞，造成两车不同程度损坏，王某受伤。经对王某血液进行酒精检验，王某血液中酒精含量为 139.5mg/100mL，属于醉酒驾驶机动车。经抚宁县交警大队认定，王某承担事故的主要责任。案发后，双方就民事部分已经调解解决。经抚宁县法院审理认为，被告人王某醉酒后无证驾驶无牌号二轮摩托车在公路上行驶，其行为已构成危险驾驶罪，依据《刑法》第一百三十三条第一款的规定，遂作出上述判决。

第四节　破坏电力设备案件审判

破坏电力设备罪和盗窃罪的区分应注意：（1）盗窃电力设备危害公共安全，但不构成盗窃罪的，以破坏电力设备罪定罪处罚。（2）盗窃电力设备，同时构成盗窃罪和破坏电力设备罪的，应当按照“择一重处罚”的原则，即依照《刑法》处罚较重的规定定罪处罚。（3）盗窃电力设备，没有危及公共安全的，不能构成破坏电力设备罪，但应当追究刑事责任的，可以根据案件的不同情况，按照盗窃罪等犯罪处罚。

1991 年，根据中央综合治理委员会的电话会议精神，按照市委的统一部署，市两级法院积极配合有关部门开展反盗窃斗争，同时积极开展打击破坏电力设备的专项斗争。1993—1997 年，根据上级部署，针对地区发案特点，开展了“春季攻势”“冬季严打”的集中行动和打击车匪路霸、团伙盗窃、破坏电力设备等犯罪的专项斗争，有效保持了“严打”的高压态势。2008 年 8 月，秦皇岛作为第 29 届夏季奥运会的协办城市，成功举办了部分足球赛事，市法院和开发区法院从维护社会稳定和奥运会安保的大局出发，依法严厉打击针对奥运会的各类犯罪活动，审结被告人李某某盗窃奥体中心输电塔架角钢一案，该输电塔担负奥体中心的供电任务，法院以破坏电力设备罪从重判处李某某有期徒刑 5 年，严惩了李某某危害奥运供电安全的行为。

市法院积极为电力企业提供法律延伸服务。市法院在办理宋某等 8 人盗窃电力设备案件中发现，最高法院新颁布《关于审理破坏电力设备刑事案件具体应用法律若干问题的解释》，对破坏电力设备刑事案件中若干情形作出了明确具体的规定，同时提高了定案标准，并增加了直接经济损失的范围及计算方法。宋某等 8 人在 2004 年 4 月—2007 年 5 月先后在河北玉田、迁安、青龙、卢龙、昌黎和辽宁绥中等地疯狂作案 50 余起，盗取使用中的变压器和电线等共计价值 54 万余元。公安机关在案件办理过程中仅对被破坏的电力设备进行价格鉴证，而对电量损失金额，被毁损设备材料的购置、更换、修复费用以及因停电给用户的直接经济损失等未能调取相关证据，无法全部列入直接经济损失。由于证据不充分给法院审理此类案件的定罪量刑造成重大影响。在一定程度上，造成对破坏电力设备犯罪的打击不力。市法院针对上述情况，联合公安、检察等机关专程到电力企业就新形势下如何防范和打击破坏电力设备犯罪进行了专题调研和座谈，并就电力企业如何协助侦查机关做好破坏电力设备刑事案件证据的收集工作提出意见，帮助企业完善规章制度，堵塞经营管理中的漏洞，提高抗风险能力。

第二章　破坏社会主义市场经济秩序案件审判

破坏社会主义市场经济秩序罪，是指违反国家经济管理法规、破坏社会主义市场经济秩序、严重危害国民经济的行为。在1997年《刑法》修订前，破坏社会主义（当时无“市场”二字）经济秩序罪中，法院受案相对较多的是盗伐、滥伐林木罪。而这一罪名在1997年《刑法》修改后，又将其纳入妨害社会管理罪一章之中。1997年修订后的《刑法》规定，破坏社会主义市场经济秩序罪共包括8类犯罪：生产、销售伪劣商品罪，走私罪，妨害对公、私企业的管理秩序罪，破坏金融管理秩序罪，金融诈骗罪，危害税收征管罪，侵犯知识产权罪，扰乱市场秩序罪。

市法院审理破坏社会主义市场经济秩序案件主要有生产、销售伪劣商品案件，走私案件，金融诈骗案件，扰乱市场秩序案件。2003—2007年，市两级法院严厉打击破坏市场经济秩序犯罪，依法审结走私、金融诈骗等犯罪案件122件。2005年，依法审理生产、销售伪劣商品，破坏金融管理秩序，危害税收征管等犯罪案件18件32人，为国家挽回经济损失728.32万元；2013—2016年，依法打击破坏社会主义市场经济秩序犯罪，审结非法集资、合同诈骗、电信诈骗、走私等案件446件。2017年，依法打击破坏社会主义市场经济秩序犯罪，审结生产、销售伪劣食品药品，非法吸收公众存款，金融诈骗，合同诈骗等案件136件。

2001年4月19日，秦皇岛市“严打”公捕、公判大会

第一节　生产、销售伪劣商品案件审判

生产、销售伪劣商品罪，是指以非法牟利为目的，在从事工商业活动中，违反国家产品质量管理法规，生产销售伪劣商品，严重损害用户和消费者利益，危害社会主义市场经济秩序，应受到刑罚处罚的犯罪行为。市两级法院进一步加大对危害食品安全犯罪的打击力度，营造安全放心的食品环境，确保人民群众餐桌“洁净”。对于涉及食品、制售假药劣药、农资产品等危害人民群众生命健康的案件，始终保持严厉打击的高压态势，在严把案件事实关、证据关、法律适用关的前提下，坚决做到快审、快结，稳、准、狠地打击危害食品安全犯罪。

案例：（一）2011 年 7 月 29 日上午，市法院根据省委、市委政法委和省法院的安排部署，对昌黎古城葡萄酿酒有限公司、昌黎燕山长城酿酒股份有限公司和王某某、马某某等 6 名被告人生产、销售伪劣商品犯罪案件进行一审公开宣判。一审以被告单位昌黎古城葡萄酿酒股份有限公司犯生产、销售伪劣商品罪，判处罚金人民币 2837142 元；以被告单位昌黎燕山长城葡萄酿酒有限公司犯生产、销售伪劣商品罪，判处罚金人民币 2837142 元；被告人王某某作为单位的直接负责的主管人员，犯生产、销售伪劣商品罪，判处无期徒刑，并处没收个人全部财产，剥夺政治权利终身；被告人马某某作为单位的直接负责的主管人员，犯生产、销售伪劣商品罪，判处有期徒刑 15 年，剥夺政治权利 3 年，并处罚金人民币 1371426 元。被告人张某某、邓某某、胡某、吕某某作为其他责任人员，犯生产、销售伪劣商品罪，分别被判处 15 年至 7 年不等的有期徒刑并处罚金。经一审法院审理查明：1998 年以来，戚某某（另案处理）分别出资设立了秦皇岛丘比特葡萄酿酒有限公司、昌黎古城葡萄酿酒有限公司、昌黎燕山长城葡萄酿酒有限公司、秦皇岛丘比特红葡萄酒业有限公司（另案处理）。其中，秦皇岛丘比特葡萄酿酒有限公司、昌黎古城葡萄酿酒有限公司、昌黎燕山长城葡萄酿酒有限公司系三个牌子、一套人员。2006 年以来，为降低生产成本，为单位牟取不正当经济利益，秦皇岛丘比特葡萄酿酒有限公司副总经理、总工程师王某某利用自己的专业知识和技术，指使秦皇岛丘比特红葡萄酒业有限公司生产副经理邓某某组织工人在提取葡萄酒原汁后，通过在剩余的果肉、果皮残渣中加入水、白砂糖、酒精、酵母等物质后，再次生产发酵液也称“品丽珠”（俗称二次汁），并且大部分出售给昌黎古城葡萄酿酒有限公司和昌黎燕山长城葡萄酿酒有限公司用于生产葡萄酒。王某某为确保昌黎古城葡萄酿酒有限公司和昌黎燕山长城葡萄酿酒有限公司用“二次汁”生产的葡萄酒检测达标，其在酒基调配过程中，决定添加红米红、甘油、酒精等食品添加剂。由秦皇岛丘比特葡萄酿酒有限公司生产副经理张某某负责调配样品、秦皇岛丘比特葡萄酿酒有限公司化验室副主任胡某负责检测化验并提交给王某某品尝合格后，再由张某某或胡某制作酒基调配单，计算出生产所用辅料数量，经由马某某（2009 年 9 月被招聘到二被告单位负责）批准采购所需辅料，最后由张某某组织生产车间的吕某某等工人进行批量生产。经司法会计审计：2008—2010 年，经秦皇岛丘比特红葡萄酒业有限公司组织生产的“品丽珠”共计 4145 吨，其中销售给昌黎古城葡萄酿酒有限公司、昌黎燕山长城葡萄酿酒有限公司共 2252.22 吨，总价款 392.61 万元。2008 年 3 月—2010 年 12 月，昌黎古城葡萄酿酒有限公司和昌黎燕山长城葡萄酿酒有限公司销售收入价税合计人民币 2.84 亿元；2009 年 9 月 1 日—2010 年 12 月 31 日，共销售各类干红葡萄酒 184.83 万瓶（盒），获取销售收入价税合计 1538.56 万元。经与经销商核实确认的销售金额为人民币 283.71 万元。其中，2009 年 9 月—2010 年 12 月的销售金额为人民币 137.14 万元。一审法院认为，被告单位昌黎古城葡萄酿酒有限公司、昌黎燕山长城葡萄酿酒有限公司生产、销售伪劣干红葡萄酒，且销售数额已达到 283.71 万元，属于数额巨大，被告人王某某、马某某系上述单位的直接负责的主管人员，被告人张某某、邓某某、胡某、吕某某系其他直接责任人员。上述被告单位及被告人明确组织分工，配合密切，其行为已构成生产、销售伪劣商品罪，且系共同犯罪。遂依法作出上述一审判决。

（二）海港区法院对省委政法委挂账督办的昌黎县嘉华公司制售伪劣葡萄酒一案公开宣判。2011 年 7 月 29 日，海港区法院对昌黎县嘉华公司制售伪劣葡萄酒案作出一审判决并公开宣判。海港区法院审理查明：2009 年 11 月 10 日，“嘉华公司”取得生产许可证后，即开始生产品牌为“嘉华情”等系列干红葡萄酒，为降低成本，被告人侯某某、程某某、章某某（“嘉华公司”技术员，另案处理）商定，在葡萄原酒中加入葡萄酒生产中不得使用的苋菜红、甘油、酒精、柠檬酸和水等物质，采用非葡萄酒工艺配制伪劣“干红葡萄酒”。2010 年 10 月 13 日—2010 年 12 月 20 日间，被告人尹某负责配制、勾兑、生产含 35% 葡萄原酒（俗称 6 号酒）、含 50% 葡萄原酒（俗称 5 号酒）以及不含葡萄原酒（俗称 7 号酒或“三精一水”）的多种伪劣“干红葡萄酒”产品，共计 477 吨。其中含 50% 原酒的伪劣“干红葡萄酒”70 吨；含 35% 原酒的伪劣“干红葡萄酒”196 吨；不含原酒的“干红葡萄酒”206 吨；调制其他伪劣“干红葡萄酒”（6 号酒加葡萄酒汁）5 吨。所生产的伪劣“干红葡萄酒”大部分销售给赵某某、何某某等人，销售金额总计人民币 220.6 万元。海港区法院认为：被告单位昌黎县嘉华葡萄酿酒有限公司为牟取非法利益，在生产、销售产品过程中以假充真，被告人侯某某、程某某、尹某作为被告单位的主管人员和其他直接责任人员，为单位牟取非法利益，积极参与生产、销售，且销售金额在人民币 200 万元以上，被告单位及三被告人的行为均已构成生产、销售伪劣商品罪，公诉机关指控成立。案发后，被告人侯某某、程某某主动投案，并如实供述上述事实，系自首，依法可以从轻处罚。考虑本案被告单位及三被告人犯罪行为的社会危害性较大等情节，分别判决如下：被告单位昌黎县嘉华葡萄酿酒有限公司犯生产、销售伪劣商品罪，判处罚金人民币 400 万元。被告人侯某某犯生产、销售伪劣商品罪，判处有期徒刑 15 年，并处罚金人民币 100 万元。被告人程某某犯生产、销售伪劣商品罪，判处有期徒刑 15 年，并处罚金人民币 100 万元。被告人尹某犯生产、销售伪劣商品罪，判处有期徒刑 15 年，并处罚金人民币 100 万元。

（三）抚宁县法院对省委政法委挂账督办的“瘦肉精”一案进行公开宣判。2011 年 10 月 31 日，抚宁县法院以生产、销售有毒、有害食品罪依法对案件被告人卢某作出一审判决。抚宁县法院审理查明：2011 年 5 月 16 日，被告人卢某从河北省乐亭县收购了用于屠宰的 7 头活猪。为了使猪肉颜色好、易于销售，卢某将 7 头猪全部注射了药物与胶的混合物，然后送到抚宁县潘官营机械化屠宰加工有限责任公司进行屠宰。屠宰场的化验人员在抽检屠宰的生猪时发现卢某送宰的猪尿样检验呈阳性，遂向抚宁县留守营镇动物检疫监督站报告。后抚宁县农牧水产局执法人员在卢某家中发现了卢某用来给活猪进行注射的两瓶混合物。经秦皇岛市出入境检验检疫局检验检疫技术中心检验，从卢某送宰完毕的猪肉中提取的样品及卢某家中的两瓶混合物全部检出“沙丁胺醇”成分。抚宁县法院根据以上事实，遂以生产、销售有毒、有害食品罪判处被告人卢某有期徒刑 3 年，并处罚金人民币 1 万元。被告人韩某某系肉用育肥羊养殖户，因投喂含有盐酸克仑特罗（瘦肉精）饲料，其丈夫姬某某曾于 2009 年被畜牧管理部门行政处罚，在此事的处理中，畜牧管理部门明确告知被告人韩某某，使用盐酸克仑特罗饲养育肥羊会对消费者身体健康、生命造成严重危害，国家严禁使用。然而，为攫取私利，被告人韩某某仍我行我素。2011 年 2 月，被告人韩某某从一流窜商贩处购买盐酸克仑特罗药片 2000 多片，陆续给自家饲养的 220 只育肥羊投喂，直至 3 月 22 日被畜牧管理执法人员查获。经检验，其中 6 只育肥羊尿样呈阳性，两份尿样经市出入境检验检疫局检验，确认含有盐酸克仑特罗。综合被告人犯罪事实及危害后果，抚宁县法院本着依法从重从快的原则判处被告人韩某某有期徒刑 5 年并处罚金 7 万元。

（四）2013 年，开发区法院集中审理了 2 起生产出售有害油条的案件。被告人张某某和被告人朱某均是在开发区做生意的小商户。2012 年 4 月—2013 年 1 月，被告人张某某和朱某分别在开发区某小区和银行附近卖早点炸油条。为了使油条卖相好、口感好、多赚钱，在制作油条的过程中大量添加泡打粉。泡打粉的主要成分是明矾，用量过大会造成油条中铝元素的残留量超标，根据国家标准食品中污染物铝的限量为 100mg/kg，而二被告人生产的油条铝元素的含量为 300mg/kg 以上，属于严重超标，足可以造成严重食物中毒事故或其他严重食源性疾病。被告人张某某和被告人朱某的行为均已构成生产、销售不符合安全标准的食品罪，均被依法判处有期徒刑 6 个月，并处罚金 5 万元。

第二节　金融诈骗案件审判

集资诈骗罪，是指以非法占有为目的，违反有关金融法律法规的规定，使用诈骗方法进行非法集资，扰乱国家正常金融秩序，侵犯公私财产所有权，且数额较大的行为。在通常情况下，集资诈骗犯罪行为是以集资的面目挤入合法资金市场的，侵犯的是国家正常的金融管理秩序和公私财物的所有权。被骗人数的广泛性和不特定性，是集资诈骗罪的重要特点之一。

案例：2015 年 1 月 16 日，市法院对一起被害人众多、社会影响较大的集资诈骗案作出一审判决：被告人李某某犯集资诈骗罪，判处无期徒刑，剥夺政治权利终身，并处没收个人全部财产。并责令李某某向被害人退赔 1.25 亿余元。公诉机关河北省秦皇岛市人民检察院指控原青龙满族自治县满源污水处理有限公司法定代表人李某某以承诺支付高额利息的方式非法向社会公众集资 1.75 亿余元，至案发时尚有 1.25 亿余元不能偿还。公诉机关出具了书证、被害人陈述、被告人供述等证据。法院审理查明，2009 年 9 月—2012 年年底，被告人李某某在经营青龙满族自治县满源污水处理有限公司过程中，为偿还其经营期间所借高息借款，在未经有权机关批准的情况下，编造建设青龙满族自治县满源污水处理有限公司需要资金的谎言，以允诺不低于月息 3 分的高额利息为诱饵，向被害人肖某等 176 人非法集资，案发后尚欠被害人钱款 1.25 亿余元。其间，李某某将 2000 余万元投入公司运营建设，与其集资的总金额相差悬殊，明显不成比例，集资数额特别巨大，且非法集资款至今无法偿还，其行为已经构成集资诈骗罪。

第三章　侵犯公民人身权利、民主权利案件审判

侵犯公民人身权利、民主权利罪，是指故意或者过失地侵犯他人人身权利和其他与人身直接有关的权利，或者非法剥夺、妨害他人自由地行使依法享有的管理国家和参加政治活动的权利。侵犯公民人身权利、民主权利的种类有故意杀人案件，故意伤害案件，强奸案件，非法拘禁案件，绑架案件，拐卖妇女、儿童案件。

1991 年，在审结的刑事案件中，属于杀人、强奸等 7 个方面严重刑事犯罪 365 件，占一审刑事案件 31.7%。1993—1997 年，市两级法院始终把“严打”的锋芒指向杀人、抢劫、强奸、盗窃等严重危害人民群众生命财产安全的暴力犯罪。2008—2012 年，依法严厉打击黑社会性质组织以及杀人、抢劫等严重刑事犯罪。2008 年 5 月 23 日，市法院对备受社会各界关注的高某等 12 名被告人故意杀人、故意伤害案依法进行了公开宣判，该案 12 名被告人在本市海港区拉斯维加俱乐部，因犯故意杀人、故意伤害罪，造成 3 人死亡、2 人重伤、1 人轻伤的严重后果，社会影响恶劣，市法院一审以故意杀人罪判处高某死刑，剥夺政治权利终身；被告人李某某犯故意杀人罪，判处无期徒刑，剥夺政治权利终身；另除 1 名被告人判处管制 1 年外，其余 9 名被告人均被判处有期徒刑。2013 年全市法院审理侵犯公民人身权利、民主权利案件，收案 605 件，旧存 78 件，结案 529 件；2014 年收案 679 件，旧存 154 件，结案 699 件；2015 年收案 635 件，旧存 134 件，结案 697 件；2016 年收案 812 件，旧存 72 件，结案 835 件；2017 年收案 678 件，旧存 49 件，结案 623 件；2018 年收案 712 件，旧存 104 件，结案 676 件。

第一节　故意杀人案件审判

故意杀人罪，是指故意非法剥夺他人生命的行为，是一种最严重的侵犯公民人身权利的犯罪。本罪侵犯的客体是他人的生命权利。本罪在客观方面表现为非法剥夺他人生命的行为，在实际发生的案件中，非法剥夺他人生命的方法是多种多样的，行为人采用什么方法，不影响本罪的成立。故意犯罪，包括直接故意和间接故意。直接故意是有明确的杀人目的，并且希望其行为能致使被害人死亡；间接故意是对自己的行为可能造成被害人死亡的后果采取放任的态度。

1994 年，市法院仅用 5 天时间审结轰动全市的张某某特大杀人案，判处张某某死刑，

收到良好社会效果。1996 年，刘某某故意杀人案起诉到市法院后，审判人员连夜阅卷、送达，第二天上午组织开庭，仅用 18 小时审结此案，一审判处刘某某死刑，创下了全市法院刑事审判历史上办案最快的纪录。2000—2018 年，审判故意杀人案件 738 件 861 人。故意杀人案件呈逐年下降趋势，对被告人的量刑因严格贯彻落实"宽严相济""少杀、慎杀"的刑事政策和认真把握办理死刑案件证据标准，对被告人的量刑也相对从宽。秦皇岛市内发生的杀人案件从案件起因上看绝大部分因民间纠纷所引发，2000 年年初多因邻里纠纷等民间矛盾激化而引发，少数因图财、报复、斗殴而杀人，2010 年以后的案件起因则多因婚姻关系或不正当男女关系而引发。审判过程中，人民法院坚持综合分析和了解罪犯杀人的动机、案件起因、目的、犯罪情节、手段、杀害部位、作案工具等，严格证据标准，不轻信口供，在事实清楚、证据确实充分的基础上，依法准确下判。量刑时，除对犯罪情节特别恶劣、犯罪后果特别严重、人身危险性极大的被告人判处死刑外，一般不判处死刑。

案例：2016 年，市法院依法受理了秦皇岛市公安局交警支队车管所所长王某某被害一案，被告人邬某某以故意杀人罪、招摇撞骗罪提起公诉。检察院指控：2016 年 1 月 22 日 10 时许，被告人邬某某冒充河北省人民检察院的工作人员，在市公安局交警支队车管所所长王某某办公室内，称携带的 U 盘内有举报王某某的材料，后被王某某识破，王某某欲将其抓获，在争执的过程中，邬某某持事先准备的尖刀多次猛扎王某某头、颈等部位，并将后来赶到的被害人冯某扎伤，被告人邬某某逃离现场。被害人王某某经抢救无效死亡。经法医鉴定，王某某系单刃锐性物体多次作用致重度颅脑损伤而死亡，冯某损伤程度为轻微伤。被告人邬某某于2016年1月23日凌晨被公安机关抓获。市法院对此案的审理工作高度重视，组织精干力量组成合议庭，严格按照法定程序，严把案件质量，依法从严、从快审理，依法惩罚犯罪，维护正常的社会秩序和人民警察依法履行职责。2019 年 6 月 17 日，最高法院刑事裁定书（2019）最高法刑核 16236034 号核准省法院（2017）冀刑终 399 号维持第一审以故意杀人罪判处被告人邬某某死刑、剥夺政治权利终身的刑事裁定。

第二节　故意伤害案件审判

故意伤害罪，是指故意伤害他人身体健康的行为。本罪客观构成要件为：（1）行为对象是他人。伤害自己身体的，不成立故意伤害罪；自伤行为侵犯了国家或社会法益而触犯了刑法规范时，可能构成其他犯罪，如《刑法》第四百三十四条规定的战时自伤罪。（2）行为人的行为必须是违法的，如果是合法的医疗行为，不能构成本罪。（3）必须使他人的身体健康受到损害，包括人身组织的损害和身体器官正常机能的损害两个方面；损害的程度可以分为轻伤、重伤和致人死亡3个层次。如果损害程度为轻微伤，则属于治安案件，而不构成刑事犯罪。

2000—2018年市法院刑一庭共审判故意伤害（致死）案件231件279人。从案件起因上看多因琐事、双方口角而引发。审判过程中，从作案工具、打击的部位和力度、犯罪的起因等方面综合审查分析判断，准确定性；量刑时，充分考虑各种犯罪情节，找准对其从严或从宽处罚的法定和酌定量刑情节。2004年依法宽缓适用刑罚，被告人王某某、彭某某故意伤害案审结后，双方当事人称赞市法院“一份判决挽救两个家庭”，并送来锦旗。

案例：2010年6月17—18日，市法院在审判大厅公开审理津秦铁路客运专线秦皇岛工程指挥部原指挥长林某某被害一案。津秦铁路客运专线的建设对推进秦皇岛市经济社会发展具有重大的战略意义，秦皇岛工程部原指挥长林某某被害后引起了社会各界广泛关注，市委、市人大、市政府等领导机关高度重视，要求公安部门全力侦破，严厉打击犯罪分子的嚣张气焰。随后，公安部门迅速破案，及时将方某某等14名犯罪嫌疑人抓获。市法院受理此案后，将其列为“严打”重点案件，组织精干审判力量进行审理，庭审前制定了严密的审判方案。鉴于该案犯罪人数众多、影响较大，商请了公安、武警等部门进行全力配合，维持庭审秩序，确保庭审安全。市人大、市委政法委等领导应邀旁听了庭审。检察院起诉书指控：2008年12月，被告人方某某得知林某某被任命为中铁六局津秦铁路客运专线秦皇岛工程指挥部指挥长，便想找林某某承揽工程。方某某和郑某某（在逃）商议此事时，方某某提出先教训一下林某某，再出面找林某某要工程，并商定由郑某某负责此事宜。2009年1月初，郑某某让被告人刘某找几个人帮忙打架。1月11日下午，郑某某带领4人开车到津秦指挥部，同时通知被告人刘某找几个人来市区，伺机动手，因林某某不在单位，未果。1月12日18时许，郑某某又打电话纠集10人，分乘2台车到指挥部,2人在车内等候，8人手持镐把、钢管、砍刀、匕首翻墙进入指挥部院内，在办公楼遇到林某某，确认林某某的身份后，将林某某挟持至楼外，被告人杨某等8人手持上述工具对林某某进行殴打，被告人王某持匕首刺中林某某腹部，后该伙人员驾车逃离现场。林某某经抢救无效死亡。另，该伙罪犯还涉嫌故意伤害、寻衅滋事被检察院提起公诉。法庭择日对该案进行宣判。2010年9月9日，市法院刑事附带民事判决书（2010）秦刑初字第57号以故意杀人罪、故意伤害罪、寻衅滋事罪分别判处14名被告人死刑、无期徒刑、有期徒刑并对附带民事赔偿相互承担连带责任。2011年12月13日，省法院刑事附带民事判决书（2011）冀刑三终字第21号，维持市法院（2010）秦刑初字第57号刑事附带民事判决第一、三、四、五、六、七、九、十、十一、十二、十三、十四项及第二、八项的定罪部分，撤销市法院（2010）秦刑初字第57号刑事附带民事判决第二、八项中的量刑部分及第十五项，等。2012年6月1日，最高法院刑事裁定书（2012）刑五复 07377367 号核准省法院（2011）冀刑三终字第 21 号维持第一审以故意杀人罪判处被告人王某死刑，剥夺政治权利终身刑事附带民事判决。

第三节　强奸案件审判

强奸罪，是指违背妇女意志，使用暴力、胁迫或者其他手段，强行与妇女发生性交的行为或者与不满 14 周岁的幼女发生性交的行为。本罪行为主体一般指男子，其中单独直接实施犯罪行为的只能是男子。妇女可以成为强奸罪的教唆犯、帮助犯，也可以成为强奸罪的共同正犯与间接正犯。丈夫强行与妻子发生性行为的，一般不能认定为强奸罪。暴力手段，是指行为人使用殴打、捆绑等方法对被害人实行身体强制，使被害女性不能反抗；胁迫手段，是指行为人对被害人施以威胁、恫吓，进行精神上的强制，如杀伤被害人或其亲属、揭发其隐私等。其他手段，是指利用女性昏迷、重病之机实行奸淫，等等。行为人与不满 14 周岁的幼女发生性交，构成本罪的，应以知道对方是幼女为要件。

2002—2018 年，市法院一审强奸案件，收案 503 件，结案 499 件，结案率 99.20%；二审强奸案件，收案 108 件，结案 107 件，结案率 99.07%。审判强奸案件，注意区分强奸与通奸的界限，严格把握本罪“违背妇女意志”这一本质特征，对全案证据进行审查判断后，准确认定行为人所采取的暴力、胁迫或其他手段行为等。量刑时，对轮奸、强奸妇女或幼女情节严重以及致人重伤、死亡或造成其他后果的，依法判处 10 年以上有期徒刑、无期徒刑或死刑。

第四节　绑架案件审判

绑架罪，是指以勒索财物或者扣押人质为目的，使用暴力、胁迫或者其他方法绑架他人的行为。绑架罪罪名源于 1991 年全国人大常委会《关于严惩拐卖、绑架妇女、儿童的犯罪分子》第二条第三款规定的“绑架勒索罪”。1997 年修订《刑法》时对罪状作了修改和补充，因而将罪名相应地改为“绑架罪”。

2002—2018 年，市法院一审绑架案件，收案 63 件，结案 60 件，结案率 95.24%；二审绑架案件，收案 10 件，结案 10 件，结案率 100%。绑架案件均以勒索他人财物为目的而实施绑架行为。审判绑架案件，注意从主观和行为手段两方面认真区分绑架罪与抢劫罪，准确定罪。量刑时，对直接故意杀害被绑架人的，依法判处死刑。

第四章　侵犯财产案件审判

侵犯财产罪，是指以非法占有为目的，攫取公私财物，以及挪用单位财物，故意毁坏公私财物或者破坏生产经营的行为。其侵犯的客体包括全民所有和劳动群众集体所有以及公民私人合法所有的财产关系。这种财产关系的物质表现是各种具体财物。

1991 年，根据中央综合治理委员会的电话会议精神，按照市委的统一部署，配合有关部门，积极开展反盗窃斗争，共受理盗窃案件 349 件，案犯 689 人，案件全部审结。1996 年，坚持重大案件提前介入，与公检机关密切配合，努力缩短案件审限。席某某等盗窃百万元大案，席犯从外地被押解回秦的同时，市法院就宣布介入此案，掌握全案材料，为快审快结打下基础。2003—2007 年，被告人蒋某某等 11 人黑恶势力团伙在秦皇岛市及周边地区冒充军警疯狂实施 21 起抢劫等犯罪活动，一度造成群众恐慌。市法院抽调精干力量仅用半个月时间就审结此案，依法从重判处 4 名主犯死刑（其中 2 名死缓），并组织公开审判，有力地震慑了犯罪。2005 年，对社会各界关注的赵某某、沈某某抢劫杀害女税务干部等多起重大刑事案件，市两级法院与公、检等机关通力协作，公正高效审判，产生了良好的社会效果。2013 年全市法院审理侵犯财产案件，收案 508 件，旧存 75 件，结案 492 件；2014 年收案 611 件，旧存 91 件，结案 608 件；2015 年收案 499 件，旧存 94 件，结案 540 件；2016 年收案 651 件，旧存 53 件，结案 658 件；2017 年收案 602 件，旧存 46 件，结案 555 件；2018 年收案 599 件，旧存 93 件，结案 534 件。

第一节　抢劫案件审判

构成抢劫罪的显著特征是“以暴力、胁迫或者其他方法抢劫公私财物”。“暴力”是指犯罪人对财物的所有者、管理人员实施暴力侵袭或者其他强制力，包括捆绑、殴打，直至伤害等使他人出于不能或者不敢反抗状态当即抢走财物的方法。“胁迫”是指当场使用暴力相威胁，对被害人实行精神强制，使其产生恐惧，不敢反抗，被迫当场交出财物或者不敢阻止而由行为人强行抢走财物。如果不是以暴力相威胁，而是对被害人以将要揭露隐私、毁坏财产等相威胁，则构成敲诈勒索罪，而不是抢劫罪。

2003 年，坚决贯彻罪刑法定、罪刑相适应原则，慎审明断，不枉不纵，抓好大案要案的审理。王某某等5人从外地流窜到秦皇岛市后，在加油站等地蒙面持刀结伙抢劫16起，手段残忍，社会危害十分严重。案件起诉到市法院后，市法院依法从重从快审结此案，判处主犯王某某死刑，其余4犯3个死缓1个无期徒刑，收到了良好的打击效果。2000—2018年共审判抢劫案件144件178人，在2010年以后逐年减少。案犯多为青少年，职业多为农民或无业，多表现为流窜作案、多次作案、结伙作案。审理抢劫共同犯罪案件，充分考虑共同犯罪的情节及后果、共同犯罪人在抢劫中的作用以及被告人的主观恶性、人身危险性等情节，做到准确认定主从犯，分清罪责，以责定刑，罚当其罪。对于共同抢劫致一人死亡的案件，除犯罪手段特别残忍、情节及后果特别严重、社会影响特别恶劣、严重危害社会治安的外，一般只对共同抢劫犯罪中作用最突出、罪行最严重的那名主犯判处死刑立即执行。

案例：（一）2017年4月18日，市法院受最高法院委托，对抢劫犯唱某某宣布死刑复核裁定，并依照最高法院关于对唱某某依法执行死刑的命令，将其押赴刑场，执行死刑。被告人唱某某，男，汉族，1962年8月3日出生于河北省卢龙县，小学文化，农民，住卢龙县石门镇唱石门。1996年4月15日因犯诈骗罪、盗窃罪被判处有期徒刑3年；2001年6月20日因犯盗窃罪被判处有期徒刑14年，剥夺政治权利2年；2013年10月21日因犯盗窃罪被判处有期徒刑10个月，2014年3月30日刑满释放。2014年12月31日因本案被逮捕。经最高法院复核确认：2014年12月3日11时许，被告人唱某某到河北省卢龙县石门镇石门街村被害人王某某（殁年80岁）家中，因向王某某索要钱财未果，便将王某某按倒在地，持木凳猛击王某某头面部，致王某某右眼球脱落、颅骨粉碎性骨折、重度颅脑损伤死亡。唱某某劫得现金1700元后逃离现场。法院认为，被告人唱某某以非法占有为目的，采用暴力手段劫取他人财物，并致人死亡，其行为已构成抢劫罪。唱某某在抢劫过程中杀害八旬老人，手段特别残忍，情节特别恶劣，罪行极其严重，且系累犯，应依法从重处罚。第一审判决、第二审裁定认定的事实清楚，证据确实、充分，定罪准确，量刑适当，审判程序合法。核准省法院（2016）冀刑终123号维持第一审以抢劫罪判处被告人唱某某死刑，剥夺政治权利终身，并处没收个人全部财产的刑事裁定。

（二）2009年，市法院依法从重从快审结被告人徐某、白某某、刘某某等16人（其中包括8名未成年人）涉黑犯罪案件，有力地推动了全市“冬季亮剑”严打整治专项斗争的深入开展。市法院一审以犯组织、领导黑社会性质组织罪、强奸罪、敲诈勒索罪、抢劫罪、故意伤害罪、聚众斗殴罪，数罪并罚，判处被告人徐某有期徒刑17年，并处罚金人民币1000元；以犯组织、领导黑社会性质组织罪、敲诈勒索罪、抢劫罪，数罪并罚，判处被告人白某某有期徒刑10年，并处罚金1000元；以犯组织、领导黑社会性质组织罪、敲诈勒索罪、抢劫罪，数罪并罚，判处被告人刘某某有期徒刑10年，并处罚金1000元。其他13名被告人也分别被判处有期徒刑。经市法院审理查明：自2006年12月以来，被告人徐某、白某某、刘某某先后纠集在一起，并逐渐形成以前三被告人为组织领导者，以被告人于某某、徐某某等人为骨干成员，以被告人佟某、刘某、黄某某等11人为参加者，对外以“刘明”为称号的带有黑社会性质的犯罪组织。该组织盘踞在京沈高速秦皇岛东出口附近，主要以途经此处向秦皇岛港及新开河港送货的唐山迁安市的大货车为目标，以带超载大货车经过治超检查站免交罚款为由，对司机有组织地进行敲诈勒索、抢劫等违法活动，获取非法利益达人民币46.4万元。2007年4月28日，该组织受人之托到抚宁县留守营镇樊各南村村民刘某家中，对刘某实施殴打，并将刘某家中的防盗窗砸坏。2007年5月18日晚，该组织为争夺、强占沿海高速公路昌黎段砂石料供应市场，威胁向沿海高速公路昌黎段供应砂石料的张某、刘某等人，在秦青公路收费站南侧用枪将张某的轿车车体击坏，迫使张某、刘某等人中断对该工地的砂石料供应。2005年2月—2007年5月期间，该组织部分成员还自由结伙或纠集他人从事抢劫、强奸、故意伤害、聚众斗殴等犯罪行为。

第二节　盗窃案件审判

盗窃罪的客观方面表现：（1）行为对象是财物，包括有体物与无体物；（2）盗窃罪的行为是窃取他人占有的财物；（3）窃取公私财物数额较大，或者多次窃取公私财物、入户盗窃、携带凶器盗窃、扒窃。

1991年受理盗窃案件349件，案犯689人，案件全部审结。1996年，快审快结被告人席某某等盗窃百万元大案。1998—2002年，市法院提前介入抚宁县刘某某等16人组织、领导、参加黑社会性质组织犯罪案，提起公诉后，仅用20天时间就审结了此案，省法院维持市法院的一审判决，收到了良好的社会效果。2002—2018年，市法院刑一庭共审判盗窃案件17件26人。犯罪分子所盗窃的多为钱物、首饰、有价证券、自行车、摩托车、工厂的生产资料、工地的建筑材料等。案犯职业多为农民或无业，表现为多次、结伙、流窜作案。审理盗窃案件，对盗窃农业生产资料、盗窃农民生活资料等严重影响农村经济发展和严重影响农民生活和社会稳定的犯罪，对结伙盗窃和盗、运、销一条龙的犯罪，依法重点打击；对盗窃团伙的主犯、盗窃惯犯、累犯，盗窃活动造成特别严重后果的，依法从严惩处。对盗窃犯罪的初犯、未成年犯，或积极退赃、赔偿损失的，注意体现政策，酌情从轻处罚。

第五章　妨害社会管理秩序案件审判

妨害社会管理秩序罪，是指危害国家机关的管理活动，破坏公共秩序、公共卫生、历史文化遗产、环境自然资源以及危害公共健康和社会风尚一类的犯罪行为。本类犯罪侵犯的是社会管理秩序，即国家机关依法对社会进行管理而形成的正常的社会秩序，包括公共秩序、生产秩序、工作秩序、教学科研和人民群众的生活秩序。《刑法》第二百七十七条至三百六十七条，对妨害社会管理秩序罪的九类犯罪，即扰乱公共秩序罪，妨害司法罪，妨害国（边）境管理罪，妨害文物管理罪，危害公共卫生罪，破坏环境资源保护罪，走私、贩卖、运输、制造毒品罪，组织、强迫、引诱容留、介绍卖淫罪，制作、贩卖、传播淫秽物品罪分别规定了定罪处罚的原则，从判处管制、拘役、有期徒刑、无期徒刑直至死刑。

针对秦皇岛市发展战略对司法的需求，市法院成立环境资源审判组织，建立重大敏感案件协调通报、联系重点企业项目制度。2010 年，在矿产资源集中的地区设立矿业巡回法庭，实行“诉调对接”，提高审判效率。2013—2016 年，市两级法院打击危害食品药品安全及盗采海砂等专项斗争，审结杀人、抢劫、涉毒等案件 307 件，破坏生态环境及危害食品药品安全等案件 87 件。2014 年，坚决打击破坏生态环境、危害食品安全等犯罪，审结此类案件 23 件 43 人。2017 年积极参加打黑除恶、禁毒、“利剑斩污”及盗采海砂等专项斗争，审结涉枪涉爆、恶势力团伙、杀人抢劫、强奸、聚众斗殴等严重刑事案件 163 件，涉毒案件 64 件，破坏生态环境案件 41 件。

2018 年，市法院加强环境治理工作部署，充分发挥人民法院的职能作用，在打造“沿海强市、美丽港城”建设中积极作为，维护全市环境安全和公众环境权益，加大生态司法保护力度，审理环境资源案件 61 件；市法院成功审结中国生物多样性保护与绿色发展基金会起诉秦皇岛市方圆包装玻璃有限公司环境民事公益诉讼案，判决被告方圆玻璃公司赔偿因超标排放污染物造成的损失 154.96 万元。此案为全省首例大气环境污染公益诉讼案件，通过该案的公开审理、公开宣判，向社会宣传、介绍了环境公益诉讼，提高了广大人民群众的环保意识。通过该案的审理，既对环境污染企业起到教育、惩戒作用，又向社会宣传了“绿水青山就是金山银山”的科学发展理念，达到了社会效果与法律效果的统一。

2018 年 2 月 8 日，市法院审理大气污染公益诉讼案件

第一节　破坏环境资源保护案件审判

污染环境罪，是指违反国家规定，排放、倾倒或者处置有放射性的废物、含传染病病原体的废物、有毒物质或者其他有害物质，严重污染环境的行为。本条中“违反国家规定”，是指违反国家关于环境保护的法律和法规的规定。“排放”，是指将本条所说的危险废物向水体、土地、大气等排入行为，包括泵出、溢出、泄出、喷出和倒出等行为。“倾倒”，是指通过船舶、航空器、平台或者其他运载工具，向水体、土地、滩涂、森林、草原以及大气等处置放射性废物、含传染病病原体的废物、有毒物质或者其他有害物质的行为。“处置”，主要是指以焚烧、填埋等方式处理废物的活动。特别需要指出的是，本条所指的排放、倾倒、处置行为本身都是法律允许的行为，但要符合国家规定的标准。如果超过国家规定的标准向环境中排放、倾倒、处置有害物质，就有可能污染环境，进而造成环境污染事故。

案例：（一）污染环境案件审判。2015 年，上诉至市法院的秦皇岛首例污染环境案当事人申请撤诉得到法院准许，此案审理终结。此前昌黎县法院对此案作出了一审判决，3 名被告人因倾倒含有有毒成分的污水污染环境，被分别判处刑罚。这是市法院系统开展打击破坏环境犯罪专项行动以来判处的第一起此类案件，对破坏环境违法行为起到了一定的震慑作用。2013 年 3 月 1 日下午，被告人王某雇用被告人姜某甲驾驶一辆危险品运输罐车，另一被告人姜某乙跟车运输。当晚，3 名被告人来到秦皇岛港一码头处，从停靠在此处的一船只上卸载污水，装到该危险品运输罐车里。由王某带路，姜某甲驾驶罐车，姜某乙跟车，分 5 次将 150 吨污水运至昌黎县朱各庄镇某村村东一大坑处进行倾倒。后经邻县群众向卢龙县环保局举报，现场清理液体废物 150 吨、固体废物 480 吨。2014 年 3 月，卢龙县环保局对倾倒处大坑内和运输车内的污水采样，经检测，坑内污水含有挥发酚、氰化物、铅等有毒物质，车内污水检出挥发酚、氰化物等有毒物质。另查明，王某犯危险驾驶罪，法院认为，被告人王某、姜某甲、姜某乙的行为均已构成污染环境罪，且属共同犯罪。依法判处被告人王某犯污染环境罪，拘役 6 个月，并处罚金人民币 2 万元，犯危险驾驶罪，判处拘役 4 个月，并处罚金人民币 2000 元，并罚后决定执行拘役 9 个月，并处罚金人民币 22000 元；被告人姜某甲犯污染环境罪，拘役 5 个月，并处罚金人民币 1 万元；被告人姜某乙犯污染环境罪，拘役 5 个月，并处罚金人民币 1 万元。

2015 年，为迎接 6 月 5 日“世界环境日”，市两级法院对 2 起污染环境案于 6 月 3 日进行集中公开宣判，2 起案件被告人以污染环境罪依法分别处以有期徒刑 2 年、1 年 3 个月并处罚金的刑罚。被告人张某某自 2014 年 5 月份起在秦皇岛市抚宁县（今抚宁区）抚宁镇郚各庄村洋河边上自家农田内非法开设小炼油厂。2014 年 5 月 27 日，抚宁县环境监察大队（现秦皇岛市抚宁区环境保护大队）执法人员在日常巡查时发现被告人张某某的小炼油厂正在生产，随即向张某某下达了《环境保护现场检查通知单》，要求张某某立即停止生产、拆除设备并恢复厂区原貌。2014 年 9 月 24 日，抚宁县环境监察大队执法人员再次到该厂巡查时，发现该厂仍在生产，执法人员再次向张某某下达了《环境保护现场检查通知单》。在炼油过程中产生的裂解渣被张某某堆放在炼油厂西南处的农田内。经沧州科技事务司法鉴定中心鉴定：（1）张某某炼油厂的裂解渣属于危险废物，危险特性为 T（毒性）；（2）张某某炼油厂的裂解渣重量至少为 12.9 吨。区法院以污染环境罪判处被告人张某某有期徒刑 2 年，并处罚金人民币 2 万元。被告人王某某自 2014 年 11 月起，在卢龙县石门镇胡石门村北一废弃养猪场内无证经营电镀加工业务。被告人王某某明知该厂未取得环保部门批准，仍将未经处理的重金属废水直接排放到生产车间后未采取防护措施的渗坑内，还私设暗管，将重金属废水通过暗管排放到该厂西侧的青龙河内。经县环保局对电镀厂废水进行采样检测并经河北省环保厅认可，该厂非法排放的废水中氨氮值为 14.4 mg /L，总氰化物值为 0.560 mg/L。县法院以污染环境罪，判处被告人王某某有期徒刑 1 年 3 个月，并处罚金 2 万元。一审宣判后，原审被告人王某某不服，向市法院提出上诉。市法院经审理认为，上诉人王某某违反国家规定，排放、倾倒有毒、有害物质，严重污染环境，其行为已构成污染环境罪。原审判决认定事实清楚，审判程序合法，定罪量刑均无不当，应予维持。

（二）盗采海砂案件审判。随着沿海经济迅猛发展，海砂作为重要的建筑原材料，市场需求量与日俱增，海砂开采、加工、运输、销售已经形成完整的产业链条。虽然有关部门对海砂的盗采进行了严厉打击，但在高额利润的驱使下，海砂盗采活动依然屡禁不止，不仅扰乱了市场秩序、破坏了航道安全，而且严重破坏了海洋生态环境。针对日益泛滥的盗采海砂犯罪行为，市两级法院以高度的政治责任感，严格依法惩治盗采海砂的犯罪分子。2015 年 2 月 13 日，海港区法院受理海港区检察院提起公诉的盗采海砂案件 8 件，涉案被告人 51 人。为确保此案能在上级党委的要求下如期宣判，3 月 17 日，院领导周密调度指挥，细化责任分工，调集 43 名法警，调配 4 台警用车辆，划定押解路线，逐一进行研究部署，确保了依法有序地对此案件进行公开宣判。3 月 20 日，海港区法院对倍受社会各界关注的“5・08”“5・21”非法盗采海砂案作出一审判决，对王某某、袁某某、徐某某等 44 名被告人进行了集中公开宣判，以非法采矿罪、掩饰隐瞒犯罪所得罪分别判处盗采海砂的犯罪分子 2 年 6 个月至 1 年有期徒刑等不同的刑罚，判处罚金 200 万元，追缴赃款 70 万元。

第二节　走私、贩卖、运输、制造毒品案件审判

毒品，是指鸦片、海洛因、甲基苯丙胺、吗啡、大麻、可卡因等国家进行严格管制的能够使人形成瘾癖的麻醉药品和精神药品。走私毒品，是指携带、运输、邮寄毒品非法进出口、边境的行为；贩卖毒品，是指非法销售毒品，包括批发和零售；运输毒品，是指利用飞机、火车、汽车、轮船等交通工具或者采用随身携带的方法，将毒品从这一地点运往另一地点的行为；制造毒品，是指非法从毒品原植物中提炼毒品或者利用化学分解、合成等方法制成毒品的行为。

2000—2018 年市法院刑一庭共审判贩卖、运输毒品案件 46 件 70 人，自 2008 年开始，逐年增加。案犯多为城镇无业人员，且趋于年轻化，大多数有吸毒史，且多为共同犯罪，涉案毒品大多从南方省市流入秦皇岛市，种类以冰毒为主，数量逐年增加，从最初的数十克至目前的数千克，毒品价格从最初的数百元下降至不到百元，毒品含量逐年提高。审理毒品犯罪案件，严格依照最高法院《大连会议纪要》《武汉会议纪要》精神准确认定罪名，量刑时，切实贯彻宽严相济的刑事政策，对虽然已达到实际掌握的判处死刑的毒品数量标准，但是具有法定、酌定从宽处罚情节的被告人，尽量不判处死刑，综合考虑各方面因素决定刑罚。

市法院在“禁毒日”公开宣判两起毒品犯罪案件（2015年）

案例：（一）2014年8月27日，被告人沙某携带毒品“冰毒”339.53克，从广东省中山市乘坐长途客车途经郑州至沈阳，行至秦皇岛高速路出口时被查获，其行为已构成运输毒品罪。根据相关法律规定，被告人沙某犯运输毒品罪，判处有期徒刑15年，并处没收个人财产人民币35000元。

（二）2013年10月20日，任某某、陈某某坐车途经秦皇岛市海港区秦山检查站时被查获，从任某某随身携带的包内搜出甲基苯丙胺和咖啡因成分的物品507.18克、片剂（麻古）疑似物0.26克。二被告人构成贩卖、运输毒品罪，且被告人任某某、陈某某系共同犯罪，根据相关法律规定被告人任某某犯贩卖、运输毒品罪，判处无期徒刑，剥夺政治权利终身，并处没收个人全部财产；被告人陈某某犯贩卖毒品罪，判处有期徒刑13年，剥夺政治权利2年，并处罚金人民币5万元。

（三）2010年是《禁毒法》颁布实施的第三年。年内，市法院依法对姚某某等贩卖、运输毒品案进行公开宣判，罪犯姚某某一审被判处死刑。该案成为秦皇岛市首例判处毒贩死刑的案例。罪犯姚某某，男，1951年11月21日出生于四川省成都市。罪犯王某某，男，1970年8月15日出生于河北省秦皇岛市海港区。罪犯李某，男，1971年4月28日出生于山西省长治市。经市法院审理查明：2009年9月10日—12月17日，王某某用其本人持有的银行卡，通过电子银行网上转款方式多次给姚某某银行卡上汇款共计人民币232万余元，用于购买冰毒。姚某某多次购买冰毒（其中含有甲基苯丙胺成分）和麻古（其中含有甲基苯丙胺成分），并负责将毒品从四川省成都市运送到秦皇岛市海港区。2009 年 9 月 10 日—12 月 19 日，被告人王某某将从被告人姚某某处购买的冰毒在秦皇岛市海港区卖给李某等人。公安机关从被告人王某某租住房屋内查获冰毒 1083.86 克、麻古 113.15 克；公安机关从被告人王某某租用另一房屋内查获转轮手枪 1 支、子弹 3 发。2009 年 12 月，被告人李某三次分别贩卖给刘某冰毒 2 克，得款人民币 1200 元。公安机关从被告人李某租用的房屋内查获冰毒 25.85 克。市法院认为，被告人姚某某以贩卖毒品为目的，非法从四川省购买、运送到秦皇岛市销售毒品的行为，已构成贩卖、运输毒品罪。被告人王某某实施了贩卖、非法持有毒品和非法持有枪支、弹药的行为，已构成贩卖和非法持有毒品罪及非法持有枪支、弹药罪。被告人李某实施了贩卖、非法持有毒品的行为，已构成贩卖和非法持有毒品罪。被告人姚某某贩卖、运输毒品冰毒数量大、次数多、跨省贩卖，且毒品通过其直接流入社会，社会危害性极大，罪行极其严重。故依照《刑法》判决：被告人姚某某犯贩卖、运输毒品罪，判处死刑，剥夺政治权利终身，并处没收个人全部财产。被告人王某某犯贩卖毒品罪，非法持有毒品罪，非法持有枪支、弹药罪，数罪并罚，决定执行有期徒刑 19 年，剥夺政治权利 5 年，并处罚金人民币 8 万元。被告人李某犯贩卖毒品罪、非法持有毒品罪，数罪并罚，决定执行有期徒刑 4 年，并处罚金人民币 13000 元。

第三节　制作、贩卖、传播淫秽物品案件审判

所谓淫秽物品，是指具体描绘性行为或者露骨宣扬色情的诲淫性书刊、影片、录像带、图片及其他淫秽物品。“制作”是指生产、录制、编写、译著、绘画、印刷、刻印、摄制、洗印等行为。“复制”是指通过翻印、翻拍、复印、复写、复录等方式对已有的淫秽物品进行重复制作的行为。“出版”是指编辑、印刷出版发行淫秽书刊。“贩卖”是指销售淫秽物品的行为，包括发行、批发、零售、倒卖等。“传播”是指通过播放、出租、出借、承运、邮寄等方式致使淫秽物品流传的行为。行为人只要以牟利为目的，实施了“制作、复制、出版、贩卖、传播”这 5 种行为中一种行为的，即构成本罪。本罪主观上必须有牟利的目的。

案例：2004 年，市法院严厉打击网络色情犯罪活动，审结被告人吴某某、隽某某、谢某某 3 起利用因特网传播淫秽物品、淫秽表演案，并作为典型案例进行宣传教育。经查，吴某某利用其建立的“天下中文网”论坛在网上传播淫秽物品，并传播淫秽帖子 221 条、淫秽小说 171 篇、淫秽图片 269 幅、淫秽电影 30 部，形成点击数 35252 次，其行为构成传播淫秽物品罪。2004 年 9 月 15 日，北戴河区法院依法判处吴某某有期徒刑 2 年，没收作案工具。

经查，隽某某利用电脑链接台湾色情网站，先后组织艳儿、月月、娃娃、闹闹和楚楚等人多次进行淫秽色情表演。2004 年 9 月 24 日，海港区法院以组织淫秽表演罪判处隽某某有期徒刑 5 年，罚金 1 万元，没收作案工具。经查，谢某某利用其个人建立的网站链接传播淫秽色情短片 18 部，点击率高达 162023 次。2004 年 8 月 19 日，犯罪嫌疑人谢某某被检察院逮捕。2004 年 9 月 20 日，海港区法院以传播淫秽物品罪判处有期徒刑 1 年，没收作案工具。

第四节　强制医疗案件审判

《刑事诉讼法》第三百零二条规定，实施暴力行为，危害公共安全或者严重危害公民人身安全，经法定程序鉴定依法不负刑事责任的精神病人，有继续危害社会可能的，可以予以强制医疗。

依法不负刑事责任的精神病人的强制医疗程序是《刑事诉讼法》修改后新增加的特别程序。新《刑事诉讼法》增设该程序，不仅可以与《刑法》第十八条相呼应，使精神病人得到应有的关心、照顾和治疗，而且通过对实施暴力行为的精神病人实行强制医疗，可以有效保障公众安全，维护社会秩序。因为强制医疗直接涉及对精神病人人身自由的限制与剥夺，新《刑事诉讼法》将强制医疗纳入司法审查范围，不仅严格限定强制医疗的实体要件，而且精心构建了该类案件“控辩式”的庭审结构，赋予精神病人的法定代理人答辩的权利，并在精神病人没有委托诉讼代理人的情况下，要求人民法院必须通知法律援助机关指派律师为其提供法律帮助，充分保障精神病人及其法定代理人的权利。新《刑事诉讼法》赋予了被强制医疗的人（精神病人）、被害人及其法定代理人、近亲属向上一级法院申请复议的权利。新《刑事诉讼法》的这些规定，直接体现了程序公正意识与人权保障意识，而且特别有利于维护精神病人的合法权益，保障司法公正。

案例：本市首例强制医疗申请复议案在市法院审结。2014 年，市法院审结了高某强制医疗复议申请案，最终决定驳回复议申请，维持原决定。该案为新《刑事诉讼法》实施以来秦皇岛市第一例向市法院申请强制医疗复议的案件。原审被申请人高某在经济技术开发区某村，对刚走出家门的被害人王某某进行追砍，致被害人王某某在被连砍数刀后当场死亡。高某又手持镐把对赶到现场的被害人王某某的丈夫高某某进行殴打。2013 年 5 月 29 日，高某因涉嫌故意杀人罪被市公安局经济技术开发区分局刑事拘留，后经唐山市精神疾病司法鉴定中心及司法鉴定科学技术研究所司法鉴定中心（上海）两次鉴定，高某患精神分裂症（发病期），评定为案发时无刑事责任能力。高某实施严重危害他人人身安全的行为，现仍具有继续危害社会的人身危险性。公安机关将该案移送人民检察院，并由人民检察院向人民法院申请对高某强制医疗。原审法院认为，被申请人高某对他人实施人身侵害，并致人死亡，公安机关两次委托鉴定部门对高某的刑事责任能力进行鉴定，均鉴定高某在本案中为无刑事责任能力人。人民法院依职权通知鉴定人到庭参加诉讼，详细回答了公诉机关、被申请人的诉讼代理人、被害人近亲属及其委托的诉讼代理人的发问和质疑，对各方提出的异议均作出了合理解释，并向法庭阐明了鉴定方法和鉴定依据。综合现有证据能够证明被申请人高某在本案中系依法不承担刑事责任的无刑事责任能力人（精神病人），且有继续危害社会的人身危险性，符合强制医疗的条件，应当对其进行强制医疗。检察机关的申请成立。被害人王某某的丈夫高某某及其三个女儿对强制医疗决定不服，向市法院提出复议申请。市法院受理后依法组成合议庭审理了此案。在查阅卷宗后，承办法官立即前往秦皇岛市精神卫生中心调查高某病情及治疗现状，向高某的主治医生进行了详细的询问。同时，认真听取了复议申请人及代理人的意见。经认真研究案情并综合考量高某的疾病程度，法院认为，高某患有精神分裂症属实，目前仍存在继续危害社会的可能，应当予以强制医疗，最终作出驳回复议申请、维持原决定的复议决定。

第六章　贪污贿赂案件审判

贪污贿赂罪，是指贪污、挪用、私分公共财物，索取、收受贿赂，以及其他有损职务廉洁性，依法应受刑罚处罚的行为，其表现为国家工作人员利用职务上的便利贪污、受贿，或者拥有不能说明与合法收入差额巨大的财产或者支出合法来源，或者私分国有资产或罚没财物。贪污贿赂等经济犯罪是附着在人民民主政权健康肌体上的一种严重腐败现象，是一些人受到资产阶级腐朽思想和生活方式腐蚀的结果。如果不予坚决制裁，那么，改革开放和现代化建设就没有保障。

1998 年审结贪污诈骗、挪用公款等经济犯罪案件 106 件。2005 年依法审理贪污贿赂、挪用公款等职务犯罪案件 31 件 38 人，挽回经济损失 678.23 万元。2006 年，市法院依法公开开庭审理备受社会关注的被告人李某某贪污、受贿、挪用公款、巨额财产来源不明、隐匿、故意销毁会计凭证案，涉案金额达 1400 多万元，一审判处李某某无期徒刑；市两级法院依法审理贪污贿赂挪用公款等职务犯罪案件 67 件 85 人。2013 年全市法院审理贪污贿赂案件，收案 86 件，旧存 3 件，结案 63 件；2014 年收案 90 件，旧存 26 件，结案 82 件；2015 年收案 89 件，旧存 34 件，结案 69 件；2016 年收案 52 件，旧存 54 件，结案 73 件；2017 年收案 68 件，旧存 33 件，结案 59 件；2018 年收案 76 件，旧存 42 件，结案 72 件。2002—2018 年，市法院一审贪污贿赂案件，收案 515 件，结案 480 件，结案率 93.20%；二审贪污贿赂案件 120 件，结案 109 件，结案率 90.83%。2019 年 5 月 27—29 日，市法院在第七审判庭依法公开审理市城管局原副调研员、北戴河供水总公司原总经理马某某涉嫌贪污、受贿、挪用公款、巨额财产来源不明等罪一案。

第一节　贪污案件审判

贪污罪，是指国家工作人员利用职务上的便利，侵吞、窃取、骗取或者以其他手段非法占有公共财物的行为。受国家机关、国有公司、企业、事业单位、人民团体委托管理、经营国有财产的人员，利用职务上的便利，侵吞、窃取、骗取或者以其他手段非法占有国有财物的，以贪污论处。

1990 年市两级法院受理贪污案件 49 件，1991 年受理贪污等案件 226 件 417 人。1994

年6月23日，市法院遵照最高法院执行死刑的命令，对重大贪污犯刘某某（昌黎县安山镇原副镇长）执行枪决。1995—1997年期间，依法判处了卢龙县原副县长尹某某、港务局港口医院原院长黄某贪污等一批社会关注的大案、要案。2010年，中日青年交流中心秦皇岛办事处原主任杨某某贪污数额达5000余万元，被市法院一审判决死刑，剥夺政治权利终身，终审判决减为无期徒刑。贪污案犯多为国有公司、企业中从事公务的人员。2016年4月18日以后，审理贪污犯罪案件严格依照《最高人民法院、最高人民检察院关于办理贪污贿赂刑事案件适用法律若干问题的解释》的规定，准确定罪量刑。

案例：2010年3月17日，市法院依法公开宣判被告人杨某某贪污案。原任中日青年交流中心秦皇岛办事处主任杨某某经查实贪污数额高达5000余万元，法院以贪污罪一审判处其死刑，剥夺政治权利终身。被告人杨某某，女，1955年7月16日出生于辽宁省阜新市，汉族，大学文化。1991—1994年、1998年—2005年6月担任国有企业中日青年交流中心秦皇岛办事处（以下简称中心秦办）主任；2000年12月起担任中心秦办下属的国有企业秦皇岛博园公寓服务公司（以下简称博园服务公司）的法定代表人。2005年6月6日，被告人杨某某采用欺骗手段，致使中日青年交流中心同意中心秦办与秦皇岛博园高校后勤基地开发有限公司（以下简称博园基地公司）签订资产转让合同，骗取国有资产。以签订转让合同的时间2005年6月6日为基准日对项目资产进行鉴定，被转让项目资产价值人民币1.47亿元；因建设该项目的实际负债为博园服务公司负债的账面余额9895.66万元，中心秦办所属国有的世纪蜂业有限公司为该项目的银行借款410万元，即该项目实际价值减去项目负债后的差额4375.81万元，被杨某某非法占有。2001—2007年，在秦皇岛高校后勤基地项目建设和运营过程中，杨某某利用其担任中心秦办主任和博园服务公司法定代表人的职务便利，从博园服务公司的账户上以个人借款名义，共分146笔累计支取现金人民币997.49万元。对上述款项，杨某某通过正常报销还款283.82万元；使用虚假单据核销个人借款448.64万元；2007年，又指使公司财务人员将其挂账的265万元欠款，以“经理奖金”的名义进行了实际核销。杨某某对其以个人名义提取的现金，将正常报销还款以外的公款713.64万元全部据为己有。被告人杨某某实际贪污公款合计人民币5089.45万元。被告人杨某某作为国家工作人员无视国法，利用职务便利，采用欺骗手段，侵吞国有资产；同时采用以虚假票据平账和为其个人发放奖金的手段贪污公款，数额特别巨大，其行为已构成贪污罪。杨某某虽然能够主动投案，但其未能如实供述其主要犯罪事实，故不足以从轻处罚。被告人杨某某的行为给国家造成了巨大的经济损失，性质特别恶劣，情节特别严重，应依法予以严惩。市法院依照《刑法》第三百八十二条、第三百八十三条第一款第（一）项、第五十七条第一款、第六十四条之规定，以贪污罪判处被告人杨某某死刑，剥夺政治权利终身，并处没收个人全部财产；贪污所得5089.45万元，予以追缴。2013年1月24日，省法院二审判决杨某某犯贪污罪，判处死刑、缓期2年执行，剥夺政治权利终身，并处没收个人全部财产。2014年4月24日，省法院刑事裁定书（2014）冀刑执字第288号，将罪犯杨某某死刑缓期2年执行，剥夺政治权利终身的刑罚，减为无期徒刑，剥夺政治权利终身不变。

第二节　受贿案件审判

受贿罪，是指国家工作人员利用职务上的便利，索取他人财物，或者非法收受他人财物，为他人谋取利益的行为。国家工作人员在经济往来中，违反国家规定，收受各种名义的回扣、手续费，归个人所有的，以受贿论处。

1995年，本着“一要坚决、二要慎重、务必搞准”的原则，狠抓经济犯罪大案、要案的审理。判决中阿化肥有限公司原总经理刘某某、昌黎县安山镇原镇长张某某受贿案，犯罪分子均受到严惩。2002年，省法院指定抚宁县法院审理石家庄市原市长张某某涉嫌受贿案，市法院与抚宁县法院高度重视，精心准备，严密组织，依法定罪量刑，张某某认罪服判，市两级法院圆满完成审判任务，受到省委、市委的表彰。

2002年6月24日，市法院与抚宁县法院审理石家庄市原市长张某某受贿案

案例：2007年12月，开发区法院审结卢龙县国土资源局原局长李某某受贿及巨额财产来源不明案。法院经审理认为，被告人李某某在任卢龙县国土资源管理局局长期间，利用

职务之便，非法收受他人财物，为他人谋取利益，其非法收受他人财物总计人民币 26.1 万元，其行为已构成受贿罪；被告人李某某身为国家工作人员，其财产明显超出合法收入，且差额巨大，其财产中有 53.4 万余元本人不能说明合法来源，其行为构成巨额财产来源不明罪。公诉机关指控李某某犯受贿罪、巨额财产来源不明罪的罪名成立，对被告人李某某所犯受贿罪和巨额财产来源不明罪应数罪并罚，对于被告人李某某所犯受贿罪，其有自首行为，对其可减轻处罚。故判决被告人李某某犯受贿罪，判处有期徒刑 8 年；犯巨额财产来源不明罪，判处有期徒刑 1 年，决定执行有期徒刑 8 年 6 个月；对被告人李某某受贿所得赃款人民币 26.1 万元以及巨额财产来源不明部分人民币 53.4 万元予以追缴。

第三节　挪用公款案件审判

《刑法》第三百八十四条“挪用公款罪”：“国家工作人员利用职务上的便利，挪用公款归个人使用，进行非法活动的，或者挪用公款数额较大、进行营利活动的，或者挪用公款数额较大、超过三个月未还的，是挪用公款罪，处五年以下有期徒刑或者拘役；情节严重的，处五年以上有期徒刑。挪用公款数额巨大不退还的，处十年以上有期徒刑或者无期徒刑。挪用用于救灾、抢险、防汛、优抚、扶贫、移民、救济款物归个人使用的，从重处罚。”

2006 年，秦皇岛港务局物资公司出纳员司某挪用 680 万元公款案等一大批受到社会普遍关注的案件，犯罪分子均受到严惩。

案例：2006 年 5 月 15 日，秦皇岛开发区法院公开审理了备受全社会各界广泛关注的郑某某挪用巨额资金一案作出一审判决，以挪用公款罪判处郑某某有期徒刑 6 年。开发区法院经审理查明，2002 年 8 月，郑某某在担任秦仁海运有限公司总经理期间，该公司投资参与北京大庄园房地产开发有限公司北京密云县慕田峪镇房地产开发项目。郑某某安排该公司会计从秦仁海运有限公司分 4 次以股权转让金的名义汇入其开立的北京大庄园房地产开发有限公司账号人民币 997 万元，后将其中的 830 万元汇往大连金源物产有限公司后，又汇至秦仁海运有限公司，作为大连金源物产有限公司对秦仁海运有限公司的出资款。2003 年 4 月，郑某某担任秦仁海运服务有限公司董事长期间，安排人员以股权转让金的名义向其开立的北京大庄园房地产开发有限公司的账号汇入 660 万元人民币，将其中的 644 万元汇入其他公司，作为该公司对秦仁海运服务有限公司的出资款。法院认为，被告人郑某某利用职务上的便利，挪用秦皇岛秦仁海运有限公司、秦皇岛秦仁海运服务有限公司的资金 1474 万元，出借给他人，进行营利活动，数额巨大，其行为已构成挪用公款罪，遂作出上述一审判决。

第七章 渎职案件审判

渎职罪，是指国家机关工作人员利用职务上的便利，或者徇私舞弊、滥用职权、玩忽职守，妨害国家机关的正常活动，损害公众对国家机关工作人员职务活动客观公正性的信赖，致使公共财产或者国家和人民利益遭受重大损失，依法应受刑罚处罚的行为。

1998—2002 年，市两级法院依法惩处了滥用职权、玩忽职守，给国家、集体造成重大损失的渎职犯罪。2003—2007 年依法惩处贪污、贿赂、渎职等职务犯罪案件 214 件。2013—2016 年，加大对贪污贿赂和渎职犯罪打击力度，深入推进反腐败斗争，审结相关案件 277 件，260 人被处刑罚。2017 年依法惩处职务犯罪，审结渎职案件 34 件，32 名国家工作人员受到刑事处罚，促进了反腐败斗争深入开展。

第一节 玩忽职守案件审判

玩忽职守罪，是指国家工作人员对工作严重不负责任，致使公共财产、国家和人民的利益遭受重大损失的行为。按我国刑法属于渎职罪。本罪的主要特征：犯罪主体必须是国家工作人员；主观上出于行为人职务上的过失，如疏忽大意、过于自信、擅离职守等；客观上表现为因行为人不履行或不正确履行应负的职责，致使公共财产、国家和人民利益造成重大损失。

案例：（一）山海关区法院从 2011—2014 年审判 5 件犯玩忽职守罪案件，其中有 2011 年审理的孙某某玩忽职守案，2013 年审理的邵某某、李某某、张某某的玩忽职守案，杨某某、张某某的玩忽职守案，吕某某、刘某某、程某某的玩忽职守案和 2014 年审理的陈某某、邹某某、任某的玩忽职守案。在 2014 年 1 月 3 日审结杨某某、张某某犯玩忽职守罪一案中，涉案人杨某某原系秦皇岛市规划局山海关分局局长助理，兼任执法监察中队中队长。另一个涉案人张某某原系秦皇岛市规划局山海关分局执法监察中队副中队长。

法院审理查明，2012 年 9 月 24 日，秦皇岛天林房地产有限公司与北京环球建设工程集团第五分公司签订关于建设位于山海关区石河镇疙瘩岭村的生态老年公寓项目的施工合同，于 2012 年 9 月 26 日开始施工，该施工项目没有办理建设用地规划许可证、建设施工规划许可证，且该项目所涉及使用土地245.45亩，其中98.24亩土地为国家建设用地。山海关区土地规划局曾于1997年对该宗地进行规划，建设养殖场，并出具了定点选址意见。该98.24亩土地上违法建设七层楼房1栋、二层别墅式楼房6栋，其余147.21亩土地上为金地养殖有限公司租用的疙瘩岭村集体农用地，该地块有违法建设别墅式三层楼房6栋、别墅式二层楼房4栋、翻新平房4排。2012年11月27日，石河镇政府，秦皇岛市国土局山海关分局，秦皇岛市规划局山海关区分局执法监察中队杨某某、副中队长张某某等工作人员会同疙瘩岭村干部，前往万鹿生态园老年养乐公寓项目的施工现场进行联合执法。由于在现场没有找到项目负责人，杨某某对施工项目口头下达了停工通知，并告诉现场施工工人将通知转达给项目负责人，让项目负责人到执法监察中队接受调查，此外未对该施工项目采取任何措施。后来，杨某某、张某某未作认真调查，在不清楚其中的98.24亩土地为国家建设用地，并已作过规划定点、选址审批的情况下，误认为该项目不在山海关规划分局的监管范围内，作出了对万鹿生态园老年养乐公寓违法建设项目不再进一步处理的决定。2013年春节前，因秦皇岛市天林房地产有限公司拖欠农民工工资1366.03万元，造成农民工集体上访讨薪，围堵市委、市政府及区人力资源和社会保障局。该事件后，经山海关区委、区政府组织各职能部门追偿，到2013年8月8日已追回拖欠工资946万元，政府垫支拖欠工资款共计420.03万元。2013年2月5日，杨某某、张某某在发生农民工上访讨薪事件后，以秦皇岛市天林房地产有限公司未取得规划许可、非法进行建设为由，呈请秦皇岛市规划局予以立案。法院认为，被告人杨某某、张某某作为国家机关工作人员，未按法律规定依法履行规划部门执法监察的法定职责，在工作中不负责任，在未对违法建设行为作出认真调查的情况下，即武断地错误作出涉案违法建设行为不归其规划部门管辖的决定，致使该违法行为未得到及时查处。被告人杨某某、张某某的行为已构成了玩忽职守罪，应当依法追究被告人杨某某、张某某的刑事责任。鉴于被告人杨某某、张某某于庭审后提交了悔过书，具有悔罪表现。考虑到被告人杨某某、张某某的犯罪情节轻微，经法院审判委员会研究决定，依照《刑法》第三百九十七条第一款、第三十七条之规定，判处杨某某犯玩忽职守罪，免于刑事处罚；判处张某某犯玩忽职守罪，免于刑事处罚。

山海关区法院2013年12月21日审结的刘某某、吕某某、程某某等3人的玩忽职守案，与杨某某、张某某的案件同为一起案件，属于上级部门监管不彻底，没有在事发前采取强有力的措施。刘某某系秦皇岛市城乡建设局建筑市场稽查大队大队长，吕某某系秦皇岛市城乡建设局建筑市场稽查大队副大队长，程某某系秦皇岛市城乡建设局建筑市场稽查大队四中队队长。在对山海关片区巡查时发现生态园项目正在建设，因该项目未在市建设局备案，遂下达了《建设行政执法调查通知书》，要求建设单位派人到市城乡建设局市场稽查大队四中队说明情况，提交全部建设手续。在建设单位没到的情况下，市城乡建设局再派人到施工现场口头下达了停工通知，并将电闸箱贴上了封条，再次要求建设单位提交建设手续。2012年11月28日，天林公司委派人员到四中队说明情况，但未能提交施工许可证等6种建设手续。程某某将该情况逐级汇报后，被告人刘某某作了电话指示，先放一放。之后，刘某某、吕某某、程某某3人未对万鹿生态园项目违建问题再向上级请示，也未采取措施制止违法建设行为，以致事态渐渐扩大，爆发了很有影响的农民工讨薪事件，产生了难以挽回的严重后果。法院认为，被告人刘某某、吕某某、程某某身为国家机关工作人员，工作不负责任，不完全履行职责，致使违法建设行为没有得到及时查处，造成较大的社会影响，已构成玩忽职守罪。

（二）2011年，卢龙县法院对被告人赵某某玩忽职守犯罪案件进行公开宣判，以被告人赵某某犯玩忽职守罪，判处有期徒刑3年，缓刑4年。经审理查明，2008年2月—2011年1月，被告人赵某某担任昌黎县质量技术监督局稽查一队队长，负责企业违法案件的查处工作。2010年1月和5月，被告人赵某某在办理昌黎县嘉华葡萄酿酒有限公司伪造、冒用通化华特葡萄酒有限公司、昌黎县佳伦葡萄酿酒有限责任公司厂名、厂址生产干红葡萄酒的违法案件时，未依法对嘉华葡萄酿酒有限公司提供的通化华特葡萄酒有限公司、昌黎县佳伦葡萄酿酒有限责任公司的协议书、商标、企业法人营业执照、生产许可证、卫生许可证、委托加工合同等进行全面调查核实，即以“委托加工葡萄酒未备案”为由对昌黎县嘉华葡萄酿酒有限公司作出责令改正、罚款的行政处罚，致使嘉华葡萄酿酒有限公司以假充真、生产伪劣葡萄酒的违法行为未能得到及时查处，嘉华葡萄酿酒有限公司之后长时间继续以假充真，生产伪劣葡萄酒。昌黎县嘉华葡萄酿酒有限公司生产、销售伪劣葡萄酒的行为被中央电视台《焦点访谈》栏目曝光，在全国造成了恶劣的社会影响。法院审理后认为，被告人赵某某作为国家工作人员，由于工作中严重不负责任，在对嘉华葡萄酿酒有限公司伪造、冒用他人厂名、厂址的违法行为进行查处过程中，未对案件进行全面调查，对相关证据亦未查证属实，即以“委托加工未备案”为由对嘉华葡萄酿酒有限公司进行错误的行政处罚，导致嘉华葡萄酿酒有限公司生产伪劣葡萄酒的违法行为未能得到及时查处。嘉华葡萄酿酒有限公司之后长时间以假充真，生产伪劣葡萄酒，并经新闻媒体曝光，在全国造成恶劣社会影响，导致公共财产、国家和人民利益遭受重大损失。2011年7月，嘉华葡萄酿酒有限公司及相关负责人被秦皇岛市海港区法院以生产、销售伪劣商品罪分别判处刑罚。综上所述，被告人赵某某的行为已构成玩忽职守罪，遂依法作出上述一审判决。

第二节　滥用职权案件审判

滥用职权罪，是指国家机关工作人员不依法正当行使职权或者任意扩大自己的职务权限，致使公共财产、国家和人民利益遭受重大损失的行为。根据我国司法实践，滥用职权表现为：（1）超越职权，擅自决定或处理没有具体决定、处理权限的事项；（2）玩弄职权，随心所欲地对事项作出决定或者处理；（3）故意不履行应当履行的职责，或者任意放弃职责；（4）以权谋私，假公济私，不正确地履行职责。所谓重大损失，是指造成人员伤亡、重大经济损失、严重损害国家声誉、造成恶劣社会影响等情况。本罪主观方面为故意。

案例：被告人聂某某滥用职权案。公诉机关指控，被告人聂某某作为土地管理方面的专家入选秦皇岛市国土资源局专家库后，受秦皇岛市国土资源局的委托，于2011年9月29日—2013年6月18日，与其他专家组成验收专家组对抚宁县茶棚乡许家峪村、茶棚乡刘各庄村、榆关镇岚山村、深河乡东桐叶村、深河乡上不老村、深河乡马家庄和东桐叶村、深河乡北庄河村（2009年和2011年两个项目）土地开发项目进行验收，被告人聂某某在发现验收项目土地未平整后，作为验收专家组组长仍签字确认上述项目验收合格。验收合格系拨付工程尾款的必要条件，后尾款全部拨付，共造成经济损失3848857.74元。被告人聂某某的行为导致秦皇岛市补充耕地指标被暂停使用1年2个月之久，造成恶劣的社会影响。

经审理查明，被告人聂某某系秦皇岛市国土资源局主任科员，秦皇岛市土地开发整理复垦专家库从事土地管理方面的专家。2011年9月29日—2013年6月18日期间，被告人聂某某受秦皇岛市国土资源局的委托，与其他专家组成验收专家组对抚宁县茶棚乡许家峪村、茶棚乡刘各庄村、深河乡东桐叶村、深河乡上不老村、深河乡马家庄村、深河乡北庄河村（2009年和2011年两个项目）土地开发项目及抚宁县榆关镇岚山村土地整理项目进行了验收。在验收过程中，被告人聂某某作为验收专家组组长在发现验收项目土地未平整的情况下，在土地开发、整理项目竣工验收专家组意见上签字确认上述项目验收合格。上述工程项目经专家组确认验收合格后，工程尾款3848857.74元全部拨付抚宁县土地整理中心及项目施工单位。

法院认为，被告人聂某某作为国家机关工作人员、秦皇岛市土地开发整理复垦专家库从事土地管理方面的专家、土地整理项目验收专家组组长，在履行土地整理项目验收过程中滥用职权，在发现验收项目土地未平整的情况下，仍然在土地开发、整理项目竣工验收专家组意见上签字确认上述项目验收合格，造成了恶劣的社会影响，致使公共财产、国家和人民利益遭受重大损失，其行为构成滥用职权罪。公诉机关的指控成立。对于辩护人提出的没有造成损失的辩护意见与事实不符，本院不予采纳。鉴于本案拨付的工程尾款已被追缴，造成的经济损失已被挽回；且被告人聂某某在犯罪后能够如实供述自己的犯罪行为，具有坦白从轻处罚情节，应认定被告人聂某某犯罪情节轻微，依法可以免予刑事处罚。判决被告人聂某某犯滥用职权罪，免予刑事处罚。

第八章　青少年犯罪案件审判

青少年这个概念在犯罪学中一般是指已满14周岁而不满25周岁的人。这个概念包含“青年”和“少年”两个年龄段的人群，横跨了未成年人和成年人两个年龄区域，青少年时期是人生的危险期。青少年的人生起点在家庭，知识基础在学校，健康成长在社会。加强对青少年教育，预防青少年犯罪，既是家庭、学校的职责，也是全社会的共同责任和义务，必须建立学校、家庭、社会“一条龙”教育、挽救、预防和减少青少年犯罪帮教体系。1990年，在审判的1318名罪犯中，青少年罪犯502人，占罪犯总数的38.1%，其中有少年罪犯63人，占青少年罪犯的12.5%。少年犯罪比上年上升13.6%，成为人们关注的一个严重社会问题，亟须动员全社会的力量进行综合治理。自1988年“全国法院审理未成年人刑事案件经验交流会”后，市两级法院先后建立了9个审判少年犯合议庭，把少年犯与成年犯分开审理，采取适合少年被告人的心理和生理特点的方式方法，注重疏导，“寓教于审、审教结合”，帮助他们认识犯罪的原因和犯罪行为的社会危害性，使其认罪服法，接受教育和改造。1988—1992年，先后对1086名青少年犯进行帮教。2004年11月23日，市法院刑二庭由于在违法犯罪青少年帮教和预防青少年犯罪方面成绩突出，被共青团秦皇岛市委命名为秦皇岛市“优秀青少年维权岗”。团市委同时号召全市法院系统向市法院刑二庭学习。

第一节　青少年审判工作

青少年犯罪特点。（1）青少年犯罪类型多样化。青少年犯罪类型有盗窃罪、抢劫罪、故意伤害罪、寻衅滋事罪、交通肇事罪、过失致人重伤罪、间接故意杀人罪等，其中以抢劫罪、故意伤害罪和盗窃罪为多。（2）青少年犯罪具有极强的随意性。青少年犯罪在作案前没有明确的目的，往往是在闲逛、醉酒后，一时冲动或受人怂恿等原因作案，或是正在做某事的过程中，见有机可乘，临时起意作案。（3）青少年犯罪多是出于享乐、精神空虚实施犯罪。青少年争强好胜、攀比心理强，看到别人比自己强，心理不平衡，加之学校和家庭引导和教育不够，在父母不能满足其物质需求时，便会铤而走险、误入歧途。（4）犯罪主体文化素质较低，多数只有初中文化程度和小学文化程度，个别的还有文盲。这些青少年犯罪在校时绝大多数是成绩差的学生，多数人成绩中下或者学习根本跟不上，很少或从未受过老师的表扬，部分中途辍学，在社会上受到不良影响之后就走上了犯罪的道路。（5）青少年犯罪团伙化。犯罪时缺少预谋，具有突发性和随意性，往往不计后果；一些青少年私下里拉帮结派，相互讲哥们儿义气，有时为了“帮助”哥们儿出气，便糊里糊涂地跟着出去打架、抢劫。

青少年犯罪成因。青少年犯罪是一个复杂的社会问题，原因是多方面的：（一）家庭教育不良是导致青少年犯罪的主要原因。主要表现在以下几个方面：（1）单亲家庭或父母双亡。孩子从小就失去父爱或母爱，幼小心灵受到不应有的挫伤，导致心理失衡。（2）家庭教育理念陈旧。大多数家长对子女不管不问，但都有一种望子成龙的想法，一旦孩子成绩不好，便棍棒相加，导致孩子自暴自弃、放弃学业、交结损友，走上犯罪道路。（3）放弃对子女教育或无能力、无时间教育。一些家长自己本身素质低，不思进取，整日沉迷于打牌、玩彩、炒股、玩手机，对孩子放任自流，使孩子不断出入网吧、酒吧、迪厅，养成游手好闲、崇尚暴力、追求享乐、抽烟喝酒等不良心理和行为习惯。（4）忙于谋生或应酬，无暇顾及教育子女。一些家长为了生存外出打工、经商、种养，整日忙于谋生，无暇顾及对子女的管教，将孩子托付给年老的爷爷奶奶，客观上放纵了对子女的教育，给子女到社会上寻求心理安抚、依靠、解脱开了方便之门。（5）溺爱、放任孩子。现在的家庭大都是独生子女，家长都非常疼爱自己的孩子，不想让自己的孩子受一点儿委屈，一味地宠爱、放任，只想着“船到桥头自然直”，却不曾想到自己的这种行为铸成了日后难以弥补的大错。（二）学校道德教育薄弱是导致青少年犯罪的客观原因之一。当前，学校教育仍以升学率作为衡量标准，这种教育模式导致学校重学习成绩的提高，轻良好思想道德教育；重课本知识的灌输，轻学习兴趣的培养，课外图书、音像制品的正确引导和实践育人；重优秀生培养，轻困难生和问题生的转变；重课堂纪律，轻校外课外时间错误思想行为的调研与纠正。学生“德、智、体”不能均衡发展，特别是德育教育缺失，使他们未能树立正确的人生观和世界观，不能正确对待利益与价值，不能正确对待集体和个人的关系，一些问题学生在这种教育模式下，逐渐淡出学校，流向社会。（三）学校与家庭共同教育体制不完善是导致青少年犯罪的重要原因之一。学校与家长之间缺乏沟通，不能及时掌握青少年的成长情况，不能形成共同教育体系。而“四重四轻”的学校教育与“望子成龙”的粗放式家庭教育结合在一起，使一部分学生普遍感到缺乏关爱，压力过大，产生紧张、压抑、烦躁、厌倦情绪，升学无望，过早辍学在家或外出打工，这些人生观、世界观甚至基本道德观还未形成的青少年流入社会，成为“三不管”人员，整日混在一起，缺乏社会和家庭教育的引导，逐渐形成了一股不稳定的社会因素。（四）青少年法治教育的缺失是导致青少年犯罪的重要原因之一。在审理青少年犯罪案件时发现，青少年罪犯法律知识水平、法律意识和法律素质特别低，对《未成年人保护法》和《预防未成年人犯罪法》了解甚少，有些青少年犯罪后，还不明白自己到底触犯了什么法律。由于青少年自控能力较差，加之法治意识薄弱，极易走上违法犯罪道路。（五）社会不良文化影响是导致青少年犯罪的重要诱发因素。这些年来，暴力、黑道、色情、淫秽内容的影碟、网吧、卡通画册、口袋书遍及城乡，一些传媒也刮起了低下媚俗之风。青少年好奇心重、模仿性强、辨别是非和抵制错误的能力弱，容易受负面影响，有的从好奇到迷恋再演变成亲自尝试，甚至走上犯罪道路。

青少年犯罪案件审判。坚持“教育为主、惩罚为辅”的原则，对未成年被告人适用刑罚严格依法从轻、减轻判处。对初犯、偶犯且社会危害性较小的未成年罪犯，在从轻、减轻判处的同时多适用缓刑，这是依法体现保护政策，实现惩教、挽救的较好方式，实践证明将那些尚未成熟的未成年人判处缓刑后让他们在社会大环境接受监管改造，有利于他们积极改过自新，也避免了判处实刑后服刑时可能产生的“交叉感染”。做好法定代理人到场旁听讯问和询问工作。在开庭阶段，本地嫌疑人法定代理人旁听率达到100%，外地嫌疑人代理人旁听率达到73%。案件承办人向法定代理人了解未成年人的犯罪原因，共同对其进行教育，促其知罪、悔罪，并引导家长走出教育的误区。重视并改进未成年人犯罪案件判决书的制作。少年法庭把“教育、感化、挽救”的方针融入法律文书的制作中，在事实部分，概括地增写未成年被告人犯罪成因并进行分析，这既有利于教育挽救，又为是否能够从轻、减轻处罚，能否适用缓刑提供事实依据。在理由部分，除了论证未成年被告人的行为构成犯罪与否外，还根据未成年人犯罪的特点，阐述从轻、减轻、免除处罚或适用缓刑的理由。

全省“青少年维权岗”的市法院刑二庭开庭审理青少年犯罪案件（2005 年）

建立青少年司法维权新常态。为切实加强对青少年的司法保护，建立起家庭、学校、社会为一体的全方位保护网络，海港区法院以“引导、教育、审理、矫正”为出发点，不断完善青少年维权的长效机制，努力构建青少年司法维权新常态。2014年，海港区法院少年法庭获得最高法院授予的“全国法院少年法庭工作先进集体”荣誉称号，是全省唯一获此殊荣的基层人民法院。（1）维权引导常态化。组织法官到学校开设法律课堂，向青少年宣传讲授相关法律条文和侵犯未成年人合法权益的共性问题，将法律知识制成宣传版面，在学校及青少年活动较多的地方进行宣传，切实增强青少年的法治观念和预防犯罪的意识。（2）法治教育规范化。选派政治素质高、法律业务素质强的法官走入校园担任法治副校长，有针对性地定期开展法律知识讲座、模拟法庭、法律专题咨询、热点问题解答等多种形式的法治教育活动，提高青少年的自我防范意识，消除各种安全隐患。（3）案件审理制度化。考虑青少年群体的年龄和心理特点，在案前设置庭前帮教制度，有的放矢地进行教育感化，促使其主动悔罪；在庭上实行圆桌审判，建立教育感化制度，力求通过语言教化和思想疏导，促使未成年犯改过自新；在判决上采取慎用刑罚制度，尽量选择适用非监禁刑，以达到教育感化的目的。（4）整改矫正人性化。建立防范青少年犯罪的长效机制，推行案后“跟踪式”回访调查制度，并根据调查情况建立个人矫正档案。通过回访和备案，及时掌握青少年犯整顿改造时的心理状况和存在的问题，以便及时对症下药，从而巩固教育、挽救的成果。

第二节　合适成年人代理制度

未成年人是社会的希望、国家的未来。对于犯罪的未成年人，我国法律明文规定实行教育、感化、挽救的方针，坚持教育为主、惩罚为辅的原则，在办理未成年人刑事案件时，必须确保未成年人行使其诉讼权利，保障未成年犯得到法律帮助。在法定代理人不能、不宜参与的情况下，如何充分发挥合适成年人参与功能，引导未成年犯重新回归正途，预防未成年犯再次走上犯罪的歧路，需要国家、社会、学校、家庭等共同努力。

昌黎县法院在少年审判工作中，认真贯彻教育挽救方针，始终把教育好、改造好被告人作为应尽的职责。多年来，对青少年犯罪，审判人员都以父母对待子女般的爱心、以医生对待病人的热心、以老师对待学生般的诚信去对待被告人、教育被告人，取得了突出成绩。

在我国立法中，并没有明确规定合适成年人在场制度。2012年新修改的《刑事诉讼法》第二百七十条第一款仅规定“对于未成年人刑事案件，在讯问和审判的时候，应当通知未成年犯罪嫌疑人、被告人的法定代理人到场。无法通知、法定代理人不能到场或者法定代理人是共犯的，也可以通知未成年犯罪嫌疑人、被告人的其他成年亲属，所在学校、单位、居住地基层组织或者未成年人保护组织的代表到场，并将有关情况记录在案。到场的法定代理人可以代为行使未成年犯罪嫌疑人、被告人的诉讼权利”。昌黎县法院在办案中摸索、试行，并在借鉴其他先进法院的基础上，将该办案方法融入工作中，从而维护未成年犯罪嫌疑人的合法权益。

案例：1995 年 8 月出生的被告人段某，10 岁时父母因故双亡，后随其哥哥生活，15 岁便辍学混迹于社会，因辨别能力不强，沾染了不少恶习。2013 年 6 月 25 日，受被告人徐某等人指使，共同威胁小麦收割机机主李某强行入股收割小麦，并采取强迫手段将利润定为五五分成，从中分得 1500 元。昌黎县人民检察院以其涉嫌强迫交易罪向昌黎县法院提起公诉，因犯罪行为发生时，段某未满 18 周岁，该院在为段某指定辩护律师后，又邀请昌黎县妇联副主席曾春梅作为合适成年人参加诉讼。庭审中，听着曾春梅副主席像母亲呵护儿子般的辩解和母亲关心儿子般的批评教育，段某当庭痛哭流涕，表示一定洗心革面、痛改前非。合适成年人的引入，既保护了段某权利，又使段某在心灵深处受到了震撼和教育。鉴于段某的悔罪表现和在犯罪过程中所起的作用，该院依法判处被告人段某拘役 4 个月，缓刑 1 年，并处罚金人民币 5000 元。后来，段某在法院和县妇联的帮助下，在本县一个正规企业打工，思想转变很大，工作努力，表现良好，生活走上了正轨。

第九章　涉外涉台案件审判

秦皇岛是国家首批沿海开放城市。本着为全市的对外开放创造良好法律环境的原则，市两级法院积极开展对涉外经济纠纷案件的审理，1996 年全年共审结涉外经济纠纷案件和涉港澳台案件 29 起，有效地保护了外来投资者的合法权益。

涉外案件审理，贯彻平等保护原则。保护中外市场主体的合法权益，为不同国家、地区的市场主体创造公开、平等、透明的法治环境和市场竞争环境，为各类主体提供平等保护。涉外案件审理，尊重国际条约、国际惯例。对案件所涉国际条约、国际惯例进行查明、研究、讨论，在充分理解的基础上，准确适用相关国际条约及国际惯例规定。

涉台案件审理，不能算是涉外案件审理，因为我国政府一直坚持台湾是我国不可分割的一部分。

涉外、涉台案件审理，其案件特殊性较强，国际影响力较大。市法院在办理涉外、涉台案件过程中，严格依照法定程序，确实保障被告人的人权和各项诉讼权利的行使，依罪责刑相适应的原则，判处被告人刑罚，并及时将相关情况依规向省法院和市外事办汇报和通报，取得理解和支持。

第一节　涉外案件审判

市法院依法妥善审理、移送执行一起涉外案件。被告人 BAEKNAMHO（中文名：白某某），男，1962 年出生于韩国釜山市，韩国籍，秦皇岛某有限公司法定代表人。2013 年 12 月 20 日因涉嫌犯走私普通货物罪被秦皇岛海关缉私分局取保候审，2014 年 12 月由秦皇岛市人民检察院起诉至市法院，该案由市法院刑一庭负责审理。该案件受到韩国驻中国大使馆的重视，在开庭审理时，韩国大使馆派一名领事和一名行政主管到庭旁听，并于庭后会见了被告人。刑一庭在全部案件办理过程中，严格依照法定程序，确实保障被告人人权和各项诉讼权利的行使，依罪责刑相适应的原则判处被告人拘役 5 个月，缓刑 10 个月，并处罚金人民币 25 万元，并将相关情况依规向省法院和市外事办汇报和通报。

判决生效后，在将罪犯移送执行时，因《社区矫正实施办法》未规定专门的涉外程序，开发区司法局最初认为无法接收执行。市法院刑一庭依法提出意见，与市、区两级司法局相关部门联系协商，并通过市司法局向河北省司法厅提出意见，阐明理由，最终达成了一致。开发区司法局正式接收市法院对罪犯白某某移送执行缓刑刑罚。与此同时，市法院通知秦皇岛海关缉私分局将收取白某某的取保候审保证金 30 万元人民币中的 25 万元移送市法院，上缴财政部门，执行财产刑。该案的移送执行，也为秦皇岛市判处外国籍犯罪人员缓刑的执行问题探索了操作模式、总结了实践经验。

第二节　涉台案件审判

海港区法院成功调解涉台离婚案。赵老先生是台北市一位耄耋老人，大陆的妻子李女士也已年过古稀。二人于 1995 年经人介绍再婚，婚后因双方均不习惯对方的生活环境，长期分居海峡两岸。目前二人的身体状况欠佳，不能互相关心照顾，赵老先生便有了解除婚姻关系的想法，拖着病体专程从台北来海港区法院诉讼。长城法庭的法官考虑到老人的身体状况，在接案后的第一时间便向被告李女士进行了送达。虽然李女士对双方的现状也很无奈，但考虑到情面等因素还是不同意离婚。赵老先生得知后，因一时激动，心脏病发作。面对这种情况，办案人员热情地安抚赵老先生，并单方面对其进行了耐心细致的庭前调解。但老人不同意调解，认为法官的职责就是敲锤判决，调解是“和稀泥”，甚至会偏袒一方。对此，审判人员向老人宣讲了调解的合法性和必要性，分析了调解对他们双方的益处，并介绍了调解在构建和谐社会中的作用。他们还将老人在内地的亲人请来一起做调解工作，最终使老人对法官产生了信任感，并提出了个人的调解意见。但被告李女士却不接受赵老先生的调解意见，认为自己和他过了十几年，以后生活没有依靠，要求他给予一定的经济帮助。对此，审判人员多次晓之以理、动之以情地做赵老先生及其亲属的工作，向他们详细讲解婚姻法中有关经济帮助问题的适用条件，最终老人同意给予李女士一定的经济帮助。

在审判人员的努力下，两位老人终于达成了各自的婚前财产归各自所有，赵老先生一次性给予李女士 2 万元人民币经济帮助的协议，并当庭兑现。双方对调解结果均表示满意，并一再向审判人员致谢。

第四编　民事审判

民事审判工作的质量和效果，不仅关系到辖区的社会稳定、经济发展和改革进程，而且关系到人民群众最关心、最直接、最现实的利益问题。1990 年以来，市两级法院树立正确司法指导思想，扎实开展民事审判工作，保证了民事审判工作不断发展与进步。（一）坚持能动司法，着力服务全市工作大局。根据市委、市政府工作总体要求和战略部署，2008 年 9 月市法院出台《关于为城市改造拆迁工作提供法律服务和司法保障的若干意见（试行）》，2008 年 10 月市法院出台《关于为建设良好金融生态环境提供司法保障和服务的若干意见（试行）》，2009 年 4 月市法院出台《关于积极应对金融危机，服务保障企业发展，全力维护社会和谐稳定的若干意见》，2014 年市法院出台《为西港搬迁改造工作提供司法保障和法律服务的实施意见》《为秦皇岛市调整经济结构，转变发展方式，治理污染和京津冀协同发展战略提供司法保障和服务的实施意见》，以此引领审判工作的开展。依法妥善审理涉土地使用权流转、建设工程、道路施工、房屋拆迁、招投标等类型案件，为全市经济发展提供有力司法保障。依法审理民间借贷、金融信贷案件，保护合法债权，化解金融风险。坚持能动司法，深入了解各基层、各行业司法需求，主动为人民群众提供法律服务。紧紧围绕市委、市政府工作中心，在维护金融安全、促进经济结构调整、维护公平交易秩序等方面发挥积极作用。（二）坚持司法为民，着力保障民生。全市法院坚持谋民生之利，解民生之忧，作为开展民事审判工作的出发点和落脚点，依法妥善处理与人民群众密切相关的案件，切实保障群众权益，努力使人民群众有更多的获得感。妥善审理婚姻家庭、抚养继承纠纷案件，依法调解婚姻家庭、财产关系，促进社会和谐。妥善审理损害赔偿纠纷案件，依法保护公民的生命权、健康权和财产权。妥善审理劳动争议案件，既保护劳动者的合法权益，又促进了用人单位的用工规范。加强巡回审判，围绕生态立市战略和旅游发展规划，在山海关、北戴河、北戴河新区等地成立旅游巡回法庭审判点，将司法服务功能前延，积极化解旅游纠纷，助力全市旅游业可持续发展。（三）坚持和谐司法，着力化解社会矛盾。市两级法院民事审判工作坚持贯彻“调解优先、调判结合”原则，把调解作为处理民事案件的首选方式，将调解工作贯穿于立案、审判、执行等各个环节，实行全员调解、全程调解、全方位调解，不断完善调解工作机制，创新调解方式方法，总结推行调解工作经验，大力倡导诉讼调解结案，化解了大量社会矛盾。

市法院召开服务京津冀协同发展征求意见座谈会（2015 年）

年度民事案件审判情况。1990 年，市两级法院共受理一审民事案件 5529 件，比上年上升 5%，审结 5397 件，结案率 97.6%，其中调解结案 3721 件，占结案总数的 68.9%；判处 811 件，占结案总数 15%；作其他处理 865 件。市法院受理二审民事案件 324 件，比上年下降 13.3%，审结 296 件，结案率 91.4%。市两级法院共受理一审经济纠纷案件 736 件，比上年上升 38%；审结 691 件，比上年上升 46.4%，结案率 93.9%，诉讼标的总额 6244 万元，比上年上升 34.9%。市法院经济纠纷调解中心受理经济纠纷案件 95 件，诉讼标的总额 3500 万元，对其中 84 件实行了庭外调解。1991 年，市两级法院共受理一审民事案件 5477 件，共审结 5354 件，结案率 97.8%。在审结的案件中，调解 3176 件，占 59.3%；判决 1027 件，占 19.2%；驳回起诉、撤诉和移送 1274 件，占 23.8%。市法院受理二审民事案件 413 件，审结 411 件，结案率 99.5%。受理一审经济案件 634 件，审结 582 件，结案率 91.8%，诉讼标的金额 3710.15 万元；受理二审经济案件 66 件，审结 65 件，结案率 98.5%，诉讼标的金额 589 万元。市法院经济纠纷调解中心收案 32 件，审结 30 件，结案率 93.8%，诉讼标的金额 850 万元，三项共收案 732 件，审结 677 件，诉讼标的金额 5149.15 万元。1992 年，受理一、二审民事纠纷案件 5880 件，比 1991 年上升 6.9%，审结 5715 件，结案率 97.2%。全市共审理各类经济纠纷案件 661 件，诉讼标的总额 8767.77 万元，比上年上升 136.3%。1993 年，全年受理一审经济纠纷案件 712 件，审结 645 件，解决诉讼标的总额 1.6 亿元，创历史最高水平。受理二审经济纠纷案件 59 件，全部审结，其中维持 38 件，改判 9 件，发回 2 件，发回改判率 15.3%。市两级法院受理一审民事案件5544件，受理二审民事纠纷案件285件，审结282件，结案率98.9%，其中维持154件，改判39件，发回41件，发回改判率28.4%。1993—1997年，全市法院共受理各类一审经济纠纷案件8716件，审结7818件，结案比前5年增长183.5%；审结二审经济纠纷案件476件，比前5年增长50.2%，解决诉讼标的总额29.83亿元，是前5年的11倍。5年中，全市法院共受理各类一审民事案件35762件，审结34865件，结案比前5年上升38.5%；审结二审民事案件1855件，比前5年增长12.9%。1998—2002年，受理一审民事案件62332件，审结60910件，结案率97.7%，收、结案分别比前5年增长40.1%和42.7%；受理二审民事案件4473件，审结4453件，结案率99.6%，解决诉讼争议总金额92亿元，是前5年的3.2倍，为当事人挽回损失51亿元。2003—2007年，审结民事一、二审案件66383件，解决诉讼标的额76.78亿元。2008—2012年，围绕中心，服务大局，对重点项目开展“一对一”法律服务，成立城市改造拆迁临时法庭，帮助政府及行政部门协调化解重大矛盾隐患129起。审结商事案件52192件，解决诉讼标的金额75.53亿元，民商事一审案件调撤诉结案69227件，调解率80.11%。强化诉前调解和立案和解，使19827起纠纷化解在诉讼之外。在全省最早成立交通、劳动、矿业、水务专业巡回法庭。探索与行业协会、仲裁机构、民间调解等组织的诉调对接，在全省率

法院审判与仲裁工作联席会（2009年）

先与市保险业协会建立了涉保险纠纷联动调处机制。2013—2016年，审结民商事案件70532件，解决诉讼标的总金额135.81亿元。2017年，依法审理物权纠纷案件1081件，维护市场交易公平公正，依法审理合同案件21726件，依法慎重审理房地产、融资借贷、保险信托、担保等纠纷案件7431件，审理侵犯商标权、著作权、商业秘密及技术合同等案件130件，依法保障新技术、新产业、新业态发展。2018年，不断丰富具有秦皇岛特色的家事纠纷化解十大机制，审理离婚、继承、抚养、赡养等家事案件3989件，调解、撤诉率达58.73%，有效防范“民转刑”发生。市法院作为全省唯一代表在全国家事审判改革推进会上介绍经验。

第一章　民事案件审判

1990年，民事案件中婚姻家庭纠纷案件3039件，占受案总数的55%，比上年上升1.9%；婚姻家庭纠纷案件数量之大，并且呈逐年上升趋势，引起了全社会的关注。赔偿纠纷案件532件，占受案总数的9.6%，比上年下降3.6%；债务纠纷案件989件，占受案总数的17.9%，比上年上升29.6%。1993—1997年，重点抓好婚姻、赡养、继承等案件的审理，突出对妇女、儿童和老人合法权益的保护。将审判和教育手段有机结合起来，创办婚姻教育学校，加大对婚姻家庭纠纷案件的审理力度，弘扬社会主义文明新风，这一经验受到省法院的表扬并在全省法院系统推广。对于涉及劳动争议、房地产纠纷和集团诉讼等争议大、影响大的案件，优先立案，及时审理，避免矛盾升级，取得了良好的社会效果。2003—2007年，坚持依法审理婚姻家庭、遗产继承和相邻关系等纠纷案件17538件，弘扬婚姻自由、男女平等、尊老爱幼、相互扶助的法律原则和传统美德；依法审理损害赔偿、债权债务、侵权案件20911件，制裁违法侵权行为，依法维护公民的人身权、财产权；依法审理劳动争议、社会保障案件1728件，维护劳动者的合法权益，规范企业用工行为，促进劳动力市场的健全完善。2008—2012年，审结婚姻家庭、继承等民事案件19201件，依法维护妇女、儿童、老人的合法权益，弘扬社会主义美德。审结权属、侵权等民事案件24639件，依法制裁民事侵权行为，有效发挥司法的教育引导功能。审结劳动争议案件3463件，依法保障劳动者权益。2013—2016年，高度关注涉及人民群众切身利益案件的审理，依法审结财产确权、相邻关系、损害赔偿等权属、侵权案件26937件。加强“三农”案件审判，促进农村、农业发展。维护农民权益，依法审结农村土地承包流转、农民工权益保障等案件4092件。依法妥善化解家事纠纷，促进家庭和睦，培育良好家风，审结婚姻、继承、抚养、赡养等案件15700件。

依法妥善审理婚姻家庭、继承纠纷等家事案件，对于维护家庭和谐，保障未成年人、妇女和老年人合法权益，培育和践行社会主义核心价值观，促进社会建设具有重要意义。市两级法院从这个高度认识家事审判改革，统一思想、提高认识，充分发挥家事审判的重要职能作用，妥善化解家事矛盾纠纷，维护当事人合法权益，制裁不法和侵权行为，促进家庭和睦，培育良好家风，为未成年人健康成长营造良好的家庭环境，切实保障和推动社会的文明进步。2016年5月，市法院被确定为全国家事审判方式和工作机制改革试点法院以来，总结创立了秦皇岛市家事审判的“十大工作机制”，全力打造“北方一流”的家事审判“秦皇岛模式”。“十大机制”，即专业化的家事审判团队机制、婚姻“危机与死亡”甄别机制、情感修复机制、家事案件优先调解机制、举证责任分配向弱者倾斜机制、心理疏导机制、司法救助机制、反家暴人身保护机制、回访帮扶机制、社会联动综合解决机制。在全国部分法院家事审判方式和工作机制改革试点工作推进会上，市法院作为河北省唯一代表作了经验介绍。特别是与燕山大学开展家事审判战略合作的做法受到最高法院领导的充分肯定。

第一节　婚姻家庭、继承纠纷案件审判

离婚案件。离婚案件数量整体呈上升趋势，呈现如下特点：（1）离婚案件当事人年龄向低龄化、婚龄向趋短化发展。随着互联网、智能手机的应用发展，社会交往、联系方式呈多元化。婚姻关系的建立由父母之命、媒妁之言向着自由恋爱发展。但因交往时间短，相互缺乏了解，加之独生子女多，个性较强，婚后极易引发矛盾冲突，产生闪婚、闪离现象。（2）夫妻共同财产形式多样，数额较大。随着经济的发展，夫妻共同财产的形式多样化，除了传统的房屋、汽车、存款以外，还包括股票、基金、知识产权、住房公积金、保险等，在财产处置分割上争议较大；此外，所购房屋、汽车等财产出资方式也多样化，父母出资、朋友借款、股票代持等，法院认定难度大，较难分割。（3）婚外情导致的离婚比例上升。随着人民生活水平的提高，社会交往方式的增多，传统的婚姻观念发生变化，不再满足平淡的婚姻生活，婚外情、网恋导致的离婚案件明显增多。

扶养、抚养案件。（1）要求调整抚养费案件占比较大。在离婚纠纷中，双方对子女问题进行了约定，但随着子女年龄的增长及生活成本的增加，原来约定的抚养费数额不能满足子女的日常生活，抚养子女一方要求提高抚养费。（2）婚内抚养、扶养纠纷增多。在婚姻关系存续期间，一方对配偶及子女不尽扶、抚养义务，另一方在不起诉离婚的情况下，要求对方支付扶、抚养费。这类案件往往是离婚案件的前奏，如双方关系不能有所改善、

缓和，极有可能会导致离婚。

赡养纠纷案件。随着人民生活水平的提高和社会保障制度的完善，继承纠纷案件整体呈下降趋势，且案件数量农村明显高于城市，多子女家庭高于独生子女家庭。而且赡养纠纷由原来的物质赡养（钱、物）扩展到精神赡养，要求子女每周、每月打电话，节假日探望成为老人的新需求，但精神赡养案件判决执行也是难点。

继承案件。继承案件中，法律对继承的顺序、财产的范围规定比较明确，但与离婚案件一样，遗产的形式日趋多样化，数额也越来越大。有的继承案件，被继承人突然死亡，遗产的范围尤其是其中债权的范围难以查清，致使当事人争议比较大，案件审理难度增加。

第二节　合同纠纷案件审判

1992 年，党的十四大提出建立社会主义市场经济的目标后，民营经济得到快速发展。1993 年，为适应社会主义市场经济发展的需要，全国人大常委会对《经济合同法》进行修订，修订后的《合同法》取消了计划经济的限制，以诚信和促进交易为基本原则，保护个体经营的合法交易。1999 年 3 月 15 日，第九届全国人民代表大会第二次会议通过《合同法》，自 1999 年 10 月 1 日起施行。该法规定，合同是平等主体的自然人、法人、其他组织之间设立、变更、终止民事权利义务关系的协议，是财产流转和交易关系的重要法律形式。随着社会主义市场经济制度逐步建立和完善，法院受理合同纠纷案件大量增加。1990 年，市两级法院审理借款合同纠纷案 222 件，同比上升 74.8%；审理购销合同纠纷案 271 件，同比上升 34.8%，使大量资金和物资得以合理流通和利用；1993—1997 年，审理借款合同案件 1701 件，为银行追回贷款或以物抵款近 4 亿元。2003—2007 年，依法审理农村承包合同等涉农案件 1211 件，支持土地承包经营权的合法流转，维护农民的合法权益，促进社会主义新农村建设。2008—2012 年，审结商品房买卖、房地产开发、建设工程、商业保险等合同案件 13060 件，为债权人清收资金 52.61 亿元，依法维护各类市场经济主体的合法权益。2013—2016 年，依法平等保护各类市场主体合法权益，审结买卖、房地产开发、建设工程等合同案件 12620 件；坚持金融服务实体经济的导向，立足“促进融资、防控风险”，依法妥善审结民间借贷、金融借款、保险等合同案件 23986 件。

市法院民三庭审理案件的范围包括民间借贷纠纷、房屋拆迁安置合同纠纷、合伙协议纠纷、融资租赁合同纠纷、赠与合同纠纷等，2008—2011 年，市法院民三庭每年审理一审合同案件 40 件左右；2012、2013 年，每年审理一审合同案件 100 余件；2014—2017 年，每年审理一审合同案件 80 件左右，标的额均在 10 亿元以上；2018 年审理一审合同案件不到 70 件。

2012年、2013年新收案件数量增幅较大，分析原因主要是政府收紧银根，调整经济过热，企业资金周转困难，银行贷款不能正常偿还，相关货款、工程款等不能及时结清，因此引起民事合同纠纷诉讼。自2014年起，新收案件数量大幅下降，主要原因是最高法院对于级别管辖标的额进行调整，市法院一审案件受理标的额双方当事人均为本辖区的案件由原来的300万元上升到3000万元，一方当事人为非本辖区的案件由原来的200万元上升到2000万元。

市法院成功调处一起因金融危机引发的巨额进口贸易合同纠纷。在全球金融危机日益蔓延并对实体经济造成冲击的背景下，因市场巨变造成众多合同及订单不能履行，给各地企业带来巨大的冲击，由此而引发的诉讼案件也开始在秦皇岛市出现。2009年，市法院民三庭在审理一起此类的案件中，以"围绕中心、服务大局"的司法理念为主导思想，化解矛盾、定分止争，最终使原、被告在短期内达成调解协议，取得了双方的一致满意。

案例：2008年7月，秦皇岛市太行贸易有限公司与唐山松汀钢铁有限公司在进行进口铁矿石贸易中，因市场价格巨跌，松汀公司违反合同约定，拒绝付款提货，给太行贸易公司造成4100余万元的直接跌价损失，为此，太行贸易公司起诉至市法院。市法院在受理案件后，依据太行贸易公司的申请，于2009年3月初依法查封了松汀公司在唐山曹妃甸港的9万吨铁矿粉。松汀公司随即以断料停产为由请求调解。此案受到市领导和院领导的高度重视，民三庭负责人亲自带队，与主审法官本着服务大局的精神，充分发挥人民法院居中调解职能，实地调研了解情况，先后多次组织双方进行调解，并对各方分别进行了大量的说服工作，积极提出多个调处方案，最终在查封的第10天，促使双方达成了和解协议。原、被告双方各自承担了部分市场风险，分担了由市场巨大波动引发的巨额差价损失，原告的合法利益得到了维护，被告也未因此断料停产。原告太行贸易公司是秦皇岛市贸易行业的排头兵，其所属的河北远洋集团是全国的知名企业，位于全国航运企业之三、民企航运企业之首，是秦皇岛市的纳税大户，2008年整个集团在秦皇岛纳税2.38亿元。而被告唐山松汀钢铁公司，也是在唐山影响较大的民营钢铁公司，有1000余名职工。本案的涉案金额较大，处理不好会直接影响到两个企业的经营和生存。民三庭在处理本案时以"干部作风建设年"活动为契机，牢固树立政治意识、大局意识和责任意识，着力解决金融危机引起的司法问题，尽量让双方都能正确面对市场的巨大波动，共同分担损失，实现了司法为民和服务经济发展的有机统一。

房屋买卖合同纠纷。（1）房屋买卖合同纠纷案件数量持续攀升，涉众性案件比例较高。近年来市两级法院受理的涉及10人以上的群体性案件占到房屋买卖合同案件的80%以上，涉及百人以上的群体性案件占到房屋买卖合同案件的40%以上。如海港区海洋花园小区案件，涉及244人；卢龙金御龙湾小区一案，涉及148人。（2）房屋买卖合同纠纷案件类型以逾期办证、逾期交房为主，类型逐渐多元化。（3）执行异议之诉中涉及房屋争议的案件持续增多。（4）群体信访案件频发，法院审理难度加大。房屋是百姓手中最主要的固定资产，为购买房屋往往要投入两代人甚至更多的积蓄。如果此类案件处理不好，极易演变成信访事件。群体性事件中购房者之间相互联系，利用上访、网络等社会舆论向法院施加压力，致使案件社会关注度高，法院审理难度大，在法律效果与社会效果两者之间较难平衡。

案例：（一）百名业主怒诉开发商，法院倾力化解促和谐。2001年，市法院民一庭在院领导的具体指导和参与下，成功地调解了一起涉案近百户、涉案标的达700余万元的某小区百名业主诉某房地产开发商商品房买卖合同纠纷案，有效地避免了一起群体上访事件，维护了秦皇岛市社会的和谐与稳定，收到了良好的法律效果和社会效果。某小区近百名业主诉某房地产开发商商品房买卖合同纠纷一案共98件，业主们认为开发商在交房时未能满足交房条件，存在违约情形，要求开发商承担违约责任，赔偿违约金。一审法院支持了部分业主的诉求，判后双方均对部分判决不服，向市法院提起上诉。业主们认为开发商存在违约行为，要求其承担违约责任，赔偿违约金等各项损失共计700多万元。开发商则认为其不构成违约，其交房时未能达到交房条件是因为2008年奥运会期间政府禁止施工造成的，后果应由政府来承担。业主们的代理人因对一审法院判决不服，在二审期间就多次去市联合接访中心投诉，还向国务院有关部门反映房屋质量问题及对一审法院工作的不满，其曾多次向二审法院施压，如果判决结果不能满足其诉求，将组织业主去北京上访，二审法院办案压力非常大。鉴于本案涉案人数众多、极易引发集体访的实际，市法院领导高度重视，院长闫五一听取了案件情况汇报，并指示主管领导和审判人员深入细致地做好双方当事人的工作，坚持“调解优先”的原则，力求实现法律效果与社会效果的统一。按照闫院长的要求，主管领导、庭长和合议庭认真分析案情、归纳争议焦点、确定是非责任、选择适用法律，在缜密把握事实和法律的基础上，确立了“稳定为先、全力调解、整体消化、案结事了”的工作思路和目标。在审理过程中，庭长、合议庭的审判人员多次主动找业主代理人了解案件情况，倾听业主们的诉求和反映，并晓之以理、明之以法、动之以情，以真心、诚心、耐心和公心，逐渐消除了业主对法院和审判人员的疑虑，赢得了业主的信任，为案件调解奠定了基础。随后，审判人员又不厌其烦地加强与业主代理人和部分业主的沟通，一方面确认开发商存在违约行为，应承担民事责任；另一方面讲清当时房地产市场管理存在不规范问题，加上政府行为在客观上造成影响导致违约，积极争取业主的谅解，以适度减轻开发商的违约责任，为案件调解解决创造条件。同时，审判人员多次约谈开发商负责人，明确指出开发商存在违约行为，即使政府行为对违约事实存在因果关系，但是根据合同相对性原理，依法也不能免除开发商对业主应承担的违约责任。至于政府行为给开发商造成的损失，应由开发商另辟途径来解决，与处理本案没有直接关系。在向开发商负责人详细、全面地宣讲法律的同时，审判人员还从维护稳定、促进和谐、保障民生的角度做其工作，劝导开发商积极主动承担违约责任。最终经过反复调处，双方达成和解，98名业主撤回上诉或撤回起诉，使案件得以圆满解决。

（二）市法院调解一起长达8年的仓库租赁纠纷案件。2000年5月，东港镇徐庄村委会将东港储运中心租赁给杨某等5人，租期8年。2003—2008年双方纠纷不断，徐庄村委会先后以合同效力问题、请求解除合同为由向法院提起诉讼，双方当事人从一审、二审到再审。2008年6月合同到期，杨某等人撤出储运中心，并要求村委会返还租赁期间抵顶应由村委会偿还的建设投资款400万元。2008年12月，杨某等人将徐庄村委会诉上法庭。在无果的情况下，2009年2月，杨某等人强行占领原储运中心，徐庄村委会则以排除妨害为由将杨某等人诉讼到法庭。双方矛盾尖锐，积怨很深，引起广泛关注，徐庄村的村民多次自发到法院围观。面对复杂的情况，市法院闫五一院长指示办案人员，此案事关村集体利益，容易引发群体性纠纷，务必要依法慎重处理，彻底化解矛盾，防止一判了之。民一庭办案人员根据闫院长的要求，深入细致地开展工作，他们把两个案子合并审理，认真梳理案情，找准症结，有针对性地制定工作方案。考虑到双方当事人很难坐下来协商，办案法官充分发挥三位一体调解工作体系的综合调控优势，运用三大调解方式形成化解矛盾的合力。他们加强与当地党委、政府的沟通和联系，及时主动通报情况，寻求支持。海港区委政法委多次做双方当事人的工作，东港镇党委、政府也积极配合法院疏导当事人。其间，办案法官在当地党委、政府的协助下，反复主持调解，先后制定出10多个调处方案，双方均未能达成协议。徐庄村民情绪激动，多次聚众到市法院要结果，称该案如得不到合理解决，将赴省进京上访，有矛盾激化的趋势。办案法官在调处屡次受挫的情况下，没有气馁，而是坚定信心，千方百计地寻求解决方案。他们发动一切可以发动的力量，找双方当事人亲戚朋友以及通过双方律师共同做工作，最终双方当事人达成协议，杨某等人撤出储运中心，徐庄村委会支付杨某等人90万元。调解协议当场履行完毕，双方当事人均表示满意。

劳务合同纠纷。劳务合同是指以劳动形式提供给社会服务的民事合同，是当事人各方在平等协商的情况下，就某一项劳务以及劳务成果达成的协议。劳务合同不属于劳动合同，从法律适用而言，劳务合同适用于《合同法》以及《民法总则》和其他民事法律所调整，而劳动合同适用于《劳动法》以及相关行政法规所调整。现在当事人存在较大误解的是，在劳动关系存续的过程中，劳动者达到法定退休年龄，其与用人单位是否仍然存在劳动关系，根据相关法律及规定，劳动者达到法定退休年龄同时满足其已经领取社会养老保险，双方的关系即由劳动关系变更为劳务关系，否则，双方成立的仍然是劳动关系。自2000年以来，市法院民事审判第二庭审理二审劳务纠纷案件共计483件，维持一审判决176件、调解结案46件、发还166件、改判95件。秦皇岛地区的劳务纠纷案件多集中在物业公司、劳务派遣公司，并以多人同时诉讼的形式出现，凸显了老龄化人口与用人单位的突出矛盾。在保护劳务人员正当权益的同时，市法院在相关案件的审理过程中情理并重，为纠纷化解作出了不懈努力。例如秦皇岛某牧业公司上诉李某某劳动争议一案，李某某之夫李某纯生前在与用人单位劳动关系存续期间达到法定退休年龄并领取城乡居民社会养老保险，抚宁区法院判决双方存在劳动关系，市法院撤销一审判决并驳回李某某要求确认存在事实劳动关系的诉讼请求，引发李某某多次多渠道信访，但市法院坚持依法认定双方当事人系劳务关系，以法释理，以理服人，从而达到了法律效果和社会效果的统一。

建设工程合同纠纷。建设工程合同纠纷涉及的诉讼主体既有发包方、总承包方、设计方、勘探方，又有转包方、分包方、实际施工人等，诉讼主体多。法律关系既有建设工程施工总包、转包、分包等法律关系，又有建设工程设计、勘查、监理等多个法律关系。建设工程类合同案件为建筑专业领域的纠纷，其涉及的专业术语多、施工工艺等专业技术性强。也正是由于极强的专业性，工程款的数额、工程质量是否合格依法律规定及行业规定需委托专业机构进行鉴定。而鉴定机构所用的鉴定时间少则三五个月，多则七八个月甚至一年以上。建设工程纠纷案件中拖欠工程款纠纷占了大多数。很多案件与建设方资金不足盲目开发建设项目有关。由于前些年房地产发展迅猛过热、利润空间大、回收资金迅速，从而吸引了许多企业和个人纷纷投资。企业不管有无资金，盲目上马，抱着先拿到项目再说的心态，一旦筹资回笼资金失败，便出现拖欠工程款甚至烂尾楼工程。由于承建方拿不到工程款，直接影响了材料供应商拿不到材料款，参建的农民工无法取得工资，房屋的买受人无法取得房屋等由此产生建设工程类合同纠纷。市两级法院根据建筑工程涉及诉讼主体多、法律关系复杂的特点依法审理。2014 年，全市法院共受理一、二审建设工程类合同案件 594 件，其中一审案件 495 件、二审案件 94 件。2015 年共受理 754 件，其中一审案件 628 件、二审案件 118 件，增幅 52.32%。2016 年共受理 780 件，其中一审案件 634 件、二审案件 131 件，增幅 3.45%。受理案件标的金额 2014 年 6.75 亿元，2015 年 14.44 亿元，2016 年 17.67 亿元。审理这类案件，法院对违反合同约定造成损失的，令其承担违约责任。其做法：无偿修理或返工，增减施工中的有关费用，向对方支付违约金或赔偿金，顺延竣工日期，更改工程结算额。对发包方不按合同规定拨付工程款项的，法院按银行有关逾期付款办法或《工程价款结算办法》的有关规定处理。

农村土地承包合同纠纷。2016 年，市两级法院共审理农村土地承包合同纠纷案件 270 件，与 2015 年相比增加 21 件，与 2014 年相比增加 61 件。受理案件数量呈递增趋势。呈现的特点：（1）案件类型日趋多样，涉诉成因较为复杂。随着市场经济的快速发展和国家政策的调整，受土地增值、土地征收补偿标准提高以及村委会换届等因素的影响，各类土地承包纠纷案件明显增多。主要有土地承包合同纠纷（包括内部家庭承包及以招标、拍卖、协商等其他方式进行的承包）、土地承包经营权侵权纠纷、土地承包经营权流转纠纷等。发包方即村集体未按法定程序发包集体土地或单方毁约而引起的纠纷超过半数。因土地流转不规范或擅自变更土地用途或未按期足额缴纳承包费、流转费等引发纠纷的也很多见。（2）双方对立情绪激烈，容易引起信访问题。涉诉合同往往已经签订并履行多年，部分是因特殊目的如植树造林、水利工程、非农经营而承包，合同解除或无效的后果在实践中较难处理，法律效果与社会效果难以统一。涉诉村民多在诉前已向相关政府部门反映过，民众情绪比较激烈，极易引起信访问题，尤其是集体访、闹访、缠访、越级访等非正常上访。（3）诉讼主体具有群体性，案件调解难度较大。如半数以上村民请求确认土地承包合同无效或者虽然是村委会一方为当事人，但涉及全体村民利益的案件。此外，也有某些案件起初是由个别主体提起，但此类案件的判决对其余群体具有启发、仿效作用，具有潜在的群体性。农村土地承包合同纠纷案件的调撤率低于20%，主要是由于双方当事人之间矛盾较深或涉及各方重大利益，且有些是经当地乡镇有关部门和基层组织多次协调未果的情况下才诉至法院，故很难达成和解。

立足法院自身，做好相关工作：（1）强化诉调、诉裁对接，妥善处理纠纷。按照“党委领导、政府支持、多方参与、司法推动”的原则，为确保无缝顺畅对接，法院找准自身定位，不断总结和创新审判工作经验和方法，充分发挥“互联网＋诉非衔接”制度及“一乡一庭”建设在基层社会治理中的作用，对可能引发集体访、越级访的案件提前预判，对典型案件加强巡回审判，积极争取当地党委、政府的支持配合，建立包括涉农信访处置在内的联动机制。同时法院审理案件时尊重本地农业生产的自然规律，合理确定和把握时机，做到慎审快结。（2）注重调查研究，科学认定证据。审理涉及农村土地承包的案件，口头约定大量存在，很多情况下当事人举证形式是证人证言，而证言随意性较大且证人不愿出庭及大多数村民的真实意愿如何核实等问题相当突出。这就需要在证据的认定上把握两个原则：一是按照农村实际注重经验规则的运用，尽可能在认定证据时符合客观真实；二是在不违背《证据规则》的前提下，依照职权进行必要的调查，更多地注重实体正义。

保险合同纠纷。保险合同纠纷类型日益增多，既包括人寿保险，又包括财产保险，其中财产保险包括机动车三者险和机动车损失险，近期又增保证保险，造成案件种类繁杂。因保险案件涉及投保人、被保险人、保险人乃至受益人、责任险中的第三人等多方当事人，相关案件还可能交织有侵权、婚姻家庭关系，存在商事与民事衔接问题。此外，保险纠纷中新型问题不断出现，但相关法律和司法解释却常常滞后。如何平衡不同部门法的理念差异、妥善处理交叉法律问题成为保险案件审理中的突出问题。（1）平等保护当事人权利，维护当事人合法权益，促进保险业健康发展。准确把握保险法的特有原则，努力实现各方当事人的利益平衡。一方面，充分保护被保险人的合法权益，根据保险合同纠纷的特点，坚持快审快结，尽力调解纠纷，缩短理赔时限；另一方面，依法支持保险公司的合理诉求，依法规范保险公司的经营活动。（2）进一步加强与保险协会的相互配合，加大联合化解保险纠纷的工作力度。加强诉调对接机制建设，拓宽委托调解的案件范围，加大类型案件、群体性案件的调解力度；加强对典型案例的法治宣传；对保险合同纠纷热点、典型问题加强研讨，市两级法院每年进行专题研讨并与保险监管部门、保险行业协会进行联合调研，不断促进保险公司管理机制的完善。2015 年，全市法院共受理保险合同案件 1512 件，占合同类案件 6.98%，审结 1332 件，结案率 88.1%。受理案件较 2014 年增加 142 件，上升 10.36%；较 5 年前增加 965 件，上升 176.42%。

案例：市法院依法公正审结全省最大财保理赔案。2013 年 4 月 18 日，中国人民财产保险公司（以下简称“中财保”）河北省分公司副总经理冯新竹和秦皇岛市分公司总经理高长斌一行带着锦旗和感谢信来到市法院，对市法院依法、公正、高效审结“中财保”秦皇岛分公司与市汇丰投资有限公司的财产保险赔付纠纷案表达谢意，市法院主管领导代表院党组接受锦旗和感谢信并与其会见。2008 年 10 月 20 日，原告秦皇岛汇丰有限投资公司填写投保单向被告“中财保”秦皇岛分公司投保财产保险综合险。将 53 万余件灯具作为投保标的并列了清单，保险金额为 832 万余元，保险费为 6663 元，保险责任为 2008 年 10 月 21 日 0 时起至 2009 年 10 月 20 日 24 时止。2009 年 1 月 29 日 1 时 40 分，原告公司西侧平房仓库发生火灾，报警后消防部门将火扑灭。火灾发生后，被告委托公估公司对原告火灾损失进行公估。公估公司曾多次来秦对火灾损失进行清点评估，但因保险人均未联系到被保险人，且火灾现场被公安消防机构查封（公安机关对火灾案已立案调查），公估公司无法对火灾损失情况进行清点，也未能就火灾损失作出评估。汇丰公司要求“中财保”秦皇岛分公司赔偿 809 万元人民币及其他损失，“中财保”秦皇岛分公司认为“着火地点与投保点不符，投保的是商场，而着火的是仓库”，因此拒绝向汇丰公司赔偿。为此,2011 年 2 月 21 日，汇丰公司将“中财保”秦皇岛分公司告到市法院，起诉后又追加间接损失 128 万元，诉讼标的额总数为 934 万元人民币，系秦皇岛市乃至全省法院近年受理的最大一起财产保险类案件。此案标的额巨大、案情复杂，一审开庭时双方矛盾激烈，互不相让，审理此案的民三庭法官克服困难，认真梳理案情。主管此案的院领导多次听取汇报，严把事实、证据、程序和法律适用关。后来，此案经审委会讨论，得出一致意见。2012 年 11 月，市法院依法判决驳回被告汇丰公司的诉讼请求。被告上诉后，河北省法院维持了市法院的一审判决。当天的会见中，冯新竹副总经理十分感谢市法院法官秉公办案。他表示，作为历史悠久的财产保险企业，今后将继续担负起更多的社会责任，严格按照保险合同进行赔付，更好地维护公司的信誉和投保企业的利益。

市两级法院与市保险行业协会召开保险诈骗案件研讨会。2015年，市法院与保险行业协会第三次联席会议在市保险行业协会会议室召开，市法院立案一庭、刑二庭和海港区法院主管刑事副院长参加了会议。会议首先听取了大地财产保险股份有限公司秦皇岛中心支公司关于关某诉大地财险机动车保险合同纠纷一案的报告。现有的证据表明，被保险人关某所持有的宝马轿车于2014年3月7日22时28分在辽宁省兴城市102线上撞到大树（单方事故），事故造成标的车损失达68万余元。保险公司委托燕赵司法鉴定中心对现场进行了痕迹鉴定，结论为标的车采取了保护措施或更换了驾驶员。该案涉嫌保险诈骗，现在在市公安局经侦支队侦查阶段。会议认为，这起保险诈骗案件，行为人已经实施了保险诈骗行为，但因意志力之外的原因暂未获得保险赔偿，应依法追究刑事责任。通过该案，要争取做到查处一案、教育一片、警示一方的效果。保险公司与公安机关相互配合，依照法定程序进行鉴定，找准案件切入点，破解调查取证的难题。会上，市公安局经侦支队、市检察院执法监督处、市法院刑二庭和海港区法院等领导就该案在受理立案、传唤当事人、调查取证、依法委托痕迹鉴定等方面达成了共识。会上就如何打击保险诈骗案件、依法维护保险人权利、保护保险消费者利益等相关问题进行了论证。会上还听取了市保险行业协会代表财产保险公司提出的道路交通事故委托评估鉴定的意见。会议认为，评估鉴定工作应征得当事人的同意，当事人达不成一致意见的，应由公安或法院严格执行摇号程序委托，并建议在今后工作中，要逐步完善和规范对外委托评估鉴定工作。

物业服务合同纠纷。由于物业服务公司提供的服务质量与业主对物业管理服务的需求存在差异，业主与物业服务公司之间的矛盾增多，造成物业纠纷案件逐年增加。法院受理的物业服务合同案件中被告多为业主，业主的抗辩理由均有反诉内容，涉及服务水平、财产损害、房屋质量等问题。大多业主不愿主动提起诉讼，对物业公司服务不满时，主要通过拒交物业费的方式与物业公司对抗，导致被诉。法院受理的以物业公司为原告的案件，诉求基本为催要物业费。物业公司往往一次起诉多名业主，由于当事人处于同一社区，物业服务纠纷的原因基本相同，极易形成业主的共同利益圈，抗辩力度增大。多数物业公司在诉讼中不愿让步，担心妥协会影响日后工作的开展，导致连锁反应，造成案件调解难度大。市两级法院积极探索快审快结的审判方式，促进物业纠纷的及时解决。（1）鉴于物业纠纷案件多涉众且标的小的实际和特点，法院不断创新工作方法和裁判思路，对部分诉争单一、法律关系明确的案件采取快审快结的简易方式审理。（2）加强司法调解与行政调解、人民调解、行业调解的协调联动。法院审理中发现，部分物业公司当业主欠费时即起诉，以诉讼作为催缴的唯一方式。为积极应对物业纠纷案件逐年剧增的情况，及时妥善化解物业纠纷，2015年4月海港区法院率先成立物业巡回法庭，初步实现司法调解与人民调解相衔接，取得了较好效果。2015年年底，市法院积极推广此经验，积极协调市司法局、市住建局，推动成立更为有效的物业纠纷联动调解组织，形成物业纠纷多元化解机制。2015 年，全市法院共受理物业服务合同案件 1463 件，占合同类案件 6.76%，审结 1378 件，结案率 94.19%。受理案件较 5 年前增加 471 件，上升 47.48%。

案例：服务创城成功执结一起物业纠纷。2016 年 9 月 1 日，秦皇岛兴国物业服务有限公司与秦皇岛经济技术开发区自然家园社区业主委员会（以下简称自然家园业主委员会）签订《自然家园小区物业服务合同》，后入驻自然家园小区提供物业服务。2016 年 12 月 14 日，自然家园业主委员会向法院提起民事诉讼，要求解除与秦皇岛兴国物业服务有限公司的物业合同。经市两级法院审理判定物业合同无效。判决后，业主委员会要求物业公司撤离，并交付物业用房及相关设施，以便新的物业公司入驻。由于兴国物业没有及时撤离，占用物业用房，新物业公司无法开展工作，小区卫生、安保等问题严重影响居民的生活，同时也影响了秦皇岛市开展创城活动。2017 年 5 月 12 日，自然家园小区业主委员会向开发区法院提起民事诉讼，要求秦皇岛兴国物业服务有限公司撤离现场，返还物业用房，并提出先予执行申请。秦皇岛兴国物业服务有限公司提出管辖异议，市法院 5 月 26 日裁定开发区法院管辖。为了迅速恢复小区业主正常的生活环境，保障居民生活，助力创城活动取得实效，开发区法院于收到市法院管辖裁定之日即作出先予执行裁定。秦皇岛兴国物业服务有限公司部分员工情绪激动，不理解和接受法院的执行裁定，表示誓死不撤离现场，不交付物业用房。为此，开发区法院党组高度重视，专门例会部署商讨执行事宜，当晚制定具体执行方案。2017 年 5 月 27 日上午 10 时，开发区法院执行局、法警队全院出动，院领导亲自带队到现场指挥强制执行。为保障执行顺利完成，开发区法院还协调 13 名公安干警、市法院 16 名法警到场协助执行。被执行人在强大的执行阵势威慑下，经院领导亲自解释，讲理明法，被执行人终于同意撤离现场，交付物业用房。中午 11 时 50 分，被执行人完全撤离执行现场，并交付了物业用房和办公设施，业主委员会确认法院执行完毕。

金融借款合同纠纷。金融借款合同呈现的特点：（1）案件数量不断攀升。2012—2016 年，秦皇岛市金融借款合同纠纷案件以年均 22.7% 的增幅增长，主要有以下原因：第一，金融机构历史遗留问题较多，如内部管理不规范，对贷款方资信状况、担保方担保能力审查不严等，存在潜在风险；第二，国际国内经济形势持续下行，债务人偿付能力下降，导致纠纷上升；第三，目前社会诚信体系尚未完全建立，在缺乏信用监管与惩罚机制的情况下，债务人融资后，千方百计逃避还债，只能诉讼解决；第四，金融业务扩展，创新业务缺乏成熟经验与相应规范，引发新的风险。（2）涉案标的额较大、被告人数众多。2016 年，全市法院受理的金融借款合同纠纷案件，总标的额达 18.92 亿元。标的额在 3000 万元以上的有 36 件，有 21 件高达 4000 万～ 8000 万元。绝大多数金融借款合同纠纷都涉及担保，为确保债权实现，金融机构往往将借款人及担保人一并起诉，致使金融借款合同纠纷被告人数众多。涉及多被告的金融借款合同案件，数量占到了收案总数的90%以上，一个案子一般有四五个被告，有的多达七八个。（3）审理周期往往较长。金融借款合同案件，涉案被告人数众多，且被告往往并不在同一行政区内，送达法律文书占用了相当比例的审理期限。除有的当事人在签订合同时所留的地址与起诉时的居住地不同等客观原因外，还有相当一部分当事人采取多种手段拒收法律文书，导致法院不得不公告送达。

法院立足自身，做好以下工作：（1）创新工作模式，延伸服务职能。依托已经建立的由市两级法院、市公安局、市金融工作办公室、市银监分局、市人民银行、市保险行业协会及金融机构代表参与的金融审执联动机制，从立案、送达、审判、执行各阶段，进一步加强司法机关、金融主管部门和金融机构之间的良性互动，形成政府牵头、法院主导、各部门联动的金融案件审判执行工作新格局。（2）推行繁简分流，提高审判效率。针对大部分金融纠纷债权债务关系明晰、案情简单的特点，积极推行繁简分流。对事实清楚、争议不大的纠纷，特别是同类型批量案件，适用简易程序，集中受理、快速立案、快速送达，简化财产保全手续，及时进行查封、冻结、扣押等财产保全措施，推行“模板式”法律文书，尽量做到“当庭审理、当庭裁判、快速结案”，缩短办案周期，降低金融机构诉讼成本；对重大、新类型或复杂的案件，适用普通程序审理，加大调解力度，注重审判效果，妥善化解矛盾纠纷。（3）加大对逃避还款义务当事人的制裁力度。在审理中严格审查确定借款双方的责任，坚决依法制止企图通过诉讼逃债、消债等规避法律的行为。2016年，全市法院共受理金融借款合同纠纷案件3414件，受理案件数量占合同类案件的13.72%，审结3101件，结案率90.83%，受理案件较2015年增加911件，上升36.4%；较5年前增加1815件，上升113.5%；较10年前增加2359件，上升223.6%。

第三节　侵权案件审判

2010年7月1日，《侵权责任法》正式施行。国家以法律的形式保护民事主体的合法权益，明确侵权责任，预防并制裁侵权行为，促进社会的和谐稳定。民事权益，包括生命权、健康权、姓名权、名誉权、荣誉权、肖像权、隐私权、婚姻自主权、监护权、所有权、用益物权、担保物权、著作权、专利权、商标专用权、发现权、股权、继承权等人身、财产权益。自1990年以来，市法院民事审判第三庭主要从事民商事案件一审的审理。从2008年7月份开始增加部分二审案件的审理，涉及侵权案件案由主要是机动车交通事故责任纠纷、医疗损害责任纠纷。截至2018年，全庭侵权案件收案共计2048件，结案2033件、判决1650件、调解 113 件、撤诉 94 件。2009、2010 年收案 100 多件，2011 年、2012 年收案不足 100 件，2013—2018 年每年收案 240 件以上。2013 年以后，人民生活水平提高，收入增加，家用轿车增多，发生交通事故概率增加，因此相应的机动车交通事故责任纠纷案件也呈逐年上升趋势。从 2013 年开始，市法院一、二审案件调解率明显提高。办案法官按照最高法院指示，加大调解力度，争取社会效果与法律效果相统一，做到案结事了。

2016 年 4 月 16 日，市法院召开机动车交通事故责任纠纷案件研讨会

第四节　宅基地及相邻关系案件审判

宅基地纠纷主要涉及两部分：（1）宅基地侵权纠纷，在宅基地使用证上，四至没有精确定位，往往仅标明至某家或者某街道，一旦产生纠纷法院对四至很难确定。（2）小产权房交易纠纷。小产权房交易一直是社会关注的热点。小产权房既包括建设在宅基地上的农宅，也包括符合规划并取得批建手续的小康楼。部分集体经济组织成员房屋出售给非本集体经济组织成员后，所售房屋因拆迁大幅增值。售房者往往面对巨大利益的诱惑，不讲诚信，起诉请求认定买卖合同无效，返还房屋或者拆迁利益。因国家禁止城镇居民购买小产权房，买卖合同因违反法律禁止性规定而被认定无效，致使买卖双方产生利益失衡矛盾，造成不稳定因素。

宅基地及相邻关系案件审判情况。市法院民事审判第一庭 2010—2018 年共收案 327 件，结案 325 件。

宅基地及相邻关系纠纷一览表

年份	民事二审					
	旧存	收案	结案	判决	调解	撤诉
2010	0	7	0	0	0	0
2011	7	29	35	30	4	1
2012	1	29	19	19	0	0
2013	11	45	40	39	1	0
2014	16	20	30	28	0	2
2015	6	40	42	37	2	3
2016	4	69	73	70	1	2
2017	0	59	59	58	1	0
2018	0	29	27	25	1	1

审理这类案件，市两级法院依据法律法规规定，认真坚持“城市土地属于国家所有，农村和城市郊区的土地除法律规定属于国家所有的以外，属于集体所有”的原则，无论一审、二审案件，审判人员都坚持深入现场，就地丈量勘察，了解案情。对非法侵占他人土地使用权的，依法予以制裁。

案例：市法院妥善化解一起涉农纠纷，赢得双方当事人赞誉。2018 年 6 月，在秦皇岛市山海关区孟姜镇一个小巷里，当事人马某某、薛某某在市法院的主持下握手言和，表示息诉罢访，同时对市法院法官从中所做的大量调解工作表示真诚谢意。至此，一段仅因 40 厘米地垄引发的棘手纠纷历经长达 3 年的一审、二审和申诉后，在市法院领导和法官的艰辛调解下，终于以一出现代版的“六尺巷”故事圆满画上句号。（1）因琐事产生纠纷，案件长达 3 年未能化解。再审申请人（一审原告、二审被上诉人）马某某与被申请人（一审原告、二审上诉人）薛某某，同为秦皇岛市孟姜镇顺山店村农民，二人地垄相邻。2016 年，薛某某在村黄土坑有承包地 2.14 亩，马某某同在此处有承包地 1.49 亩，双方的承包地相邻，薛某某地块位于马某某地块西侧。双方均主张位于承包地边界处宽约 40 厘米、长约 100 多米的地垄应属自己所有，遂因地界问题产生纠纷，并相互损坏对方农作物。薛某某因与马某某的财产损害赔偿纠纷向山海关区法院起诉。山海关区法院审理认为，双方争议土地权属无法确定，薛某某主张经济损失依据不足，于是驳回薛某某的诉讼请求。其后，薛某某上诉至市法院。市法院审理认为，依据薛某某提供的证明材料可以认定其损失系马某某所致，于是撤销山海关区法院的一审判决，要求马某某赔偿薛某某损失500元，并驳回其他诉讼请求。二审判决生效后，马某某以该判决认定事实错误、现村委会为其出具的书面证明足以证实村委会过去为薛某某出具的证明不真实为由向市法院提出再审申请。由于案情棘手，市法院审委会先后两次开会研究，始终无法解决。（2）院领导亲自指挥调度，双方当事人握手言和。面对这一长期无法化解的民间纠纷，市法院党组书记、院长胡华军强调，能否妥善化解各类社会矛盾，不仅关系到改革发展能否顺利推进，而且直接影响党的执政基础的巩固，体现了基层社会治理的法治化水平，关系到国家的长治久安和社会的和谐稳定。法律不是万能的，并不能对所有的社会关系和社会现象都作出及时而准确的调整。就本案来讲，无论判决任何一方胜诉，都难以从根本上化解纠纷。面对权利冲突和利益碰撞，要善于利用法律推理、价值判断等方法，考量公共政策、社情民意、民风民俗等各种因素，以实现各方利益的和谐与平衡。按照胡华军院长指示，主管领导、办案法官深入剖析矛盾特点，有针对性地制定调解方案，并与当地基层党组织配合，共同参与调解工作。调解中，负责此案的法官分别做两位当事人的工作，耐心地宣传党的农村政策，摆事实讲道理，循循善诱，讲解小事成仇的危害和教训。针对薛、马两人不仅自幼一起长大，而且还有一定亲属关系的特殊情况，主办法官充满深情地与其聊起清代安徽桐城宰相张英大度处理家务事、成就“六尺巷”的历史故事，苦口婆心劝他们珍惜亲情和情义。历经多次反复，在法官的主持下双方当事人终于达成和解：双方地界保持现状，马某某撤回申诉。双方达成谅解后，在法官的感召下都深刻地认识到这些年为“一根垄”的小事反复诉诸法庭太不值得。薛某某表示：“这些年，自己到区里去了十几次，为了赌气反复打官司，有时还动了打人的念头，真是不应该！”马某某表示：“就这么点儿地，乡里乡亲的，白给薛某某种也无所谓。”马某某当场给付薛某某本来已经执行到位的500元执行款，薛某某过意不去又当场返还其100元。2018年6月，秦皇岛市委常委、政法委书记闫五一对市法院倾力化解这起涉农信访纠纷作出批示：“此案和谐解决，是‘六尺巷’的现代秦皇岛版，再次证明，只要牢固树立以人民为中心的发展理念，法、理、情并用，尽心尽力为群众解难办事，就不会有涉法涉诉的信访问题。”

第五节　劳动争议案件审判

1995年1月1日，《劳动法》公布并施行，国家以法律的形式促进劳动就业，发展职业教育，制定劳动标准，调节社会收入，完善社会保险，协调劳动关系。中华人民共和国境内的企业、个体经济组织在与劳动者建立、履行、解除劳动合同关系的过程中，保护劳动者的合法权益，调整劳动关系，建立和维护适应社会主义市场经济的劳动制度，促进了经济发展和社会进步。根据社会经济发展的需要，2000 年，市法院建立民事审判第二庭，主要审理知识产权案件一审及劳动争议案件上诉案件。截至 2007 年年底，全庭劳动争议案件收案共计 909 件，维持一审判决 628 件、调解结案 41 件、撤诉 39 件、发还 78 件、改判 118 件。2008 年 1 月 1 日，《劳动合同法》公布并施行，进一步完善了劳动合同制度，明确了劳动合同双方当事人的权利和义务，为保护劳动者的合法权益，构建和发展和谐稳定的劳动关系提供了可靠保障。自 2008 年以来，市法院民事审判第二庭全庭劳动争议案件收案共计 4519 件，维持一审判决 2787 件、调解结案 481 件、撤诉 271 件、发还 503 件、改判 333 件。劳动争议案件数总量在近年不断攀升，16.6% 的调撤率凸显了秦皇岛地区劳动争议案件矛盾的尖锐性。1988 年，邵某在工作中受伤，高位截瘫，被评定为特等残废，青龙满族自治县某管理站与邵某就赔偿问题达成一致并履行完毕，后邵某以家庭困难为由多次上访、闹访、缠访。市法院民事审判第二庭法官多次调解，情理并举化解矛盾并费尽周折为邵某争取补助 8 万元，邵某息诉罢访，长达 30 年的矛盾终于画上圆满的句号。市法院还成功调解王某某等 59 名退休职工与港务局实业服务公司劳动争议案。

建立劳动争议预防和化解工作联席会议制度。2010 年 2 月 1 日，市法院会同市人力资源和社会保障局、市总工会、市企业家协会组织召开了秦皇岛市劳动争议纠纷预防和化解工作联席会议。主要目的是研究探讨预防和化解劳动争议纠纷的有效途径、办法，建立健全多渠道解决劳动争议纠纷机制，积极促进劳动关系的和谐稳定，为全市社会经济发展提供服务和保障。会上，市法院主管领导向与会单位介绍了当前全市劳动争议纠纷案件的现状和特点，并就建立劳动争议预防和化解工作联席会议制度的必要性、重要性进行了阐述和说明。与会单位对市法院着眼服务大局、创新工作举措、前移审判关口、推进矛盾化解的做法给予高度评价，并表示要加强各部门之间的沟通、协调与配合，共同做好劳动争议的预防和化解工作。当前，劳动争议案件呈现出数量膨胀化、内容复杂化、区间多样化、诉讼群体化、难度增大化等特点，已经成为民事案件中增长快、涉及范围广、影响程度深、社会关注度高的案件类型。建立劳动争议预防和化解工作联席会议制度，是市法院为了缓解劳动争议频发、多发的严峻形势，促进企业依法规范用工，有效保护劳动者合法权益，维护社会和谐稳定的一项重要司法为民措施。这次市劳动争议预防和化解工作联席会议商定，建立 3 项工作机制：（1）建立交流学习会商机制。通过定期组织召开沟通协调小组会议，确定工作重点和工作内容；排查矛盾纠纷情况；探讨因解除劳动合同追索经济补偿、拖欠工资及加班费、企业裁员等引发各类纠纷的法律适用问题。通过各单位之间的交流学习，相互交换审判信息、裁判动态、政策文件等资料，研究解决劳资纠纷中出现的新问题、新情况，总结、交流工作经验，并对法律适用问题以及劳动争议疑难问题进行专题研讨；在辖区范围内统一调处劳动争议纠纷的标准尺度。（2）建立劳动争议预警与应急处理机制。法院和劳动仲裁委对同一企业在较短时间内连续作为当事人达一定数量的，派专人进行跟踪；工会重点关注员工投诉较多的企业运行情况；劳动监察部门对发生拖欠工人工资或欠缴社保情况的企业，密切注意、重点监控。通过各方的信息沟通、协调工作，做到早介入、早解决，把矛盾化解在基层，解决在萌芽状态。一旦发现有企业突然倒闭的情况，各成员单位立即成立应急处理小组，及时启动应急预案，接管控制企业资产、财务等资料，做好职工的稳控及善后处理工作，尤其要有针对性地加大调解力度，做好劳动争议系列案件的调处工作，避免群体性纠纷的发生。（3）建立诉讼调解提前介入机制。开展法院联系企业活动，深入劳动密集型企业进行劳动法律法规宣传，为企业提供鲜活案例指导；组织邀请企业相关人员、劳动者旁听典型劳动案件的仲裁、审理，使劳动者和用人单位能理性解决纠纷，杜绝矛盾激化；了解企业管理中的困难和问题，掌握劳资关系的动态，为企业建立民主管理制度提供帮助；对走访中发现的问题，以司法建议的方式对企业提出改进意见。对人数多、影响大的劳动争议，法官提前介入，充分发挥诉讼调解优势，配合仲裁员对企业员工析法明理，合力调解纠纷，力求把大量劳动争议化解在诉前。

2010 年 2 月 1 日，市法院召开劳动争议纠纷预防与化解联席会议

劳动争议案件一览表

年份	民事二审						民事再审	
	旧存	收案	结案	维持	调解	撤诉	发还	改判
1999		3	2			1		
2000		2						
2001		124	123	64	8	17	14	20
2002	1	114	114	90	3	6	15	
2003	1	204	205	162	13	9	10	11
2004		102	102	71		4	15	12
2005		134	134	69	4	2	9	50
2006		142	142	117	9		4	12
2007		84	84	55	4		11	13
2008		197	197	54	21	12	15	95
2009		312	312	199	34	11	54	15
2010		184	184	106	38	12	22	6
2011		373	373	225	67	23	2	10
2012		261	262	173	19	23	22	14
2013		490	490	359	73	20	3	1
2014		397	397	284	39	19	31	24
2015		457	419	256	40	59	72	16
2016	38	692	711	388	66	38	106	58
2017	19	627	629	406	45	50	87	32
2018	17	529	541	337	39	4	89	62

第二章　商事案件审判

1993—1997 年，市两级法院重点审理与现代企业制度的建立相关的企业联营、兼并、破产等案件，促进企业转换经营机制和产权制度改革。积极为外向型经济发展提供司法保障，把服务辖区外资企业和中外合资企业作为工作重点，加大审判力度，依法保护外来投资者的合法权益，促进了全市的对外开放。2003—2007 年，审理国有企业改制、破产案件 428 件，努力保护债权人和企业职工的合法权益，防止国有资产流失。慎重处理不良金融债权处置案件，保证不良债权处置交易的公正。依法审理涉外商事案件 195 件，平等保护各类市场主体的合法权益。2008—2012 年，市两级法院充分发挥商事审判职能，依法调解经济关系，努力营造诚实守信的市场环境。审结商事案件 52192 件，解决诉讼标的金额 75.53 亿元，其中审结银行借款、投资融资、民间借贷等合同案件 14335 件，依法制裁逃废银行债务行为，规范和引导民间资本健康运行。依法妥善处理鑫旺公司破产、奥莱特腈纶公司破产重整、秦皇岛港方大公司国有股权收回等涉及秦皇岛市改革发展稳定的重大案件。审结企业破产兼并、改制重组等案件 105 件，依法促进产业结构调整和经济发展方式的转变。2013—2016 年，依法慎重处理经济转型升级过程中引发的案件，在力促企业兼并重组的同

市法院召开应对金融危机服务保障企业发展座谈会（2009 年）

时，注重通过破产审判使“僵尸企业”有序退出市场。2017 年依法妥善审理企业破产清算、企业重组改制、债转股等案件，积极处置“僵尸企业”，运用法治手段化解过剩产能，助力经济转型升级。

第一节　企业破产案件审判

破产是市场经济发展到一定阶段出现的法律现象。市场经济的本质是法治经济，《破产法》是市场经济社会法律体系的重要组成部分，在保障债权公平有序受偿、完善优胜劣汰市场竞争机制、优化社会资源配置、调整社会产业结构、推动经济社会科学发展、构建诚信市场环境等方面具有不可代替的重要作用。1998 年和 1999 年，市法院从全市经济建设的实际和需要出发，先后制定了为经济建设服务和为国企改革发展提供司法保障和法律服务的意见。充分发挥审判职能，解决热点难点案件。2002 年，秦皇岛惠通发展总公司破产案，涉及近 300 名工人失业下岗后的生活问题，许多工人情绪不稳，有可能酿成事端。办案人员先后 7 次到北京找该企业主管部门协商，终于拿回 74 万元现款支付工人的工资，许多工人冒雨到市法院致谢，央视三个频道分别对这一案例进行了宣传报道。

1999 年 8 月 20 日，市法院召开债务人大会

2006 年 8 月 27 日，第十届全国人民代表大会常务委员会第二十三次会议通过了《企业破产法》（中华人民共和国主席令第五十四号），自 2007 年 6 月 1 日起施行。2011 年 8 月 29 日、2013 年 9 月 16 日，最高法院相继通过了《最高人民法院关于适用〈中华人民共和国企业破

产法〉若干问题的规定（一）》（法释〔2011〕22 号）、《最高人民法院关于适用〈中华人民共和国企业破产法〉若干规定（二）》（法释〔2013〕22 号）。截至 2018 年年底，市法院审理企业破产案件 112 件，取得了良好的社会效果。

市两级法院依法审理破产案件，对因经营管理不善，导致严重亏损，不能清偿到期债务的企业，根据债权人或债务人申请，依法适用破产重整、破产和解程序。在破产案件审理过程中，努力避免企业借破产名义逃避债务，依法支持有抵押权的金融机构行使优先受偿权。对于因帮助企业渡过难关而发放的贷款，要妥善处置，尽量避免因企业破产案件的审理而损害金融生态环境。在优化发展环境、“筑巢引凤”的同时，市法院积极协助政府加快淘汰落后产能。秦皇岛奥莱特腈纶有限公司是一家国有大型企业，曾是河北省纺织行业的重点骨干企业。随着原油价格持续飙升，腈纶常规产品需求大幅萎缩，腈纶行业经营环境日渐恶化，国内腈纶企业出现行业性限产、停产。秦皇岛奥莱特腈纶有限公司由于经营资金枯竭，不能清偿到期债务，市法院于 2009 年 6 月立案受理该公司破产申请。市法院认真平衡债权人和职工权益。在法院的指导下，破产管理人一方面严格按政策测算申报职工拖欠和安置费用，一方面依法合规进行重整财产审计评估。市法院和破产管理人有关人员专程赴沧州、保定，学习破产重整经验。由于种种原因，2013 年 9 月 16 日，破产管理人向法院申请终止秦皇岛奥莱特腈纶有限公司重整程序并宣告债务人破产。2014 年公司职工安置工作平稳结束。

市法院首次指定中介机构担任破产案件管理人。2009 年 2 月 19 日，市法院破产案件管理人评审委员会依据有关规定，采取先评审后投票、最终随机抽签的方式，公开指定了“秦皇岛中阿化肥配套总公司”“中谷集团秦皇岛粮油有限公司”“上海景福针织厂秦皇岛分厂”3 起破产案件的管理人。这是新的《企业破产法》实施以来，市法院第一次在破产案件中指定入册机构担任破产案件的管理人。秦皇岛泽达破产清算有限公司、秦皇岛鼎信破产清算事务所有限公司和秦皇岛衡信破产清算事务所有限公司分别被指定为上述 3 起破产案件的破产清算管理人，秦皇岛超诚企业破产清算咨询服务有限公司等 3 家入册机构分别被指定为 3 起破产案件管理人的接替人选。指定破产案件管理人，是审理破产案件的重要环节，直接涉及有关企业的利益和职工的合法权益，关系到有关债权人的财产权利，直接影响社会和谐稳定。市法院认真学习、理解和把握有关法律和最高法院的有关规定，研究制定了指定管理人工作的具体工作程序，并在实际操作中严格按程序执行。为了保证指定管理人工作的公开、公正性，在指定管理人过程中，特地邀请了市国资委相关部门的负责人到场并从评审后的入围机构中随机抽签，最终产生了管理人人选。在审理破产案件中引入管理人机制是新实施的《企业破产法》的具体规定。为了使这项工作开展得更好，市法院将在实际工作中逐步完善指定管理人的工作程序和规则，努力使之更具科学性、公开性和公正性，并要在具体工作中加强对入册机构和人员的动态监督、考察和评议，促进入册机构不断提高思想水平和工作水平，努力培养一批适合法院工作的、高素质的破产案件管理队伍，提高法院破产案件的审理水平和质量。

案例：2006 年年底，山海关区法院受理了某有限责任公司股东申请解散公司的申请。经开庭审理，依照《公司法》规定作出了一审判决，判决后被告不服提出上诉，市法院裁定将该案发回重审。在重审过程中，主审法官对案件事实作了全面的调查了解，认真分析案情。了解到该公司是在山海关区进行大规模企业改制过程中产生的，自成立之日就安置了 10 余名下岗职工，曾经被秦皇岛市政府评为“拥军星级单位”“2004—2005 年市级优秀私营企业”，被山海关区政府评为“区级文明窗口单位”，多年来上缴利税近 35 万元，目前经营状况良好。引发此次股东申请解散公司的主要原因是股东在经营理念上存在差异，股东之间由此产生矛盾所致。该案经过市两级法院审理，多次调解未果，依法判决，审判工作量虽然会成倍减少，但未必带来好的效果。针对以上情况，主审法官及时地调整工作思路，以最大限度地维护公司、股东及职员的合法权益为出发点，从解决股东之间的矛盾入手，充分发挥司法调解的强大作用，采取灵活多样的调解方法，先后十几次征求申请人和被申请人的意见，首先确定了提出申请解散公司的一方当事人将自己的股份转让其他股东的调解方案，并逐步缩小转让股份的价款和给付价款方式的差距，最终使双方当事人达成了共识。经调解提出解散公司的一方当事人将自己的股份已顺利地转让给了其他股东。2007 年 12 月，这起秦皇岛市首例申请解散公司案顺利调解完成，有效地维护了申请人和其他股东的合法权益，保障了企业的正常运转，取得了较好的社会效果。

第二节　股东权纠纷案件审判

1993 年 12 月 29 日，《公司法》正式发布，后又经 3 次修订。国家以法律的形式规范公司的组织和行为，保护公司、股东和债权人的合法权益，维护社会经济秩序，促进社会主义市场经济的发展。公司是指依照《公司法》在中国境内设立的有限责任公司和股份有限公司。公司是企业法人，有独立的法人财产，享有法人财产权。公司以其全部财产对公司的债务承担责任。有限责任公司的股东以其认缴的出资额为限对公司承担责任，股份有限公司的股东以其认购的股份为限对公司承担责任。在公司发展过程中，因为公司的运作，需要股东不断行使各种权利来推动，而股东之间、股东与第三人之间经常会因为股权发生纠纷，主要包括股东出资纠纷、股权确认纠纷、股权转让纠纷、股东权利纠纷等。

自1990年以来，市法院民事审判第三庭主要从事民商事案件一审的审理。全庭股东权纠纷案件每年收案10余件。2002—2018年，市法院民事审判第四庭二审股权案件收案共计38件。

第三节　涉外民商事案件审判

涉外民事诉讼，是指具有涉外因素的民事诉讼；涉外民事诉讼程序，是指人民法院受理，审判及执行具有涉外因素的民事案件所使用的程序。所谓涉外因素是指具有以下3种情况之一：第一，诉讼主体涉外即诉讼一方或者双方当事人是外国人、无国籍人或者外国企业和组织；人民法院在审理国内民商事案件过程中，因追加当事人或者第三人而使得案件具有涉外因素的，属于涉外民商案件。符合集中管辖规定的，有关人民法院应当按照最高法院《关于涉外民商事案件诉讼管辖若干问题的规定》的规定，将案件移送有管辖权的中级人民法院审理。第二，作为诉讼标的的大量事实涉外，即当事人之间的民事法律关系发生、变更、消灭的事实发生在国外。第三，诉讼标的物涉外，即当事人之间争议的标的物在国外。截至2018年年底，市法院民事审判第四庭涉外民商事纠纷案件收案共计8件。

妥善执结一起韩资企业非法撤离案。2008年，秦皇岛经济技术开发区法院执行局依法妥善执结了一家非法撤离的韩资企业恶意拖欠170名员工工资案，维护了中国员工的合法权益和社会稳定。秦皇岛起兰服装有限公司（以下简称“起兰公司”）是一家于2005年7月批准设立的中韩合资企业，注册资金为6.08万美元，经营服装的加工和销售。2007年7月26日，该公司法定代表人金某某在未对企业进行任何妥善处置的情况下离境回韩国，致使企业瘫痪停产，累计拖欠卢某某等170名员工工资及欠缴养老保险近32万元。卢某某等170名员工申请劳动仲裁。2007年10月25日、11月7日开发区劳动争议仲裁委员会依法分别作出秦开劳裁字〔2007〕第68号、第70号仲裁裁决书，责令起兰公司支付所拖欠的员工工资及养老保险金。2007年12月，案件陆续进入执行程序。为及早为员工讨回“血汗钱”，防止出现不稳定因素，该院执行局在向起兰公司公告送达执行通知书、财产申报通知书的同时，依法委托评估机构对起兰公司在劳动仲裁阶段被保全查封的电脑、打印机、传真机、磨边机、双针机等全部财产进行价格评估。执行干警还经常与起兰公司员工代表联系，积极做好稳控安抚工作。鉴于起兰公司已经停产，其法定代表人金某某已离境，起兰公司被查封的财产在保管上存在困难等实际情况，依照《最高人民法院关于人民法院民事执行中拍卖、变卖财产的规定》的相关规定，该院依法对起兰公司的全部财产采取变卖措施。自2008年4月10日起，执行干警连续几天加班加点，及时将近20万元变卖款按比例向170名员工进行了分配，从而最大限度地维护了中国员工的合法权益，得到了员工们的一致好评。

第三章　知识产权案件审判

随着改革开放的深入推进和经济社会平稳较快发展，公民的知识产权保护意识不断提高，秦皇岛市知识产权案件从无到有，从少到多，逐年走高。对此，市法院树立“尊重知识、崇尚创新、诚信守法”的知识产权文化理念，着眼社会矛盾化解和工作方法创新，使知识产权保护案件调撤率达到70%以上。2010年6月，全省法院知识产权案件审理工作现场会在秦皇岛市召开，市法院在会上作了典型发言。

市法院知识产权审判工作紧紧围绕全市经济社会发展大局来谋划，为全市经济社会发展提供有效司法保障。（1）注重对涉及旅游作品著作权的保护。2009年审理罗某诉旅行社、网络公司等侵犯著作权案件9件。罗某对拍摄的反映秦皇岛市旅游景点风光的摄影作品《燕塞湖》照片，有完全的著作权，但多家公司未经许可，擅自使用。罗某起诉的时间是2009年9月29日，为了使原告的权益得到及时保护，民二庭全庭人员在国庆节放假前分成3组，同时送达了法律文书，保证了案件的及时开庭审理。（2）注重对餐饮等行业商标权的保护。2009年审理上海宏奇永和食品发展有限公司诉张某、沈某商标侵权案2件，秦皇岛市蜀都商贸有限公司诉周某商标侵权案1件，及时维护了原告的合法权益，增强了投资人的信心。（3）注重以调解方式结案。市法院积极推进社会矛盾化解，践行调解优先、调判结合、多调少判、能调不判的原则，不断加大案件调解工作力度。采取突出调解重点、注重多元调解、强调全程调解等多种有效的调解方法，彻底化解矛盾。在中国石油化工股份有限公司秦皇岛分公司起诉的商标专用权案件中，主办法官多次深入查看侵权现场，并向经营者宣讲商标法的相关规定，促成三案当事人均在庭审前达成了调解协议，使矛盾纠纷从源头上得到化解。市法院法官及时学习理解最高法院知识产权年度报告，在具体案件处理上，认真履行职责，把握和运用审判领域的新做法。在审理广东伟佳音像制品有限公司诉中国网通有限公司秦皇岛分公司著作权侵权案中，认真审查当事人提交的涉及网络的公证证据，在认定公证书记载的行为不足以证明发生于互联网环境之中后，依法判决驳回了原告的诉讼请求。在案件终审判决生效后，该院及时向市公证管理处发出司法建议，指出了存在的问题，建议规范网络公证行为；在侵权数额确定方面，一改过去仅在50万元以下裁量的做法，尽量查明权利人的实际损失或侵权人的违法所得；在调查和制止侵权行为合理的开支数额上，不再要求必须有票据一一予以支持，而是在此基础上，考虑其他确实可能发生的支出因素，综合予以确定；在案件受理费的合理分担上，不仅考虑原告的诉讼请求额得到支持的比例，也考虑原告主张的侵权本身是否成立，当事人行使诉权有无明显过错等因素确定。在此基础上，市法院对知识产权案件举证、当事人申请证据保全渠道、信息网络传播权的权利范围和许可、转让后的主体资格认定、网络服务商的责任认定、免责条款的适用以及行政执法等问题加大研讨力度，建立司法保护与行政保护的协调机制，更好地保护知识产权，为促进全市经济社会又快又好发展提供有力的司法保障。

2011 年，市法院出台《关于加大知识产权保护力度积极推进创新型城市建设的实施意见》(以下简称《实施意见》)。《实施意见》要求市两级法院按照建设创新城市的部署，践行"为大局服务、为人民司法"工作主题，牢固树立"公正、廉洁、为民"的司法核心价值观，依法保护知识产权，维护公平竞争，促进自主创新，服务对外开放，把知识产权司法保护贯穿于知识产权创造、管理和运用的全过程，为实施国家知识产权战略，为建设创新型城市和构建和谐社会提供强有力的司法保障。《实施意见》提出，市两级法院在服务保障创新型城市建设过程中，必须坚持 5 项原则，即始终把公正司法作为知识产权审判的灵魂和生命，最大限度地维护和实现知识产权领域的公平正义；始终确保司法统一，努力实现司法标准和裁判结果的协调；始终坚持平等保护，坚决抵制地方保护和部门本位，克服地方封锁和行业垄断；始终做到利益平衡，正确处理保护知识产权和维护公共利益的关系、激励科技创新和鼓励科技运用的关系；始终注重办案效果，克服就案办案的单纯业务观念，实现个案处理的法律效果与社会效果统一。

知识产权案件一览表

年份	旧存	收案	结案	判决	调解	撤诉
2000		1				
2001	1	13	14	5	5	4
2002		5	6	3		2
2003		11	10	6		4
2004	1	16	17	10	1	6
2005		13	13	5		8
2006		15	15	6	9	
2007	2	28	28	16	3	6
2008	2	28	28	22	2	3
2009	2	53	53	10	3	22
2010	2	50	50	10	10	28
2011	2	43	45	15		24
2012		54	54	12	5	36
2013		13	13	5	3	5
2014		75	75	16	46	11

（续表）

年份	旧存	收案	结案	判决	调解	撤诉
2015		62	55	15	6	12
2016	7	70	64	8	24	19
2017	13	174	176	31	92	15
2018	11	415	346	47	251	21

第一节　著作权案件审判

为保护文学、艺术和科学作品作者的著作权，以及与著作权有关的权益，鼓励有益于社会主义精神文明、物质文明建设的作品的创作和传播，促进社会主义文化和科学事业的发展与繁荣。1990 年 9 月全国人大常委会制定了《著作权法》，并于 2001 年、2010 年历经两次修正。2000 年以来，市法院民事审判第二庭著作权案件收案共计 106 件，省法院维持一审判决 67 件、发回 15 件、改判 24 件。

第二节　商标权案件审判

随着商品经济的发展，商标成为人们识别商品的标志，特别是著名商标能产生巨大的利益。1983 年 3 月 1 日，为保护商标专用权、维护商标信誉，以保障消费者和生产、经营者的利益，促进社会主义市场经济的发展，《商标法》颁布并施行。2014 年 5 月 1 日，《商标法实施条例》施行。2000 年以来，市法院民事审判第二庭商标权案件收案共计 185 件，省法院维持一审判决 152 件、发回 18 件、改判 15 件。

第三节　特许经营合同纠纷案件审判

2012 年以来，秦皇岛地区餐饮商业特许经营公司逐年增加，公司众多且规模较大，各个公司面向全国招商的餐饮品牌项目种类繁多，有的公司员工多至几百人，租赁的办公场所已达几千平方米，秦皇岛俨然成为“餐饮特许经营之都”。特许经营合同纠纷案件随之而来，且数量连年强势上升，仅 2018 年全年受理特许经营合同纠纷案件 348 件，较 2017 年案件数 111 件增幅达 213.51%。餐饮特许经营合同纠纷案件审理涉及法律、法规比较繁多，而且专业性较强。市法院民事审判第二庭积极探索，在加强与市商务局互通联动的基础上，出台审判指导意见，统一裁判标准，提升案件办理质效，不但促进了秦皇岛地区的经济发展，也维护了安全稳定，为社会和谐发展、互利共赢作出了应有贡献。

特许经营是特许人以合同形式将其拥有的经营资源许可被特许人使用，被特许人按照合同约定在统一的经营模式下开展经营，并向特许人支付特许经营费用的经营活动。这是近年来新兴的商业经营模式，也是一种新型的知识产权案件类型。

近年来，秦皇岛市特许经营市场蓬勃兴起，但发展混乱，涉案数量居高不下，严重影响了秦皇岛市声誉并制约了经济持续发展。

秦皇岛市餐饮特许经营案件审理情况如下表：

年份	受理（件）	调撤（件）	判决（件）	驳回（件）
2012	2	2	0	0
2013	5	4	1	0
2014	12	3	9	0
2015	14	7	7	0
2016	30	26	4	0
2017	111	90	20	1
2018	348	274	72	2

餐饮特许案件特点。（1）案件类型新。特许经营是近年来新兴的商业经营模式，也是一种新型的知识产权案件类型。2007 年国务院颁布《商业特许经营管理条例》，2008 年最高法院出台新的《民事案件案由规定》才确定了特许经营合同纠纷的案由，并且规定属于知识产权纠纷项的下级案由。可以说，在全国知识产权审判领域中，对特许经营合同纠纷的审理起步都比较晚，以至于在审判中还没有可适用的法律和指导性案例予以参考。（2）案情基本相似。该类案件的原告一般为被特许人即个人加盟一方，这些被特许人在特许人的宣传下签订加盟合同并立即支付加盟费用。合同签订后，被特许人发现加盟的企业或项目与广告宣传存在较大差异；在选址、装修阶段发现实际投入明显高于特许人的承诺；在后期运营阶段发现特许人不能按照合同约定进行运营指导，因此向法院起诉要求特许人返还加盟费和已支付的料包款等。（3）特许企业增多。近几年，在天粮、君唯、泛亚等几个规模较大餐饮管理公司经营发展的影响下，短短几年时间，秦皇岛市先后成立了几十家餐饮特许经营管理公司，秦皇岛市也成为全国几个知名餐饮管理公司的聚集地。市法院先后到天粮、君唯、泛亚等规模较大的餐饮管理公司进行走访调研，从调研的情况看，此类公司员工多至几百人，租赁的办公场所已达几千平方米。规模较大的几个餐饮管理公司同时开

展几个甚至几十个餐饮品牌项目面向全国的招商。目前，秦皇岛市此类餐饮特许经营管理公司的数量还在不断增加。（4）特许企业经营不规范。特许人不能严格按照《商业特许经营管理条例》从事特许经营活动。第一，个别企业急功近利，尚不满足从事特许经营活动“两店一年”的硬性条件，就进行特许活动。第二，特许企业不能依条例规定向商务主管部门备案。第三，特许企业有意规避特许经营活动的性质，签订合同时将合同命名为销售代理合同、技术服务合同、加盟合作协议等。第四，特许企业在订立的合同中规避自身的义务承担，加重被特许人的义务，且在特许经营费用的种类分配中，提高自己可控的管理培训费金额比例，而对运营指导费却降得很低，不但有悖特许经营的本质要求，而且对被特许人不公平。第五，特许企业信息披露不全面，有的企业隐瞒甚至提供虚假信息，诱导被特许人与其签订合同。第六，特许企业盲目扩张且对履行合同约定的后续服务能力不足。比如培训实操以培训手册、视频代替；店面选址就是给被特许人提供网络上的一些租房信息；合同约定的设备表面上是免费的，实际上费用包含在合同款中，价高而质量差；料包定价不规范，存在特许企业随意定价的情况，拖累被特许人亏损而无法继续经营。

审判中存在的问题。1. 关于“冷静期”没有约定或约定不明。《商业特许经营管理条例》第十二条规定：“特许人和被特许人应当在特许经营合同中约定，被特许人在特许经营合同订立后一定期限内，可以单方解除合同。”以上即俗称的“冷静期”条款，该条款中的一定期限即为“冷静期”。从开展餐饮特许经营活动的情况看，餐饮管理公司与被特许人订立特许经营合同时，普遍不设置“冷静期”条款，合同订立后要求被特许人立即支付加盟费，立即让被特许人进行培训或下发相关资料代替培训，以此称被特许人已掌握了其核心机密。虽然被特许人在短时间内提出解除合同，特许人以已培训为由不同意全额退款，给审判人员依据“冷静期”条款审理此类案件带来很大困难。2. 特许人应返还加盟费数额不易确认。特许人在特许经营合同订立后，其义务履行可分为两个阶段：（1）前期义务也是主要义务，内容一般包括对被特许人进行培训，帮助被特许人进行店面选址、装修，促成被特许人成功开店经营。待被特许人开店实际经营后，其主要义务也随之履行完毕。（2）后期义务也是次要义务，内容为对被特许人开店后的日常运营指导。被特许人有的在刚刚开店后时间不长，有的开业后几个月，还有的半年甚至接近一年时间提出解除特许经营合同诉求，还有部分被特许人一直没有开店，但提起诉讼时距合同订立已过半年甚至接近 1 年时间，发生纠纷的背景、时间节点各异，审判人员很难确定合理的返还加盟费数额。（3）特许人经营目的不纯导致案情复杂。部分餐饮管理公司开展特许经营活动，不符合应当拥有至少 2 个直营店，并且经营时间超过 1 年的规定。还有的特许人经营的餐饮品牌与其他知名餐饮品牌混淆，谎称知名品牌的子品牌，借知名餐饮品牌在网上招商，利用相对低廉的加盟费诱导被特许人加盟。还有个别特许企业存在与被特许人签订合同后，委托别的企业培训、个人收款的情形。

另外，后续服务不到位是导致此类案件数量激增的直接原因。多数餐饮管理公司只重前期招商加盟，加盟前热情招待被特许人，承诺多位一体的运营指导服务，过分夸大预期收益；加盟后对被特许人反映的相关问题冷言冷语，甚至置之不理，特别是对要求退费的被特许人想尽办法拖延时间，合同一到期，就以合同到期为由态度十分强硬；对找上门来的被特许人，有的特许企业甚至有恐吓行为。被特许人多为外地自然人，很难自行协商解决且维权成本很高，在向公安部门反映问题不能解决的情况下，要么忍气吞声不了了之，要么提起诉讼。

共同商讨解决的问题。（1）如何进一步规范特许企业应具备的硬性条件问题，如“两店一年”、特许商标拥有许可权利。（2）如何进一步规范特许企业的管理问题，如自首次订立特许经营合同之日起 15 日内向商务主管部门备案，且披露企业齐备、真实信息。（3）如何进一步规范特许经营的合同问题。从合同的名称到合同必备条款如“冷静期”、特许经营费用的种类、金额等，内容全面、真实且约定合法、合理。（4）如何严格规范企业的宣传与合同约定的一致性问题。特许企业往往片面强调收益弱化经营风险，人为扩大被特许人投资预期与实际经营情况的巨大反差，误导被特许人作出真实的意思表示。（5）如何规范特许企业的履约问题。明确特许企业对被特许人实操培训能否以培训手册、录像视频代替，店面选址能否远程进行，被特许人掌握核心技术及开店经营等的认定标准。（6）如何防范特许企业人为混乱合同关系的问题，如在合同中约定由其他企业代为培训，合同款分别由非合同方的单位或个人代收。（7）特许企业提供的设备定价、质量及料包的质量、定价的监管问题。

第四章　旅游案件审判

旅游业是朝阳产业和绿色产业，秦皇岛作为滨海城市，具有得天独厚的旅游资源。市法院按照市委关于创建国家全域旅游示范区的部署，围绕服务保障河北省第二届旅发大会的顺利举办和旅游业长远发展精准发力，召开动员大会并制定出台实施意见，在全市主要旅游景区建立19个旅游巡回法庭工作站，实现对旅发大会沿线和景区的全覆盖。开通涉旅纠纷司法“绿色通道”，建立完善依法服务保障旅游业发展的五大机制，实现游客合法权益的“快维护”。建立完善“五大机制”，即高效便民的涉旅纠纷快速化解机制、涉旅纠纷多元化解决机制、调解优先的案件繁简分流机制、各部门联合的涉旅纠纷协调处理机制、源头预防的综合治理机制。旅游巡回法庭工作站自成立以来，充分发挥“五大机制”的作用，与当地旅游委、工商局、交警和消费者协会等部门密切衔接、优势互补、协调联动调处纠纷，共受理各类涉旅纠纷200多起，均及时高效办结，受到当事人和旅客的高度赞扬。国务院旅游市场监管专项督察组对相关做法予以充分肯定，最高法院、省法院和市委转发全市法院服务保障旅游业发展的相关做法。

2017年6月26日，全市法院服务保障省第二届旅游发展大会动员会

第一节　旅游纠纷案件审判

秦皇岛是国内著名的旅游胜地，因游客人数众多，相对容易引发旅游纠纷。随着旅游业迅猛发展，旅游欺诈现象尚未根除，伴随产生的旅游人身伤害、财产损害、服务质量以及旅游合同履行纠纷案件日渐增多，又因相关体系不完善，一定程度上阻碍了旅游市场的健康有序发展。在全市主要旅游景区建立19个旅游巡回法庭工作站，是市两级法院落实市委部署的重要举措，意义重大，影响深远，是司法为民的重要体现，有利于完善多元化纠纷解决机制，规范旅游市场中的经营行为，为游客维权提供有力司法保障，促进基层社会治理法治化。

市两级法院紧紧围绕妥善化解涉旅纠纷案件目标，积极探索建立完善各部门联合的涉旅纠纷协调联动机制，加强与景区主管部门、旅游行政主管部门、公安、司法、交通、工商、物价、卫生、城管和行业协会的沟通协调，积极引导人民群众合法理性表达诉求，努力维护社会的和谐稳定。建立涉旅纠纷案例通报制度，及时沟通交流旅游巡回法庭建设事项，共同研究旅游纠纷新情况、新问题，努力实现相关工作信息共享。海港区法院组建法治宣传队，到各个景点重点宣传旅游、环境保护、文物保护等相关法律法规。还把法律服务关口前移，每年在“十一”长假期间，在各景点设立法律服务点，发放旅游法律知识宣传材料，及时为游客提供法律服务，并对进入诉讼程序的旅游纠纷及时安排律师为其提供免费的法律援助。

胡华军院长为山海关旅游巡回法庭挂牌（2017年）

2016年7月11日，市委书记孟祥伟和市委常委、政法委书记闫五一在市法院依法保障旅游业健康发展专报上先后作出批示，对市法院依法服务和保障全市旅游业健康发展的经验做法予以充分肯定。孟祥伟书记批示：“市法院围绕大局和中心工作，发挥法院职能的做法值得学习和推广。办公厅转发，宣传部门要加强宣传报道。”市委常委、政法委书记闫五一批示：“市法院系统积极主动依法保障旅游产业的发展，站位高、措施实、效果好，应予以充分肯定，值得各有关部门学习借鉴。”此外，市委办公厅、市委组织部分别以专刊形式向全市各级党政部门转发。省法院和最高法院以内刊形式对市法院的相关经验做法予以转发。7 月 13 日，市法院召开专题会议传达学习市委书记孟祥伟和市委常委、政法委书记闫五一的批示精神，市法院党组书记、院长胡华军强调，祥伟书记和五一书记两位领导的批示既是表扬肯定也是鞭策和激励。市两级法院务必统一思想，认清形势，凝心聚力，勇于担当，进一步增强服务保障全市旅游业发展的责任感和紧迫感。要认真落实好市委领导的批示精神，已成立旅游巡回法庭的法院要认真总结经验，海港区、青龙满族自治县等地法院也要结合实际在景区成立旅游巡回法庭工作站，依法全力服务保障全市旅游业健康发展，真正把市委领导的批示精神落到实处。此前，市法院党组认真贯彻全市迎接旅游旺季动员大会精神，围绕市委“建设国际滨海休闲度假之都”战略部署，结合工作实际，多措并举，积极服务保障全市旅游业发展和生态环境建设。迅速协调指挥市两级法院在全市主要旅游景区成立 12 个旅游巡回法庭工作站（数量位居全省第一），并通过旅游巡回法庭工作站及时化解了大量矛盾纠纷，有力地服务保障了全市旅游业的健康发展。

第二节　典型案例

2016 年 5 月 3 日，来自上海的曲某趁着“五一”小长假期间带领父母前来北戴河新区游玩，当日早上乘坐汽车到码头，和某旅游公司口头商定：每人 80 元，海上游玩一个半小时，回来后由汽车拉到老虎石公园游玩。但曲某三人下船后并没有汽车前来接送，其父母年事已高，外加气温较低，与旅游公司产生的纠纷让曲某的心情和外面的天气一样糟糕。曲某投诉到新区旅游局，新区旅游局调解未果，带领双方找到新区法院旅游巡回法庭。旅游巡回法庭法官接到电话后，迅速带领一名书记员赶到调解中心。经过耐心细致的调解工作，双方最终达成一致：被告方同意向原告方赔礼道歉，并当场给付 500 元。“没想到旅游巡回法庭能有这么高的效率，办案法官的专业知识水准及热情服务的态度太令我们感动了，就像暖阳一样，把之前的阴霾一扫而尽。”事后，曲某紧紧握着法官的手表示感谢，同时旅游公司也认识到自己的过失，真诚地向曲某赔礼道歉。北戴河新区首起旅游纠纷的及时化解，使旅游巡回法庭成为解决旅游纠纷的快速通道、游客和旅游企业维权的重要阵地，新区司法和旅游环境展示窗口的基本功能得到实践验证。

第五章　涉军案件审判

依法维护国防利益是人民法院的重要职责。市两级法院对涉军案件的审判更加注重调解，切实把调解优先原则贯穿于审判工作全过程。充分运用诉讼与非诉讼相衔接的纠纷解决机制，努力把涉军纠纷化解在诉讼之前。认真做好地方当事人调解工作的同时，通过部队做好军队一方当事人的思想工作，引导军地双方当事人达成共识，消除纷争。2013—2016年，市两级法院依法审理涉军案件，健全涉军案件审判机制，切实维护国防利益和军人军属权益。2017年，审结涉及军队全面停止有偿服务案件20件，切实做到国防利益不受损，群众权益受保护，续写了军民团结新篇章。2018年，市法院被中部战区评为维护国防利益和军人军属合法权益工作先进单位。

第一节　涉军停偿案件审判

2016年，中央军委下发《关于军队和武警部队全面停止有偿服务活动的通知》。2017年3月，最高法院下发《关于做好为军队和武警部队全面停止有偿服务提供司法保障工作的通知》，就贯彻党中央关于深化国防和军队改革的战略部署，充分发挥人民法院的审判职能，为军队和武警部队全面停止有偿服务提供优质高效的司法保障提出要求。涉军停偿工作自开展以来，市法院认真落实党中央、中央军委关于军队和武警部队全面停止有偿服务的重大战略部署，深刻认识涉军“停偿”工作的政治性，找准服务保障的结合点、切入点和落脚点，全力抓好涉军停偿案件审判执行工作。市法院成立由党组书记、院长胡华军任组长的涉军案件审执领导小组，并明确部门负责此项工作，加强对基层法院的工作督导和业务指导。市法院先后4次召开调度会，持续推进涉军停偿案件审判执行。开通涉军停偿案件“绿色通道”，明确要求此类案件立案后15日内开庭完毕，实现快立、快审、快结。注重发挥多元化纠纷解决机制作用，市两级法院协调地方党委等各方力量，形成整体合力，快速化解疑难案件。

2018年9月17日，省法院副院长杨宝森率工作组到市法院调查督导涉军停偿案件审判执行工作，对市两级法院涉军停偿案件的审判执行工作给予肯定，并提出具体要求。2018年11月，市两级法院受理的44件涉军停偿案件全部圆满办结，提前完成上级安排的工作任务。11月19日，市委书记孟祥伟作出批示：“总结经验，推而广之。”市委常委、政法委书记闫五一作出批示：“市法院围绕中心、服务大局，在贯彻落实中央和上级法院决策、服务军队和武警部队全面停止有偿服务工作中，政治上站位高，思想上高度重视，组织上强力推动，确保依法有效、全面完成任务，被评为‘中部战区和七省市先进单位’。对法院的工作应予表扬！并希望全市法院在依法促进国防建设、军民融合发展，依法维护军人军属合法权益方面再创新的更大的成绩。”

第二节　典型案例

妥善执结涉军积案。在市委政法委、市法院的直接指导、协调下，秦皇岛开发区法院妥善执结一起近 7 年的涉军执行积案，得到双方当事人的一致好评。哈尔滨吉星房地产开发有限公司与中国人民解放军河北省秦皇岛军分区后勤部租赁合同纠纷一案，经海港区法院审理查明：2001 年 7 月 5 日，秦皇岛大吉星康乐园与军分区后勤部下属物业管理中心签订协议书一份，协议约定，秦皇岛大吉星康乐园将所投设备和承担部分工程款及电缆等费用作为抵偿所欠军分区后勤部物业管理的房租款、水电费。协议生效后，由军分区后勤部出租所得租费中，一次性支付 30 万元，作为秦皇岛大吉星康乐园经营过程中的补偿。协议签订后，秦皇岛大吉星康乐园将自有的设备和所租的房屋交给军分区后勤部物业管理中心所有，军分区后勤部物业管理中心未给付秦皇岛大吉星康乐园 30 万元。秦皇岛大吉星康乐园因连续两年未参加年检，于 2001 年 11 月 5 日被秦皇岛市工商行政管理局吊销营业执照。作为投资方的吉星地产依法有权清理其债权债务。因军分区后勤部未到庭应诉，海港区法院于 2002 年 12 月 18 日作出判决，判令军分区后勤部给付吉星地产 30 万元并支付利息。判决发生法律效力后，军分区后勤部未能按判决书履行给付义务，吉星地产于 2003 年 3 月 28 日向海港区法院申请执行。海港区法院于 2003 年 4 月 17 日向军分区后勤部送达执行通知书。2003 年 8 月 15 日，海港区法院裁定本案中止执行。2005 年 6 月 8 日，市法院将本案指定开发区法院执行。开发区法院于 2005 年 7 月 14 日传唤军分区后勤部到庭履行义务，但军分区后勤部未到庭亦未履行给付义务。在此次清理执行积案活动中，开发区法院认真对待，妥善执行。将此案作为特殊主体上报，并呈报到最高法院、中央政法委，最终引起部队方面领导的高度重视。军分区后勤部于 2009 年 3 月初主动到法院了解、核实案件情况。在 3 月 13 日由市委政法委主持召开的案件协调会上，军分区政治部主任、后勤部部长亲自参加会议并当场表态，新官不但要理旧账，还要站在讲政治的高度，尽早妥善解决该案。会后，军分区后勤部主动约吉星地产协商，并就己方因没有出庭应诉而未能在法庭上表达的对案件的起因、处理结果等方面的真实想法与吉星地产进行了认真沟通。在开发区法院的努力主持下，双方本着互谅互让的原则，经坦诚沟通取得共识，于 3 月 17 日达成了执行和解协议，并于 3 月 19 日履行完毕。

第五编　行政审判

1987年以来，市两级法院先后设立行政审判庭。1990年10月1日，中华人民共和国第一部《行政诉讼法》正式实施。年初，省法院确定市法院为全省《行政诉讼法》实施试点单位，市法院以公开开庭和案件协调为主要抓手，以“案结事了、维护稳定”为目标，充分发挥行政审判职能作用，依法审理各类行政案件，在执法办案、解决突出问题等方面均取得显著成绩。（一）充分保护人民群众合法权益，依法审理了大量行政案件。1990年受理行政案件46件，1993—1997年受理行政案件349件，2003—2007年受理行政案件879件，2008—2012年受理行政案件1163件，2013—2016年受理行政案件2100件。受理案件的范围和种类不断扩大，行政诉讼案件被告已由公安、土地等部门拓展到房屋登记、房屋土地征收、劳动保障、环保、物价、民政、教育、交通、税务、安监、人防、卫生、通信、气象、出版等近30个行政管理领域。被诉的行政行为种类已由最初的以行政处罚为主要类型扩展到行政许可、行政补偿、行政登记、行政处理决定、政府信息公开、行政复议、行政不作为、行政赔偿等多种类型。作为原告的公民、法人和其他组织的合法权益得到了保护。根据《行政诉讼法》第二十二条及最高法院有关司法解释，市法院制定了《一审行政诉讼案件指定管辖暂行办法》，并经审委会讨论通过实施。（二）监督与维护并重，有效推进了依法行政。在支持行政机关依法行政方面，对事实清楚、适用法律正确、程序合法的行政行为，明确予以维持或驳回原告诉讼请求或确认合法、有效。特别是在事关全市政治稳定、经济发展的大是大非问题上，站在大局高度，依法支持行政机关依法行政。如备受关注的王某诉市政府拆迁案，法院在协调未果的情况下，依法作出判决，驳回其诉讼请求，支持了行政机关的行政行为，使得在城市中心区拖赘多年的行政拆迁争议最终得以解决。近年来，市两级法院根据市国土部门的申请，加大对违法占地的执行力度，市两级法院互相配合，精心部署，执结了一批严重违法占地案件，尤其对海港区102国道两侧的违章建筑进行了集中强拆，共拆除违章建筑45处，恢复土地面积近100亩，此举对违法占地行为起到了震慑作用。依法监督行政机关行使行政职权，是法律赋予人民法院的职责。市法院除在个案中纠正违法行政行为外，还通过与行政机关沟通情况，交换意见，座谈讨论，提出司法建议，提出改进措施和建议。依法纠正执法过程中存在重实体、轻程序现象，依法纠正行政执法中适用法律错误的问题，依法纠正行政执法中事实不清的问题，依法督促行政机关履行法定职责，依法纠正行政机关超越职权、滥用职权的行为。针对行政机关在执法过程中存在的问题，自2009年以来，市法院在全省法院率先建立了制作《行政案件司法审查报告》（白皮书）的制度，每年以白皮书的形式向行政机关提出意见和建议。针对个案存在的违法问题及时发送司法建议书，建议行政执法人员不断提高依法行政的自觉性，努力提高执法水平，重视依法及时履行职责，杜绝行政不作为。上述做法受到省法院及市有关领导的好评，并作为典型在全省范围内推广。（三）积极探索行政诉讼协调新机制，妥善化解行政纠纷。在诉讼中成功协调了一大批具有影响和代表性的案件，取得了良好的法律效果和社会效果。如被媒体作为炒作焦点的杨某某诉昌黎县计生委计划生育一案，备受各级领导关注。中央、省市领导作出批示，要求法院稳妥处理此案。在审理此案时，市法院以业务骨干组成合议庭，院长、庭长直接参与，经过大量艰苦细致的工作，使杨某某同意接受调解，主动撤回了起诉，此案最终协调解决，消除了不良影响。市委主要领导批示表扬，市法院行政庭荣记集体三等功。在进行诉讼协调的同时，市两级法院与行政机关互相配合，加强诉前调解，部分法院在诉讼和非诉案件多发的行政机关建立“诉前调解室”。初步建立法院与行政机关解决行政争议的协调联动机制。市法院会同市政府法制办，与市住房保障和房产管理局、人力资源和社会保障局、国土资源局、卫生局、人防办、安监局、计生委、公安局、质监局、国税局、交通局等多个行政机关建立联席会议制度，既解决个案问题又研究了行政执法中普遍存在的问题。市法院领导以及相关庭室还深入津秦客运专线、南戴河二小区国有土地收储、海港区西部四村拆迁、北戴河机场和秦承高速等重大项目中，为其提供法律帮助，均收到了良好的效果。（四）深入实际调查研究，创新行政审判工作。市法院组织10余次调研活动，先后撰写了《浅淡具体行政行为程序违法的表现形式、成因及对策》《依法办案与灵活协调相结合积极探索规范行政撤诉案件》《试述司法审查的必要性和迫切性》等10余篇具有独到见解的调研文章，并集中进行了编印。在调研的基础上，市法院出台了一系列加强和改进行政审判工作的措施，其中《落实省法院〈关于加强行政审判若干问题的意见〉的措施》《行政诉讼证据文书样式》《秦皇岛市中级人民法院非诉行政执行案件若干问题暂行规定》《一审行政诉讼案件指定管辖暂行办法》被省法院转发，向全省推广。

年度行政案件审判情况。1990年，受理行政案件46件，其中一审35件、二审11件，审结44件，结案率95.7%。1991年，市两级法院为实施行政诉讼法做了大量的准备工作，并积极慎重地处理了一批行政案件，受理一审行政案件83

件，审结82件，结案率98.8%；市法院受理二审案件20件，全部审结。1993年，市两级法院受理一审行政案件41件，审结39件，结案率95.1%，其中，维持行政机关裁决的13件、撤销行政机关裁决的7件、原告撤诉的12件。受理二审行政案件16件，全部审结，其中维持12件，改判4件，改判率25%。1993—1997年，市两级法院广泛宣传、严格执行《行政诉讼法》，5年内共审结行政一、二审案件349件，在保护公民、法人合法权益的同时，帮助和促进了行政机关改善执法活动。1998—2002年，进一步加大行政案件的审判力度。受理一审行政案件441件，审结421件，结案率95.5%，维护了当事人的合法权益。支持行政机关依法行政，执结非诉案件3546件，执结标的1693万元。2003—2007年，审结一、二审行政案件879件，案件种类近30种。在行政审判中，既依法保护公民、法人及其他组织的合法权益，又依法监督和支持行政机关依法行政。5年中，对违法或显失公正的行政行为，依法判决撤销、变更或确认无效的108件；对行政机关不履行或怠于履行行政职责的，依法判处行政机关在一定期限内履行的27件；对合法的行政行为，判决维持、确认有效或驳回行政相对人诉讼请求的448件。认真开展非诉行政案件执行工作，依法裁定准予执行非诉行政案件1948件。积极探索行政审判工作新机制，推行行政案件异地管辖制度，取得了良好的效果，在全国、全省行政审判工作会议上，总结推广市法院的经验；充分运用协调手段化解行政争议，2006年以来成功协调解决了不服行政处罚决定等案件29件；注重加强与行政机关的沟通联系，形成了司法与行政的良性互动机制。

2008—2012年，审结土地、城建、治安、社会保障、劳动争议、环境保护等行政案件1163件，其中判决撤销变更行政行为、确认行政行为违法115件；审查非诉行政案件2311件，裁定准许执行2291件，不准许执行20件。对涉及土地征收、城市拆迁等领域的案件，认真落实《国有土地上房屋征收与补偿条例》，统筹兼顾地方发展与群众利益，积极采取协调手段解决纠纷，以和解撤诉方式结案443件，占38.09%。注重与行政机关的沟通联系，坚持年度行政审判白皮书发布制度和个别案件司法建议制度，形成相互促进、共同提高的良性互动机制；加强与行政机关的诉调对接，建立劳动争议和社会保障、城建拆迁和土地征收联席会议、联络员制度。2013—2016年，强化行政审判职能作用，依法保护公民、法人和其他组织合法权益，监督和支持依法行政。畅通行政诉讼救济渠道，切实解决“民告官”难问题，审结行政诉讼案件2100件，同比增长114.29%，依法确认或纠正行政违法行为271件。探索推行裁执分离模式，认真做好非诉行政案件审查和执行工作，裁定准予执行299件。健全完善司法与行政良性互动机制，推动落实行政首长出庭应诉制度；积极开展协调和解工作，及时化解行政争议391件；应邀为行政机关作法治辅导报告30余场次，促进依法行政。2017年，加强行政审判工作，依法维护行政相对人合法权益，助推法治政府建设。审理公安、资源、城建及其他类行政案件540件，依法支持行政行为352件，确认或纠正违法行政行为152件；注重诉权保护，依法受理行政案件，有效解决“民告官”难的问题；强化司法与行政之间的协调配合，采取协调和解方式，力促行政争议实质化解，有92件案件原告主动撤回起诉。审查非诉行政执行案件804件，裁定准予强制执行623件，其中“双违”行政执行案件488件，有效保证了“双违”整治的顺利开展。针对“告官不见官”问题，积极推动落实行政机关负责人出庭应诉制度，提升被诉行政机关的法治意识，促进法治政府建设。2018年，推动建立政府与法院联席会议制度等5项制度、机制，审查非诉行政执行案件648件，其中“双违”行政执行案件240件，有效保障了“双违”整治的顺利开展，被总结为“秦皇岛经验”。

2003年10月17日，市法院干警宣传《行政诉讼法》

2007 年 11 月 2 日，市法院召开全市行政审判工作会议

第一章　治安行政案件审判

《治安管理处罚条例》规定了对扰乱公共秩序、妨害公共安全，侵犯公民人身权利、财产权利，妨害社会管理，具有社会危害性，尚不够刑事处罚的，由公安机关依照本法给予治安管理处罚。《条例》第十条对违反治安行为的当事人行政处罚措施的种类划分为：（一）警告；（二）罚款；（三）行政拘留；（四）吊销公安机关发放的许可证。根据《行政处罚法》的规定，对上述处罚，被处罚的行政相对方不服对该处罚和行政复议结果的，有权向人民法院提起行政诉讼。治安案件，是指违反治安管理法律、法规，依法应当受到治安行政处罚，由公安机关依法立案查处的违反治安管理行为。在秦皇岛市内，治安案件在行政案件中所占比重较大，是行政审判的一个突出特点。市两级法院根据法律、法规和规定，根据当地治安行政执法现状，采取了“两个基本”的原则，即只要事实存在，适用法律基本正确的就维持，以支持公安机关依法行使治安管理职权。

第一节　治安类案件审判

治安类案件在行政案件中所占比重较大，是市两级法院行政审判的一个突出特点。2010年治安类案件28件，占行政案件收案总数的16.80%；2011年治安类案件33件，占行政案件收案总数的17.19%；2012年治安类案件39件，占行政案件收案总数的22%；2014年治安类案件90件；2015年治安类案件104件，占行政案件收案总数的24.3%。

在治安类案件的审理中，市两级法院根据《行政诉讼法》《治安管理处罚条例》以及最高法院《关于审理治安行政案件具体应用法律若干问题的暂行规定》等法律法规和司法解释，根据当地治安行政执法现状，采取了“两个基本”的原则，即只要事实存在，适用法律基本正确的就维持，以支持公安机关依法行使治安管理职权。通过行政审判活动，依法监督维护公安机关行使治安管理权，保护公民的合法权益。

市两级法院坚持“以事实为依据、以法律为准绳”的审判原则，对行政机关的行政执法行为，既实施了法律监督，又依法提供强有力的司法保障。2009年在行政诉讼中支持行政机关依法行政，胜诉率达87.66%。特别是在事关全市政治稳定、经济发展的大是大非问题上，保持清醒头脑，站在讲政治、讲大局的高度，依法支持行政机关依法行政。如市公安机关对一些蓄意滋事、无理上访、影响极坏的违法上访人进行行政处罚的诉讼案件，市两级法院都依法予以维持。为保障“三年大变样”城镇发展战略的顺利实施，市两级法院还依法维持了一批因拆迁补偿提起行政诉讼的案件。如备受各级领导关注的王某诉市政府拆迁案，王某曾多次赴省、市，进京上访，甚至寻求新闻单位的舆论支持，企图得到更高的无理的补偿，法院在协调不成的情况下，依法判决王某败诉，驳回其诉讼请求，支持了行政机关的行政行为。2012年，依法纠正行政机关超越职权、滥用职权的行为。如昌黎县公安局城关分局在其已被撤销将近一年的时间里，其执法主体已经不存在的情况下，仍然以城关分局的名义对当事人进行治安处罚，导致其行政行为被撤销。

案例：2008年，卢龙县申某某等三原告诉卢龙县公安局行政不作为案，原告申某某的父亲申某远系卢龙县农民，因某矿山运送矿石的汽车轧了该家责任田，为此双方发生争议并相互厮打，一村民即向卢龙县公安局报警，40分钟后警察才到现场，其父被殴打致死。申某某等三原告以卢龙县公安局行动迟缓、没有及时出警、行政不作为致使被害人被殴打致死为由向法院起诉，要求法院确认卢龙县公安局行政不作为，并赔偿被害人的经济损失。此案引起市公安局的高度重视，卢龙县公安局积极应对，局领导亲自出庭，当庭解释出警情况。（1）就派出所警力情况作了说明，该派出所共有警力8名，接警时仅有派出所指导员一人在所里值班，其他民警均在外办案，接警后该派出所指导员即委派距现场最近的2名民警赶赴现场；（2）赶赴现场的民警当时正在卢龙县医院调查取证，从县医院赶赴现场需45分钟时间，且路况不好。局领导作了说明之后，又详细介绍了抓获犯罪嫌疑人并准备向检察机关起诉的情况，同时对被害人家属表示慰问。被害人家属当庭表示理解，三原告庭后向法院表示，听了局领导的解释，对公安局表示谅解，对法院驳回其诉讼请求的判决，表示服判。

第二节　劳教类及收容审查案件审判

劳教及收容审查的行政行为均为涉及公民人身权的行政强制措施。劳动教养，是指劳动教育和培养，是依据国务院劳动教养相关法规的一种行政处罚，公安机关无须经法庭审讯定罪，就可对嫌疑人投入劳动场所实施最高期为4年的限制人身自由、强迫劳动、思想教育等措施。而收容审查由公安机关决定，羁押时间最长可达3个月，适用于有轻微违法犯罪行为又不讲真实姓名等的人，或者有轻微违法犯罪行为又有流窜作案、多次作案、结伙作案嫌疑需要收容查清罪行的人，以上两种行为意味着公安机关对公民人身财产权利的一种司法权力，1990年10月《行政诉讼法》实施后，将公安机关收容审查、劳动教养等行政案件纳入行政诉讼的受案范围。法院审理此类案件除依照《行政诉讼法》的有关规定外，在实体法律规范上还有1980年国务院《关于将强制劳动和收容审查两项措施统一于劳动教养的通知》及1985年公安部《关于严格控制使用收容审查手段的通知》等一系列规定。产生此类案件通常是因管理相对人对劳教决定所认定的违法事实、适用行政法律规范或执法程序等某方面或几方面存在争议，不服劳教决定而向法院提起行政诉讼。劳教行政案件实行复议前置，未经申请复议而向法院提起行政诉讼，法院不予受理。

1996年3月17日，第八届全国人民代表大会第四次会议通过了《关于修改〈中华人民共和国刑事诉讼法〉的决定》，修改后的《刑事诉讼法》于1997年1月1日施行，该法取消了收容审查制度。2013年11月15日公布的《中共中央关于全面深化改革若干重大问题的决定》提出废止劳动教养制度，2013年12月28日，全国人大常委会通过了关于废止有关劳动教养法律规定的决定。因劳动教养制度的取消，2014年以后未有劳教类案件提起诉讼。

案例：上诉人秦皇岛市人民政府劳动教养委员会因劳动教养一案，不服海港区法院（1994）海行初字第3号行政判决，向市法院提起上诉。市法院依法组成合议庭，对本案进行了审理，现已审理终结。

原审法院认定，1993 年 8 月 18 日晚 6 时许，杨某利见一辆汽车停在自己开的饭店门前装面粉，便上前让司机动车，印某民说“装完车后，在你饭店吃饭”，杨便走开了。印等人装完车后，在另一家饭店吃饭，杨对此不满，到面粉厂办公室找印，并抓住衣服质问，印赔礼道歉，杨见印未站起来赔礼说：“你不像我爹呀！”让印拿 2000 元认爹钱，印不拿不让走。龙某东到现场劝解无效时，上去给印一脚，踢在胸部，随后离开现场。被告于 1993 年 9 月 8 日作出秦公教字第 171 号劳动教养决定书，决定对龙某东劳动教养一年半。原告申请复议，被告作出秦公教申字第 7 号劳动教养复查决定，维持对原告劳动教养一年半的决定。原判认为，被告认定原告寻衅滋事主要证据不足，适用法律、法规错误，判决撤销秦皇岛市劳动教养管理委员会秦公教字第 171 号对龙某东的劳动教养认定。上诉人不服以龙某东踢到印某民与杨某利的行为有联系，起到推波助澜的作用，已构成寻衅滋事；其违反治安管理屡教不改。原判撤销劳教决定，适用法律、法规错误，请求撤销原审判决，维持劳教决定。被上诉人以我是被叫去劝架，没踢印某民，不存在寻衅滋事，原判认定事实清楚，适用法律、法规正确，请求维持原判。

经审理查明：1993 年 8 月 18 日晚 6 时许，杨某利（已另案处理）、龙某东见一辆汽车停在二人合开的地下餐厅门前，正在从西邻康泰面粉厂装面粉，挡住了饭店门脸，杨某利上前让司机动车，印某民说“装完车后，在你饭店吃饭”，杨便走开了。印等人装完车后，由康泰面粉厂业主段某祥安排在另一饭店吃饭，杨对此不满，到康泰面粉厂办公室找到印，并抓住其衣服质问，印赔礼道歉，杨见印未站起来赔礼说：“你不像我爹呀！”随即让印拿 2000 元认爹钱，不拿不让印走。被上诉人龙某东到康泰面粉厂办公室，问印是不是司机，让印向杨服个软，印说：“我不是司机。”龙某东上去照印胸部踢了一脚，随后离开现场。1992 年 12 月龙某东殴打他人，造成轻微伤害，被昌黎县公安局罚款 200 元；1993 年 5 月龙某东又殴打他人，致轻伤害，经昌黎县法院刑事审判庭调解，赔偿受害人经济损失 4000 元。上诉人根据上述事实，依照《国务院关于劳动教养问题的决定》第一条第（一）项、国务院转发公安部《劳动教养试行办法》第十条第（四）项之规定，于 1993 年 9 月 8 日，作出秦公教字第 171 号劳动教养决定，对龙某东劳动教养一年半。龙某东提出申请复议，经复议，上诉人于同年 12 月 27 日作出秦公教申字第 7 号劳动教养复查决定，维持对龙某东劳动教养一年半的决定。被上诉人不服，起诉到海港区法院，原审判决后，上诉至市法院。

市法院认为，龙某东在铁路沿线康泰面粉厂随意踢印某民，证据充分，其行为与杨某利的行为有联系，已构成寻衅滋事；并多次殴打他人，违反治安管理，屡教不改。上诉人作出的具体行政行为事实清楚，证据充分，适用法律、法规正确。原判撤销上诉人作出的劳动教养决定，适用法律欠妥。上诉人上诉有理，应予支持。依照《行政诉讼法》第六十一条第（二）项之规定，经市法院审判委员会讨论，判决如下：一、撤销海港区法院（1994）海行初字第3号行政判决书；二、维持秦皇岛市劳动教养管理委员会1993年9月8日秦公教字第171号对龙某东的劳动教养决定。

第二章　自然资源行政案件审判

自然资源行政案件，是指当事人不服行政机关确认土地、矿产、森林、山岭、草原、荒地、滩涂资源的所有权和使用权归属的行政处理决定而起诉到法院的案件。这类案件的本来性质属于民事纠纷，但由于人民政府或其主管部门依法对这类纠纷作出处理决定，使其性质发生变化，成为行政争议，故由人民法院作为行政案件处理。

第一节　土地案件审判

土地，是不可再生资源，是民生之本，是确保国家长治久安、经济社会全面协调可持续发展的重要基础。涉地问题主要有以下几种类型：（1）部分机关或基层组织为加快经济发展，擅自突破土地利用总体规划和新增建设用地年度计划限制，非法征占土地，或者未批先建、边报边建；（2）个别企业和群众为进行生产经营而私自租用、侵占土地，或私自改变土地用途进行开发建设；（3）一些群众为满足或改善生活所需而私搭乱建，违章建房；（4）个别土地管理职能部门或土地管理工作人员不依法审批、不依法监管土地而出现的滥用职权或玩忽职守问题。这些问题的存在，一方面导致土地资源被破坏和浪费，影响国民经济的可持续发展；另一方面导致违章建筑的不断出现，在治理违章建筑的过程中，不仅致使违法用地当事人要承担巨大的经济损失，引发一系列的土地使用权人与违法用地者的矛盾纠纷，而且加大了治理违法用地的工作成本，加剧了群众与政府及司法机关的对抗情绪，因而形成影响社会稳定的重大隐患。市法院 2010 年审理土地案件 26 件，占行政案件收案总数的 15.6%；2011 年审理土地案件 43 件，占行政案件收案总数的 22.4%；2012 年审理土地案件 30 件，占行政案件收案总数的 17%；2015 年审理土地案件 37 件，占行政案件收案总数的 8.64%。

审理土地案件，市两级法院依据《土地管理法》《河北省土地管理条例》进行。这类案件涉及当事人的切身利益，处理不好容易引起矛盾激化。为此，市两级法院在审理纠纷时十分慎重，始终坚持深入现场，就地勘察。

市法院与行政机关就南戴河二小区国有土地收回问题共商良策。收回南戴河二小区国有土地，重新进行规划建设，是省、市两级政府为振兴经济、发挥秦皇岛市在环渤海经济圈的重要作用而采取的一项重大举措。该项工作对促进河北省沿海区域的整体科学规划，推动秦皇岛市的经济发展，提高城市建设水平至为关键。南戴河二小区国有土地收回，涉及土地面积4496.4亩，现已收回有土地使用证的402.29亩，无土地使用证的3600亩。南戴河二小区的土地使用情况较为复杂，国有土地中既有出让地，又有划拨地，特别是国有渤海林场的土地情况更为复杂，该林场始建于20世纪50年代，对其四至边界均是行政单位确定的，与周边的众多村集体土地界定不明，因此在确定补偿主体时遇到的问题较多，加之因该林场近些年来经营不景气，将部分土地出租，在此次收回工作中，引发了不少矛盾。在集体土地征收中，因各村之间历史遗留问题至今未解决，引发出四至不清、权属不清、难以确认补偿主体的问题亦有不少，另外国有土地、集体土地出租后，有些承租人作了大量的投入，因此对土地收回持有异议，不予配合，不与政府签订协议。尤其是对近海海域的收回工作，困难更大，一些养殖户在前期已经作了较大投入，近期亦可见到效益，而此次国家收回的补偿标准，又远远达不到他们的要求，致使产生矛盾和纠纷，除已达成协议的之外，未达成协议的，大部分要进行诉讼。针对上述情况，市法院行政审判人员从法律角度提出了意见和建议。首先，肯定南戴河二小区国有土地收回，是一次土地政策的调整，符合土地法规定。其次，在收回中要进行区别对待，对响应政府号召、在规定时间内与政府签订协议的，按照政府规定一定要及时兑现奖励，对无正当理由、擅自私拆乱建违章建筑的，应严格按相关法律规定处理。

市法院主动为秦皇岛北戴河机场建设项目提供法律服务。秦皇岛北戴河机场是经国务院和中央军委同意立项的重大工程，是彰显秦皇岛市经济实力和魅力，实施旅游立市战略，打造宜居宜业宜游、富庶文明和谐新秦皇岛的一个重要窗口，对提升秦皇岛市城镇建设水平具有里程碑意义。该项目拟征地2350亩，计划3年内完工，征地拆迁工作进入攻坚阶段。市法院行政审判人员认真听取了秦皇岛北戴河机场指挥部及有关部门对该项目建设情况的介绍，重点了解征地过程中遇到的疑难法律问题。秦皇岛北戴河机场征收的土地涉及7个自然村、1100多户，大部分已与被征收人签订征地协议，并领取补偿款。在前期的征地工作中，由于部分群众对征地政策、重点项目建设的意义不甚了解，产生对立情绪，其中1户将秦皇岛市民航局告上法庭，产生了不必要的诉累。审判人员了解这一情况后，耐心细致地向机场建设指挥部及相关部门讲解相关的法律法规，并从讲大局、保稳定，着力化解行政争议，减少行政诉讼的角度，根据机场建设的实际情况提出了合理的法律建议，并及时回答了机场建设工作人员提出的各种涉法问题。秦皇岛北戴河机场指挥部总指挥冯乃文表示，市法院审判人员提供的法律建议，有效地解决了征地工作中遇到的困难，有效地预防了行政诉讼的发生，真诚感谢他们的大力支持和帮助。

市法院行政审判人员为秦皇岛北戴河机场项目建设提供法律服务（2009 年）

案例：市法院一周内审结备受领导关注的广夏公司诉市国土资源局行政处罚案。2009年，备受市委领导关注的北戴河广夏海洋物产有限公司诉市国土资源局及第三人秦皇岛市北戴河水产养殖场土地行政处罚纠纷案，市法院行政审判庭打破常规，加班、加点办案，在一周内予以审结。秦皇岛市北戴河水产养殖场于 1989 年经北戴河区土地规划管理局同意将国有滩涂 196 亩作为其养殖用地，同时收取使用费，限期 10 年，10 年后再行确定。该养殖场占用土地期间未交纳土地使用租金，1996 年 2 月，该养殖场与中国广夏（银川）实业股份有限公司、香港中昌国际贸易有限公司、天津广夏保洁制品有限公司、深圳市广夏文化实业有限公司共同合资成立了北戴河广夏海洋物产有限公司，经营期限 20 年。北戴河广夏海洋物产有限公司始终未办理土地使用审批手续。2000 年 3 月 14 日，广夏公司向北戴河区土地规划管理局交纳土地租金 20 万元。2005 年 11 月 25 日，北戴河区人民政府下发了《关于处理原河东寨水产养殖场土地使用权的通知》，要求秦皇岛市国土资源局北戴河分局通知秦皇岛市水产养殖场限期交回国有土地 196 亩及河东寨村稻田地 2 亩。2005 年 12 月 7 日，秦皇岛市国土资源局北戴河分局书面通知北戴河广夏海洋物产有限公司在接到通知后 30 日内清理养殖场内的一切建筑物和场筑物，退回使用的国有滩涂。并于 2006 年 3 月 26 日收回占用土地 35.91 亩，现有 160.51 亩尚未交回。2008 年 4 月 17 日，秦皇岛市国土资源局作出（2008）06 号行政处罚决定，认定北戴河广夏海洋物产有限公司及秦皇岛市水产养殖场违法占地 160.51 亩拒不交还。根据《土地管理法》第八十条、《土地管理法实施条例》第四十三条的规定，责令其立即交回土地并处以 321.02 万元的罚款。北戴河广夏海洋物产有限公司不服，向河北省国土资源厅提出行政复议，河北省国土资源厅维持了秦皇岛市国土资源局作出的行政处罚规定。其仍不服，向海港区法院提起行政诉讼，经海港区法院审理认为秦皇岛市国土资源局作出的行政处罚并无不当，故判决维持。其又上诉到市法院。本案中的当事人违法占地时间已长达 10 年，政府启用收回该土地的工作也已近 5 年。案件当事人在租期到期后，既不交回国有土地，又不办理续租手续，政府及土地部门虽然三令五申下通知、做工作，其仍然拒不交回，使北戴河区的整体规划不能进行，招商引资项目不能实现，妨碍了北戴河区经济的发展。市委、市政府领导及北戴河区政府对此案非常重视，同时也非常焦急，因为拖延收回将会造成更大损失。市法院行政审判庭受理此案后，马上组成精干合议庭，打破常规，加班、加点审理，仅用一周时间就予以审结。市法院审理认为北戴河广夏海洋物产有限公司及秦皇岛市水产养殖场拒不交回国有土地的事实清楚，秦皇岛市国土资源局对其作出的处罚并无不当。遂作出判决，驳回其上诉，维持原判。

第二节　林业案件审判

秦皇岛北面环山，林业资源丰富，2018 年全市森林面积达到 42 万公顷，森林覆盖率由 2015 年的 45% 提高到 54%，增加近 10 个百分点。审理林业案件也是市两级法院审判工作的任务之一。1985 年《森林法》实施后，市两级法院开始审理公民、法人或者其他组织不服人民政府及其林业主管部门在造林、营林和木材市场监督管理，野生动物和森林植物保护，森林防火，林产工业行政管理以及解决国有单位、集体组织、个人等平等主体之间山林所有权、使用权纠纷过程中实施的行政行为而起诉的案件。法院主要依据《森林法》及其实施细则、《野生动物保护法》、《关于开展全民义务植树运动的实施办法》等林业法律进行裁判。在林业行政案件中，主要是盗伐林木或滥伐林木尚未构成犯罪而受行政处罚的案件及林地权属处理决定案件等。

案例：被执行人张某某于 2014 年 12 月 19 日盗伐杨某某树木 6 株，立木蓄积 3.493 立方米。被执行人张某某盗伐林木的行为违反了《森林法》第三十二条之规定，依据《森林法实施条例》第三十九条的规定处以罚款 3200 元，补种树木 30 株。逾期不缴纳罚款，加处罚款每日按罚款数额的 3% 计算。被执行人张某某收到处罚决定书后未申请复议，未提起行政诉讼。收到抚林强催（行）字（2015）第 06 号履行行政处罚决定催告书后至今未履行义务。申请执行人抚宁区林业局向抚宁区法院提交了受案登记表、立案审批表、价格鉴定结论、询问笔录、案件调查报告、案件集体讨论笔录、案件处理内部审批表、行政处罚事先告知书、行政处罚听证告知书、行政处罚决定书、督促履行催告书及相关送达回证。

法院认为，抚宁林业局有权对本行政区域发生的违反《森林法》的违法行为进行查处。

抚宁林业局对被执行人张某某的违法行为作出抚林罚决定（2014）第060号行政处罚决定书，事实清楚，证据充分，程序合法，运用法律法规正确。依据《行政强制法》第五十七条、《行政诉讼法》第九十七条、《最高人民法院关于执行〈中华人民共和国行政诉讼法〉若干问题的解释》第九十三条的规定，裁定如下：准予强制执行抚宁林业局作出的抚林罚决定（2014）第060号行政处罚决定书第二项，被执行人张某某应按抚林罚决定（2014）第060号行政处罚决定书内容依法履行缴纳罚款的义务。

第三章 经济社会管理行政案件审判

经济社会管理行政案件涉及的领域和类型主要有工商、财政、税务、金融案件，城乡建设案件，劳动社会保障案件，环保案件以及其他案件。2005年以来审判较多的案件是工商案件、城乡建设案件和劳动社会保障案件。市两级法院高度重视运用协调手段化解官民矛盾，把协调贯穿于诉前、立案、审判的全过程。积极构建司法与行政良性互动机制，实行联席会议制度，形成合力，着力解决当事人的实质诉求。

第一节 工商案件审判

工商案件从种类上说是比较多的，比如无照经营、逾期年检、虚假宣传、擅自变更登记事项、抽逃出资、提交虚假年检材料等。工商行政管理处罚主要有责令停业停产、吊销营业执照、没收非法所得、查封违法商品、罚款等。市法院审理的工商案件：2010年5件；2011年21件，占行政案件的10.94%；2012年6件，占行政案件的3.4%；2014年12件；2015年44件，占行政案件的11.20%；2017年52件，占行政案件的12%。

案件协调撤诉率进一步提高。市两级法院高度重视运用协调手段化解官民矛盾，把协调贯穿于诉前、立案、审判的全过程。积极构建司法与行政良性互动机制，实行联席会议制度，形成合力，着力解决当事人的实质诉求。2011年市两级法院协调行政诉讼案件107件，调撤率为55.7%，比上年的54.6%提高了1.1个百分点。如中兴等13个加油站诉青龙县工商局行政处罚案件，青龙县法院受理案件后，及时与市、县工商部门取得联系，建议他们认真分析研究被罚加油站的违法情节及处罚额度，慎重行使自由裁量权。县工商局遂重新作出处罚，使得13个加油站全部撤诉。

怠于履行法定职责在行政登记等领域表现较为突出。近年来，由于住房保障和房产管理机关在房产转移登记环节中把关严格，房屋登记类案件大幅减少，进入诉讼的此类案件，败诉率极低，但工商登记等其他类案件升幅明显。例如，武某不服某工商行政管理机关工商登记一案，根据相关法律、法规规定，工商行政管理机关应依法对申请材料是否齐全、是否符合法定形式等内容进行审查。需要对申请材料的实质内容进行核实的，依法进行核实，因此，工商行政机关在登记工作中，不仅是形式审查，还应依实际情况进行实质审查，并尽到审慎审查的义务和合理的注意义务，但该案工商机关在办理某当事人申请的工商登记案件中，不认真核实申请人提供的材料，未尽审慎审查义务，片面理解登记机关的形式审查义务，导致登记错误，损害了当事人的合法权益，最终也导致该机关的败诉。

第二节　城乡建设案件审判

城乡建设案件多数为房屋拆迁案件。市法院《关于审理、执行城市房屋拆迁行政案件的调研报告》中列出以下数据：

全市法院行政拆迁诉讼案件统计表

年度	行政裁决	行政许可	行政强制	行政公告	行政处罚	其他	合计
2005	10	2			1		13
2006	9	1	1	1	2	1	15
2007	4	4	3	3	2	2	18
总计	23	7	4	4	5	3	46

全市法院行政拆迁非诉执行案件统计表

年度	海港区	开发区	山海关	北戴河	抚宁	昌黎	卢龙	青龙	合计
2005	23	4	2	10	12	2	3	4	60
2006	26	6	3	12	15	6	6	6	80
2007	28	8	5	15	22	8	9	8	103
总计	77	18	10	37	49	16	21	18	246

2010 年，市法院审结房产案件 35 件，其中登记 28 件，拆迁案件 7 件，占行政案件收案总数的 21%；2011 年，房产 16 件，占行政案件收案总数的 8.33%；拆迁 14 件，占行政案件收案总数的 7.29%。2012 年，房产 3 件，占行政案件收案总数的 1.7%；拆迁 10 件，占行政案件收案总数的 5.7%。2014 年房屋拆迁 13 件。2015 年房屋拆迁 16 件，占行政案件收案总数的 3.74%。

群体性案件增多。在土地征用、房屋征收的过程中，涉及一系列的行政行为，包括立项批文、收回土地批文、出让土地批文、拆迁许可、拆迁通告、拆迁裁决等。被拆迁人往往会对这一系列的行政行为中存在的违法问题提起行政诉讼，形成密集的群体性诉讼。另外，一些地方政府急于发展地方经济，允许或默认单位、个人先行占地建设，事后补办用地手续，造成在土地征收、房屋拆迁的行政行为中严重违法，又没有做好补偿和充分的思想工作，进而引发诉讼。北戴河火车站拆迁案，李某、邓某某等在市两级法院对市政府、抚宁县政府、抚宁县建设局提起多起诉讼，抚宁县政府对有关拆迁手续没有及时补办齐全。海港区交建里小区旧城改造项目刚刚进入房屋征收阶段，张某某等535人就以房屋征收行政行为违法为由向法院提起诉讼。2016年针对农村征地、城市房屋拆迁类行政案件，尤其是对海港区交建里、临港物流园区等影响较大的行政诉讼案件，在审理中多次组织与地方政府及行政执法机关召开协调会议。针对政府拆迁引发的重大群体性案件情况，及时通报给政府机关，帮助政府机关积极采取相关的补救措施，有效遏制了海港区交建里片区近1300户群体访和群体诉讼案件的发生。同时，在工作中积极探讨行政执法和审判工作存在的突出问题，共同促进《行政强制法》《国有土地上房屋征收与补偿条例》等法律法规的正确实施，取得了较好的法律效果和社会效果。

加大调解力度。2010年市两级法院在诉讼中成功调解各类行政案件89件，调解率为54.6%，取得了良好的社会效果。如霍某某诉市国土资源局强拆违法一案，霍某某违法占地，殴打国土执法人员。国土部门没有及时报警，也未作出拆除违法建筑的处罚决定，而是超越职权强拆了违法建筑。霍某某到法院诉讼且情绪激动，此案如果判决，不能从根本上解决问题，社会影响也不好，必然引发连环诉讼。在审理中，法院加强了对此案的协调，一方面指出霍某某的违法行为，并做耐心细致的思想工作和法律释明工作；另一方面多次与国土部门召开联席会议进行个案协调。最后，在市国土资源局、海港公安分局、东港镇政府及霍某某亲属的共同努力下调解结案。2018年，为积极推动“刘某某诉昌黎县人民政府强拆行为”重大敏感案件尽早妥善解决，市法院主动向市委政法委汇报情况，多次组织召开专题协调工作会议，并提出解决思路和建议。在此期间，市法院主管领导及案件主办人多次前往昌黎县人民政府，组织召开现场协调会。在法院的主持下，原告、被告双方进行了良好的沟通，促使本案双方当事人平等协商、互谅互让，为消除矛盾妥善解决纠纷奠定了良好的基础。经过市委政法委指导和法院的协调，历时3年多的重大敏感案件最终以协调解决，原告撤诉结案。

提出司法建议。为实现市委、市政府提出的“一年一大步、三年大变样”城市发展战略目标，切实发挥审判机关的法律服务职能作用，市法院结合行政审判实践，就城市房屋拆迁工作中遇到的热点、难点问题提出了司法建议：（1）建议政府及土地资源管理部门加大对违法建筑行为的巡查力度，及时发现，及时制止，防止违法建筑既成事实，事后难以拆除。（2）建议政府及房屋拆迁管理部门加强对拆迁人的管理，坚决制止和严肃查处无房屋拆迁许可证的拆迁行为、超拆迁范围的拆迁行为及超期限安置等违法行为，防止损害被拆迁人的合法权益。（3）建议政府及房屋拆迁管理部门强化对拆迁补偿安置资金的监管。

拆迁补偿安置资金要由拆迁管理部门与被拆迁人代表共同监管，或由专业机构及银行统一保管，其使用务必在相关部门和拆迁地区的群众代表监督下进行，防止被挪用，切实做到专款专用。（4）建议政府及房屋拆迁管理部门就安置、补偿等与被拆迁人利益息息相关的敏感问题，依据法律程序召开有被拆迁地区的群众代表、社会各界代表参加的听证会，增强拆迁工作的透明度和民主性。（5）建议严格执行国务院制定的《城市房屋拆迁管理条例》，实行市场化运作，由具有城市房屋拆迁资质的企业来实施，严防政府与拆迁人互为一家。（6）拆迁人与被拆迁人形成纠纷或诉讼后，城市房屋拆迁管理部门要坚持“以人为本、关注民生”的执政理念，注重运用协调、调解的和谐方式处理争议，努力将矛盾化解在初始和萌芽阶段。对已诉讼到法院的行政案件，要配合法院的诉讼协调工作，多与被拆迁人沟通、交流，多做拆迁人的疏劝、引导工作，倾尽全力使当事人息讼止争、案结事了，避免因矛盾激化、扩大事态而影响城市整体拆迁工作的进展。（7）建议政府及有关部门与法院建立良性互动的协调机制，采取设定联络员、定期召开联席会议等形式，保持经常性联系，互通相关信息，共同分析研究房屋拆迁工作中遇到的热点、难点法律问题，归纳总结涉诉规律，及时制定应对和预防措施。

第三节　劳动社会保障案件审判

2010 年市法院审结劳动社会保障案件 31 件，占行政案件收案总数的 18.6%；2011 年审结劳动社会保障案件 41 件，占行政案件收案总数的 23.5%；2014 年审结劳动社会保障案件 55 件；2015 年审结劳动社会保障案件 62 件，占行政案件收案总数的 14.49%；2017 年审结劳动社会保障案件 9 件。

秦皇岛市内劳动保障方面案件多数为工伤认定案件。针对法院受理工伤认定类行政案件的比例不断上升，而目前对工伤认定问题的法律规范较少，缺乏一定的操作性，不能适应日益复杂的工伤认定司法审查需要。为统一执法尺度，市法院积极对工伤认定类行政案件审理情况进行研究，组织与劳动保障行政部门召开联席会，对工作时间、工作场所、工作原因等具体问题进行沟通和交流，达成了共识，减少行政执法和法院司法的差异，以切实维护法律的严肃性，保护行政相对人的合法权益。

各级行政机依法行政意识不断增强，积极求得司法部门的支持、帮助，主动化解和预防矛盾纠纷。市人力资源和社会保障局专门制定“秦皇岛市工伤认定联席会议制度”，为配合新的《工伤保险条例》的实施，主管副局长主持召开协调会，与法院、公安机关共同研究执法中的难点和疑点，保证行政机关与司法机关在适用法律上的统一。

案例：姜某某诉市劳动局工伤认定一案，姜某某系青龙满族自治县派遣到港务局的轮换工，居住在集体宿舍，工作地点就在宿舍对面的秦皇岛码头作业区，平时姜某某上班均是通过立交桥到达工作地点，出事那天姜某某没有行走立交桥，却横穿马路，被机动车撞伤，经鉴定为三级伤残。市劳动局根据姜的申请，在审理此案时认为姜违反交通法规，横穿马路不能认定为工伤。姜不服向法院提起诉讼，要求法院确认市劳动局作出的决定违法，确认其为工伤。法院经审理后认为，姜虽未行走立交桥，直接横穿马路仅是造成交通事故的原因之一，并非主要原因，其情况符合《工伤保险条例》第十四条第六项：在上下班途中，受到机动车伤害的，应认定为工伤的规定。这一规定并没有对上下班路线作详细的规定和解释，根据司法实践掌握的原则是只要原告行走在上下班途中，就应认定为工伤。姜横穿马路，是否违反了交通法规，则应是交警部门的职权，劳动部门无权认定姜是否违反交通法规。经查姜是居住在青龙满族自治县一偏远山村的农民，系家庭主要劳动力，受伤之后仅医疗费就花了 8 万余元，给家庭生活带来了极大影响。如果此案处理不当，可能会激化矛盾。经法院协调用工单位秦皇岛港务局，支付了姜的全部医疗费，后与市劳动局沟通，市劳动局接受了法院的意见，撤销了作出的不予认定工伤决定，此案得到圆满解决。又如秦皇岛美通工贸有限公司诉市劳动局及第三人高某某工伤认定纠纷一案。市劳动局第一次作出不认定工伤的决定，因适用法律问题被法院撤销。第二次重新作出决定，在适用法律上仍然有误又被法院撤销。事后法院主动与市劳动局沟通，交换意见，市劳动局采纳了法院意见，第三次再重新作出决定，法院予以维持。

第四章　非诉执行案件办理

非诉行政案件是指公民法人或其他组织对具体行政行为在法定期限内不提起诉讼，不申请复议，又不履行的，行政机关或者具体行政行为确定的权利人申请人民法院强制执行的案件。2008—2012 年，全市法院受理行政非诉执行案件 3513 件，执结 1420 件，占案件总数的 40.42%（其中 2010 年受理非诉行政执行案件 791 件，2011 年受理非诉行政执行案件 994 件）。2014 年，全市法院受理行政非诉执行案件 1061 件。2015 年，全市法院受理行政非诉执行案件 746 件。2016 年全市法院受理行政非诉执行案件 1087 件，审结 1085 件，结案率为 99.82%。2017 年全市法院受理行政非诉执行案件 854 件。

在审查非诉执行行政案件中，严格依法办案，积极支持行政机关依法行政。如 2009 年春节前夕，海港区法院审查市劳动局责令山海公司和盛鑫公司立即支付所拖欠的近 300 名农民工工资的行政处理决定，法院考虑到近 300 余名农民工来自全国各地，许多人准备拿钱回家过年的实际情况，决定先予执行，对被执行人的财产予以查封，迫使被执行人在春节前如数支付了拖欠农民工的工资近 300 万元。

非诉行政执行案件数量多，执行难度大。案件类型集中在违法占地、社会抚养费征收、城市拆迁等领域。虽然法院尽最大努力给予执行，但是这些案件牵扯人民群众的切身利益，尤其是违法占地案件情况复杂、延续时间长，且到申请法院执行时多数建筑物已经形成，执行难度很大，部分案件执行效果不佳。

第一节　土地行政管理非诉执行案件办理

2014 年，全市法院受理行政非诉执行案件 1061 件，其中土地行政管理非诉执行案件 545 件，占非诉执行案件总数的 51.37%；2015 年，全市法院受理行政非诉执行案件 746 件，其中土地行政管理非诉执行案件 186 件，占非诉执行案件总数的 24.93%；2016 年，受理行政非诉执行案件 1087 件，其中土地行政管理非诉执行案件 556 件，占非诉执行案件总数的 51.15%；2017 年，受理行政非诉执行案件 854 件，其中土地行政管理非诉执行案件 556 件，占非诉执行案件总数的 65.11%。

市两级法院根据国土部门的申请，互相配合，精心部署，执结了一批严重违法占地案件，尤其对海港区102国道两侧的违章建筑进行了集中强拆，共拆除违章建筑45处，恢复土地面积近100亩，此举对违法占地行为起到了震慑作用。

2015年5月12日，市法院召开全市法院涉土地非诉行政执行审查案件专题座谈会。市两级法院主管行政审判工作的院领导、行政庭庭长和市法院行政庭有关人员参加了会议。市法院主管领导就行政审判工作形势和召开本次会议的背景以及下一步工作打算作了说明。院领导指出，此次座谈会是在全面贯彻落实十八届四中全会精神和新行政诉讼法实施、人民法院立案登记制实行背景下召开的一次重要会议，全市行政审判法官要运用新法治思维、法治方式解决好每一件行政争议，要充分认识做好非诉行政执行审查案件对促进执法机关严格执法、司法机关公正司法、全民守法的重要意义，尤其对涉及土地非诉行政执行审查案件，在思想上要高度重视，在行动中多想办法，维护好土地管理秩序。这次座谈会旨在全面了解全市法院涉土地非诉行政执行审查、立案受理、审理裁判等情况，研究行政裁判工作中出现的问题，探索涉土地行政强制执行案件裁判难、执行难的解决途径和解决方法。全市各基层法院就2014年以来本院涉土地非诉行政执行案件受理情况、旧存情况、法院裁定准予执行和不准予执行的情况、工作中存在的问题及建议等内容分别进行了汇报。市法院领导要求，各法院要积极依靠党的领导，主动向地方党委汇报并取得支持；及时与当地政府沟通并取得支持和理解；要主动向人大常委会报告有关情况并接受监督；建立健全主动与相关行政机关工作协调机制，争取工作配合；把涉土地非诉行政执行审查案件进行全面梳理、汇总提出意见和建议，并上报到市法院，共同探讨研究相关工作。

2018年，市法院涉旧城改造案件主要集中在海港区交建里、道南片区国有土地收回案件和北戴河新区土地征收案，其中海港区交建里片区拆迁已近10年，由于各种原因未能回迁，群众意见大，情绪不稳，诉讼案件接连不断。3月份政府作出强制收回通告，市国土局作出强制收回决定及解除出让协议，引起了当事人港城地产的诉讼，致使政府的收回工作无法继续进行。市长办公会多次协调此案，听取汇报，要求海港区政府尽快开展回迁房的建设，加快收回土地进度。在此情况下，市法院和海港区法院共同对案件进行了研判，并利用在省法官学院学习的机会，与省法院同志专题对案件进行研讨，认为虽然政府和国土局在收回土地所有权的程序上有瑕疵，但是考虑政府是为了公共利益，为了解决交建里片区近千户居民回迁这一重大民生问题，法院应依法予以支持。为此要求海港区法院缩短审限，克服困难，尽快结案。此案一审结案后，上诉至市法院，二审也以最短时间作出判决。海港区道南片区国有土地上房屋征收系列案件，市两级法院采取加大诉前、诉中调解撤诉解决一部分，其余则采取集中审理的办法，极大地缩短了办案周期，有力地支持了城市建设。

第二节　计划生育非诉执行案件办理

1980年，国家为了遏制全国人口快速上升的势头，决定在全国实施“一对夫妻一孩化”计划生育基本国策。受多子多福传统观念的影响，县乡村超生的现象比较突出。1987年，基层法院行政审判庭成立后，积极受理计划生育案件，对行政机关查明被处罚行政相对人确有超生事实、处罚程序正确、适用法律准确的案件，法院及时予以维持，促进了计划生育基本国策在全市的贯彻落实。

案件审判中，市两级法院组织审判人员认真学习《行政诉讼法》和《人口与计划生育法》，进一步认识做好涉及计划生育案件审执工作的重要性，提升思想观念和工作作风，坚持公开、公正、公平原则；充分利用多种形式向群众宣传计划生育政策，不断增强育龄妇女的法治观念，从思想深处根除一些封建落后的旧观念，自觉实行计划生育；密切与计生部门的协调与联系，解决认识方面的问题，加大对违反计划生育政策行为的制裁力度，坚持说服教育在先、强制执行在后的原则，促使当事人主动履行义务，达到执行一案、教育一片的效果。2015年全市法院受理行政非诉执行案件746件，其中计划生育非诉执行案件218件，占非诉执行案件总数的29.22%；2017年受理行政非诉执行案件854件，其中计划生育非诉执行案件153件，占非诉执行案件总数的17.92%。

案例：2009年，被媒体炒作的杨某某诉昌黎县计生局计划生育一案，备受各级领导关注。杨某某以其妻金某某在怀孕9个月的情况下，被昌黎县计生局以计划外超生为由强行做了人流手术、失去生育能力为由，向法院提起诉讼，要求昌黎县计生局和昌黎县政府赔偿其经济损失200万元。此案被杨的代理人、北京某律师以“共和国计划生育第一案”为题撰写文章发表在一些报刊和互联网上，引起国内外媒体的关注，敌对势力乘机攻击我国的计划生育政策，影响极大。中央、省、市领导作出批示，要求法院稳妥处理此案。在审理此案中，市法院院长闫五一高度重视，亲自调度，并要求慎重对待、加强协调、注重效果。市法院以业务骨干组成合议庭，由政治可靠、业务能力强的副庭长主审本案并担任审判长，主管院长、庭长直接参与，经过大量艰苦细致的工作，使杨某某不再与境外记者接触、同意接受调解，代理律师也积极配合法院的工作，在昌黎县政府的大力支持下，杨某某主动撤回起诉，协调处理了此案，消除了不良影响，市委主要领导作出批示，给予市法院奖励，为市法院行政庭记功。

第六编　国家赔偿

国家赔偿，是指国家机关及其工作人员因行使职权给公民、法人及其他组织的人身权或财产权造成损害，依法应给予的赔偿，国家赔偿由侵权的国家机关履行赔偿义务。自《国家赔偿法》实施以来，市法院成立赔偿办公室，赔偿办公室工作人员由本院行政庭审判人员兼任。随着经济社会的发展，历年受案逐渐增多，类型逐渐扩大。在审理国家赔偿案件中，市两级法院推行《关于在审理国家赔偿案件中的听证程序的规定》，强化赔偿请求人的知情权和赔偿义务机关的举证责任，促进赔偿义务机关严格执法和公正司法，国家赔偿审判工作取得了显著成绩。

第一章　国家赔偿制度和案件审理

《国家赔偿法》共六章三十五条，其内容对国家赔偿的含义、赔偿的范围、赔偿的请求人和赔偿义务机关、赔偿的程序以及赔偿方式和计算标准均作了较为详细的规定。在审理国家赔偿案件中，市两级法院积极做好立案审查工作，严把案件审理程序，认真做好协调疏导工作，尽量化解矛盾。

第一节　国家赔偿制度

1949年新中国成立后，第一部《宪法》（1954年）中就确立了国家赔偿原则。之后在1982年《宪法》（现行宪法）中进一步重申了这一原则，并提出了国家赔偿立法任务。1986年制定的《民法通则》第一百二十一条规定：“国家机关和国家机关工作人员在执行职务中，侵犯公民、法人的合法权益造成损害的，应当承担民事责任。”1989年制定的《行政诉讼法》规定：“公民、法人或者其他组织的合法权益受到行政机关和行政机关工作人员作出的具体行政行为侵犯造成损害的，有权请求赔偿。”为解决司法行政领域的国家赔偿问题，国家经过 4 年多的立法，于 1994 年 5 月 12 日第八届全国人民代表大会常务委员会通过《国家赔偿法》，1995 年 1 月 1 日起正式实施，确立了国家赔偿制度。该法第二条规定："国家机关和国家机关工作人员违法行使职权侵犯公民、法人和其他组织的合法权益造成损害的，受害人有依照本法取得国家赔偿的权利。"

2010 年 4 月和 2012 年 10 月全国人大常委会分别两次通过《国家赔偿法》（修正案），畅通了赔偿程序，细化了损害赔偿规则，明确了精神损害赔偿，加大了权利救济力度，使国家赔偿制度体系更加完善。《国家赔偿法》共计六章三十五条，其内容对国家赔偿的含义、赔偿的范围、赔偿的请求人和赔偿义务机关、赔偿的程序以及赔偿方式和计算标准均作了较为详细的规定。《国家赔偿法》规定了行政赔偿和刑事赔偿两种国家赔偿。中级以上人民法院设立赔偿委员会，由人民法院 3 ～ 7 名审判员组成。赔偿请求人要求国家赔偿的，赔偿义务机关、复议机关和人民法院不得向赔偿请求人收取任何费用。建立国家赔偿制度，是继《行政诉讼法》颁行后落实《宪法》原则，保障公民、法人和其他组织的合法权益，监督和改进国家机关工作，发展民主，健全法治的又一重要步骤，具有重大的历史意义和现实意义。

第二节　国家赔偿案件审理

自《国家赔偿法》实施以来，市法院成立赔偿办公室，赔偿办公室工作人员由本院行政庭审判人员兼任。随着经济社会的发展，历年受案逐渐增多，类型逐渐扩大。在审理国家赔偿案件中，市两级法院推行《关于在审理国家赔偿案件中的听证程序的规定》，强化赔偿请求人的知情权和赔偿义务机关的举证责任，促进赔偿义务机关严格执法和公正司法。（1）做好立案审查工作。经赔偿办与立案庭沟通，赔偿确认申请案件，由赔偿办进行审查认为符合立案条件后，交由立案庭立案。在审查过程中严格收案标准，把好立案审查关。（2）严把案件审理程序。凡受理的赔偿确认案件，合议庭做到每案必须进行听证程序，并通知做出确认行为的基层法院，必须派人员听证并作出答辩。当庭举证质证，查清案件事实。听证会后，合议庭针对案件事实认真评议，严格依照法律规定，当确则确，依法作出公正裁决。（3）做好协调疏导工作，尽量化解矛盾。在审理赔偿确认案件时，对法律法规和司法解释没有规定或规定不明确的司法行为，认真做好申请人的解释和思想疏导工作。对司法行为不违法，但存在程序上的瑕疵的情况下，提出赔偿确认请求的，在不违背立法和司法原则的前提下，在法律允许的范围内做协调工作，由做出司法行为的人民法院予以一定的救助或补偿，尽可能地化解矛盾，解决纠纷。

1996—2005 年，全市法院在各级党委、人大常委会和政府等部门的领导、监督和支持下，在相关部门的配合下，积极履行法律职责，严肃执法，勇于实践，国家赔偿审判工作取得了显著的成绩。10 年期间共受理各类国家赔偿案件 50 件，其中刑事赔偿案件 43 件、其他 7 件，决定赔偿 28 件，占受案总数 56%，赔偿总额 99.13 万元，不予赔偿 12 件，其他方式处理 10 件。2006 年，市法院加强国家赔偿案件的审理，决定给予赔偿的案件 10 件，依法维护了申请人的合法权益。2009 年，市法院审理国家赔偿案件 6 件，审结 6 件。2010 年 5 月，为使新修改的《国家赔偿法》及时让社会公众熟知，市两级法院按照上级法院的统一部署，在辖区范围内组织开展《国家赔偿法》宣传月活动。市两级法院编印了数千份国家赔偿法律知识问答宣传单，分送、分发有关机关工作人员学习。5 月 20 日，组织全市法院干警在辖区繁华街道散发宣传单，并开展咨询答疑活动，扩大宣传教育面，提高人民群众维护自身合法权益的法律意识。全年市法院依法审理国家赔偿案件 11 件。2012 年，市法院认真落实《国家赔偿法》，审结国家赔偿案件 31 件。2013 年，审结国家赔偿案件 5 件。2014 年，受理国家赔偿案件 1 件，结案 1 件，结案率为 100%。2015 年，新收国家赔偿案件 16 件，审结 16 件，结案率为 100%，国家赔偿 59.4 万元。2016 年，最高法院《关于审理民事、行政诉讼中司法赔偿案件适用法律若干问题的解释》颁布施行，成为人民法院审理判决行政国家赔偿案件和审查裁定刑事及非刑事司法国家赔偿案件的具体司法依据。7 月

2002 年 9 月 20 日，市法院赔偿委员会举行司法赔偿案件听证会

22 日，市法院制定《关于自赔案件生效决定执行工作的规定》，依法保护赔偿请求人的合法权益，促进法官依法行使权力。当年，依法审结国家赔偿案件 27 件。2017 年，审理国家赔偿案件 82 件，决定赔偿 20 件。2018 年，审理国家赔偿案件 17 件，结案 12 件，结案率 70.59%。

第二章　行政赔偿案件审理

行政赔偿，是指国家行政机关及其工作人员在行使行政职权时，违法侵犯公民、法人和其他组织的合法权益造成损害的，国家依法向受害人赔偿的制度。行政赔偿是国家赔偿的重点。

赔偿义务机关。根据《国家赔偿法》，赔偿义务机关的确定分以下几种情形：（1）行政机关及其工作人员行使行政职权侵犯公民、法人和其他组织的合法权益造成损害的，该行政机关为赔偿义务机关。（2）两个以上行政机关共同行使行政职权时侵犯公民、法人和其他组织的合法权益造成损害的，共同行使行政职权的行政机关为共同赔偿义务机关。（3）法律、法规授权的组织在行使授予的行政权力时侵犯公民、法人和其他组织的合法权益造成损害的，被授权的组织为赔偿义务机关。（4）受行政机关委托的组织或者个人在行使受委托的行政权力时侵犯公民、法人和其他组织的合法权益造成损害的，委托的行政机关为赔偿义务机关。（5）赔偿义务机关被撤销的，继续行使其职权的行政机关为赔偿义务机关；没有继续行使其职权的行政机关的，撤销该赔偿义务机关的行政机关为赔偿义务机关。（6）经复议机关复议的，最初造成侵权行为的行政机关为赔偿义务机关，但复议机关的复议决定加重损害的，复议机关对加重的部分履行赔偿义务。行政赔偿请求人应当先向赔偿义务机关提出赔偿要求，也可以在申请行政赔偿复议和提起行政诉讼时一并提出，但不得不经赔偿义务机关处理而直接提起诉讼。

第一节　侵犯人身权赔偿案件审理

《国家赔偿法》第三条规定了行政机关及其工作人员在行使行政职权时有下列侵犯人身权情形之一的，受害人有取得赔偿的权利：（1）违法拘留或者违法采取限制公民人身自由的行政强制措施的；（2）非法拘禁或以其他方法非法剥夺公民人身自由的；（3）以殴打等暴力行为或者唆使他人以殴打等暴力行为造成公民身体伤害或者死亡的；（4）违法使用武器、警械造成公民身体伤害或者死亡的；（5）造成公民身体伤害或者死亡的其他违法行为。

《国家赔偿法》第五条同时规定了国家不承担行政赔偿责任的几种情形：（1）行政机关工作人员与行使职权无关的个人行为；（2）因公民、法人和其他组织自己的行为致使损害发生的；（3）法律规定的其他情形。

第二节　侵犯财产权赔偿案件审理

《国家赔偿法》第四条规定了行政机关及其工作人员在行使行政职权时有下列侵犯财产权情形之一的，受害人有取得赔偿的权利：（1）违法实施罚款、吊销许可证和执照、责令停产停业、没收财物等行政处罚的；（2）违法对财产采取查封、扣押、冻结等行政强制措施的；（3）违法征收、征用财产的；（4）造成财产损害的其他违法行为。

《国家赔偿法》第五条同时规定了国家不承担行政赔偿责任的几种情形：（1）行政机关工作人员与行使职权无关的个人行为；（2）因公民、法人和其他组织自己的行为致使损害发生的；（3）法律规定的其他情形。

案例：（一）中国东方资产管理公司诉昌黎县人民政府行政赔偿案。2006 年，秦皇岛开发区法院以调解方式成功解决中国东方资产管理公司诉昌黎县人民政府行政赔偿案，被告昌黎县政府一次性偿付原告人民币 100 万元，并已全部兑现，原告自愿放弃其他行政诉讼请求。该案是该院自 2003 年成立行政庭以来审结的首例行政赔偿案件。1999 年 3 月，中国银行昌黎支行因借款合同纠纷进行民事诉讼并胜诉。市法院在强制执行过程中于 2000 年 11 月 10 日以（1999）秦法执字第 160-2 号民事裁定书将位于昌黎县城关新风片 229 号房地产（原为昌黎县毛巾厂）作价 490 万元裁定给中国银行昌黎支行。依国家相关政策，原告取得中国银行昌黎支行的债权。后原告发现，被告昌黎县政府作出将昌黎县毛巾厂破产的决定，并于 2003 年 7 月将裁定所指的房产确权过户给秦皇岛玉香味精有限公司。因被告的行政行为给原告造成经济损失，故原告起诉要求被告赔偿 490 万元。此案件涉及中国东方资产管理公司、中国银行、国有企业昌黎县毛巾厂、昌黎县政府、玉香味精有限公司之间的多重法律关系，涉及借款合同、破产、房地产、土地等各类法律法规，涉及昌黎县毛巾厂改制前的 200 多名职工和改制后玉香味精有限公司的 100 多名工人的工作、生活问题，案情非常复杂。案件进入审理过程后，院领导高度重视，主审法官从审理的法律效果、社会效果和政治效果出发，多方协调、全盘考虑。主管副院长和行政庭庭长多次到昌黎，找昌黎县政府与中国银行进行协商，做双方的思想工作，寻求解决对策。最终，经过院领导和审判人员的不懈努力，被告昌黎县政府同意一次性给付原告 100 万元，原告自愿放弃其他行政诉讼请求，给这起案情复杂、涉及面广、影响较大的行政赔偿案件画上了一个圆满的句号。

（二）耿某某诉抚宁县农牧水产局行政赔偿纠纷。2007 年 8 月，抚宁县法院立足案结事了，从维护社会稳定的大局出发，充分运用行政诉讼协调的方式，成功地化解了原告耿某某诉抚宁县农牧水产局行政赔偿纠纷，取得了良好的社会效果。2005 年 12 月 15 日下午 2 时许，原告耿某某乘坐其连襟陈某某驾驶的三马车收仔猪返回途中，在大新寨三村粮食加工厂遇大新寨兽医站工作人员李某某，双方发生口角，原告驾车离去，李某某同向行驶一会儿又折返。原告行至大新寨兽医站北桥西岔路口附近时，三马车掉下沟，致原告右足毁损而截肢，经鉴定为六级伤残。原告认为这是被告非法执法追车拦截造成的，要求被告赔偿 36 万元，被告于 2006 年 8 月 15 日作出不予赔偿决定书，原告于 2006 年 10 月 17 日向抚宁县法院提起行政诉讼。双方争议的焦点：1. 李某某是否有收费行为。原告诉称李某某向原告收费 500 元，原告未交，但无证据。被告称李某某只是要求原告去站里办产地检疫，属解释宣传工作。收费需二人在场，宣传报检则无此要求。2. 李某某有无追车行为。原告称李某某追车造成车祸，有人证。李某某称开始是想回站里，后来到海天缘饭店后又回来了，没有追原告，也有人证。本案原告情绪极不稳定，上访倾向明显。在申请赔偿过程中原告就已经在被告办公楼内住了长达一个月之久；原告起诉时便扬言，法院如判决不公，要么就上访，要么就绑上炸药同归于尽。原告心态十分极端，心情十分绝望，法院一旦处理不好将引起严重后果。对于法律知识处于弱势的原告，法官们积极做好诉讼指导工作，耐心地教原告如何写诉状，如何举证，怎样参加诉讼，同时细心地做原告的思想疏导工作，稳定其情绪，用感情赢得了原告的信任。为了公正高效地办结此案，法官抓紧熟悉案情，履行相关法律程序，确定开庭日期。在庭审中，法官们注意让原告、被告当庭把话讲完、说尽，把事说清楚，让双方当事人真正感受到法院的公平、公正和中立。在掌握案件基本事实的基础上，法官们又深入细致地做协调工作。对于原告，法官在心情上给予了很大的同情，但同情不能代替法律，为此，确定了既照顾原告，能支持的尽量支持，能照顾的尽量照顾，又不能突破法律底线，坚持以事实为依据，以法律为准绳，在法律框架内协调的原则。在做原告的工作中，法官明确指出了在此事件中被告虽有过错，但原告亦有过错；且按照法律规定原告的诉讼请求过高，不可能全部支持；并向原告逐条解释了法律的相关规定，让原告明白了事故责任主要在自己。且按照《国家赔偿法》相关规定，像原告这种情况，即使被告全责最高赔付也不会超过 20 万元。原告虽然在心情上难以接受，但其在法律面前，心理预期明显降低。经过反复多次摆事实，讲道理，释法律，讲人情，最后原告作出了实质性的让步，勉强同意被告赔付 10 万元。做被告的工作同样困难，被告不认错；认为赔偿数额过高；怕让步之后牵连同志；怕形成案例，以后类似情况不好处理。因此，办案法官多次上门协调，被告都坚持不赔，后来同意赔但也是同意补偿，且数额只有二三万元。为了让被告口服、心服给予赔偿，主管院领导和庭长一道，亲自找到农牧水产局的局长，指出了被告的执法人员在执法过程中存在的过错和应给予赔偿的法律依据，让其明白了依法当赔的理由。同时重申，按照执政为民与构建和谐社会的要求，面对如此尖锐的矛盾和原告极端的心理，为维护社会稳定的大局，体现以民为本，被告在法律框架内多赔一些也是应该的。另外原告生活确实困难，这次伤害对其个人、家庭造成的影响确实太大，从照顾弱者、同情弱者出发，也应该多赔付一些。通过从法、理、情几方面分析，使被告心服口服，同意赔偿10万元。至此，一起矛盾十分尖锐、上访趋势明显的行政赔偿案件协调成功。

第三章　刑事赔偿案件审理

刑事赔偿，是指行使侦查、检察、审判、监狱管理职权的国家机关及其工作人员在办理刑事案件的过程中，违法行使职权，侵犯了犯罪嫌疑人、被告人或其他公民、法人和其他组织的合法权益造成损害的，国家依法向受害人予以赔偿的制度。

赔偿范围。《国家赔偿法》第十七条规定行使侦查、检察、审判职权的机关以及看守所、监狱管理机关及其工作人员在行使职权时有下列侵犯人身权情形之一的，受害人有取得赔偿的权利：（1）违反刑事诉讼法的规定对公民采取拘留措施的，或者依照刑事诉讼法规定的条件和程序对公民采取拘留措施，但是拘留时间超过刑事诉讼法规定的时限，其后决定撤销案件、不起诉或者判决宣告无罪终止追究刑事责任的；（2）对公民采取逮捕措施后，决定撤销案件、不起诉或者判决宣告无罪终止追究刑事责任的；（3）依照审判监督程序再审改判无罪，原判刑罚已经执行的；（4）刑讯逼供或者以殴打、虐待等行为或者唆使、放纵他人以殴打、虐待等行为造成公民身体伤害或者死亡的；（5）违法使用武器、警械造成公民身体伤害或者死亡的。《国家赔偿法》第十八条规定行使侦查、检察、审判职权的机关以及看守所、监狱管理机关及其工作人员在行使职权时有下列侵犯财产权情形之一的，受害人有取得赔偿的权利：（1）违法对财产采取查封、扣押、冻结、追缴等措施的；（2）依照审判监督程序再审改判无罪，原判罚金、没收财产已经执行的。《国家赔偿法》第十九条同时规定了属于下列情形之一的，国家不承担赔偿责任：（1）因公民自己故意作虚伪供述，或者伪造其他有罪证据被羁押或者被判处刑罚的；（2）依照刑法第十七条、第十八条规定不负刑事责任的人被羁押的；（3）依照刑事诉讼法第十五条、第一百七十三条第二款、第二百七十三条第二款、第二百七十九条规定不追究刑事责任的人被羁押的；（4）行使侦查、检查、审判职权的机关以及看守所、监狱管理机关的工作人员与行使职权无关的个人行为；（5）因公民自伤、自残等故意行为致使损害发生的；（6）法律规定的其他情形。

赔偿义务机关。根据《国家赔偿法》赔偿义务机关的确定分以下几种情形：（1）行使侦查、检察、审判职权的机关以及看守所、监狱管理机关及其工作人员在行使职权时侵犯公民、法人和其他组织的合法权益造成损害的，该机关为赔偿义务机关。（2）对公民采取拘留措施，依照本法的规定应当给予国家赔偿的，作出拘留决定的机关为赔偿义务机关。（3）对公民采取逮捕措施后决定撤销案件、不起诉或者判决宣告无罪的，作出逮捕决定的机关为赔偿义务机关。（4）再审改判无罪的，作出原生效判决的人民法院为赔偿义务机关。

二审改判无罪，以及二审发回重审后作无罪处理的，作出一审有罪判决的人民法院为赔偿义务机关。赔偿请求人应当先向赔偿义务机关提出赔偿要求，逾期不予赔偿或赔偿请求人对赔偿数额有异议的，赔偿请求人可自期间届满之日起三十日内向其上一级机关申请复议。

第一节　错误刑事拘留赔偿案件审理

刑事拘留是公安机关、人民检察院直接受理的案件，在侦查过程中，遇到法定的紧急情况时，对于现行犯或者重大嫌疑分子所采取的临时剥夺其人身自由的强制方法。当事人对刑事拘留提出异议，可以向人民法院提起国家赔偿请求。

错误刑事拘留赔偿：对没有犯罪事实或者没有事实证明有犯罪重大嫌疑的人错误拘留的赔偿案件。

违法的刑事拘留可以申请国家赔偿，包括违反刑事诉讼法规定的条件或程序或超过刑事拘留的最长期限的，可以申请国家赔偿。错误刑事拘留属于违法剥夺公民的人身自由，每日的赔偿金是依照国家上年度职工的日平均工资计算。

第二节　错误逮捕赔偿案件审理

逮捕是刑事诉讼强制措施中最严厉的一种，是公安机关、人民检察院和人民法院依法把犯罪嫌疑人、被告人羁押起来，在一定时间内剥夺其人身自由的一种强制措施。逮捕不仅剥夺了犯罪嫌疑人或者被告人的人身自由，而且羁押时间较长，一般要到人民法院判决生效时止。当事人对逮捕有异议，可以向人民法院提出无罪逮捕国家赔偿请求。

错误逮捕赔偿：对没有犯罪事实的人错误逮捕的赔偿案件。

司法机关实施逮捕时符合法定条件和程序，但事后证明被逮捕人无罪的，仍然构成错误逮捕，国家应当承担赔偿责任。

第三节　错捕错判共同赔偿案件和再审改判无罪赔偿案件审理

错捕错判共同赔偿：对没有犯罪事实的人错误逮捕，一审人民法院判决有罪二审人民法院宣告无罪的赔偿案件。

再审改判无罪赔偿：依照审判监督程序再审改判无罪，原判刑罚已经执行的赔偿案件。

法院错判可以申请赔偿。国家赔偿以支付赔偿金为主要方式。如果财产可以归还或复原，则财产应归还或复原。侵犯公民人身自由的按其前一年全国职工平均日工资计算日工资。如果造成人身伤害，则应支付医疗费、护理费和因失业造成的收入减少赔偿。造成死亡的应当支付死亡赔偿金和丧葬费。造成精神损害的，应当消除影响，恢复名誉，在侵权影响范围内向被害人致歉，造成严重后果的，应当给予相应的精神损害救济金。

案例：（一）陈某某以错误拘留、错捕提出国家赔偿案。原赔偿请求人陈某某于2009年8月11日和2009年8月20日以昌黎县公安局将其错误拘留、昌黎县人民检察院错捕侵犯其人身自由为由，提交了两份赔偿申请，提出一次性赔偿被羁押期间的各种损失635万元或220万元不等的要求，没有提交任何与原案处理相关的法律文书。2011年1月10日，陈某某再次口头向昌黎县检察院提出申请国家赔偿，2011年3月8日，昌黎县人民检察院依据《国家赔偿法》第十七条、第三十三条的规定，决定对赔偿请求人陈某某在判决宣告无罪前被羁押的562天进行赔偿，共计7.05万元。原赔偿请求人陈某某不服昌黎县人民检察院昌检赔字（2011）第1号刑事赔偿决定，于2011年4月2日向市人民检察院申请复议，市人民检察院于2011年5月19日作出秦检赔复决（2011）1号刑事赔偿复议决定书，决定按照2010年度全国职工日平均工资标准142.33元计算，赔偿复议请求人陈某某被无罪羁押562天的赔偿数额，共计人民币8.00万元。原赔偿请求人陈某某不服此复议决定，要求市法院赔偿委员会撤销秦检复决字（2011）1号刑事赔偿复议决定，并要求赔偿义务机关赔偿申请人被羁押期间各项损失共计人民币52.51万元。2011年8月22日陈某某因病死亡，其女陈某媛代为申请国家赔偿。市法院赔偿委员会经审理查明，2005年2月18日，原赔偿请求人陈某某因涉嫌抢劫罪被昌黎县公安局刑事拘留；2月28日，经昌黎县人民检察院批准逮捕，由昌黎县公安局执行逮捕；12月19日，昌黎县人民检察院将案件呈送市人民检察院审查起诉；12月30日，市人民检察院向市法院提起公诉。2006年8月31日，市法院以认定事实不清、证据不足为由，宣告陈某某无罪；9月2日，市法院将刑事判决书、监视居住决定书送达陈某某，陈某某被释放；9月6日，市人民检察院向河北省检察院提请抗诉。2007年8月21日，省法院裁定驳回抗诉。维持原判，11月23日将该裁定书送达陈某某。陈某某向昌黎县人民检察院提起国家赔偿，昌黎县人民检察院于2011年3月8日作出昌检赔字（2011）第1号刑事赔偿决定书，赔偿陈某某在被判决宣告无罪前羁押期间的赔偿金额共计7.05万元，对赔偿请求人陈某某的其他要求，因无法律依据，不予支持。原赔偿请求人陈某某不服昌黎县人民检察院昌检赔字（2011）第1号刑事赔偿决定，于2011年4月2日向市人民检察院申请复议，市人民检察院于2011年5月19日作出秦检赔复决（2011）1号刑事赔偿复议决定书：按照2010年度全国职工日平均工资标准142.33元，计算赔偿复议请求人陈某某被无罪羁押562天的赔偿数额，共计8.00万元，对赔偿复议请求人陈某某的其他要求，因无法律依据，且本人不能提供任何证明材料，不予支持。陈某某不服市人民检察院秦检赔复决（2011）1号刑事赔偿复议决定书，向市法院提出申请。2011年8月22日，陈某某因病死亡，其女陈某媛代为申请国家赔偿。根据认定的事实，遵照法律、法规的规定，市法院赔偿委员会认为，市人民检察院秦检赔复决（2011）1号刑事赔偿复议决定认定事实清楚，适用法律正确，赔偿陈某某被无罪羁押562天的赔偿数额并无不当。陈某某被无罪羁押期间应赔付相应的精神损害抚慰金。对赔偿申请人的其他要求，因无法律依据且不能提供任何相关证明材料，不予支持。2012年2月22日，市法院赔偿委员会根据《国家赔偿法》第十七条第（二）项、第三十三条、第三十五之规定，决定如下：一、维持市人民检察院秦检赔复决（2011）1号刑事赔偿复议决定。二、赔偿义务机关昌黎县人民检察院赔偿陈某某精神损害抚慰金1万元。

（二）马某某因其母王某某再审无罪申请国家赔偿一案。赔偿申请人马某某因其母王某某再审无罪申请昌黎县法院国家赔偿一案，不服昌黎县法院驳回马某某的国家赔偿申请决定，向市法院赔偿委员会申请作出赔偿决定。市法院赔偿委员会依法对本案进行了审理。昌黎县法院于2015年9月7日作出（2015）昌法赔字第1号决定书，以《国家赔偿法》是1995年1月1日起施行的，不溯及既往。申请人马某某之母的刑事裁判是在《国家赔偿法》施行之前的行为，不适用《国家赔偿法》为由，驳回马某某的国家赔偿申请。马某某以其母王某某于1958年因偷盗罪被昌黎县法院以（58）法刑字第449号刑事判决书判处有期徒刑1年，于1981年以（81）法刑字第17号刑事裁定书撤销（58）法刑字第449号刑事判决书，宣告王某某无罪为由向昌黎县法院申请国家赔偿。昌黎县法院驳回马某某的国家赔偿申请，马某某向市法院赔偿委员会提出国家赔偿申请，要求依据《国家赔偿法》第十七条第三项、第三十四条第三项、第三十五条的规定给予国家赔偿。赔偿冤假错案导致死亡人民币96万元，精神损害抚慰金20万元，生前、死后需要抚养的3个未成年子女抚育费26.6万元。经审理查明，马某某之母王某某于1958年因偷盗罪被昌黎县法院以（58）法刑字第449号刑事判决书判处有期徒刑1年，后以当时处理过重、没给生活出路为由提出申诉，昌黎县法院于1981年以（81）法刑字第17号刑事裁定书以王某某偷盗事实存在，但情节轻微，不构成犯罪为由，撤销（58）法刑字第449号刑事判决书，宣告王某某无罪。王某某于1969年去世。2015年12月9日，市法院赔偿委员会认为，赔偿请求人马某某的母亲王某某被判有罪、羁押及改判无罪的事实均发生在国家赔偿法生效实施之前。因国家赔偿法不溯及既往，即国家机关及其工作人员行使职权时侵犯了公民、法人和其他组织合法权益的行为，发生在1994年12月31日以前的，依照以前有关规定处理；故对其赔偿申请不予支持。依照1995年《国家赔偿法》第三十五条，最高法院1995年1月29日法复（1995）1号《关于〈中华人民共和国国家赔偿法〉溯及力和人民法院赔偿委员会受案范围问题的批复》第一项之规定，决定如下：驳回赔偿请求人马某某国家赔偿申请。

（三）周某以再审判决无罪为由申请国家赔偿一案。赔偿请求人周某以再审判决无罪为由申请国家赔偿一案，不服海港区法院作出的（2015）海法赔字第3号赔偿决定，向市法院赔偿委员会提出赔偿申请。请求：1. 撤销海港区法院作出的（2015）海法赔字第3号赔偿决定。2. 赔偿义务机关赔偿请求人79200.00元，精神损害抚慰金30000.00元，计人民币109200.00元。赔偿义务机关海港区法院答辩认为，2009年6月5日因涉嫌贷款诈骗罪被刑事拘留，海港区法院于2010年7月5日作出（2010）海刑初字第61号刑事判决，以周某犯骗取贷款罪判处有期徒刑1年6个月缓刑2年，并处罚金人民币1万元。2010年7月6日周某被取保候审。请求人周某在改判无罪前被羁押396天。海港区法院认为，《国家赔偿法》第十九条第（三）项规定，依照《刑事诉讼法》第十五条规定，不追究刑事责任的人被羁押的国家不承担赔偿责任；《刑事诉讼法》第十五条第（一）项规定，情节显著轻微、危害不大，不认为是犯罪的，不追究刑事责任，已经追究的，应当撤销案件，或者不起诉，或者终止审理，或者宣告无罪。《刑法》第一百七十五条之一规定，“以欺骗手段取得银行或者其他金融机构贷款、票据承兑、信用证、保密函等，给银行或者其他金融机构造成重大损失的，处三年以下有期徒刑或者拘役，并处或单处罚金；……”该罪是有“罪量要素”的犯罪，正是因为《最高人民检察院、公安部关于公安机关管辖的刑事案件立案追诉标准的规定（二）》规定，以欺骗手段取得贷款等给银行或者其他金融机构造成直接经济损失数额在20万元以上的应予立案追究。周某骗取贷款数额为15万元，未达此数额，而宣告无罪。其行为的危害性并没有达到犯罪的程度。依据《国家赔偿法》第十九条第（三）项规定，应当驳回赔偿请求人周某的国家赔偿申请。市法院赔偿委员会经审理查明与海港区法院查明的事实一致。上述事实有国家赔偿申请书、刑事判决书、刑事裁定书、拘留证、逮捕证、取保候审决定书等证据证实。市法院赔偿委员会认为，最高人民检察院、公安部《关于公安机关管辖的刑事案件立案追诉标准的规定（二）》是于2010年5月7日发布的，此前依据刑法、刑事诉讼法对骗取贷款行为人采取羁押措施的，属于《国家赔偿法》第十九条第（三）项和《刑事诉讼法》第十五条第（六）项规定的免责情形，国家不承担赔偿责任。因法律修改，不再符合骗取贷款罪构成要件的行为人继续羁押的，侵犯人身自由的天数应从法律修改后施行之日起计算。赔偿请求人周某的行为发生在2007年8月，周某在贷款过程中向信用社提供虚假的证明文件，以欺骗的手段与信用社签订《保证担保借款合同》获取贷款，给信用社造成实际经济损失15万元，其行为符合骗取贷款罪的构成要件。因此2010年5月7日前对其采取羁押措施，属于《国家赔偿法》第十九条第（三）项和《刑事诉讼法》第十五条第（六）项规定的免责情形，国家不承担赔偿责任。而从2010年5月7日起，最高人民检察院、公安部发布新的刑事案件立案追诉标准，周某骗取贷款的数额未达到立案追诉标准，因此，从2010年5月7日继续对其羁押，属于因法律修改，不再符合骗取贷款罪构成要件的行为人继续羁押的，应给予赔偿的情形。周某2009年6月5日被刑事拘留，2010年7月6日被取保候审，从2010年5月7日以后羁押61天，应给予赔偿。根据《国家赔偿法》第二十一条第四款规定，再审改判无罪的，作出原生效判决的人民法院为赔偿义务机关。第三十三条规定，侵犯公民人身自由的，每日赔偿金按照国家上年度职工日平均工资计算。第三十五条规定，有本法第三条或者第十七条规定情形之一，致人精神损害的，应当在侵权行为影响的范围内，为受害人消除影响，恢复名誉，赔礼道歉；造成严重后果的，应当支付相应的精神损害抚慰金。周某骗取贷款罪一案，再审以其不构成犯罪为由改判无罪，依据上述法律规定，周某有获得国家赔偿的权利，海港区法院应为赔偿义务机关。对周某被羁押、限制人身自由的损害，应按国家赔偿法规定的范围和标准予以赔偿。因周某被继续羁押61天，应认定造成精神损害后果，应当在侵权行为影响的范围内，为其消除影响，恢复名誉，赔礼道歉并支付相应的精神损害抚慰金。根据最高法院2018年5月16日下发的通知，自2018年5月16日起作出的国家赔偿决定，涉及侵犯公民人身自由权的赔偿金标准为每日284.74元，赔偿请求人周某人身自由赔偿金为人民币17369.14（284.74×61）元，根据最高法院法发〔2014〕14号《关于人民法院赔偿委员会审理国家赔偿案件适用精神损害赔偿若干问题的意见》第七条第二款规定，确定周某的精神损害抚慰金人民币2000元。2018年10月31日，市法院赔偿委员会依照《国家赔偿法》第十九条第（三）项、第二十一条第四款、第三十三条、第三十五条、法发〔2014〕14号《关于人民法院赔偿委员会审理国家赔偿案件适用精神损害赔偿若干问题的意见》第七条第二款之规定，决定如下：一、赔偿侵犯赔偿请求人周某人身自由的赔偿金人民币17369.14元；二、支付精神损害抚慰金人民币2000元；三、在侵权行为影响的范围内，为赔偿请求人消除影响、恢复名誉、赔礼道歉。

第七编　立案　涉诉信访

立案工作是法院审判工作的起始环节，是整个审判工作的前提和基础。妥善解决涉诉信访难题、依法维护当事人的合法权益、实现社会公平正义是摆在人民法院面前的重要任务。市两级法院积极构筑大立案、大信访工作格局，充分发挥第一道工序，全程监督和发挥窗口职能作用，健全完善立审分立机制，推动院长接待日制度、立案工作规程、审判流程管理规定、来信来访责任制实施办法等措施的落实。严格依法审查立案，把好诉讼和再审的第一关。实行院长接待日、预约接待、信访工作联动、信访流程管理、控访责任制以及申诉复查听证制度，不断完善和创新信访工作机制。

1998 年 3 月 4 日，全市法院立案信访工作会议

第一章　立　　案

立案是人民法院依照法定程序，审查检察机关指控的案件及对公民、法人及其他组织的起诉、上诉、申诉、申请再审等请求，决定是否受理的诉讼活动。立案工作是法院审判工作的起始环节，是整个审判工作的前提和基础，充分保障当事人依法行使诉讼权利，保

证人民法院公正、及时审理案件。同时立案工作也是人民法院直接联系群众、调解民事纠纷、向群众进行法治宣传的窗口，是人民法院与人民群众和社会各界联系的桥梁与纽带。

第一节　立案工作

立案工作历程。1990 年 11 月，为了切实解决“告状难”的问题，市法院召开了告诉工作会议，进一步建立健全告诉有关规章制度。2002 年，市两级法院积极构筑大立案、大信访工作格局，充分发挥第一道工序，全程监督和发挥窗口职能作用，健全完善立审分立机制，推动院长接待日制度、立案工作规程、审判流程管理规程、来信来访责任制实施办法等规范措施的落实。严格依法审查立案，把好诉讼和再审的第一关。2004 年，市两级法院推行快速立案，设立导诉台和诉讼引导员，简化立案手续，提高工作效率。2006 年，改进和完善便民立案工作机制。加强立案场所规范化建设，实行柜台式、一站式服务。为当事人提供诉讼指南，告之诉讼风险，引导当事人正确行使诉讼权利和承担诉讼义务。实行人民法庭直接立案制度，对居住偏僻的残疾人、孤寡老人等，实行预约登记立案。推行和完善巡回审判制度，针对一些偏远地区人民群众诉讼不方便的问题，基层法院和人民法庭加强巡回审判，实行流动办案，深入工厂、农村、田间地头，就地立案、就地审理、即时调解、当庭结案。同时，利用巡回审判的机会，进行法治宣传，扩大办案社会效果。2007 年，推行人民法庭直接立案制度，解决偏远地区当事人申请立案不便问题，进一步完善“一站式”的立案大厅。12 月 3 日，立案一庭起草并下发秦中法〔2007〕66 号《关于严格执行诉讼收费办法的通知》，解决诉讼费收费范围混乱、标准不一的问题。2008 年，不断完善便民诉讼工作机制。对年老体弱当事人推行上门立案、电话预约立案服务；坚持巡回审判，方便农村群众诉讼；发放诉讼风险提示书，引导当事人正确诉讼；进一步扩大简易程序适用范围，减轻当事人诉累；加大政务公开、审判公开力度，切实保障当事人的监督权、知情权和参与权。4 月 28 日，立案一庭起草并下发秦中法〔2008〕29 号《关于规范立案工作的通知》，解决诉讼费收费范围混乱、标准不一的问题。之后，立案一庭又起草并下发《诉前和解、立案调解工作的规定》和《关于印发〈民事审判庭案件管辖范围（试行）〉的通知》。2009 年 7 月，立案一庭起草并下发秦中法〔2009〕45 号文件《关于贯彻落实民事案件管辖权异议处理程序规定（试行）的通知》。2011 年 12 月 26 日，立案一庭起草并下发《关于严禁以虚假诉讼规避在京购车摇号的紧急通知》。

2012 年，全市法院推进涉诉服务中心标准化建设，恢复边远山区人民法庭设置，构建人民法庭、便民服务站、联络点、联络员“四位一体”服务网络，完善远程立案、巡回审判、预约办案等便民措施。2013 年，全市法院大力加强硬件建设，海港、青龙、抚宁、山海关等地法院投资 500 多万元，建设了面积近 2000 平方米的高标准立案信访大厅，添置了电子显示屏，开辟各类公示栏、宣传栏，详细公布案件的立案条件、立案流程、诉讼须知、诉讼收费标准等内容，方便公众查阅。在法院大厅设立案件查询触摸屏，供当事人了解案件进程。在市法院网和立案大厅设立举报电话和投诉信箱，安排信访接待人员对当事人和社会公众反映的问题进行核查处理。市法院制定《关于来访群众分流接待及处置办法》，妥善分流接待处置来访人员，有效维护信访接待秩序及机关办公秩序。在立案窗口实行“一站式服务”，推行“首问负责制”和“院长接待日”制度，帮助当事人解决诉讼、信访难题。全市法院立案信访窗口全年共接待人民群众 3 万多人次，立案 2.8 万件。1 月 10 日，市法院与市保险行业协会联合下发秦中法发〔2013〕5 号《关于建立保险纠纷联动调解机制的意见（试行）》，标志着市两级法院与市保险行业协会正式建立保险合同纠纷联动调解机制，从 2012 年 11 月到 2018 年 12 月，调解成功 3200 件。2014 年 1 月 10 日，市法院与市消费者协会联合下发秦中法发〔2014〕5 号《关于建立消费纠纷联动调解工作机制的实施意见》，标志着市两级法院与市消费者协会正式建立消费纠纷联动调解机制。

2015 年 5 月 1 日，根据最高法院《关于人民法院推行立案登记制改革的意见》，市两级法院开始实行立案登记制度。5 月 7 日，立案一庭起草并下发秦中法〔2015〕13 号《河北省秦皇岛市中级人民法院登记立案操作规程（试行）》，凡依法受理的案件，做到有案必立、有诉必理，切实保障当事人合法权益。2015 年全市法院当场登记立案率达 93.23%。6 月 23 日，成立 12368 诉讼服务热线。市法院大力推进诉讼服务中心建设，充分发挥诉讼服务大厅、诉讼服务网和 12368 服务热线“三大平台”作用，为当事人提供“一站式”服务。

2017 年 9 月 19 日，立案一庭起草并下发《关于规范诉讼财产保全责任保险工作的意见》。2017 年，为了方便京津冀三地的当事人诉讼，京津冀三地高级法院共同协商，首批确定包括北戴河区法院在内的 7 个试点法院，开展跨域立案服务一体化，即对本区域当事人可在本地法院通过网络平台上传诉讼材料到京津冀试点法院为管辖法院的中基层法院，管辖法院在审判管理平台上实现案件的审核、审批等立案环节，并以短信回复的形式告知当事人已经立案受理，真正实现当事人网上立案，减少当事人异地诉讼的奔波。6 月 7 日下午，北戴河区法院顺利接收到当事人在北京市第三中级人民法院上传的诉讼材料，完成了立案内容，真正实现了跨域网上立案。至此，三地诉讼服务一体化已初步建立。2017 年 7 月 27 日，市法院召开全市法院诉讼服务中心建设推进会暨立案审判工作会议。会议提出，从事立案审判和诉讼服务工作，要建强 4 个机制，即纠纷类型状态的快速识别机制、纠纷化解程序的相互衔接和分流机制、重大案件的报告机制、统计分析机制。

受理案件情况。市两级法院受理案件数量、市法院受理案件数量以及立案二庭受理案件数量见下表：

市两级法院 1990—2018 年受理案件统计表

<table>
<tr><th>年份</th><th>民事一审</th><th>民事二审</th><th>刑事一审</th><th>刑事二审</th><th>行政一审</th><th>行政二审</th><th>国家赔偿</th><th>执行案件</th><th>审判监督</th></tr>
<tr><td>1990</td><td>5529</td><td>324（中院）</td><td>1105</td><td>164</td><td>35</td><td>11</td><td></td><td>2289</td><td>227</td></tr>
<tr><td>1991</td><td>5477</td><td>413（中院）</td><td>1143</td><td>182</td><td>83</td><td>20（中院）</td><td></td><td>1558</td><td>274</td></tr>
<tr><td>1992</td><td></td><td></td><td></td><td></td><td></td><td></td><td></td><td></td><td></td></tr>
<tr><td>1993</td><td>5544</td><td>285</td><td>1196</td><td>107</td><td>41</td><td>16</td><td></td><td>1307</td><td>160</td></tr>
<tr><td>1994</td><td>6348</td><td>308</td><td>1578</td><td>155</td><td>72</td><td>22</td><td></td><td>1261</td><td>177</td></tr>
<tr><td>1995</td><td>7069</td><td>381</td><td>1765</td><td>176</td><td>48</td><td>24</td><td></td><td>2036</td><td>169</td></tr>
<tr><td>1996</td><td>7927</td><td>433（中院）</td><td>2094</td><td>206（中院）</td><td>23</td><td></td><td></td><td>2610</td><td>166</td></tr>
<tr><td>1997</td><td>8874</td><td>475（中院）</td><td>1617</td><td></td><td></td><td></td><td></td><td>3126</td><td></td></tr>
<tr><td>1998</td><td>9976</td><td>458（中院）</td><td>1635</td><td>261（中院）</td><td>81</td><td>16（中院）</td><td></td><td>4760</td><td>267</td></tr>
<tr><td>1999</td><td>8615</td><td>592（中院）</td><td>1675</td><td>239（中院）</td><td>65</td><td>37（中院）</td><td></td><td>4963</td><td>285</td></tr>
<tr><td>2000</td><td>9083</td><td>740</td><td>1675</td><td>267</td><td>92</td><td>39</td><td>5</td><td>6469</td><td>267</td></tr>
<tr><td>2001</td><td>12648</td><td>1135</td><td>1891</td><td>271</td><td>109</td><td>37</td><td>4（审结）</td><td>6415</td><td>228</td></tr>
<tr><td>2002</td><td>13686</td><td>1004</td><td>1926</td><td>325</td><td>94</td><td>33</td><td>4</td><td>5765</td><td>262</td></tr>
<tr><td>2003</td><td>13572</td><td>1242（中院）</td><td>1831</td><td>268（中院）</td><td>94</td><td>37（中院）</td><td>4</td><td>6970</td><td>280</td></tr>
<tr><td>2004</td><td>12545</td><td>1087（中院）</td><td>1906</td><td>276（中院）</td><td>153</td><td>38（中院）</td><td></td><td>7418</td><td>279</td></tr>
<tr><td>2005</td><td>13019</td><td>1138（中院）</td><td>2007</td><td>256（中院）</td><td>186</td><td>68（中院）</td><td>8</td><td>7789</td><td>182</td></tr>
<tr><td>2006</td><td colspan="2">13586</td><td colspan="2">2085</td><td>166</td><td>83（中院）</td><td></td><td>8940</td><td>207</td></tr>
<tr><td>2007</td><td colspan="2">14019</td><td colspan="2">2305</td><td colspan="2">198</td><td>11</td><td>5339</td><td>194</td></tr>
<tr><td>2008</td><td colspan="2">18446</td><td colspan="2">2125</td><td colspan="3">83</td><td>7487</td><td>172</td></tr>
<tr><td>2009</td><td colspan="2">19615</td><td colspan="2">1996</td><td colspan="3">247（行政一审 148）</td><td>6128</td><td></td></tr>
<tr><td>2010</td><td></td><td></td><td colspan="2">1820</td><td>152</td><td></td><td>11</td><td>6618</td><td></td></tr>
<tr><td>2011</td><td colspan="2">9440</td><td colspan="2">2086</td><td colspan="3">284</td><td>4320</td><td>135</td></tr>
<tr><td>2012</td><td colspan="2">8800</td><td colspan="2">2594（审结）</td><td colspan="2">232（审结）</td><td></td><td>3842（执结）</td><td>137</td></tr>
</table>

（续表）

年份	民事一审	民事二审	刑事一审	刑事二审	行政一审	行政二审	国家赔偿	执行案件	审判监督
2013	9289		2289（审结）		353（审结）		5	4753	113
2014	9924		2554（审结）		391（审结）			5471（执结）	
2015	11204		2656（审结）		596（审结）		16	8021（执结）	
2016	14296		2970（审结）		824		9	21554（执结）	160
2017	7644（审结）		2705（审结）		540		82	17082（执结）	180
2018			2973（审结）		955		32	19695（执结）	114

市法院 2012—2018 年受理案件统计表

年份	民事一审	民事二审	刑事一审	刑事二审	行政一审	行政二审	国家赔偿	执行案件	审判监督
2012	202	1695	94	224	6	57	4	89	94
2013	168	2345	55	245	23	115	4	146	8
2014	207	2401	63	291	18	112	1	154	306
2015	135	2808	34	384	40	136	8	452	186
2016	403	4197	65	425	43	209	6	933	355
2017	373	3696	31	361	66	169	26	585	234
2018	546	4456	40	455	147	257	19	966	195

市法院立案二庭各年度收案统计

年份	2007	2008	2009	2010	2011	2013	2014	2015	2016	2017	2018
收案数	163	165	171	142	95	114	274	130	327	196	176

第二节　立案登记制度

2015 年 4 月 1 日，中央全面深化改革领导小组第十一次会议审议通过《关于人民法院推行立案登记制改革的意见》（以下简称《意见》）。4 月 15 日，最高法院发布了该《意见》，自5月1日起施行。市两级法院按照中央及上级法院的部署要求，把实施立案登记制改革作为工作的重中之重，加强领导，周密安排，狠抓培训，精心指导，全力推进，确保了立案登记制改革平稳顺利实施。2015年4月底，市法院组织召开专题动员会，促使各级各部门迅速将思想统一到中央和上级法院的决策和部署上来。立案登记制改革非同寻常，是党中央以全会决定的形式确定下来的司法改革项目，是全面推进依法治国战略过程中的一项重要制度设计，是加快推进国家治理体系和治理能力现代化的重要环节。同时，立案登记制改革是回应和破解人民群众反映强烈的“立案难”问题的重大举措，是人民法院司法改革的重点任务，人民群众及社会各界极为关注，备受瞩目。2015年5月4日登记立案实施第一天，全市法院登记立案204件，当场立案189件，当场立案率92.6%；5月4至8日，全市法院登记立案891件，当场立案856件，当场立案率96.1%。5月7日，市法院审委会研究通过了《河北省秦皇岛市中级人民法院登记立案操作规程（试行）》，及时为全市法院登记立案工作提供了指导。5月份，全市法院登记立案3218件，当场立案3150件，当场立案率97.9%，比去年同期2876件多立案342件，增长11.9%。其中一审行政案件登记立案数量明显增加，共计登记立案110件，比去年同期41件多立案69件，增长168.3%。2015年全市法院当场立案率达93.23%。

立案登记制度。以往采用的立案审查制关键在于一个“查”字。当事人向法院提起诉讼时，法院对诉讼要件进行实质审查后，再决定是否受理。其审查内容主要包括主体资格、法律关系、诉讼请求以及管辖权等。而立案登记制是指法院对当事人的起诉不进行实质审查，仅仅对形式要件进行核对。除了《意见》规定不予登记立案的情形外，当事人提交的诉状一律接收，并出具书面凭证。起诉状和相关证据材料符合诉讼法规定条件的，当场登记立案。两者的区别，首先，体现在诉讼起点不同。立案审查制下，诉讼起点是法院决定立案时；立案登记制下，诉状提交给法院时，诉讼就开始了。其次，二者的立案条件不同。立案审查制下，各级法院对当事人起诉能否立案的审查尺度存在标准不一的问题，而在立案登记制下，当事人只要提供符合形式要件的诉状，法院应当一律接收，并在规定期限内依法处理。由审查制向登记制转变，其实就是对当事人起诉权的进一步保障。

立案登记制度针对的是初始案件，包括民事起诉、行政起诉、刑事自诉、强制执行和国家赔偿申请。对上诉、申请再审、申诉等，法律另有规定，不适用登记的规定。符合以下情形之一的，应当登记立案：（1）民事立案范围：与本案有直接利害关系的公民、法人和其他组织提起的民事诉讼，有明确的被告、具体的诉讼请求和事实根据，属于人民法院主管和受诉人民法院管辖的；（2）行政立案范围：行政行为的相对人以及其他与行政行为有利害关系的公民、法人或者其他组织提起的行政诉讼，有明确的被告、具体的诉讼请求和事实根据，属于人民法院主管和受诉人民法院管辖的；（3）刑事自诉立案范围：属于告诉才处理的案件，被害人有证据证明的轻微刑事案件，以及被害人有证据证明应当追究被告人刑事责任而公安机关、人民检察院不予追究的案件，被害人告诉，且有明确的被告人、具体的诉讼请求和证明被告人犯罪事实的证据，属于受诉人民法院管辖的；（4）强制执行立案范围：生效法律文书有给付内容且执行标的和被执行人明确，权利人或者继承人、权利承受人在法定期限内提出申请，属于受申请人民法院管辖的；（5）国家赔偿申请立案范围：赔偿请求人向作为赔偿义务机关的人民法院提出申请，对人民法院、人民检察院、公安机关等作出的赔偿、复议决定或者逾期不作为不服，提出赔偿申请的。此外，对违法起诉和不符合起诉条件的，涉及危害国家主权和领土完整、危害国家安全、破坏国家统一和民族团结、破坏国家宗教政策的以及其他不属于人民法院主管的所诉事项，不在登记范围之内。

市法院召开全市法院诉讼服务中心建设暨立案工作座谈会（2015 年）

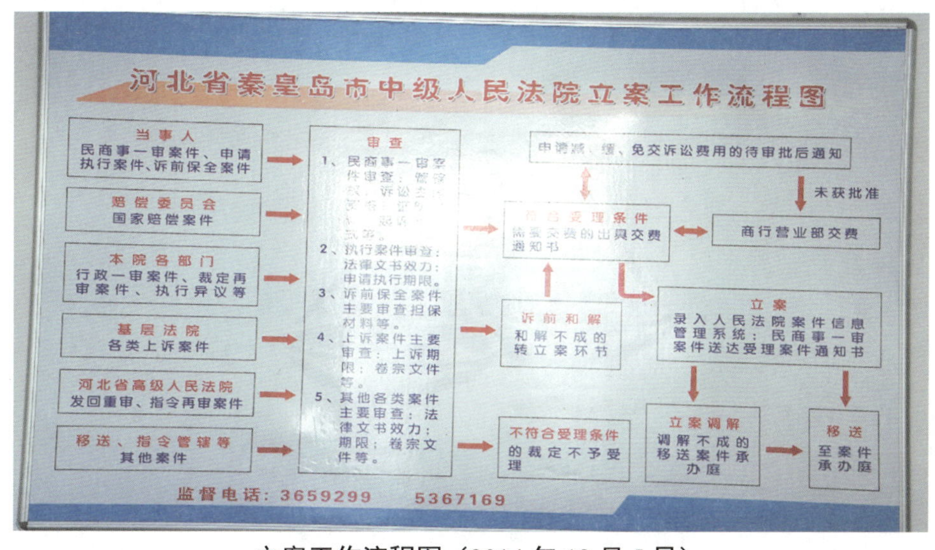

立案工作流程图（2014 年 12 月 5 日）

老百姓到法院起诉、自诉或者申请强制执行、国家赔偿，法院要一律接受诉状。当场能够判定起诉、自诉和申请符合法律规定条件的，当场登记立案。当场不能判定是否符合法律规定条件的，应当在法律规定期限内决定是否立案。如民事起诉应当在收到之日起7日内决定是否立案，刑事自诉应当在收到次日起15日内决定是否立案；对于执行异议之诉，应当在收到之日起15日内决定是否立案。

深化立案登记制改革。根据最高法院、省法院关于深化立案登记制改革的要求，2018年5月，市两级法院召开“登字号”改革动员会议。根据省法院深化“登字号”改革相关文件，全市法院道路交通事故损害赔偿纠纷（以下简称道交纠纷），在案件进入“登字号”后，全部转入调解机构调解，即由秦皇岛市道路交通事故人民调解委员会进驻试点中心先行调解。凡是进入法院“登字号”系统的道交纠纷，无须征得纠纷双方的同意，全部通过网上到人民调解委员会调解，调解不收取任何费用。市两级法院充分调动人民调解委员会积极性，负责全市保险合同纠纷和道交纠纷的调解。截至2018年8月31日，海港区法院通过“登字号”受理案件后，已转入秦皇岛市道路交通纠纷人民调解委员会491件，调解成功286件，调解成功率58.25%。

第二章 涉诉信访

信访工作是人民法院联系人民群众的桥梁和纽带，是法院审判执行工作的延伸，是人民法院自觉接受社会监督、及时发现和纠正错误的重要途径，是社情民意的“晴雨表”，是保障公民充分行使诉讼权利、保护当事人合法权益的重要渠道，是人民法院不可或缺的一项工作。信访工作的主要任务是处理群众来信、来访，解答群众的法律咨询，接受公民、法人或其他组织的申诉，负责上级法院、人大、政法委交办督办案件的复查与审查，听取人民群众对法院工作的批评和建议。

1999 年，市法院领导接访

第一节 涉诉信访制度

党中央对涉法涉诉信访问题高度重视，十八届三中全会通过的《中共中央关于全面深化改革若干重大问题的决定》明确提出，把涉法涉诉信访纳入法治轨道解决，建立涉法涉诉信访依法终结制度。十八届四中全会作出的《中共中央关于全面推进依法治国若干重大问题的决定》，进一步对该问题进行了强调，作出了部署，为做好涉法涉诉信访工作指明了方向。妥善解决涉诉信访难题，依法维护当事人的合法权益，实现社会公平正义，是摆在人民法院面前的重要任务。随着各类社会矛盾的多发凸显，涉诉信访工作变得更加敏锐、复杂，涉诉信访量逐年增大，甚至有缠访缠诉发生。由于在建立社会主义市场经济体制过程中出现了一些新类型案件，法治建设相对滞后，某些当事人难免对适用法律有异议，导致上访。多年来，市两级法院高度重视涉诉信访工作，对此项工作常抓不懈，从机制建设入手，规范、加强、做好涉诉信访工作。

信访案件领办制度、带案下访制度。2009 年 4 月，中共中央办公厅、国务院办公厅转发《关于中央和国家机关定期组织干部下访的意见》（以下简称《意见》），《意见》指出，干部下访的主要任务是：紧紧围绕党和国家的中心工作，检查地方解决信访突出问题的情况，指导推动地方及时就地化解矛盾；了解地方贯彻中央决策部署的情况，督导地方抓好落实；深入开展调查研究，提出制定和完善相关政策的意见和建议；转变工作作风，提高做好群众工作和处理复杂问题的能力和水平。《意见》指出，干部下访的工作方法是：以推动落实信访工作原则为重点，坚持面上推动与重点推动相结合，解决问题与研究政策相结合，总结经验与查找问题相结合，帮助指导与锻炼提高相结合。可根据实际情况，综合运用以下方法：（1）督促检查，全面了解地方贯彻落实中央决策部署的情况，查找存在的突出问题，提出改进工作的意见和建议；（2）带案督办，选择一定数量的重点疑难复杂信访案件，协调推动及时解决，以此推动地方的信访工作；（3）座谈走访，通过召开不同层面的座谈会、走访基层干部和群众，听取反映，了解情况，宣传政策，指导工作；（4）驻点指导，组织下访干部到信访问题突出的地方驻点，推动问题的妥善解决；（5）调查研究，带着问题深入基层，查原因、找答案，提出改进工作和完善政策措施的意见和建议，总结推广成功经验。2009 年 8 月 31 日，市法院下发《河北省秦皇岛市中级人民法院关于领导干部接访、约访（下访）和办案人员下访工作实施意见》（以下简称《意见》），在全市法院系统开展领导干部接访、约访（下访）活动。《意见》规定：落实领导干部约访（下访）制度，继续实行院领导包片包案，由院各党组成员，根据上级交办案件和信访苗头隐患的排查情况，带领相关庭室领导每周至少一次到所包基层法院进行下访，对案件进行督导。党组成员所带庭室为包案庭。下访、约访的主要任务是检查解决信访突出问题的情况、推动及时就地化解矛盾，督导抓好落实。采取的方法：督促检查，全面了解各县区各部门贯彻落实上级决策部署情况，查找存在的突出问题，提出改进工作的意见和建议；带案督办，选择部分重点疑难复杂信访案件，协调推动及时解决；对一时难以解决的涉诉信访案件，要依靠当地党委、政府共同做好矛盾化解工作，共同做好稳控工作。

诉访分离制度模式。诉访分离制度是将信访案件中“诉”与“访”的信访案件分开处理的程序，诉访分离有利于分清申请再审和信访申诉两者的界限，可以使案件的当事人更好地使用诉权去寻求司法救济。市两级法院按照涉法涉诉信访工作机制改革的总体要求，严格实行诉讼与信访分离，把涉法涉诉信访纳入法治轨道解决。各级政府信访工作机构对涉法涉诉事项不予受理，引导信访人依照有关法律规定向有关政法机关提出。各级党委和政府支持政法机关依法处理涉法涉诉信访问题，尊重政法机关依法作出的法律结论。落实诉访分离原则，将改变经常性集中交办、过分依靠行政推动、通过信访启动法律程序的工作方式，可以更好地运用法治方式保障信访人的合法权益，避免以信访终结代替司法终结，实现维护群众合法权益与维护司法权威的有机统一。2007 年 6 月 29 日，市法院成立信访办公室，专职专注接待解决群众涉诉信访案件，分清界定诉与访，依法做好引导、疏导和化解工作，在依法依规办理信访案件的同时，积极化解、终结信访积案。

合议庭案件风险评估制度。合议庭是人民法院代表国家行使审判权的组织形式，中国刑事、民事、行政三大诉讼法都规定，人民法院行使审判权的组织形式有两种即独任制和合议制。人民法院对第一审刑事、民商事案件，除一部分简易案件实行独任审判外，其余的案件都由审判员或由审判员与人民陪审员组成合议庭进行审判；第二审案件、再审案件和死刑复核案件全部由合议庭审判。合议庭评议案件，少数服从多数，所有意见记录在案由合议庭组成人员签字。合议庭案件风险评估制度是避免错判风险的司法环节，是从源头控制涉诉信访案件的有效举措。市法院不断加大诉源治理力度，始终坚持抓标治本，重在治本，建立了合议庭案件风险评估制度。制度规定：合议庭审理案件在依法作出判决前，都要对信访风险作出评估，对可能导致信访的高风险案件，积极做好释法、疏导、引导教育工作，并通报信访部门建立台账、制定预案，从源头严格把关，确保涉诉案件解决在萌芽阶段。

申诉、申请再审公开听证制度。为依法保护各方当事人的诉讼权利，增强申诉、申请再审案件复查的公开性，进一步提高申诉和申请再审案件审查的质量和效率，提高服判息诉率，市法院依据《中共河北省委政法委员会涉法涉诉信访案件听证程序规定（试行）》，建立并实行申诉、申请再审公开听证制度，包括信访听证和复查听证。信访听证用于审查决定是否对信访案件调卷复查，复查听证用于审查决定申诉和申请再审案件是否进入再审。

多元调解机制。市两级法院大力推进多元化矛盾纠纷解决机制建设，坚持司法调解与人民调解和行政调解有机衔接融合，充分发挥“一乡一庭”和巡回法庭的优势，深入开展“法官进社区”活动，通过加强与基层调解组织、行业调解组织、工会妇联组织、社会中介机构等诉调对接，诉前化解率不断提高。海港区法院在巩固完善同保险行业协会、消费者权益保护协会、劳动行政部门联调机制的基础上，向物业管理协会、医调委、仲裁委等延伸拓展，引导当事人快捷高效调解纠纷。积极推动建立“互联网 + 诉非衔接”工作机制，邀请社会力量广泛参与在线调解，促进矛盾纠纷多元化解决机制优化升级。

办案责任终身制。2007 年 6 月 12 日，根据中央政法委《涉法涉诉信访责任追究规定》，最高法院《人民法院审判人员违法审判责任追究办法（试行）》《人民法院审判纪律处分办法（试行）》，省法院《关于进一步严格公正文明司法的规定》等规定，结合当地法院实际，市法院出台了《关于进一步加强涉诉信访责任追究的规定（试行）》，规定对于因主观故意、工作失职失察造成错案或信访案件发生，导致重大影响的，视情节给予责任人相应责任追究。

领导包县区包案制度。2009 年 7 月 16 日，市法院制定《秦皇岛市中级人民法院领导干部下访工作实施方案》（以下简称《方案》），《方案》明确市法院成立领导干部下访工作领导小组，下设领导干部下访工作办公室，办公室设在市法院信访办。对案件实行院领导包片包案，由院各党组成员，根据上级交办案件情况和领导干部下访工作办公室对信访苗头隐患的排查情况，带领主管庭室领导每月不定期地至少一次到所包基层法院进行下访，指导案件，并对案件把关。

涉诉信访领导责任制、领导接访日制度。1990 年起，市两级法院始终坚持院长接待日制度，认真做好群众来信来访的处理接待工作。2007 年 5 月 10 日，市法院下发了《河北省秦皇岛市中级人民法院关于领导分案由接访日规定》（以下简称《规定》），对市法院分案由接待群众的工作规定如下：接待时间为每周三上午 8：30—11：30，接待地点为市法院院长接待室，接待领导为各党组成员及各业务庭庭长。接待领导职责：认真接待每一名来访当事人，填写好接待记录；在接访过程中，根据需要调度各庭庭长、主办人做协调工作；需各基层院、本院各庭处理的案件，填写交、督办卡，明确责任人；发现矛盾、及时化解矛盾，做好法律解释、宣传引导工作。《规定》要求：市法院党组成员按序进行接访（由信访办排班），各业务庭庭长按案件类别参加接访。接待领导听取上访人反映的问题，作出解答、协调、劝导、交办等相应处理，并将上访人要求解决的问题、处理意见等填写在接待记录中，以备汇总。

信访案件终结制度。2010 年 9 月 10 日，市法院依据《中共河北省委政法委员会关于涉法涉诉信访案件终结程序工作指导意见》及《河北省高级人民法院涉诉信访案件终结实施办法（试行）》，并结合本市法院系统清积工作的实际情况，对涉诉案件向省法院拟报终结程序，进行了归纳汇总，形成了一系列的行为指南，下发《涉诉信访积案终结程序》。

秦皇岛市中级人民法院涉诉信访积案终结程序基本指南

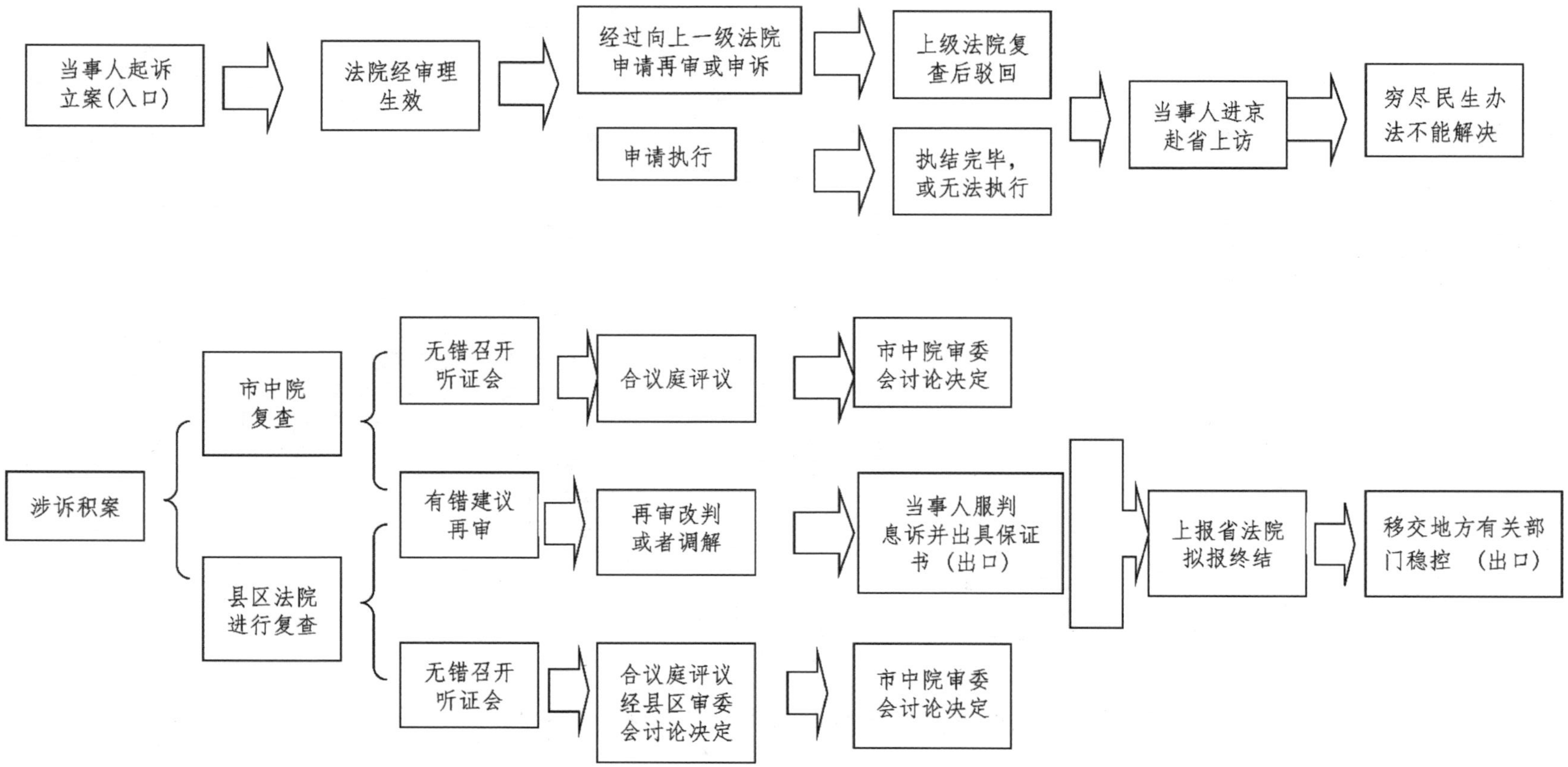

秦皇岛市中级人民法院涉诉信访积案强制终结程指南

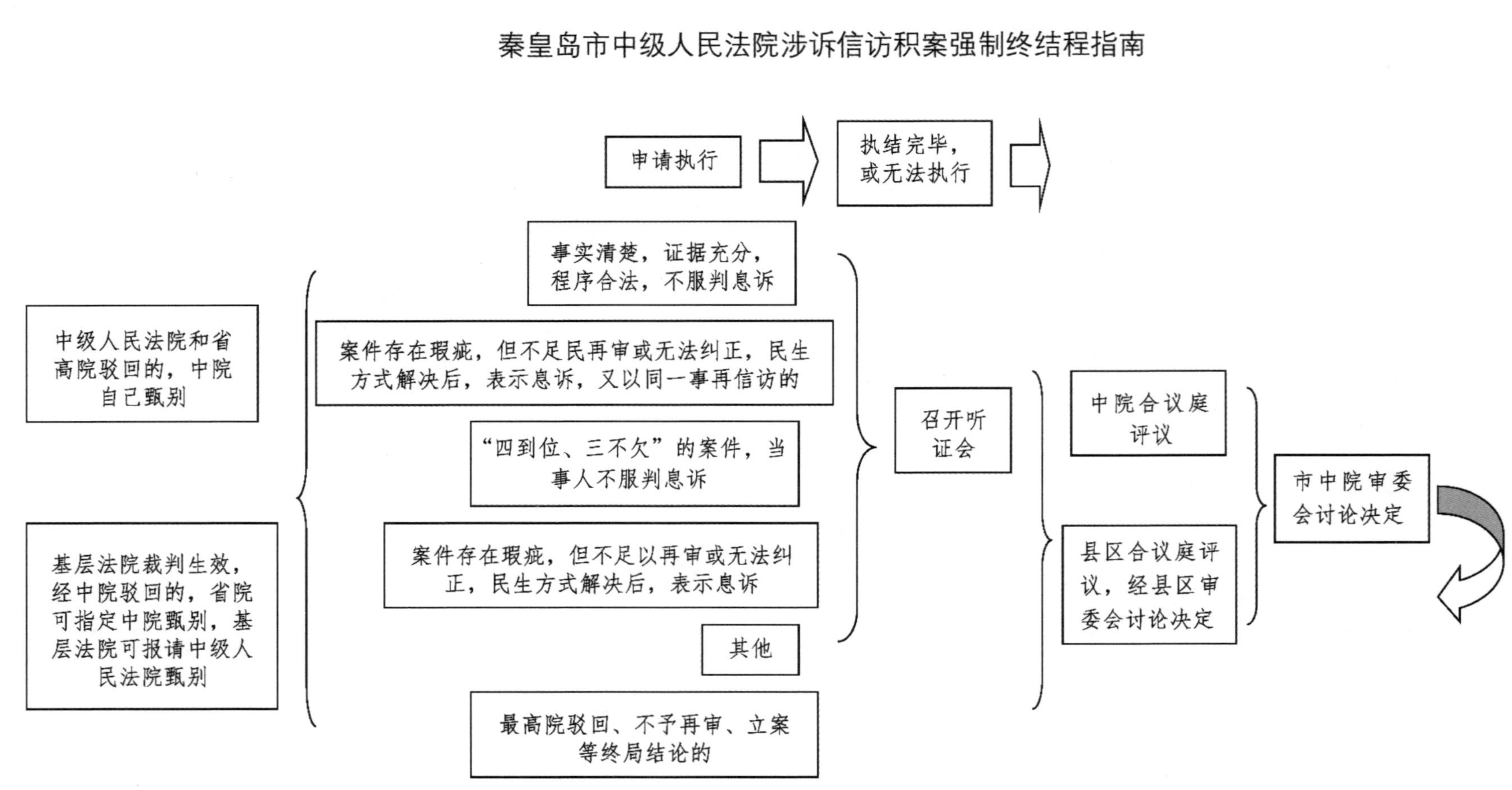

秦皇岛市中级人民法院涉诉信访积案自愿终结程序指南

当事人起诉立案（入口）
→ 法院经审理生效
→ 向上一级法院申请再审或申诉 → 上级法院复查后驳回
→ 申请执行 → 执结完毕，或无法执行
→ 当事人进京赴省上访
→ 形成涉诉积案

经解决，达成息诉罢访协议
→ 市中院甄别 / 县区法院甄别
→ 提供书面息诉罢访意见 / 当事人的息诉罢访材料
→ 市中院，负责审报材料的真实性
→ 省高院涉诉包市工作组
→ 自愿终结
→ 移交地方有关部门稳控（出口）

第二节　涉诉信访案件受理办理

市两级法院重视涉诉信访工作，多次制定相关文件，规范、加强、做好涉诉信访工作。1990 年，在告诉申诉工作中加强了信访工作，尤其是狠抓了初信初访和上访老户。一年里共处理群众来信 1737 件，接待群众来访 1966 人次。两级法院领导先后 41 次下基层对 34 人进行细致工作，把上访老户的问题解决在基层。1992 年，在告诉申诉工作中主要抓了 3 项工作：（1）依法妥善处理申诉案件；（2）认真做好告诉工作；（3）坚持院长接待日制度，认真处理好来信来访。1994 年，坚持院长接待日制度，对人民群众来信来访，仔细分析，认真查证，本着实事求是、有错必纠的原则，及时解决了一些案件中裁判失当的问题。一年中，共处理群众来信 590 件，接待群众来访 4537 人次。1995 年，市两级法院制定了信访工作一票否决权等制度，将告诉申诉工作纳入规范化轨道。继续发挥告诉申诉工作的窗口作用，坚持院长接待日制度，认真做好群众来信来访的处理接待工作。全年共处理群众来信 463 件，接待群众来访 8885 人次。对群众反映的问题，仔细分析和查证，对裁判失当的案件坚决予以纠正。1996 年，市两级法院发挥告诉申诉工作的窗口作用，着力解决群众告状难问题。全年共处理群众来信 843 件，接待群众来访 10875 人次，再审案件立案 166 件，审结 165 件。6 月，市法院对信访工作实行责任目标管理制度。制度明确规定各基层法院应承担的上访责任。基层法院管辖的上访范围：（1）从审查起诉到结案后上诉期满前，反映一审问题的上访。（2）反映一审中心问题的上访。（3）对不服一审生效的判决、裁定、调解的申诉上访。（4）对不服二审生效维持原判的判决、裁定的申诉上访。（5）对不服一审法院驳回申诉通知书的申诉上访。规定到最高法院、省法院，进京、进市上访人数的控制额数和上级交办案件的完成指标。制定实行责任目标的档案制度，即由市法院告申庭负责上访登记，定期对各院赴各地上访的人数、情况作及时统计汇总。此外，还规定了上访通报制度和审判制度。

市两级法院积极构筑大立案、大信访工作格局，充分发挥第一道工序，全程监督和发挥窗口职能作用，健全完善立审分立机制，推动院长接待日制度、立案工作规程、审判流程管理规程、来信来访责任制实施办法等规范措施的落实。严格依法审查立案，把好诉讼和再审的第一关。实行院长接待日、预约接待、信访工作联动、信访流程管理、控访责任制以及申诉复查听证制度，不断完善和创新信访工作机制。1998 年，市两级法院继续坚持院长接待日制度，全年共受理群众来信 1670 件，接待群众来访 6500 人次。1999 年，坚持做好信访工作，共受理群众来信 721 件，接待群众来访 21888 人次。2000 年，市两级法院共接待群众来访 22562 人次，受理群众来信 3000 余件。其中，市两级法院院长接待群众来访5513人次。2001年，坚持院长接待日制度，切实解决人民群众的合理诉求，防止矛盾激化。一年来，全市法院院长接待当事人和群众来访2805人次。立案、信访部门共处理群众来信925件，接待群众和当事人来访23985人次。2002年，认真处理群众来信来访，搞好涉法信访排查工作，努力化解矛盾。全年接待群众来访8400多人次，处理群众来信2600多件，妥善处理了15个上访老户问题。

2003年，实行院长接待日、预约接待、信访工作联动、信访流程管理、控访责任制以及申诉复查听证制度，不断完善和创新信访工作机制。一年里，市法院处理群众来信400多件，接待群众和当事人来访2400余人次。市两级法院处理群众来信639件次，接待群众和当事人来访29518人次，其中院长接待7117人次。2003年下半年，市法院抽调精干警力参加了市委组织的“驻访帮解”活动，工作队员在2个月时间内解决土地、邻里关系等纠纷70多起，有效制止5起集体上访事件，市法院被评为“驻访帮解”活动先进单位，14名工作队员中6名被评为市级优秀，8名被评为县级优秀。

2004年，加强和改进信访工作机制，实行信访通报、挂牌督办、限办、重大疑难案件会办等措施，成立控访指挥部，健全完善院长接待日、信访工作联动、信访流程管理、申诉复查听证等制度。坚持分级负责，归口管理，一级抓一级的控访责任制度。全年处理群众来信754件，接待群众和当事人来访28159人次，其中院长接待6717人次；清理涉诉信访案件72件；集中处理上级挂账督办、交办涉诉信访案件93件。

2005年，市两级法院建立“绿色通道”，简化立案手续，提高工作效率，着眼维护稳定大局。两级法院切实做好涉诉信访工作，采取逐案登记造册、接待领导督办、信访部门催办、主管领导包案、责任落实到人及市法院工作组巡回到县区与基层法院联手复查等方法和手段，集中解决涉诉信访问题。成立控访指挥部，健全统一领导、指挥、协调的信访工作管理体系；建立重大涉诉信访事件应急处理机制，确保有能力果断、及时处理突发事件；采取每月信访通报，挂牌督办、限办，重大疑难案件会办等措施；坚持院长接待日、首问责任制、信访流程管理、申诉复查听证、合议等制度。处理异常上访成为全年工作重点。全年组织5次涉诉信访排查，对摸排出的278件信访案件，市两级法院与省法院密切配合，联合办理，妥善化解上访老户案件28件，防止赴省进京访85件次。特别是从2005年10月开始，按照“人人受到领导接待、件件得到依法处理”的要求，扎实开展了集中联合接待活动。领导接待制度化、规范化，耐心、细心、热心倾听当事人诉求；逐案登记，领导督办，部门催办，主管领导包案，责任落实到人，市法院工作组巡回督导检查，联手复查，集中解决涉诉信访问题。10月21日，市委书记宋长瑞在市法院亲自接待两起案件当事人，引起市两级法院对接访工作的进一步重视。市两级法院共接访案件390件，已办结388件，办结率99.5%，其中息诉罢访116件；省委政法委督办和省法院交办的15件赴京访案件全部办结。全市法院接访案件办结率位居全省法院第二。

2006年，加强和改进涉诉信访工作，着力解决群众申诉难问题。一是继续搞好集中联合接访。对一时难以解决的，实行诚信约期制；对接访案件均实行领导包案、责任到人、逐案复查。二是做好日常稳控工作。对发现的问题及时化解，使不稳定因素消除在萌芽状态。三是建立健全涉诉信访工作机制。在法院内部建立以立案庭为中心的信访工作联动机制，完善信访隐患排查和申诉案件办理程序；推行公开听证、公开答询制度；实施原主审法官与信访接待人员共同接访制度。四是加强涉诉信访的源头治理。把司法调解纳入单位、部门和干警的岗位目标责任制，力求彻底解决纠纷，从而减少当事人上诉、申诉总量。全市法院接待涉诉信访当事人8967人次，复查案件1387件，决定再审158件，其中改判、发回重审52件，调处17件。

2007年，深入开展集中联合大接访活动，各级领导带头接访、处访，共接访392件，办结389件，息诉罢访率90%。实行案件质量终身责任制，原案件承办法官、合议庭对承办的案件质量终身负责；实行法院领导分案由接访制度；严格落实领导包案负责制，办结上级交办的重点案件367件，息诉罢访率90%以上。全方位开展涉诉信访大排查活动，及时化解矛盾，落实稳控责任。完善再审审查听证、责任倒查等制度。2007年5月15日，市法院为规范和加强涉诉信访工作，建立健全长效工作机制，制定出台了《信访工作流程管理暂行办法》《涉诉信访接待工作规定》和《领导分案由接访日规定》。《信访工作流程管理暂行办法》明确了信访工作原则：（1）有诉必理，有诉必立。（2）归口办理，谁主办，谁负责；谁主管，谁负责；谁分管，谁负责。（3）预防与处理并重，以源头预防为主。（4）解决实际问题与进行思想疏导相结合。（5）保护当事人诉权与维护司法权威严肃性并重。建立了5项制度：接待登记制度，来访接谈制度，信访接待处理制度，信访接待处理责任制度，信访接待处理责任追究制度。明确了信访的受理范围：依照法律规定正在审理的应当由本院管辖的刑事、民事、商事、行政、国家赔偿的案件，对本院已经发生法律效力的判决裁定提出再审申请或者申诉的各类案件，申请执行案件；对法院工作人员有贪污受贿、徇私枉法、失职渎职等违法违纪行为的控告、检举；承办上级法院、市委、人大及有关部门批办、转办和本院领导交办的信访案件；需要法院提供法律服务的；其他属于人民法院应当受理的来信来访。确定了信访工作责任：全院各庭、各部门要增强责任意识，定期分析研究信访工作形势，解决信访工作中的疑难问题，从源头上抓信访，形成全院处理大信访的格局，促进接访工作秩序持续好转。实行领导包案和重点信访案件挂账督办制度。对重点信访案件根据案件类别，按照院领导业务分工，领导包案，挂账督办，一包到底，直至息诉罢访。实行失职追究，把涉诉信访工作责任落实情况与干部考核结合起来。考核的重点是：每个审判人员、每个业务庭所办案件的当事人上访率、重访率、各类案件再审改判率、所办案件的申请再审和申诉率、交办事项办结率。实行一票否决制度，因承办人的责任造成上访的，取消年终评先的资格，且作为今后选拔任用的重要参考。接访人员在信访工作中故意违反法律、法规和有关规定造成一定后果的，或者因过失违反法律法规和有关规定造成严重后果的应承担直接责任，有关领导承担相应领导责任。信访工作有下列情形之一的，应当追究责任：（1）属于本业务庭、本岗位职责范围的信访事件，经信访办通知应当接访而不接访，推诿、拖延或者不按期办理的，第一次通报批评，第二次由相关业务庭庭长带主办人到业务主管院长处作深刻检查，第三次下岗培训。（2）接访时态度不认真、服务不热情、语言不文明等，造成信访人情绪激烈或行为过激的，要通报批评；造成不良影响的，由相关业务庭庭长带领，到业务主管院长和信访主管院长处作深刻检查；后果严重的，下岗培训。（3）对上级交办的信访案件拖延不办，紧急情况通知不到场或处置不力，造成后果的。（4）对交办的不稳定因素排查重视不够、排查不细或者漏查，造成后果的。（5）措施不得力，相互推诿，工作态度不端正，措施不到位，导致矛盾激化造成后果的。（6）多次发生重复访、越级访、进京访及集体访造成不良影响的。（7）丢失、隐匿信访检举、揭发、控告材料，泄露审判秘密造成后果的。（8）对信访人进行殴打、刁难、辱骂或打击报复的。《涉诉信访接待工作规定》主要规定了信访接待时间（周三上午）、地点和接待领导。对信访接待时间进行了具体划分：（1）每月第一个周三接待涉及刑事诉讼方面的信访当事人（刑一庭、刑二庭正在审理中和已生效的案件）。（2）每月第二个周三接待涉及婚姻家庭、特殊侵权、人身权、所有权、继承权、不当得利、无因管理、知识产权、技术合同、劳动争议等民事诉讼的信访当事人（民一庭、民二庭审理的已生效的案件）。（3）每月第三个周三接待涉及行政诉讼，申请国家赔偿，经济合同（二审）包括买卖合同、承揽合同、运输合同、借款合同、保险合同、农业承包合同、企业破产案件和申请执行的信访当事人（行政庭、民四庭审理的已生效的案件，以及执行庭负责执行的案件）。（4）每月第四个周三接待涉及程序性诉讼、申诉复查、再审案件和经济合同（一审）案件的信访当事人（立案庭、审监庭、民三庭信访办审理的已生效的案件）。

2007 年 6 月 12 日，根据中央政法委《涉法涉诉信访责任追究规定》，最高法院《人民法院审判人员违法审判责任追究办法（试行）》《人民法院审判纪律处分办法（试行）》，省法院《关于进一步严格公正文明司法的规定》，市法院下发《关于进一步加强涉诉信访责任追究的规定（试行）》，进一步做好涉诉信访工作，减少直至杜绝进京赴省异常上访事件的发生。2007 年，解决涉诉信访问题取得新突破。全年办结上级交办的重点案件 149 件，息诉罢访率达 96%；全年涉诉信访案件同比下降 25%，集体访、越级访同比下降 35%，未发生赴北戴河、赴省进京异常访，一批上访老户息诉罢访。（1）建立健全涉诉信访领导责任制。将涉诉信访工作列入“一把手工程”，坚持“六个亲自”（即亲自部署，亲自抓信访问题解决，亲自接待上访群众，亲自出面与有关部门协调，亲自对工作情况督导检查，亲自做当事人息诉罢访工作）。进京访案件由院长负责，赴省访案件由常务副院长负责，日常信访工作由主管副院长负责，其他副院长实行一岗双责，分包县、区，直接督导。（2）强化信访部门统一协调机制。市法院信访办正式列编成立，从全市法院公开选调信访办负责人，调整有群众工作经验的人员到信访部门工作，赋予信访办统一协调督办信访案件的权力。（3）建立内外协调联动机制。上下级法院密切联系，加强配合，统一口径，推行重点信访案件和上访老户的联合听证制度。建立法院与其他部门的外部联动机制，积极取得党委、人大、政府和基层组织、群众团体、中介组织的支持，拓宽工作视野，丰富工作手段。（4）推行全员信访工作机制。制定案件质量责任终身负责制度和院领导分类接访制度，主办法官、合议庭人员、庭长、主管副院长对自己原承办（分管）的案件负责接待，直至息诉罢访。（5）完善矛盾纠纷排查化解机制。定期组织拉网式摸排，将涉诉信访工作重心从事后处理转移到事前防范上来。（6）规范涉诉信访案件办理机制，强化了交办、办理、督导、反馈等环节的责任。（7）严格落实涉诉信访责任倒查机制。对处理进京访案件不力的三个基层法院及有关责任领导、责任人进行通报批评；两名法官因案件质量引发信访问题分别给予调离审判岗位和离岗培训处理。（8）积极探索因案施策的处访机制。对确有错误的案件，及时纠正到位；对诉讼程序中的案件，将反映的问题处理到位；对案件本身没有问题而不断申诉上访的当事人，找准上访的关键点，摸清上访人要“面子”还是要“票子”，还是想解决低保待遇、经济适用房、办理证件、安置工作等其他问题，以“两为主”为指导，采取“一揽子”办法，按照“内外结合、上下结合、土洋结合”的思路，情、法、理并施，从关注民生的角度来解决；对极个别屡教不改违法缠访、闹访的当事人，果断采取集中教育、司法拘留等措施，维护正常的信访工作秩序。2007年，市法院成立由12人组成的涉诉信访工作办公室，负责全市法院接处访的统一组织、调度和指导。从全市法院公开选拔信访办负责人，新调入和新转业的军队干部，一律到信访办工作一年。该机构成立后有效地发挥了作用，全年接待群众来信来访1251件次，复查案件270件，排查化解矛盾纠纷89件。

2008年3月13日，市法院信访接待大厅正式投入使用，同一天，市法院信访办迁至新址办公。新落成的信访接待大厅与信访办新址紧密相连，位于燕山大街市法院审判厅大院，共有办公用房10间，建筑面积合计230多平方米，两者配套使用，有利于及时接访、处访，提高办案效率。为了方便当事人，市法院还在接待大厅设置了饮水机、联排椅等设施。2008年，全市法院紧紧围绕确保奥运安全的工作要求，以上级交办涉诉信访案件息诉罢访为目标，全员参与、协调联动、齐抓共管、多措并举，全力以赴开展攻坚战。截至6月18日，在省委政法委交办的103件案件中，结案103件，其中息诉罢访87件，终结8件，转办4件，其他4件；在省法院交办的12件案件中，其中息诉罢访7件，终结4件，转办1件，提前全部完成上级交办的涉诉信访工作任务。6月19日，市委副书记、政法委书记杨泰安获知全市法院提前全部完成上级交办的涉诉信访工作任务的信息后，作出重要批示："市中级法院领导重视，措施得力，全部完成了上级交办的涉法涉诉信访工作任务，可喜可贺！望再接再厉，巩固成果。同时，做好本级信访工作。"2008年，市两级法院全力开展涉诉信访攻坚战，积极参加"县委书记大接访"活动，开门接访、主动约访、带案下访，全部办结上级交办的案件145件，使一批老上访户息访。实行主要领导问责机制和"四定一包"责任制，建立涉诉信访预警机制，逐一确定责任单位、责任领导、责任人员，先期解决并严格落实稳控责任；加强协作配合，采取横向、纵向、交叉联动的措施，发挥整体合力，努力将矛盾化解在基层。不断完善涉诉信访工作长效机制，认真落实案件质量责任终身制、院领导分案由接访制、涉诉信访流程管理等制度。下大力解决群众关切的诉讼利益问题，不断完善便民诉讼工作机制。对年老体弱当事人推行上门立案、电话预约立案服务；坚持巡回审判，方便农村群众诉讼；发放诉讼风险提示书，引导当事人正确诉讼；进一步扩大简易程序适用范围，减轻当事人诉累；加大审务公开、审判公开力度，切实保障当事人的监督权、知情权和参与权。

2008年8月1日，省法院副院长甄树清带领有关办案人员在市法院副院长甄晓丽的陪同下，深入案发地抚宁县、卢龙县、青龙满族自治县解决涉诉信访老户问题。甄树清副院长带案下访的4起涉诉信访案件是原告鹿某某诉抚宁县台营镇政府农业承包合同纠纷案、原告卢龙县商业局诉被告魏某某生产经营合同纠纷案、原告王某某诉被告青龙满族自治县青龙镇政府债务纠纷案及原告肖某某诉被告肖风某、肖树某合伙纠纷案。这4起案件均是多年进京上访的老户案件，化解矛盾和稳控的任务非常艰巨。为彻底消除纠纷，促使信访当事人息诉罢访，甄树清副院长抓住正在开展"县委书记大接访"活动的有利契机，分别走访了案发地抚宁县、卢龙县和青龙满族自治县县委、县政府主要领导，详细地通报了4起案件的全面情况，并就如何最终促使信访当事人息访提出了切实可行的工作方案。甄树清副院长在与县主要领导交谈时指出，当前解决涉诉信访突出问题，确保奥运和暑期安全稳定是党委、政府和人民法院共同的政治责任，其任务、目标是完全一致的。在经济社会发展的现阶段，产生涉诉信访的成因是错综复杂的，绝不能单纯归咎于法院工作方面的原因。涉诉信访矛盾的复杂性、多样性与司法资源的有限性、司法能力的局限性之间的矛盾，必然要求人民法院既要充分发挥自身优势，又要积极争取党委、人大、政府及社会各界的支持、配合，采取法律、经济、教育及行政等综合手段来解决涉诉信访难题。这次带案下访的四起案件均已穷尽所有司法救济程序，但由于信访当事人误解法律或自身生产、生活存在实际困难等原因，长期越级上访。要促使他们息诉罢访，单靠法律的手段已无济于事，法院必须依靠党委、人大、政府的支持，通过关注民生和司法人文关怀的办法来解决。希望借“县委书记大接访”的有利时机，倾尽全力支持法院尽早彻底解决这些信访老户问题。县主要领导十分赞同甄树清副院长的观点和看法，并表示要把处理涉诉信访老户案件作为“县委书记大接访”工作的重点，集中精力、集中时间、集中力量，立足解决实际问题，彻底化解矛盾纠纷。

2009 年，市两级法院坚持“标本兼治、重在治本”的原则，进一步加大涉诉信访工作力度，不断强化涉诉信访的源头治理，取得了明显成效。全市法院涉诉信访案件总计 58 件，比 2006 年的 145 件减少 60%，比 2007 年的 127 件减少 54%，比 2008 年的 98 件减少 41%，且连续 3 年实现“负增长”。其中 50 件是老户案件（包括已经终结或签订息诉罢访协议书的案件），新产生的涉诉信访案件 8 件，仅占总数的 14%。市法院在一楼设置专门的信访接待室，安排资深老法官专人负责处理群众来信和接待来访人员，共接待来访 2517 人次，处理来信 694 件。及时开展涉诉信访排查化解活动，消除信访隐患 375 起。

2010 年，全市法院认真开展涉诉信访积案清理与评查活动，综合运用法律、行政、经济和教育等手段化解信访问题，共清理积案 399 件，息诉罢访 337 件。在 5 月 10 日全省涉法涉诉清积评查工作会议上，市法院作了经验介绍，得到省法院院长高勇的充分肯定。

2011 年，涉诉信访工作长效机制建设初见成效。制定实施了案件质量责任终身制度、院领导分类接访制度、涉诉信访接待制度、特困涉诉信访人救助制度、重大涉诉信访案件听证制度、涉诉信访责任追究制度等。通过规范和落实涉诉信访工作机制，促使各级领导和广大干警切实增强了信访责任意识，形成了“案前想信访、案中重信访、案后化信访”的全员信访工作格局。大力开展涉诉信访集中清理和评查工作，复查、评查案件 873 件。2011 年 7 月 22 日下午，市法院院长闫五一在海港区法院有关人员的陪同下来到 69 岁的涉诉信访当事人刘某某老人家中进行了走访慰问。刘某某在 1986 年从水电部工程局调入秦皇岛人保公司时，由于有关部门在办理调转手续过程中将其后补的档案材料丢失等原因，新的工作单位在接收其粮食、户口关系后拒绝其上班，引起劳动争议和行政诉讼。刘某某因此长期工作无着，长期流浪，长期上访，生活十分困难。2010 年以来，闫五一院长多次亲自接待刘某某，并直接包该案的处理。在市两级法院的重视和关注下，刘某某信访案已进入审判监督程序，经市法院审委会研究决定撤销原审生效裁判，发回一审法院重新审理。对刘的不幸遭遇和生活困难，闫五一院长一直牵挂。在这次下访中，闫院长将米、面、油、肉等生活必需品送到刘某某家中，并详细询问老人的生活情况。当看到老人住在海港区西王岭村民无偿提供的十余平方米的小屋子里，生活和卫生条件十分差，长期艰苦生活又使其患上心脏病和严重胃病的实际情况，闫院长当场决定市两级法院在案件解决之前，要倾尽全力解决老人的实际生活困难。同时，闫院长还耐心细致地做了刘的息诉罢访工作。刘某某老人感动地说："感谢法院领导对我生活上的关心、照顾，我相信党、相信组织，我一定配合法院的工作，通过正当合法的诉讼程序解决问题。"在案件的审理过程中，市两级法院领导和办案人员把刘某某当作自己的亲人，在生活上关心，精神上抚慰，他生病时派出工作人员带上医疗费陪同到医院诊治、护理。市法院为他租赁一套两室的住房，不定期送去生活费和医疗费3万多元。后市两级法院领导多次与劳动局、保险公司商谈解决办法，并向市领导汇报，在市政府协调下，最后由多方筹措资金为刘某某购买住房一套，并为刘某某解决工资30万元，同时解决医疗保险和养老保险，使这一多年信访老案得到圆满解决。

2012年，市法院制定了《河北省秦皇岛市中级人民法院关于进一步规范日常接访工作的意见》，进一步规范日常接访工作，畅通信访渠道，确保来访群众得到及时有效的接待，充分发挥市法院信访窗口的职能作用。市法院下发了《关于全市法院开展诉讼服务中心建设工作的指导意见（试行）》，要求在市两级法院设立诉讼服务中心，建立"一站式服务"窗口，从根本上解决人民群众"告状难"问题。市两级法院以化解重复访、越级访、异常访为重点，深入开始涉诉信访专项清理活动，落实领导包案制度，综合运用教育疏导、评查听证、司法救助等方式妥善化解信访案件798件。加强涉诉信访源头治理，完善信访风险评估、信访通报、约期接谈、多元化解、信访终结"五项制度"，引导当事人依法理性表达利益诉求。严格实施审判质量责任终身制度，对引发重大涉诉信访案件的责任人倒查问责。推进涉诉服务中心标准化建设，恢复边远山区人民法庭设置，构建人民法庭、便民服务站、联络点、联络员"四位一体"服务网络，完善远程立案、巡回审判、预约办案等便民措施。畅通涉诉信访救济渠道，积极为当事人申诉信访提供便利，市两级法院全年共接待处理群众来信来访21213件次；安排院长接待日85次，接待涉诉信访当事人1600余人次。

2013年，市法院制定《关于来访群众分流接待及处置办法》，妥善分流接待处置来访人员，有效维护信访接待秩序及机关办公秩序。完善诉讼服务大厅的功能，实行"一站式服务"，方便群众诉讼；开通网络服务平台，对群众反映的问题及时核查和反馈；坚持"首问责任制"和"院长接待日"制度，帮助群众解决诉讼难题。全年共接待群众3万多人次。市法院推进涉诉信访工作创新，探索建立信访案件立案审查、启动再审、结案审核、终结退出标准和规则，建立依法受理、依法纠错、依法赔偿、依法救济、依法终结的化解涉诉信访工作机制。滚动开展涉诉信访隐患排查，严格落实领导包案、盯办制度和"五个一"要求，集中开展"三清"活动（"五个一"即有一名包案领导、一个工作班子、一套化解方案、一份办理纪要、一套稳控措施。"三清"即清理诉讼积案、执行积案、信访积案）。这是市两级法院高度重视涉诉信访工作，在司法实践中总结出的化解涉诉信访案件的有效方法之一。

2014年，市两级法院坚持和完善院长接待日、巡回接访、带案下访等工作制度，改革涉诉信访工作考评办法，始终把工作重心放在解决实际问题上，促进当事人息诉罢访。大力推行网上申诉信访和视频接访，群众就地通过互联网、远程视频系统反映诉求，切实减轻群众诉累。实行诉访分离，着重解决问题。健全申请再审和申诉立案受理制度，推动涉诉信访问题在法治轨道内解决。市法院全年接待群众来访5000多人次。网上申诉信访：通过网上申诉信访平台，人民群众可以足不出户完成申诉信访的网上登记、查询、视频接访预约等事项。在提交申诉信访材料后，可以通过网络平台查看审理流程，整个申诉信访受理审查活动将置于当事人监督之下，以降低诉讼成本，减轻群众诉累，让群众更加便捷地行使诉权。视频接访：为减轻申诉信访人诉累，破解涉诉信访难题，全市法院与省法院联网建成远程视频接访系统并实现互联互通。通过视频接访系统，申诉信访人不再需要长途跋涉到上级法院反映情况，在当地法院申请远程视频接访，即可表达其信访诉求。

2015年，市法院制定完善《关于进一步加强和改进信访工作的意见》，建立依法受理、依法纠错、依法赔偿、依法救济、依法终结的化解涉诉信访工作机制，在依法实现诉访分离、规范办理流程、完善退出机制、开展司法救助等方面取得明显成效。2015年，为了贯彻落实省委、市委和上级法院关于打击违法访的重要部署和市法院党组有关会议精神，市两级法院全面开展“打击违法访”专项行动。对严重扰乱社会公共秩序和国家机关工作秩序，情节严重且拒不认罪、悔改的信访人，依法从严惩处。卢龙县法院对一起违法上访案件作出一审判决，以寻衅滋事罪依法对案件被告人王某某判处有期徒刑1年10个月，被告人王某某不服上诉。市法院经审理维持一审判决。被告人王某某，女，1961年12月29日出生，小学文化，2015年2月12日因扰乱单位秩序，被卢龙县公安局行政拘留三日；2015年4月3日因扰乱公共场所秩序，被卢龙县公安局行政拘留七日；2015年4月10日因扰乱单位秩序，被卢龙县公安局行政拘留十日。因涉嫌犯寻衅滋事罪，2015年4月30日被卢龙县公安局刑事拘留，2015年5月14日被依法逮捕。法院认定，被告人王某某因不服卢龙县人民政府对其作出的行政复议决定，为给政府施加压力，2015年3月28日9时许，被告人王某某到与其信访无关的公共场所卢龙县医院住院部六楼哭闹并欲跳楼，造成医务人员为了阻止其跳楼无法正常履行职责，住院病人及家属围观，严重影响住院病人身心健康，造成该公共场所秩序严重混乱。另查明，自2015年年初以来，被告人王某某曾先后多次到卢龙县人民政府东大门处躺卧、脱衣哭闹、拦截进出政府车辆，多次到中国银行卢龙支行处跳楼闹事。2015年4月29日，被告人王某某在北京天安门地区非正常访时被北京警方发现并予以训诫。法院认为，被告人王某某到与其信访无关的公共场所哭闹、跳楼起哄闹事，造成公共场所秩序严重混乱，其行为触犯了《刑法》第二百九十三条第一款第（四）项之规定，已构成寻衅滋事罪，遂市、县两级法院作出上述判决。这也是全市法院开展“打击违法访”专项行动以来审结宣判的首起刑事案件。

2016年，为了切实满足人民群众日益增长的多元司法需求，加快实现诉讼服务中心的系统化、信息化、标准化、社会化，推动全市法院诉讼服务中心实现新发展，市法院制定实施《关于深化诉讼服务中心建设的意见》（以下简称《意见》）。《意见》对诉讼服务大厅、诉讼服务网及12368诉讼服务热线、矛盾纠纷多元化解决机制服务平台建设从基础设施、功能设置等方面作出具体规定；对诉讼服务中心制度建设和加强对诉讼服务中心建设的组织领导工作提出要求。

2017年，发挥“一乡一庭”“法官进社区”“互联网＋诉非衔接”等平台和机制的作用，深入开展巡回审判、纠纷调处、法治宣传活动560场次，当场调解民间矛盾846起。完善诉访分离机制，坚持院长接待日、预约接访、联合处访、复查听证等制度，接待信访当事人3700多人次，复查案件706件，再审案件180件，依法改判52件。

市法院副院长董宝军倾听涉诉信访当事人意见，积极化解矛盾（2017年）

2018年1月11日，市法院发布《河北省秦皇岛市中级人民法院“给大法官留言”办理情况分析报告》，就省法院“给大法官留言”栏目办理情况作出分析。省法院“给大法官留言”栏目是倾听民意、为民解难的渠道，是反映司法审判和司法作风的窗口，办好“给大法官留言”是密切联系群众的一项重要工作。《报告》指出：2017年市两级法院收办省法院转来群众留言46件，同比增长170%，说明“给大法官留言”栏目在群众中认知度较高，已经成为群众反映各种诉求和解决群众涉诉信访问题的一个重要渠道。

第三节　司法救助

司法救助，又称诉讼救助，是指人民法院对于当事人为维护自己的合法权益，向人民法院提起民事、行政诉讼，但经济确有困难的，实行诉讼费用的缓交、减交、免交。涉诉信访救助制度是中国社会救助体系和信访制度的创新之举，自2007年起开始探索建立，明确由政府承担资金投入的责任，专项救助资金主要用于解决难以划分责任主体、无主管部门和历史遗留的信访个案，同时对生活确有困难的信访人进行救助。司法救助是保证当事人能够正常参加诉讼、依法维护其合法权益的法律制度。国家司法救助的现行专门规范文件除《刑事诉讼法》《诉讼费用交纳办法》外，还有《关于建立完善国家司法救助制度的意见（试行）》（2015年）和《最高人民法院关于加强和规范人民法院国家司法救助工作的意见》（法发〔2016〕16号）。近年来，随着信访专项资金的不断增加，司法救助解决了大量特殊疑难的信访问题，为扶危济困、彰显人文关怀、密切党群关系、增强人民法院处理信访问题的主动性和能动性、促进社会和谐稳定发挥了正能量。

司法救助条件。救助对象包括刑事、民事、执行、行政案件的当事人及相关人员，仅限于自然人。涉法涉诉救助金，只有在信访人无法通过其他途径获得赔偿或救助的情况下才能得到。（1）因案件未破、犯罪嫌疑人或被告人死亡以及确实没有经济赔偿能力，致使受害人或其赡养、抚养的直系亲属受到严重生活困难。（2）当事人不服判决或处理决定，长期上访，反映问题在法度之外、情理之中，家庭生活严重困难等情况，均在救助范围。（3）救助标准一般控制在案件管辖地上一年度职工月平均工资36个月的标准。损失特别重大、生活特别困难，需要适当突破限额的，经同级司法救助领导小组批准，资助标准可适当提高，但不得超过人民法院依法判决应当赔偿的数额。确定救助金的具体数额，要综合考虑救助对象实际遭受的损害后果、当事人有无过错以及过错大小、当事人及其家庭经济状况、维持当地基本生活水平所必需的最低支出以及赔偿义务人实际赔偿等情况。（4）重大活动期间特殊信访事项。（5）其他需要由信访基金解决的问题。

司法救助工作。市两级法院积极开展司法救助，保护弱势群体利益，对确有困难的当事人，尤其是妇女、老人、未成年人、残疾人、下岗职工等诉讼案件，依法实行缓交、减交或者免交诉讼费。1998—2002年，共减、缓、免诉讼费1660万元，使经济困难的当事人打得起官司，充分体现社会主义法治的优越性。2003年，市法院围绕市委提出的在全省率先实现全面建设小康社会的奋斗目标，出台了《为我市在全省率先全面建设小康社会提供司法保障的意见》《为国有企业改革和发展提供司法保障与服务的意见》和《促进民营经济发展的意见》，竭力为“第一要务”提供优质、高效的司法保障和法律服务，从思想上为民、程序上便民、实体上护民、作风上亲民四个环节认真落实司法为民的要求。8 月初，市法院在全省率先出台了 40 条具体措施，在诉讼的各环节坚持司法为民、司法便民、司法护民，主要包括：方便群众诉讼，建立执行绿色通道，开展司法救助，推进司法改革。2004 年，市两级法院加大对老幼、妇女、农民、伤残等弱势当事人合法权益的保护力度，审结拖欠农民工资案件 225 件，追回欠款 978 万元；减、免、缓收经济困难的当事人诉讼费 676 万元。2005 年，市法院制定了《贯彻公正司法、一心为民指导方针的意见》，针对一些经济困难打不起官司的群众，进一步完善司法救助办法，实施司法救助案件 457 件，减、免、缓收诉讼费 527 万元。重视对拖欠农民工工资案件的审判和执行，当年及时审执结此类案件 348 件，标的额 587.32 万元。2006 年，加强司法救助工作，对追讨工资、工伤抚恤、赡养、抚育等 14 类诉讼案件，给予减、免、缓收诉讼费，保障弱势群体获得司法保护的机会。2006 年，对特困群体依法减、缓、免收诉讼费 350 多万元。2007 年，充分关注贫困群众的司法需求，为符合救助条件的当事人缓、减、免收诉讼费 1076.56 万元。2008 年，市法院制定了《秦皇岛市刑事案件被害人及执行案件特困申请人生活困难救助办法》和《秦皇岛市刑事案件被害人及执行案件特困申请人生活困难救助办法实施细则》，由市委政法委、市法院、市财政局有关领导组成秦皇岛市刑事被害人及执行案件特困申请人生活困难救助领导小组，作为救助工作的领导机构，负责此项工作的领导和监督。同年，市法院认真落实司法救助措施，对特困群体依法减、缓、免收诉讼费 350 多万元，确保当事人打得起官司；设立 30 万元司法救助资金，筹集 60 多万元涉诉信访专项资金，解决执行案件特困申请人和特困信访人的生活困难。2009 年，进一步落实司法救助制度，为经济困难的当事人减、缓、免收诉讼费 382 万元，为 83 名特困刑事被害人及执行案件申请人提供 130 万元的司法救助。

2010 年，加大司法救助力度，多方筹措救助资金 133 万元，切实解决刑事被害人、特困申请执行人和特困上访人员的实际困难和问题；依法减、缓、免收诉讼费 271.33 万元，保证经济确有困难的群众打得起官司。2011 年，为经济确有困难的当事人依法减、缓、免收诉讼费 308 万元，为贫困涉诉信访人提供司法救助资金 360 万元。采取巡回审理、预约办案、远程立案、小额速裁等司法措施，降低当事人的诉讼成本。2012 年，制定案件当事人生活困难救助办法，为 603 名刑事被害人、特困申请执行人和涉诉信访人提供救助金 970.83 万元，为当事人减、免、缓收诉讼费 1563.32 万元；对涉及弱势群体的案件，实行立案、审理、执行“三优先”，使确有困难的当事人感受到司法的人文关怀。2013 年，为困难群众减、免、缓收诉讼费 170 万元，发放司法救助金 360 万元。2015 年，为经济确有困难的 758 名当事人减、免、缓收诉讼费 629.45 万元。市法院审查本院及下辖县区法院申报国家级司法救助案件 144 件，申请司法救助资金 971.78 万元，实际救助人数为 50 人，救助资金为 240.3 万元。2016 年，重视司法救助工作，对老弱病残当事人开辟绿色诉讼通道；依法为交通事故受害人、刑事被害人等 178 名司法救助对象提供国家司法救助金 638.60 万元；依法为经济困难的当事人减、免、缓收诉讼费 857.45 万元。2017 年，加强司法救助、法律援助工作，设立律师驻点服务窗口，为弱势当事人和申诉信访人提供法律帮助；依法决定减、免、缓收诉讼费 320.71 万元，确保经济困难当事人打得起官司；依法为交通事故受害人、刑事被害人等 147 名司法救助对象提供国家司法救助金 565.78 万元。2018 年，依法为 289 名经济困难当事人减、免、缓收诉讼费 305.06 万元，为 123 名案件受害人、受害人家属申报并获批国家司法救助金 448.9 万元。

第八编　审判监督

审判监督工作是指上级人民法院对下级人民法院、各级法院院长对本院已发生法律效力的判决、裁定发现确有错误，需要再审；上级人民检察院对下级人民法院已经发生法律效力的判决、裁定确有错误，申请人民法院再审；人大、政协和新闻媒体、人民群众对审判工作的监督。审判监督程序即再审程序，是指对已经发生法律效力的判决、裁定、调解书，人民法院认为确有错误，对案件重新审理的程序。审判监督程序只是纠正生效裁判错误的法定程序，不是案件审理的必经程序，也不是诉讼的独立审级。审判监督程序包括刑事再审、民事再审、行政再审。按照我国目前的诉讼法律制度，审判监督程序的启动主要有三个途径：当事人通过信访、申诉等途径直接申请再审；法院依职权决定再审；检察院提出抗诉引起再审。做好审判监督工作，对于保障当事人合法权益、维护公平正义、推进法治建设具有十分重要的意义。

第一章　审判监督案件审理与制度改革

市两级法院审判监督工作，坚持实事求是、有错必纠的原则，认真审理再审案件，做到领导重视、齐抓共管、上下联动、狠抓落实，努力建立健全一套务求实效的工作机制。（1）审判监督工作实现观念上的更新，确立了既维护公民的申诉权，坚持“依法纠错”，又注重维护终审判决既判力的指导思想；（2）认真办理各类再审案件，依法纠正确有错误的生效判决，捍卫法律尊严；（3）讲究工作方式方法，耐心细致地做当事人的思想工作，努力化解矛盾，力求办案法律效果和社会效果的有机统一；（4）在办理减刑案件中，继续推行在被告人服刑地公开开庭审理的方式，不仅促进了减刑案件质量的提高，而且寓教于审，有利于服刑人员的教育、改造；（5）管住案件“出口”质量，对案件进行事前、事中、事后全方位监督，运用“细阅卷、严把关、勤督促、快反馈”的原则，坚持对改判和发回重审案件进行评析。

市两级法院建立大民事审判格局，彻底实现了立案与审判、审判与监督、审判与执行的三个分立，普遍建立了立案大厅，指导当事人诉讼，简化立案程序，方便群众诉讼，节约诉讼成本。出台《案件审判流程管理办法》，分清职责，健全监督制约机制，确保审判活动规范高效运行。改革裁判文书，与国际惯例接轨，增强判决书的说理性、公开性，裁定书的简练性、规范性，使当事人及社会公众从裁判文书中就能看出赢得有理、输得有据；充分发挥审限对案件的监督作用，提高审判效率。在注重案件质量的同时，不断强化审限监督意识，采取措施努力缩短案件审理和执行期限。加强审判组织内部监督和院、庭领导对审判组织的监督。充分发挥合议庭成员之间的相互制约作用，避免合而不议、陪而不审、由主办法官个人说了算的现象，建立起合议庭成员享有同等权利、同时也承担同等责任的机制。

第一节　审判监督案件审理

1990 年，市两级法院本着实事求是和有错必纠的原则，慎重地审查和处理了对历年来已经发生法律效力的判决提出申诉的案件，通过审判监督程序进行了再审，共受理 227 件，审结 195 件，结案率为 85.9%，其中改判 31 件，占收案总数的 13.7%。1991 年，市两级法院共受理各类审判监督案件 274 件，审结 271 件，结案率 98.9%，其中维持原判 184 件，改判 51 件。在改判案件中，有上级法院交办的 7 件、院长提交的 36 件、人大监督交办的 8 件。1993 年，市两级法院全年共受理各类审判监督案件 160 件，审结 156 件，结案率 97.5%，其中维持 127 件，改判 29 件，改判率 18.6%。采取有力措施，解决“老大难”案件 69 件，使秦皇岛市进京赴省上访人数始终处于全省最低。1994 年，市两级法院本着实事求是、有错必纠的原则，及时解决了一些案件中裁判失当的问题。一年中，共受理再审案件 177 件，审结 173 件，结案率 97.7%。1995 年，市两级法院继续发挥告诉申诉工作的窗口作用，对群众反映的问题，仔细分析和查证，对裁判失当的案件坚决予以纠正。全年共受理再审案件 169 件，审结 163 件，其中维持原判 82 件，改判、部分改判 43 件，结案率 96.4%。1996 年，市两级法院发挥告诉申诉工作的窗口作用，着力解决群众告状难问题。全年再审案件立案 166 件，审结 165 件。1993—1997 年，市两级法院共受理再审案件 848 件，审结 829 件。1998 年，共受理再审案件 267 件，审结 266 件，结案率 99.6%。其中维持原判 118 件，占 44.4%，对 37 案进行改判，占 13.9%，通过办案维护法律的权威和尊严。1999 年，市两级法院共受理申诉案件 285 件，审结 283 件，结案率为 99.3%。

2000 年，市两级法院审判监督庭认真审理再审案件。共受理再审案件 267 件，审结

260件，维护了司法权威。充分发挥案件评查组作用。市两级法院由一些退居二线或者退休的老院长、庭长和具有丰富经验的审判员组成案件评查组，负责对本院已经审结的案件进行质量评查。2001年，市两级法院把告申工作与审判工作摆到同等重要的位置，做到领导重视、齐抓共管、上下联动、狠抓落实，努力建立健全一套务求实效的工作机制。(1) 切实做好立案工作，严格依法审查立案，努力解决群众告状难问题。(2) 带着感情切实做好信访工作，坚持院长接待日制度，强化控访责任制落实，尽可能地使矛盾化解在基层。(3) 充分发挥审判监督职能作用，坚持有错必纠的原则，依法纠正冤假错案，确保裁判公正。同时注意慎重再审立案，慎重改判，维护生效法律文书的稳定性。全年受理再审案件228件，审结197件；受理减刑案件47件，审结47件。2002年，市两级法院受理再审案件262件，审结246件，结案率93.89%。2003年，市两级法院审判监督立案225件，结案221件，结案率98.22%。仅市法院就调解处理申诉再审案件52件，其中王某某与渤海化工厂赔偿纠纷案的妥善调处，受到省委领导的赞扬。2004年，市两级法院受理审判监督案件128件，审结126件，结案率98.44%。审判监督工作讲究工作方法，力求办案的社会效果。全年调解解决了王某某等59名退休职工与港务局实业服务公司劳动争议案、李某某与滦南县程庄镇政府行政赔偿案等一批多年缠诉、缠访案件。受理申诉复查案件349件，复查完毕215件。2005年，市两级法院受理再审案件182件，审结168件，结案率92.31%。认真办理各类再审案件，严格依法纠正确有错误的生效判决。讲求工作方法，耐心细致地做当事人的思想工作，努力化解矛盾，力争办案的良好社会效果。市法院成功调解解决了八达房地产公司与玮辰公司的预售商品房等一批缠诉、缠访，矛盾异常尖锐的案件，彻底化解了纠纷。2006年，市两级法院受理再审案件207件，审结187件，结案率为90.34%。按照依法纠错与维护司法既判力相协调的原则，认真办理各类再审案件，严格依法纠正确有错误的生效裁判。2007年，市两级法院认真开展审判监督工作，及时保护当事人的合法权益，受理再审案件194件，审结176件，其中依法改判40件，发回重审28件，调解15件。2008年，市两级法院受理再审案件172件，审结133件。在工作中，切实发挥审判监督作用，认真办理各类再审案件，严格依法纠正确有错误的生效判决，维护法律尊严。强调换位思考，在驳回再审请求的同时，通过明理释法，化解矛盾，止争息访。2009年，市法院设立“案件质量评查领导小组”作为案件质量检验部门，并设办公室于研究室，管住案件“出口”质量，对案件进行事前、事中、事后全方位监督。运用“细阅卷、严把关、勤督促、快反馈”的原则，坚持对改判和发回重审案件进行评析。2009年共评查案卷71件，裁判文书283份。

2010年，认真开展审判监督工作，复查申诉案件776件，依法再审案件144件，其中发回重审23件、依法改判24件、调解24件，维护了当事人的合法权益。2011年，市法院强化层级监督，规范和完善审判质量责任终身制、审判管理责任制。坚持案件质量评估讲评，分析研判审判态势，找准问题，改进管理。深化审判绩效考核，激励多办案、快办案、办好案。加强审判流程管理，推进案件繁简分流和节点监控，着力提高办案效率。对长期未结案件开展专项清理评查活动，制定预防违法超审限 26 条措施。深入开展执法大检查活动，重点解决审判执行工作中存在的突出问题。专题调研审判执行工作的焦点、难点，注重对下监督指导，有效提升整体司法水平。认真开展审判监督工作，依法审理再审案件 135 件，其中改判发回 27 件、调解 23 件。2012 年，审判监督庭依法再审案件 216 件，其中改判 116 件、发回重审 94 件。2013 年，坚持依法纠错，审查申诉和申请再审案件 113 件，决定再审 83 件；因原判确有错误或其他法定事由改判的 26 件，2014 年，受理再审案件 173 件，审结 124 件，其中改判、发回重审 49 件。2015 年，市两级法院积极推行阳光司法机制建设，进一步完善审判流程、裁判文书、执行信息三大司法公开平台。组织“法院开放日”活动 27 场（次），举办新闻发布会 30 场（次），邀请人大代表、政协委员、媒体记者、大专院校学生和各界群众 800 多人次走进法院，增强工作透明度。制定司法公开工作标准和考核办法，以阳光司法指数评估倒逼审判质效提升。2016 年，审结再审案件 160 件，纠正错案 51 件。2017 年，复查案件 706 件，再审案件 180 件，依法改判 52 件。2018 年，市两级法院全面开展“全面深化管理年”活动，认真开展审判监督工作，复查申诉、申请再审案件 274 件，114 件进入再审程序。

第二节　审判监督制度改革

审判监督制度也称再审制度，是指人民法院对已经发生法律效力的判决和裁定依法重新审理并作出判决的一种审判制度。在性质上，它是一种救济程序，是对两审终审制度的补充。1998—2002 年，市两级法院建立大民事审判格局，彻底实现了立案与审判、审判与监督、审判与执行的三个分立，认真执行证据规则，完善诉讼证据制度。实行庭前证据交换、证据展示制度，全面落实公开审判制度。强化举证、质证、辩论责任，强化法官居中裁判的中立地位。强化当庭宣判，提高审判透明度和审判效率。2001 年，市法院出台《案件审判流程管理办法》，分清职责，健全监督制约机制，确保审判活动规范高效运行。改革裁判文书，与国际惯例接轨，增强判决书的说理性、公开性，裁定书的简练性、规范性，使当事人及社会公众从裁判文书中就能看出赢得有理，输得有据；推行繁简分流，扩大简易程序使用范围。2005 年，市法院认真履行监督、指导职责，建立业务研讨会制度，组织庭审观摩和裁判文书评比 96 场次，促进了司法能力的提高。2005 年 1 月，山海关区法院出台了《关于发回、改判案件听证会的暂行规定》，在全省法院系统内部率先试行对发改案件实行听证会制度。依据该规定，从2005年2月1日起，对违反审判程序、认定事实和法律错误的发回重审、改判案件实施听证评查，对被确定存在问题或错误的案件承办人或合议庭人员将给予严厉处罚。此规定出台后，引起市委、市人大、市法院及区领导的重视，给予很高的评价和肯定。该制度运行一年，先后召开两次听证会，分别对土地互换协议纠纷、餐饮服务合同纠纷和张某某盗窃案进行了听证评查。整个听证过程严谨有序，达到了辨明是非、明确责任、总结经验的目的，收到良好的效果。2006年，山海关区委政法委以山政法〔2006〕10号文件，印发了《关于在全区政法系统推广区法院“案件听证评查”做法深入开展“执法质量管理建设年”活动的决定》，区委政法委决定，在全区政法系统推广山海关区法院发改案件听证评查的做法。

2006年4月18日，为贯彻中共中央《建立健全教育、制度、监督并重的惩治和预防腐败体系实施纲要》，落实违法审判责任追究，规范追究程序，根据最高法院《人民法院审判人员违法审判责任追究办法（试行）》《人民法院审判纪律处分办法（试行）》《人民法院执行工作纪律处分办法（试行）》《关于审判人员严格执行回避制度的若干规定》，省人大常委会《河北省错案和执法过错责任追究条例》，省法院《关于进一步贯彻落实违法审判责任追究制若干问题的意见》及市人大常委会《关于实行错案和执法过错责任追究暂行办法》的有关规定，市法院下发了修改后的《河北省秦皇岛市中级人民法院关于进一步贯彻落实违法审判责任追究制若干问题的意见》，违法审判监督领导小组《关于调阅卷宗的规定》《违法审判监督办公室工作办法》《关于对基层人民法院违法审判责任追究工作检查、督导办法》，确保司法公正与效率。

2008年，市法院出台了《河北省秦皇岛市中级人民法院关于进一步加强督查工作的意见》。为了进一步加强全市法院系统督查工作，不断提高督查工作的质量和效率，使之更加规范化、制度化、科学化，根据各级领导机关对督查工作的要求，结合全市法院工作实际，提出如下意见：人民法院的督查工作是对法院贯彻落实党和国家的路线方针政策、法院的重要工作部署，以及上级领导机关、上级监督机关和上级领导同志批办事项落实情况的监督和检查。它是加强审判监督、改进工作作风、狠抓工作落实、提高工作效率的重要手段。市两级法院领导要对重点督查案件和督查事项实行领导包案，由院领导对所包案件或事项定任务、定时限、定质量、定要求，进行全程督办，以确保督查案件、督查事项的质量和效率，进一步提高人民法院的公信度，提高党和人民对法院工作的满意度。根据最高法院和省委、市委督查的工作要求，市两级法院要建立健全督查工作组织机构，使督查工作网络进一步完善。市法院设专职督查员，由办公室负责。各基层人民法院必须于2008年7月底前确定专职或兼职督查工作人员负责日常的督查工作。

2003—2008年，市两级法院在市委和市人大的领导、监督和指导下，认真贯彻落实科学发展观，积极践行“公正司法、一心为民”指导方针，严格执行宪法和法律的规定，切实加强法院内部监督制约机制建设，不断推动审判监督工作的开展。（1）通过审理二审、再审案件监督下级法院的审判工作。2003 年以来，市法院认真履行法定职责，充分发挥二审程序的监督作用，加强对下级法院审判工作的监督，并注重发挥审判监督程序的补救功能，加强对案件的监督。第一，高度重视二审案件的审理，推动审判质量的提高。二审中，努力实现对一审裁判实体公正与程序公正监督的有机结合，既注重有效发挥二审法院的审判监督作用，又尊重一审法院的自由裁量权。通过对案件事实、证据、法律适用的审查，维持正确裁判，纠正不当裁判。截至 2008 年 5 月（2003 年 1 月—2008 年 5 月），市法院审理刑事、民事、行政等二审案件 7741 件，其中改判 781 件，改判率为 10.09%。第二，注重通过申诉再审工作，强化监督。从落实司法为民、解决当事人“申诉难”的高度，构建再审之诉。严格贯彻“依法纠错与维护既判力相统一”的原则，对当事人的申诉，及时审查，可能有错的，依法立案再审；确有错误的，坚决依法改判；确属无理的，切实做好服判息诉工作。截至 2008 年 5 月（2003 年 1 月—2008 年 5 月），市两级法院审结再审案件 970 件，依法改判 280 件，切实保护了人民群众的合法权益，捍卫了法律的权威。第三，加强规范化建设，确保审级监督的规范有序。制定实施限制和约束自由裁量权行使的若干意见，实现了对上诉案件改判、发回重审裁判标准的统一和再审事由的规范化；制定实施庭审规范化建设的意见和加强刑事审判与死刑执行工作的意见，从而保障了审判程序与案件实体处理的公正、合法。第四，建立涉诉信访责任机制，切实增强法官公正司法意识。制定案件质量责任终身制度和院领导分类接访制度，主办法官、合议庭、庭长、主管副院长对自己原承办（分管）的案件负责接待、辨法析理、判后答疑，直至息诉罢访。赋予信访部门相应的权力，使其更好地履行重要的职责。信访部门有权根据信访当事人的申请和需要，要求本院或下级法院的主办法官、主管庭长接访答疑。如果一次不到，通报批评；两次不到，庭长携主办法官向主管院长作深刻检查；三次不到，下岗培训。严格落实涉诉信访责任倒查机制。制定实施《关于进一步加强涉诉信访责任追究的规定》，对造成进京赴省异常上访事件的 10 种情形，严肃追究责任领导和责任人的责任。在 2007 年全市法院涉诉信访电视电话会议上，对处理进京访案件不力的三个基层法院及有关责任领导、责任人进行公开通报批评，并限期做好当事人息诉罢访工作；两名法官因案件质量引发信访问题分别给予调离审判岗位和离岗培训处理。（2）发挥审限对案件的监督作用，提高审判效率。在注重案件质量的同时，不断强化审限监督意识，采取措施努力缩短案件审理和执行期限。第一，全面推行审判流程管理制度。利用计算机、网络信息化技术，对各类案件的立案、送达、开庭、宣判、报结等影响案件质量和效率的关键点进行网上跟踪管理，定期通报流程管理情况，督促案件在审限内审结。第二，严格案件延期审理的报批程序，明确规定只有符合法定条件的案件才能延长审理期限，案件需要延期审理的，必须依法定程序经庭长、主管副院长审批或报上级法院审核批准。第三，建立防止超审限的预警机制，对于审理期限即将届满的案件，通过网上通报等形式进行预警提示，要求案件承办人制定限期结案的计划，确保及时审结。第四，积极探索建立超期责任追究制度，对故意拖案不办、造成严重后果的，按违法审判追究相应责任，严肃处理。（3）加强审判组织内部监督和院、庭领导对审判组织的监督。充分发挥合议庭成员之间的相互制约作用，避免合而不议、陪而不审、由主办法官个人说了算的现象，建立起合议庭成员享有同等权利、同时也承担同等责任的机制。在坚持对合议庭、独任审判员放权的同时，健全院、庭领导对案件的监督制约机制，重点是对每件案件的知情权、参与权和监督权。围绕落实“三权”，具体制定了监督的范围及程序。一方面，积极推行院、庭长办案制度，通过亲自审理重大、疑难、新类型案件，及时、准确发现审判实践中的问题，以便增强指导审判工作的针对性和实效性。另一方面，对分管和主管部门的收结案情况、审判进度、案件难易程度、是否存在矛盾激化倾向及当事人投诉等情况，做到心中有数，及时调度、督促和指导，实现收结案良性循环。对合议庭审理的案件，及时听取汇报，帮助解疑释惑，既引导合议庭、承办法官准确适用法律，又引导法官把握办案方式、方法，追求最佳办案效果。对属于领导签发的法律文书，严格把关、及时签发，不断提高工作质量和效率。

2011—2013年，市两级法院审判监督工作得到了全面改进和加强，共受理各类再审案件429件，审结316件，占一、二审结案总数（59289件）的0.53%。已结案件中，维持原判135件，占结案总数的42.72%，改判52件，占结案总数的16.46%。（1）认真办理各类申诉案件、领导交办的涉诉信访案件以及按照上级法院分工受理的部分行政申诉复查案件。积极推进社会矛盾化解，以辨法析理、服判息诉为目标，努力解决当事人的合法合理诉求，做到有访必接、有查必果。为了更有效地把来访群众吸附在当地，市两级法院审监庭以立案二庭为龙头，明确接待分工，做到工作日全天候、全员参与接待，只要群众来访，保证有人管、有人问。针对在辖区有重大影响或长期缠访的申诉案件，推行复查听证制度。经过认真复查，认为原裁判确有错误的，依法决定再审。三年来，共接待群众来访16000人次，召开听证会42场，其中市两级法院审监庭共处理各类申诉案件及领导交办涉诉信访案件82件。（2）严格把关、依法纠错，努力让人民群众在每一个再审案件中都感受到公平正义。市两级法院在审理各类再审案件时，始终以“实事求是、依法纠错”为原则，坚持程序法监督与实体法监督并重，以慎之又慎的办案态度为立足点，以依法纠正错误裁判、切实化解社会矛盾为突破口，正确处理好维护生效裁判既判力与依法纠错之间的关系，既维护了当事人的合法权益，又维护了司法权威。（3）拓宽调解范围，创新调解方法，全力化解社会矛盾。市两级法院对再审民商事及行政案件，始终坚持“调解优先、调判结合”的原则，尽量促使当事人双方达成调解协议，调解不成的案件，也注意做好疏导工作。三年来，市两级法院共审结各类再审案件 316 件，通过再审调解、撤诉结案 37 件，占再审结案总数的 11.71%。2014—2018 年，市两级法院认真办理再审案件，共收案 796 件，旧存 209 件，结案 811 件。

第二章　刑事审判监督程序

刑事审判监督程序，是指人民法院、人民检察院对于已经发生法律效力的刑事判决，发现在认定事实上或者在适用法律上确有错误，依职权提起并由人民法院对案件进行重新审判的一种诉讼程序。刑事审判监督程序作为特殊的纠错程序，其实质是对已发生法律效力的判决，裁定再次进行审理，以期纠正原有错误的一种救济制度。它以已经发生法律效力的刑事判决为对象，以已经发生法律效力的刑事判决确有错误为前提，而生效刑事判决是否确有错误，人民法院有一个发现和确认的过程，人民法院的审判监督程序就是负责审查这个过程的主体。

根据法律的相关规定，刑事审判监督程序的提起主要有以下几个途径：（1）各级人民法院院长对本院已经发生法律效力的判决、裁定、调解书，发现确有错误，认为需要再审的，应当提交审判委员会讨论决定；（2）最高人民法院对地方各级人民法院已经发生法律效力的判决、裁定、调解书，上级人民法院对下级人民法院已经发生法律效力的判决、裁定、调解书，发现确有错误的，有权提审或者指令下级人民法院再审；（3）最高人民检察院对各级人民法院已经发生法律效力的判决、裁定，上级人民检察院对下级人民法院已经发生法律效力的判决、裁定，发现确有问题的，或者发现调解书损害国家利益、社会公共利益的，应当提出抗诉；（4）当事人、被害人及其法定代理人、近亲属对已经发生法律效力的判决、裁定，可以向人民法院或者人民检察院提出申诉（但是不停止对原判决、裁定的执行）。

再审案件经过重新审理后，应当按照下列情形分别处理：（1）原判决、裁定认定事实和适用法律正确、量刑适当的，应当裁定驳回申诉或者抗诉。（2）原判决、裁定认定事实没有错误，但适用法律有错误，或者量刑不当的，应当改判；按照第二审程序审理的案件，认为必须判处被告人死刑立即执行的，直接改判后，应当报请最高法院核准。（3）应当对被告人实行数罪并罚的案件，原判决、裁定没有分别定罪量刑的，应当撤销原判决、裁定，重新定罪量刑，并决定执行的刑罚。（4）按照第二审程序审理的案件，原判决、裁定认定事实不清或者证据不足的，可以在查清事实后改判，也可以裁定撤销原判，发回原审人民法院重新审判。原判决、裁定认定事实不清，证据不足，经再审仍无法查清，证据不足，不能认定原审被告人有罪的，应当判决宣告被告人无罪。

第一节　当事人申请再审案件

当事人申请再审案件即所谓申诉，是指当事人及其法定代理人，近亲属对已经发生法律效力的判决、裁定不服，向人民法院或人民检察院提出重新审查和处理案件的一种诉讼请求。这种请求，与起诉和上诉必然引起诉讼程序不同，它不能直接引起再审程序，只是再审程序的重要来源，是司法机关发现错判案件的一条重要渠道。

申请再审是我国法律赋予当事人及其法定代理人的一项诉讼权利，是当事人依法享有诉权的具体体现。再审与否取决于法院对案件的审查，只有通过审查确认原裁判有错误，才能对案件重新审理。

全市法院再审案件情况一览表

年度	旧存	收案	结案
2014	55	152	133
2015	74	121	157
2016	38	152	163
2017	21	180	180
2018	21	191	178
合计		796	811

第二节　检察院抗诉案件

人民检察院是国家的法律监督机关。《刑事诉讼法》规定，人民检察院有权对人民法院的刑事审判活动实行法律监督，具体的监督方式主要是人民检察院对人民法院发生法律效力的裁判，认为确有错误，依照法定的程序和方式，提请人民法院进行再审，即通过抗诉行使检察监督权。

人民检察院可以提出抗诉的理由：原判决、裁定认定事实的主要证据不足的；原判决、裁定适用法律确有错误的；人民法院违反法定程序，可能影响案件正确判决、裁定的；审判人员在审理该案件时有贪污受贿、徇私舞弊、枉法裁判行为的。人民检察院提起抗诉的理由，不仅仅局限于原裁判在内容上确有错误，而且涉及裁判活动的违法性。人民检察院提出抗诉的案件，法院直接进行再审，并通知人民检察院派员出庭提出抗诉案件，使检察监督权得以完整地实现。

市人民检察院提出、提请抗诉情况。2008—2018 年刑事案件 468 件，民事案件 391 件。

第三节　院长发现案件

《刑事诉讼法》规定，各级人民法院院长对本院已经发生法律效力的判决、裁定、调解书，发现确有错误，认为需要再审的，应当提交审判委员会讨论决定。

人民法院院长发现本院已生效的判决有错误，需要提起审判监督程序时，应遵循以下步骤：首先，由院长提交本院审判委员会讨论；其次，由审判委员会讨论决定是否再审；再次，经审判委员会讨论决定再审的，作出再审的裁定；最后，根据再审的裁定，开始审判监督程序。在该种情形下，人民法院的审判监督权由各级人民法院院长和审判委员会共同行使。当院长空缺或院长委托副院长代行此权时，副院长可代行院长职务，将案件提交给审判委员会。

第三章　民事（经济）、行政审判监督程序

第一节　民事审判监督程序

民事审判监督程序即民事再审程序，是指对已经发生法律效力的判决、裁定、调解书，人民法院或人民检察院认为确有错误，对案件再行审理的程序。审判监督程序作为一种特殊的纠错和救济程序，是在一般救济手段即一审和二审终结之后，对已经发生法律效力的，但仍有错误的民事判决、裁定、调解书，加以纠正的程序。《民事诉讼法》规定了三种启动审判监督程序的情况：（1）当事人申请再审；（2）人民检察院抗诉提请再审；（3）人民法院决定再审。审判监督程序只是纠正生效裁判错误的法定程序，它不是案件审理的必经程序，也不是诉讼的独立审级。民事再审案件是双方当事人经过一段时间诉讼，法院作出发生法律效力的裁判后，再次进入诉讼的案件。双方当事人因为长期诉争，矛盾尖锐对立，积怨深厚，情绪激动。这些案件或是案情疑难、法律关系错综复杂，或是时间迁延导致事实难以查明，或是长期上访缠访涉诉信访。当事人在诉讼中的地位几经变化，心态有相应的起伏，进入再审后，往往从辩一个理演变成争一口气，各不相让，难以调解，难以判决。对于不利于自身裁判的，有的会选择不断上访、申诉甚至更为极端的方式。因此，相比普通的一、二审案件，再审案件审理难度大，而且如果简单一判了之，往往并不能使矛盾纠纷真正得到解决。市两级法院对再审民事案件，始终坚持“调解优先、调判结合”的原则，尽量促使当事人双方达成调解协议，调解不成的案件，也注意做好疏导工作。

2015 年，市法院审判监督庭妥善化解一起缠访 8 年的劳动争议纠纷案，当事人主动向法院申请撤回起诉。这是市法院延伸司法服务职能、借助社会力量成功化解民事纠纷的一个成功案例。王某某，原秦皇岛经编厂正式职工。1994 年 5 月突发脑血栓，丧失语言功能和身体右侧行走功能，经秦皇岛经编厂批准长期休假，在家养病。自从王某某得病后，公司便不再给付工资、医药费，也没有为王某某缴纳社会保险费。企业改制后，秦皇岛经编厂与秦皇岛市玻璃钢厂更名为耀华玻璃钢公司。2005 年 7 月，经中国耀华玻璃集团公司批准，对包括王某某在内的 18 名职工按自动离职处理。王某某在与公司多次交涉并申请仲裁未果的情况下，起诉至法院。经市两级法院依法审理，一审、二审王某某均以败诉告终。

王某某拖着残疾的身躯开始了漫长的上访申诉之路。对王某某来说，赴省进京是常态，到法院、信访局、街道办闹访更是家常便饭。每当政治敏感期，王某某便成为稳控的重点人。一审法院进入再审程序后，在调解无效的情况下，最终驳回了王某某的起诉。再审上诉后，主办人并没有简单机械地适用法律，一判了之，为社会留下闹访隐患。案结只是一个逗号，事了才是一个圆满的句号。经反复阅卷，认真研究案情，在吃透案情、找准双方症结的基础上，开始有针对性地做双方的工作。王某某身体残疾，行动不便，主办人便到其家中送达传票，与其长谈。耐心倾听王某某的陈述，聆听他的牢骚、委屈和抱怨，并择机答疑。一次谈话没有消除其对抗情绪，便抽出时间第二次、第三次。通过多次谈话，王某某逐步走出了认识上的误区，同时也被法官锲而不舍的精神、严谨负责的态度所感动，最终同意调解。在解开王某某思想上的疙瘩的前提下，主办人带领合议庭成员开始做用人单位的工作。通过宣讲法律，分析案情，严肃指出用人单位在与劳动者在解除劳动关系过程中存在的问题和不足，消除其对劳动者的对抗和不满情绪。同时，积极调动社会力量参与调解，市信访局、海港区信访局、海港区东环路街道办事处在法院的组织下，都加入案件调解队伍中，真正形成了齐抓共管、多头联动的局面。最终耀华玻璃钢公司同意调解，对王某某予以经济照顾。中国耀华集团总公司也主动表示配合法院，积极促进法院妥善化解此案。2015 年 8 月 11 日下午，在东环路街道办事处召开王某某劳动争议协调会。市信访局、海港区信访局、东环路街道办事处等相关部门负责同志到会。在市法院审监庭的主持下，耀华玻璃钢公司、耀华集团总公司将款项一次性给付王某某，王某某当即表示撤诉，从此与原用人单位耀华玻璃钢公司不再有劳动争议纠纷，保证不再上访。

第二节　行政审判监督程序

行政诉讼中审判监督程序简称“行政诉讼的再审程序”，是人民法院或人民检察院对已经发生法律效力的行政诉讼判决和裁定，发现违反法律、法规规定再次进行审理的程序。申诉再审的行政案件具有对抗性、复杂性、敏感性，很容易诱发信访案件，影响社会和谐稳定。市两级法院重视行政审判监督工作，对当事人申诉再审实行有案必立、有诉必理，坚持依法审查、审判，及时纠正错误裁判，着力提高办案和监督质效，维护合法权益，树立司法公信力和权威性，努力做到法律效果与社会效果有机统一。

第九编 执 行

执行，泛指人民法院的执行组织以生效法律文书为根据，依法运用国家强制力量，采取措施强制使不履行义务的当事人完成其义务的司法行为。执行是人民法院审判工作的必要延伸和重要组成部分，是民事诉讼程序的重要阶段。执行关系到当事人的合法权益最终能否实现，影响到人民法院的形象和法治的权威，对社会诚信体系建设和法治国家的建设具有重要意义。1983 年市法院成立以后，有条件的基层法院开始在办公室内设立执行室或着手组建执行庭，至 1990 年年底，市两级法院全部增设了执行庭。2006 年 4 月，市法院撤销执行庭，成立执行局，内设案件协调管理处、执行一庭、执行二庭。执行依据是人民法院据以执行的生效法律文书。市两级法院坚持能动执行，破解执行难，维护法律权威，坚持用好查封、冻结、扣押、划拨、搜查、变卖等强制措施，对有履行能力而拒不履行、转移、藏匿财产，妨害执行的被执行人坚决采取民事制裁、司法拘留等强制措施。开展专项行动，重视民生案件，维护社会稳定。专项行动中，执行干警发扬敢打硬仗、勇于奉献的拼搏精神，采取多种执行方式，利用“时间差”使当事人无处藏匿。依法执行，敢于承担社会责任，为全市经济发展大局保驾护航。

第一章 执行制度及执行工作

《民事诉讼法》第二百零五条第三款规定：“人民法院根据需要可以设立执行机构。”2005 年，中央政法委下发政法〔2005〕52 号《关于切实解决人民法院执行难的通知》，给人民法院执行工作提供了前所未有的机遇。2007 年 10 月 25 日，第十届全国人大常委会通过了《关于修改〈中华人民共和国民事诉讼法〉的决定》，用立法形式确立了执行联动威慑机制，人民法院可以限制被执行人出境，在征信系统中记录被执行人不履行义务情况，通过媒体公布不履行义务人信息等措施，形成社会合力，迫使被执行人履行义务。2012 年十一届全国人大常委会对《民事诉讼法》第二次修正，最高法院针对新民事诉讼法的通过也适时制定了如何适用的司法解释，为进一步解决执行难问题提供了有力的法律保障。

执行机构设置。1983 年市法院成立以后，有条件的基层法院开始在办公室内设立执行室或着手组建执行庭，至 1990 年年底，市两级法院全部增设了执行庭。2006 年 4 月，市法院撤销执行庭，成立执行局，内设案件协调管理处、执行一庭、执行二庭。市法院执行局执行本院一审发生法律效力，具有给付内容的判决书、裁定书、调解书、民事制裁决定书以及刑事判决书、裁定书和调解书中的财产部分；执行法律规定由本院执行的其他生效法律文书；监督、指导、协调下级人民法院的执行工作。案件协调管理处负责上级部门督办案件和委托、受托执行案件的处理；对全市各县区法院之间的执行争议进行协调；办理提级执行、指令执行和交叉执行；监督纠正基层法院执行中的错误；统一组织实施和指挥全市范围内的集中执行；审查当事人对下级法院的罚款、拘留决定提出的复议；负责全市法院执行工作的调研，执行案件档案管理，执行统计、报表、信息反馈；接待处理涉及执行问题的群众来信来访；办理领导交办的其他事项。执行一庭负责审查对仲裁裁决、公证债权文书是否存在不予执行事由；制作强制执行法律文书；裁定变更、追加被执行主体；裁定执行担保人财产；裁定执行到期债权；对当事人和案外异议进行审查；对分配争议进行裁决；审查对下级法院裁定提出的复议；裁定执行回转；中止、终结执行；办理领导交办的其他案件。执行二庭负责送达执行法律文书；调查被执行财产状况；制定个案执行方案；查询、冻结、扣划、提取、查封、扣押被执行财产；主持执行和解；组织执行多个债权人对一个债务人的申请执行和参与分配；呈报并实施拘传、罚款、拘留等民事强制措施；制作执行公告；其他执行实施行为。

1999 年，“执行年”活动宣传牌

1999 年 8 月，市法院执行工作宣传周

全市法院“基本解决执行难问题”动员部署会（2017 年）

第一节　执行案件管理流程

《民事诉讼法》规定：人民法院制作的法律文书和法律规定由法院执行的其他法律文书包括仲裁裁决、公证债权文书等已经生效，在该文书确定的履行义务所附的条件已经成就或所附的期限已经届满，当事人可以在申请执行时效（两年）内向有管辖权的人民法院申请强制执行。

执行依据。执行依据是人民法院据以执行的生效法律文书。在各个历史阶段，人民法院据以执行的生效法律文书的类型随着民事诉讼法的变化也在发生着调整。总体来说，执行依据类型趋向于规范化和多样化。1982 年《民事诉讼法（试行）》规定的执行依据包括发生法律效力的民事判决、裁定和调解协议以及刑事判决、裁定中的财产部分，仲裁机构的裁决及公证机关依法赋予强制执行效力的债权文书。1984 年《最高人民法院关于贯彻执行〈民事诉讼法（试行）〉若干问题的意见》中增加了一个执行依据，即行政主管机关作出的处理决定。1991 年《民事诉讼法》第二百零七条规定："发生法律效力的民事判决、裁定，以及刑事判决裁定中的财产部分，由第一审人民法院执行。法律规定由人民法院执行的其他法律文书，由被执行人住所地或者被执行的财产所在地人民法院执行。"1991 年的《民事诉讼法》排除了对调解协议的执行，执行依据趋于规范和严格。1998 年《最高人民法院关于人民法院执行工作若干问题的规定（试行）》对执行依据进行了较为详细的规定。2008 年《最高人民法院关于调整司法解释等文件中引用〈中华人民共和国民事诉讼法〉条文序号的决定》对该规定的部分条文进行了调整，但是关于执行依据的规定至今有效。该规定第二条列举了包括其他兜底条款在内的六类执行依据：（1）人民法院民事、行政判决、裁定、调解书，民事制裁决定书、支付令，以及刑事附带民事判决、裁定、调解书；（2）依法应由人民法院执行的行政处罚决定、行政处理决定；（3）国家仲裁机构作出的仲裁裁决和调解书，人民法院依据《仲裁法》有关规定作出的财产保全和证据保全裁定；（4）公证机关依法赋予强制执行效力的关于追偿债款、物品的债权文书；（5）经人民法院裁定承认其执行效力的外国法院作出的判决、裁定，以及国外仲裁机构作出的仲裁裁决；（6）法律规定由人民法院执行的其他法律文书。

执行措施。执行措施是执行过程中，为了实现执行依据的内容，维护法律的尊严，法院执行人员按照法定程序而采取的强制手段。随着执行工作的开展，执行措施的种类和适用流程不断发展和完善；在不同的历史阶段，不同执行措施的适用频率各不相同。1982 年《民事诉讼法（试行）》规定的执行措施，包括扣留、提取被执行人的储蓄存款或者劳动收入，查封、扣押、冻结、变卖被执行人的财产，强制交付法律文书指定交付的财物或票证，强制迁出房屋或者强制退出土地，指定行为的履行等。在执行过程中，如被执行人或者他人拒绝或妨害执行，人民法院可依情节轻重给予训诫、责令具结悔过、罚款、拘留等强制措施，对严重责任者以拒不执行判决罪或妨害执行公务罪追究其刑事责任。1982 年民诉法规定的执行措施比较全面，以后民诉法的多次修订中，对执行措施的修改主要是对措施适用对象的修改和执行手段的增加。1991 年《民事诉讼法》中增加了查询、拍卖和搜查等执行措施，对于不同措施的适用对象进行了完善。如查询、冻结、划拨针对的是被执行人的银行存款；扣留、提取针对的是被执行人应当履行义务部分的收入；查封、扣押、冻结、拍卖、变卖针对的是被执行人应当履行义务部分的财产；搜查针对的是被执行人及其住所或者财产隐匿地。2010 年《最高人民法院关于限制被执行人高消费的若干规定》，增加了限制高消费的执行手段。2011 年《最高人民法院关于依法制裁规避执行行为的若干意见》公布，增加了执行悬赏、审计等查找被执行人财产的方法。2013 年《最高人民法院关于公布失信被执行人名单信息的若干规定》，增加了纳入失信被执行人名单这一信用惩戒措施。2015 年《最高人民法院关于限制被执行人高消费及有关消费的若干规定》对原来的限制高消费规定进行了修改和完善。2016 年《最高人民法院关于严格规范终结本次执行程序的规定（试行）》中将限制高消费作为终本案件报结的必要条件，限制高消费成了执行最常用的手段之一。

执行流程。市法院根据法律法规和有关司法解释，并结合实际，制定了《执行实施案件流程管理规则》。执行实施案件流程管理原则：（1）执行实施案件流程管理遵循公开、公正、高效的原则，规范执行实施的各个环节；（2）执行流程的各个环节、各个方面的情况和信息，除依法应当保密或者公开后可能发生妨害执行的情形外，均应当向当事人和社会公众公开；（3）强化执行实施权的内部分权和制约，坚持分段集约执行与执行人员包案执行相结合，实行繁简分流；（4）执行实施案件的立案时间、承办人、案件进度、执行结果等依法可以公开的信息均应在执行信息系统中予以记录，并允许当事人查询案件进程；（5）执行实施流程应当连续不间断地进行，但执行案件出现依法中止执行、暂缓执行、指定执行、提级执行、委托执行等情形的除外。执行实施案件分为执行准备、财产调查与控制、财产变现、非金钱债权执行、案款给付与结案、恢复执行等程序。

第二节　执行工作

1990 年，市两级法院共受理执行案件 2289 件，已执行 2168 件，执行率达到 94.7%。主动与有关单位协调，帮助乡镇搞好计划生育执行工作，市两级法院共执行 597 件计划生育案件，取得了良好的社会效果。1991 年，共执行各类案件 1558 件，执行标的金额（包括物折款）共计 4831.28 万元。1993 年，市两级法院共受理民事、经济等各类执行案件 1307 件，已执结 1217 件，执结率 93.11%。为市工厂、企事业单位、金融部门、驻秦单位执行回款 7500 万元。市两级法院采取一系列措施克服“执行难”：（1）增强执行工作的主动性，注意审判、执行相结合，充分运用《民事诉讼法》的规定，符合先予执行条件的，依法先予执行，最大限度地保护当事人的合法权益。（2）取得党委、人大和政府的支持，加强与有关部门的配合，使执行工作得以顺利进行。（3）集中力量、集中时间搞执行会战。（4）破除地方保护主义，全年积极协助外地法院执行各类案件47件。1994年，受理执行案件1261件，执结1069件，执结率84.77%，执行标的金额3811万元。1995年，市两级法院认真落实《河北省高级人民法院执行工作条例》，积极开展执行会战，一年来，共受理执行案件2036件，执结1819件，执行标的金额9000万元，比上年增长一倍以上。1996年，市两级法院全年共受理执行案件2610件，执结2606件，执结率99.82%，执行标的金额1.22亿元，较上年上升35.55%。1997年，市两级法院共收案3126件，执结2874件，执行标的金额近2亿元。1998年，市两级法院全年受理执行案件4760件，执结3743件，执结率78.63%，收、结案分别比上年上升52.27%和30.24%。执行标的金额2.71亿元，再创历史最高水平。加大异地执行力度，全年市两级法院从异地执行回款、物共计9600余万元。1999年，市两级法院共收执行案件4963件，执结3843件，执结率77.43%，执行标的金额4.03亿元，比上年上升48.71%，创历史最高水平。同时，认真做好农村基金会清欠工作。7个县、区法院（开发区法院没有清欠任务）从5月11日开始，抽调524名干警奋战百日，签发支付令17214份，依法收回欠款、物品折合人民币1.3亿元，查封房屋、土地、车辆等物品折合人民币近亿元。

进入21世纪以来，随着经济社会的发展，市两级法院受理执行案件数量不断上涨，执行标的金额大幅增加。2000年，继续认真贯彻中央1999年11号文件精神，不断加大执行力度。共受理执行案件6469件，执结4986件，收结案分别比上年上升30.34%和29.74%，执行标的金额5.18亿元，再创历史最高水平。2001年，全市法院共受理执行案件6415件，执结4583件，执结率为71.44%，执行标的金额7.5亿元。

2001年3月，根据省法院指令和市政府协调会议精神，秦皇岛市南戴河万博文化城欠款纠纷案由市法院集中统一执行。2002年，市两级法院受理各类执行案件5765件，执结4554件，执行标的金额5.9亿元。2003年，市两级法院受理执行案件6970件，执结5182件，执结率为74.35%，执行标的金额7.54亿元。2004年，市两级法院受理执行案件7418件，执结5099件，执行标的金额8.48亿元。2005年，市两级法院受理执行案件7789件，执结5551件，执行标的金额9.49亿元。2006年，市两级法院受理执行案件8940件，执结7945件，执行标的金额11.25亿元。开展清理执行积案活动，全市法院对涉及赡养费、抚养费、抚育费、人身损害赔偿案，超期一年以上案件，拖欠农民工工资等案件进行集中清理，共清理执行积案8034件，执行标的金额8.56亿元，执结率达96%。结合农村信用社改革和市商业银行清理债务，开展金融案件专项执行活动，组织专案组清理、执行借贷合同案件176件，标的金额4185万元。2007年，市两级法院受理执行案件5339件，执结4262件，执行标的金额5.34亿元。扎实开展清理执行积案活动，全年全市法院对涉及赡养费、抚养费、抚育费、人身损害赔偿案，超期一年以上案件，拖欠农民工工资等5类案件进行集中清理，共清理执行积案1572件，执行标的金额1.24亿元。2008年，市两级法院受理执行案件7487件，比上年增长40.23%，执结6392件，执结率85.37%，同比上升5.54%，执行标的金额4.2亿元。主动为金融机构清收债权提供司法服务，执行借款合同案件537件，执行标的金额1.79亿元。11月到年底，紧紧抓住全国开展集中清理执行积案活动的契机，积极建立党委领导、人大监督、政府参与、政协支持、各界配合、法院主办的解决执行难综合治理机制，执行积案232件，执行标的金额7921万元。2009年，市两级法院共受理执行案件6128件，执结5572件，执结率达90.92%，执行标的金额9.08亿元。2010年，市两级法院受理执行案件6618件，执结6327件，执结率95.60%，执行标的金额9.58亿元。2011年，市两级法院受理执行案件4734件，执结4628件，执结率97.76%，执行标的金额7.65亿元。加大对民生案件的执行力度，维护社会的和谐稳定。经过艰苦努力，备受社会各界和上级领导关注的"秦皇岛西单商场案"成功执行，变现资产1.13亿元，执行北京西友集团所承担的补充责任赔偿款8931万元，使涉案529名业主的经济损失得以挽回。2012年，市两级法院执结各类案件3842件，执结率90.31%，执行标的金额17.10亿元。依法执行拖欠农民工和企业职工工资案件1823件，执行标的金额2.15亿元。2013年，市两级法院受理执行案件4753件，执结4625件，执行标的金额16.61亿元。完善执行联动、执行威慑机制，强化指定执行、提级执行和督办工作。开展涉民生案件集中执行活动，严厉惩戒拒执行为，司法拘留87人，追究刑事责任3人，执结积案786件，执行标的金额952万元。加强法院执行机构内部的制约监督，健全执行操作规程，推行执行日志制度，预防和解决拖延执行、消极执行、随意中止执行等问题。2014年，市两级法院执结各类案件5471件。加快推进执行指挥中心建设，各基层法院与市法院执行指挥中心系统实现对接并正式运行。市法院网络执行查控系统与省内各商业银行实现了信息互联互通，实现查控财产的自动化、规范化、集约化，提高了执行效率。目前已发送查询申请4651次，涉及186起案件的265名被执行人，收到协助执行部门反馈3289次，查询金额2580万元。积极推行执行威慑机制建设，依法公布58名失信被执行人名单，敦促被执行人主动履行义务；对拒不履行法院生效判决的28名被执行人依法移送公安机关立案侦查，对63名被执行人司法拘留，对6名被执行人依法采取限制出境或限制高消费措施。2015年，市两级法院共执结案件8021件，执行标的金额26.24亿元。全市法院对687名失信被执行人名单进行公开曝光，并对其采取限制工商登记、限制高消费、限制贷款和限制出境等措施；深入开展"涉民生案件集中执行专项行动"，严厉惩戒拒执行为，司法拘留257人，追究刑事责任10人。2016年，市两级法院认真落实最高法院"两到三年内基本解决执行难"的部署，全面强化执行工作，执结案件38251件，执行标的金额137.82亿元。加强对失信被执行人联合惩戒，向社会曝光失信被执行人10735名，使他们一处失信、处处受限。开展反规避执行、反抗拒执行、反消极执行等专项整治活动，司法拘留 493 人，追究刑事责任 29 人。2017 年，市两级法院执结案件 17082 件，执行标的金额 54.31 亿元。加大网络执行查控、联合惩戒、打击规避抗拒执行行为力度，通过网络查控被执行人财产 2.87 亿元，向社会曝光失信被执行人 4696 名（包括法人），对“老赖”司法拘留 216 名，限制出境 4 名，追究刑事责任 13 名。2018 年市两级法院执结案件 1.97 万件，执行标的金额 83.71 亿元，执行标的到位金额 15.19 亿元，“基本解决执行难”四项核心指标任务全部完成。

2001 年 4 月 28 日，拍卖南戴河万博文化城

案例： 备受关注的“秦皇岛西单商场案”执行结案，涉案 500 多名业主的经济损失得以挽回。在市委的正确领导下，在市人大、市政府及省法院的大力监督、支持和指导下，经过市法院艰苦努力、奋力拼搏、连续攻坚，审判执行历时 7 年多、案情和法律关系极为复杂、备受社会各界及上级领导机关关注的秦皇岛西单商场业主诉秦皇岛圣地置业有限公司、秦皇岛华商资产管理有限公司、北京西单友谊集团商品房买卖合同、委托经营管理合同以及侵权纠纷案（以下简称“秦皇岛西单商场案”），日前得以依法执行，案件圆满结案，有力维护了当事人的合法权益，促进了社会和谐稳定，取得良好的法律效果和社会效果。秦皇岛圣地置业有限公司（以下简称圣地公司）于 2000 年 2 月经批准开发建设秦皇岛华商大厦。2001 年 6 月 22 日，北京西单友谊集团（以下简称西友集团）与圣地公司签订管理输出合同，约定西友集团受圣地公司委托，全权经营管理秦皇岛华商大厦商场部分，西友集团同意圣地公司注册“秦皇岛北京西单商场有限公司”中使用“西单商场”字号。自 2001 年 10 月 2 日开始，秦皇岛和北京等地 529 名业主相继与圣地公司签订了房屋买卖合同。同时

又与秦皇岛北京西单商场有限公司（以下简称秦皇岛西单商场，2003 年 4 月后更名为华商资产管理有限公司）签订了房屋产权委托经营管理合同书。约定，业主将所购买房屋委托秦皇岛西单商场经营管理使用，期限为 10 年（有的 5 年），委托经营期间秦皇岛西单商场按每平方米建筑面积 ××× 元向业主支付经营收益款；支付时间每周期年末 1 个月；委托经营期满，秦皇岛西单商场收购该房产，房款按原始购房发票的 125%（有的 110%）支付；如逾期支付委托收益款，按银行同期贷款利率承担违约金。上述合同签订后，业主如期向圣地公司交纳了购房款，房屋也交由秦皇岛西单商场经营管理。在合同实际履行中，秦皇岛西单商场于 2003 年向大部分业主交付了本年度的经营收益款。2004 年 6 月 30 日，秦皇岛西单商场经营不善停业，此后经营收益款一直未向业主支付。遂 500 名业主以商品房买卖合同、房屋产权委托经营管理合同和侵权纠纷为案由，将秦皇岛圣地置业有限公司、秦皇岛华商资产管理有限公司、北京西单友谊集团分别作为第一、二、三被告向市法院提起诉讼。

经市法院和省法院审理作出如下生效判决：解除业主与圣地公司签订的商品房买卖合同、与华商资产管理有限公司签订的房屋产权委托经营管理合同；圣地公司返还业主购房款；华商资产管理公司给付业主尚未支付的委托经营收益款，并按同期贷款利率支付利息；圣地公司和华商资产管理有限公司承担连带责任，其最终不能给付而造成损失的部分，由西友集团承担 80% 的补充赔偿责任。判决生效后，业主申请市法院强制执行，同时，以圣地公司、华商资产管理公司为被告的还有其他 7 起民事案件，涉案标的总金额 2.05 亿元，均已进入执行程序，债权人要求参与执行分配，与本案一并执行。被执行人除华商大厦外，无其他可供执行的财产，债权人之间矛盾凸显。此外，华商大厦权属主体多样、权属性质多元（所有权、抵押权、债权），导致权利之间相互冲突，有的权利主体主张将华商大厦整体拍卖变现，有的权利主体对自己购买的部分房产主张专有权，不同意整体变现。鉴于本案业主众多、法律关系复杂、权利类型多元且涉案债权金额巨大、集体赴省进京访隐患凸显、标的物处置难度倍增的特点，市法院党组高度重视，切实加强对本案执行工作的组织领导。成立了由院长为组长、主管副院长为副组长、相关业务庭及部门负责人为成员的专案领导小组，并抽调执行局业务骨干和其他部门有关人员组成专案工作组（下设案件执行组、协调报道组、评估拍卖组），为案件的办理提供了强有力的组织保证。院长闫五一先后 20 多次专门听取案件办理情况的汇报，就疑难、重大问题及时提出指导意见，并积极协调有关方面破解；主持 4 次审委会，就案件适用法律问题进行慎重研究、决策；亲自接待业主代表 11 次，公开与全体业主对话、沟通。主管领导也始终坚守办案第一线，身先士卒、靠前指挥，为业主稳控、排除办案阻力做了大量组织协调工作。因华商大厦权属构成复杂，市法院于 2010 年 4 月 28 日、9 月 2 日两次组织拍卖，均无人竞买而流拍。市法院不断克服和解决拍卖过程中遇到的困难、问题，于2010年12月29日组织华商大厦第三次拍卖会，最终以1.13亿元拍卖成功。华商大厦拍卖价款按比例分配给西单商场业主及其他债权人后，被执行人圣地公司、华商资产管理公司无其他财产可供执行。依照生效判决，西友集团对已诉业主应承担损失额80%的补充赔偿责任，即8022.67万元。2011年2月22日，市法院执行干警在主管副院长的带领下，专程赴西友集团约见该企业负责人，晓之以法、明之以理，督促其自动履行义务。经过深入细致、耐心真诚的思想工作，西友集团表示配合法院工作，积极筹款履行判决。4月11日，西友集团主动将已诉和未诉业主的执行款8610.71万元打入市法院在银行的执行账户，加上先前依法处置其名下的房产320.62万元，总金额达8931.33万元。上述款项执行分配给所有涉案业主。

2011年8月2日，业主代表手捧书写着"捍卫法律、明断是非""依法执行、深得民心""鞠躬尽瘁、尽职尽责"的匾牌，送给市法院和办案干警，以此表达他们的感激之情。

"秦皇岛西单商场案"涉案业主向市法院赠送锦旗（2011年）

第三节　执行工作机制建设

20世纪90年代初期，市两级法院采取一系列措施克服"执行难"，对涉及有关行政部门的计划生育、土地管理、旧城改造拆迁、不交税款、不兑现承包合同等方面的一些执行案件，全力以赴予以执行。市两级法院树立了"审执并举"的办案原则，充分发挥基层人民法庭的审执积极性，实行就地办案，就地执行。认真落实《河北省人民法院执行工作条例》，积极开展执行会战。各院规范执行程序，强化执行监督，坚持依法执行，文明执行，克服执行工作的简单粗暴，尽量促成当事人执行和解。1998年，在各类案件执行中，做到“三讲清”，即讲清法律规定，讲清当事人权利义务关系，讲清拒不履行生效法律文书所要承担的后果。做好教育疏导工作，禁止滥用强制措施，促使当事人自觉履行法律义务。针对不同情况的被执行人，采取对症下药、灵活执行的措施，把严肃执法和服务经济发展有机结合起来。1999年，市两级法院以贯彻中央11号文件精神为契机，认真落实全国法院开展的“执行年”活动：（1）充实警力，加强领导。两级法院对执行工作实行人力、财力、物力和领导精力四个倾斜。全年共充实执行干警25名，投资40多万元购置必要的交通、通信工具，为执行工作的开展提供良好的后勤保障。（2）充分运用法律赋予的执行手段，加大依法强制执行力度。如卢龙武山矿业有限责任公司申请执行天津天钢集团案，被执行人有履行能力拒不履行。市法院执行庭全员出动，依法强制执行天钢集团钢材800多吨，折合人民币200多万元，收到了良好的效果。市两级法院还召开执行公开处理大会21次，对163名有履行能力而拒不履行的被执行人进行罚款和拘留，有力地促进了执行工作的开展。（3）讲究执行艺术，讲究工作方法。实行合议制和排期滚动式执行制，使每件执行案件都有明确的工作流程。实行公告催示制，将长期不履行生效法律文书的单位和个人在电视台、报刊等新闻媒体上曝光，限其在一定期限内履行，否则予以强制执行。推行被执行人财产举报奖励制，对举报被执行人财产有功者，按标的大小给予一定比例的奖励。采用执行经营权、使用权、转籍反租、债权变股权等多种方法，既保证债权依法兑现，又为大中型企业生存发展提供了时空。市法院受理的山海关南大街信用社申请执行山海关食品厂184万元案，通过执行土地使用权得到圆满解决，双方当事人都给市法院送来锦旗。1998—2002年，市两级法院采取了一系列措施，不断加大执行力度。实行登记备案、被执行人财产举报奖励和债权凭证等制度；实行案外人异议听证、执行款物处分审批、财产评估拍卖和重大事项合议等制度，规范执行工作操作规范；依法用足用好法定的执行措施，强制、敦促被执行人履行；采取以转让无形资产、以物抵债、分期分批执行等措施，缓解“执行难”；加强执行队伍教育培训，严格执行《人民法院执行工作纪律处分办法》，不断提高执行人员政治、业务素质，依法执行，文明执行。

2002年，市法院制定实施《关于改进执行工作的若干意见（试行）》。在法院内部运行机制方面，实行办案流程管理、重大事项合议、执行款物处分审批、资产评估和拍卖等制度，加强内部制约监督，确保执行的公开、公正。在改进执行工作的手段方面，采取告之登记、申请执行免预收执行费、公告执行、财产举报申报等措施，力求执行工作实效。加大依法强制执行力度，坚决维护执行工作秩序，努力实现由单一强制执行向多种执行方式转变。探索实行转让无形资产、所有权租赁转移、债权转股权、以物抵债等方式，使被执行对象减轻压力。开展执行队伍教育整顿工作。重点整饬消极执行、滥用职权、利用职权索贿受贿、贪污挪用执行款物及吃、拿、卡、要等违法违纪问题，执行队伍素质有了明显提高。2003年，市两级法院强化申请执行人的举证责任，推行风险告知、申请执行免预收执行费、财产举证、申报、举报、公告执行、委托审计财产、制发债券凭证等制度。在执行内容上，实行转让无形资产、转让经营管理权、所有权租赁转移、债权变股权等形式，使被执行企业重获生机。秦皇岛中达四方金属制品公司申请执行开发区一家公司案，标的额2000多万元。如果直接查封这家公司设备，不仅会造成企业停产，还会造成大量工人失业乃至影响社会稳定。执行人员克服重重困难，经过调查取证，在保证企业生产正常进行、工人照常上班的前提下，以该公司的闲置设备执行了1100万元，剩余部分以中达公司接受该公司对外债权的方式使该案得到圆满解决。2004年，市人大十一届二次会议通过了《关于加强法院执行工作议案的决议》，市两级法院以此为契机，大力加强执行工作。市两级法院实行执行机构内部改革，市法院率先设立实施组、裁决组和综合组，实现了执行实施权、裁决权、监督权分立的运行机制，优化了执行资源配置。市法院出台《关于指定执行、交叉执行的规定》，避免地方保护、部门保护，增强执行工作实效。积压一年之久的青龙满族自治县供销社与秦皇岛福辰置业有限公司租赁合同案，经市法院指定，山海关区法院交叉执行，使该案得以圆满解决。增强执行工作透明度，充分尊重当事人知情权，制定实施了《关于执行中变卖、拍卖规定》、被执行人网上曝光、债权凭证、执行流程管理、执行听证等措施和制度。提高执行队伍素质，整顿执行队伍。重点整治滥用职权、贪污挪用执行款物及利用职权索贿、受贿等违法违纪问题，执行队伍素质进一步提高。2007年5月15日，根据最高法院《关于地方各级人民法院设立司法技术辅助工作机构的通知》《人民法院司法鉴定人名册制度实施办法》《人民法院关于民事执行中拍卖、变卖财产的规定》，结合市法院委托拍卖工作实际，市法院制定了《秦皇岛市中级人民法院对外委托拍卖管理工作的规定》，规范全市法院对外委托拍卖工作，保护当事人的合法权益，维护司法公正。

2011年8月3日，最高法院执行局局长卫彦明、副局长金剑锋等一行8人在市法院、北戴河区委有关领导的陪同下到北戴河区法院对执行工作进行调研。卫彦明一行听取了北戴河区法院执行工作情况汇报，对北戴河区法院执行工作取得的成绩表示祝贺，并对辛勤工作在一线的广大干警表示敬意和感谢。2013年10月，最高法院出台了《关于公布失信被执行人名单信息的若干规定》，市两级法院积极采取有效措施，认真贯彻落实，通过公布失信被执行人名单，集中清理执行积案，限制高消费、限制出境等措施，并与社会征信体系对接，借助信用惩戒手段反制老赖，充分发挥执行联动威慑机制的组合拳效应，有效破解“执行难”。2014年7月，市法院执行指挥中心正式成立。指挥长由党组副书记、常务副院长李顺武担任，副指挥长由党组成员、副院长董宝军，审委会专职委员郭辉担任。执行指挥中心主要通过六大信息化系统和高科技装备实现对全市法院相关执行工作的统一指挥、快速反应、信息共享的职能作用。各县、区人民法院的执行指挥中心完成与市法院、省法院执行指挥中心互联对接，并可实现涉案财产网上查询功能，通过申请查询、领导审核、指挥中心签章流转等程序向各个协执单位查询被执行人财产状况。中心成立之后运转情况良好，截至 2015 年 3 月底，两级法院通过信息查询系统向有关协助执行单位提起查询 41192 次，涉及案件 1560 件，查询总标的额达到 38.22 亿元。提起查询次数、涉案件数量及查询总标的额等各项指标均在全省前列，信息查询系统的高效利用极大节约了执行成本和司法资源，提高了执行效率。2015 年 9 月 24 日，市法院协同市金融办和市银监局，制定实施《关于建立全市金融审执联动机制的实施意见》，通过全市法院、金融主管部门和金融机构之间的良性互动，形成政府牵头、法院主导、各部门联动的金融案件审判执行工作新格局，并以此为基础构筑全市金融审执联动机制，充分发挥并依法延伸司法职能，努力为金融业健康有序发展保驾护航。2015 年全市法院推行主动执行工作机制，强化立、审、执协调配合，强化对有执行内容案件的跟踪监督，努力提高自动履行率。主动执行，是通过完善人民法院立案、审判、执行等部门的协作配合，细化各部门责任，构建“大执行”格局，有效解决人民群众反映强烈的消极执行、拖延执行、规避执行等问题，进一步提高案件自动履行率和案件执结率的工作机制。在主动执行工作中，人民法院改变以往坐等当事人申请执行的做法，变被动执行为主动执行，并将主动执行理念融入立案、审判、执行的各个环节，主动考虑权利人债权实现请求，督促义务人自动履行义务，使司法裁判切实得到执行，从而树立和维护了司法权威。2015 年 9 月 16 日，市法院制定了《关于调整涉仲裁裁决执行和诉讼保全案件办理程序的意见》（以下简称《意见》），《意见》规定，今后涉仲裁裁决执行案件，市法院统一受理后，原则上将执行立案时执行标的额在 2000 万元以下（含债务本息、迟延履行利息及执行费）的案件指定由基层法院执行。确定执行法院参照标准的顺序依次为保全财产所在地、担保财产所在地、申请人提供的可供执行财产所在地；如立案时不掌握可供执行财产线索，由主债务人住所地法院执行。2015 年 12 月 8 日，市法院向全市法院下发包含 15 条内容的《关于依法快速处理拖欠农民工工资相关案件的通知》（以下简称《通知》），成立依法快速处理拖欠农民工工资案件工作领导小组，开展涉民生案件集中执行行动，以切实加强对拖欠农民工工资案件的处理力度，依法保障和维护广大农民工合法权益。结合《通知》落实，市法院从即日起至 2016 年 2 月 15 日，在全市法院开展涉民生案件集中执行行动。

2016 年 4 月 25 日，市法院制定出台《依法服务保障全市“双违”整治的意见》（以下简称《意见》），《意见》要求两级法院健全机制，加大对“‘双违’行为人、失渎职人员、妨碍公务人员、幕后保护伞”等四类人员违法犯罪行为的打击力度，依法高效办理涉及“双违”整治行动的各类诉讼执行案件，努力服务保障全市“双违”专项整治行动取得预期成效。关于服务保障“双违”整治的具体措施，《意见》要求全市法院实行立案前协调制度；协调不成的，凡是符合受理范围和申请执行条件的，依法及时立案。要开设绿色通道，缩短案件移转时间，对行政机关强制执行的申请自受理之日起5日内作出执行裁定。被执行人逾期不履行的，人民法院强制执行。要会同行政机关制定强制执行方案，建立法院与行政机关交流沟通机制。充分发挥刑事审判职能作用，依法从重从快打击涉及“双违”的妨害公务、抗拒执行及职务犯罪等行为。依法妥善审理涉及“双违”的各类民事商事纠纷，充分利用多元化纠纷解决机制解决涉“双违”矛盾纠纷。5月6日，市委常委、政法委书记闫五一对市法院制定出台《关于发挥人民法院职能作用依法积极服务“双违”专项整治行动的实施意见》作出批示：“法院十四条措施很好！请认真抓好落实，维护司法权威，净化社会环境，促进社会诚信。”2018年8月29日，秦皇岛市第十四届人大常委会第十二次会议对全市法院2016年以来执行工作进行评议。会议在全面听取市法院胡华军院长关于执行工作报告和市人大内司委惠吉峰主任关于评议调查情况报告的基础上，与会常委会组成人员经过积极讨论，最终以无记名投票的方式进行评议表决。会议共发出并收回评议票33张，其中满意票31张、基本满意票2张，与会市人大常委会组成人员对法院执行工作给予了高度肯定。

第四节 执行专项行动

1990年10月，根据省法院的统一安排，市两级法院开展了“执行大会战”，成立了以院长为总指挥的执行会战指挥部，加强了领导。仅会战3个月，就执行各类案件340件，执行标的额1233.52万元，同时积极配合兄弟法院执行各类案件41件，标的额450万元。1999年，市两级法院以贯彻中央11号文件精神为契机，认真落实全国法院开展的“执行年”活动。一年里，两级法院共收执行案件4963件，执结3843件，执结率77.43%，执行标的额4.027亿元，同比上升48.6%，创历史最高水平。2000年，根据最高法院的统一部署，市两级法院从2000年6月开始，开展了清理积案工作。召开调度会4次，实行了领导包案制，签订了责任状，认真清理历史积案。在清理积案中，市两级法院共审、执结各类积案952件。2005年4月至7月，全市法院开展小标的额案件集中执行活动，对涉及赡养费、抚养费、抚育费、人身损害赔偿等，5万元左右的小标的额案件进行集中执行，共执结小标的额案件1655件，执行标的金额2085万元，执结率91%。公开曝光135件拒不履行法院生效裁判的案件。结合农村信用社改革和市商业银行清理债务，开展金融案件专项执行活动，组织专案组清理、执行借贷合同案件217件，标的金额5791万元。

2002 年 5 月，市法院执行干警集中行动

为贯彻落实中央政法委《关于切实解决人民法院执行难问题的通知》精神，按照最高法院切实解决执行难电视电话会议和省法院关于在全省法院开展清理执行积案专项活动工作方案的要求，从 2006 年 1 月至 6 月底，市两级法院开展清理执行积案专项活动。全市法院对涉及赡养费、抚养费、抚育费、人身损害赔偿案，超期一年以上案件，拖欠农民工工资等案件进行集中清理，共清理执行积案 8034 件，执结标的金额 85598.14 万元，执结率达 96%。2008 年上半年，全市法院深入开展百日执行专项行动，执行涉及民生的案件 684 件，执行标的金额 2296 万元。主动为金融机构清收债权提供司法服务，执行借款合同案件 537 件，执行标的金额 17889.63 万元。2009 年，全国法院开展了“集中清理执行积案”专项行动，市法院认真落实党的十六大“切实解决执行难”和《最高人民法院关于进一步加强和规范执行工作的若干意见》的精神，遵循“实事求是、统筹兼顾、突出重点、全面清理、注重实效”的原则，结合实际，加强领导，精心组织，周密部署，强化措施，扎实工作。此后，市法院结合实际相继制定了《秦皇岛市集中清理执行积案活动实施方案》《秦皇岛市清积活动考评实施细则》《秦皇岛市清积活动安排》以及《秦皇岛市清积活动办公室职责分工》，围绕清理目标、工作步骤、责任分工和组织领导等方面，以量化的指标对清积活动提出具体要求。清积活动开展之初，市两级法院层层签订责任状，严格落实“五定一包”清案责任制、领导责任制、执行人员责任制和责任追究制度。在清理执行积案活动中，对有履行能力而拒不执行、社会影响较大的 65 名被执行人依法采取司法拘留强制措施；对 6 名长期不履行法律义务的被执行人处以罚款；对没有履行能力或长期下落不明的被执行人采取悬赏执行或发布限制高消费命令等措施，促使其在短时间内履行应尽的法律义务。截至

2009 年 9 月底，全市 847 件有财产案件全部执结，执结标的金额 4.71 亿元，执结率 100%；1964 件重点案件全部执结，执结率 100%；上级挂牌督办案件执结 17 件，执结率 81%；13596 件无财产案件全部办结，办结率 100%。执行工作领导协调机制、社会联动机制、执行工作威慑机制、执行工作司法救助机制、执行监督制约机制、执行工作考评激励机制、执行信访工作机制等破解执行难的长效机制全面建立，执行信访案件明显下降，党委领导、人大监督、政府参与、政协支持、各界配合、法院主办的执行工作新格局基本形成。

市法院执行一批积案，当事人拿到执行款开心地笑了（2009 年）

2010 年深入开展“创无执行积案先进法院”活动，清理委托执行等各类积案 152 件；扎实开展农村信用联社申请执行案件专项清理活动，清理有关案件 699 件，执行标的金额 1813.97 万元。2014 年 7 月—2015 年 7 月，根据最高法院和省法院的统一部署，市两级法院开展了为期一年的“转变执行作风、规范执行行为”专项活动，进一步转变执行工作作风，规范执行行为，有效解决人民群众反映强烈的消极执行、消极协助执行、规避执行、阻碍执行等执行领域的突出问题，切实执结一批金融债权执行案件和其他执行积案，保护人民群众合法权益，维护社会稳定。活动开展以来，市法院案件协调管理处精心组织、周密计划、强化统筹，指导协调市两级法院对近年来的 32927 件执行案件逐案进行数据核录，在全省法院率先完成了所有案件的信息核录工作，并保证了数据的准确无误，进一步摸清了市法院执行案件的底数，并从中筛选出各类拟清理案件 8203 件。2016 年 6 月上旬开始，山海关区法院按照区委、区政府的决策部署，依据驻地某部的执行申请，对老龙头景区西侧丁某等 6 户租用的临建房开展依法搬迁拆除专项行动。该院组织协助执行单位公安、旅游、电视台、消防、镇村等部门合计 150 余人，经过依法裁定、公告送达、精心准备、宣传动员自拆、强制搬迁拆除等几个步骤，连续奋战，历时 20 余天，将占地近 8000 平方米的违章建筑依法全部拆除。

市委书记孟祥伟、市长张瑞书和市委常委、政法委书记闫五一，先后就山海关区法院依法拆除老龙头景区西侧违章建筑一事分别作出批示，对山海关区法院依法服务保障“双违”整治工作予以充分肯定。2016 年，全市法院深入开展“涉民生案件集中执行专项行动”，对 687 名失信被执行人名单进行公开曝光，并对其采取限制工商登记、限制高消费、限制贷款和限制出境等措施；严厉惩戒拒执行为，司法拘留 257 人，追究刑事责任 10 人。

“平仓、收网、达标”合围攻坚专项行动。省法院决定从 2017 年 9 月至 11 月，在全省法院开展“平仓、收网、达标”三大合围攻坚专项行动。“平仓”就是开展全方位执行积案集中清理专项行动，最大限度地减少存量，遏制增量，实现执行工作良性循环；“收网”就是开展严厉打击拒执违法犯罪专项整治行动；“达标”就是开展约谈巡查、评估验收、表彰奖励、建立常态化工作机制，全面完成基本解决执行难各项目标任务。在专项行动中，市法院对清查出来的有财产可供执行涉民生、金融、企业等案件，逐类逐案制定方案、措施，集中组织执行，执结案件 5063 件，最大限度地减少了存量，遏制了增量。

网络执行查控体系。2017 年，全市法院加大网络执行查控、联合惩戒、打击规避抗拒执行行为力度，通过网络查控被执行人财产 2.87 亿元，向社会曝光失信被执行人 4696 名（包括法人），对“老赖”司法拘留 216 名，限制出境 4 名，追究刑事责任 13 名。2014 年 12 月，最高法院正式开通网络执行查控体系，已与中国人民银行、公安部、交通部、工商总局、银监会、证监会等部门对接，实现了 11 类 17 项信息的查询，与 3509 家银行业金融机构进行网络对接，可以在全国 22 万个银行营业网点对被执行人的财产进行查控。

市法院干警利用网上查控系统查找被执行人财产线索（2017 年）

基本解决执行难工作。2016 年 3 月 28 日，最高法院院长周强在研究部署破解执行难问题专题会上提出，通过大力推进执行体制改革，提高执行信息化水平，规范执行行为，强化执行措施，加强信用惩戒，用两到三年时间基本解决执行难问题。2016 年 4 月，最高法院印发《关于落实“用两到三年时间，基本解决执行难问题”的工作纲要》，明确了基本解决执行难的主要任务。基本解决执行难的总体目标，就是通过各种有效措施，使被执行人规避执行、抗拒执行等不良现象得到基本遏制，人民法院消极执行、拖延执行、选择性执行、乱执行和外界干扰执行的现象基本消除，通过严格的认定标准和令人信服的甄别手段将无财产可供执行案件剔除出“执行难”范畴，确保有财产可供执行案件全部或绝大部分得到依法执行，社会理解执行、尊重执行、协助执行的广泛共识基本形成。省法院院长卫彦明提出，全省法院要用两年时间基本解决执行难问题，2016 年初见成效，2017 年基本解决执行难问题。省法院出台了《“2016 基本解决执行难”飓风行动方案》及《“基本解决执行难”（2016—2017）宣传工作方案》。2016 年 8 月 2 日，省法院党组副书记、常务副院长杨泰安赴秦皇岛市督导基本解决执行难工作。杨泰安对秦皇岛市各级党委、政府及社会各界对法院执行工作的支持和帮助表示衷心感谢，对市两级法院扎实开展基本解决执行难工作及取得的阶段性成效给予了充分肯定，并就下一步工作提出了具体要求。杨泰安常务副院长还主动约访了一名重点涉诉信访当事人，同时还对秦皇岛旅游旺季涉诉信访工作开展情况进行了督导检查。2016 年 10 月 19 日，市法院召开全市法院解决执行难飓风行动新闻发布会。会上简要通报了最高法院、省法院及市法院开展“基本解决执行难”相关规定出台的背景。市法院主管领导详细介绍了“解决执行难飓风行动”的主要内容。根据省法院部署，这次飓风行动为期 100 天，主要内容是组织七大行动，即清仓行动——彻底清理各类执行案件；织网行动——打造全覆盖执行查控系统；铁拳行动——严厉打击拒执违法犯罪；暖心行动——集中执行涉民生类案件；问责行动——加大反消极执行力度；正风行动——强化队伍纪律作风建设；风暴行动——掀起强大舆论宣传攻势。行动中，全市法院综合施策，打好“组合拳”，重点做好“十个一批”，即集中执结一批、失信惩戒一批、严厉打击一批、重整破产一批、规范“中止”一批、挂牌督办一批、执行救助一批、约谈通报一批、正面宣传一批、培训表彰一批。这次行动的主要目的是进一步转变执行工作作风，规范执行行为，有效解决人民群众反映强烈的消极执行、消极协助执行、规避执行、妨害执行等突出问题。市两级法院将在党委、人大、政府的领导、监督、帮助以及社会各界的支持下，积极推进对失信被执行人联合惩戒的工作机制建设，进一步强化各项工作措施的落实，并大张旗鼓地宣传守信和失信的正反两方面典型，努力在全市尽快建立健全被执行人“一处失信、处处受限”的大工作格局，最大限度地压缩失信被执行人自由活动和获取利益的空间，在全市营造向上向善、诚信互助的良好社会风尚，用最有效的行动推进秦皇岛尽快成为全国文明城市，提前实现小康社会奋斗目标。

2017 年 4 月 19 日，省人大常委会内司委主任委员张增良率调研组到秦皇岛，就法院执行工作情况进行专题调研并召开座谈会。调研组听取了市法院执行工作情况汇报，并与市检察院，部分律师、企业家、当事人和群众代表进行了座谈，征求对法院执行工作的意见和建议。调研组组长、省人大常委会内司委主任委员张增良对市法院执行工作给予充分肯定。调研组对法院执行工作存在的困难和问题表示关注并及时向省人大常委会会议专题汇报，提出解决方案，作出相关决议。2017 年 7—8 月，为进一步深入推进全市基本解决执行难工作，根据最高法院和省法院的安排部署，市法院党组决定在全市法院组织开展一次“夏季攻坚行动”。夏季攻坚行动重点清理涉民生和小标的额执行案件，以金融机构和企业作为申请执行人的案件；强力开展涉公权力执行案件办理，结合“双违”整治和清理政府机关失信行为；突出环境资源类案件、旅游纠纷类案件、社会关注度高案件及当事人信访申诉类案件等重点。2018 年 7 月 27 日，最高法院执行局副局长周翔带领最高法院第五巡查组一行 14 人对市两级法院“基本解决执行难”工作进行全面巡查。巡查组分别对市法院和海港区法院执行指挥中心信息化建设情况进行实地检查，并抽查了 100 多份执行卷宗，检查了案件办理、信访工作，电话回访当事人了解案件情况。巡查组听取了市法院党组书记、院长胡华军关于“基本解决执行难工作”的自查情况汇报。巡查组与院党组就巡查中发现的问题交换了意见。2018 年 8 月 17 日，省法院党组书记、院长卫彦明到市法院调研督导工作，市委常委、政法委书记闫五一陪同调研。卫彦明院长听取了市法院党组书记、院长胡华军 2018 年以来市法院主要工作的汇报，对各级各类巡查、督察发现的秦皇岛法院问题进行通报和分析，并针对存在问题提出了具体的整改要求。他指出，要压实“一把手”责任，一把手要担起责任，带头懂执行，做到靠前指挥，重要举措亲自部署、重大方案亲自把关、关键环节亲自协调、落实情况亲自督察，层层传导责任；要学习习近平总书记在“脱贫攻坚”中的方法，吸取河北省在“脱贫攻坚”中的经验和教训，尽快完成所有执行案件的建档立卡，摸清案件底数，特别要将“终本”和“其他”方式结案的案件全部恢复执行，重新建档立卡，严格按照最高法院要求予以甄别，确保终本案件全部合格，同时及时推送失信被执行人名单和采取限制高消费措施；要深入推进“七个一批”工作机制，分类施策、精准执行，严格按照最高法院第三方评估标准对标对表，查漏补缺，更多地解决执结到位率，更多地提高有财产可执行案件的执结率，确保完成“四个 90% 以上和一个 80%”的目标；要进一步提升执行规范化工作水平，努力提高执行队伍的能力素质，坚决杜绝选择性执行、乱执行的问题，彻查整改自身作风问题，严肃查处执行领域的腐败，特别是这次巡查、督察发现的案件，核实一起严惩一起，坚决如期打赢“基本解决执行难”攻坚战。

在“基本解决执行难”攻坚战中，秦皇岛市卢龙县召开全县执行工作大会，并以执行联动机制为依托，以具体举措为落脚点，将执行工作与诚信卢龙、法治卢龙相融合，全力构建“党委领导、人大监督、政府支持、政法委协调、法院主办、部门配合、社会各界参与”的“基本解决执行难”工作格局，在全县形成了全力支持法院合力攻坚“基本解决执行难”的良好态势。为此，市法院编发简报进行全面总结。2018 年 8 月 27 日，最高法院院长周强在市法院编发的《河北省秦皇岛市卢龙县委调动各方面力量全力支持法院决胜基本解决执行难》简报上作出批示：“刘贵祥同志：河北省秦皇岛市卢龙县委加强对人民法院攻坚执行难工作的领导，县委县政府出台文件，构建综合治理执行难工作格局，措施有力，成效显著。要认真总结和推广卢龙县的做法和经验。”8 月 29 日，省法院院长卫彦明对此作出批示：“请良酷、茂名同志阅。王松、振洪同志注意跟进，特别是对效果认真核查。”8 月 31 日，市委书记孟祥伟和市委常委、政法委书记闫五一等领导同志先后作出批示，对卢龙县委县政府调动全县各方面力量支持法院决胜基本解决执行难攻坚战予以充分肯定。2018 年 9 月 17 日，省法院党组成员、副院长杨宝森到市法院督导“基本解决执行难”工作。杨宝森简要传达了省委常委扩大会会议精神和省委书记王东峰关于“基本解决执行难”工作的重要讲话精神，就攻坚决战“基本解决执行难”提出了要求。2018 年 10 月 19 日上午，市委书记孟祥伟主持召开市委常委会第四十八次（扩大）会议，听取市法院党组书记、院长胡华军关于基本解决执行难工作情况汇报并讨论通过了《关于解决人民法院执行难问题的意见》（以下简称《意见》）和《秦皇岛市解决执行难问题工作任务分解表》两个文件，强调要抓好工作落实，切实把《意见》确定的各项机制落到实处。2018 年 11 月 15 日，秦皇岛市委市政府“两办”向全市印发市法院起草的《关于解决人民法院执行难问题的意见》，要求各县区党委和人民政府、市直各部门、各人民团体，充分发挥职能作用，切实加强协调配合，共同推动执行难问题早日解决。《意见》共分“充分认识解决人民法院执行难问题的重要意义”“明确解决人民法院执行难问题的指导思想和目标任务”“在全市切实形成支持人民法院解决执行难问题的工作合力”和“为支持人民法院解决执行难问题提供有力保障”四部分共 25 条。2018 年，全市法院认真落实市委印发的《关于解决人民法院执行难问题的意见》，构建共同解决“执行难”大格局，全力推进“基本解决执行难”攻坚战。对 36800 件案件建档立卡，查处拒执犯罪案件 12 件 22 人。全市法院执结案件 1.97 万件，执行标的金额 83.71 亿元，执行标的到位金额 15.19 亿元，基本解决执行难四项核心指标任务全部完成。

第二章　案件执行

案件执行，是指将法院已经生效的判决、裁定所确定的内容付诸实现以及执行过程中的变更执行等问题而依法进行的活动。刑罚中，罚金与没收财产附加刑的执行，通称为财产刑的执行。关于财产刑的执行，法律规定较为原则，具体规定需要参见相关司法解释。民事执行案件的类型从执行内容可分为两类：以金钱给付为执行内容的案件类型，主要是以民商事审判案由为标准进行划分，包括赡养费、抚育费纠纷，追索劳动报酬纠纷，道路交通事故人身损害赔偿纠纷，金融借款合同纠纷，信用卡纠纷，建设工程合同纠纷等；以行为作为执行内容的案件类型，主要包括相邻关系纠纷、办理财产转移登记、实现探视权、支付特定物等纠纷。

第一节　刑事案件执行

根据1997年10月1日实施的《刑法》第三十四条之规定，财产刑包括没收个人财产、罚金；根据新的《民事诉讼法》第二十二条之规定，刑事判决、裁定中的财产部分由第一审人民法院或者与第一审人民法院同级的被执行的财产所在地人民法院负责执行。最高法院《关于财产刑执行问题的若干规定》第一条，对财产刑的执行问题进一步作了明确规定，财产刑由第一审人民法院负责裁判执行的机构执行。

罚金。罚金是指法院判处犯罪人向国家缴纳一定数额金钱的刑罚方法。罚金属于财产刑的一种，在《刑法》中是一种附加刑。《刑法》没有具体规定罚金的数额，只有原则性的规定。罚金刑的执行有三种情况，1999年《刑法》第四十九条规定，罚金应当在判决指定的期限内一次性缴纳或分期缴纳；期满不缴纳的，强制缴纳，如遭遇不可抗拒的灾祸缴纳确有困难的，可以酌情免除。对于罚金刑的执行，如被执行人没有自动履行，依照法定程序启动对其名下财产的调查程序，发现具有可供执行的财产线索，予以强制执行。在执行后发现被执行人确无履行能力且符合减免条件的，依照法定程序予以减免。

没收财产。没收财产，是指剥夺犯罪人个人财产，无偿收归国有的一种刑罚方法。没收财产属于财产刑的一种。《刑事诉讼法》规定的没收财产，是指没收犯罪者个人所有财产的一部分或全部，不包括属于犯罪者家属所有或应有的财产。对犯罪人适用没收财产，一方面是对他们所犯罪行的惩罚；另一方面也是从经济上剥夺他们赖以继续进行犯罪活动的物质基础。

第二节　民商事案件执行

根据《民事诉讼法》规定，对已经发生法律效力的民事判决、裁定和调解协议以及刑事判决、裁定中的财产部分，由一审法院执行；法律规定由法院执行的其他法律文书，由被执行人住所地或被执行人的财产所在地法院执行。法庭审理的案件由法庭负责执行，其中复杂、疑难或被执行人不在本辖区的案件，由执行机构负责执行。仲裁机构作出的国内仲裁裁决、公证机关依法赋予强制执行效力的公证债权文书，由被执行人住所地或执行财产所在地法院执行。

民事执行案件类型。民事执行案件的类型从执行内容可分为两类：（1）以金钱给付为执行内容的案件类型，主要是以民商事审判案由为标准进行划分，包括赡养费、抚育费纠纷，追索劳动报酬纠纷，道路交通事故人身损害赔偿纠纷，金融借款合同纠纷，信用卡纠纷，建设工程合同纠纷等。（2）以行为作为执行内容的案件类型，主要包括相邻关系纠纷、办理财产转移登记、实现探视权、支付特定物等纠纷。在以上案件类型中，道路交通事故人身损害赔偿纠纷、追索劳动报酬纠纷、金融借款合同纠纷、相邻关系纠纷等，作为民商事执行中的典型案件出现较多。

案例：（一）2002年，王某某作为被执行人，因2件债务纠纷案件由北戴河区法院执行局立案执行，欠款本金4万元。王某某是刑满释放人员，因借钱做生意无法偿还被诉至北戴河区法院，当时执行员多次去其父母家找过被执行人。执行中，因王某某名下没有可供执行的财产，后来执行局也找不到人，这个案子成了执行积案。2015年9月8日上午，王某某年老体弱的父亲王某夫妇俩来到北戴河区法院执行局，要替儿子偿还13年前的欠债。老两口把一摞沉甸甸的人民币送到执行局局长王欣面前。因时隔久远，按照执行申请人曾留下的联系方式已经找不到人。面对执行法官，两位老人吐露心声：两口子就这一个孩子，这么多年都不知道去哪儿了，父亲有病住院，儿子也没去看望，他们就当没这个孩子，但是欠别人的钱一定要还，这样他们才能安心。执行员先后到派出所查户籍，找有可能认识的人四处打听，用了一天时间终于找到了申请人。申请人见到执行员也很意外，说以为这么长时间了钱肯定是打了水漂，真没想到还有人还钱。老人在法律上没有替儿子偿还债务的义务，但是他们挺着孱弱的身体，以微薄的收入，经过多年积攒，主动替子还债。这种行为深深打动了法院执行局的同志，也感动了执行申请人。最后在法官的调解下，申请执行人也放弃了对利息的追要。9月9日下午，两位老人在法院将4万元欠款交到了申请人手上，了却了他们13年的心事，也让13年的执行积案得以了结。儿子欠下的债老人替他还了，案也结了，受老人这种替子还债精神的感动，这位申请人又从偿还的欠款中拿出500元钱，对两位老人说："您儿子的案子结了，这是我的一点心意，给二老买点东西补补身子。"改革开放的社会，在增加了社会财富的同时，也使一些人的道德素质大幅下滑。在法院所经历的案件中，一类最大的问题就是诚信缺失，有钱不还，自己胡吃海喝怎么都可以，说到还债却想方设法躲来躲去，成为"老赖"，逼迫法院和执行法官查财产、查账户、限制被执行人消费，还要公布失信人名单。在这起执行案件中，尽管被执行人外逃躲债，而他已耄耋之年的父母却宁肯自己吃苦受累也要替躲债的儿子还债。从法律上来说，老夫妻没有义务替已成年的儿子还债，而他们却表示一定要替儿子还债。由于生活困难，他们省吃俭用攒了13年才攒够欠款，这时连债主都难以寻找。就在债主也认为欠款无法要回的情况下，被执行人的父母替子还债了。申请执行人受到感动，不仅没要利息，还拿出钱来给老夫妻买营养品。两位老人高尚的品质、朴素的想法，在当今社会具有非常典型的意义。

（二）市法院执行局执结一起中央政法委挂牌督办案。2009年，在市法院党组的坚强领导下，经过市法院执行干警的不懈努力，秦皇岛市唯一（全省仅3件）由中央政法委挂牌督办的江苏省泰兴市万德福实业公司诉山西省富民轻工发展总公司购销合同纠纷案执行完毕，得到上级法院及当事人的肯定与好评。1997年，江苏省泰兴市万德福实业公司诉山西省富民轻工发展总公司购销合同纠纷案在市法院申请执行。在执行过程中，原被执行主体山西省富民轻工发展总公司于1997年12月被工商部门吊销营业执照且无财产可供执行。因其开办单位原山西省轻工业厅注册资金不实，市法院依法追加山西省轻工业厅为被执行人。后该厅更名为山西省轻工总会，1999年8月，市法院裁定变更山西省轻工总会为被执行人。1999年9月，市法院依法划拨了山西省轻工总会银行存款5.1万元，旧桑塔纳轿车一辆作价2.25万元交申请人抵债，尚欠63万元未执结。2004年，山西省政府将山西省轻工总会并入山西省经济贸易委员会，后更名为山西省经济委员会。市法院执行局就此案多次与该会协商未果，执行工作一时陷入僵局。清积活动开始后，此案被中央政法委列为挂牌督办案件。市法院党组高度重视，秦皇岛市清积活动领导小组副组长、市法院党组书记、院长闫五一亲自听取汇报、亲自包案、亲自研究、亲自督办。市法院主管执行工作的副院长赵秀义多次召开执行局局务会、执行二庭庭务会，分析此案执行过程中存在的实际问题和法律障碍，丰富和完善执行措施，研究和制定执行方案，并精选执行骨干组成执行小组。经认真研究，市法院确定此案执行方案：第一，裁定变更山西省经济委员会为本案被执行人；第二，本案被执行人山西省经济委员会为特殊主体，能否执行财政资金，专题向省法院、最高法院请示、汇报；第三，与山西高院联系，请求山西高院协调解决；第四，此案涉及特殊主体，慎重执行。首先，根据既定方案，市法院于2009年5月31日裁定：一、变更山西省经济委员会为本案被执行人；二、冻结、划拨被执行人银行存款63万元；三、如银行存款不足，则查封、扣押被执行人相应价值的财产。其次，市法院执行局就本案存在的法律障碍向省法院、最高法院进行了汇报。再次，市法院执行局三次派员前往山西高院请求协调解决，但山西高院执行局认为，在最高法院对财政资金能否执行没有明确意见前，不能协助执行。最后，市法院执行局经慎重研究，决定依法强制执行。7月7日，执行法官专程赶赴山西太原向山西省经济委员会送达民事裁定书及执行通知书，但被执行人拒绝签收，执行法官依法留置送达。7月23日，在被执行人逾期没有履行义务的情况下，市法院执行局法官再次赶赴山西依法强制执行。在山西省人民银行经查询，执行干警意外获悉，近期有170余万元的款项刚汇入被执行人的账户，且非财政资金，为预算外可用资金。执行法官不顾长途劳累，火速赶往被执行人开户银行——山西省太原市农行府西街分理处，依法冻结并准备划拨被执行人款项63万元。在那里，执行法官遭到了来自被执行人单位几十人的围攻，围攻人员以非法理由报警，妄图阻止执行人员划拨其款项。太原市农业银行府西街分理处地处闹市，当时围观群众多达上百人。执行法官一面向省法院执行局和市法院领导汇报执行进展情况，一面耐心细致、苦口婆心地向围攻人员、围观群众、110民警及辖区派出所民警释明法律、释明案件执行情况、释明无理阻碍法院执行公务的法律后果。最终，山西省太原市农业银行府西街分理处同意配合市法院依法划拨山西省经济委员会预算外可用资金63万元。在山西法院、山西警方的协助下，执行法官安全离开执行现场。63万元执行款已发放到申请执行人手中，该案历时12年，在市法院执行局坚持不懈的努力下终被执结。对于推动和促进全市清积活动的顺利开展、按时完成清积工作任务起到积极的推动作用。

（三）执结拖欠农民工薪酬案。（1）2009年1月24日，300多名农民工到市政府上访，反映山海关船厂外包劳务队秦皇岛市水鑫工贸有限公司及秦皇岛市连泰金属加工有限公司拖欠776名农民工工资582.26万元，企业老板逃匿，并要求政府予以追讨。此案正在由劳动部门调查处理。为防止事态扩大、缓解市政府压力，下午4点，市法院及海港区法院提前介入，劳动部门作出劳动监察行政处理决定并向法院申请财产保全。海港区法院开辟“绿色通道”，快速立案，立即赶赴欠薪企业的开户行采取保全措施。此时，银行员工已下班回家过年了，海港区法院干警立即向市政府汇报，要求协调银行配合执行。19时，在银行的配合下，海港区法院依法冻结欠薪企业银行存款共计47.01万元，确保了农民工的血汗钱不在春节期间流失。春节期间，海港区法院干警顾全大局，放弃假日休息的时间对欠薪企业财产状况进行彻底调查，将欠薪企业所有财产予以查封，其中查封设备51台、捷达车1辆、冰箱1台、冰柜1台及综合保证金36800元。由于及时采取保全措施，有效地稳定了农民工的情绪。秦皇岛市水鑫工贸有限公司及秦皇岛市连泰金属加工有限公司两个企业自成立以来是首次欠薪，欠薪数额还如此巨大，执行干警开始深挖根源。经过调查发现，两个欠薪企业职工在1998年为山海关船厂修理船舶，山海关船厂应支付劳务费1110多万元，但山海关船厂仅支付160万元，其余950多万元由山海关船厂自行扣留用于偿还企业借款。山海关船厂支付的160万元劳务费根本不够发放工资，两个欠薪企业资金链出现断裂，农民工得不到工资与山海关船厂有直接关系。法院及时将该情况与市劳动局沟通并向市政府反映，建议政府部门进行协调。在市政府的协调下，山海关船厂同意垫付农民工工资。秦皇岛市水鑫工贸有限公司、秦皇岛市连泰金属加工有限公司对市劳动局作出的行政处理决定在法定期限内不起诉又不履行，市劳动局于2009年5月8日依法向海港区法院申请强制执行。海港区法院立即受理并作出准予强制执行裁定。2009年6月9日，海港区法院将执行款50.69万元发放到了农民工手中，山海关船厂同时将垫付的50.62万元工资予以发放。至此，776名农民工的工资全部发放，案件得到了圆满解决。（2）2018年5月，卢龙县法院与卢龙县人社局、石门镇政府等多部门协调联动，妥善执结262件拖欠农民工工资案件，将执行款如数发放到农民工手中。被执行人金昊盛精密件有限公司由于资金周转困难，导致拖欠266名工人工资总计208.7万元。该纠纷通过法律裁决进入执行程序后，卢龙县法院执行局及时向被执行人送达了执行通知书、财产报告令、限制高消费令等执行手续，对被执行人财产进行查控，并作为重大案件向院主要领导作了汇报。为充分保障农民工兄弟的合法权益，院主要领导按照省市法院提出的精准执行工作理念，在全面了解案情的基础上，及时确定了具体的执行工作方案，执行局与县人社局、县司法调解中心和石门镇政府多次沟通协调，共同敦促并指导被执行人多方筹集资金，终于将执行款全部筹集到位。追索劳动报酬案件关乎弱势群体及劳动者的切身利益，一旦处理不好，就会影响社会的和谐稳定。卢龙县法院积极克服简单司法、机械办案的倾向，以法律的强制力作保障，充分发挥多元化纠纷解决机制作用，协调多部门实现联动，形成执行合力，促使事关重大民生利益的该系列案件成功执结，实现了案结事了人和，达到了最佳的法律效果、政治效果和社会效果，受到社会各界特别是广大农民工兄弟的高度称赞。

第三节　非诉行政案件审查与执行

非诉行政案件，是指公民法人或其他组织对具体行政行为在法定期限内不提起诉讼，不申请复议，又不履行的，行政机关或者具体行政行为确定的权利人申请人民法院强制执行的案件。非诉行政案件执行的显著特点是行政相对人未依法行使复议或诉讼权利而使具体行政行为直接进入司法强制执行的一种程序。

非诉行政案件的执行区别于一般执行案件：（1）执行流程不同。非诉行政案件由行政机关提出执行申请，法院行政庭对裁决内容的合法性等进行全面审查，符合法律规定的，出具准予执行的裁定书，启动非诉行政案件执行程序。（2）执行期限不同。非诉行政案件的执行期限为3个月，而一般民商事案件的执行期限为6个月。（3）结案方式不同。行政非诉执行案件的结案方式一般不包括执行和解。

非诉行政执行案件审查制度。近年来，全市法院对非诉行政执行案件，采取的是基于效率指向的审查模式，以书面审查为原则，其简要审查流程如下：（1）基层法院立案庭立案后，提交行政庭进行审查，行政庭在接受案件后，向被申请人告知，并根据当事人异议情况决定是否开庭审查。（2）复议审查完毕合议庭评议后，由主审法官起草裁定书。（3）经审查裁定准予执行，则将卷宗移交立案庭编到执行庭强制执行，如裁定不予执行，则向各方当事人送达裁定书后结案。（4）申请人对不予执行裁定不服，可以在收到裁定书十日内向中级法院申请复议，中院经审查作出终审裁定。（5）从2019年5月起，实行裁执分离，即法院裁定准予执行，交由地方政府组织实施，不再由法院执行局执行。上述审查模式的优势在于大大缩短了审查时限，保障了行政执行的效率，有效保障了办理行政诉讼案件这一行政审判工作重心。

非诉行政执行案件审理情况。1999年，全市法院共执结非诉案件547件，执结标的金额235万元。2004年，受理非诉行政执行案件15件，执结13件，执结标的金额13.8万元。2005年，审查办理行政非诉执行案件156件，裁决准予执行155件，不准予执行1件。2005—2007年，市两级法院受理非诉执行案件数量每年呈剧增的态势，共收非诉执行案件近2000件。

为支持和监督行政机关依法行政，使行政机关申请人民法院强制执行的非诉行政案件得到有效的审查和执行，2008年1月上旬，市法院行政庭会同市法制办到海港区、青龙满族自治县、山海关区法院进行了专题调研。市法院邀请了各县区具有行政执法权的行政单位进行面对面座谈、交流和沟通。通过调研发现，各基层法院对具体行政行为合法性的司法审查力度逐步加大，但存在各种各样的缺陷和瑕疵，如对申请执行的具体行政行为合法性怎样进行审查、审查的标准和程度如何掌握，缺乏统一的规定和经验的总结，认识和做法不尽相同，因而不同程度影响了办案质量和效率。市法院行政庭以此次调研为契机，统一全市法院非诉执行案件的审查标准，规范审查程序，提高审查质量，加大执行力度，改善和优化司法环境。

2008年6月5日，根据《行政诉讼法》第六十六条和最高法院《关于执行〈中华人民共和国行政诉讼法〉若干问题的解释》的规定，结合市两级法院实际情况，市法院审判委员会讨论通过了《关于办理非诉行政案件若干问题的规定（试行）》（以下简称《规定》），进一步加强司法权对行政权的支持、监督和制约，维护行政权威，提高行政效率，保护行政相对人的合法权益。《规定》指出，办理非诉执行案件，应当遵循以下原则：坚持依法对申请执行的具体行政行为合法性进行审查的原则；坚持合议制度的原则；坚持以生效的有执行内容的行政法律文书为依据的原则；坚持说服教育促使行政相对人自动履行与强制执行相结合的原则。基层人民法院受理本辖区内行政机关申请执行其具体行政行为的案件，市法院可以受理市级以上行政机关申请执行其具体行政行为的案件和基层人民法院认为执行确有困难的案件。非诉行政案件可根据案件情况实行异地指定管辖。异地管辖的条件和程序，遵照《最高人民法院关于行政案件管辖若干问题的规定》执行。《规定》还就立案与受理、和解、审查与裁决、执行和期限等方面作了详细规定。

2009 年，全市法院在审查非诉执行行政案件中，严格依法办案，尤其是对一些敏感案件，采取既要慎重、严格依法办案，又要积极支持行政机关依法行政的态度。2010 年之后，基层法院非诉行政执行案件受案数量逐年增加，2010 年受理非诉行政执行案件 791 件，2011 年受理 994 件，增加了 25.66%，案件类型集中在违法占地、社会抚养费征收、城市拆迁等领域。虽然法院尽最大努力给予执行，但是这些案件事关人民群众的切身利益，尤其是违法占地案件情况复杂、延续时间长，且到申请法院执行时多数建筑物已经形成，执行难度很大，部分案件执行不能达到预期效果。

2012 年，市两级法院受理非诉执行案件 894 件，其中征收社会抚养费案件 399 件，占案件数的 44.63%；土地行政管理案件 445 件，占案件数的 49.78%；其他 50 件，占案件数的 5.59%。受理的非诉执行案件中，准予执行 846 件，占案件数的 94.63%；撤回申请 7 件，占案件数的 0.78%；不予执行 41 件，占案件数的 4.59%。2014 年，全市法院受理行政非诉执行案件明显增多，案件类型较为集中，共受理行政非诉执行案件 1061 件，主要类型为：土地行政管理类案件 545 件，占案件数的 51.37%；征收社会抚养费类案件 304 件，占案件数的 28.65%；其他类案件 212 件，占案件数的 19.98%。法院审查准予执行案件 1015 件，审查不予执行案件 9 件，撤回申请案件 7 件，其他 30 件。

2015 年，全市法院审查行政非诉执行案件 754 件，所涉领域相对集中，非法占地类案件数量居高不下。主要类型为：违章建筑类案件 188 件，占案件数的 24.93%；非法占地类案件 186 件，占案件数的 24.67%；城乡规划类案件 8 件，占案件数的 1.06%；计划生育类案件 218 件，占案件数的 28.91%；其他类案件 154 件，占案件数的 20.43%。法院审查准予行政机关执行案件 606 件，审查不予执行案件 65 件，其他方式结案 83 件。

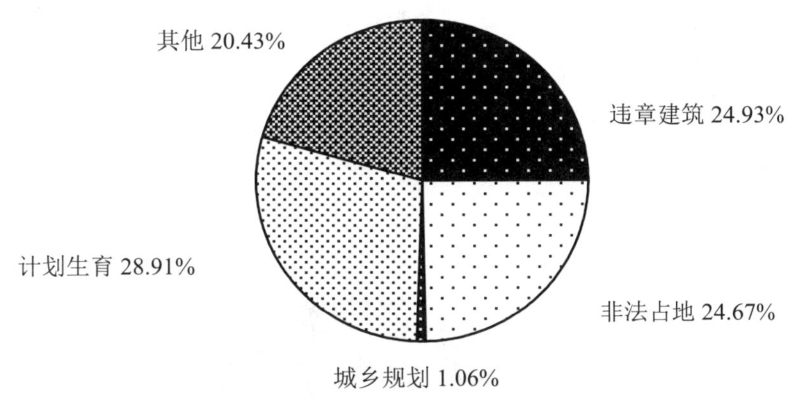

2015 年全市法院审查非诉行政执行案件情况

2016 年，市两级法院积极为“双违”整治行动提供司法保障和服务，共审查行政非诉执行案件 1087 件，同比上升 45.71%。类型主要为：非法占地类案件 842 件，占案件数的 77.46%；计划生育类案件 137 件，占案件数的 12.60%；其他类案件 108 件，占案件数的 9.94%。法院审查后，裁定准予执行案件 819 件，裁定不予执行案件 157 件，其他方式结案 109 件。从审查情况看，行政机关能较严格遵守程序法、实体法，但存在的问题也相对较多，主要集中在违法占地处罚案件上：（1）行政处罚可操作性不强。如：某国土部门申请强制执行一栋建筑物，既有申请法院没收的部分，也有申请强制拆除的部分，没收坐落在集体土地上建筑物的，没收的房屋收归国有，宅基地与房子不可分离，涉及集体土地使用权和农民宅基地使用权，客观上也无法操作。（2）效率低下和慢作为。如：一起破坏土地资源非诉执行案件，行为人于 2010 年 3 月开始挖沙取土，2014 年 9 月 8 日国土部门作出处罚，2016 年 5 月向法院申请强制执行，时间跨越 5 年之久。（3）行政处罚内容不明确、不具体。如：土地复垦案件无复垦方案，“恢复土地原貌”未明确取土地点，无具体复垦费用数额。（4）对同时违反《土地管理法》和《城乡规划法》的行政处罚案件，时常绕过“捷径”即《城乡规划法》，而选择适用《土地管理法》作出处理，意在将行政案件的强制执行交给法院。如此之举，既浪费了司法资源，又导致行政效率低下。

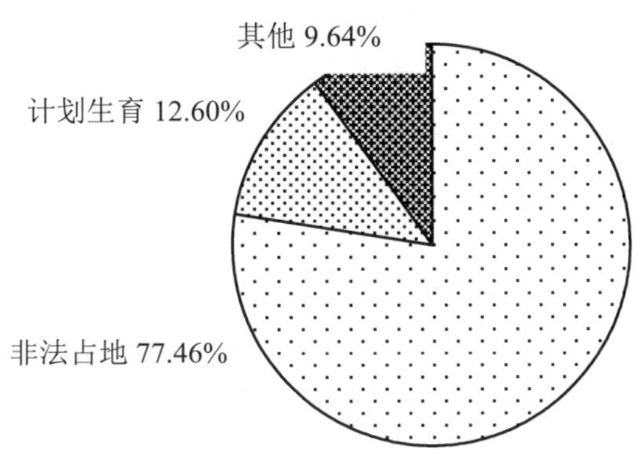

2016 年全市法院审查非诉行政执行案件情况

2017 年全市法院共审查行政非诉执行案件 854 件，其中涉及“双违”非诉执行 564 件，占全部非诉执行案件的 66.04%。案件类型主要为：非法占地类案件 556 件，占案件数的 65.11%；计划生育类案件 153 件，占案件数的 17.91%；其他类案件 145 件，占案件数的 16.98%。法院审查后，裁定准予执行案件 631 件，裁定不予执行案件 201 件，其他方式结案 27 件。

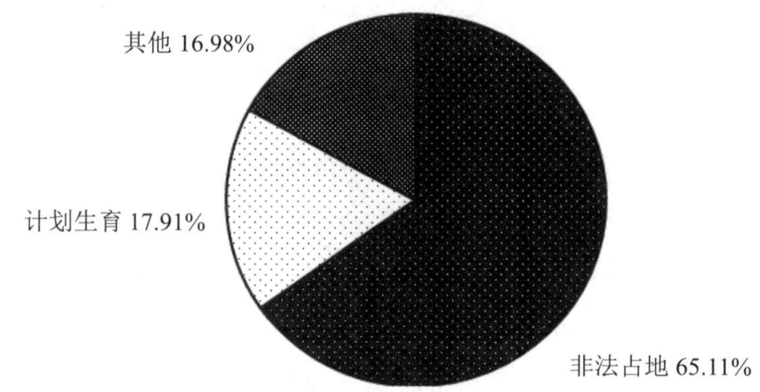

2017 年全市法院审查非诉行政执行案件情况

行政机关申请非诉执行案件中主要存在以下问题：主体不适格；申请执行缺少法定的前置程序，如部分行政处罚行为未履行听证、告知程序；有的超越法定期限申请；有的提交材料不符合法定受理条件。

第十编　司法改革

司法改革，是指通过对司法系统、制度，以维护司法公正为目标，以优化司法职权配置、加强人权保障、提高司法能力、践行司法为民为重点，扩大司法民主，推行司法公开，保证司法公正，为经济发展和社会和谐稳定提供有力的司法保障所进行的一系列改革措施。最高法院根据党的十五大关于推进司法改革的要求，制定并发布《人民法院五年改革纲要》，对1999—2003年全国法院的司法改革作出统一部署。《人民法院第二个五年改革纲要（2004—2008）》提出人民法院司法改革的基本任务和目标，基本任务确定50项措施。《人民法院第三个五年改革纲要（2009—2013）》提出深化人民法院司法改革的指导思想、目标和原则。《人民法院第四个五年改革纲要（2014—2018）》针对八大领域，提出45项重要改革措施。市法院按照最高法院、省法院、市委政法委的部署和要求，坚持“把握方向、立足国情、依法推进、确保公正”的改革原则，以公正与效率为主题，以改革为动力，认真贯彻落实《人民法院五年改革纲要》，基本完成多元纠纷解决机制改革、审判工作改革、司法体制改革等项改革任务。

第一章　多元纠纷解决机制改革

多元纠纷解决机制是指在一个社会中，多种多样的纠纷解决方式以其特定的功能和运作方式相互协调地共同存在，结成一种互补的、满足社会主体多样需求的程序体系和动态的调整系统。纠纷解决机制包括民事诉讼、民事仲裁、劳动争议仲裁、行政调解、人民调解委员会的调解、行业协会的调解、信访程序等等。规范和完善这些制度，规定各自的职责和相互的联系，让各种不同制度有机结合，充分发挥各自的作用，形成多元化的解决纠纷机制。建立健全多元化的纠纷解决机制是维护社会和谐与稳定的需要，是建设社会主义法治国家的需要，是有效地化解、解决各种纠纷的需要。多元化纠纷解决机制可以分为诉讼和非诉讼。诉讼方式即法院判决。非诉讼方式包括调解（人民调解、司法调解、行政调解）、当事人和解、行政裁决、行政复议、仲裁、信访等。

1991 年，中共中央、国务院颁布的《关于加强社会治安综合治理工作的决定》指出：“在各级党委和政府的统一领导下，各部门协调一致，齐抓共管，依靠广大人民群众，运用政治的、经济的、行政的、法律的、文化的、教育的等多种手段，整治社会治安，打击犯罪和预防犯罪，保障社会稳定，为社会主义现代化建设和改革开放创造良好的社会环境。”同年，全国人大常委会颁布了《关于加强社会治安综合治理的决定》，强调：“必须坚持打击和防范并举，治标和治本兼顾，重在治本。”1997 年 9 月，党的十五大报告提出，加强社会治安综合治理，坚持打防结合，预防为主。这是针对一个时期内出现的重打轻防倾向，对社会治安综合治理方针的表述作出一定的调整，但仍然包含了原方针的基本内涵。2001 年 9 月，中共中央、国务院《关于进一步加强社会治安综合治理的意见》明确提出“打防结合、预防为主”是做好社会治安综合治理工作的指导方针。2011 年 4 月 22 日，中央社会治安综合治理管理委员会、最高人民法院、最高人民检察院、国务院法制办、公安部、司法部等 16 部门联合印发《关于深入推进矛盾纠纷大调解工作的指导意见》提出“坚持调解优先，依法调解，充分发挥人民调解、行政调解、司法调解的作用”。为进一步创新社会矛盾纠纷化解机制，发挥多元化纠纷解决方式特别是人民调解的基础性作用和独特优势，有效动员社会力量参与纠纷解决，维护群众合法权益，促进全市社会和谐稳定，市法院与市司法局依据《民事诉讼法》，中办、国办、最高法院及河北省等有关法律政策规定，于 2016 年 1 月 6 日正式出台了《关于建立矛盾纠纷多元化解机制的实施意见》（以下简称《意见》），将矛盾纠纷多元化解机制纳入法治化轨道，更具管理规范化、运营市场化、保障常态化等特点。秦皇岛市两办、市委政法委以正式文件下发，为解决基层法院诉前调解提供了平台。《意见》规定多元化纠纷解决机制应坚持大力强化诉前调解，探索诉讼中邀请调解、委托调解，推动以人民调解为主的多种方式解决社会矛盾纠纷；坚持人民法院、机关团体和基层调处资源共享，联合各方力量形成解纷大平台。《意见》规定，要坚持实事求是与解放思想相结合，在尊重群众和社会客观实际需求、尊重司法规律、尊重各联合解纷机构能力权限的基础上，依法合理设计多元化纠纷解决机制，并在实际操作中逐步完善。据此建立矛盾纠纷多元化解机制首先在市法院及海港区法院进行试点，积极建立健全制度体系，力促升级、完善，逐步实现调解工作管理规范化、运营市场化、保障常态化，不断提高工作效果、权威性和社会公信力，保证诉前人民调解工作健康有序向前发展。

2016 年 2 月 16 日，《人民法院报》以“秦皇岛海港区：让专业法庭‘挑大梁’”为题，在第 7 版整版报道了海港区法院让专业法庭在服务和保障京津冀协调发展中“挑大梁”的事迹。稿件中对海港区各专业法庭分别给予了报道。交通法庭实现同步直赔，提供受理、审查、立案、保全、调解、赔偿“一条龙”服务，6 年来调解交通事故纠纷 2730 起，案件自动履行率达到100%，另与交管部门共同调解复杂、疑难纠纷240余起，为当事人挽回经济损失1.7亿余元，审结的案件无一上访，实现了高调解率、高履行率、零信访、零投诉。物业法庭把纠纷化解在诉前，针对办案过程中发现的物业公司在管理、收费、服务等方面存在的问题，从群众切身利益和社区的和谐稳定角度出发，及时向物业公司提出司法建议，尽早、尽快化解此类纠纷。婚姻家庭法庭坚持审判与教育相结合，确立“审判与教育结合”的司法理念，主办海港区婚姻家庭教育学校，进行“三三制”调解。针对婚姻家庭纠纷的反复性，建立案件回访制度，明确规定案件主办人每年对所结案件回访率必须达到50%以上，其中赡养和调解和好的婚姻纠纷回访率要达到100%。医疗法庭依法保护医患合法权益，严把案件事实、证据关，慎重裁判，依法保护医患的合法权益。劳动法庭建立全方位化解纠纷机制，注意与工会、劳动仲裁、社保、劳动监察等部门的合作，发挥其在案件各环节中的优势与作用，保证案件得到及时妥善处理。2016年3月3日，市委常委、政法委书记闫五一对报道予以批示：“感谢海港区法院的同志们做了大量艰苦、细致的工作，结合经济社会发展形势创新工作方式，取得显著成效。请你们继续探索实践，搭建更多的矛盾纠纷多元解决的平台，更快更好地服务群众。”

第一节　“三位一体大调解”体系改革

“三位一体大调解”体系是指司法调解、人民调解和行政调解“三位一体”的调解工作体系。构建“三位一体”大调解工作体系，既是有效调解各类矛盾纠纷、维护社会稳定工作的首要任务，也是构建社会主义和谐社会的必然要求。

调解的类型。人民调解，是指人民调解委员会通过说服、疏导等方法，促使当事人在平等协商基础上自愿达成调解协议，解决民间纠纷的活动。人民调解委员会是依法设立的调解民间纠纷的群众性组织。基层人民法院对人民调解委员会调解民间纠纷进行业务指导。行政调解，是指国家行政机关根据法律规定，对属于国家行政机关职权管辖范围内的民事纠纷，通过耐心的说服教育，使纠纷的双方当事人互相谅解，在平等协商的基础上自愿达成一致协议，从而合理地、彻底地解决纠纷的一种调解制度，通常称为政府调解。司法调解亦称诉讼调解，是我国民事诉讼法规定的一项重要的诉讼制度，是当事人双方在人民法院法官的主持下，通过处分自己的权益来解决纠纷的一种重要方式。

“三位一体大调解”体系的建立。2006年4月3－4日，全省构建人民调解、行政调解、司法调解“三位一体”调解工作体系现场会在平山县召开。会议总结推广平山县、石家庄市桥东区深入开展社会矛盾纠纷调解工作的经验。会议要求，各级各部门要高度重视社会矛盾纠纷调解工作，着力构建人民调解、行政调解、司法调解“三位一体”社会矛盾纠纷调解工作体系，努力做好社会矛盾纠纷排查调处，全力维护社会稳定，为促进全省更快更好发展、构建“和谐河北”作出应有的贡献。2006年4月19日，市法院印发了《全省构建“三位一体”调解工作体系现场会主要精神及市法院贯彻意见》，主要内容为：（1）充分认识加强调解工作的重要性和必要性，切实将司法调解贯穿于审判活动的始终；（2）正确把握司法调解的原则，促进司法调解工作的依法有序运行；（3）推进司法调解工作方式、方法的创新，建立健全司法调解新机制；（4）立足基层，把基层人民法院和法庭司法调解工作作为龙头和重点来抓；（5）切实加强领导，确保司法调解在“三位一体”调解工作体系建设中发挥应有作用。按照市法院的贯彻意见，2006年全市法院充分运用调解手段，妥善化解人民内部矛盾纠纷。落实“能调则调、当判则判、调判结合、案结事了”的要求，把司法调解贯穿于立案前、庭审前、庭审中、庭审后诉讼全过程，不断提高调解结案率。除当庭宣判外一审婚姻家庭、损害赔偿等民事案件调解率达到70%以上。注重对基层民调组织的指导，推行诉前劝导、委托调解等制度；加强与人民调解、行政调解的衔接，对民间纠纷建立共同预警、疏导、调处机制。为了充分调动社会各方面力量联合化解矛盾纠纷，推动三位一体调解工作体系建设，充分发挥和解、调解工作在诉讼初始阶段作用，市法院从2006年5月开始，积极探索诉前和解和立案调解工作，组织市两级法院立案审判人员17人参加了全国法院在大连市举办的《多元化纠纷解决机制建设》培训班。深入基层法院调查了解情况，研究分析市两级法院审判资源的实际，为规范诉前和解和立案调解工作，立案一庭起草了《关于诉前和解、立案调解工作的规定》，并于2008年6月26日，市法院审判委员会通过了《河北省秦皇岛市中级人民法院关于诉前和解、立案调解工作的规定（试行）》（秦中法发〔2008〕41号）。该规定出台后，市两级法院根据规定进行诉前和解、立案调解工作，成效显著。2008年9月22日，省法院全文转发了该规定（冀高法发〔2008〕96号），对市法院做法在全省法院范围内进行推广。

“三位一体大调解”体系的实践。2007年7月16日，市法院下发《关于加强司法调解与人民调解、行政调解衔接配合的意见》（以下简称《意见》），加强司法调解与人民调解、行政调解的衔接配合，深化“三位一体”调解工作体系建设，努力提升化解人民内部矛盾纠纷的能力。《意见》主要包括：（1）进一步重视和加强对非诉讼调解机制的支持与衔接；（2）健全人民法院指导调解组织工作机制；（3）建立诉前劝导制度；（4）实行邀请调解和委托调解制度；（5）实行行政案件联络员事先参与调解制度；（6）推广海港区长城人民法庭与司法行政等部门联合建立诉前调解室的经验；（7）积极参与矛盾纠纷排查，建立健全矛盾纠纷信息联席通报制度；（8）依法及时审理涉及人民调解协议的案件，认可和巩固人民调解成果；（9）注重推荐人民调解委员会及行政调解组织成员担任人民陪审员；

（10）加强与行政机关、基层组织的沟通与联系，促进行政机关依法行政和基层组织民主管理；（11）加强对“三位一体”大调解工作的宣传，引导纠纷当事人通过调解途径化解矛盾。2009 年 7 月 30 日，市法院第二十三次审委会讨论通过《关于完善“三位一体”调解体系建设进一步加强司法调解工作的指导意见（试行）》，充分发挥人民法院的诉讼调解工作在多元化纠纷解决机制中的重要作用，坚持司法为民，提高案件质量，减少涉法涉诉上访，维护社会和谐稳定。《意见》主要内容有：（1）明确指导思想，正确把握调解的基本原则；（2）整合社会资源，逐步完善“三位一体”调解体系建设；（3）明确目标任务，进一步提高诉讼调解能力；（4）强化组织领导，建立多元化纠纷解决保障机制；（5）加强调研培训，建立调解工作的长效机制；（6）完善奖惩机制，促进调解工作的深入开展。2009 年 10 月 15 日，市委副书记杨泰安在《秦皇岛日报》10 月 15 日刊登的《司法调解 化解疑难促和谐》一文上作出批示：“司法调解是‘三位一体’调解体系中的重要组成部分，对于化解矛盾纠纷，建设和谐社会，具有重要意义。司法审判机关发挥了重要作用，望再接再厉，不断深化调解手段，加强衔接，把调解工作做得更好。”2010 年，全市法院与秦皇岛仲裁委建立日常联络、业务研讨、重大案件会商、联席会议四项工作制度，推动民商事仲裁制度在秦皇岛市的实行；与劳动、工会、企业家协会等部门和组织建立联席会议制度，前移工作关口，预防和化解劳动争议，使劳动争议诉讼案件比上年减少 21.2%。围绕审判热点、难点开展专项调研，进一步完善有利于矛盾纠纷化解的司法工作机制。经过努力，在社会矛盾凸显的形势下，全市法院民事一审案件受理数量 10 年来首次实现负增长。2011 年，为落实“调解优先、调判结合”的审判工作原则，推动“群众观点大讨论”活动的深入开展，充分发挥司法调解工作在化解矛盾纠纷、促进社会和谐中的作用，提高全市法院干警司法调解工作、化解矛盾纠纷暨做好群众工作的能力，分析调解工作面临的形势，总结调解工作先进经验，宣传调解工作先进典型，市法院审管办利用两天时间召开了全市法院调解工作经验交流暨群众观点大讨论研讨会。此次会议是年初市法院党组即作了部署，在广泛征求各基层法院意见的基础上，征集到 39 份调解工作经验介绍材料。全市法院 70 名同志参加了这次研讨会，35 名同志针对法院调解工作经验交流暨群众观点大讨论活动进行了书面发言，开展了热烈的研讨，交流了工作经验，交换了心得体会。此次研讨会从重视程度、参与度到规模、形式都创了历年来教育培训工作之最。通过第一专题关于法院调解理念创新的学习交流，进一步统一了思想认识，增强了调解意识。在民商事、刑事附带民事诉讼调解、行政调解三个专题的研讨中，针对三类案件不同的调解特色展开了讨论。2012 年 5 月，针对涉保险案件纠纷不断攀升、综合性和复杂性日益增加的现实，市法院与市保险行业协会携手探索建立保险纠纷联动调解机制，并在海港区法院先行试点。5 月 9 日，海港区法院与市保险合同纠纷调委会就联动机制签订备忘录，进行保险纠纷联动调解机制试点，调委会与海港区法院交通巡回法庭合署办公。2012年全年共受理保险合同纠纷案件112件，仅海港区法院交通巡回法庭就与保险调委会共同调解保险纠纷106件，调解率100%，调解案件自动履行率100%，当事人无一信访缠诉。2013年1月初，市法院与市保险行业协会共同制定出台了《秦皇岛市中级人民法院、秦皇岛市保险行业协会关于建立保险纠纷联动机制的意见》。1月23日，市法院召开全市法院与市保险行业协会保险纠纷联动调解机制工作会议，将在海港区法院试点的全市保险纠纷联动调解机制正式向全市法院全面推广。2014年，市法院与市消费者协会联合制定下发《关于建立消费纠纷联动调解工作机制的实施意见》（以下简称《意见》），推动建立诉讼与非诉讼相衔接的矛盾纠纷解决机制。根据该《意见》，市法院与市消费者协会联合建立的消费纠纷联动调解工作机制（以下简称“联动调解机制”），将以科学发展观为指导，以预防和化解矛盾纠纷为主线，建立更加便捷、高效解决消费纠纷的工作机制，以切实保护消费者合法权益。“联动调解机制”将充分发挥法院、消协的职能优势，对消费领域发生的矛盾纠纷进行联合监控，对消费争议案件，坚持调诉结合、以调为主、优势互补的方针，预防消费纠纷升级，特别要防范民转刑、重大群体消费纠纷事件的发生，最终达到有效化解消费纠纷、促进社会和谐和经济健康有序发展的目的。根据该《意见》，法院、消协联合成立消费争议调解中心（以下简称调解中心），办公地点设在消协，由消协负责调解中心的日常工作。调解中心由消协配调解员4名，负责日常处理消费争议；法院指派法官2名，对中心调解工作提供支持、指导，受邀参与重大、疑难投诉的联合调解。法院将立足职能，依法开展诉前调解、委托调解、协助调解和司法确认等工作。2015年，全市法院与司法行政部门和律师协会等联手，按照“国家主导、司法推动、社会参与、多元并举、法治保障”的现代纠纷解决理念，建立经常性沟通交流平台，共促多元化纠纷解决机制不断完善。2017年，秦皇岛市道路交通事故纠纷人民调解委员会被司法部授予全国模范人民调解委员会，得到了社会上的一致好评。

“一乡一庭”建设。“一乡一庭”建设是河北省法院立足全省实际作出的重大战略决策。省法院党组书记、院长卫彦明强调指出，在多元化解民事、商事矛盾上，既要加大社会调解组织对矛盾的化解力度，也要对全省人民法庭的布局重新思考和定位，在广大农村逐步建设不同于传统法庭的“一乡一庭”模式，调整人员搭配、改变法庭规模、转变职能任务，重新审视适合河北实际的人民法庭建设。2013年，河北省法院专门下发通知，要求在三年内全面完成“一乡一庭”建设任务。市法院认真贯彻省法院部署，多次召开党组会和全市法院院长会议，提高认识、凝聚共识，迅速将思想和行动统一到省法院的决策上来，并制定《秦皇岛市法院“一乡一庭”两年建设工作方案》。到2014年年底，市法院经省法院批复新设法庭36个，全市辖区78个乡镇，已有75个乡镇设立法庭并全面开展工作。75个已设的乡镇法庭人员187人，其中本科及以上学历人员158人，辖区内人民陪审员371人，新设法庭基本形成了“1 名法官 +1 名书记员 +2 名人民陪审员”模式，比省法院要求的三年时限提前两年基本完成任务。新设法庭充分发挥调处纠纷、法治宣传、司法确认、指导民调、联络人民陪审员、参与综治等六项职能作用。2014 年，调处简易纠纷 4218 件，指导民调组织调解案件 1470 件，开展法治宣传 246 次，对调解协议司法确认 63 件，有效化解了大量矛盾纠纷，取得良好的社会效果，促进了辖区的社会稳定和谐，保障了经济健康发展，赢得人民群众的高度赞扬和党委政府的充分肯定。2015 年 1 月 15 日，省委常委、市委书记田向利作出批示：“此做法好，请市委办公厅总结经验，上报信息。”充分肯定市法院强力推进“一乡一庭”建设取得的成效。2014 年 12 月 26 日，市委副书记、代市长张瑞书对市法院“一乡一庭”建设作出批示：“‘一乡一庭’建设既是省法院的工作要求，更是方便广大人民群众诉讼，为社会提供司法保障的重要举措，望市法院贯彻党的十八届四中全会和省、市委全会的部署，充分发挥基层法庭的作用，推动司法改革和司法公开，让人民群众在每一起案件中都能感受到公平、正义。”2014 年 12 月 26 日，市委副书记刘辰彦作出批示：“市法院推进‘一乡一庭’工作谋划早、力度大、效果好。要认真总结、及时向上级部门汇报工作情况。”2014 年 12 月 28 日，市人大常委会主任李秦生作出批示：“市法院对‘一乡一庭’建设认识上位，行动迅速，推动有力。现在省三年任务一年就基本完成，而新设法庭‘六项职能’作用得到充分发挥，化解了大量矛盾纠纷，促进了社会和谐稳定，取得了良好的法律效果和社会效果。请市法院将‘一乡一庭’建设作为贯彻司法为民宗旨，践行党的群众路线的重要平台，继续完善相关工作机制，不断拓宽法庭服务职能，充分发挥‘一乡一庭’的纽带和桥梁作用，为广大人民群众提供更加优质、便捷的司法服务。”

法官进社区。2015 年 7 月 1 日，市法院召开全体党员干警大会暨“法官进社区党员志愿服务行动”（以下简称“法官进社区行动”）启动仪式。党组书记、代院长胡华军在启动仪式上宣布，市法院“法官进社区行动”正式启动。自 2014 年开始，市法院就在海港区法院组织开展了“法官进社区行动”试点。2015 年 6 月 9 日，在海港区法院召开现场会，正式将这项活动在全市法院推开。市法院设立案一庭、立案二庭、刑一庭、刑二庭、民一庭、民二庭、民三庭、民四庭、行政庭、审监庭、执行局等 11 个党支部为志愿服务行动小组，每组有负责人 1 名，组员 3 ～ 9 名。11 个志愿服务行动小组与主城区内 10 个街道及海港镇政府逐一对应，镇、街所辖社区、村为该行动小组的直接联系单位。2016 年年初，在市法院的指导下，市女法官协会组织开展“百名女法官进社区”和“木兰有约”活动，助推和谐社区建设。活动开展赢得院领导高度重视，尤其是“木兰有约”10 名女法官宣讲团成员，都是由胡华军院长亲自“点将”组成。为使该项活动在全市城市区法院法官中铺开，市女法官协会提出了倡议并下发了《活动手册》，统一举办了启动仪式，女法官协会所属 100 名女法官，分赴 9 个县区和 33 个社区，开展“木兰有约”和女法官志愿服务活动。截至 3 月底，共发放司法便民手册及宣传材料1800余份，开展法律咨询和司法服务900多人次，化解各类矛盾纠纷86起，取得了良好的社会效果。

2015年6月9日，市法院法官进社区

首创“五大员”工作机制。2015年，经过近3年的探索实践，青龙县法院以“五大员”（舆情调查员、民调助理员、信访协理员、人民陪审员、廉政监督员）为代表的基层矛盾化解体系基本形成。青龙县法院深入研究当前基层矛盾纠纷呈现的新情况、新特点，创新工作方法，创造性地提出并运用“五大员”工作方法，在当地已经形成了涵盖村民组（片）、村、镇（乡），依靠地方党委、人大、政府，能够发挥司法所、公安派出所、综治办、法庭等各方力量的比较成熟的基层矛盾化解体系，运行稳定，发挥作用明显，实现了既化解矛盾，又修复社会关系，有效地将大量矛盾纠纷化解在诉前，实现了法律效果与社会效果的有机统一。

经常性沟通交流平台。2015年11月6日，市法院与市司法局联合召开多元化纠纷解决机制暨律师工作座谈会，重点围绕新形势下如何进一步推动多元化矛盾纠纷解决机制建设，促进基层社会治理法治化，以更好地维护社会和谐稳定进行研讨。市法院与市司法局共同制定出台《关于建立矛盾纠纷多元化解机制的实施意见》，正式建立以人民法院、司法行政机关和广大律师等法治专门队伍为依托，发挥司法资源、人民调解和法律服务队伍合力优势，有效实现资源共享、工作衔接、协调配合的经常性沟通交流平台，不断推动多元化矛盾纠纷解决机制建设向纵深发展。

秦皇岛市矛盾纠纷化解体系建设暨律师工作座谈会（2015 年）

“互联网 + 诉非衔接”工作机制。“互联网 + 诉非衔接”工作机制，是利用法院系统信息化技术优势，通过搭建审判机关与乡镇（街道）、有关部门、行业组织、企事业单位等机构的互联网信息互通平台，促使各方力量充分履行人民调解和行政调解职责，使各类矛盾纠纷更多地在诉讼前得到及时化解。市法院高度重视，专门成立领导小组，设立诉前调解推进组、诉中推进组、软件推进组。通过与市综治办多次沟通协调，召集有关部门和单位进行了五次讨论。2016 年 8 月，市法院制定《关于建立“互联网 + 诉非衔接”工作机制深入推进矛盾纠纷大调解工作的实施意见》（以下简称《实施意见》），被市综治委采纳，以市委、市政府“两办”文件转发。《实施意见》得到市委常委、政法委书记闫五一的肯定。闫五一批示：“这一机制是综治办与法院工作创新的结果。请即印发，并请综治办与法院抓住矛盾纠纷多的领域，重点突破，并注意及时解决工作中的问题，总结经验，不断完善。”2016 年 9 月 29 日，市法院召开全市法院“互联网 + 诉非衔接”工作推进会，进一步深入推进矛盾纠纷大调解工作。市两级法院依托互联网信息技术，建立与乡镇（街道）、行政机关、行业组织、企事业单位等机构的互联互通平台，统筹社会力量，委托、邀请特邀调解员通过在线方式参与民间纠纷诉前化解，充分发挥人民调解和行政调解职能作用，更好地实现矛盾纠纷多元化解决。以“互联网 + 诉非衔接”为抓手，特邀社会各方面力量参与在线调解，实现案件诉前分流化解，为诉讼“瘦身”，为群众减负，促进多元化矛盾纠纷解决机制优化升级和基层社会治理法治化、现代化。

第二节　诉前调解机制改革

诉前调解机制以委托特邀调解员调解为主，以法院先行调解、邀请或参与调解为辅，积极指导人民调解、联系行政调解，将社会资源与司法资源有机融合，使来自法院以外的大众思维和群众工作方法与司法权威性、专业性形成有效的互补与结合，不断强化法院调解社会化、社会调解法律化的特色，最大限度地减少群众诉累和诉讼风险，有效预防涉法涉诉信访的发生，促进社会和谐稳定。最高法院《关于人民法院民事调解工作若干问题的规定》（以下简称《规定》）中指出："人民法院对受理的第一审、第二审和再审民事案件，在征得当事人各方同意后，人民法院可以在答辩期满前进行调解。"《规定》确定了"能调则调、当判则判、调判结合、案结事了"调解工作原则。

诉前调解机制的施行。2008年6月26日，市法院制定出台了《关于诉前和解、立案调解工作的规定（试行）》（以下简称《规定》），使诉前和解、立案调解与人民调解、行政调解有机结合起来，充分调动社会各方力量联合化解矛盾纠纷，进一步推动"三位一体"调解工作体系建设。诉前和解是指人民法院在立案前，根据纠纷的性质和当事人的选择，自行或委托特邀调解员、人民调解组织（行政调解组织）对纠纷进行诉前调解，促使当事人和解的工作机制。立案调解是指人民法院在案件立案后移送审判庭审理前，根据当事人申请或征得其同意，由立案庭召集、组织、主持当事人平等协商，达成协议，并经人民法院确认后，终结诉讼程序的诉讼活动。《规定》要求，诉前和解工作包括人民法院诉前调解、委托特邀调解员诉前调解和委托人民调解组织（行政调解组织）诉前调解三项制度。诉前和解和立案调解工作的期限一般不超过10日。各方当事人书面申请延期调解的，应当准许。立案调解的时间不计入审理期限。诉前和解和立案调解的范围及受理、诉前和解工作人员组成及工作流程、立案调解工作流程等作了详细的规定。《规定》提出诉前和解和立案调解主要适用的民事案件范围是：（1）业主与物业公司之间发生的物业管理纠纷、供电热力合同纠纷、房屋租赁合同纠纷；（2）婚姻家庭（是否同意离婚除外）和继承纠纷；（3）宅基地和相邻关系纠纷；（4）交通事故和工伤事故引起的权利义务关系较为明确的损害赔偿纠纷；（5）劳务合同纠纷；（6）当事人之间权利义务关系较为明确的欠款合同纠纷；（7）土地承包和征地拆迁纠纷；（8）其他可以在诉前和解或立案调解解决的纠纷。《规定》制定了特邀调解员诉前调解制度，即人民法院聘任的特邀调解员接受法院的委托，对纠纷进行诉前调解的工作机制。特邀调解员由下列组织和个人担任：（1）与当事人有特定关系的企事业单位、社会团体和其他组织；（2）与纠纷有一定联系的企事业单位、社会团体和其他组织；（3）律师及具有专门知识的个人；（4）有特定社会经验的人；（5）与当事人有特定关系并有利于促成调解的个人。还制定了人民调解组织（行政调解组织）诉前调解制度，即人民法院委托辖区内乡（镇）、居委会、村委会人民调解组织或行政调解组织，对纠纷进行诉前调解的工作机制。《规定》于2008年开始试运行。一年时间全市法院经诉前调解处理纠纷共1197起，调解成功984起，其中344起纠纷的当事人经调解达成协议，640起纠纷的当事人和解撤诉并即时履行完毕。此外，市两级法院还积极参与和指导人民调解组织、村委会、街道、企业等调处纠纷352起。省法院高勇院长专门批示："关注秦皇岛中院的诉前调解工作。"省法院专门下文向全省转发了秦皇岛市《关于诉前和解、立案调解工作的规定（试行）》。2009年4月22日，秦皇岛市诉前调解工作现场会在昌黎县法院召开。会上，昌黎县法院作了题为《加强诉前调解工作促进社会和谐稳定全力服务和保障经济社会又好又快发展》的经验介绍，昌黎县大蒲河人民法庭、海港区长城人民法庭、昌黎县大蒲河司法所书面交流了诉前调解工作经验。昌黎县法院党组于2008年年初明确提出"加强诉前调解工作，力争实现诉前事了、案后事好"的工作思路，将诉前调解作为多元化纠纷解决机制的重要内容，带领全体干警进行了有益的探索和实践。2008年，该院诉前调解纠纷216件，协助指导行政调解组织和人民调解组织调解各类矛盾纠纷300余件（次），诉前成功化解的矛盾纠纷数量超过全年民商事和行政诉讼案件总数的30%。通过诉前调解程序解决纠纷，平均周期只有7天，远低于全院诉讼案件35天的平均审理天数，且一次调解成功率达92%。2015年6月1日，市法院印发《民事简易程序规范化改革实施办法（试行）》（以下简称《办法》），《办法》提出：大力推行诉前调解。对婚姻家庭、相邻关系、劳动争议等传统民事纠纷，在当事人自愿的情况下，交由诉调对接中心开展诉前调解工作，并加强政府

秦皇岛市诉前调解工作现场会（2009年）

职能部门、行业协会与人民法院的衔接配合。要求：对于传统民事纠纷，应该在取得当事人自愿的前提下，首先由社会调解组织机构去化解矛盾纠纷，取得更好的社会效果。凡是简易程序都必须要征求当事人是否同意诉前由法院或社会调解机构进行调解，同意调解的案件可暂不立案，将案件移送调解机构进行调解。

第三节　诉讼调解机制改革

调解贯穿于整个诉讼过程中，法院开庭之后进行调解，只要案件没有最终宣判，双方当事人都可以进行调解。开庭调解是必需的程序，双方当事人经过开庭审理后，都有和意且案情已查清的情况下进行，调解协议具有法律上的效力。市两级法院坚持“调解优先、调判结合”原则，落实全程、全员调解工作机制，大力推进诉前和立案调解工作，将纠纷化解在诉前、解决在案外。在全省最早成立了交通、劳动、矿业、水务专业巡回法庭。加强与行政机关的诉调对接，建立劳动争议和社会保障、城建拆迁和土地征收联席会议、联络员制度，探索与行业协会、仲裁机构、民间调解等组织的诉调对接，市法院、海港区法院与秦皇岛市保险业协会建立了涉保险纠纷联动调处机制。2014 年，全市法院在原有婚姻家庭法庭、交通事故巡回法庭、劳动争议巡回法庭、水务巡回法庭、矿产资源巡回法庭等成果的基础上，又探索建立了法院与保险行业协会、消费者权益保护协会等调解组织的诉调对接组织，建立长效化联动调解机制。2014 年 6 月，省法院院长卫彦明专门作出批示，要求总结推广市法院的相关工作经验。

市两级法院建立诉调对接机制，将矛盾纠纷调处中的诉讼方式与非诉讼方式相衔接。通过法院，将部分起诉的纠纷分流到人民调解组织或行政机关、行业协会等先进行调解，达成调解协议的依法进行司法确认，调解不成的转入诉讼程序，实现诉前调解与法院诉讼的有机衔接，充分发挥司法诉讼与社会大调解的各自优势，提高矛盾纠纷解决效率。诉调对接是指司法调解和人民调解的对接，是司法调解的前延和人民调解的后续。诉调对接制度的目的，是通过司法途径赋予人民调解结果司法效力，充分发挥司法审判与人民调解机制各自的优势，使司法审判与人民调解优势互补，形成合力，促使纠纷以更加便捷、经济、高效的途径得到解决，维护社会的和谐与稳定。2018 年，全市法院发挥“一乡一庭”“法官进社区”“互联网 + 诉非衔接”平台和机制的作用，促进基层社会治理法治化，诉前调处纠纷 3896 起，指导基层组织调处纠纷 5200 余起，司法确认 259 件。

案例：（一）秦皇岛市励曙装饰有限公司诉海港区西港镇归提寨村委会案。海港区法院于1997年12月判决归提寨村委会给付励曙装饰有限公司工程款49.87万元，由于归提寨村委会拒不履行判决，励曙公司向海港区法院申请强制执行。2005年1月，市法院将该案指令由开发区法院执行，开发区法院在执行中遭到200余名村民围攻，由于临近暑期，执行暂缓。2005年年底联合接访中，市委书记宋长瑞接访了该案的当事人，指示市两级法院和海港区委互相配合，力争调解结案。开发区法院在海港区、西港镇的配合下，多次组织双方当事人谈话、召开协调会，但因双方分歧较大，调解未能成功。2006年8月，省法院将该案指令由张家口市宣化法院执行，并冻结归提寨村委会存款140多万元，为调解工作创造了良好的前提条件。市法院、海港区委抓住有利时机，向省法院执行局和宣化法院提出了调解结案的建议，取得了省法院执行局和宣化法院的支持。在调解工作中，市法院主管领导和海港区政法委、海港区法院、西港镇、宣化法院一起协调此案，经过艰苦、耐心的工作，历时5天，最终使双方当事人于2006年9月10日下午6时达成和解协议：归提寨村委会同意一次性支付励曙公司99万元（执行费用由励曙公司承担），励曙公司同意放弃其他权利。这一长达十余年的执行案件最终以调解方式得到圆满解决。

（二）秦皇岛市天宇房地产开发有限公司诉秦皇岛市恒大房地产开发有限公司请求返还4000万元保证金民事纠纷案。2006年12月27日市法院受理了秦皇岛市天宇房地产开发有限公司（以下简称天宇公司）诉秦皇岛市恒大房地产开发有限公司（以下简称恒大公司）请求返还4000万元保证金民事纠纷案。2006年12月17日天宇公司（乙方）与恒大公司（甲方）就联合竞买浙江中包秦皇岛造纸厂破产财产拍卖事宜达成协议：一、甲、乙双方各出资50%资金联合竞买该资产。二、甲方已交纳拍卖保证金8000万元。乙方于2006年12月18日将该保证金的50%（人民币4000万元）打入甲方账户。三、甲、乙双方联合竞买最高限价为3.18亿元。超过该限价金额，甲、乙双方有一方继续报价，由报价方取得该资产。四、若土地竞买成交后，双方按拍卖规则要求，按投资比例各自负担应交纳的资金。若一方不能按要求及时交纳应付资金而影响项目的实施，将承担一切违约责任，赔偿因此给另一方带来的损失。协议签订后，天宇公司于2006年12月18日向恒大公司支付了4000万元保证金。2006年12月19日恒大公司作为竞买人在拍卖中成交。天宇公司认为恒大公司隐瞒了拍卖标的的重要情况诉至法院请求返还财产4000万元。因标的额巨大，双方当事人都有一定的影响，故本案引起省市政法委、市人大常委会领导的高度重视。市法院领导指示要求从维护稳定的大局出发，充分发挥司法调解的优势，尽量做好当事人的调解工作，力求定分止争、案结事了。案件主办人与双方当事人特别是代理律师结合案情，辨法析理，充分交换意见，做了大量有效的调解工作。原告同意放弃增加诉讼请求，被告没有提出反诉。经过有关部门的协调、配合和主办法官的共同努力，双方当事人最终达成了协议。原告于2007年1月29日提出了撤诉申请，法院裁定准许其撤诉。双方当事人化干戈为玉帛，握手言和，取得良好办案效果，促进了社会稳定和发展。

（三）区法院审理的一起案件入选全国法院十大调解案例。2012 年，山海关区法院审理的刘某某、唐某某等诉有騄（秦皇岛）旅游开发有限公司（以下简称有騄公司）建设工程施工合同纠纷系列案入选全国法院十大调解案例。2004 年 5 月—2005 年 4 月，被告有騄公司分别与刘某某、唐某某等七原告签订了山海关国家森林公园建设工程施工合同。合同签订后，七原告按约定完成了大部分工程建设施工项目，但有騄公司因后续资金不足，拖欠工程款近 2000 余万元，工程施工就此停滞。2010 年，七原告遂起诉至山海关区法院。针对本案涉及标的额大、时间跨度长、利益牵涉面广、对当地经济发展和社会稳定影响大等特点，山海关区法院院长亲自参加调解，制定周密调解工作方案，耐心地同七原告和被告进行深入沟通，不断消除双方当事人的抵触情绪。同时，法院还支持引进多家投资机构，通过将前期投入转股、吸引新资金注入等形式，缓解有騄公司的资金困难，案涉工程项目恢复施工。及时与政府及相关部门磋商，筹措资金，先行给七原告垫款以支付农民工工资，避免了施工方拖欠农民工工资而引发群体性事件。在法院的不懈努力下，7 起案件最终全部调解结案，拖欠数年的工程款得到清偿。最高法院在阐释该案调解意义时指出，本案关系国家森林公园具体项目，关系众多农民工的合法权益，对当地经济发展大局和社会稳定有重大影响。本案的成功调解：①践行了能动司法理念，院长亲自参加调解，积极邀请政府相关部门、有关投资方等参与案件处理和调解，案涉工程项目恢复施工，农民工工资及时发放，拖欠工程款得到清偿，真正做到服务经济发展大局，为民司法，维护社会和谐稳定。②充分发挥了调解的优势，法院跳出案件寻求案件的有效解决，通过引进新的投资方式解决开发商资金困难，实现了债权清偿和工程复工；通过政府垫资，及时支付农民工工资，及时消除影响社会稳定因素。立足案件，着眼长远，外引内联，最大限度地实现互利共赢，推动长远发展的调解结案的优势作用。

（四）市法院、市保险行业协会联动调解化解一起二审案件。2013 年 3 月 4 日，市法院与市保险行业协会通过保险纠纷联动调解机制成功调解一起二审案件，该案双方已经达成调解协议并已经履行 4.1 万元，做到了案结事了。2011 年 12 月 21 日，柴某某（被上诉人张某某配偶，已故）在中国太平洋人寿保险股份有限公司秦皇岛中心支公司（以下简称太平人寿）青龙支公司处投意外伤害保险 1 份，受益人为张某某。2012 年 1 月 8 日，柴某某意外死亡。张某某向太平人寿求偿保险金未果，起诉后太平人寿提出管辖异议，上诉到市法院。市法院审查发现该案事实清楚，双方只是在案件管辖方面存在争议，符合《秦皇岛市中级人民法院、秦皇岛市保险行业协会关于建立保险纠纷联动调解机制的意见（试行）》第七条第一款的规定，并通过与市保险行业协会协商后，将案件转至市保险行业协会办理。在秦皇岛市保险合同纠纷人民调解委员会的主持下，双方经过协商后达成调解协议，由太平人寿支付张某某意外伤害保险金4.1万元，张某某向人民法院提出撤诉申请，青龙县法院作出允许撤诉裁定，真正做到了案结事了人和。

（五）民三庭成功调解“扶老人案”。2015年，在市法院民三庭法官的努力下，一起“扶老人案”得以成功化解。年逾六旬的王某因病在路边倒地后，年轻人高某将其送往医院救治，其家人还垫付了相关检查、治疗费用。后王某向法院提起民事诉讼称高某将其撞伤，要求其赔偿相关费用。高某则认为自己驾车根本未与王某接触和碰撞，是好心做好事。由于发生事故时双方均没有报打122，现场也未予以保护，交警部门也无法认定双方之间是否发生了交通事故，并未作出交通事故责任认定书。一审判决高某败诉，高某不服提出上诉。面对社会关注以及涉及法律与道德等诸多问题，主办人反复审阅卷宗，及时安排开庭。庭审中，由于证据缺乏，并未查清事故的真实情况。庭审后，主办人又积极与处理事故的交警以及一审主办法官沟通核实情况，带领合议庭成员到事发现场勘察地形，寻找线索，但仍一无所获。合议庭经过反复思考，既要维护法律的公平正义，也不让做好事的人受“委屈”。他们转变思路，决定从本案事故中双方的过错程度打开突破口。主办法官多次做双方调解工作，辨法析理，不仅讲明双方存在的过错，同时分清双方的责任，进一步阐明双方诉请是否能够得到支持。王某和高某听取了案件分析后，均承认自己在事故的处理上确实存在一定的问题，最简单的保护好事发现场都没有做到，对事故的处理留下了难题，应承担一定的责任。在主办人认真负责的态度和耐心的说服教育工作下，双方表示了让步。最终，王某和高某顺利达成和解，高某申请撤诉，法院裁定准予撤回上诉。

第二章　审判工作改革

推进以审判为中心的刑事诉讼制度改革，是党中央十八届四中全会作出的重大决策，是坚持严格司法、确保刑事司法公正的现实需要，是完善人权司法保障的必然要求，体现了党中央对司法性质和规律的科学认识和准确把握。民事审判方式改革，是人民法院司法体制和工作机制改革的重要组成部分，是中国特色社会主义司法制度的自我完善。民事审判方式的改革是整个民事审判活动的大改革，包括民事审判工作中合法化的审判方法、科学化的审判管理以及优质化的审判效果等诸多环节改革，是全方位、多层次的改革。最高法院决定从 2010 年 10 月 1 日起在全国法院全面试行刑事案件量刑规范化改革，目的在于进一步统一裁判尺度，规范法官自由裁量权，将量刑纳入法庭审理程序，引入量刑建议，增强量刑公开性与透明度。

第一节　刑事诉讼制度改革

《关于推进以审判为中心的刑事诉讼制度改革的意见》是由最高人民法院、最高人民检察院、公安部、国家安全部、司法部于 2016 年 10 月 11 日发布并实施的文件。2017 年 2 月 17 日，为贯彻落实《关于推进以审判为中心的刑事诉讼制度改革的意见》，确保有罪的人受到公正惩罚、无罪的人不受刑事追究，实现公正司法，依照法律规定，结合审判实际，最高法院对全面推进以审判为中心的刑事诉讼制度改革提出 5 个方面 33 条实施意见。2017 年 3 月 7 日，最高法院印发《关于全面推进以审判为中心的刑事诉讼制度改革的实施意见》的通知（法发〔2017〕5 号）（以下简称《实施意见》）。为了在审判实践中更好地贯彻执行《实施意见》，提出以下要求：（1）充分认识改革意义，明确改革方向。推进以审判为中心的刑事诉讼制度改革，是党的十八届四中全会作出的重大决策，是坚持严格司法、确保刑事司法公正的现实需要，是完善人权司法保障的必然要求，体现了党中央对司法性质和规律的科学认识和准确把握。各级人民法院要充分认识改革的重要意义，准确把握改革精神，抓好各项改革措施的落实。要充分发挥审判程序的职能作用，确保侦查、审查起诉的案件事实证据经得起法律的检验，通过法庭审判的程序公正实现案件裁判的实体公正，提高司法公信力。（2）加强组织领导和协调，确保改革取得成效。推进以审判为中心的刑事诉讼制度改革，牵涉到政法工作全局，各级人民法院要紧紧依靠党委领导和人大监督，密切与其他政法机关的沟通、协调，确保各项改革统筹推进，落到实处。各高级人民法院要高度重视，成立由主要领导负责的领导小组，统一领导改革工作，加强对下指导，制定具体可行的实施方案，扎实推进本辖区的改革工作。（3）注重制度探索，及时总结改革经验。在改革过程中，要遵循刑事诉讼规律，处理好惩罚犯罪与保障人权、实体公正与程序公正、司法公正与司法效率、互相配合与互相制约等关系，确保改革稳步推进。要以庭审实质化改革为核心，以强化证人、鉴定人、侦查人员出庭作证和律师辩护为重点，着力推进庭审制度改革。在贯彻执行过程中遇到的新情况、新问题和探索的新经验、新做法，要认真加以总结，并及时层报最高法院。

2017 年 4 月 9 日，在秦皇岛市第十四届人民代表大会第一次会议上，市法院院长胡华军作市法院工作报告，报告中提出，深入推进以完善司法责任制为核心的司法体制改革，家事审判方式和工作机制改革，以审判为中心的刑事诉讼制度、人民陪审员制度等改革，着力破解影响司法公正、制约司法能力的深层次体制机制问题。2018 年 2 月，院长胡华军在人大工作报告中指出，积极开展以审判为中心的刑事诉讼制度改革，推进庭审实质化。年底在全市法院工作会议上，院长胡华军强调，要深化以审判为中心的刑事诉讼制度改革。全面贯彻落实庭前会议、非法证据排除、法庭调查“三项规程”，进一步完善证人、侦查人员、鉴定人出庭作证机制，深入推进庭审实质化，加快推动形成诉讼以审判为中心、审判以庭审为中心、庭审以证据为中心的刑事诉讼新格局。

第二节　量刑规范化改革

量刑规范化是指规范裁量权，将量刑纳入法庭审理程序（简称“量刑规范化改革”），是党中央确定的重要司法改革项目，并被纳入《人民法院五年工作规划纲要》。2010 年 9 月 16 日，最高法院决定从 10 月 1 日起在全国法院全面试行刑事案件量刑规范化改革，目的在于进一步规范量刑活动，规范法官自由裁量权，将量刑纳入法庭审理程序，引入量刑建议，增强量刑公开性与透明度。作为改革的指导性文件，《人民法院量刑指导意见（试行）》以及《关于规范量刑程序若干问题的意见（试行）》于 2010 年 10 月 1 日起全面试行。《人民法院量刑指导意见（试行）》明确了未成年犯、未遂犯、自首、立功等 14 种常见量刑情节对基准刑的调节幅度，选择了常见、多发的交通肇事、故意伤害、抢劫、盗窃等 15 种犯罪进行规范。通过量刑规范化改革，增强了量刑的公开性，促进了司法公信力的提高。

量刑规范化改革试点。2010 年 6 月 1 日起，最高法院在全国法院开展量刑规范化试点工作，要求各高级法院在一个地市辖区范围内首先确定一个中级法院和三个基层法院为试点法院开展试点。在大量实证研究的基础上，进一步修改完善量刑的标准和量刑程序，为在全国法院全面推行量刑规范化改革作好充分准备。2010 年 3 月下旬，省法院在石家庄召开了全省法院量刑规范化试点工作会议，秦皇岛成为量刑规范化改革的全国试点城市，市法院及海港、昌黎、抚宁三个县区法院被确定为试点法院。

量刑规范化改革实践。量刑规范化实施的案件范围，是经过多年试行的交通肇事罪，故意伤害罪，强奸罪，非法拘禁罪，抢劫罪，盗窃罪，诈骗罪，抢夺罪，职务侵占罪，敲诈勒索罪，妨害公务罪，聚众斗殴罪，寻衅滋事罪，掩饰、隐瞒犯罪所得、犯罪所得收益罪以及走私、贩卖、运输、制造毒品罪等 15 种犯罪判处有期徒刑、拘役的案件。对于依法应当判处无期徒刑以上的刑罚、共同犯罪的主犯应当判处无期徒刑以上刑罚的案件，以及故意伤害、强奸、抢劫等故意犯罪致人死亡的案件均不属于量刑规范化实施的案件范围。2010 年 3 月，量刑规范化试点工作开展以来，市法院采取 5 条措施，贯彻落实省法院量刑规范化试点工作会议精神。一是做好汇报工作，争取党委、人大支持。市两级法院在党委领导下，统一思想，统一认识，统一行动，确保党中央量刑规范化这一司法改革任务落到实处。二是积极搞好市法院本身的试点工作。市法院迅速成立了量刑规范化领导小组，组织刑一庭、刑二庭的审判人员进行专题学习，尽快熟悉并掌握最高法院以及省法院有关量刑规范化文件精神；制定量刑规范化实施方案，选择试点案件，做好市法院刑事案件一审的庭审示范准备。三是组织基层法院做好试点工作。市法院向各县、区法院下发了《量刑规范化有关资料文件汇编》，并要求各基层法院认真组织学习。各基层试点法院迅速制定本院的《规范量刑指导意见》和《规范量刑程序指导意见》；与市法院相对应地成立量刑规范化领导组织；精心选好拟开庭刑事案件，为观摩庭审作好充分的准备。四是以观摩庭审为契机，抓好试点示范工作。市法院和海港区、昌黎县、抚宁县 3 个试点法院分别进行量刑规范化审理刑事案件庭审观摩活动，邀请市委政法委、市人大内司委、市检察院、市公安局、市司法局等机关和部门的领导参加，并准备适时在所有基层法院推开。五是市法院刑二庭负责对全市基层法院的指导。市法院刑二庭负责对下指导、协调和统筹解决试点工作中的问题。2010 年 6 月，市法院成立了调研小组，到各县区法院进行了量刑规范化和刑事审判业务两项工作调研。2010 年 10 月 1 日，全国法院全面开展了量刑规范化的试行工作。2011 年春节前，市法院刑二庭分成两个小组到各县区法院通过抽查案卷和座谈的方式，检查了所有基层法院量刑规范化工作的开展情况。市两级法院均成立了以院长、主管副院长为正、副组长，刑庭、研究室、审管办、计财处、宣传处等有关部门负责人和刑事审判骨干参加的量刑规范化领导小组，负责指挥、协调和统筹安排量刑规范化的全局性和方向性工作。市法院从全市法院刑事审判和调研部门抽选精通刑事业务、富有审判经验、具有研究能力的 13 名高素质法官，组成量刑规范化专题调研组，收集汇总情况，及时发现和解决工作中出现的问题，有针对性地制定了《关于量刑规范化工作实施意见》《量刑规范化刑事诉讼证据工作指导意见》《量刑规范化庭审提纲》等规范性文件，加强对量刑规范化工作的具体指导。市两级法院均已全面按照量刑规范化程序开庭审理案件。在海港区法院、昌黎县法院先后三次组织全市刑事审判干警集中观摩量刑规范化庭审，同时，邀请人大、政法委、公、检、司的 70 余名侦查人员、检察官、律师和有关人员参加旁听、观摩。截至 2011 年 2 月底，全市法院按照量刑规范化审结一审刑事案件 507 件，检察机关抗诉 5 件、上诉 31 件。与上年同期相比，上诉抗诉率下降了 4.5 个百分点。2011 年 3 月 18 日，市法院召开了全市刑事审判暨量刑规范化工作电视电话会议，会议就下一步更好地试行量刑规范化提出了几点意见：（1）要继续提高对量刑规范化改革的思想认识。量刑规范化是大势所趋，是对不同法院之间和同一法院不同法官之间审判同类案件量刑的规范，是对自由裁量权的规范而不是剥夺，更不是将法官的量刑过程演变为纯粹的数学运算，而是在自由裁量权相对限制和法官主观能动性发挥之间进行协调，实现量刑均衡，树立司法公信力和权威性，这既是法治社会的必然要求、人民群众的期待，也是对人民法院和刑事法官的保护。（2）量刑规范化不是“电脑量刑”，不能搞绝对化、数字化。量化只是相对的，而不是绝对的。量刑仍然是一个定量分析与定性分析相结合的综合分析过程，绝不是简单的数学运算，而是一项需要发挥法官主观能动性和聪明才智才能做好的工作。（3）要协调相关部门，动员诉讼各方，积极参与，密切配合，确保量刑规范化工作顺利进行。市两级法院要与相对应的检察、公安等有关部门就量刑规范化试行工作充分协商，有针对性地做好相应工作。围绕量刑规范化这个中心，协调好公、检、法及诉讼各方积极参与，密切配合，推动量刑规范化改革工作向纵深发展。（4）要保障当事人的知情权，同时又要严守审判工作秘密。（5）要正确处理好大胆实践与试行“两个意见”过程中存在失误的关系。根据市两级法院的实际情况，目前应提倡积极试、大胆试。对于虽有争议、有分歧，只要没有明显违背现有法律规定的，要搁置争议，先行试。胆子要大一点，步子要快一点，不要因为没有现成经验可借鉴而畏首畏尾，停滞不前。（6）市法院要发挥好监督和指导作用，对不断出现的新问题、新情况，及时地分析研究和解决。

量刑规范化改革具体操作。量刑的指导原则：（1）量刑应当以事实为依据，以法律为准绳，根据犯罪的事实、性质、情节和对于社会的危害程度，决定判处的刑罚。（2）量刑既要考虑被告人所犯罪行的轻重，又要考虑被告人应负刑事责任的大小，做到罪责刑相适应。（3）量刑应当贯彻宽严相济的刑事政策，做到该宽则宽，当严则严，宽严相济，罚当其罪，确保裁判法律效果和社会效果的统一。（4）量刑要客观、全面把握不同时期不同地区的经济社会发展和治安形势的变化，确保刑法任务的实现；对同一地区同一时期、案情相似的案件，所判处的刑罚应当基本均衡。量刑的基本方法。根据《人民法院量刑指导意见（试行）》的规定，在司法实践中按照规范化量刑方法裁量刑罚，可分为以下三个步骤：根据基本犯罪构成事实在相应的法定刑幅度内确定量刑起点；根据其他影响犯罪构成的犯罪数额、犯罪次数、犯罪后果等犯罪事实，在量刑起点的基础上增加刑罚量确定基准刑；根据量刑情节调节基准刑，并综合考虑全案情况，依法确定宣告刑。调节基准刑的方法：（1）具有单个量刑情节的，根据量刑情节的调节比例直接调节基准刑。（2）具有多个量刑情节的，一般根据各个量刑情节的调节比例，采用同向相加、逆向相减的方法调节基准刑；具有未成年人犯罪、老年人犯罪、限制行为能力的精神病人犯罪、又聋又哑的人或者盲人犯罪，防卫过当、避险过当、犯罪预备、犯罪未遂、犯罪中止，从犯、胁从犯和教唆犯等量刑情节的，先适用该量刑情节对基准刑进行调节，在此基础上，再适用其他量刑情节进行调节。（3）被告人犯数罪，同时具有适用于各个罪的立功、累犯等量刑情节的，先适用该量刑情节调节个罪的基准刑，确定个罪所应判处的刑罚，再依法实行数罪并罚，决定执行的刑罚。确定宣告刑的方法：（1）量刑情节对基准刑的调节结果在法定刑幅度内，且罪责刑相适应的，可以直接确定为宣告刑；如果具有应当减轻处罚情节的，应依法在法定最低刑以下确定宣告刑。（2）量刑情节对基准刑的调节结果在法定最低刑以下，具有法定减轻处罚情节，且罪责刑相适应的，可以直接确定为宣告刑；只有从轻处罚情节的，可以依法确定法定最低刑为宣告刑；但是根据案件的特殊情况，经最高法院核准，也可以在法定刑以下判处刑罚。（3）量刑情节对基准刑的调节结果在法定最高刑以上的，可以依法确定法定最高刑为宣告刑。（4）综合考虑全案情况，独任审判员或合议庭可以在20%的幅度内对调节结果进行调整，确定宣告刑。当调节后的结果仍不符合罪责刑相适应原则的，应提交审判委员会讨论，依法确定宣告刑。（5）综合全案犯罪事实和量刑情节，依法应当判处无期徒刑以上刑罚、管制或者单处附加刑、缓刑、免刑的，应当依法适用。常见量刑情节的适用：量刑时要充分考虑各种法定和酌定量刑情节，根据案件的全部犯罪事实以及量刑情节的不同情形，依法确定量刑情节的适用及调节比例。对于严重暴力犯罪、毒品犯罪等严重危害社会治安犯罪，在确定从宽的幅度时，应当从严掌握；对犯罪情节较轻的犯罪，应当充分体现从宽。具体确定各个量刑情节的调节比例时，应当综合平衡调节幅度与实际增减刑罚量的关系，确保罪责刑相适应。量刑计算方式。某被告已满16周岁不满18周岁，手持一管制刀具致一人二级轻伤，一人轻微伤，后投案自首，案发后经双方协商，赔偿二被害人共计人民币30万元，取得了二被害人的谅解。根据量刑规范化的原则，该被告人的刑期的计算方法为：量刑起点为12个月+1个月等于13个月。减少的刑罚量为1-30%的未成年人，1-20%的自首-30%的谅解；增加的刑罚量为1+10%的管制刀具；其最后的刑期为13×（1-30%）×（1-20%-30%）×（1+10%）= 5个月，故对该被告人判处拘役5个月的刑期。首次在刑事庭审中听取控、辩双方量刑意见。2009 年 6 月 2 日上午，山海关区法院公开审理王某某和向某某贪污社会保险金案，并首次在庭审程序中听取控、辩双方对被告人的量刑意见。被告人王某某原系山海关劳动人事和社会保障局养老保险所养老保险科科长、副所长，2002 年 10 至 2005 年 7 月，利用在代发金融机构虚设养老保险金账户、制作发放明细过程中虚增金额、自行提取的手段，套取养老保险金人民币 49.14 万元。2005 年 8 月，伙同时任商业银行山海关支行计算机系统维护员的向某某，采用由王某某更改劳人局企业离退休职工养老保险金数据库中的数据，虚增发放总额，套取企业离退休职工养老保险金人民币 141.36 万元，王某某分得 110.56 万元，向某某分得 30.80 万元。公诉人根据相关法律规定和具体犯罪情节，建议法院对王某某量刑在有期徒刑 14 ～ 15 年之间，建议对向某某量刑在 7 ～ 8 年之间。辩护人根据认罪悔罪和退赔表现，建议对王某某量刑应在 8 ～ 10 年之间，向某某量刑应为 7 年。合议庭合议后，经审判委员会研究讨论，依法认定二被告人贪污罪名成立；被告人王某某具有自首情节，能够部分退赃，可依法从轻处罚；被告人向某某主动自首，在共同犯罪中起到的作用相对较小且全额退赃，可依法减轻处罚。当庭宣判，判处王某某有期徒刑 14 年，剥夺政治权利 4 年；判决向某某有期徒刑 7 年；追缴非法所得。宣判后，二被告人经考虑，均表示不上诉。庭审结束后，被邀旁听的人大代表、政协委员和旁听群众就庭审中听取控、辩双方量刑意见的做法反映强烈，连声叫好。“以前只知道犯什么罪，不知道怎么量刑，3 ～ 7 年或 10 ～ 15 年，中间有很大的法官自由裁量权，怎么掌握，外行人不清楚。通过今天的庭审，控、辩双方各自发表意见，让代表、委员听明白了，旁听不再只是感受一个庭审的程序，也让旁听群众触及了实体，感觉耳目一新。”

量刑规范化改革成效。2011 年 10 月，随着量刑规范化工作的深入推进，秦皇岛市刑事审判工作呈现出“四个明显”的成效。（1）案件质量和服判息诉率明显提高。将量刑程序纳入庭审，为控辩双方就量刑问题提供充分表达意见的机会，改变了过去法院自主裁决的模式，让判决结果更加公开、公平和公正，因而使得当事人及其亲属更容易理解和认同。试行工作开展以来，审结的试行罪名案件 1957 件，被告人一审服判息诉率达 93.6%，且二审审结的上诉案件发改率仅占一审案件 0.9 个百分点。（2）司法透明度和统一度明显提高。量刑程序的相对独立，使量刑过程更加公开透明，从制度上避免了法官“暗箱操作”的可能，防止了可能来自各方面的干扰，有效消除了诉讼参与人和社会公众对法院的误解和质疑。同时，根据当地社会治安形势及任务需要，综合考虑同一地区、同一时期、同类案件的量刑相对平衡，通过规范量刑标准、量刑程序、量刑方法，有效预防了因量刑不规范造成的量刑偏差、量刑失衡和罪罚不相称等现象。（3）法官自我约束能力和裁判能力明显增强。将法官的自由裁量权合理限制在量刑指导意见所规定的框架内，从而使法官的自我约束能力自行得以提高，同样及同类案件量刑畸重畸轻现象得到有效控制。同时，量刑规范化使法官有了一个可供操作的办案标准，经过一段时间适用后，法官对量刑步骤不断清晰，对量刑程序不断熟悉，对复杂的量刑情节之间的衡量把握更加准确，审判效率也随之得到有效提高。（4）司法权威和司法公信力明显增强。量刑规范化克服了以往审判工作的神秘感，让案件当事人和人民群众有了一个可供比较和监督的标准，有效防止了人情案、关系案、金钱案的发生。试行工作开展以来，市法院审理的试行罪名案件中尚未出现因裁判不公而引发的上访和投诉，被告人和被害人普遍反映，量刑规范化使自己明白了刑期是由什么决定的，对法院判决的权威性更加信服；公诉人和律师也普遍反映，法院量刑不再神秘，让量刑结果更具预见性、权威性。秦皇岛市县（区）两级党委、人大、政府及社会各界对法院量刑规范化工作取得的成绩给予了充分肯定。

第三节　民事审判方式改革

民事审判方式改革，是对现行民事审判工作中存在的不合时宜或影响司法公正的诉讼观念及习惯做法进行改变，保障公正裁判，建立符合国情的审判机制。随着改革开放的不断深化和计划经济体制向社会主义市场经济体制的转换，与市场经济直接相关的新型民事法律关系和案件必然随之越来越多。案件的大量增加与审判力量严重不足的矛盾日趋突出，传统的审判方式已不能适应新形势。人民法院必须随之改变审判工作中不适应新经济体制的习惯做法，以适应不断变化的形势。而充分运用法律手段规范和调整市场经济运作的环节，保障和推进新体制的建立、完善和发展的要求，使得人民法院审判方式改革显得更加迫切。因此，改革民事审判方式已成为市场经济条件下民事审判工作发展的客观要求和必然趋势。民事审判方式改革，是人民法院司法体制和工作机制改革的重要组成部分，是中国特色社会主义司法制度的自我完善。民事审判方式的改革是整个民事审判活动的大改革，包括民事审判工作中合法化的审判方法、科学化的审判管理以及优质化的审判效果等诸多环节改革，是全方位、多层次的改革。

当庭宣判。当庭宣判是宣判的方式之一，是“定期宣判”的对称，又称“立即宣判”，是在合议庭休庭评议并作出裁判后，立即复庭由审判长口头宣告判决结果的诉讼活动。当庭宣判案件事实清楚，庭审调查后当日在法庭宣判，宣判坚持“先审后判、一案一判”的原则。当庭宣判的，在10日内发送判决书。

当庭宣判制度的实行。1998年，市两级法院稳步推进民事审判方式改革，进一步对合议庭人员下放审判权，提高当庭宣判率；同时继续落实公开审判制度，将审判活动置于广大人民群众监督之下。2000年，市两级法院对于事实清楚、证据确实充分及当庭调解的案件，做到了当庭合议，当庭宣判。市法院经一庭当庭宣判率达到了70%，受到了省法院的表彰。2001年，市法院出台《审判流程管理规程》，分清审判流程管理职责，健全监督制约机制，确保审判活动规范高效运行。（1）建立了科学的审判机制。全市法院撤销了经济庭，建立大民事审判格局，理顺了刑事、民事、行政三大审判体系。撤销了告诉申诉庭，成立立案庭和审判监督庭，彻底实现了立案与审判、审判与监督、审判与执行的三个分立，强化了法院内部监督制约机制。（2）进一步推进审判方式的改革。规范庭审功能，强化庭审质量，加大当庭宣判力度。市法院民三庭当庭宣判率达到了73%，强化当庭宣判的经验在全省法院民事审判经验交流会上进行了交流，得到省法院领导的充分肯定，并在全省法院推广。推行和完善巡回审判制度，针对一些偏远地区人民群众诉讼不方便的问题，基层法

2002年8月12日，全省民商审判当庭宣判经验交流会在市法院召开

2002年8月12日，参加全省民商审判当庭宣判经验交流会议人员合影

院和人民法庭加强巡回审判，实行流动办案，深入工厂、农村、田间地头，就地立案、就地审理、即时调解、当庭结案。2002 年，继续强化当庭宣判，提高审判透明度和审判效率。市法院和部分基层法院民商事一审案件当庭宣判率都达到了 80% 以上，受到省法院的充分肯定，并在全省法院推广。2005 年，推行民事案件速裁机制，市法院民商事一审案件当庭宣判率达到 80%，走在全省法院前列。

繁简分流机制改革。繁简分流就是将起诉到法院的民事案件依照一定的标准分为复杂案件和简单案件，分别适用普通程序和简易程序审理，达到既能降低当事人诉讼成本又能实现诉讼公正的目的。所谓简，即简案简审。对于双方争议不大、权利义务关系明确、标的额较小的传统民事案件要简化审理。所谓繁，即精案精审。特别是两类特殊案件：一类是社会各界、广大人民群众关注的，对于当地经济社会发展有重大影响的案件，要组织骨干力量认真审理；另一类是涉及特殊群体的案件，就是特殊困难群体、农民工或弱势群体案件，在党委的统一领导下，运用多元办法，依靠各方面力量认真妥善解决好。2014 年，根据省法院关于试行《关于推进民事简易程序改革的试点方案》的通知要求，市法院确立海港区法院和昌黎县法院作为秦皇岛市民事简易程序改革试点法院。2015 年 6 月，市法院向全市基层法院印发了《民事简易程序规范化改革实施办法（试行）和有关文书样式的通知》，标志着繁简分流改革在全市法院正式推开。2016 年 1 月 1 日—8 月 4 日，全市法院新收民商事审判案件 25018 件，同比增加 6949 件，同比上升 38.46%，结案 19665 件，同比增加 6679 件，同比上升 51.43%；海港区法院作为秦皇岛地区收结案基数最大的法院新收民商事审判案件 8444 件，同比增加 2583 件，上升 44.07%，结案 6696 件，同比增加 3164 件，上升 89.58%。2017 年 8 月 18 日，市法院下发《关于大力推进案件繁简分流机制改革切实提高审判工作质效的意见》（以下简称《意见》），要求各基层法院对照《意见》深入查找短板不足，坚持问题导向，有的放矢地制定具体措施。各院要建立由一把手任组长的繁简分流机制改革领导小组，立即行动、强力推进。

第四节　家事审判改革

2016 年 4 月，市法院被最高法院确定为家事审判改革试点法院以来，全市法院凝聚全员共识，主动作为，先行先试，坚持以“四强”推进“四化”，改革机构建设、创建十大工作机制、开展多元化矛盾化解及促进审判方式和效果社会化，努力促进家庭和睦及社会和谐稳定，有效预防了民转刑事件的发生。2016 年市法院被省法院荣记集体二等功，市法院民一庭被全国妇联评为“全国维护妇女儿童权益先进集体”。海港区法院长城家事法庭先后荣获“全国十佳法庭”“全国指导人民调解工作先进集体”“全国维权先进集体”等 9 项国家级荣誉。2018 年 7 月，最高法院召开全国法院家事审判方式和工作机制改革试点工作总结大会暨家事审判方式和工作机制改革联席会议第二次全体会议，对全国法院系统家事审判工作中的先进集体和先进个人进行了通报表彰，市法院民一庭被评为“全国法院家事审判工作先进集体”。

在全国部分法院家事审判方式和工作机制改革试点工作推进会上，副院长赵爱彬介绍秦皇岛市家事审判方式和工作机制改革试点工作经验

加强改革尝试，大力推进家事审判机构专业化。（1）健全家事审判专业机构。秦皇岛市主城区海港区长城家事法庭于 1988 年设立，属于全国首创的审理婚姻家庭案件专业法庭，由于多年来法庭干警 80% 以上为女性，被称为“女子法庭”，以女性特有的“柔情、细腻”化解诉讼双方的戾气。市法院于 2014 年 9 月就成立了全省法院首个“妇女维权合议庭”。市法院成为试点法院后，指导各县区法院组建家事审判合议庭，或指定具有丰富家事审判经验、生活经验、社会阅历的法官专门审理家事案件。（2）建立家事审判专业队伍。聘请家事调查员、调解员、心理咨询师等家事审判辅助人员，总计达到 2000 余人，并从中聘任人民陪审员，充实专业化家事审判队伍。（3）完善家事审判专业设施。市法院提出“家事家审”，用沙发、茶几代替审判桌椅，以“家和万事兴”“和谐”画面取代了法庭规则，用“丈夫”“妻子”“父母”“子女”“兄弟”“姐妹”等家庭称呼取代诉讼称呼，以家的轻松取代诉讼的剑拔弩张，构建温馨的“家”氛围，有条件的还设立了心理疏导室、亲情会见室、儿童托管室等，对当事人心理情绪产生了积极影响。

强化新理念引领，积极推进审判机制规范化。按照上级法院部署，结合秦皇岛地区实践经验，市法院总结出台了《秦皇岛中院家事审判十大工作机制》，基本上涵盖了秦皇岛市家事纠纷化解和家事审判改革的全部内容。（1）专业化的家事审判团队机制。（2）婚姻“危机与死亡”甄别机制。对危机婚姻，以修复感情、挽救婚姻为目标；对死亡婚姻，保护当事人的离婚自由，以和平分手、将未成年子女受伤害的程度降至最低为目标。（3）情感修复机制。针对家事案件，法院适当延长审限，给予当事人矛盾缓和期、感情和好期、跟踪调解期，防止因情绪激动草率离婚。（4）家事案件优先调解机制。长城家事法庭历来重视调解，自1998年就开办了婚姻家庭教育学校，平均每年举办婚教学习班10余次，每期针对不同的主题，学习人数从10人到50人不等，参加学习的案件当事人和好率达30%；独创了调解与服务为主线的“5+8工作法”，即调解上实行审教结合机制、疏通三关机制（庭前调解关口、庭审促成关口、庭后消化关口）、调解三期制度（矛盾缓和期、跟踪调解期、回访观察期）、家事纠纷多元化调解机制及调解九法（法理法、心理法、案例法、利弊法、冷热法、社会法、电话法、亲情法、结合法）；服务上实行预约开庭、诉讼指导、法官进社区等8项制度。卢龙县法院总结出“十调工作法”，将调解贯穿于诉前、立案、审判、执行的10个节点，并针对家事案件的亲情特殊性，还确定了家事执行团队，探索适合家事案件的“温暖”执行方式。（5）举证责任向弱者倾斜的机制。基于家事纠纷的特点，在依法分配举证责任的基础上，考虑弱势群体利益及当事人的诉讼能力，建立家事案件特殊的举证分配机制，强化法官依职权探知。（6）心理疏导机制。通过聘请心理疏导师、委托相应心理咨询机构、与高等院校心理机构合作等方式对一些特殊案件当事人进行心理测试和疏导，缓解当事人的负面情绪，化开心结。（7）司法救助机制。包括协调法律援助机构指派援助律师，减、缓、免交诉讼费，对追索赡养费、扶养费、抚育费的当事人，依法进行司法救助等。（8）回访帮扶机制。以延伸家事审判社会功能，巩固家事案件审理效果。长城家事法庭从2006年就建立了案后回访制度，每年完成已办结案件50%以上的回访任务，其中赡养、调解和好案件做到100%回访，对赡养或涉及老人的案件力求到家回访，对涉及家暴、侵犯妇女儿童的案件进行多次回访，予以监督。在回访制度执行的几年中，案件自动履行率达到了60%以上，而二次起诉率不到20%。既减轻了法院执行工作压力，又减少了诉累。（9）反家暴人身保护机制。市法院已与相关部门建立了常态化的协作机制，形成了反家暴的高压态势。（10）社会联动综合解决机制。借助社会各界力量，共同协作，构建新型家事纠纷综合协调解决机制，现已取得初步成效。

增强沟通协调，大力推进矛盾化解方式多元化。（1）争取党委的领导和社会各界的支持。市法院起草的《秦皇岛市家事纠纷综合解决机制实施方案》以“市两办”的名义下发，为推进建立秦皇岛市家事纠纷综合解决机制提供了强有力的依据和支撑。全市法院与相关部门强化了沟通协调，动员社会各方面的力量共同参与家事纠纷化解，形成了“党委领导、综治协调、政府尽责、法院牵头、社会参与”的良好工作局面。（2）引入专业人员和依托专业机构协助家事案件审理。市法院已与燕山大学达成家事审判项目战略合作协议，由燕山大学教授为家事法官和家事辅助人员进行心理学培训和指导，并对诉讼程序理论与家事审判前沿进行深入研讨，以提高家事审判的专业化理论水平。（3）充分发挥民调联络作用，为审判提供高效助力。长城家事法庭通过民调联络员解答咨询300余人次，有效引导诉前化解50件，通过人民调解员调解案件100余件，有效配合了家事审判工作的顺利开展。（4）积极与民政、司法行政、妇联等部门建立长效协作机制，建立家事案件案后回访帮扶制度，共同帮助当事人解决实际困难，促进家事纠纷的有效解决。长城家事法庭审理陆某诉韩某变更抚养一案，陆某是狂躁型精神病患者，被送至医院强制治疗；韩某智残二级，需监护，婚生孩子是智残三级，离婚后孩子一直由奶奶带着，因奶奶脑血栓无法照顾孙女，遂诉至法院要求变更抚养。针对孩子无人抚养的特殊情况，主办法官多次联系街道办事处、民政局，出具材料10余份，因孩子已满14岁并不符合福利院接收条件，后经多次多方协调，终于将孩子妥善安置到福利院。（5）推动建立反家庭暴力整体防治网络。市法院与市综治办等7家单位联合下发了《关于反家庭暴力人身保护机制建设的指导意见》，为有效预防和制止家庭暴力，推进各部门建立常态化的协作机制提供了制度保障。

家事审判方式和工作机制改革推进现场会（2017年）

强势宣传引导，深入推进家事审判改革效果社会化。高度重视家事审判改革的对外宣传，更多地争取社会各界的理解和支持。借助各种媒体媒介，利用各种载体，加大法治宣传力度，把家和万事兴的理念植入到家家户户。通过开展法治进机关、进校园、进企业、进农村等多种形式，把家事审判改革的工作理念传递到社会的每一个角落，让人民群众充分认识和接受法院家事审判改革和显著效果，最终认可和适应这些新的方式方法，积极引导形成文明家风，促进社会和谐稳定。2017 年 5 月 9 日微信公众号“中国家事审判改革与探索”中介绍“河北秦皇岛中院：家事审判工作我们一直在路上”。2017 年 6 月 15 日，市法院召开“家和万事兴——秦皇岛市法院家事审判媒体恳谈会”，胡华军院长向新闻媒体介绍了市法院在“十大工作机制”基础上的“秦皇岛版”家事审判模式，中央电视台、《法制日报》等 10 余家中央、省及秦皇岛市新闻媒体集中对市法院系统家事审判改革试点成果进行采访，加深了新闻媒体对家事审判改革引领社会风气重要性的认识。2017 年 10 月 23 日，在河北省家事审判方式和工作机制改革联席会议第一次全体会议上，市法院作为全省 5 个试点法院中唯一一家作经验介绍。2017 年 12 月 7 日，市法院作为河北省唯一代表在全国部分法院家事审判方式和工作机制改革试点工作推进会上作了经验介绍。市法院与燕山大学开展家事审判战略合作的做法受到了最高法院审判委员会专职委员杜万华的充分肯定。市领导作出批示，肯定市法院的家事审判改革试点工作。市委书记孟祥伟批示：“这个试点工作做得好，对于做好全市稳定发展非常有益。关于试点工作，要务实创新，不能无所作为，请改革办对此事督办。”市人大常委会主任刘辰彦批示：“市法院家事审判工作，从抓早抓小入手，以专业团队为依托，以建立机制为保证，取得良好效果。望认真总结经验，扩大工作覆盖面，为社会和谐稳定作出更大贡献。”

2018 年，成立家事法庭

第五节　司法公开改革

庭审公开。庭审是法院案件审判的核心，庭审公开是司法公开的关键。多年来，法院在审判方式上还不尽完善，公开不公开只区分于是否准许群众旁听，而对案件事实的调查、取证都由审判人员在庭审前进行，认证和实体处理意见也在庭审前形成，庭审活动只是走程序，没有实质意义。为了认真落实公开审判制度，促进司法公开，自1996年开始，市两级法院按照上级法院的要求进行了审判方式改革，所有的案件审理实行“一步到庭”，实行当庭举证、质证、认证，庭审方式由原来的提问式变为控（诉）辩式，法官真正处于中立、居中裁判的地位，强调公诉机关及当事人的举证责任，法院一般不依职权调取证据。市法院经一庭（后改为民三庭）认真探索和总结当庭审判工作，努力提高当庭宣判率。2001年，市法院进一步落实公开审判制度，当年审判案件公开开庭审判率达到100%，二审和再审案件公开开庭审判率达到40%以上。让当事人理在庭上讲，证在庭上举，明明白白打官司，提高了审判案件的透明度，受到当事人好评。对于事实清楚、证据确实充分及当庭调解的案件，做到了当庭合议，当庭宣判。市法院经一庭当庭宣判率达到了70%，受到省法院的表彰。2014年，市法院向社会公布庭审公开的具体内容：除法律明确规定不公开审理的案件外，所有案件均应公开开庭进行审理。公开审理的案件应当严格依照相关诉讼法规定时限发布开庭公告。案件案号、案由、当事人、开庭时间、开庭地点、承办法官、合议庭成员等信息，通过公告栏、电子触摸屏、政务网站、官方微博、微信等形式向社会公告。在政务网站上公开人民陪审员名册。公开审理的案件，社会公众持有效证件，可以进入法庭旁听。每年选择一些社会关注度高、有法治宣传教育意义的案件，按照有关规定，在政务网站、官方微博进行庭审网络直播。主动接受人大、政协监督，定期邀请人大代表、政协委员旁听庭审。加强巡回审判工作，公开庭审过程，健全完善工作机制。落实《最高人民法院关于庭审活动录音录像的若干规定》，实现庭审过程同步录音录像。 依法向当事人告知诉讼权利义务，包括案件受理通知书、应诉通知书、举证通过书、合议庭组成人员告知书、保全裁定、中止诉讼裁定等文书，以及根据审理进展及时告知当事人相关权利义务。告知双方当事人相关重大程序事项，如延长审限、合议庭组成人员变更、是否准许当事人申请法院调查取证、委托鉴定等。所有证据应当在法庭上公开。能当庭认证的，应当当庭认证。2015年，市法院领导带头开庭，并通过庭审直播平台在互联网上进行了直播；在领导的示范作用下，市两级法院各业务庭庭长带头开庭直播。市两级法院成功直播庭审843次。探索利用微博进行直播庭审。为提升庭审公开的质量，全市法院通过组织开展庭审评查、示范庭审、专项培训等多种形式，提升法官庭审驾驭能力。制定庭审规范，对庭审着装、仪容、庭审用语等细节提出要求，并实时进行庭审巡查，确保庭审质量。2016 年，全市法院在中国裁判文书网公开裁判文书 12967 份，其中市法院 2043 份；通过市法院和省法院网络平台庭审直播案件 134 件。公开案件流程及执行信息 37069 件，公开率 98.76%。在全省法院年度司法公开各项指标考核中，市法院名列前三名。

执行公开、文书公开、审务公开。对于这三项司法公开内容，市法院于 2014 年分别逐项作出了规定。（1）执行公开：通过电子触摸屏、政务网站公开执行案件的立案标准、收费标准、执行风险、执行规范、执行程序等信息。在当事人申请立案后，及时将立案的有关情况、当事人在执行中的权利义务及其承担的风险，书面告知申请执行人和被执行人。当事人凭密码通过政务网站、12368 诉讼服务热线获取执行案件当事人情况、立案信息、被执行财产、执行中止情况和理由、结案信息，执行异议及变更、追加被执行人案件的听证信息等内容。采取查封、扣押、冻结、划拨等重大措施后，应当及时将有关情况告知双方当事人。通过政务网站公开选定评估、拍卖机构的条件、程序，向社会公布选定的具有相应资质的鉴定、评估机构、拍卖机构名单。案件执行中委托评估、拍卖的，向当事人和利害关系人公开评估、拍卖的过程和结果。在执行过程中，及时向申请执行人通报案件执行进展情况。及时告知当事人执行救济的权利。对在法定期限内不能执结的案件，应当书面告知申请执行人案件执行情况以及不能及时执结的原因。通过政务网站、相关媒体公布失信被执行人名单信息，公开限制高消费人员名单。（2）文书公开：按照“以公开为原则、不公开为例外”的要求，依法、全面、规范将已发生法律效力的裁判文书在河北法院司法公开平台、中国裁判文书网上公布，并在政务网站设置中国裁判文书网的网址链接。利用官方微博，以提供或长微博等形式，发布社会关注度高、具有指导意义的案件的裁判文书。（3）审务公开：在政务网站、官方微博、微信公布人民法院基本情况、审判业务部门审判职能、人员状况、工作流程、管理制度等基本情况和人民法院的工作报告、重要活动部署、规范性文件等信息。市法院通过审理案件、总结审判经验、组织法官培训等形式，对基层人民法院的审判业务工作进行指导。当事人及其诉讼代理人可以凭有效证件申请查阅案件卷宗正卷的有关材料，人民法院应提供专门场所方便当事人及其诉讼代理人查阅。在符合保密规定的前提下，对有利于促进有关行政机关科学决策、改进工作，不断提高科学管理水平，预防和减少社会矛盾纠纷，积极推动社会建设的司法建议，以适当方式向社会公开。完善新闻发布制度，通过定期或不定期地召开新闻发布会、座谈会、通气会以及组织集体采访、接受媒体采访、发布新闻稿等形式，及时、准确发布法院工作信息。完善法院开放制度，邀请社会公众参观人民法院司法活动场所，指定专人向社会公布介绍法院情况。2015 年全市法院利用公开平台公布执行失信人信息 632 人次，其中自然人 550 人，法人 82 个。除此之外，法院还利用广场、购物区等人员密集地区 LED 大屏幕公开执行失信人信息数百人。通过限制高消费、出国、贷款等手段，发挥对失信执行人的惩戒作用；实现了对重大执行案件的听证、实施过程进行同步录音录像；建立执行查控系统，建设“点对点”网络执行查控机制，通过与全省 18 家银行的信息系统对接，实现执行人员在办公室即可对被执行人财产进行查询、控制，全年法院通过信息查控系统共查询案件 6308 件，涉及被执行

审务公开宣传牌

市法院出台依法服务大局“两个《意见》”新闻发布会（2016 年）

人 8240 人，涉案标的额 140 亿元，有效提高了执行效率，降低了执行查控成本。2015 年市法院先后出台一系列规章制度，细化裁判写作要求，严格裁判文书核校程序，切实增强裁判文书的说理性和裁判过程的透明度，同时通过裁判文书评查、优秀裁判文书评选等方式，保证和提升裁判文书的质量。同时市法院还专门制定《关于生效裁判文书上网公布的若干规定》，明确了文书上网范围、流程，指定部门统一管理、监督和统计。全年市两级法院在中国裁判文书网上公开生效裁判文书 1.21 万篇。2015 年，全市法院制定了新闻发言人制度，对于重大案件的审理、重大活动的开展及重大举措的推进情况，适时公布审判活动信息，有针对性地回应社会公众的关切，主动接受社会监督。全年召开 6 次司法公开工作新闻发布会，举办 6 次“公众开放日”。按照省法院的统一部署，在全市法院开展公众开放周活动。此外，还通过互联网建立新浪、腾讯官方微博平台，及时发布法院司法信息、普及法律知识，拓宽了人民群众的监督渠道。

第三章　司法体制改革

深化司法体制改革，建设公正高效权威的社会主义司法制度，是党的十八大和十八届三中、四中全会作出的重大战略部署，对推进国家治理体系和治理能力现代化、建设中国特色社会主义法治体系具有十分重要的意义。司法体制改革由中央司法体制改革领导小组统一部署，主要包括司法人员分类管理、司法责任制、司法人员职业保障、省以下地方法院检察院人财物统一管理等四项改革任务。法院司法体制改革的重点内容是，以完善主审法官责任制、合议庭办案责任制为抓手，突出法官办案的主体地位，明确法官的权力和责任，对所办案件终身负责，严格错案责任追究，真正形成“让审理者裁判、由裁判者负责”的司法权力运行机制。

2016年以来，市法院认真落实中央办公厅《关于加强法官检察官正规化专业化职业化建设全面落实司法责任制的意见》（厅字〔2017〕44号）和省委办公厅《关于加强法官检察官正规化专业化职业化建设全面落实司法责任制的意见》（冀办字〔2018〕46号）等上级有关文件要求，高度重视司法体制改革工作，成立了以党组书记、院长胡华军为组长的司法体制改革领导小组，健全了司法体制改革的组织领导机构，专门组织力量赴省司法改革试点单位学习经验，进行了大量摸底调研工作。在此基础上，先后多次组织召开全市法院司法改革工作动员部署和工作推进会议，及时制定下发了《关于认真做好司法改革相关工作的通知》，对全市法院改革工作提出了具体要求。面对改革难题和突出矛盾，市两级法院党组紧紧依靠党委、人大和上级法院的领导指导，牢牢把握公开、公平、公正总要求，坚持思想引领，勇于攻坚克难，较好地完成了司法体制改革有关工作。

全市法院认真落实最高法院《关于完善司法责任制改革的若干意见》，省法院《关于落实司法责任制实施意见》《入额法官年度办案任务目标分类指导意见的通知》。市法院先后研究制定了《法院各类人员分案管理办法（试行）》《全市法院落实司法责任制指导意见（试行）》《专业法官会议工作办法（试行）》等文件，对主审法官、审判长、合议庭、合议庭其他法官、法官助理、书记员、院庭长职责以及文书签发权限进行了明确规定；按照省法院《全省法院入额法官年度办案任务目标分类指导意见》规定分案。以严格的审判责任制为核心，以明晰的审判组织权限和审判人员职责为基础，以有效的审判管理和监督制度为保障，创立科学的审判权力运行机制和工作方法，优化审判资源配置，组建新型审判团队，激发审判活力，提高了审判质量和审判效率，改革取得了初步成效。

市法院以推进司法责任制改革为契机，结合实际情况，有重点、有步骤、有秩序地建立健全制度，出台了一系列的改革配套措施，规范和推进司法责任制改革有序开展。研究室制定出台了《秦皇岛市中级人民法院司法体制改革试点工作实施方案》《秦皇岛市中级人民法院关于审判人员职责的规定》等配套的具体实施文件。健全了院、庭长办案机制，将院长、庭长和审委会委员作为审判人员直接编入合议庭，实现院长、庭长办案常态化、规范化、制度化。改革审委会工作制度，建立专业法官会议和审委会讨论事项先行过滤机制，缩小和减少讨论案件的范围和数量，强化审委会宏观指导职能，完善审委会议事规则，严格落实审委会的法定职责和讨论规则。

第一节　司法责任制改革

作为司法体制改革的重要基石，推进司法责任制改革的总体目标就是“让审理者裁判、由裁判者负责”，确保人民法院依法独立公正行使审判权，对审判权运行模式进行重塑，加快推进审判体系和审判能力现代化。（1）建立完善科学合理的人员分类管理体系。牢牢把握法官员额比例不突破，规范法官遴选程序，制定考试考核办法，严格入额标准，坚持好中选优。这项工作启动后，市两级法院短短 2 个多月就全面完成首批 256 名法官入额遴选工作，改革后法官的年龄结构、学历层次明显优化。市两级法院积极争取党委政府支持配齐配强司法辅助人员，结合不同层级法院职能定位，采取随机组建合议庭或者以“1（法官）＋ 1（书记员或法官助理）＋ N（陪审员）”等方式，建立新型审判团队，实现了 85% 司法资源参与办案。同时，大力推动院长、庭长办案制度落实，发挥引领示范作用。市两级法院院长、庭长办案数占结案总数的 49.63%，院长、庭长常态化办案的工作格局初步形成。（2）建立完善科学合理的审判权力运行体系。深化司法责任制改革，就是要改革审判组织模式，改革文书签发方式，增强法官审理案件的亲历性，建立符合审判工作规律的审判权力运行机制。全面推进司法改革以来，市两级法院始终坚持有序放权与管理监督相统一，先后出台落实司法责任制指导意见、法官办案责任制以及加强审判管理、审判监督和审判委员会工作等文件，明确法官、合议庭、院庭长、审判委员会的职责和权限，实现司法权力边界从模糊到清晰的转变，审判管理从个案审批到类案指导的转变，案件质量效率得到稳步提升。（3）建立完善科学合理的法官业绩评价体系。市两级法院积极适应人员分类管理后审判权力运行模式的变化，坚持量化考核与主观评价相结合，突出司法职业特点，遵循司法审判规律，将工作实绩作为考评的主要依据和内容，制定出台绩效考核奖金分配办法（试行）。有序推进法官单独职务序列管理，积极配合组织部门，圆满完成全市法院法官职务套改，确定了所有员额法官的等级；强化法官的履职保障，认真贯彻落实中央《关于保护司法人员依法履行法定职责的规定》以及防止干预、过问案件的“两个规定”，保障法官依法独立公正行使审判权。（4）建立完善科学合理的司法监督制约体系。建立健全司法权力监督制约机制，不断完善审判监督指导的方式方法，通过制定规范性文件、出台类案审判工作意见、召开业务研讨会、编发典型案例等方式，提高审判监督指导的质量和效果。推进阳光司法，大力推行立案公开、审判流程信息公开、庭审公开、裁判文书公开和执行信息公开，全力构建开放、动态、透明、便民的阳光司法机制。着力推动司法责任追究和惩戒机制建设，落实办案质量终身负责制和错案责任倒查问责制，推动司法责任制真正落到实处。

严格落实上级法院关于司法责任制改革的要求。自 2017 年 5 月开始已不再为未入额法官新分案件。2017 年 7 月 24 日正式下发通知，未入额法官将未结案件全部于 27 日前移交给员额法官。2017—2018 年，市法院 59 名员额法官受理案件 13050 件，结案 11570 件，结案率 88.66%；17 名院长、庭长（不含副庭长）结案 1159 件，结案率 87.94%。持续推进法官员额制改革，全市法院顺利完成第二批、第三批员额法官遴选工作，入额院庭长实现直接办案常态化；院庭长转变以往层层审批的审判管理方式，将裁判文书签发权下放至员额法官，真正做到让审理者裁判、由裁判者负责。（1）组建新型审判团队。为落实司法责任制改革“让审理者裁判、由裁判者负责”的要求，全市法院按照权责统一的原则，明确审判权运行过程中各个权力主体的职责，细化责任追究工作程序，既强化责任追究又保障法官正常履职行为。最高法院《关于完善司法责任制改革的若干意见》明确规定，基层、中级人民法院可以组建由一名法官与法官助理、书记员以及其他必要的辅助人员组成的审判团队，依法独任审理适用简易程序的案件和法律规定的其他案件。全市法院按照省法院《关于加快组建审判团队的通知》改革要求，因地制宜组建审判团队。根据上级法院的要求，结合市两级法院实际，在确保队伍整体稳定的前提之下，创造性地完成了审判团队的组建工作。根据各个业务庭室工作量的大小不同，在法官助理人数少、配备“一审一助”难以满足的情况下，分别采取一个合议庭配备一个法官助理或者一个员额法官配备一个法官助理的模式，2017 年 9 月，市法院根据现有人员状况，共组建四大类审判团队 45 个：刑事审判团队 8 个，民事、行政、审监、立案审判团队 29 个，执行团队 5 个，专业团队 3 个。院领导 7 人，按照审判专业和分管工作分别编入相应的审判庭团队，不单独组建。通过综合考量案件类型及案由差异、法官司法能力及有效办案时间、辅助人员工作能力等多方面因素，统筹配置审判团队，实现了案件繁简分流和专业化审判。审判团队成员职责明确，相互配合，及时补位，有效提升了审判质量和效率。（2）进入法官员额的庭长、副庭长均办理案件。庭长、副庭长每年办案数量参照本庭法官人均办案数量并根据其承担的审判管理监督事务和行政事务工作量合理确定。庭长、副庭长履行审判职责，包括独任审理案件时，依法履行独任法官审判职责；参加合议庭对案件进行审理与裁判的，根据在合议庭的审判地位行使相应的审判权力；担任合议庭审判长。（3）进入法官员额的院长、副院长、审判委员会专职委员均办理案件。院长、副院长、审判委员会专职委员每年办案数量参照全院法官人均办案数量，根据其承担的审判管理监督事务和行政事务工作量合理确定。院长、副院长、审判委员会专职委员履行以下审判职责：独任审理案件时，依法履行独任法官审判职责；参加合议庭对案件进行审理与裁判的，根据在合议庭的审判地位行使相应的审判权力；参加审判委员会会议，根据相关规定对案件发表意见；对于重大、疑难、复杂的案件，可以直接由院长、副院长、审判委员会委员组成或参加合议庭进行审理。

落实责任制，严格法律文书签发权限。全市法院独任法官审理案件形成的裁判文书，由独任法官直接签署。合议庭审理案件形成的裁判文书，由承办法官、其他合议庭成员、审判长依次签署；审判长作为承办法官的，由审判长最后签署。审判组织的法官依次签署完毕后，裁判文书即可印发。除审判委员会讨论决定的案件以外，院长、副院长、庭长对其未直接参加审理案件的裁判文书不再进行审核签发。（1）法官独任审理案件。由该法官对案件的审判程序、确认事实和裁判结果依法承担责任，并直接签发裁判文书。规定应当具体履行以下审判职责，包括主持或者指导法官助理做好庭前会议、庭前调解、证据交换等庭前准备工作及其他审判辅助工作；主持案件开庭、调解，依法作出裁判，制作裁判文书或者指导法官助理起草裁判文书，并直接签发裁判文书；依法决定案件审理中的程序性事项；依法行使其他审判权力。（2）合议庭审理的案件，合议庭成员对案件的事实认定和法律适用共同承担责任。合议庭审理案件时，规定承办法官应当履行的审判职责，即主持或者指导法官助理做好庭前会议、庭前调解、证据交换等庭前准备工作及其他审判辅助工作；就当事人提出的管辖权异议及保全、司法鉴定、非法证据排除申请等提请合议庭评议；对当事人提交的证据进行全面审核，提出审查意见；拟定庭审提纲，制作阅卷笔录；自己担任审判长时，主持、指挥庭审活动；不担任审判长时，协助审判长开展庭审活动；参与案件评议，并先行提出处理意见；根据合议庭评议意见制作裁判文书或者指导法官助理起草裁判文书；依法行使其他审判权力。合议庭审理案件形成的裁判文书，由承办法官、合议庭其他成员、审判长依次签署；审判长作为承办法官的，由审判长最后签署，审判组织的法官依次签署完毕后，裁判文书即可印发。（3）规范院、庭长的监督管理职权。院长、副院长、庭长的审判管理和监督活动严格控制在职责和权限的范围内，明确行权边界，并在工作平台上全程留痕。在改变传统管理模式的同时，注重宏观指导、综合研判、主持考评、监管质效等职能。根据《最高人民法院关于完善人民法院司法责任制的若干意见》第二十四条规定，涉及群体性纠纷，可能影响社会稳定的；疑难、复杂且在社会上有重大影响的；与本院或者上级法院的类案判决可能发生冲突的；有关单位或者个人反映法官有违法审判行为的4种情形案件，院长、副院长、庭长有权要求独任法官或者合议庭报告案件进展和评议结果。院长、副院长、庭长除参加审判委员会、专业法官会议不得对其没有参加审理的案件发表倾向性意见。除审判委员会讨论决定的案件，院长、副院长、庭长对其未直接参加审理案件的裁判文书不再进行审核签发。院长、副院长、庭长可以在各自职权范围内通过听取汇报、旁听庭审、列席合议庭评议、抽查案件等方式，对案件进行监督，提出指导意见。建立监督全程留痕制度，院长、副院长、庭长对个案审理的监督指导意见以及职能部门对重点案件的督办应通过信息化手段记录在卷。各审判监督管理主体在行使审判监督管理职权时，不得干涉、影响法官独立办案。（4）加强对司法权力的监督制约。在加强审判专业化建设基础上，实行随机分案为主、指定分案为辅的案件分配制度。按照审判领域类别，随机确定案件承办法官。特殊情况需对随机分案结果进行调整的，经中院审管办审批。围绕廉政风险点，市法院出台了《秦皇岛市中级人民法院廉政风险防控机制建设实施意见》。

第二节　法官员额制改革

推进法官员额制改革。法官员额制改革是按照司法规律配置审判人力资源、实现法官队伍正规化专业化职业化的重要制度，是实行法院人员分类管理的基础，也是完善司法责任制的基石。法院人员分类管理是将法院人员分为法官、审判辅助人员和司法行政人员。根据中央司法改革方案，三类人员占比分别为39%、46%、15%，即法官员额不能突破中央政法专项编制的39%。2016年，市法院顺利完成司法改革阶段性目标。全市法院强力推进法官员额制改革，提前完成首批入额法官遴选工作。8月20日，市法院召开司法改革法官首批入额工作动员大会，宣布了《法官首批入额遴选工作实施方案》和《关于加强司法改革中思想政治工作的实施意见》。市法院法官入额工作领导小组办公室综合考虑各岗位实际情况，坚持共性和个性考核相统一，坚持客观、统一、透明，客观评价法官工作实绩，确保将理论扎实、能力突出、经验丰富的法官遴选入额。通过对德、能、勤、绩、廉五项内容的现实表现和司法能力等情况考核，9月5日，市法院首批46名拟入额法官人选顺利产生。在市法院指导下，全市9个基层法院也顺利产生了210名拟入额法官。经统一报省法院法官遴选委员会审批后，9月28日，256名拟入额法官全部通过省法院批准成为集中入额法官。在全市256名首批入额法官中，法院领导班子成员19人，占比7.42%，一线法官237名，占比92.58%。初步建立起司法人员分类管理体系，形成以员额法官为主，法官助理、书记员为辅的审判团队；实现院长、庭长办案常态化；全面落实司法责任制，真正让审理者裁判、由裁判者负责。10月8日上午10时，全市法院256名入额法官分别在市法院和9个基层法院同时面向国旗和宪法庄严宣誓。2017年，全市法院持续推进法官员额制改革，顺利完成第二批49名员额法官遴选工作；法官单独职务序列和人员分类管理改革扎实推进；组建以法官为中心、以辅助人员为支撑的新型审判团队，建立专业法官会议制度，优化司法资源配置，规范审判组织运行模式。积极开展基层法院内设机构改革试点工作。全面落实司法责任制，未入额法官一律停止承办案件，入额院长、庭长首先直接办案常态化。2018年，全市法院完成第三批28名员额法官遴选工作。

认真做好以员额制改革为中心的司法人事制度改革工作。（1）严把入额遴选关，顺利完成遴选入额工作。市法院认真落实中央政法委《关于严格执行法官、检察官遴选标准和程序的通知》以及《河北省法官入额指导意见》等有关文件精神，严格审核参加遴选人员资格条件，严格规范遴选入额程序，保证入额遴选的公平、公正、公开，切实将审判经验丰富、业务素质较高的人选遴选入额，特别是在入额资格条件的把握上，严格执行“原办案骨干调入非办案部门5年以上的，需回到办案岗位参与办案满一年”等特别规定，坚持原则规定，不搞变通。制定了《2018年法官入额考核方案》，方案充分征求干警意见，党组讨论通过后，在本院内网进行了公示，遴选中严格按照考核方案规定的程序和要求逐项落实，圆满完成了法官遴选工作，2018年市法院共有6名法官遴选入额。入额遴选结果得到各级领导和全院干警的一致认可。（2）认真落实法官、法官助理单独职务序列等级政策。严格执行《河北省法官、检察官单独职务序列等级确定与升降暂行办法》（冀组发〔2017〕17号）和《河北省法官助理、检察官助理和书记员职务层次确定办法》等有关文件精神，及时准确完成法官单独职务序列等级确定、法官等级按期晋升、法官助理等级确定等工作。市法院分3批遴选的员额法官，均及时完成了法官等级确定，并于2017年4月19日召开党组会，对符合法官等级按期晋升条件的28名员额法官的等级晋升进行了审批，并对9名晋升四级高级法官的人员到市委组织部进行了备案。各基层法院也全部按照要求完成了此项工作。2017年8月，市法院召开党组会，对符合转任法官助理的63名同志进行了法官助理等级确定，并按照干部管理权限，对拟确定为二级法官助理的11名同志报市委组织部审批。（3）加强员额法官、审判辅助人员及司法行政人员的日常管理。组织召开员额法官座谈会，收集整理员额法官意见建议，并就员额法官提出的问题认真梳理整改。在日常管理中，根据各审判执行业务庭的工作任务情况，健全人员动态调整机制，及时调配审判力量，确保审判执行工作的顺利进行。加强员额法官和法官助理的日常考核工作，纳入等级晋升、绩效奖金分配等工作当中，提高各类人员干事创业的热情，创造积极主动作为的良好氛围，制定下发了《关于激励干警新时代新担当新作为的实施办法》。严格贯彻落实员额法官退出机制，2016年法官员额制改革以来，市两级法院共有10名法官退出员额，其中自然退额 4 名，个人申请退额 5 名，因身体原因党组研究退额 1 名。

完善职业保障，激发队伍活力。司法改革以来，市法院严格按照上级有关部门关于职业保障有关的制度要求，积极协调当地组织、人社、财政等有关部门，努力落实员额法官、审判辅助人员和司法行政人员工资、津补贴以及绩效奖金等各项工作。2016 年 10—12 月，改革工资以预发的形式落实。2017 年 4 月，市法院按照省法院的统一安排部署，完成了员额法官工资套改工作和等级晋升工作，并于当月发放到位。2017 年年底，市法院制定了绩效考核及奖金分配办法，完成了绩效考核工作，顺利发放了奖励性绩效考核奖金。同时，完善了各类人员的绩效考核有关规定，修改制定了《绩效考核及奖金分配细则（试行）》，积极征求广大干警意见。此外，根据上级有关要求，2017 年年底，市法院成立了法官权益保障委员会，并细化了职责及工作程序，为法官职业保障提供了有力的支撑。

秦皇岛首批员额法官入额宣誓（2016 年）

严控新进工作人员。司法改革以来，严格按照上级有关文件精神，从严控制新进工作人员，除组织调整、军转安置以外，市法院未新进正式在编人员。但由于聘用制书记员改革推进较晚，财政保障难度大，有关招聘的具体工作，按照省里有关精神，正在与人社、财政等有关部门协商，且目前市法院书记员保障全部采用聘用的方式，待遇按照本市最低工资标准执行。

第三节 人民法院组织机构改革

规范内设机构改革。2017年度，市法院按照省法院有关要求，选定青龙县法院和北戴河区法院作为基层法院内设机构改革试点法院，试点方案经省法院批准后，在全市基层法院全面推行，要求各基层法院结合实际情况，结合两个试点方案和自身特点，科学合理制定内设机构改革方案，并于2017年6月底全部完成，按新的机构试运行。2018年，根据最高法院《关于积极推进省以下人民法院内设机构改革工作的通知》及省法院要求，全市基层法院自7月起开始内设机构改革工作，经过同省法院、市编办、其他中级法院及各县区法院沟通协调，8月9日，市法院在总结内设机构改革中遇到的有关问题、困难及上级有关意见建议后，召开了内设机构改革协调会，对内设机构职能设置、改革要求及完成时限等方面的内容进行了统一。8月底，全市9个基层法院全部按要求完成了内设机构改革方案的制定修订工作，当地编制部门审核后，报省法院审核批准。

院长公开开庭审理案件。2016年12月8日上午9时，市法院院长胡华军在本院第四审判庭敲响法槌，公开开庭审理一起建设工程施工合同纠纷案。这是全省法院法官员额制改革以来，胡华军院长首次以员额法官身份作为审判长参与合议庭，公开直播开庭审理案件，也是全省11个地市中率先公开开庭审理案件的中级法院院长。本案没有当庭审判，根据双方调解结果结案或择期宣判。胡华军院长公开开庭审理的案件，为落实司法改革中让优质审判资源重归审判一线，实现“精英审判”的目标形成了明确的导向作用。此举也带动了全市法院法官进一步树牢担当意识、责任意识，努力践行公正司法、司法为民的宗旨，以更高的热情投入司法审判工作中。本次庭审还以网络直播的方式公开，接受社会各界的监督，既是一次有益的法治宣传教育，又充分体现了人民法院阳光司法的决心和行动，具有

2016年12月8日，院长胡华军开庭审理案件

2014 年 11 月 26 日，常务副院长李顺武开庭审理案件

2014 年 12 月 3 日，副院长程安开庭审理案件

较强的社会意义。2018 年，全市法院 316 名员额法官结案 71911 件，人均 248 件，审理期限缩短 15 天；开发区法院 16 名员额法官结案 8005 件，人均 500.31 件，全省第一；其中，法官孙庆全年结案 905 件，全省第一。山海关区法院员额法官人均结案 441.4 件，位居全省第二。海港区法院结案总数 18566 件，位居全省第一。

专业法官会议。《最高人民法院关于完善人民法院司法责任制的若干意见》提出，人民法院可以分别建立由民事、刑事、行政等审判领域法官组成的专业法官会议。专业法官会议是在确保合议庭依法独立行使审判权的前提下根据审判需要建立的发挥资深法官业务专长、为合议庭正确认定事实证据和理解适用法律提供咨询的工作机构。合议庭认为所审理的重大、疑难、敏感案件需要专业法官会议提供咨询的，可以按程序提交专业法官会议研究讨论。2018 年 3 月 6 日，为充分发挥专业法官审判经验丰富的优势，更好地为审判执行工作提供咨询，统一裁判尺度，市法院对《秦皇岛市中级人民法院专业法官会议工作办法（试行）》（以下简称《办法》）进行修订，经审判委员会研究讨论通过。《办法》规定，专业法官会议的职能是通过审判执行案件业务研讨，为合议庭准确理解和适用法律提供咨询，为正确处理案件提供参考，为审委会指导审判工作提供建议性意见；专业法官会议分为业务庭法官会议、业务口法官会议和联席法官会议 3 个层级；市法院根据审判执行工作需要，设立刑事，民事第一，民事第二，申诉审查、执行，立案，行政、审监 6 个业务口专业法官会议；市法院的业务口专业法官会议一般由 7 人以上构成，法官较少的可以少于 7 人。成员每年按三分之一比例进行调整轮换；合议庭对所审理案件因重大、疑难、复杂而存在法律适用标准不统一的，应由审判长报主管院长同意后，提请专业法官会议讨论研究案件的法律适用问题；专业法官会议不进行表决，但应当提出咨询意见供合议庭参考。咨询意见不具有约束力，采纳与否由合议庭决定。

审判委员会议事规则。为进一步提高人民法院执法水平，全面规范审判委员会的工作，充分发挥审判委员会的职能作用，明确审判组织的职责权限，2010 年 11 月 4 日经审判委员会讨论决定，对审判委员会议事程序作如下规定：一、审判委员会会议是研究审判业务的工作会议，具体职能如下：（一）研究决定院长、副院长认为应当提交审判委员会讨论的案件及质量评查争议。1. 检察院抗诉案件；2. 本院已经发生法律效力的判决、裁定确有错误需要再审的案件；3. 拟判处死刑的案件；4. 拟在法定刑以下判处刑罚或者免于刑事处罚的案件；5. 拟宣告被告人无罪的案件；6. 合议庭意见有重大分歧，难以作出决定的案件；7. 案件处理结果可能产生重大社会影响或对审判工作具有指导意义的新类型案件；8. 其他需要提交审判委员会讨论的重大、疑难、复杂案件。（二）讨论决定涉及审判工作的重要事项。（三）结合市法院工作实际，总结审判经验。（四）研究审判工作中出现的新情况、新问题。二、应充分发挥合议庭和主管院长作用，尽量减少审判委员会研究案件数量，确保集中时间、精力抓好主管工作。三、讨论案件的顺序一般应遵循以下原则：（一）刑一庭案件；（二）其他案件，其他案件按报送电子版报告的时间先后顺序排列；（三）主持人可视案件急缓情况临时调整。四、审判委员会委员发言顺序一般首先由案件承办业务庭庭长（委员）发言，然后非院领导委员逐次发言。主管院长一般不得首先发言，经主持人同意，可以对案件的背景或相关情况作出说明。五、审判委员会例会，必须有全体委员半数以上参加；作出决定，必须经全体委员半数以上通过，实行少数服从多数的原则。审判委员会委员应当客观、公正、独立、平等地发表意见。委员发表意见后，主持人归纳委员意见，按多数委员意见拟出决议，付诸表决。少数委员意见记录在卷，并归入卷宗。六、审判委员会意见分歧较大，无法作出决定的，主持人可以中止讨论，由合议庭就案件事实、证据和适用法律问题进行查证复议，下次审判委员会会议再行讨论。七、案件经审判委员会讨论，未形成多数意见，会后可以征求未到会审委会委员的意见。经征求意见后形成多数意见，在下一次审判委员会例会时通报各位委员；若未形成多数意见，则重新上会讨论。八、审判委员会作出的决定，合议庭和有关部门必须执行。

第四节　人民陪审员制度改革

实行人民陪审员制度是实现人民参与审判活动的最有效最直接的途径，也是实现审判工作社会效果和法律效果相统一的重要渠道。人民陪审员制度最早始于中国共产党领导的抗日革命根据地。中华人民共和国成立后，就人民陪审员制度制定了一系列的法律规定。1954 年《宪法》和《法院组织法》等以国家根本大法的形式规范人民陪审员制度。从 1979 年到 1989 年分别制定的《刑事诉讼法》《民事诉讼法》以及《行政诉讼法》也均从审判组织的构成角度专门对人民陪审员制度进行了明确。2004 年 8 月 28 日，十届全国人大常委会第十一次会议表决通过了《关于完善人民陪审员制度的决定》，人民陪审员制度完全步入了法治化的轨道，中国特色的陪审制度迎来了崭新的发展阶段。党的十八届三中、四中全会召开以来，党中央对加强人民陪审员工作改革提出了一系列明确要求，为新时期人民陪审员建设指明了方向。为认真落实党中央全会精神和最高法院的部署要求，2015 年 5 月，省法院下发了《关于试行中级人民法院选任人民陪审员的通知》，明确规定在全省范围内试行中级人民法院选任人民陪审员工作，要求各中级法院选任的人民陪审员数量原则上不少于法官数的 2 倍。此前，人民陪审员的选任工作仅限于基层法院，中院审判案件依法应当由人民陪审员参加合议庭审判的，从辖区内基层法院陪审员名单中随机抽取确定。

按照上级要求，市法院党组研究制定了《选任人民陪审员工作实施方案》，并根据实际情况确定在全市范围内先期选任 100 名人民陪审员。2015 年 8 月 19 日，市法院分别在当天的《秦皇岛日报》《秦皇岛晚报》和市法院官方网站、官方微博发布了人民陪审员选任公告。考虑到人民陪审员选任的广泛性、代表性及回避等方面要求，市法院会同公安机关和司法行政部门按照选任标准，对候选人任职资格进行了严格审查，最终从 148 名报名人员中确定了 100 名人选。这 100 名人选的职业来源，涵盖机关事业单位、金融从业人员、社区工作者和自由从业人员等多个类型；年龄最小的 28 岁，最大的 63 岁，平均年龄 40 岁。9 月 25 日上午，市法院召开人民陪审员选任工作新闻发布会，新闻发言人、院党组成员、政治部主任薛文明宣布，市法院首批 100 名拟任人民陪审员已完成前期报名和审查工作，只待提交市人大常委会任命后就将上岗，与人民法官共同完成相关案件审判工作。10 月 28 日，市十三届人大常委会第二十次会议通过并任命了党组书记、代院长胡华军提请任命的市法院 100 名人民陪审员。至此，市两级法院已经有 711 名（其中，县区法院 611 名）人民陪审员。11 月 13 日，市法院召开首批人民陪审员任命书颁发仪式暨岗前培训会议，市人大常委会代表人事工作委员会主任冯满；市委政法委政治部主任任志刚；市法院党组书记、代院长胡华军，党组副书记、常务副院长李顺武，党组成员、政治部主任薛文明；市司法局政治部主任魏洪涛，以及首批任命的 100 名人民陪审员一起参加了会议。12 月 29 日，市人大召开了市十三届人大常委会第二十一次会议，会议通过了市法院党组书记、代院长胡华军同志提请任命的 50 名人民陪审员。至此，市法院共有人民陪审员 150 名，按照省法院关于在全省范围内试行中级人民法院选任人民陪审员工作的通知要求，达到选任人民陪审员的数量。

2015 年，全市法院建立人民陪审员信息库，扩大人民陪审员参审范围，兑现人民陪审员依法享有的权利，全市法院人民陪审员参与审结案件 8262 件。2016 年，根据全国人民代表大会常务委员会《关于完善人民陪审员制度的决定》、最高法院《关于人民陪审员管理办法（试行）》、省法院《人民陪审员管理细则（试行）》，为做好人民陪审员日常审判管理工作，保障人民陪审员制度的实施，结合市法院审判管理工作实际，市法院制定了《河北省秦皇岛市中级人民法院关于人民陪审员的日常审判管理细则（试行）》。

2018 年 4 月 27 日，第十三届全国人民代表大会常务委员会第二次会议通过《人民陪审员法》，自公布之日起施行。该法对公民担任人民陪审员需要具备的条件、人民陪审员的选任与使用、人民陪审员参审案件的范围、人民陪审员履职保障等方面作出了具体的规定。按照法律规定的精神，市两级法院在审判实践中进行了全方位、无死角的落实。尤其是在“扫黑除恶”专项斗争中均按照《人民陪审员法》的规定适用了“3+4”审判组织模式。

2016 年 11 月 2 日，人民陪审员参加刑事案件审理

第五节　司法巡查制度改革

司法巡查制度是由最高法院在全国法院系统建立的对下级法院领导班子建设、司法业务建设、司法队伍建设情况进行巡回检查的制度。开展司法巡查工作，是贯彻执行党中央决策部署、法律法规和上级法院工作要求的重要方式，是加强和改进对下监督指导的重要支撑，是实现对下协管班子和队伍建设的重要抓手，是防范和化解司法廉政风险的重要举措。近年来，市法院充分发挥司法巡查职能作用，着力推动市两级法院贯彻落实中央、省

委、市委决策部署和最高法院、省法院工作要求，加强领导班子思想政治建设，改进审判执行业务工作，保持队伍清正廉洁，为维护国家政治安全、确保社会大局稳定、促进社会公平正义、保障人民安居乐业作出了积极贡献。

2018年5月17日，市法院制定下发《秦皇岛市中级人民法院2018年度司法巡查工作方案》（以下简称《方案》），对2018年度司法巡查工作作出具体安排。《方案》规定，2018年司法巡查工作的重点内容：学习贯彻党的十九大精神情况；重构司法廉政风险防控机制及机制落实执行情况；履行审判管理职责情况；履行司法监督职责情况；重点工作推进落实情况；开展司法巡查和推进巡视巡察整改工作情况。围绕巡查内容，主要采取以下方法开展工作：听取院党组全面工作情况汇报，并就重点单项工作听取部门专题汇报；调阅、复制相关工作资料；开展问卷调查并与部分干警单独谈话深入了解情况；抽查信访案件及上级法院重点督办案件；邀请律师、当事人代表座谈；在辖区范围开展明察暗访；走访政法委等有关单位听取意见；设置意见箱、邮箱，接受群众意见反映；根据需要采取其他有效方式方法。2018年8月底至9月初，市法院司法巡查组先后对抚宁区、山海关区和青龙县法院开展了司法巡查工作。9月30日，市法院党组专题听取了司法巡查组的工作汇报，研究了对巡查发现问题的整改意见：（1）全面落实主体责任，加强机关党建工作。（2）严格落实司法责任制，强化审判监督管理。（3）坚持标本兼治，努力防控司法廉政风险。（4）加强思想教育，培树干警过硬司法作风。（5）搞好统筹结合，扎实推进重点工作落实。（6）强化责任担当，严肃监督执纪问责。

第十一编 审判管理

审判管理，是指人民法院通过组织、领导、指导、评价、监督、制约等方法，对审判工作进行合理安排，对司法过程进行严格规范，对审判质效进行科学考评，对司法资源进行有效整合，确保司法公正、廉洁、高效的管理活动与管理手段。

1999 年，最高法院发布《人民法院第一个五年改革纲要》，人民法院开始探索审判管理工作。随着 2009 年《人民法院第三个五年改革纲要》的出台，审判管理工作蓬勃发展。2014 年 6 月 6 日《最高人民法院关于新时期进一步加强人民法院审判管理工作的若干意见》提出，审判管理在原有“案件信息管理、审判质量评估、案件质量评查、审判流程管理、审判运行态势分析、审判绩效考核、审判委员会事务管理”七项基本职能基础上，又增加了裁判文书上网管理以及重大敏感案（事）件的督办工作。在审判管理方面，市两级法院坚持通过开展流程管理，监督案件在法定期限内立案、审判和执行；通过数据分析和调查研究，及时掌握审判资源的供应和分配状况，为领导决策作出分析和参考；通过质量管理，提高案件质量和审判效率；通过业绩考核，提升法官的履职能力和工作水平；通过案件质量评查，查摆出审判工作中存在的问题。市法院开展裁判文书评查并通报瑕疵裁判文书的做法得到省法院主要领导的充分肯定。

第一章 审判流程管理

审判流程管理，是指人民法院对立案、送达、财产或证据保全、交换证据、排期、开庭、评议、宣判、结案、归档等案件流程中的不同环节进行全程规范化跟踪管理的活动，是法院直接围绕审判活动进行的审判程序及辅助工作的管理，包括对各流程节点的管控和质效评价。审判流程管理机制围绕审限监督这个中心展开。审判流程管理的一个突出特点是将整个案件分为若干个流程，并在各个流程阶段设置多个监控节点，每个节点都设置时间限制，必须在规定的时间内完成该节点规定的任务。通过对案件审判过程各个阶段的监督管理，实现案件的高效、公正审判。

第一节　审判流程管理机制

审判流程管理是伴随着人民法院审判方式改革而出现的一种新型的审判管理方式。2005年10月28日公布的《人民法院第二个五年改革纲要》要求："健全和完善科学的审判流程管理制度，逐步做到同一级别的法院实行统一的审判流程管理模式。"

审判流程管理机制的制定。2005年，市两级法院以健全制度、落实管理、加强监督为切入点，全面规范司法行为，全年修订、完善审判管理规则68项。重点包括：（1）完善审判流程监控机制，制定《办案程序规程》《判决书格式规范》《规范诉讼取证工作意见》等程序性规则。（2）进一步落实公开审判制度，推行立案公开、庭审公开、裁判结果公开、执行信息公开，提高审判工作的透明度，切实维护群众和当事人的知情权、参与权和监督权。（3）制定执行裁决和执行听证程序规则，防止对执行重要事项的主观臆断，确保执行公正。（4）进一步规范委托评估、拍卖工作，强化对执行资产处置的监督。2006年，全市法院按照"放权、分权、制约"的指导思想，进一步加强审判工作宏观指导机制、审判流程管理机制、审判质量管理机制、执行工作管理机制、队伍管理机制、综合协调和后勤保障机制等"六个机制"建设。4月15日，市法院审委会讨论通过了《严格落实鉴定人出庭作证的暂行规定（试行）》，保证诉讼活动的公正性和客观性，切实保护当事人的合法权益。

2008年，市法院开展"庭审规范化建设年"活动，先后出台了《关于进一步规范庭审活动的规定》《关于规范裁判文书制作的实施意见》《关于在全市法院开展审判质量检查监督工作的实施意见》等规范性文件，从审判区域设置、庭审行为规范、庭审作风要求、提高庭审能力、裁判文书质量、检查监督方式等多方面对庭审工作提出了明确具体的要求。2009年，市法院制定《审判流程管理规程》，制定实施关于办理民商事案件管辖权异议的程序规定、办理非诉行政案件若干问题的规定、违法审判监督工作的若干规定、规范庭审活动的规定、规范裁判文书制作的实施意见、破产案件管理人指定办法及重大疑难案件汇报备案制度等。

2010年，省法院在全省法院深入开展"全面深化管理年"活动，全市法院进一步完善审判流程管理，加强案件在立案、分流、排期、送达、保全、审理、执行等过程中的跟踪监督，加大案件的审限管理力度，实行每周业务通报制度，加强对审限内结案率的考核；加强对案件延期审理的监督，实行超审限月通报制度；进一步规范调卷、退卷和归档制度，建立健全收结案动态平衡机制，有效解决"前松后紧""突击结案"等问题。2011年3月24日，市法院第七次审委会讨论通过了《关于提高审判效率预防案件超审限的实施意见（试行）》，深入推进三项重点工作，提高审判效率，确保案件质量，以程序公正促进实体公正，从根本上解决群众反映强烈的案件久拖不结、久拖不执的问题，从源头上预防和遏制涉诉信访案件的发生。2011年，为健全和完善审判流程管理机制，确保立案及时准确、裁判公正高效、执行迅速有力、分工明确合理、管理严密有序、实现公正与效率，市法院制定了《河北省秦皇岛市中级人民法院审判流程管理办法（试行）》（以下简称《办法》），自2011年10月1日起施行。《办法》规定，审判流程管理由院长全面监督，审判管理办公室具体负责组织实施，根据案件在审理过程中的不同环节、阶段统一跟踪、管理、协调和督办，并实行审判流程管理定期通报制度。监察室对审判流程全程监督，对存在的违法违纪问题进行责任认定并作出处理。

2013年，市法院健全完善《关于在全市法院开展审判质量评查监督工作的意见》，采取随机抽查、专项督查、重点评查相结合的方法，全方位、多角度对案件立、审、执各环节进行监控、评价，及时发现审判执行中存在的问题，及时研究制定应对措施。2014年，市法院推行对外委托司法拍卖制度改革，其中涉案的股权、房产全部纳入省产权交易中心进行网络拍卖。2016年，市法院推行办案质效问责制，一把手负总责，层层夯实责任，坚持半月一通报、一月一调度、一季一讲评，市法院对办案不达标的责任主体进行诫勉约谈、通报批评；深化审判流程管理，严密对审判执行各节点的监控，实行审限预警、超审限惩戒制度；强化对下监督指导，统一裁判尺度，提高整体司法水平。

第二节　审判流程管理工作

1999年，市两级法院扎实开展“审判质量年”活动，全面落实公开审判制度，把公开审判作为实现司法公正的有效手段常抓不懈。坚持开庭计划报送制度，敞开法庭大门，真诚欢迎各界旁听庭审。全年共邀请106名人大代表、政协委员旁听了部分疑难复杂案件的庭审，采纳了他们的建议和意见共20多条。通过开展“审判质量年”活动，市两级法院干警的公正意识、效率意识明显增强，办案质量和效率显著提高。刑事案件审限平均缩短5天，经济、民事和行政案件平均缩短10天。8个基层法院审结的13481件案件，发回改判301件，发改率为2.23%，发回改判率较上年明显下降。

2001年，市法院制定《审判流程管理规程》，分清职责，健全监督制约机制，确保审判活动依法、规范、高效运行。

2005年，全市法院开展“规范司法行为、促进司法公正”专项整改活动，以解决告状难、申诉难、执行难为突破口，从立案信访、民事审判、执行工作等重点环节入手，严查违规行为，狠抓公开公正。全年查处违法违规案件 18 件，追究责任 12 人。2006 年，全市法院组织开展了“司法质量管理工程建设年”活动，重点加强司法工作制度、司法档案建设、司法考核、司法监督、涉诉信访、司法责任追究等 6 个方面的工作。2008 年，在全市法院大力开展业务培训和岗位练兵活动，着力提高审判人员的语言表达能力、庭审驾驭能力和裁判文书的写作能力，努力改善审判作风，加强审判纪律，树立法官形象，不断强化程序意识、公开意识和平等意识。当年，全市法院系统共组织审判人员外出及自身培训 500 多人次，庭审观摩 120 余次，两级法院组织裁判文书评比 10 余次。11 月 20 日，市法院审判委员会第三十次会议讨论通过了《破产案件管理人指定办法（试行）》，公平、公正审理企业破产案件，保证破产审判工作依法顺利进行。2009 年，按照审判管理机构和人员专门化的要求，市法院成立审判工作管理办公室。按照“严格审限、加强监管、提高效率”的要求，构建审判流程监控体系。

2012 年，市两级法院开始运用案件流程管理系统，通过依托计算机网络技术等高科技手段对立案、排期、开庭、送达、结案、执行、归档等全过程实现统一控制并对审判流程进行严谨周密的管理，有效地推动了审判流程管理的系统化、网络化、自动化。针对案件流程管理系统升级后的操作与使用问题，市法院专门邀请北京紫光华宇软件公司 2 名工程师，利用 6 天时间对市法院和各县（区）法院审判业务庭内勤和书记员进行了集中强化培训，通过采取课堂讲解、流程演示、现场互动等方式，案件流程管理软件使用效果得到提升，进一步增强了内勤和书记员的实际操作水平和管理运用能力，对提高审判质效发挥了重要作用。

2013 年，全市法院进一步规范院、庭长监督指导办案制度，尤其突出业务庭长的职责，加强审判层级管理。大力推进长期未结诉讼案件防控和清理工作，扎实开展发回重审、指令再审、改判等案件专项评查活动。严格执行立案审查、电脑分案、排期开庭、审限跟踪等制度，重点围绕审判流程加强司法管理。

2014 年，全市法院深入开展庭审、裁判文书和重点案件“三评查”活动，采取常规评查、重点评查和专项评查相结合的方式，逐月通报、每季评估、考核问责。加强对类型化案件指导，规范自由裁量权行使，统一裁判标准。加大对长期未结案件的清理力度，办结积案 73 件，并逐案查找原因，严格整改和追责。

2015 年，全市法院进一步完善审判流程、裁判文书、执行信息三大司法公开平台；建设数字化法庭，实现同步录音录像；整合官方微博和法院官网等资源，支持网民查看诉讼指南、观看庭审视频、查询案件流程和执行信息等，为公众提供全方位司法信息服务。制定司法公开工作标准和考核办法，以阳光司法指数评估倒逼审判质效提升。

2016 年，市法院依托综合信息系统，实现所有案件网上运行，确保院长、庭长和审判管理部门对案件情况“看得见、摸得着、管得住、说得清”。对每个流程操作进行细化，充分运用审限预警、节点控制、筛选排序、数据分析等功能，对案件的立案、审判、执行、归档等实行网上跟踪提示、网上催办，做到各个环节相互衔接，强化审判流程管理。加快推进档案数字化改造，做到电子诉讼案卷同步扫描，实现电子档案与纸质档案同步归档的目标。

2017 年，全市法院以制度建设为保障，健全审判管理职能；以信息化建设为抓手，推进审判流程管理；以“两评查”活动为导向，强化审判执行工作；以机制建设为手段，提升案件质效水平。

第二章　审判质量管理

审判质量是审判工作的生命线，是人民法院司法能力的集中体现。审判质量检查监督工作是人民法院一项长期的工作，是审判管理职能的重要内容，同法律意义上的审判监督、纪检监察意义上的审判监督不同，重在改进工作，重在提高质量。

第一节　审判质量管理机制

2006 年 4 月 18 日，市法院制定《关于贯彻落实违法审判责任追究制若干问题的意见》（以下简称《意见》）。《意见》规定：（1）市两级法院都要建立健全由院长任组长、党组成员为组员的违法审判监督领导小组，负责审查决定违法审判行为及是否需要追究和如何追究。市法院违法审判监督领导小组负责对各基层法院的违法审判监督工作进行业务指导和督导检查。（2）市两级法院设立违法审判监督办公室（即原称“案件评查室”）。在本院违法审判监督领导小组领导下进行工作，负责收集违法审判、执法过错线索，对违法审判责任进行调查，并依照有关规定确认是否存在违法审判、执法过错的问题，报违法审判监督领导小组研究决定处理意见。（3）违法审判监督工作是一项长期性的工作。要健全机构，配强人员。根据省法院冀高法发〔2000〕10 号文件规定，市法院配备 3 ～ 5 人，基层法院不少于 3 人，专门负责此项工作。

2007 年 6 月 5 日，市法院审判委员会通过《关于建立审判委员会案例通报制度的意见》（以下简称《意见》）。《意见》规定，市法院审判委员会所通报的案例，是指在刑事、民商事、行政审判、执行工作实践中出现的具有典型性、代表性和普遍指导意义的新类型案件及疑难、复杂案件；所通报案例须经市法院审判委员会讨论通过并且已经发生法律效力；通报案例的选择由院长决定，通报由院长签发；根据审判工作实际，案例采用不定期的形式进行通报。

2008 年，市法院制定了《河北省秦皇岛市中级人民法院关于在全市法院开展审判质量检查监督工作的实施意见》（以下简称《意见》）。《意见》规定，开展审判质量检查监督工作要以党的十七大精神和科学发展观为指导，全面落实市法院党组提出的对庭审规范、认定事实、运用法律、裁判文书等进行全面监督的要求，树立“质量第一意识”，创新思维方式，拓宽工作思路，强化管理手段，创造性地开展工作。开展审判质量检查监督工作的重点是审判中存在的各种不规范问题，其目的是通过检查发现问题，改进审判工作，促进审判质量的提高和司法行为的规范。审判质量检查监督所采用的主要方法是检查、整改和通报。开展审判质量检查监督工作所要达到的目标是庭审和裁判文书得到进一步规范，司法形象、司法公信力得到进一步提升，认定事实和运用法律的能力得到进一步提升，服判率明显上升、上诉率明显下降，息诉率明显上升、涉诉信访率明显下降。

市法院召开全市法院案件质量调度会（2009 年）

2009 年，为进一步提高全省法院审判质量和效率，从源头上预防和减少涉诉信访问题的发生，更好地服务和保障全省经济社会科学发展，省法院在全省法院部署开展了“审判质量年”活动。7 月 30 日，市法院第二十三次审委会讨论通过《河北省秦皇岛市中级人民法院关于提高审判质量，减少发回改判案件的若干意见（试行）》（以下简称《意见》）。《意见》提出从以下几个方面加强工作：（1）强化程序意识，实现程序公正；（2）深化调解工作，力争全面提高；（3）加强审判管理，确保案件质量；（4）建立重大疑难案件汇报备案制度，完善统一协调机制；（5）加强对下指导，促进共同提高；（6）开展调查研究，总结审判经验。当年，市法院还制定了《河北省秦皇岛市中级人民法院关于加强审判管理，确保案件质量的实施意见》（以下简称《意见》）。《意见》规定了以下方法措施：（1）加强政治理论和业务学习，不断夯实干警的思想和业务理论基础；（2）建立和完善科学的审判管理工作机制，促进审判执行工作管理的科学化、规范化；（3）明确案件质量的考核标准，全面实现案件质量量化管理；（4）大力开展岗位练兵活动，努力提高干警的司法能力和执法水平；（5）广泛开展调研和对下指导工作，统一全市法律适用；（6）明确分工强化责任，不断健全内部监督机制；（7）大力加强执行工作力度，努力实现执行工作的良性循环；（8）努力解决涉诉信访问题，全力化解社会矛盾纠纷。

2010 年 11 月 4 日，市法院召开第二十八次审判委员会，讨论通过了《秦皇岛市中级人民法院审判委员会管理规则（试行）》，加强审判委员会工作的管理，进一步规范合议庭提交审判委员会讨论案件的范围和顺序，提高工作效率，确保案件质量。讨论通过了《秦皇岛市中级人民法院审判委员会议事规则（试行）》，进一步提高人民法院执法水平，全面规范审判委员会的工作，充分发挥审判委员会的职能作用，明确审判组织的职责权限。

2011—2013 年，全市基层法院审监庭中，有 7 个法院审监庭根据省法院职能转换的要求，承担着各院的审判管理职能。为提高审判质量与效率，市法院制定了一整套较为完备的审判监督管理机制，为全面履行监督职责提供了有效的制度保障。（1）抓流程，促案件效率提升。市两级法院不断强化审判流程管理理念，通过对立案、送达、开庭、合议、法律文书制作、审签、归档等节点实行网络监控和提醒，加强审判、执行流程跟踪管理。尤其是通过审限警示催告制度，杜绝了超审限案件。（2）抓评查，促审判质量提高。市法院建立和完善了以“案件质量评查、庭审观摩评议和裁判文书评比”为主要内容的案件质量评查机制。为切实降低发改率，提高审判质量，制定《关于开展发回改判案件评查活动的实施方案》，坚持对市法院被省法院发回改判案件、市法院发回改判基层法院的案件进行逐件评查。通过自查、互查的方式，对典型案件进行逐一分析，查问题、找原因、定措施、抓整改。2013 年上半年，市法院审管办开展了 2011、2012 年省法院发回改判、指令再审和本院再审改判的刑事、民事案件专项评查活动，全面查找实体、程序及裁判文书存在的问题，分析具体原因，明确区分责任，提出整改措施，进一步改进审判作风，强化责任意识，提高法官司法能力，促进全市法院审判执行工作全面提升。（3）抓培训，促执法能力提高。扎实开展业务培训大讲堂活动，集中为基层对口单位进行业务培训，还采取选派业务骨干外出培训并回来授课、邀请专家学者讲座、撰写调研文章等多种形式提高法官的司法能力。市法院注重加强对下指导，对司法实践中出现的新情况、新问题及时与上下级法院进行沟通，减少认识上的分歧，保持司法裁判尺度的统一。

2016 年，根据最高法院《关于新时期进一步加强人民法院审判管理工作的若干意见》、省法院《全省中级法院审判及审判管理工作考核评价办法（试行）》等文件精神，2 月 27 日，市法院下发《关于制定若干制度，加强审判管理，促进审判执行工作提高的实施意见》；3 月 10 日，市法院下发《秦皇岛市中级人民法院审判及审判管理考核办法》，进一步推动全市法院审判管理工作的科学发展，更加有效地提升审判质效，推进司法公开。

2018 年 3 月 6 日，为进一步创新和加强审判管理，有效化解积案，按照省法院关于开展长期未结案件专项清理活动的要求，市法院下发了《关于开展长期未结案件专项清理活动的工作方案》（以下简称《方案》）。针对全市法院长期未结案件，决定从 3 月 10 日—7 月 31 日开展长期未结案件专项清理活动，集中力量，限期清理完毕。通过案件清理工作，建立健全提高审判质效的工作制度，从源头预防和减少长期未结案件的发生。《方案》

规定，本次清理活动分再动员部署、集中清理、整改问责、总结验收4个阶段。要求市两级法院采取有效措施，加强管理，确保清理工作有序进行，要认真分析案件未结原因，找准症结，逐案制定工作方案，对“症”下药。对因审判人员懈怠造成案件久拖不决的，要加强管理和监督，并进行责任倒查。要集中力量清理“骨头案”“钉子案”，影响审理进程事由消失的，要尽快结案。

第二节　审判质量管理工作

1999年，市两级法院都成立了案件评查组，对年内所办结的3447件重点案件进行评查，查处实体性问题1件，程序及案卷方面问题213件，都及时采取了补救措施，予以纠正。实行办案责任制，市两级法院层层签订办案质量责任状。实行案件监督卡制度，请当事人对法官的办案质量、效率、作风和廉政等情况进行全面监督。

2003年，市两级法院不断扩大和实行“简易审”和“简化审”，提高审判效率。民事审判执行繁简分流，扩大简易程序适用范围，缩短办案周期，减轻当事人诉累。2004年，改革审判活动的行政管理模式，健全立、审、执、监分立的流程管理机制，细化司法操作规程，从根本上解决超期羁押、超审限问题，完善审判质量管理制度，建立审判质量评估体系，以百分制方式对审判人员进行考核。

2008年12月18日至12月29日，市法院审判质量管理工作检查评比小组采取听汇报、现场检查的方式，从领导重视程度、组织机构落实、有关文件制定、登记统计建立、裁判文书和庭审规范情况等6个方面，对全市8个基层法院审判质量管理工作情况进行了一次检查。

“审判质量年”活动。2009年，省法院在全省法院部署开展了“审判质量年”活动。4月10日，市法院召开全市法院案件质量分析会，深入贯彻省法院关于开展“审判质量年”活动的要求，通报第一季度全市法院重要业务指标的完成情况，查摆审判、执行工作存在的问题，分析症结所在，研究对策与措施。7月9日，全市法院审判管理工作现场会在海港区法院召开。会议的主要任务是回顾总结近两年来市两级法院加强审判质量管理工作，尤其是开展“审判质量年”活动情况，查摆存在的问题与不足，通过学习借鉴海港区法院经验，推动全市法院进一步落实省法院“安平”现场会和“5·26”电视电话会议精神，市委政法委关于加强精细化管理的部署要求，切实把“审判质量年”活动引向深入，有效提升审判管理水平，为实现年初制定的“争创一流业绩”目标奠定坚实基础。为加强审判管理，提高案件质量，降低案件的发回、改判率，确保“审判质量年”活动取得实效。

全面深化管理年。2010年，省法院在全省法院深入开展“全面深化管理年”活动，进一步推进司法业务、司法人事、司法行政管理，积极构建科学合理、严格规范、职责明晰、有效协同的综合性司法管理模式。3月12日，市法院召开全市法院“全面深化管理年”活动动员部署会议，宣布了《秦皇岛市中级人民法院关于在全市法院开展“全面深化管理年”活动的实施方案》。8月3日，全省中级法院院长会议在秦皇岛召开，市法院院长闫五一就开展“全面深化管理年”活动情况进行了汇报。市两级法院通过全面深化司法管理，初步构建起审判质效量化评价、全方位管理手段并轨运行、多层次管理主体积极参与、管理成果综合利用的司法管理工作格局，有力地促进了审判执行以及法院其他工作的开展。2010年1－7月，市两级法院审结各类案件8312件，结案率56.05%，同比上升1.47个百分点，解决诉讼标的金额1.95亿元；执行案件1927件，执行标的金额5.4亿元。民事一审结案6583件，调解结案4838件，调解率73.49%；诉前调解案件1267件，占民事一审结案数量的19.25%；通过工作关口前移，注重案外协调，二审劳动争议案件同比减少55%。案件发回改判率18.22%、上诉率26.38%、申诉率1.02%、申请执行率33.19%，同比分别下降6.35、8.7、0.57、7.82个百分点。

全市法院开展“全面深化管理年”活动动员暨反腐倡廉工作会议（2010年）

创先争优达标年。2011年1月21日，全省中级法院院长会议召开，省法院确定2011年为全省法院“创先争优达标年”，并提出了“全省法院审判质效综合指数超过全国法院平均水平，其他各项工作取得新突破”的年度新目标。4月12日，全省法院召开“创先争优达标年”活动讲评推进电视电话会议。当天，市法院随即召开全市法院“创先争优达标年”活动调度会，强力推进“创先争优达标年”活动。一年里，市法院采取5项措施，强力推动“创先争优达标年”活动深入开展。（1）健全完善审判质效四级管理责任制。充分发挥合议庭、审判庭、分管副院长和院长的层级管理职能作用，明确和落实各个管理主体在案件质量评估工作中的职责。将审判管理列入“一把手”工程，院长对全院案件质量负总责，熟知案件质量评估体系内容，亲自谋划部署、亲自监督指导、亲自检查落实；分管副院长是主管审判业务质量的第一责任人，要明确目标任务、靠前督促指导、强化监督管理；庭长要对本部门审判质量具体负责，时刻关注案件的审判质效，做到底数清、情况明，确保每月、每季、全年均衡结案；合议庭（独任审判员）作为审判组织，不仅要承担审判职责，而且要对自身审理案件的质量评估指数负责。要通过层级管理稳步提升案件的质量、效率和效果。（2）坚持领导带头，全员普及审判质量评估体系技术标准。4 月 7 日，市法院审委会全体成员认真听取审管办人员专题授课，学习有关审判质量评估知识。市法院审管办还用一个多月的时间，逐一对 8 个县、区法院的审判管理主体、专兼职司法统计人员进行专题培训，主要内容包括司法统计基础概念和实务、司法统计分析、最新司法统计软件应用、司法统计工作量化考核办法和《最高人民法院审判质量评估指标体系》相关技术指标解释及注意事项等。（3）实行诫勉谈话制度。4 月 12 日，市法院党组成员、纪检组组长宁雨卿受党组书记、院长闫五一的委托，对未完成全省法院第一季度结案率指标的 6 个业务庭庭长进行了集体诫勉谈话，要求他们所在的审判庭根据未结案件法定审限到期日的实际情况，制定具体的案件审理时间表，倒排工期，组织力量，加班加点，力保完成省法院确定的 3 个时期结案率的任务，实现法定审限内结案率、均衡结案率的最佳值。（4）对持续落后的单位和部门实行严肃问责。对于行动迟缓、措施不力、成效不明显的，特别是待第二季度省法院通报公布后，排名仍在后 20 名或因某个业务庭审判质量的原因拖了全市法院后腿的，这个单位和部门的“一把手”要在全市法院会议上作深刻检查，并“一票否决”，取消年终评先资格；对限期整改仍不到位的，要追究有关责任人的责任直至组织处理，聘用人员要予以辞退。（5）市法院领导包院蹲点指导。认真落实院级领导联系基层法院工作制度，对审判质量指数排名全省法院后 20 位的县、区法院采取实地蹲点、具体指导等方式，重点帮扶，限期达标。2013 年，全市法院综合运用审判管理手段，切实提高办案质量效率。全面开展案件质量效率评估，围绕提高结案率、服判息诉率、调解率，降低上诉率、发回改判率、错案率的目标，定期召开研讨会和评议会，建立常态化案件质量效率评查机制。全市法院民商事一审案件调解、撤诉结案 15408 件，调撤率 89.03%；全部一审案件发回改判率 3.64%。开展对涉诉信访案件、裁判文书和庭审的专项评查，共评查案件 274 件、裁判文书 382 份，观摩庭审 67 次。通过局域网实现案件繁简分流和审限警示催告，加强案件在立案、送达、审理、执行等过程的节点跟踪监督；加大审限管理力度，强化对审限内结案率的考核；进一步规范调卷、退卷和归档制度，健全收结案动态平衡机制。2018 年 3 月 6 日，针对新时代人民法院面临的形势任务以及当前市两级法院管理方面存在的问题短板，通过深化、细化、实化审判管理、党建人事管理和政务管理，不断优化各种资源配置，促进法院各项工作水平不断提升，市法院党组决定，2018 年在全市法院开展“全面深化管理年”活动，市法院下发了《河北省秦皇岛市中级人民法院关于开展“全面深化管理年”活动的实施意见》。其主要内容包括：（1）全市法院要严格按照审判管理的相关规定，依法、公开、公正办案。院长、主管副院长、庭长、审判管理部门都要履行好对案件审理执行工作负有的相应审判监督和审判管理职责。（2）全面落实司法责任制，健全新型审判权运行机制。严格落实合议制和独任审判制度；深化审判委员会制度改革，建立健全专业法官会议机制。（3）建立完善司法责任制背景下的审判质效监管机制，完善案件质效评估体系。市两级法院审判管理部门在常规的年初目标、跟踪督办、月中通报、季度讲评、年终总结基础上，进一步加大评查力度，以开展指令再审及发回改判案件专项评查工作、长期未结案件清理工作为抓手，提升审判质效。（4）强化全市法院员额法官、司法辅助人员、书记员的绩效评估。遵循审判规律、树立正确业绩导向，以客观、公正、公开原则开展法官办案业绩评价工作，完善员额法官动态进出机制；突出法官作为办案主体的地位和责任，确保审判权规范高效运行。（5）进一步完善诉调对接、繁简分流、小额诉讼、轻刑快审等工作机制。对于各项机制性改革试点单位、部门年底要进行验收，及时总结推广经验做法。

第三章　法官业绩考核

法官业绩考核，是指以司法行为为对象，对行为过程、行为结果和行为效果进行考量、分析和预测司法行为的实现程度和效果，并在评估结论的指引下及时优化司法行为的一套制度设计，是法院管理中引导、监督和激励司法运行中人的因素的重要手段。建立完善法官业绩考核评价机制，坚持严管和厚爱结合，激励和约束并重，质量效率优先，素质与业绩适应，力量与任务匹配。对法官的绩效考核是法院内部审判管理的核心，其对象就是法官和审判。

第一节　业绩考核制度

《法官法》第二十三条明确规定了对法官的考核内容是审判工作实绩、思想品德、审判业务和法学理论水平、工作态度及审判作风。对法官的绩效考核评价是针对具体人从事的审判工作所反映出的思想、表现出的品行、显现出的业绩的检查评判定位。目的在于选拔任用优秀人才，以便更好地完成审判工作任务，实现“公正与效率”的司法目标。

对法官业绩考核是常抓不懈的管理工作。建立完善法官业绩考核评价机制，坚持严管和厚爱结合，激励和约束并重，质量效率优先，素质与业绩适应，力量与任务匹配。对法官的绩效考核是法院内部审判管理的核心，其对象就是法官和审判。对法官的考核，根据《宪法》《人民法院组织法》《法官法》的立法精神，有效地把握法官德、才、勤、能状况，因才而用，量才而任，知人善任。法官审判业绩考评坚持“客观公正、规范操作；分工负责、协调配合；注重实绩、综合评价；审判质量与效率、法律效果与社会效果并重；法官审判业绩管理与绩效考评管理相结合”原则。

第二节　业绩考核工作

2005年，市法院向市两级法院提出要求，健全完善执法质量考核机制，对每一名法官每月进行一次考核评议，各院对本机关内设各部门，重点是审判、执行业务部门，每季进行一次考核评议，对各县区法院每半年考评一次。各院要组建由院领导亲自负责，政工、纪检、监察、机关党委、研究室等相关职能部门参加的考核评议组织机构，制定具体的考核评议工作制度，确保考核评议工作真正有人来抓、有据可依。要将司法考核评议工作作为政绩考核的主要内容，将司法考核评议结果作为被考核单位和干警评先晋级、立功受奖的主要依据。要建立法院领导审批审核案件责任制，各院领导要对所分管部门的司法质量负责、对司法工作进行监督。山海关区法院自 2005 年以来开始实行发回、改判案件听证制度，既查找、分析原因，又确定、追究责任。海港区法院在 2007 年度评先时将审判业绩指标作为重要依据，只要发回改判率超过规定标准的一律取消评先资格。他们的做法对队伍产生了良好的激励作用，市法院在全市法院推广了他们的经验，推行改判、发回案件分析讲评通报制度。2007 年以来，市法院对经审委会慎重研究的 4 起典型二审改判、发回案件在全市法院通报，引起了广大法官的震动，使公正司法的责任意识切实得到增强。

2008 年，市法院实施审判质量效率管理通报制度，对每个业务庭和每名法官的审判质量、效率和效果情况，每季度向全院通报，并记入司法档案，作为今后评先晋级的主要参考指标。2009 年，为牢固树立“公正司法、一心为民”的宗旨意识，进一步加强人民法院的作风建设，不断提高司法工作效率和服务水平，根据干部作风建设年活动要求，市法院出台了《河北省秦皇岛市中级人民法院关于改进机关人员工作作风五项制度（试行）》，其中规定：考核评议结合年度工作进行，在全面考评德、能、勤、绩、廉五方面基础上，重点考评干警尤其是中层以上干部的作风建设、履职能力和工作实绩。建立考核评议工作审核备案制度。年度考核评议结束后，将部门及个人的评定等级进行审核备案。市法院科学界定审判主体的责任，严格落实案件质量责任终身制，对办理瑕疵案件负有责任的 8 名干警实行问责；推行审判目标责任制，层层签订责任书，定期要账督导；对发回改判案件组织评查，剖析瑕疵案例，统一司法标准，强化监督指导；健全完善司法档案制度，加大绩效考核力度；广泛开展“工作讲评”活动，端正司法理念，总结审判经验；组织裁判文书评查活动，对瑕疵裁判文书进行通报。

2010 年，市法院进一步加强审判绩效考评，坚持融考评于管理，以管理促考评，引导干警树立正确的司法政绩观和工作导向，推动工作发展。制定实施《关于审判绩效考核实施办法》，重点考核审判质量、审判效率、审判效果三大指标，并以此作为评先、晋级、提拔的重要标准。2010 年年初，市法院根据司法绩效考核的规定，在全市法院评选出 50 多名办案能手，并进行了表彰奖励。市两级法院将司法绩效考核机制、司法档案制度与法官选拔任用机制有机结合起来，努力营造让会办案的人有机会、多办案的人有舞台、办好案的人有地位的良好用人环境。健全完善案件质量责任终身制度和院领导分类接访制度，主办法官、审判庭庭长、主管副院长对自己原承办（分管）的案件负责接待、辨法析理、判后答疑，直至息诉罢访。健全完善瑕疵、错案问责制度，成立问责组织。

2013年继续强化审判绩效运用，完善法官业绩评价体系，在提拔、晋级和评先立功时，以考评结果为重要依据。开展“精品案件”“办案能手”和“优秀裁判文书”评选，促进法官不断提升办案水平。2013年，市法院审监庭副庭长高晓武同志的再审裁判文书在全国法院第三届优秀再审裁判文书评选活动中荣获三等奖。此次评选活动共收到全国法院各类再审裁判文书577篇，最高法院本着公平、公正、科学的原则，经过了初评、复评等程序，层层遴选，并由院内外专家组成的评审委员会投票表决，最终评选出获奖文书50篇。2016年2月17日，市法院下发《关于制定若干制度，加强审判管理，促进审判执行工作提高的实施意见》，规定了具体可操作的绩效考核办法，坚持月考核制度，将考核结果全部放入司法档案，并将各项审判业务目标细化为百分制。2017年4月，市法院按照省法院的统一安排部署，完成了员额法官工资套改工作和等级晋升工作，并于当月发放到位。2017年年底，市法院制定了《绩效考核及奖金分配办法》，完成了绩效考核工作，顺利发放了奖励性绩效考核奖金。

第四章　案件质量评查

案件质量评查，是指对各类案件的程序、实体及法律文书的质量进行的检查和评定，是法院内部监督管理的重要手段，是在审判管理体制改革之下的一项制度创新。各类案件主要包括法院审结的一审、二审、复查、再审，国家赔偿确认，减刑，假释和执行等案件；法律文书主要包括判决书、裁定书、决定书、调解书等。

第一节　案件评查制度

案件质量评查采取常规评查、专项评查和重点评查等方式。常规评查，是指各级法院对各类审结、执结案件的质量进行的定期评查。专项评查，是指各级法院根据审判和执行工作的实际，对已审结、执结的某类案件进行的专门性评查。重点评查，是指各级法院对可能存在质量问题的个案进行的重点评查。重点评查案件主要包括：当事人多次上访、申诉的案件；上级法院改判或发回重审的案件；本院再审改判的案件；下级法院对本院改判或发回重审有重大不同意见的案件；党委、人大和上级法院转办可能涉及质量问题的案件；其他可能存在严重质量问题的案件。

为保障案件质量，促进司法公开，实现司法公正，市法院高度重视案件评查工作，制定了《瑕疵案件认定程序暂行规定》《关于二审、再审及执行案件中对基层法院（庭）案件瑕疵处理暂行办法》《案件及裁判文书评查标准》《庭审评查标准》《刑事、民事、行政案件庭审评查标准》等相关规定，规范案件评查工作。

第二节　案件评查工作

1999 年，市两级法院均成立了案件评查组，对年内所办结的 3447 件重点案件进行了评查，查出实体性问题 1 件，程序及案卷方面问题 213 件，都及时采取了补救措施，予以纠正。市两级法院根据省、市委的统一部署，认真开展了专项执法检查工作，共对 687 件重点案件进行了自查、抽查。通过检查发现错案 2 件，执法过错 10 件，19 名有关责任人员受到了处罚。

自2005年开展“规范司法行为、促进司法公正”专项整改活动以来，到2008年，全市法院通过评查监督机制查摆审判中的具体问题124项，其中实体问题12项、办案程序问题32项、案卷管理问题22项、其他方面问题58项，共追究责任15件14人。2008年，市法院成立专门的审判质量检查监督办公室，在重点评查发回、改判，当事人反映强烈，上级领导关注，媒体报道等重大、敏感案件的同时，采取不定期随机抽查的方式，对市两级法院一定比例的各类生效案件进行检查，及时发现问题，及时予以纠正，促进案件质量进一步提高。

2009年，市法院开展了对2007、2008年度发回、改判案件集中评查工作。（1）出台措施。根据全市法院工作会议精神，4月份制定印发了《河北省秦皇岛市中级人民法院关于对2007、2008年度全市法院发回、改判案件集中评查的实施方案》，针对评查的内容、评查的步骤等提出了具体要求。（2）深入调研。4月20日至5月8日，市法院相关同志深入全市8个基层法院，就2007、2008年度发回、改判案件进行调研。听取基层法院自查情况的汇报，征求基层法院意见和建议，并抽调了有代表性的部分案卷。共调阅基层法院一审发回、改判案件45件74册，调阅了二审发回、改判案件26件52册。2009年12月，市法院为进一步推进司法规范化建设，加强审判管理，提升裁判文书制作水平，在全市法院组织开展了2009年度裁判文书评查活动。在此次活动中，评查小组随机抽查各类裁判文书283份，并严格按照《秦皇岛市中级人民法院关于规范裁判文书制作的实施意见（试行）》进行评判、打分。其中发现的问题主要集中在错别字、丢漏字、错列当事人、错写当事人基本情况、格式不规范、判决不说理等方面。评查活动结束后，市法院在全市法院通报了有关情况，尤其是把问题突出并具有代表性甚至影响实体结果的瑕疵裁判文书张榜公布，予以曝光。12月16日，省法院院长高勇对市法院开展裁判文书评查并通报瑕疵裁判文书的做法给予充分肯定，在有关的情况反映上作出批示：“在审判管理中来真的、动实的，长此坚持下去，审判案件质量肯定会大幅提升。”

2007年至2011年8月，全市法院按照市法院党组“围绕审判抓队伍、围绕信访查问题、围绕问题抓整改”的工作思路，牢牢把握执法办案这个第一要务，依托案件流程管理平台，以案件质量评估为抓手，以案件评查为支撑，以案件评估结果的运用为导向，深入推进审判管理工作，促进审判执行工作规范、有序、科学地开展，收到了明显的实效。具体表现为案件质效的积极指标大幅提高：截至2010年年底，与2008年相比，结案率从93.24%上升到98%，增长4.76个百分点；执结率从85.37%上升为87.18%，增长1.81个百分点，执行标的金额增加了4.26亿元；民事一审调撤率从54.92%上升到79.37%，增长了24.45%。消极指标明显下降：发改率从2008年的29.84%下降到2010年的5.8%，降低了24.04个百分点；申诉率从2008年的1.65%下降到2010年的0.81%，下降了0.84个百分点。（1）案件质量评估排名通报制度建立并逐步完善。2008年以来，市法院与省法院保持同步，一年4次通报全市法院案件质量评估排名情况。2008年到2009年上半年，先后6次通报了全市法院8项考核指标的排名情况；2009年下半年至2010年第一季度，先后7次通报了26项考核指标的排名情况；2010年上半年，就23项考核指标的排名进行通报。近年来，共发布通报14次，有效地发挥了案件质量评估在审判执行工作中的“指挥棒”作用。（2）案件评查工作有序开展。2008年以来，先后开展了裁判文书、发还改判案件、超审限案件以及长期未结案件的评查活动。针对评查中发现的问题，制定并实施相应的措施，规范了庭审、调解、审限、发还改判、裁判文书等审判执行工作的一系列问题，促进了案件质量、效率、效果的提高。（3）长期未结诉讼案件清理工作成效显著。2011年3月，最高法院在全国范围内对长期未结诉讼案件进行清理，限期审结。全市法院按照省法院的统一部署，成立相关机构、制定实施方案、硬化各项措施、认真贯彻落实。截至7月末，该项工作已告结束。全市法院共清理3年以上未结案件51件，全部审结；清理18个月以上至3年的未结案件55件，审结48件，结案率为87.27%，居于全省首位。6月23日在唐山召开的全省法院清理长期未结诉讼案件调度会上，省法院对市法院此项工作的开展予以充分肯定。（4）案件质量评估结果的导向作用正在发挥。近几年来，全市法院以案件评估、评查的结果为依据严格落实奖惩，对案件评查中存在错案的相关人员追究了责任，对瑕疵案件的相关人员进行了通报批评。以案件质量评估排名的先后作为干警评先选优、晋职晋级、提拔使用的重要依据，有效地发挥了案件质量评估结果奖勤罚懒、奖优罚劣、鼓励先进、鞭策后进的正确导向作用，激发了广大干警创先争优的积极性。（5）案件质量综合指数实现了跨越式发展。2011年上半年，全市法院案件质量评估指标在全省法院的排名中前进3位。8个基层法院在全省175个基层法院的总排名中，卢龙县法院、青龙县法院位列前20名，抚宁县法院、海港区法院、北戴河区法院位列前40名，昌黎县法院位列前50名，山海关区法院、开发区法院位列前60名。扭转了2010年全市法院全省排名倒数第二、8个基层法院有5个位列后20名的被动局面，全市法院案件质效实现了跨越式发展。

2013年，市法院强化审判质量管理，全面开展案件质量效率评估，围绕提高结案率、服判息诉率、调解率，降低上诉率、发回改判率、错案率的目标，定期召开研讨会和评议会，建立常态化案件质量效率评查机制。开展对涉诉信访案件、裁判文书和庭审的专项评查，2013年共评查案件274件、裁判文书382份，观摩庭审67次。2014年深入开展庭审、裁判文书和重点案件“三评查”活动，采取常规评查、重点评查和专项评查相结合的方式，逐月通报、每季评估、考核问责。加强对类型化案件指导，规范自由裁量权行使，统一裁判标准。2016年，全市法院开展专项评查工作，对上网裁判文书逐件评查、及时撤回，评查裁判文书 170 件。推行办案质效问责制，“一把手”负总责，坚持半月一调度、一月一通报、一季一讲评。

发回改判案件评查报告。2013 年，市法院出台了《关于开展发回改判案件评查活动的实施方案》，市法院审监庭采取调卷评查、和下级对口部门沟通、主办人自查、集体讨论等方式，对 2010—2012 年三年来审监庭再审上诉发回改判案件进行了认真评查。评查报告显示，2010—2012 年，市法院审监庭再审上诉发回改判案件共计 14 件，其中民事案件 12 件，刑事案件 1 件，行政案件 1 件。从发回改判原因分析，因事实不清原因及适用法律错误原因被发回、改判的案件占发回改判案件总数的绝大部分比例。从发回改判案件性质分析，主要是合同纠纷及与所有权有关的纠纷，案件性质呈集中且类型化趋势。发回改判的原因主要有：1. 原判认定事实不清或认定事实错误。（1）对证据的客观性、关联性与合法性把握不好，应该采信的证据不予采信，不应该采信的证据错误采信，最终导致认定事实错误或遗漏关键案件事实。（2）对司法鉴定的功能定位不准，应该鉴定的不予鉴定，不该鉴定的进行鉴定，甚至多次重复鉴定，导致案件事实不好认定。如秦皇岛市第三建筑工程公司与秦皇岛市鑫崖房地产开发有限公司建设工程施工合同纠纷一案。市三建公司与鑫崖房地产公司签订建设施工合同，合同约定，市三建公司承包鑫崖房地产公司所开发的工程，后双方签订工程决算单确定，尚欠工程款 140 万元。原一审法院委托秦皇岛市海港区物价局价格认证中心进行了鉴定，鉴定标的的价格为人民币 705.80 万元。鑫崖房地产公司对该鉴定结论存有异议。一审法院再审期间，根据鑫崖房地产公司的申请，一审法院重新鉴定，认定总计造价 606.39 万元。市三建公司对该鉴定结果有异议，认为落项较多。一审法院再审判决依据新的鉴定报告下判，判后，市三建公司不服，上诉至市法院，要求再作鉴定。再审二审认为，前后两份鉴定，双方当事人分别表示异议，对该两份鉴定结论均不予采信。双方签订的工程决算单系双方当事人的真实意思表示，应作为本案决算依据。遂改判按双方工程决算单作为决算依据具体下判。一审法院再审判决在事实的认定上存在的问题是本案双方签订的工程决算单系双方当事人的真实意思表示，应作为本案决算依据予以认定而未认定，反而去作鉴定。两次鉴定结论价格相差 100 万元，无论认定哪一次鉴定结论，都会让一方当事人不能心服口服。2. 原判适用法律错误。（1）在缺乏法律具体规定、司法认识不统一的情况下，不能妥善行使自由裁量权，对裁判尺度把握不好，导致裁判结果有失公允。（2）对法律规定理解不透，错误使用法律，导致判决结果出现问题。

发回改判案件中原判裁判文书存在的问题。裁判文书是司法审判的外部表现形式，代表着法院的司法形象，体现着法律的尊严，更是检验法院工作是否公平、公正、高效，群众是否满意的具体表现。有瑕疵的裁判文书所造成的社会影响极大，直接影响了法院的司法形象，损害了法律的尊严。从这次评查情况来看，被发回改判案件的裁判文书质量普遍不高。主要体现在以下方面：（1）裁判文书制作不认真，不严谨，语句不通、错字、别字、漏字、多字、标点符号不规范等现象不同程度存在。（2）相当数量的裁判文书首部书写不规范，存在如遗漏当事人基本情况、案件的由来及审理经过书写不规范等问题。（3）相当数量的裁判文书说理性较差，存在说理不透、逻辑不清、语言表述不准确的问题。有的裁判文书说理部分单纯就法律条文进行解释和说明，缺乏对本案事实是否适用该法律规定的论证；有的裁判文书说理部分重复本案事实，缺乏法律依据；有的裁判文书说理部分没有针对具体案情对当事人诉辩理由成立与否进行评析，只是简单地以“某某的主张没有事实和法律依据，本院不予支持”来作出结论，不能以理服人。（4）有的裁判文书引用法律条文不准确、不完整，应当引用审判监督程序条款，却没有引用。（5）个别裁判文书存在漏判情况。（6）有的裁判文书漏写了诉讼费分担情况。

第十二编　审判调研

调查研究是各级领导正确决策的重要途径，是人民法院依法履行各项职责的重要保证，是人民法院服务审判工作、队伍建设、司法改革的重要信息载体。市法院高度重视调研工作，坚持调研为大局服务、为审判执行工作服务、为领导决策服务的工作方针，全面提升调研能力和成果转化水平，促进了全市法院审判质效的提升。市法院的调研工作形成了研究室牵头组织指导、全体法院干警积极参与的大调研格局，调研层次不断提高，调研服务审判的能力不断加强。20 年来，市法院政策研究室在历届党组的正确领导下，始终关注国家经济社会发展过程中的政策调整对司法工作的影响，并以此为切入点，结合审判实际开展调查研究，制定出台相应措施，服务和保障经济社会发展，做了大量卓有成效的工作，并得到了上级法院的肯定和认可。2011 年、2015 年，市法院研究室先后两次被最高法院评为全国法院先进集体。

第一章　审判调研工作

调查研究是全面推进人民法院高质量发展的基础性工作，是人民法官的必备素质，应长期坚持，加强对类型化问题的前瞻性思考。市两级法院充分开展经常性的专题调研活动，针对审判执行工作中所反映出的经济社会发展中的各种问题，找症结、摸规律、探趋势、建言献策、堵塞漏洞，努力从源头上预防矛盾纠纷的发生。在加强案例研究的同时，调研工作的内容侧重于对类型化案件的分析。深入基层，深入群众，敢于面对热点、难点问题，真正把问题找准、情况摸清。运用科学的方法、正确的逻辑分析，研究问题的本质，找出切实可行的解决办法，推动审判执行工作顺利开展。

第一节　调研工作

市法院的调研工作经过多年的发展演变，逐渐形成了研究室牵头组织指导、全体法院干警积极参与的大调研格局，调研层次不断提高，调研服务审判的能力不断加强。市两级法院注重对各类诉讼案件的综合情况调研，建立审判信息的评估分析制度，深入分析经济社会发展变化反映在司法领域的各种问题，完善对社会问题审判信息预警工作机制，做到事先研判，准备在前，应对有方。

建立健全工作机制，明确调研主题。建立健全由党组领导，研究室综合协调，各基层法院及业务庭室明确专人撰写，评判小组进行指导、点评和筛选，严把质量关的工作机制。成立领导小组，负责总体工作；由各庭室抽选出具有丰富审判经验和典型案例归纳经验的法官，组成评判小组，对征集的论文、案例进行指导和点评；要求各基层法院及业务庭室撰写具有代表性、典型性、指导性及实际性作用的审判案例及学术论文；由评判小组通过全方面的考核，选出一批具有代表性的优秀典型案例及学术论文。

为指导审判执行工作高质量发展，市法院组织法官及干警学习典型案例，要求结合工作实际，捕捉热点、焦点问题，提升调研和案例的写作能力；借鉴先进经验，确保学习成效，推动调研案例工作的成果转化。

第二节　调研活动

1990 年，为切实做到“抓基层、抓基础、抓落实”，两级法院都建立了“法庭工作指导小组”，市两级法院院长和副院长，都有 1 ～ 2 个法庭作为自己的联系点，深入基层经常进行调查研究和检查指导工作。1994 年 4 月 28 日，市法院院长孙志宏带领开发区法庭的同志在该区管委会有关人员的陪同下，深入辖区房地产公司、物资总公司和中外合资的华燕邦迪有限公司、中兴电子有限公司，调查了解企业的生产经营情况和需要运用法律手段解决的经济纠纷。

1998 年 3 月 13 日，市法院院长王瀛泽带队深入全市各基层法院和青龙、昌黎部分基层法庭，听取各院执法检查工作进展汇报，实地考察基层法院执法检查工作的操作情况，掌握了大量第一手材料，有针对性地对各基层法院执法检查工作提出指导性意见。

2004 年 6 月 22 日，市法院院长黄永维到山海关区法院调研。黄院长在调研中强调指出：夯实审判、执行工作基础，抓住政治、队伍建设根本，利用各项活动这个载体，全面推进法院各项建设。

2008年8月5—14日，市法院院长闫五一到交通银行秦皇岛分行、人民银行秦皇岛中心支行、农业银行秦皇岛分行、银行业监督管理委员会秦皇岛监管分局、建设银行秦皇岛分行、河北省农村信用联社秦皇岛办事处、秦皇岛市商业银行等金融机构，就人民法院如何为建设良好金融生态环境和社会信用体系提供司法保障和服务问题进行专题调研。根据调研情况，撰写了《河北省秦皇岛市中级人民法院关于建设良好金融生态环境和促进社会信用体系建设专题调研报告》，报告包括金融生态环境建设中亟待人民法院关注和解决的主要问题、为建设良好金融生态环境提供司法保障和服务的措施和对策、有关金融生态环境建设其他问题和建议、关于社会信用体系建设的情况和建议等内容。2008年，市法院对市两级法院近三年来（2005—2007年）审理、执行涉及房屋拆迁行政案件的情况进行调研，并与市政府有关部门进行了会商和沟通，撰写了《河北省秦皇岛市中级人民法院关于审理、执行城市房屋拆迁行政案件的调研报告》。报告提出，秦皇岛市从1984年被国务院确定为首批沿海开放城市以来，城市规模日渐扩大，城市改造工作经历了几次大的拆迁活动，如海港区的人民广场、秦皇小区的兴建，北戴河区的海滨改造，山海关区的古城重建等，动迁达上万户，涉及几万人。在此期间，市两级法院受理涉及房屋拆迁行政案件越来越多，并呈逐年递增的态势。2005年市两级法院共受理房屋拆迁行政诉讼案件13件，行政机关申请执行其具体行政行为涉及房屋拆迁的60件；2006年市两级法院共受理房屋拆迁行政诉讼案件15件，行政机关申请执行其具体行政行为涉及房屋拆迁的80件；2007年市两级法院共受理房屋拆迁行政诉讼案件18件，行政机关申请执行其具体行政行为涉及房屋拆迁的103件。

2009年2月23日至3月11日，市法院院长闫五一深入市内具有代表性的19家企业调研，了解当前国际金融危机给企业发展带来的影响，积极寻求应对金融危机、服务保障企业发展的司法措施，并现场办公，对调研企业存在的30余件涉法在诉案件逐一进行了分析，提出解决方案。调研结束后，闫五一以走访中掌握的第一手资料为基础，完成了《暖企心分企忧解企困 为实现我市经济平稳较快发展提供司法保障和法律服务的调研报告》，并指导市法院相关部门迅速拟定了《关于积极应对金融危机服务保障企业发展全力维护社会和谐稳定的若干意见》。为了使这些服务和保障措施更加切实可行，3月27日上午，市法院召开部分企业代表座谈会，邀请秦港集团、耀华集团、海三建设、广顺集团、戴卡轮毂、首秦板材、骊骅淀粉和吉祥恒矿业等十几家企业代表，向企业代表当面“问计”，力争使调研成果尽快转化为服务大局、维护社会和谐稳定的促进力量。4月13日，省法院党组书记、院长高勇在市法院呈报的《暖企心分企忧解企困 为实现我市经济平稳较快发展提供司法保障和法律服务的调研报告》上作出批示：“五一同志的报告值得一读。各级法院领导都应认真思考司法审判工作如何在保增长、保稳定、保民生，促进我省经济平稳较快发展中有所作为。此报告送各院领导传阅。”4月8日，市委主要领导在市法院呈报的《暖企心分企忧解企困 为实现我市经济平稳较快发展提供司法保障和法律服务的调研报告》和《关于积极应对金融危机服务保障企业发展全力维护社会和谐稳定的若干意见（试行）》上作出批示："很好，可摘要发县区委、政府，予以重视。"4月20日，市政府主要领导作出批示："市法院的工作意见和五一院长的调研报告很好，完全赞同。这是法院系统围绕中心、服务大局，特别是在当前保增长、度危机的形势下，主动作为，促增长、保和谐的务实举措。请加大宣传，细化措施，不断总结完善，为全市经济社会平稳较快发展作出更大的贡献。"

闫五一院长到秦皇岛戴卡轮毂制造有限公司调研（2009年）

2010年，市法院专门成立了由党组书记、院长闫五一任组长的调研工作领导小组，党组成员、院领导带头撰写调研文章。市两级法院就如何保障社会主义新农村建设、如何妥善处理群体性纠纷、如何依法处置违法信访行为、如何疏通涉诉信访出口等审判执行工作的热点、难点问题开展集中调研活动，完成调研课题8项。

2011年，市法院通过对相关问题的调查研究，先后制定关于深入推进社会管理创新的若干意见和服务保障创新型城市建设的30条措施；制定了《关于为加快经济发展方式转变提供司法保障和服务的实施意见》等一系列规范性文件；《国有土地上房屋征收与补偿条例》颁布实施后，深入行政机关及时研判新条例对司法工作产生的影响并提出司法应对之策。省委、省政府提出着力改善发展环境、着力改善生态环境的战略部署后，紧紧围绕司法如何服务保障两个环境建设展开调研，制定出台了《秦皇岛市中级人民法院关于贯彻落实改善"发展环境和生态环境"的实施意见》。当年，市法院研究室被最高法院评为先进集体。

2012年，通过进一步加强与秦皇岛市仲裁委员会等团体互动协调工作机制，指导运用社会力量及时化解社会矛盾纠纷，在市法院主管领导带领下，成立专门课题组完成了《司法审判介入社会管理创新的基点和路径研究》的调研报告。2008—2012 年，市法院积极研究探索行政审判工作的新情况，先后组织十余次调研活动，集中编印了调研文章、经验材料汇编。先后写出《浅淡具体行政行为程序违法的表现形式、成因及对策》《依法办案与灵活协调相结合积极探索规范行政撤诉案件》《试述司法审查的必要性和迫切性》等十余篇具有独到见解的调研文章。在调研的基础上，市法院出台了一系列加强和改进行政审判工作的措施，制定的《落实省法院〈关于加强行政审判若干问题的意见〉的措施》《行政诉讼证据文书样式》均被省法院转发，向全省推广。通过对全市基层法院非诉行政执行案件的调研，制定了《秦皇岛市中级人民法院非诉行政执行案件若干问题暂行规定》，省法院予以转发，要求全省法院参照执行。对市两级法院近年来审理、执行涉及违法占地、房屋拆迁行政案件的状况进行调研，制定了《关于为城市改造拆迁工作提供法律服务和司法保障的若干意见》。在最高法院及全省行政审判工作会议上，市法院介绍了一审行政诉讼案件指定管辖的经验，上级法院及各兄弟法院给予了高度评价，为最高法院制定指定管辖司法解释提供了实践依据。

2013 年，围绕秦皇岛建设“沿海强市、美丽港城”总目标，为服务保障全市经济发展提供有力司法保障，市法院成立了由党组书记、院长闫五一为组长的全市金融秩序现状专题调研领导小组，对近三年来全市法院涉金融类案件受理、审理、执行情况进行摸底分析，组织召开涉金融类典型案例研讨会，以走访、座谈会方式广泛征求全市金融监管部门、公安局经侦部门、仲裁机构、律师以及金融行业相关同志的意见和建议，深入分析当前全市金融秩序现状，特别注重分析小额贷款公司、担保公司、典当行等非传统金融服务机构的情况，研究司法应对之策，维护金融安全秩序。通过调研就审判实践中发现的突出问题向金融机构提出建议，并制定指导全市法院涉金融类案件的指导意见，统一裁判标准。在此基础上，深入分析全市金融秩序现状，撰写了《关于当前秦皇岛市民间借贷情况的调研报告》，被市委政法委转发，并受到省法院领导的关注。2013 年 6 月，为解决经济快速发展过程中土地违法问题日益突出的情况，市法院组成专门工作组，经过 3 个多月的调查研究，形成《关于土地行政处罚决定强制执行案件情况的调研报告》，以翔实的数据和具体案例归纳梳理全市土地非诉执行案件的基本情况，深入分析土地非诉执行案件“执行难”原因，并有针对性地提出 5 条对策和建议。市委、市人大、市政府主要领导都作了批示，市国土局领导认为：“该调研报告分析问题精准，很符合秦皇岛市土地非诉执行工作实际情况。所提建议有很强的针对性，下一步将对调研报告所提建议专题研究，希望与市法院共同制定具有可操作性的文件，逐项加以落实。”

2015 年 9 月 2 日，市法院党组书记、代院长胡华军赴山海关区法院调研。调研重点围绕抗战胜利 70 周年纪念活动期间的安全稳定、审判执行质效、司法公开、信息化建设和队伍建设等工作内容进行。

2016 年 4 月 28 日，市法院党组书记、院长胡华军到青龙满族自治县凉水河乡杏树坨村看望慰问驻村干部，并到凉水河法庭就基层基础建设和矛盾纠纷多元化解决体系建设进行调研。

2018 年 8 月 15 日，市法院下发《关于落实领导赴基层开展“大调研”活动和“基层一日带班执勤”活动的通知》，要求各位院领导紧紧围绕全市工作大局及法院中心工作，深入开展调查研究，按照职责分工，于2018年8月24日至9月10日前，带着问题赴基层联系点，沉下身子、深入群众、解决问题，积极主动推动工作开展和落实。

第三节　调 研 成 果

1990 年，市两级法院共撰写调研文章 73 篇，并编辑出版了秦皇岛法院系统的第一本《调研文集》，在全省调研论文评比中获奖 6 篇。1991 年，市两级法院认真落实全国、全省法院系统调研、信息、宣传工作会议精神，围绕在改革开放的新形势下审判工作和社会治安综合治理中出现的新情况、新问题，写出有情况、有分析、有建议的调查报告、信息和宣传文章。市法院编发《法院调研》18 期，刊发调研文章 54 篇，其中被中央、省、市有关部门采用 13 篇，反映各种法治信息宣传稿件 128 篇。1992 年，市法院共编发《法院调研》19 期，刊发调研文章 58 篇，被各级有关部门采用法治宣传文章 20 篇。1993 年，全年有 57 篇信息、调研报告被省级以上有关部门采用。1996 年，共编发信息简报 571 期，撰写调研文章 152 篇，写宣传稿件 376 篇。

2004—2006 年，市两级法院紧紧围绕最高法院确立的学术论文主题，认真开展法学理论研究工作，共撰写法学论文 68 篇，论文选题涉及现代司法理念的内涵与形成、现代司法理念之构建、裁判文书改革、司法决策能力、利益衡量理论、法官自由裁量权问题、司法与人权保障、司法体制改革等方面，具有较强的指导意义及较高的理论参考价值。学术论文组织推荐工作走在了全省前列，经市法院、省法院和最高法院层层把关、严格评选，取得了优异成绩，得到了省法院的充分肯定。2004 年，在全国法院系统第十六届学术讨论会中，市法院获得了推荐数量、获奖篇数并列全省首位的好成绩，河北省仅有的两个全国二等奖全部被市法院获得。2005 年，在全国法院系统第十七届学术讨论会中，市法院学术论文被省法院推荐至最高法院篇数蝉联全省首位。2006 年，在省法院组织的全省优秀学术论文评选活动中，市两级法院获二等奖 3 篇、三等奖 4 篇，获奖总篇数在全省名列前茅，市法院获全省法院优秀组织奖。2006 年度全省法院优秀论文二等奖 3 篇分别是：（1）《浅析规则之治在纠纷解决中面临的困惑及对策——以基层法院司法实践为研究视角》（开发区法院王志荣、孙文进）；（2）《试论完善我国对行政裁量行为的司法审查机制》（市法院王巍）；（3）《社区矫正制度的可行性分析》（北戴河区法院阎峻）。三等奖4篇分别是：（1）《对抽象行政行为司法审查的探讨》（抚宁县法院郑鹏举）；（2）《试探索和谐社会构建中“非常态”法律运行的解决之道》（开发区法院赵萌）；（3）《权力监督、检察监督、舆论监督与司法公正》（抚宁县法院王贵玖）；（4）《塑造法官司法独立人格魅力构建公平正义和谐社会》（北戴河区法院王冬霞）。

2001年9月11日，“公正与效率”主题研讨暨获奖征文颁奖会

2008—2010年，市法院积极研究探索行政审判工作的新情况，先后组织十余次调研活动，集中编印了调研文章、经验材料汇编。先后写出《浅淡具体行政行为程序违法的表现形式、成因及对策》《依法办案与灵活协调相结合 积极探索规范行政撤诉案件》《试述司法审查的必要性和迫切性》等十余篇具有独到见解的调研文章。在调研的基础上，市法院出台了一系列加强和改进行政审判工作的措施，制定的《落实省法院〈关于加强行政审判若干问题的意见〉的措施》《行政诉讼证据文书样式》均被省法院转发，向全省推广。通过对全市基层法院非诉行政执行案件的调研，制定了《秦皇岛市中级人民法院非诉行政执行案件若干问题暂行规定》，省法院予以转发，要求全省法院参照执行。对市两级法院近年来审理、执行涉及违法占地、房屋拆迁行政案件的状况进行调研，制定了《关于为城市改造拆迁工作提供法律服务和司法保障的若干意见》。在最高法院及全省行政审判工作会议上，市法院介绍了一审行政诉讼案件指定管辖的经验，上级法院及各兄弟法院给予了高度评价，为最高法院制定指定管辖司法解释提供了实践依据。2010年11月15日，最高法院院长王胜俊对市法院院长闫五一撰写的《能动司法勇于实践 最大限度地发挥审判工作的服务和保

障职能——秦皇岛两级法院对能动司法的实践与探索》一文给予充分肯定，并建议作者适当修改后由《人民法院报》发表。王胜俊院长批示：闫五一同志在不断深化对能动司法理解的同时，更加注重运用这一创新理念指导司法实践。闫五一同志的这篇文章从理论和实践的结合上对能动司法进一步作了解读，使人很受启发。省法院院长高勇也就这篇文章作出批示："转告五一同志，并应鼓励更多的领导同志撰写此类文章。"2010 年 12 月 15 日，《人民法院报》全文刊发了闫五一的署名文章《最大限度地发挥司法的服务和保障职能——秦皇岛法院践行能动司法的积极探索》，并配发了四川大学法学院教授、博士生导师顾培东的评论文章《让能动司法成为我国法院的常态化实践》。市委书记王三堂、市委副书记杨泰安分别作出批示。王三堂书记批示："很好、致意！望落实好领导批示要求，不断求索、进步，不断登上工作新水平。"杨泰安副书记批示："中院'三项重点工作'有新成效；在依法调解矛盾纠纷、服务大局维护稳定方面有新作为；服务保障职能理论研究、实践探索有新亮点。望再接再厉、再创佳绩。"2010 年，针对农民工权益屡受侵害，由此导致的劳动争议案件大幅增长问题，市法院专门成立农民工权益司法保障问题调研课题组，深入开展农民工权益的司法保障问题研究。课题组对全市法院审判的涉及农民工权益案件进行了综合归纳、分析，并在此基础上，做了大量相关的调查研究，形成了调研成果《农民工权益的司法保障问题研究》。该成果从农民工权益纠纷现状、解决农民工权益纠纷的难点与原因、解决农民工权益纠纷的思考与建议等 3 个不同角度作了全面、系统的阐述，尤其是就完善相关立法、健全司法保障机制、动员和整合全社会力量维护农民工权益提出了许多超前、有价值、可操作性的对策建议。《农民工权益的司法保障问题研究》2010 年获得河北省法学会首届"河北法治论坛"一等奖，2012 年获得中央维稳办二等奖。

2014 年 12 月，由市法院承担、院长闫五一主持的省法院重点调研课题"司法审判介入社会管理的基点和路径研究"，顺利结题并被辑入《法院工作改革与创新——河北法院优秀调研成果选集》，正式由法律出版社出版发行。该课题是市法院申报的省法院 2012 年重点调研课题，从当年 4 月份提出申请开始，到 2013 年 5 月结题，再到 2014 年年底正式由法律出版社出版，经申请、立项、开题、调查研究、结题和成果验收等多个环节，历时两年零八个月，最终全部完成。该课题包括"挑战和使命：司法审判介入社会管理创新之历史必然""基点和路径：司法审判介入社会管理之理想范式""结语：发挥司法作为社会机制'免疫系统'的功能"三部分，全文以大量的事实和数据，用文字和图表等形式，通过对司法审判介入社会管理的基本理念、功能定位、内涵外延和基点路径的研究探讨，深入论证了司法审判参与社会管理创新的发展前景，全文近 3 万字。《法院工作改革与创新——河北法院优秀调研成果选集》是由省法院编辑、卫彦明院长作序的一部优秀调研成果汇编，2014 年 12 月 1 日由法律出版社正式出版发行。2014 年，省法院内网主页设立"河北民商事审判网"子网站，市法院专门成立民商事网编辑部，并重点选定谈法论道、法案解析、文书选载与评析、法官思维、问题与讨论等栏目，动员市两级法院干警积极参与、撰写稿件。2014年12月市两级法院共投稿16篇，其中，有7篇文章被省法院商事审判网选载。入选的7篇文章分别是：（1）市法院民三庭高晓武《试论意思自治在合同法中的重要地位》登载于《法官思维》栏目；（2）市法院民四庭刘京《论缔约过失责任》登载于《法官思维》栏目；（3）市法院民四庭武学敏《腐败的法律治理》登载于《法官思维》栏目；（4）北戴河区法院民二庭郭媛媛《酒店要为承包经营期间欠下的外债买单》登载于《法官思维》栏目；（5）山海关区法院民二庭韩旭《物保与人保并存时应如何处理》登载于《文书选载与评析》栏目；（6）青龙县法院政治处赵雪漫《一切都是为了让人民满意 让天平生辉》登载于《法官思维》栏目；（7）青龙县法院政治处赵雪漫《顺势而为 笃志前行》登载于《判余随笔》栏目。

2016年1月，全市法院系统第二十七届学术论文讨论会及报送2015年度案例工作结束，市法院张洁的论文《论再审不加刑》获得三等奖。2016年9月，全国法院系统第二十八届学术论文讨论会省内评奖结束，秦皇岛法院获奖5篇，其中北戴河区法院周红燕的《我国司法改革中首批未入额法官安置问题探究》获得二等奖；市法院吕铭的《环境无界限 审判跨区划》获得三等奖；卢龙县法院赵艳霞、王红的《浅析人民法院审判权运行机制改革的瓶颈与创新》，北戴河区法院刘吉健的《行政裁决司法救济探究——关于赋予法院司法变更权的思考》，抚宁区法院高旭的《论新〈行政诉讼法〉中受案范围的修改》获得优秀奖。

2018年2月，由市法院课题组完成的第二届司法大数据专题协作研究成果——《商品房买卖合同纠纷案件分析》被最高法院评审为良好，受到最高法院奖励表彰，并经筛选在《法律适用》2018年第2期上刊发，是全省6篇获奖成果中唯一被录用成果。司法大数据专题协作研究是由最高法院信息中心负责，依托“人民法院大数据管理和服务平台”，以海量大数据分析为基础，通过数据挖掘、建模分析等信息化辅助技术开展的专题研究。市法院高度重视此项工作，院长胡华军亲任课题组组长，精选了审判部门、信息化建设部门的业务骨干参加分析研究，并积极协调燕山大学参与合作。课题组围绕最高法院发布的选题，结合市两级法院审判工作特点，选取近年来全市法院审理的商品房买卖纠纷进行采样分析，历经一年时间的分析研究，圆满完成课题研究任务，并向最高法院提交了专题研究报告。报告以市两级法院审理的商品房买卖合同纠纷案件为基础，针对商品房销售广告和宣传资料等夸大宣传、商品房认购协议、商品房的质量问题、商品房延迟交付等商品房买卖合同纠纷案件的主要矛盾点，对案件整体情况、审理周期、法律条款、原被告属性、案件类型等深入进行大数据分析，研究商品房销售广告和宣传资料的法律性质及其界定；商品房买卖过程中形成要约应具备的法定条件；商品房认购协议的性质、效力；对延期交付的认定和责任承担等6个方面的问题，进一步发现现有商品房买卖过程中各个阶段存在的漏洞，为相关法律条款或措施的颁布和实施提供支持，对商品房买卖纠纷的审理进行风险评估，做好风险预警。2018年10月中旬，京津冀法院联席会议在河北固安组织召开“第三届京津冀司法论坛”，卢龙县法院许晶的论文《统一死亡赔偿金标准 助力京津冀司法协同》获得三等奖。2018年，全国法院系统第三十届学术讨论会结束，昌黎县法院张丽华的论文《论我国贪污贿赂犯罪死刑的废止》获得三等奖。

第二章　案 例 指 导

案例来源于实践，是生动具体的法治。市两级法院高度重视案例的重要价值和现实意义，充分发挥案例的示范、指导作用，结合实际，有针对性地建立案例指导制度，组织好对公布案例的学习借鉴，促进提升办案人员的司法办案能力和水平。

第一节　案例指导概述

中国司法界开展案例研究和探索构建案例指导制度，历程相当久远。新中国成立后，最高法院就很重视案例的作用，从20世纪50年代初开始，通过编选案例来总结审判经验，指导法院审判工作。1985年，《最高人民法院公报》开始刊登具有指导意义的案例，公报刊登的案例须经过最高法院审判委员会讨论确定。这一做法标志着人民法院案例指导制度的实际诞生。为此，1985年视为中国特色案例指导制度的诞生之年。1992年，中国应用法学研究所编写了《人民法院案例选》，供全国法院裁判案件时参考。最高法院、国家法官学院与中国人民大学法学院合作编辑了《中国审判案例要览》。这是当时影响最大的两种案例著作。案例研究发挥了以案例分析法律、以案例丰富法律、以案例普及法律的作用，为构建中国特色的案例指导制度打下了坚实的基础。

2010年11月26日，最高法院发布了《关于案例指导工作的规定》（以下简称《规定》），总结审判经验，统一法律适用。按照《规定》要求，对全国法院审判、执行工作具有指导作用的指导性案例，由最高法院确定并统一发布。所称的指导性案例，是指裁判已经发生法律效力，并符合以下条件的案例：涉及广泛关注的；法律规定比较原则的；具有典型性的；疑难复杂或者新类型的；其他具有指导作用的案例。人民法院的指导性案例，是正确适用法律和司法制度、切实体现司法公正和司法高效、得到当事人和社会公众一致认可、实现法律效果和社会效果有机统一的案例。

2004年，市法院郭辉审理的青龙满族自治县抚龙煤矿诉白某某、王某某合作合同案入选《中国审判案例要览2005》，为合同纠纷案件裁判提供了参考与指导。

2015年年底，市法院民四庭审理的王某与某支行储蓄存款合同纠纷案、市法院民三庭审理的秦皇岛水务局诉首创水务公司拖欠水资源费案、北戴河区法院执行局执结的老人替子还债案三宗典型案件入选“2015 推动河北法治进程十大案件”。“推动河北法治进程十大案件”评选是省法院与《燕赵都市报》联合举办的旨在推进全省法治进程的一项重要评选，最终入选的 10 件案件是从全省法院年度审结的数十万件案件中遴选出的最具代表性的案件。秦皇岛入选的 3 件案件，有与百姓生活密切相关的冒充银行客服短信诈骗案，有行政机关转变观念以平等主体身份参加民事诉讼案，也有令人感动的耄耋父母替子偿还执行款案，在裁判理念、案件本身的意义以及所带来的社会效果上，足以给社会公众以启迪、思考或警醒，足以能够引起立法和司法变革、引发公共政策的探讨和改变、影响公众法治理念、促进弱势群体权益保障，在十八大提出全面推进依法治国战略，特别是十八届三中全会以来司法制度层面的改革措施密集推出的大背景下，意义更加重大。

2016 年 1 月，全市法院系统第二十七届学术论文讨论会及报送 2015 年度案例工作结束，抚宁区法院李云成的案例《双方签订的房屋拆迁协议是否有效——贾某某、王某某诉抚宁县抚宁镇钟庄村村民委员会财产所有权案》、北戴河区法院王冬霞的案例《侵占股东股权达到追诉标准构成职务侵占罪——杭某涉嫌职务侵占罪案》被采用。

2017 年，市两级法院共报送学术论文 28 篇，共征集到案例 35 篇，其中北戴河区法院冯良伟、海港区法院周旭、山海关区法院冯鑫 3 篇案例被国家法官学院采用。具体情况如下：（1）《基于法律行为物权变动的区分原则——陆某某诉张某某房屋买卖合同案》（作者：冯良伟）；（2）《质押典当合同未交付质押物时对合同性质的认定——石家庄同祥典当有限公司秦皇岛分公司诉秦皇岛市百海电器有限公司等典当案》（作者：周旭）；（3）《未经同意进入景区后在未设置警示标识的泄洪口发生意外事故，景区经营者应否承担赔偿责任——肖某某诉秦皇岛安达旅游开发有限公司、秦皇岛市山海关区石河镇新建村村民委员会健康权、身体权案》（作者：冯鑫）。

2018 年，开发区法院孟凡江《开发商建设的幼儿园归谁所有——某小区业主委员会与某房地产开发有限公司物权确认纠纷案》、抚宁区法院《债权人未在六个月内要求保证人承担保证责任，保证人免除保证责任——原告王某某与被告栗某某、黄某某、安某某、刘某某民间借贷纠纷案》入选了《中国审判案例要览 2018》和《中国法院 2019 年度案例》。

2019 年 4 月 19 日，市法院审理的河北省首例大气污染公益诉讼案被评为 2018 年度“中国十大影响性诉讼”。这是继 2019 年 3 月 2 日该案例入选最高法院公布的 2018 年十大生态环境保护典型案例后，再获高度评价。该评选活动系最高法院司法案例研究院坚持以习近平新时代中国特色社会主义思想指导案例研究工作，落实最高法院周强院长关于“用公正裁判弘扬社会主义核心价值观”工作要求，与中国法学会案例法学研究会、南方周末报社、法律出版社《中国法律评论》等单位联合开展，目的是将“中国十大影响性诉讼”打造成为展示司法改革成果、弘扬社会主义核心价值观的平台阵地，已连续举办 14 届。该活动对本案案例价值为：本案是京津冀地区受理的首例大气污染公益诉讼案，有助于推动建立公益诉讼专项资金运作模式。审理法院在案件审理过程中与秦皇岛市人民政府积极协调，通过设立公益诉讼专项资金账户模式，确保环境损害赔偿金切实用于本地区环境污染治理修复工作，为此后环境公益诉讼赔偿资金管理和使用制度之建立和健全探索了一条可行途径。

本案的顺利审理有助于推动企业积极履行社会责任。方圆公司在缴纳行政罚款后，慑于环境公益诉讼的压力，在诉讼过程中，通过升级改造环保设施，成为该地区首家实现大气污染治理环保设备“开二备一”企业，充分发挥了环境民事公益诉讼预防环境污染和修复生态环境损害的作用。本案的顺利审理彰显了公益环保组织对企业环保的社会监督作用，也将对其他企业遵守环保法律、履行环保义务起到警示和导向作用。京津冀及周边地区是我国实施大气污染联防联控机制的重点区域，对于统筹协调重点区域内大气污染防治和生态环境协同治理具有重大意义。该案判决生效后，被告方圆公司积极履行了判决规定的全部义务，将第一期环境损害赔偿金付至法院指定账户，并在全国性报纸上向群众赔礼道歉，收到了良好的法律效果和社会效果。

第二节　刑事案例指导

被告人侵占股东股权达到追诉标准构成职务侵占罪

——被告人杭某涉嫌职务侵占罪案

河北省秦皇岛市北戴河区人民法院　王冬霞

（全市法院系统 2015 年度案例工作中被采用）

一、案件基本信息

1. 判决书字号

一审判决书：（2013）北刑初字第 30 号。

2. 案由：职务侵占罪。

3. 当事人

公诉机关：河北省秦皇岛市北戴河区人民检察院。

被告人：杭某。

二、基本案情

被告人杭某自 2002 年起在其原继父孙某某任法定代表人的韩林公司工作，2002 年 7 月经原股东韩某某转让股权成为公司股东，占股份 6.4%（其他股东为杭某的继父孙某某，占股份 8%，孙某某的表弟张某某，占股份 33.6%，杭某的母亲高某某，占股份 52%），并经股东会议当选为监事（孙某某为法定代表人、执行董事，张某某为监事，高某某为经理）。2004 年起，被告人杭某根据孙某某及高某某安排，负责韩林公司的日常经营活动。2009 年 2、3 月份，被告人杭某个人拟制了韩林公司股东会议决议、三份股权转让协议书（即：转让方高某某，受让方杭某；转让方张某某，受让方杨某某；转让方孙某某，受让方杭某）以及韩林公司关于公司法定代表人任免职文件、公司章程修正案，拟制文件上涉及的公司董事签名均由被告人杭某及其丈夫杨某某代签。被告人拟制好股份转让文件及公司变更登记文件后，委托公司会计陈某某到秦皇岛市北戴河区工商管理机关进行了变更登记，将公司全部股份变更到杭某及其丈夫杨某某名下，孙某某被转让股权 8%。2012 年 4 月，孙某某、张某某一同到北戴河区公安机关报案，称被告人杭某将其股权转让到杭某及杨某某名下，其本人不知情。2013 年 4 月 15 日，经河北衡信资产评估有限公司对韩林公司资产以 2009 年 2 月 28 日为评估基准日进行评估，韩林公司的净资产评估价值为 40.87 万元。

2009 年 7 月 29 日，韩林公司将本公司坐落在丁庄村的二层楼厂房租赁给宋某某使用，租期五年（2009 年 8 月 1 日—2014 年 7 月 31 日），每年租金 25000 元，宋某某交付的 2009 年、2010 年、2011 年三年的租金 7.5 万元由被告人杭某领取，没有入公司账，2012 年的租金由孙某某拿走，亦未入公司账，被告人后将此款交予其母亲高某某，其母亲称“2009 年、2010 年的房租与孙某某共同使用了，2011 年的房租与孙某某均分了”。

2009 年 8 月 1 日至 2012 年 5 月，被告人收取宋某某的电费没有入公司账，公司此期间共计向电力公司通过托收方式交纳电费 35913.01 元。2010 年 8 月份韩林公司跨越高速公路的高压线路损坏。秦皇岛电力公司北戴河供电公司于 2010 年 8 月 9 日向韩林公司发出用电检查结果通知书。被告人杭某通过北戴河电力公司职工陈某找人于当年 10 月份修复，支付费用 3 万元。陈某当庭证言证实被告人杭某给付其 3 万元维修线路费用。被告人杭某支付的 3 万元维修线路费用未使用公司账内资金。被告人杭某还主张，于 2006 年换变压器时支付 15000 元，都是用自己的钱修复的，但未提供书面证据。

2011 年 9 月 22 日，孙某某、高某某对其夫妻共有财产进行协商确认，将韩林公司丁庄厂房及住宅确认为其夫妻共有财产。孙某某、高某某于 2013 年 5 月经法院调解离婚。

三、案件焦点

被告人杭某侵占股东股权达到追诉标准是否构成职务侵占罪。

四、法院裁判要旨

秦皇岛市北戴河区人民法院经审理认为：被告人杭某在管理韩林公司期间，在既未经公司法定代表人、股东孙某某同意及授权的情况下，亦未签订书面股权转让协议，未召开股东会议，利用其职务便利，拟制虚假股东股权转让协议书及股东会议决议等相关文件，在文件上冒名签署孙某某的名字并到工商管理机关进行公司股权变更登记手续，将孙某某8%（价值32696元）的股份转到自己名下，其行为侵害了公司的财产权，属于职务侵占行为。被告人及其辩护人主张孙某某已将其韩林公司的股份赠与了杭某，但其所提供的证人证言不足以证明其主张，且股权转让为要式法律行为，必须以书面方式进行，故该主张缺乏理据，对被告人及辩护人该抗辩意见不予采纳。辩护人认为被告人不具有侵占股权的职务便利，但因期间被告人是公司实际管理人，故被告人杭某具有职务便利；辩护人认为被告人变更股权的行为，即使没有得到孙某某同意，侵害的也是孙某某的个人权益，没有侵害公司财产，不构成职务侵占罪。因公司股东将个人资产交给公司后，该财产与股东个人脱离，股东个人不再对该财产享有支配权，而公司作为具有虚拟人格的法人实体，对股东的财产享有独立的支配权。被告人侵占孙某某股权的行为，直接侵害了公司的财产权，侵害了公司的利益。最高法院刑二庭对公安部经侦局《关于对非法占有他人股权是否构成职务侵占罪的工作意见》精神亦如此，故对辩护人该观点不予采纳。对于公诉机关指控被告人侵占公司应收电费35913元的事实，被告人提出该款虽未入账，但用于修复公司高压线路等费用支出，根据秦皇岛电力公司北戴河供电分公司向韩林公司出具的用电检查结果通知书及该公司职员陈某当庭证言，结合被告人杭某当庭对修复高压线路及支付费用的陈述，能够相互印证，应认定修复费用为3万元。因该3万元支出，被告人杭某未使用公司账内资金，故应在公诉机关对被告人杭某该项指控数额中扣减3万元。被告人杭某另辩解，在此之前还维修过韩林公司线路、变压器等，支出1万余元，但未向法庭提供相应证据。故对被告人该辩解不予采信。公诉机关对被告人收取租金7.5万元没有入公司账，认定其非法占为己有的指控，不能成立。被告人杭某辩称因其母亲高某某、原继父孙某某对丁庄老厂房协议确认为夫妻财产，故自己在收取2009—2011年丁庄老厂房租金7.5万元后，将此款交给了母亲高某某，高某某证实收到该笔租金。该行为虽然违反了我国公司法的相关规定，孙某某、高某某二人的夫妻财产确认书所确认的丁庄老厂房归其二人所有的内容亦属无效，但被告人对该财产的处分以及孙某某将收取的2012年租金亦未入公司账的行为，均属对该财产权属的错误认识，不存在非法占为己有的主观故意，被告人亦不存在非法占为己有的客观事实。故被告人该行为不符合职务侵占罪的特征，不构成职务侵占罪。对被告人及其辩护人提出的被告人将收取的7.5万元租金交予高某某的行为不构成职务侵占罪的抗辩主张予以采纳。综上，被告人杭某利用职务之便，非法占有公司股东股权及公司收取电费，共计38609元，数额较大，其行为构成职务侵占罪，公诉机关指控罪名成立。鉴于韩林公司实质上系家庭经营公司，被告人行为时与被害人孙某某系继父女关系，被告人杭某此次犯罪主观恶性不深，社会危害性较小，应认定其犯罪情节轻微。依照《刑法》第二百七十一条第一款、第三十七条、第六十四条之规定，经审判委员会讨论决定，判决如下：（一）被告人杭某犯职务侵占罪，免予刑事处罚。（二）追缴被告人杭某犯罪所得5913元返还秦皇岛市韩林塑料股份有限公司。

五、法官后语

本案罪名虽系职务侵占罪，不属于罕见罪名，但是就本案涉及是否侵占股权以及侵占了股权如何适用法律，即被告人杭某侵占股权事实能否认定以及适用法律是较为特殊和复杂的，在审判实践中较为罕见的。在审理过程中，也曾出现过不同意见，即杭某将孙某某持有的8%的公司股份转到自己名下并变更工商登记的行为是否构成职务侵占罪争议比较大。持有不构成犯罪的观点认为《刑法》第二百七十一条第一款规定："公司、企业或者其他单位的人员，利用职务上的便利，将本单位财物非法占为己有，数额较大的，处五年以下有期徒刑或者拘役；数额巨大的，处五年以上有期徒刑，可以并处没收财产。"可见职务侵占罪的客体是公司财产，其侵犯了公司对其财产的合法占有、使用、收益的权利。公司作为法人，其财产应该是独立的。股权是一种财产权益并无争议，股东出资后，这部分财产权利已经转移，也就是财产归公司所有，股东只在其出资比例范围内，享有对公司的决策权、收益权，这就是股权。不论该股权是由甲股东支配还是由乙股东支配，公司的财产并未减少，公司利益也未受到侵害。因此股权变更行为没有侵害公司财产，没有造成公司财物减少，也不是将公司财物占为己有，因此不能满足构成职务侵占罪的客体要件。虽然公安部有一个意见，但是其并不是法律性文件，只是一个处理意见，《刑法》第三条规定，法律明文规定为犯罪行为的，依照法律定罪处刑；法律没有明文规定为犯罪行为的，不得定罪处刑。因此不能依据这个文件就把一种行为上升为犯罪。杭某的行为实际上是侵害了孙某某的股权利益，也就是造成了孙某某实际财产的减少，但是这种行为是否构成犯罪，其前提必须是被告人杭某要故意隐瞒变更行为的事实，也就是被告人杭某是否满足主观故意的要件。公诉机关认为主观要件是要通过客观行为表现出来的，其伪造签名的行为就说明了其在主观上有故意隐瞒、将股权占为己有的故意。但被告人杭某的主观故意是公诉机关需要证明的一个非常重要的方面。本案的特殊性就在于涉案公司股东的特殊身份关系，在成立初期韩林公司股东为海港塑料厂、孙某某、张某某等人，海港塑料厂实际为被告人母亲高某某所有，孙某某为被告人杭某的继父，张某某与孙某某有亲属关系，且其用以出资的汽车实际也是归高某某所有，张某某只是名义上的股东。韩林公司实际上是高某某和孙某某、杭某经营的家庭性质的公司。同时本案也有特殊的背景，就是报案人也就是被告人的继父孙某某报案时，正与被告人母亲高某某进行离婚诉讼，这是本案必须要考虑的一个情节。根据被告人杭某提供的证据，在2006年高某某、孙某某同学聚会上，孙某某曾经表示过要把股份转给杭某，这部分证人证言具有一定的真实性。另外，杭某的母亲高某某也证实，孙某某同意转让股份，孙某某的身份证复印件也是高某某邮寄给杭某的。不论杭某代替孙某某签字变更股权的行为是否有效，但孙某某存在着知情的合理性。从高某某、孙某某的共同财产确认书上的内容也能证实这个事实，杭某是2009年2、3月份变更的股权，2011年高某某、孙某某签订了共同财产确认书，确认书上并没有提到双方拥有的韩林公司股份情况，从另一个方面也证实孙某某有知道股权已经变化的可能性。案发时，孙某某夫妇在海南居住，公司一直由杭某经营管理，包括高某某的股份转让也是杭某代签的，因此孙某某口头授权的合理性是存在的，也就是当时在孙某某夫妻二人关系没有僵化的时候，孙某某可能有赠与的意思表示，只是没有书面的授权委托。证明犯罪的一个非常重要的条件就是排除一切合理怀疑，既然这种合理性怀疑不能排除，那么证明被告人杭某有罪的证据并不充分。同时，杭某不构成犯罪并不代表其代替孙某某签字变更股权的行为是有效的，股权变更有严格的规定，没有孙某某的授权书、亲笔签字或事后追认，该变更行为就是无效的，孙某某可以向工商登记部门申请撤销股权变更登记，或者通过民事诉讼确认其享有的韩林公司8%的股权，在这个意义上，孙某某的利益实际上也没有受到侵害。

北戴河区法院经过反复研究并综合考虑，认定被告人杭某在管理韩林公司期间，利用其职务便利，拟制虚假股东股权转让协议书及股东会议决议等相关文件，在文件上冒名签署孙某某的名字并到工商管理机关进行公司股权变更登记手续，将孙某某8%（价值32696元）的股份转到自己名下，其行为侵害了公司的财产权，属于职务侵占行为。因公司股东将个人资产交给公司后，该财产与股东个人脱离，股东个人不再对该财产享有支配权，而公司作为具有虚拟人格的法人实体，对股东的财产享有独立的支配权。被告人侵占孙某某股权的行为，直接侵害了公司的财产权，也是侵害了公司的利益，因此应认定被告人杭某侵占股权的行为构成职务侵占罪。

第三节　民事案例指导

青龙满族自治县抚龙煤矿诉白某某、王某某合作合同案（合同效力）

河北省秦皇岛市中级人民法院　郭　辉

（入选《中国审判案例要览2005》）

一、首部

1．判决书字号

一审判决书：河北省抚宁县人民法院（2004）抚民二初字第149号。

二审判决书：河北省秦皇岛市中级人民法院（2004）秦民终字第994号。

2．案由：合作投资采矿合同纠纷。

3．诉讼双方

原告（上诉人）：青龙满族自治县抚龙煤矿（以下简称抚龙煤矿）。

法定代表人：王某印，矿长。

被告（被上诉人）：白某某。

诉讼代理人（一审、二审）：蔡津生，秦皇岛渤海明达律师事务所律师。

第三人（被上诉人）：王某某。

诉讼代理人（一审、二审）：杨伟光，秦皇岛宏业律师事务所律师。

4．审级：二审。

5．审判机关和审判组织

一审法院：河北省抚宁县人民法院。

合议庭组成人员：审判长杜艳茹；审判员赵铁民、单东权。

二审法院：河北省秦皇岛市中级人民法院。

合议庭组成人员：审判长郭辉；代理审判员张霜剑、杨彦军。

6．审结时间

一审审结时间：2004 年 7 月 30 日。

二审审结时间：2004 年 11 月 25 日。

二、一审情况

1．一审诉辩主张

原告抚龙煤矿诉称：2002 年 11 月 25 日，原、被告双方就共同经营抚龙煤矿签订了投资入股合同，合同约定原告投资 400 万元，被告投资 10 万美金和 100 万元人民币，原告法定代表人王某印负责生产经营和管理，对被告缴付出资的期限、利润分配和亏损承担、企业事务的执行及违约责任合同也进行了明确的约定。2003 年 5 月 30 日，原、被告又签订了一份补充协议。合同签订后，原告认真履行了合同，被告出资了 10 万美元和 55.6 万元人民币，煤矿在原告法定代表人王某印的负责下正常生产经营。2004 年 3 月份，煤矿被杨某某、王某松带人强占，致使煤矿无法正常生产，原告向青龙县法院提出排除妨害申请。2004 年 4 月 6 日，青龙县法院依法裁定“杨某某、王某松停止对煤矿的侵害，排除妨害，确保原告正常生产”。2004 年 4 月 6 日，第三人王某某以抚龙煤矿股东的身份就排除妨害的裁定提出了复议申请，并提交了被告白某某与王某某于 2004 年 3 月 16 日签订的股份转让协议书，这时原告才知道被告白某某已将所持抚龙煤矿的股份转让给了王某某。被告未经原告同意，擅自转让股份，其非法转让行为侵犯了原告的合法权益，导致煤矿不能安全生产，给原告造成巨大的经济损失。故依法起诉，要求依法确认被告与第三人签订的股份转让协议无效，解除原、被告的合伙关系，进行清算，并要求被告赔偿因其未完全履行协议给煤矿造成的损失20万元。

被告白某某辩称：第一，我已完全履行与原告签订的两份协议约定的出资义务。根据两份协议，我的义务是出资10万美元，100万元人民币。我在2002年11月25日已将10万美元交给了原告，至2003年4月10日，原告收到我人民币55.6万元。第二份协议签订后，经中证人白某云出资44.4万元，故原告诉我未完全履行协议，要求我赔偿损失20万元的请求不能成立。第二，我与第三人签订协议依法转让出资的行为有效。我对煤矿的投资到位后，虽原告未履行协议规定的义务成立公司，但已形成公司意义上的股权。我先后派出了管理人员李某华、余某某、李某斗三人到煤矿，与原告方的代表王某印、尤某某等共同参与管理，运用了这些资金。因原告的法定代表人王某印长期避而不见，我于2004年2月26日以特快专递的形式向其发送通知，并经公证处进行了保全。通知上明确要求其“10日内与我联系，双方清算，如拒绝沟通，则本人将设法将所持股份转让；如15日内未与我联系，视为其放弃优先受让权”。在我发送了这些相关通知后，原告在15日内未与我联系，我在权利受到侵犯，尽到善良注意的义务后，依法与第三人签订协议转让我出资形成的股份的行为应为有效。综上，原告的诉讼请求违背了客观事实，于法无据，依法应予驳回。

第三人王某某辩称：原告所诉的事实错误，原、被告之间不存在合伙关系；被告与第三人之间的转让关系依法成立，合法有效。原告的诉请错误，于法无据，应予驳回。

2．一审事实和证据

抚宁县法院经审理查明：2002年11月25日，原告与被告签订了以原告为甲方、被告为乙方的投资入股合同一份。合同约定甲方在开凿矿井时，由于资金不足引进乙方资金10万美元，100万元人民币，乙方作为该矿的股东拥有40%的股权，以前或以后出现的债务由甲方负责，乙方不负连带责任；甲方在合同签订后3个月内把现有的集体营业执照改为股份制执照，超期按违约执行；2002年11月30日起甲乙双方出任会计、现金及其他管理人员，共同管理煤矿；乙方投入的10万美元甲方可以自行用于偿还合同签订以前的债务，100万元人民币甲方必须用于开凿矿井，不可用于以前的债务及与煤矿有关、无关的人情、事务中去，如出现支出，必须有甲乙双方签字后生效；甲方确保2003年3月28日前副井打通，正式出煤。协议签订后，被告于签订合同的当日将投资的10万美元交给原告方，原告将该款偿还了煤矿以前的债务。被告在2002年11月底，派出李某华（副矿长）、余某某（现金）代表其参与煤矿的经营管理，2003年2月4日余某某因故离开后，由李某斗接替了现金职务。自2002年12月26日至2003年4月10日。被告分21次累计向煤矿投资55.6万元。2003年4月10日，因为资金的使用问题李某华与煤矿法定代表人王某印发生了冲突，被告暂时停止了向煤矿投资。2003年5月3日，双方对煤矿的投资问题进行了磋商。2003年5月5日，原告法定代表人王某印给被告大姐白某云发函，称“（1）他（指被告）让我退他200万元；（2）他以300万元或350万元的价格转给别人；（3）他给我300万元收我的股份；（4）要我收他的股份。对此我很不满意……”2003年5月30日，在白某云的参加下，原、被告对投资问题签订了一份补充协议，约定被告的投资数仍为原投资人股协议中的数额，用途不变，强调资金流向必须在账目中如实反映，备乙方查考、监督；并约定双方共同出资兴办抚龙煤矿有限责任公司，甲方（原告方）以煤矿资产出资，协议签订后双方依法委托评估，并在10日内完成评估后向乙方（被告）转让40%资产，甲方占有公司的60%股权，乙方占有公司的40%股权，甲方必须于协议签订后着手企业改制，在政策允许情况下一个月内改制完毕；自公司成立之日起，乙方已交付的10万美元、57万元（55.6万元）人民币作为乙方注入的流动资金和甲方账目直接转账，同时乙方应在10日内交足未缴付部分43万元。白某云作为中证人在补充协议上签字。该协议签订后，原告未在一个月内将煤矿改制为公司。庭审过程中原告法定代表人王某印称曾到国土资源局与省工商部门咨询，答复让其等等看，但未提交相关证据。被告于2003年5月31日至7月10日分8次将投资款44.4万元交给中证人白某云，白某云为被告出具了收条，之后又将该款直接用于煤矿的日常开支，被告提交了票据一组。被告直接投入的资金10万美元、人民币55.6万元及转交白某云的资金44.4万元全部支出后，因公司未成立，亦未打通副井（2003年7月副井打通开始出煤），被告称王某印对其避而不见且账目不清，于2003年12月10日到抚宁县公安局以王某印假借成立股份公司骗取其10万美元、人民币100万元报案，抚宁县公安局立案初查。2004年2月26日，被告经抚宁县公证处保全，向原告法定代表人发出通知，载明：“一、请于见信后10日内与我联系，处理双方清算事宜；二、如此通知寄达后，你处拒绝与我沟通，本人将设法将我持有股份转让；三、如你处行使优先受让股份的权利，则请见到此信后15日内与我联系，逾期视为你处放弃优先受让的权利。”2004年2月27日，原告收到了该通知，但未与被告联系。2004年3月16日，被告与第三人王某某签订了转让协议，于当日将投资转让给第三人。

上述事实有下列证据证明：

（1）抚龙煤矿与白某某签订的投资入股合同。

（2）双方的补充协议。

（3）白某某与王某某签订的股份转让协议。

（4）抚龙煤矿为白某某出具的10万美元的收据。

（5）抚龙煤矿为白某某出具的投资55.6万元的收据。

（6）白某云收到白某某投资44.4万元的收据。

（7）抚宁县公证处的公证书。

（8）抚宁县邮政局特快专递底单。

3．一审判案理由

抚宁县法院经审理认为：

（1）抚龙煤矿与白某某签订的投资入股合同及补充协议，系双方的真实意思表示，内容合法，应为有效。

（2）双方未按协议的约定成立公司，煤矿的性质没有改变，双方所签合同实为合作投资采矿合同。

（3）白某某按约定投入大部分资金后，因资金使用发生矛盾，又经中证人白某云投入资金 44.4 万元，与约定的投资金额相吻合，又不符合借款惯例，应认定该款系白某某的投资。

（4）白某某在资金全部投入后，抚龙煤矿未按约将煤矿改制，亦未按约定时间将副井打通，应构成违约。

（5）白某某在履行了通知义务后，抚龙煤矿不表示反对又未提出优先受让的前提下，将投资转让给他人有效。

（6）抚龙煤矿要求确认白某某与第三人王某某签订的转让协议无效，解除合伙关系、并要求白某某赔偿损失 20 万元缺乏事实及法律依据。

4．一审定案结论

河北省抚宁县人民法院依照《合同法》第八条、第七十九条之规定，作出如下判决：

驳回原告青龙满族自治县抚龙煤矿的诉讼请求。

案件受理费 17960 元，其他诉讼费 5390 元，由原告负担。

三、二审诉辩主张

上诉人诉称：双方所签的投资入股合同及其后的补充协议内容为将原集体所有制企业改制，成立有限责任公司，因为没有办理批准、登记手续，公司并未成立且违背《乡村集体所有制企业条例》第六条第三款的规定，改变了原抚龙煤矿集体所有制性质，故上述合同及协议因违反法律规定而无效。既然合同无效，依据该合同的股权没有产生，那么白某某与王某某的股权转让协议就无从谈起，而且对方不到一年就退出转让的行为明显违背了“双方在三年内不得中途退出”的合同约定，因此转让行为也应无效。对于违法转让给上诉人造成的 60 万元损失应给予赔偿。

被上诉人白某某辩称：被上诉人的出资义务已充分履行，上诉人要求其赔偿因未完全履行出资协议给煤矿造成的损失的诉讼请求不能成立。被上诉人与第三人签订合同前已对上诉人进行了必要的通知，已尽到了义务，因此转让合同有效。故请求二审法院驳回上诉，维持原判。

被上诉人王某某辩称：上诉人与被上诉人之间不存在合伙关系，被上诉人与第三人的转让行为是合法有效的，故请求二审法院驳回上诉，维持原判。

四、二审事实和证据

秦皇岛市中级人民法院经公开审理确认了一审法院认定的事实和证据。

五、二审判案理由

秦皇岛市中级人民法院认为：抚龙煤矿与白某某签订的投资入股协议及补充协议体现了双方当事人的真实意思表示，又不违反法律、行政法规的禁止性规定，故协议有效。虽然双方约定以设立有限责任公司为目的而签订协议，但投资后改变资金用途，没有投入注册资本，没有对煤矿资产进行评估，没有订立公司章程，不符合公司及设立中公司的法律特征，双方又不具备联营的主体资格，因此双方订立的协议实为合作投资采矿合同。合同签订后，白某某按约定足额投入了10万美元及100万元人民币，并已实际参与抚龙煤矿的经营管理。但抚龙煤矿未按约定的时间打通副井，也未按双方约定的时间成立有限公司，已构成违约。虽然双方约定了投资后三年内不得中途退出，但又约定如一方违约，无过错方可中途退出。如前所述，在抚龙煤矿先行违约的前提下，白某某书面通知抚龙煤矿法定代表人王某印，双方进行清算，转让股份并告知其行使优先购买权，履行了《合同法》第八十条规定的通知义务。在抚龙煤矿于合理期限内未作答复后将股份转让给第三人王某某，从程序到实体上均符合法律规定，故该转让协议有效。根据《民法通则》第九十一条关于“合同一方将合同的权利、义务全部或部分转让给第三人的，应当取得合同另一方的同意，并不得牟利”的规定，既然抚龙煤矿与白某某双方签订的是合作合同，就应以《合同法》的有关规定调整双方当事人之间的权利义务关系，而《合同法》对债权的转让从程序上仅为履行通知义务，对能否牟利未作禁止性规定，应视为转让有效。综上所述，原判决认定事实清楚，适用法律正确，程序合法。上诉人上诉理据不足，二审法院不予支持。

六、二审定案结论

河北省秦皇岛市中级人民法院根据《民事诉讼法》第一百五十三条第一款第（一）项、第一百五十八条之规定，作出如下判决：

驳回上诉，维持原判。

二审案件受理费23350元，由上诉人抚龙煤矿负担。

七、解说

首先，抚龙煤矿与白某某为共同合作开采煤矿而签订投资入股协议及补充协议，因管理问题及抚龙煤矿未按约定履行协议而发生纠纷。因此，查明、分析及确定双方所签协议的效力成为正确裁判本案的首要问题。由于抚龙煤矿在有关部门登记并取得开采及经营资格的性质为乡村集体企业，抚龙煤矿在诉讼过程中提出双方签订的协议违背了《乡村集体所有制企业条例》第六条第三款的规定，因此要求确认合同无效。经审查，该条款的具体内容为“乡村集体所有制企业可以在不改变集体所有制性质的前提下，吸收投资入股”。由此可以得出此规定不属于行政法规的禁止性规范而属于授权性规范的结论，且即使按双方约定设立了公司，白某某只能取得40%的股份，抚龙煤矿仍具有控股地位，并不必然导致企业性质的改变。事实上，双方订立协议的真实目的是抚龙煤矿吸收资金，恢复或扩大企业的生产经营规模。协议的内容为双方真实意思表示，并不违反法律、行政法规的禁止性规定，应确认双方契约的法律效力。

其次，本案又涉及抚龙煤矿与白某某签订的投资入股协议的性质及法律冲突的调整适用问题。

根据双方约定，白某某在投入10万美元及100万元人民币后，取得抚龙煤矿资产40%的股份。由于双方还约定以设立公司为目的，因此该40%的股份往往令人误解系成立公司的40%的股权。但因抚龙煤矿在白某某投资后，没有订立公司章程，没有履行为设立公司而应具备的各种条件，不符合设立中公司的法律特征，不能适用《公司法》的有关规定调整本案。因抚龙煤矿的企业性质为集体企业，不具备个人合伙的主体资格，本案又不能适用《合伙企业法》调整。因白某某系以个人身份作为投资一方参与经营，不具备《民法通则》关于联营的法律特征，因此亦不能适用《民法通则》调整。根据双方签订的协议，其目的是合作开采煤矿，其内容是约定双方当事人在生产过程中的权利义务关系，符合合作合同的实质要件，应以《合同法》调整为宜。据此可以认定白某某取得的是抚龙煤矿资产的40%的股份，而不是约定成立公司的40%的股权。其性质是依合同双方当事人约定而产生的债权。

再次，本案还涉及白某某将抚龙煤矿40%的股份转让给王某某的效力问题。

依据《合同法》第七十九条之规定，债权不得转让的三种情况不适应本案。虽然双方约定了投资后三年内不得中途退出，但又约定如一方违约无过错方可中途退出。如前所述，在抚龙煤矿先行违约的前提下，白某某书面通知抚龙煤矿法定代表人王某印，通知其双方清算，转让股份并告知合同相对方行使优先购买权，履行了《合同法》第八十条规定的通知义务。在抚龙煤矿于合理期限内未作答复后将股份转让给第三人王某某，从程序到实体上均符合法律规定，故该转让协议有效。

最后，本案还涉及白某某转让股份的行为应否受《民法通则》调整的问题。根据《民法通则》第九十一条之规定：“合同一方将合同的权利、义务全部或部分转让给第三人的，应当取得合同另一方的同意，并不得牟利。”如果适用《民法通则》调整，白某某转让股份仅仅通知了合同相对人，且以350万元的价格转让给王某某，存在着牟利的问题，应视为无效。但抚龙煤矿与白某某双方签订的是合作合同，就应以《合同法》的有关规定调整双方当事人之间的权利义务关系，而《合同法》对债权的转让在程序上仅为履行通知义务，对能否牟利未作禁止性规定，根据特别法优于普通法的原则，应视为转让有效。

开发商建设的幼儿园归谁所有

——某小区业主委员会与某房地产开发有限公司物权确认纠纷案

秦皇岛经济技术开发区人民法院　孟凡江

（入选《中国审判案例要览 2018》）

一、案件基本信息

1. 裁判书字号

秦皇岛市中级人民法院（2017）冀 03 民终 1974 号民事判决书。

2. 案由：物权确认纠纷。

3. 当事人

原告：某小区业主委员会。

被告：某房地产开发有限公司。

二、基本案情

位于秦皇岛经济技术开发区某小区由某房地产开发有限公司开发建设。建设之初，2010 年 3 月 19 日，该房地产开发有限公司取得建设工程规划许可证，建设规模为总面积 319123 平方米，其中住宅226742平方米、幼儿园2050平方米、商业626平方米、物业1115平方米、社区用房 200 平方米、其他 630 平方米。2010 年 10 月 21 日，某房地产开发有限公司取得商品房预售许可证，准予预售的范围包括住宅及幼儿园等。2014 年 4 月 16 日，房地产开发有限公司取得房屋所有权证书，分户图包括幼儿园。某小区业主委员会认为该幼儿园为小区的配套设施，为小区全体业主所有。

三、案件焦点

位于小区内的幼儿园房屋产权应归某小区全体业主所有还是归房地产开发公司所有。

四、法院裁判要旨

秦皇岛经济技术开发区人民法院经审理认为：本案争议的核心在于房地产开发公司建设的幼儿园是属于法律上的共有部分还是专有部分。《最高人民法院关于审理建筑物区分所有权纠纷案件具体应用法律若干问题的解释》第二条规定，建筑区划符合下列条件的房屋，应当认定为专有部分：（一）具有构造上的独立性、能够明确区分；（二）具有利用上的独立性，可以排他使用；（三）能够登记为特定业主所有权的客体。本案所涉幼儿园在构造上具有独立性，能够明确区分，在利用上具有独立性，能够排他使用，秦皇岛市住房保障和房产管理局颁发的预售许可证，该幼儿园被确认为准予预售的范围，属于可以出售的专有面积，房屋所有权证书分户图也包含该诉争幼儿园，故该幼儿园房屋属于能够登记成为特定业主所有权的客体，符合司法解释规定的专有部分的条件。法院另查明，案涉幼儿园是某房屋系房地产开发公司通过拍卖获得国有土地使用权、自筹资金建造而原始取得，且某房地产开发公司已取得产权证书。故原告主张诉争幼儿园属全体业主所有并要求某房地产开发公司予以返还的诉讼请求，没有事实和法律依据，不予支持。依照《物权法》第三十条、《最高人民法院关于审理建筑物区分所有权纠纷案件具体应用法律若干问题的解释》第二条之规定，判决驳回原告的诉讼请求。

某小区业主委员会不服原审判决，提起上诉。秦皇岛市中级人民法院认为：某小区内房屋系房地产开发公司投资建设，案涉幼儿园属于其中一部分，预售许可证亦包括此幼儿园，属于可以出售的专有面积。现该幼儿园并没有被小区某个业主购买，其所有权理应归其投资建造者某房地产开发公司所有。某小区业主委员会主张此幼儿园属于共有部分、应归全体业主所有无事实和法律依据，不应支持。原审判决认定事实清楚，适用法律正确，故判决驳回上诉、维持原判。

五、法官后语

《最高人民法院关于审理建筑物区分所有权纠纷案件具体应用法律若干问题的解释》对哪些属于“专有部分”、哪些属于“共有部分”作了规定，该《解释》第二条规定，“建筑区划符合下列条件的房屋，应当认定为专有部分：（一）具有构造上的独立性、能够明确区分；（二）具有利用上的独立性，可以排他使用；（三）能够登记为特定业主所有权的客体”；该《解释》第三条就共有部分作出规定，即：“除法律、行政法规规定共有部分外，建筑区划内的以下部分，也应当认定为物权法第六章所称的共有部分：（一）建筑物的基础、承重结构、外墙、屋顶等基本结构部分，通道、楼梯、大堂等公共通行部分，消防、公共照明等附属设施、设备，避难层、设备层或者设备间的结构部分；（二）其他不属于业主专有部分，也不属于市政公用部分或者其他权利人所有的场所及设施等。”上述司法解释对专有部分从性质上进行了界定，以列举的方式对哪些属于共有部分予以列明，本案争议的幼儿园在性质定位上符合法律规定的专有部分的要件，而不属于法定的共有部分范围。从本案事实看，该小区楼盘在建设工程规划许可中将幼儿园单独规划，商品房预售许可证中对幼儿园单独载明、可单独出售，且幼儿园系房地产开发公司通过合法的招投标程序取得国有土地使用权后投资建设，因此该幼儿园无论从其建筑物性质看还是实际投资取得产权的事实上看，都不属于某小区业主委员会所有，某小区业主委员会的主张没有事实和法律根据，不应得到支持。

第四节　行政及国家赔偿案例指导

本案中双方签订的房屋拆迁协议是否有效

——贾某某、王某某诉抚宁县抚宁镇钟庄村村民委员会财产所有权案

河北省抚宁县人民法院　李云成

（全市法院系统2015年度案例工作中被采用）

一、案件基本信息

1. 判决书字号

一审判决书：

（2012）抚民一初字第（1810）号民事判决书。

二审判决书：

（2013）秦民终字第（2190）号民事判决书。

2. 案由：财产所有权纠纷。

3. 当事人

原告：贾某某、王某某。

被告：抚宁县抚宁镇钟庄村村民委员会。

二、基本案情

二原告系夫妻关系。2004年抚宁县钟庄村经济联合社将原告家房东侧的空闲地给原告占用，原告于2004年1月14日交纳房东侧空闲零散地占用使用费1700元。原告在占用该地块后在该地块内建有姜窖。2010年被告村进行新民居建设，征用村中部分土地。原告占用的地块在被征用范围内。经协商，被告与原告达成协议，于2010年3月22日签订了《钟庄村房屋拆迁补偿协议》，协议约定：乙方（被拆迁人贾某某）同意甲方（钟庄村委会）拆除乙方拥有的位于抚宁县钟庄村空院面积274.50平方米，由甲方进行拆迁改造，并为其补偿安置。经双方确认，所设乙方土地上的所有附着物（见《抚宁县钟庄村分户财产统计表》）补偿共计人民币89210.88元。《抚宁县钟庄村分户财产统计表》将该地块统计为宅基地。协议签订后被告将原告被征土地内物品清除。被告对姜窖给予了补偿，但未按协议补偿原告土地补偿款。原告起诉要求被告按协议给付补偿款。但原告未能提交宅基地审批证据。

被告认为双方签订的补偿协议是在丈量人员不清楚地块是第三村民小组所有的情况下，误将地块登记在贾某某名下，并签订了协议。该地块系承包给贾某某的，收取的占地使用费1700元，没有明确使用年限。该协议违反村委会组织法和合同法的相关规定，双方所签

协议无效，补偿款应归村集体所有。

三、案件的焦点

双方所签订的补偿协议是否有效。原告是否取得对该地块的宅基地使用权。

四、法院裁判要旨

抚宁县法院经审理后认为：被告作为村委会在处理村中事务时是否采取民主议定程序由其自己决定，其作为合同一方不能以此为由宣告合同无效。该地块被征用取得补偿款应为集体所有。二原告虽与村委会签订了补偿协议书，该地块被认定为宅基地，但原告未提交该地块经合法审批后为宅基地的证据，故双方签订的协议属损害社会公共利益的合同，为无效合同。但因二原告已交纳了使用费，未约定使用年限，该地块被征用后，原告方丧失收益权，故被告应对二原告给予适当补偿。依照《合同法》第五十二条之规定，作出如下判决：

被告抚宁县钟庄村村民委员会补偿二原告 32000 元。

判后，原告不服，认为应依协议补偿，提出上诉。秦皇岛市中级人民法院认为：该地块被征用后，因该地块取得的土地补偿款归集体所有。贾某某、王某某与钟庄村委会签订的《钟庄村房屋拆迁补偿协议》虽表明该地块为宅基地，但贾某某、王某某未提交经相关部门合法审批的相应证据证明，原审法院考虑全体村民权益，认定双方所签协议无效并无不妥。对于二原告的收益损失，原审法院酌情予以适当补偿，应予维持。

秦皇岛市中级人民法院依照《民事诉讼法》第一百七十条第一款第（一）项、第一百七十五条之规定，作出如下判决：

驳回上诉，维持原判。

五、法官后语

本案处理的重点是对双方所签订的拆迁补偿协议的效力的认定。本案中原告交纳了土地占用使用费 1700 元，其取得了该地块的使用权。在该村进行新民居建设过程中，因需征用该块土地，经双方协商达成了拆迁补偿协议书。村委会本来应按照协议的约定对原告进行补偿，但因双方所签订的协议中约定对原告地块的补偿系对原告宅基地的补偿。根据《土地管理法》第六十二条第三款的规定，村民要想取得宅基地的使用权需经乡（镇）人民政府审核，由县级人民政府批准。只有经过合法审批后才能取得宅基地使用权。而原告未能提交证据证明其取得了宅基地使用权，虽然其取得了该地块的土地使用权，但该权利不是宅基地使用权。被告村委会作为土地所有权人在与原告签订协议时亦认定原告使用的土地为宅基地，但因没有县级人民政府的合法审批，不能认定原告使用的土地为宅基地。如果按宅基地补偿标准对原告进行补偿势必损害本村村民的合法权益。《合同法》第五十二条规定：有下列情形之一的，合同无效：（一）一方以欺诈、胁迫的手段订立合同，损害国家利益；（二）恶意串通，损害国家、集体或者第三人利益；（三）以合法形式掩盖非法目的；（四）损害社会公共利益；（五）违反法律、行政法规的强制性规定。该补偿协议认定按宅基地补偿原告会损害全体村民的合法利益，违反第（四）项的规定，因此依照《土地管理法实施条例》第二十六条的规定，土地补偿费归农村集体经济组织所有。但如简单地判决宣告双方所签订的协议无效，而不作出进一步处理，势必损害原告的合法权益，毕竟原告是有偿使用土地，故本院酌情考虑后判决被告补偿原告经济损失 32000 元。二审法院支持了一审法院的观点。

第十三编　队伍建设

队伍建设是人民法院司法公正的保证，也是深化司法改革的重要内容。早在1993年，市法院就提出了“努力建设一支忠于党、忠于人民、忠于事实、忠于法律的法官队伍”的目标。20多年来，市法院始终抓住队伍建设的根本，从思想建设、组织建设、作风建设、业务建设入手，坚持不懈夯实队伍建设基础，培养和提高法院队伍人员素质和能力，打造出一支不忘初心、牢记使命，既遵守职业道德，又秉公执法的专家型法官队伍。以突出司法能力建设为着力点，始终践行“为大局服务、为人民司法”工作主题，围绕建设沿海强市、美丽港城发展目标，全力推进平安建设、法治建设和队伍建设；深入开展社会主义理想信念教育、“人民法官为人民”和“干部作风建设”等主题实践活动，不断增强广大干警对司法人民性的理念认同、感情认同和实践认同；深入开展“爱读书、读好书、善读书”活动，围绕加强法院行为文化、精神文化、学识文化、制度文化等方面的建设，努力营造有利于社会主义核心价值观养成的良好内部环境和氛围。扎实推进高层次人才培养工作，努力造就一批在全省乃至全国理论功底深厚、实践经验丰富、忠诚为民廉洁的“专家型”“学者型”“复合型”法官和综合管理人才。

全市法院院长会议（2009年）

第一章　市法院人员序列

根据《人民法院组织法》《法官法》《党政领导干部选拔任用工作条例》的有关规定，市法院在任免调配干部工作中，按照法官队伍职业化建设和实现法院人事分类管理制度改革的要求，注重配强配齐法官及其他工作人员。2018 年 12 月底，市法院共有法官 58 名，法官助理 46 名，司法行政人员 32 名，司法警察 14 名，执行员 4 名，司法技术人员 3 名，书记员全部是聘用人员。

第一节　法　　官

法官是依法行使国家审判权的审判人员，包括最高法院、地方各级人民法院和军事法院等专门人民法院的院长、副院长、审判委员会委员、庭长、副庭长、审判员和助理审判员。1995 年 7 月，《法官法》正式颁布实施，标志着法官制度在我国正式确立，是人民法院发展史上的里程碑。法官共分为四等十二级，最高法院院长为首席大法官，二至十二级分别为大法官、高级法官、法官。法官应当忠实履行宪法和法律，在享有《法官法》第八条规定的权利的同时，也应履行第七条所规定的义务。《法官法》实施前夕，市法院组织全体干警进行了《法官法》考试。这次考试主要侧重法官的条件、法官的权利义务、法官的禁止行为等内容。按照上级法院的统一部署，1995 年 6 月底，市两级法院在市、区、县各繁华街道开展了大规模的《法官法》宣传活动。根据《法官法》规定，市两级法院原有审判人员按照职级、工作年限等条件被授予不同的法官等级，任命为法官。1995—1998 年，最高法院组织了三次全国法院系统初任法官考试。从 2002 年开始，最高人民法院、最高人民检察院会同司法部对法官、检察官、律师资格考试进行了改革，三考合一，统一考试名称为国家司法考试，每年一次，通过人员获得法律职业资格证书，便可被任命为初级法官。2001 年 6 月，第九届全国人大常委会第二十二次会议对《法官法》进行了修改和完善，将担任法官的学历资格由大学专科提升到了大学本科。为维护人民法院和人民法官的良好形象，2001 年 10 月，最高法院制定了《法官职业道德基本准则》，保证司法公正，提高司法效率，保持清正廉洁，遵守司法礼仪，加强自身修养，约束业外活动是其中的基本准则。2018 年法院实有人员 170 人，正式在编人员中，本科以上学历占总人数的 92.4%，其中研究生或硕士学位 13 人，占总人数的 7.6%，法院队伍呈现知识化、年轻化、专业化的特点。

截至 2018 年 12 月，市法院共有员额法官 58 名，名单如下：胡华军、李顺武、程安、董宝军、王建文、赵爱彬、李敬松、郭辉、张金政、刘长新、李道华、张霜剑、冯海英、潘小双、戴强、崔冠军、谢春林、吕铭、关媛媛、孟祥才、刘子明、张新华、魏晓龙、陈彩东、李德权、周连胜、任秀文、王巍、郭玉田、刘汝臣、郑秀梅、高晓武、刘秋丽、刘京、史福占、权金伶、李蓬、吴从民、史林波、刘兴亮、贾晟途、张岩、韩颖、刘志高、张少杰、戴臻喜、高侠、康冬强、袁相坡、贾文华、刘双全、褚晓峰、鲍成新、程国荣、何冰、张培刚、杨彦军、谢益。

法官助理 46 名，名单如下：王金权、夏文杰、吴孔海、张忠东、杨连升、齐杰、孙宏誉、陈强、薛立彤、苏宏伟、张子栋、吴守席、王海军、张国森、张贵林、陈刚、张璠、邹德林、刘信奇、赵一鸣、沈业荣、陈宏、张洁、曾艳玲、刘如菊、武学敏、王振庆、易刚、赵宏、李丽、王国军、姚春利、可小平、张继红、田金江、王立民、刘光明、王瑛、刘金芳、张宪明、司国珍、董滨、张国森、王俊涛、张跃文、邓喜军。

第二节 其他人员

市法院除法官、法官助理外，还有司法行政人员、司法警察、执行员、司法技术人员和书记员。

司法行政人员 34 名，名单如下：王利民、齐海峰、甘军、杜清徐、王林果、桑华民、杜健、奚学峰、孙立军、徐璐伟、王鹏、戚锐、胡向东、郭庆森、陈国强、连兴旺、高炬、周漠、刘宁、顾莹莹、王海峰、张永军、康以胜、容芳、周华、杨韶忠、张晓玲、赵志旭、刘鑫、张学文、薛文明、李江、周海生、石学春。

司法警察 13 名，名单如下：刘旭、王东明、王海忠、李跃东、陈信强、董明、陈广民、刘迎春、张立新、刘海峰、李文芳、宋继范、侯志强。

执行员 4 名，名单如下：王庆军、杨志坚、张宏珠、杨贵友。

司法技术人员 3 名，名单如下：李吉惠、杨宝成、李花录。

书记员全部是聘用人员，无正式在编人员。

第二章 机关党群工作

牢固树立服务审判的理念，促进党建工作和审判工作有机融合，善于根据审判工作的实际需要，围绕建设过硬队伍、确保公正司法，找准党建工作的切入点和着力点，科学确定党建工作的形式和载体，把党建工作成效体现在审判工作的质量和效率上，审判工作提出什么样的目标任务，需要什么样的理念、作风和能力，党建工作就要努力去宣传推动、去教育引导。以“党建带工建带团建带妇建”为烘托，积极促进和谐机关和队伍职业化建设。积极开展群团活动，以加强思想建设、精神文明建设、营造和谐团结氛围为着力点，积极支持机关工、青、妇群众组织按照各自职责开展各项活动。

第一节 党建工作

市法院机关委员会辖基层党组织 21 个，党员 288 名。市法院始终坚持“三个至上”的指导思想和“为大局服务、为人民司法”的工作主题，充分发挥审判职能，紧密结合自身实际，积极应对、开拓进取、迎难而上，为全市经济社会又好又快发展提供了有力的司法保障和服务。机关党委于 2011—2018 年连年获得市直机关工委授予的先进基层党组织的称号，刑一庭、民二庭、法警队都曾获得市直机关工委授予的优秀基层党支部的荣誉，陶应海、冯海英、刘子明等 12 名同志先后被市直工委评为优秀党务工作者和优秀共产党员，张勇武、韩颖同志多次获得省、市优秀党员等荣誉称号，机关工青妇在党委领导下先后取得了先进职工之家、先进机关团支部和妇委会等荣誉。市法院 2012 年和 2013 年分别被市委、市政府评为基层建设年工作先进单位、扶贫工作先进单位和文明单位，2013 年市法院被省法院荣记集体三等功，2016 年被最高法院评为全国法院党建工作先进单位。

以基层党组织建设为重点，提升法院党建工作科学化水平。加强入党积极分子培训，严格党员发展程序；加强党务干部培训，不断提升党务干部自身素质，每年选派 1 ～ 2 两名党务干部参加党建专题培训，拓展党建工作思路，增强党务工作人员做好本职工作的积极性、主动性；严格落实“三会一课”制度，定期开展党性分析、民主评议党员，把每一名党员都置于组织的教育和管理监督之中，为基层党建工作的规范化科学化建设起到了积极的推动作用。2014 年组织百名党员干警到昌黎五峰山李大钊革命活动旧址及山海关甲申纪念馆参观，接受爱国主义和革命传统教育，举办警醒日党课暨基层先进典型事迹报告会，观看省法院组织的“中国梦 法官颂”大型巡回演讲，聘请专家进行专题辅导，分阶段组织学习和讨论等活动措施，使各级党员干部牢固树立了公正司法、一心为民的权力观、利益观。2016 年 3 月，制定下发《市法院机关党委 2016 年落实机关党建工作责任实施方案》，落实机关党委、机关党委书记、党支部和党支部书记的工作职责，进一步明确党建工作责任制，按照分工抓好职责范围内的党建工作。持续深入抓好“两学一做”学习教育活动，以创建“三型法院”建设活动为主线，拓展和深化法官进社区活动，坚持每半年开展一次支部书记上党课活动，不断提高党员干部思想政治建设的针对性和有效性。结合“两学一做”教育活动，重点推进“一问责八清理”工作，坚持全面从严治党，聚焦存在问题，逐一清理整治，强化监督问责，完善规章制度，着力解决党的领导弱化、主体责任缺失、纪律松弛、懒政怠政等制约和影响公正廉洁司法中的突出问题，努力营造风清气正、干事创业的政治生态。按计划组织党员干警参观革命教育基地、纪念馆、烈士公墓等活动，引导干警坚定理想信念。创建秦皇岛法官诗词协会，组织广大干警抒写诗词散文，丰富干警精神生活。

2001 年 6 月 29 日，市法院庆祝中国共产党建党 80 周年大会

牢固树立服务审判的理念，促进党建工作和审判工作有机融合，机关党委牢固树立为审判服务的工作理念，善于根据审判工作的实际需要，围绕建设过硬队伍、确保公正司法，找准党建工作的切入点和着力点，科学确定党建工作的形式和载体，把党建工作成效体现在审判工作的质量和效率上，审判工作提出什么样的目标任务需要什么样的理念、作风和能力，党建工作就要努力去宣传推动、去教育引导。制定出台了《为建设沿海强市美丽港

城提供司法服务和保障的实施意见》，从6个方面提出29条具体措施。同时又制定下发了《关于在全市法院开展“中国梦·我的梦”主题教育实践活动实施方案》，各基层党支部依据会议及文件精神，结合各自的业务工作，仔细研究，细化措施，认真落实。通过设立党员先锋岗，成立党员法官工作室等多种形式，亮身份、亮标准、亮承诺，使党员干警在执法办案中发挥了先锋模范作用，促进了党建工作与审判工作的有机融合，机关党委充分发挥了带队建促审判的引领作用，健全完善制度机制。推动法院党建工作规范有序开展，近年来，在创先争优活动中，逐步建立健全6个长效机制，即保障中心、能动司法机制，维护稳定、预防和化解矛盾机制，服务群众、司法为民机制，司法管理、反腐倡廉机制，践行宗旨、承诺践诺机制，典型示范、保障激励机制。通过以上常态化管理机制的建立，把“组织创先进、党员当优秀”的创先争优活动不断推向深入，为党员发挥先锋模范作用搭建了平台、创造了条件。2018年，市法院与市委组织部共同研究制定了《关于加强和改进全市法院党的建设的若干规定》。这对于健全完善法院党建工作的指导工作机制，逐步形成内容系统、便于操作、科学管用的法院党建工作制度体系，具有较强的指导作用，使全市法院党的建设，特别是基层党建工作有章可循。

以突出司法能力建设为着力点，彰显法院系统基层党建活动特色。紧扣主题，始终践行“为大局服务、为人民司法”工作主题，围绕全市建设沿海强市美丽港城发展目标，全力推进平安建设、法治建设和队伍建设，着力加强公正司法，着力解决司法难题，着力提升司法公信力，努力让人民群众在每一起司法案件中都能感受到公平正义，为全市率先开

2013年7月1日，市法院基层党组织建设现场经验交流会

2013 年 7 月 1 日，市法院党建工作现场会展牌

放、赶超发展营造了良好的法治环境。突出重点。以依法服务，保障全市率先开放、赶超发展，依法维护和保障民生权益，进一步健全完善司法工作机制和大力推进司法能力建设为重点，强化工作措施，改进工作作风，仅 2013 年上半年共受理各类案件 1297 件，同比上升 0.93%；审结各类案件 911 件，结案率为 70.24%。量化考核以审判执行、绩效考核为抓手，以信息化管理为手段，建立了科学的质量效率指标分析管理控制系统，从而使基层党建工作由虚化变实化，极大地调动了基层党组织和广大党员工作的积极性、主动性。

第二节　群团工作

工会根据院党组、机关党委和上级工会的工作部署和要求，结合工作实际，制定每年度的工作计划，传达上级指示，布置和检查工作；发挥工会组织作为党联系群众纽带的作用，多渠道、多层次听取职工的呼声与建议；依法维护职工的合法权益，着力解决涉及职工切身利益的问题；积极开展有利于职工身心健康的文体活动。团组织负责团员、青年思想、作风、组织建设；负责团员、青年的教育、管理和监督工作；了解反映团员、青年思想、要求，开展适合青年特点的各项活动。妇委会负责妇女合法权益的保护及其他妇女工作。

积极开展群团活动，以加强思想建设、精神文明建设、营造和谐团结氛围为着力点，积极支持机关工、青、妇群众组织按照各自职责开展各项活动，主要参加了市直机关职工运动会、“救助困难职工一日捐”活动以及“学习雷锋志愿服务暑期”系列活动，还组织干警开展了市法院帮扶村——昌黎县前北庄村每人种一棵“爱民树”活动。2012年妇委会组织了“好妈妈维权团”活动和以“关爱贫困母亲、邮寄一片爱心”为主题的“母亲邮包”慈善捐助活动。2014年机关工会组织迎新春廉政文化书法、球类、棋类比赛，增添了节日氛围。根据市总工会“关于深入开展‘金秋助学’活动的通知”要求，开展了高考考生家庭困难情况统计工作，把工会组织的关心送到干部职工心坎上。2015年开展了市两级法院迎新春第二届“法官杯”乒乓球、羽毛球比赛，以“伴随新春脚步、走出健康人生”为主题组织干警开展了迎新春海边栈道徒步活动，参加了第11届世界徒步大会及市直机关的羽毛球、足球比赛，市直机关田径运动会等活动，并在多项活动中取得了优异成绩。2017年机关工会开展了迎新春系列活动、市七运会冰雪项目比赛、世界徒步大会、马拉松比赛、市直机关工委第八届沙滩运动会等，还成立了市法院合唱队。11月初，机关党委和工会共同组织67名干警参加了秦皇岛市第七届职工运动会开幕式队列展示，展现了法院干警积极向上、奋发有为的精神面貌，受到了市委、市政府的通报表扬。2018年组织干警开展了“争做创卫先锋、共建美丽家园”“创卫有我、洁净海滩”“扮靓港城、喜迎两会”“喜迎建党日、为民做好事”“文明交通疏导”“旅游旺季服务最美海滩”等一系列特色鲜明的文明志愿服务活动。共青团为切实关心帮助少年儿童成长，增强团组织的活力，启动了“大手拉小手、永远跟党走”主题实践活动。妇委会组织了“好妈妈维权团”活动和以“关爱贫困母亲，邮寄一片爱心”为主题的“母亲邮包”慈善捐助活动。2017年，妇委会为庆祝“三八”妇女节，举办了“培养良好家风、构建和谐家庭”主题讲座，特邀心理专家、应用心理学博士丁书新教授来院授课。通过各项活动的开展，市法院工青妇工作在党建工作的带领指导下，不断焕发出生机和活力。强力推进队伍职业化建设，加强规范化管理，使审判场所、办公场所、学习场所整齐划一、干净整洁、科学有序，干警职工庄重大方、衣着得体、言语得当；合理统筹硬件建设，立足现有，科学谋划，因地制宜改善了室内外环境，适当修缮了职工之家、健身室、老干部活动室等基础设施；按照“从有形入手、向无形延伸”的思路，把更多的精力放在了提高党员干部队伍的政治业务素质和增强广大干警服务群众、化解矛盾的能力和水平上，关心慰问困难党员。近年来法院案多人少矛盾比较突出，一线干警办案任务重、工作压力大，许多同志特别是青年干警，在个人和家庭生活上有不少困难，机关党委牢固树立以人为本的理念，时刻把干警的冷暖放在心上，注重营造尊重人、理解人、关心人的环境氛围，让大家“平时有人问、遇事有人谈、逢难有人帮”，时时感受到党组织的温暖，每年“七一”前夕，对困难党员和老党员都进行走访慰问，发放慰问金、慰问品，针对家庭困难及患病干警采取适当补贴，帮助干警协调解决子女就学、家属就业等实际问题；干警遇到特殊情况及时谈心或家访，送去组织的关怀；真正地把党的温暖和关怀送到了老党员和困难党员心里，增强了党组织的凝聚力和向心力。市法院2014

1998 年 5 月，市法院干警参加市第一届群众体育艺术节开幕式

1999 年 3 月 8 日，市法院举办“三八”妇女节联欢会

市法院干警歌咏比赛（2007 年）

市法院代表队参加冰雪运动会（2017 年）

年 2 月被秦皇岛市直机关工会工作委员会评为“工会工作先进单位”，市法院 2015 年 12 月荣获秦皇岛市直机关第五届职工运动会团体总分第三名，市法院机关工会 2016 年 3 月被秦皇岛市总工会评为“先进职工之家”，市法院 2016 年 11 月荣获市直机关首届职工海洋运动会团体总分第七名。市法院机关工会历任主席：张守本、孙甫亮、王志荣、陈铁军、陶应海、刘宁。市法院机关团支部历任书记：李军、马大壮、陶应海、张霜剑、刘旭。市法院机关妇委会历任主任：苑俊琴、王林雁、白素环、李晓红、容芳、高侠。

法官协会、女法官协会。法官协会是由法院法官自愿组成的群众团体，为非营利性社会团体法人。其宗旨是：团结全市法院法官，开展理论结合实际的应用法学研究，推动法官业务素质与职业道德的提高，维护司法公正，发挥并宣传法官的作用，维护法官的合法权益。组织法律服务，促进同各市、省外法官的民间学术交流和业务合作，增进了解和友谊，为改革完善我国司法制度，促进社会主义民主与法治建设，推进“依法治国，建设社会主义法治国家”基本方略的实施而努力。1999 年 5 月 31 日，秦皇岛市法官协会、女法官协会成立大会在市法院隆重召开。市法院全体法官及各基层法院的法官代表 110 多人参加了成立大会。省法院副院长景汉朝，市检察院、公安局、司法局、社科联、民政局等市直有关单位领导到会祝贺，市法院院长王瀛泽及其他院领导班子成员参加了大会，大会通过了《秦皇岛市法官协会章程》《秦皇岛市女法官协会章程》及“两个协会”发展接纳会员具体规定，经费筹集与使用管理办法，常务理事会工作制度。大会还选举产生了“两个协会”第一届理事会、常务理事会组成人员。王瀛泽院长当选为市法官协会第一届常务理事会会长，刘瑞琴当选为女法官协会第一届常务理事会会长。

1999 年 5 月 31 日，法官协会、女法官协会成立大会

2004 年 6 月 5 日，法官协会进行法治宣传

2014 年 9 月 10 日，市法院妇女维权合议庭揭牌仪式

第三章　教育培训

20年来，市法院政治部认真履职尽责，充分发挥职能作用，在政治建设、思想建设、业务建设等方面大力开展教育培训，采取走出去、请进来，上级指导下级，线上与线下结合等方式对干警进行了大范围、深层次、宽领域的各类培训。

深入开展社会主义理想信念教育、“人民法官为人民”和“干部作风建设”等主题实践活动，不断增强广大干警对司法人民性的理念认同、感情认同和实践认同；认真查找并解决群众反映强烈的司法作风问题，尤其是注重学习、宣传和借鉴南和县法院的经验，增进对群众的感情，端正服务群众的态度，进一步改进工作。根据省法院的部署，深入开展“爱读书、读好书、善读书”活动，同时，围绕加强法院行为文化、精神文化、学识文化、制度文化等方面的建设，努力营造有利于社会主义核心价值观养成的良好内部环境和氛围。扎实推进高层次人才培养工作，努力造就一批在全省乃至全国叫得响、影响力强的“专家型”“学者型”“复合型”法官和综合管理人才。广泛开展岗位大练兵活动，全面提升法院队伍的整体素质。强化实践锻炼，坚持新招录干警下基层、新进干警进立案信访窗口锻炼、

2001年6月8日，市法院党员先进性教育讲座

资深法官传帮带等制度，不断提高新形势下的群众工作能力。积极构建多形式、全覆盖的培训体系和网络，通过多种形式岗位练兵活动，弘扬人民法院工匠精神。

第一节　政治教育

宗旨观念、理想信念教育。20世纪90年代中期，市法院组织干警学理论、学政治的同时，采取多种形式，如聘请党校老师讲课、收看孔繁森录像、参观潘火中事迹展览、组织秦皇岛市十佳法官巡回报告等开展对法院干警经常性的思想教育，用正面先进典型激励干警。其次，严肃纪律，要求全体干警认真执行中央“三条禁令”、最高法院“八不准”，特别是把干警的违法违纪事件作为反面教材，组织干警进行典型剖析，总结经验教训。再次，用制度规范和约束全体干警，认真落实错案追究制，加大查处违法违纪案件的力度，及时纠正领导干部住房方面的不正之风和预算外资金管理中的问题。全面实施省委倡导的“鱼水工程”，开展“三三三一”活动和“民主总结”活动，在法官队伍中树立想民、爱民、为民新风，进一步强化宗旨观念。1998年，是全国法院队伍建设重要的一年。全市法院按照中央、省、市委和上级法院的统一部署，把开展执法、教育整顿作为队伍建设的首要任务，经过思想发动、自查自纠、检查督办、整顿提高4个阶段的工作，使广大干警普遍受到了一次全心全意为人民服务的宗旨教育，推动了审判工作的开展。市两级法院把

电视剧《法官潘火中》首映式

执法与干警思想的自我提高结合起来，通过深入的思想发动，使广大干警认识到自己肩负的使命，认清当前政法工作存在的问题及其危害，以对人民、对群众高度负责的态度，全力投入执法检查工作中去。2000 年，市两级法院开展“争创人民满意的好法院、争当人民满意的好法官”活动，把各项工作的落脚点和归宿点放到人民满意上，从人民群众不满意的地方改起，从热点、难点问题抓起，从人民群众满意的地方做起，对干警进行理想信念、宗旨爱民、艰苦奋斗和职业道德等教育，解决为谁掌权、为谁服务的问题，把“严格执法、热情服务”变为广大干警的自觉行动。2003 年，市法院积极培养树立先进典型，坚持典型引路，树正面样板。组织本院优秀法官代表进行巡回演讲，大力弘扬正气，产生了很好的宣传教育和带动作用。法院队伍集中涌现出了一批先进典型，本年度市法院首次被省法院记三等功，市法院民一庭荣立集体二等功，市法院刑一庭荣立集体三等功，助审员赵爱彬荣立一等功。在政治教育中，市法院特别注重选树先进典型，充分发挥榜样的示范带动作用。海港区长城法庭和赵爱彬喜获“全国十佳人民法庭”“全国优秀女法官”殊荣后，及时组织表彰大会，市委书记宋长瑞等领导同志出席并发表讲话，在全市法院进一步弘扬了争先创优的进取精神。2005 年，市法院选树了扎根基层、无私奉献的先进典型卢龙县潘庄人民法庭审判员王学义。市委书记宋长瑞等领导先后对王学义的先进事迹作出批示。按照领导批示要求，市两级法院迅速掀起学习宣传王学义的高潮，有效地推动了法院系统比、学、赶、超、帮良好局面的形成，提升了法院形象和公信度。2010 年以来，市法院注意克服就管理抓管理的片面认识，正确处理队伍建设与深化管理的关系，时刻关注队伍的思想政治建设。深入开展社会主义理想信念教育、“人民法官为人民”和“干部作风建设”等主题实践活动，不断增强广大干警对司法人民性的理念认同、感情认同和实践认同；认真查找并解决群众反映强烈的司法作风问题，尤其是注重学习、宣传和借鉴南和县法院的经验，增进对群众的感情，端正服务群众的态度，进一步改进工作。坚持“以党建促队建”，以开展创先争优活动为载体，狠抓党的基层组织建设，充分发挥党组织的战斗堡垒和党员先锋模范作用。扎实推进法院文化建设，制定实施《关于加强法院文化建设的实施意见》，根据省法院的部署，深入开展“爱读书、读好书、善读书”活动，同时，围绕加强法院行为文化、精神文化 、学识文化、制度文化等方面的建设，努力营造有利于社会主义核心价值观养成的良好内部环境和氛围。2013 年 3 月 31 日至 4 月 2 日，市法院各部门负责人在主管领导带领下赴辽宁对大连市和营口市中级人民法院进行为期三天的“对标先进”学习考察活动。

群众路线教育实践活动。2014 年，市法院党组就贯彻落实中央和省、市委重大决策部署，扎实开展党的群众路线教育实践活动，坚决克服形式主义、官僚主义、享乐主义和奢靡之风，实现公正、高效、文明、廉洁司法，向全市人民公开承诺：（1）带头遵守党的政治纪

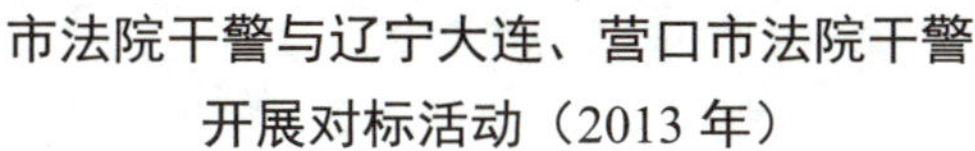
市法院干警与辽宁大连、营口市法院干警开展对标活动（2013 年）

蒙古国法院代表团在市法院参观考察（2016 年）

律。自觉在思想上、政治上、行动上与党中央保持高度一致，坚决贯彻落实中央和省委、市委以及上级法院各项决策部署，围绕中心，服务大局，努力为建设平安秦皇岛、法治秦皇岛提供有力司法保障。（2）带头贯彻民主集中制。严格执行党组议事规则和程序，充分发扬党内民主，坚持集体领导下的分工负责制，重大事项集体研究决定，确保党组决策符合规定要求和市法院队伍审判工作实际，积极开展批评与自我批评，切实维护班子团结。（3）带头坚持法治原则。强化崇尚法治、忠于法律、公正司法理念，运用法治思维和法治方式应对和处理各类问题，忠实履行司法职责，坚持“以事实为依据、以法律为准绳”原则，公正、高效审理执行各类案件，确保公民和法人的合法权益得到及时有效保护；坚守法律底线，不办关系案、人情案、金钱案，以实际行动维护宪法法律的尊严和权威。（4）带头坚持司法为民。牢记全心全意为人民服务宗旨，畅通民意沟通渠道，关注群众司法需求，创新和落实司法便民各项措施，为群众诉讼提供优质便捷司法服务；加强司法救助工作，完善对经济困难当事人缓、减、免交诉讼费的具体条件和标准，确保群众打得起官司；及时回应群众诉求，努力保障人民群众对法院工作的知情权、参与权、表达权和监督权。（5）带头推进司法公开。推进审判流程公开、裁判文书公开、执行信息公开平台建设，全面落实生效裁判文书上网工作，建立健全庭审直播、录播系统，对庭审进行全程同步录音录像，加强司法宣传，充分利用法院网站、微博等新媒体技术向社会和广大人民群众宣传法院工作情况，以公开促公正、以公正促公信。（6）带头发扬求真务实作风。坚持理论联系实际、求真务实的工作作风，精简会议和文件，坚持少开会、开短会、行短文、讲短话，不搞没有实际作用的检查、评比、表彰、培训等活动，把讲实话、办实事、求实效贯穿于工作全过程。（7）带头执行党的干部政策。坚持正确的选人用人导向，做到任人唯贤，坚持德才兼备、以德为先，尊民意、重实绩、看阅历，不违规提拔干部，不凭个人好恶选人，不凭关系用人，不封官许愿，不拉票跑官，真正做到公道正派，选贤任能。（8）带头保持艰苦奋斗作风。认真落实中央“八项规定”精神，严格执行领导干部工作和生活待遇有关规定，严控“三公”经费，不接受超标准接待，不违反规定配备车辆，不超标准使用办公用房和占用住房，不参与高消费娱乐健身活动，不以公务名义变相旅游。（9）带头改进调研工作。经常深入基层，深入群众，开展调查研究，不怕麻烦、不怕吃苦、不回避矛盾，认真倾听群众心声，掌握社情民意，关心群众诉求，切实解决实际问题。（10）带头落实廉政各项规定。严格遵守党员领导干部廉洁从政若干准则，模范执行上级各项禁令，不以权谋私。带头管好家属、身边工作人员，不利用权力为配偶、子女、身边工作人员牟取私利。对以上承诺，要求全市广大干部群众监督。如有违背，可提出批评或向上级部门反映。

2014年3月4日，党的群众路线教育实践活动专题辅导

“三严三实”专题教育。2015年是党中央提出“四个全面”战略部署的开局之年，市法院突出政治教育，确保人民法院、人民法官的政治信仰不动摇。政治处在接到市委开展“三严三实”专题教育的通知后，教育培训处及时结合本院实际，制定了严密的实施方案。胡华军院长到任后，就如何更好地开展“三严三实”专题教育诚恳地征求各方意见建议，并对教育如何开展提出明确要求。政治部主任薛文明亲任联席会议召集人，主动谋划教育活动，出主意想办法，为党组搞好专题教育当好参谋助手。市法院所有受教育对象及中层部门负责人集中进行专题学习讨论，重点研读《习近平总书记系列重要讲话》《习近平谈治国理政》《党章》《习近平关于党风廉政建设和反腐败斗争论述摘编》《优秀领导干部先进事迹选编》《领导干部违法违纪典型案例警示录》等必读书目，并撰写了心得体会。6月19日，院长胡华军以“坚定信念，严以修身，扎实推进‘三严三实’教育”为题组织召集党组扩大会，党组成员逐个进行交流发言，畅谈收获体会，并将体会文章在法院内网进行展评。2016年，市法院政治教育又向前扎实推进，深入开展了“学习型、服务型、创新型”法院创建活动。通过上党课、警示教育、学习讨论等形式和载体，不断强化干警的“忠诚、干净、担当”意识。深入开展创先争优活动，全市法院43个集体、102名个人受到国家和省市级表彰奖励。认真落实中央八项规定，持续深入纠正“四风”和群众反映强烈的“六难三案”问题，组织专题警示教育活动18场（次）。狠抓司法能力建设，全年举办和参加上级举办的各类培训班77期1400多人（次），干警参加比例达90%。2018年，市法院教育处按照党的十九大精神和上级法院要求，结合自身实际，制定了新的政治教育规划：（1）推进“两学一做”学习教育常态化，重点在深入持久地学习贯彻党的十九大精神上抓得紧、工作实，学习效果受到上级肯定。（2）认真落实省委巡视整改回头看，针对省委巡视组对秦皇岛提出的问题，紧紧围绕市法院党组意图，制定并印发了《秦皇岛市中级人民法院巡视反馈问题集中整改工作方案》，按照问题清单逐一对照检查，深刻反思存在问题的原因，确实提高各级党组织的战斗力。（3）开展了以强化审判管理、政务管理、人事管理为核心内容的“深化管理年”活动，查找存在问题，克服自身短板，全面加强法院队伍建设。（4）按照省法院要求，在全市法院范围内开展“广大干部新时代新担当新作为”主题调研活动，并撰写调研报告报省法院政治部，坚持与时俱进制定领军人才培养的长远规划。（5）按照市委组织部、市委宣传部的工作要求，制定《秦皇岛市中级人民法院深入开展“弘扬爱国奋斗精神、建功立业新时代”活动实施方案》，对各项活动进行了细致分工，扎实有效推进

2015年8月14日，市法院召开“三严三实”教育第二专题学习讨论会

活动开展。根据院长指示专门聘请北京著名学者田一可教授为全市法院干警作以“法官为什么要学国学”为主题的专题讲学，以不断提高办案法官的思想素质和道德素质。

纪律教育。市法院始终把严明党的政治纪律放在队伍建设首位。坚决服从党的领导，正确处理坚持党的领导与依法独立行使审判权的关系，在大是大非面前始终保持政治清醒和政治自觉，在思想上、政治上、行动上同党中央保持高度一致。绝不允许有令不行、有禁不止，绝不允许各自为政、阳奉阴违。同时，严格执行党的组织纪律、财经纪律、工作纪律和生活纪律等各项纪律。坚决克服组织涣散、纪律松弛问题。教育引导广大党员干警增强组织观念，时刻不忘自己应尽的义务和责任，相信组织、依靠组织、服从组织，自觉接受组织安排和纪律约束。严格执行党的民主集中制、党内生活制度和请示报告制度，特别强调各单位、各部门决策的重要事项和发生的重大或敏感事件必须及时请示报告，切实纠正不按规定请示报告和不如实请示报告等问题，对不按规定请示或隐瞒不报造成重大事故或恶劣影响的，坚决追究领导责任。切实解决好少数法院领导班子只讲集中不讲民主或只讲民主不讲集中的问题，加强组织管理，坚决反对个人主义、自由主义、“好人主义”倾向，坚决杜绝组织程序空转、对下放任自流、搞无原则一团和气等现象。重点整治一些法院干警存在的“庸懒散奢”现象和少数党员干部对组织不说真话、与组织讨价还价、不服从组织安排、不遵守组织纪律以及在组织内拉“小圈子”、搞“小山头”等无组织无纪律现象。

市法院组织党员干部参观“惩治与预防渎职侵权犯罪巡展”（2009 年）

全市法院政治性警示教育暨司法作风问题整改大会（2018 年 12 月）

第二节　职业化建设

2002 年 7 月，最高法院召开全国法院队伍建设会议，提出加强法官职业化建设的要求。同年 7 月 18 日，最高法院公布了《关于加强法官队伍职业化建设的若干意见》（以下简称《意见》）。《意见》提出，我国法官队伍是好的，是党和人民完全可以依赖的。但不可否认，法官队伍现状距党和人民的要求仍有相当大的差距，法官队伍整体素质尚不适应形势与任务发展的需要，违法违纪现象还时有发生。解决这些问题，关键在于加强法官队伍职业化建设，并按要求抓好教育培训。

市法院于 2003 年即提出了认真贯彻最高法院《关于法官职业化建设的若干意见》，不遗余力地抓好队伍建设的要求，并下大力开展以下工作：（1）始终坚持政治建警。结合“司法公正树形象”活动，加大司法为民宗旨和职业化教育的力度，引导广大干警树立正确的权力观、地位观、利益观，解决好“为谁掌权、为谁服务、为谁司法”的根本问题；通过学习任长霞、陈印田等英模先进事迹和开展“学比赶促”干部教育活动，奖励提拔做出实绩的干部，进一步激发广大干警的荣誉感、团队精神和不甘落后、争先创优意识。（2）切实加强领导班子建设。在领导班子中集中开展民主集中制教育，进一步完善党组内部议事和决策机制。中层干部竞争选任工作在两轮推荐的基础上，党组对人选实行票决制，实现了民主与集中的统一，产生了良好效果。建立和完善领导责任追究制、引咎辞职制，用制度规范约束领导干部的行为。进一步加大对基层法院领导班子的协管力度，积极协助党委、人大选配

9 名德才兼备的优秀人才充实到县处级领导岗位。（3）构筑教育、制度、监督并重的工作格局。领导班子成员和中层以上领导干部坚持给干警上党课，并形成了制度。着重对全院干警进行了公正司法和廉政勤政教育。坚持从严治警，严格落实《关于规范法官和律师相互关系维护司法公正的若干规定》和法官不得有的 13 种行为及省法院的“六个严禁”；领导干部签订党风廉政建设责任状，每位干警写出廉洁自律承诺书，建立干警廉政档案。（4）开展教育培训。利用最高法院在北戴河培训中心举行业务培训班的机会，组织全院业务骨干普遍轮训一次；还积极参加上级法院举办的其他学习班，提高了业务能力和水平。学历教育取得成果，全年有 26 名干警获取了大学本科学历，有 20 多名干警为研究生或在读研究生，截至 2004 年年底本科以上学历比例已达 65% 以上。

2005 年，市法院开展一系列岗位练兵活动；举办全员审判业务考试 2 次；选派 157 人次参加业务培训班；投资 5 万元鼓励、支持学历教育，促进了队伍整体素质的提高。

着力推进司法能力建设。研究制定法院队伍职业化建设的意见，积极开展试点工作，取得初步成效。2005 年起，市法院队伍职业化建设不断向高标准迈进。（1）组织领导再加强。市法院成立了全市法院队伍职业化建设领导小组，制定印发《关于加强法院队伍职业化建设的实施意见》《法院系统队伍职业化建设主要工作任务分解表》，将职业化建设相关工作细化为 24 项，逐项明确工作标准、时限、责任领导、责任部门和责任人。院长闫五一亲自挂帅，副院长赵秀义、政治部主任邵中玲具体协调抓落实。从“一把手”到普通干警，全员参与，倒排时间，全力推进。（2）工作思路再明确。市法院党组经反复研究，提出了职业化建设要与时俱进，坚持高站位谋划、宽领域延伸、细微处入手、长期不懈努力的工作思路。确定了先易后难，分步实施，有形入手、无形延伸的工作原则。把职业化建设与“三项重点工作”“全面深化管理年”和审判作风建设紧密结合，形成全市一盘棋、上下一条心、共同攻坚克难局面。努力实现一年试点打基础、两年推广铺开、三年深入提高的工作目标。（3）健全完善职业管理体系。切实加强党的建设，充分发挥党组织的核心堡垒作用和党员的先锋模范作用，用党建带队建、以队建促审判。规范干部选拔使用管理，积极推进法官的逐级遴选制度，推行法官和其他人员单独序列管理，协调解决法院干部的“进口”和“出口”问题，努力争取编制，优化队伍结构，提高法官比例。切实加强内务管理、作风养成和机关标准化、正规化建设，建立规范的工作、生活秩序。切实加快信息化建设步伐，增加科技含量，建立起与社会管理创新相适应的司法业务、司法人事和司法行政管理体系。（4）健全完善职业培训体系。建立完善职业教育、职业培训与考核激励一体化的教育培训新机制。职业化教育要实现“三个转变”，即从知识型培训为主向能力型培训为主的转变，从普及性培训为主向专业化培训为主的转变，从临时性培训为主向规范化培训为主的转变。把深入推进“三项重点工作”、警示教育以及对经济、金融、管理和科技等专业知识作为教育培训的重要内容，围绕审判工作的重点、热点和难点问题进行岗位培训，提高解决实际问题的能力，尤其是提高善做、会做群众工作的能力。在抓好新法律法规培训的同时，以三年为周期，对干警进行全员轮训。推行法院领导干部讲课制度，积极改善培训条件，建设专门的培训场所，落实教育培训经费。（5）健全完善职业监督体系。主动、认真、自觉地接受人大常委会的监督。依照法定程序接受法律监督，虚心接受民主监督、舆论监督，建立各方配合、协调联动的监督制约新机制。进一步深化审务公开的内容、范围和形式，完善新闻发布制度，建立完善审务督察制度，加强对关键岗位、重点环节的专项督查。把规范法官与律师的关系和回避制度作为重点之一。培育法官“不可收买”的基本价值取向。深化惩防体系建设，建立健全、强化落实决策权、执行权、监督权既相互制约又相互协调的权力结构和运行机制，推行权力运行程序化。严格落实公正廉洁司法各项措施，继续推行案件终身责任制，完善重大案件剖析制度和通报制度，加大错案和瑕疵案件的责任追究力度。（6）健全完善职业保障体系。保障法院干警的薪酬待遇，把对干警的尊重、关心、爱护、理解、支持作为从优待警的重要内容，满足干警非物质利益方面的合理诉求。协调有关部门探索试行职业保障制度，将干警退休、养老、医疗、保险、休假、体检等纳入社会保障体系，解除后顾之忧。认真执行有关政策规定，把离休干部医疗费用由财政全额负担的要求落到实处。加大干警优抚工作力度，与医疗保险部门协调联动，建立干警因公负伤快速救治“绿色通道”，形成跨地域互助。推动设立“政法干警互助基金”，完善牺牲、伤残、特困干警资助资金管理办法，进一步加大对因公牺牲、负伤、致残干警的资助力度。加强对干警的心理疏导，缓解身心压力，提高心理健康水平。加强法院文化建设。积极营造环境和氛围，切实保障法官的职业权力和职业地位。为确保职业化建设目

市法院召开全市法院队伍职业化建设调度会（2010 年）

标任务分阶段、按步骤稳步推进，市法院提出要摆正“五个关系”，即摆正当前工作与长远工作的关系，既解决好当前职业化建设中存在的突出困难和问题，又注意谋划好事关法院后续、持续发展的长远大计；摆正特色工作与整体工作的关系，既善于抓职业化建设中的特色工作、重点工作，以点带面，又善于抓基层、打基础，推动整体工作水平不断向前推进；摆正硬件建设与软件建设的关系，既要重视有形建设，创造良好的司法工作条件，又要重视党的建设、思想政治工作、素质能力等方面的建设，发挥队伍的内在驱动力；摆正职业化建设与审判工作的关系，要以职业化建设为审判工作提供人才保障，用司法审判工作成效检验职业化建设的成果，使二者相得益彰、相互促进；摆正健全制度与抓好落实的关系，既要建章立制、有章可循，又要采取可行措施，确保落到实处。

2010年，市法院举办裁判文书、书记员、量刑规范化、舆情应对、公文写作等培训班，培训干警700多人次；支持和鼓励干警参加职业资格培训和在职学习，全市法院28名干警通过司法考试，通过率36.5%。加强司法警察正规化建设，全力保障司法活动和机关安保工作。加强群众工作，开展民俗专家讲座，组织法官体验生活，直观了解乡土文化和传统，提高运用民俗习惯解决纠纷的能力；注重提升法官协同社会力量，利用各种资源，妥善化解重大复杂矛盾的能力。加强法院文化建设，开展读书交流活动，院领导带头学习，积极参加全市各项文化活动；注重司法礼仪的养成，塑造良好职业形象。

2012年8月6日，市法院召开全市法院队伍职业化建设动员电视电话会议，院长闫五一出席会议并讲话。闫五一指出，全市法院要把队伍职业化建设作为当前人民法院全面推进“三项重点工作”的重要抓手，结合实际认真抓好落实。闫五一强调，加强职业化建

市法院队伍职业化建设现场会（2012年）

设，是解决法院队伍建设中源头性、基础性和根本性问题的必然出路，也是深入推进“三项重点工作”的重要保障。市两级法院党组要把职业化建设纳入干部队伍建设和法院工作规划，进一步加大人、财、物保障力度，着力解决法院队伍职业化建设中的体制性、机制性、保障性问题，确保法院队伍职业化建设任务目标的圆满完成。

2017 年，院长胡华军向全院提出在经济建设中提升能力、素质和责任的要求。以强化教育培训为抓手，锤炼人民法院工匠精神。加强学习型机关建设，营造氛围，创造条件，完善机制，引导干警牢固树立终身学习理念。有针对性地强化业务培训，弘扬人民法院工匠精神，不断提升法官驾驭庭审、认定事实、适用法律、裁判说理等业务技能。不断创新群众工作方法，运用调解协商、公开听证等方法，善于在法律框架内寻求最佳纠纷化解方案，提升解决复杂问题的能力和水平。扎实推进高层次人才培养工作，努力造就一批在全省乃至全国叫得响、影响力强的“专家型”“学者型”“复合型”法官和综合管理人才。广泛开展岗位大练兵活动，全面提升法院队伍的整体素质。强化实践锻炼，坚持新招录干警下基层、新进干警进立案信访窗口锻炼、资深法官传帮带等制度，不断提高新形势下的群众工作能力。要积极构建多形式、全覆盖的培训体系和网络，通过多种形式岗位练兵活动，弘扬人民法院工匠精神。工匠打造的是工业产品，法官打造的则是“司法产品”，当事人是司法产品的“消费对象”，审好每一个案件，就是法官献给社会的最好“司法产品”。

第三节　法警培训

司法警察工作。人民法院司法警察是人民法院唯一具有武装性质的司法力量。主要任务是预防、制止和惩治妨碍审判活动的违法犯罪行为，维护审判秩序，保障审判工作顺利进行。多年以来，司法警察支队坚持以正规化建设为核心、以军事化训练为引领、以全面提升警务保障能力为目标，建威武之师、铸热血警魂，为法院审判执行工作的顺利开展作出了积极贡献。2010 年荣立集体二等功，2017 年被评为全国法院先进集体。

在日常警务保障工作中，司法警察支队攻坚克难，无私奉献，严格规范公正文明执法，出色地完成各项警务保障任务。在扫黑除恶庭审工作中，司法警察支队起早贪黑，持续奋战，在一些重大案件审理过程中，连续数周不休息，“5+2”“白加黑”成为常态，确保了涉黑涉恶案件审判工作的顺利进行。司法警察支队平均每年出动警力近万人次，保障庭审 2000 余次，完成押解及看管被告人，维护审判秩序，传带证人、鉴定人和传递证据等任务。为保证法院工作人员和来院诉讼参与人、当事人的安全，每年安全检查近 2 万人次，处置突发事件几十起，制止当事人自伤、自杀、行凶、扰乱法庭秩序及信访秩序百余人次。

1999 年 5 月 18 日，司法警察骨干集训班开业典礼

1999 年 5 月 18 日，司法警察人员拳术训练

法警培训。2005 年 12 月，最高法院发布《关于加强人民法院司法警察队伍建设的若干意见》，司法警察的培训工作随之走上了法治化的轨道。市法院根据最高法院的要求，及时制定实施了全市司法警察教育训练计划，训练计划包括政治教育、业务训练、技术训练、共同科目等内容。业务训练内容有值庭、押解、看管、安检、警卫、强制措施、参与执行、执行死刑、突发事件的处置方法。技术训练内容有擒敌技术、警械具的使用、轻武器射击。共同科目有队列和体能训练。

市法院法警支队开展岗位技能大练兵活动（2009年）

经过多年严格、科学、系统的培训，市法院法警支队的队伍建设收到显著成效。2016年4月，河北省法院司法警察工作会议举行，市法院法警支队队长刘旭就如何加强队伍建设作了典型发言，受到与会领导和同志们的高度肯定。自2005年以来，法警支队在院党组和省总队的坚强领导下，牢固树立服务中心、保障安全的理念，坚持多措并举，不断强化法警队伍建设。（1）强化教育，铸忠诚品质。牢固树立和坚持政治建警的理念，注重强化学习、跟进教育、示范引领，认真落实队务会、支部会制度，积极组织干警学习政治理论和先进典型，适时组织开展思想纪律作风专题讨论活动，全面执行“五谈话一档案”制度，从而有效提升了干警队伍忠诚使命的责任意识和内生动力。（2）强化训练，促担当精神。将提升队伍的业务技能作为履职尽责的基础工作，坚持向训练要警力、要效率、要质量、要战斗力的“四要”理念，不断完善方法，做到一训练、一评比、一考核、一讲评，并突出系统性和实战性，科学设置23个必训科目，有针对性地邀请红十字会、消防、武警、公安专业教官分别进行专项训练，有效提升了法警队伍的基本体能、基本技能和专业技能。（3）强化考核，增奉献意识。坚持“菜单式分解、契约化管理、审计式验收、公开化奖惩”的模式，注重发挥激励促进机制作用，将基础能力、工作实绩和警务辅助人员考核作为重点，专门制定《司法警察应知应会内容》《警务辅助人员量化管理办法》等考核规范，在坚持常态化考核模式的基础上，每月对重点工作的考核内容和标准进行动态细化，将考核工作延伸到日常工作的每一个环节，并于每年年终将每名法警各项考试考核结果综合打分，根据分数进行综合排名并向全队公布，从而有效激发了干警干事创业的激情和奉献进取的动力。（4）强化管理，树文明形象。坚持向管理要效益、以管理树形象的理念，先后制定了《司法警察管理制度》《法警学习制度》《值班制度》等一系列的规章制度，严格落实法院队伍职业化建设各项要求，认真执行一日生活制度，并坚持现场督导与视频督导相结合、直接督导与间接督导相结合，注重强化各项工作措施的落实，从而有效地整饬了队伍，规范了工作。自 2014 年开始，每年定期组织全市司法警察集中培训和实战化演练，干警履职能力普遍增强。2016 年 9 月，在全省司法警察比武中，获得全省团体总分第二名的优异成绩，刘永明获得个人手枪实战射击项目全省第一名。2018 年 11 月 30 日，市法院法警支队队长刘旭、干警陈信强代表全省法院参加全国法院司法警察教练员教学技能比赛，夺得警务技能项目第一名，这是河北省法警系统第一次在全国取得名次，刘旭同志被浙江警官职业学院聘用为司法警务技能专家。

第四章 法 治 宣 传

法治宣传，既是中国社会主义制度建设的一项根本性措施，也是社会主义精神文明建设的重要任务。市两级法院定期就人民法院的工作重点、社会关注的重大案件，主动向社会发布消息，接受社会的监督，不断扩大审判工作的法律效果和社会效果；切实加强与新闻单位的联系，提高广大干警应对媒体的能力，积极争取新闻单位的支持，采取与新闻单位联合举办专题节目、创办专刊等形式，切实加大法院工作的宣传力度，扩大宣传范围，增强全民的法律意识，进一步促进和谐社会建设。市法院组织开展法治宣传主题活动，大力推进法治宣传教育进机关、进乡村、进社区、进学校、进企业、进单位、进军营，在各行各业掀起学法用法的热潮。

市法院干警发放宣传资料（1999 年）

第一节 宣 传 工 作

1992 年，市法院院长孙志宏在向市人民代表大会作的工作报告中提到，市两级法院在大力开展各项审判工作的同时，认真落实全国、全省法院系统调研、信息、宣传工作会议精神，围绕改革开放的新形势，撰写有分析、有建议的调查报告、信息和宣传文章。充分运用新闻媒体，积极宣传社会主义法治，增强社会各界人士对法院工作的理解和支持，提高公民的法律意识。市法院编发《法院调研》13 期，刊发调研文章 54 篇，其中被中央、省、市有关部门采用 13 篇；反映各种法治信息宣传稿件 128 篇。1994 年，市两级法院在党委、政府的支持和帮助下，加强了人民法庭的建设，加强了信息、调研和法治宣传工作。全年有 57 篇信息、调研文章被省级以上有关部门采用。

1998 年 4 月 14 日，全市法院信息宣传工作会议

1999 年 2 月 10 日，市法院院长王瀛泽、副院长马玉俊宣传法治工作

2001 年，中共中央、国务院决定将现行宪法实施日 12 月 4 日，作为每年的全国法治宣传日，以传播法律知识，弘扬法治精神。市法院在多年开展的法治宣传中，坚持正确的舆论导向，不断加大法治宣传力度，促进了法院公信度的提高和良好形象的树立。

2003 年，市法院信息、宣传、档案保密、调研等工作都取得不同程度的进展。在各级新闻媒体刊播新闻稿件 610 篇。

2008 年，市法院干警走上街头，广泛宣传法治工作。

市法院干警在人民广场开展法治宣传（2008 年）

2009 年，市法院根据自身特点，面向社会广泛宣传先进事迹。全市法院通过开展学习先进活动、召开模范事迹报告会、演讲会、印发事迹材料等形式，大力宣传先进典型的事迹。全市法院系统评选杨红梅、石均、杜艳文、刘艳红、孙绍文为先进典型和“百姓喜爱的好法官”，在全市法院系统，集中时间，有重点地进行先进事迹巡回演讲，扩大典型的感染力和社会影响力。同时鼓励干警结合工作撰写专业论文和有价值的信息。全年省、市领导在市法院信息、简报上作出重要批示达 15 次，较好地发挥了“三个服务”作用。调研工作有新起色，在全国法院系统第十六届学术讨论会论文组织推荐中，省法院向最高法院推荐市法院论文 9 篇，居全省之首，其中有 2 篇获全国二等奖。

2012 年，市法院司法宣传工作卓有成效。利用三级法院网，打造民意沟通平台，市法院网站访问量达到 8 万余次，形成了解民意、传达民意、疏导民意和吸纳民意的重要渠道。针对媒体的广泛关注，市法院把网络舆情工作提升到应有位置，及时化解平息新闻事件，一年中没有发生媒体炒作情况。全年为市电视台《法治民生》提供生效典型案例 55 件，为

《秦皇岛日报》民生法治专栏提供素材 3 期，重点报道职业化建设、司法改革、重大审判活动 23 次。市法院本级在报刊网络发稿 160 篇，其中国家级 23 篇、省级 68 篇、市级 69 篇。《民事诉讼法》是国家的基本法律。该法的修订是国家法治建设过程中的一件大事，关系到人民群众的切身利益。2012 年 11 月，距新法正式实施还有不到两个月的时间，市法院和各县区法院积极筹备落实新法，并加大该法的宣传力度，向人民群众普及修订后的法律常识。市法院宣传处对其中与民生关系密切的亮点如“销售有毒食品罚款增倍”等进行解读，并在《秦皇岛日报 · 民生法治》周刊发表。对于重大司法事件和已经发生的有影响的司法新闻，市法院政治部、宣传处的干警们主动为本地新闻媒体和上级党报党刊撰写宣传稿件。

2013 年，市法院在法治宣传教育工作中，又推出了两项新举措：（1）定期就人民法院的工作重点、社会关注的重大案件，主动向社会发布消息，接受社会的监督，不断扩大审判工作的法律效果和社会效果。（2）切实加强与新闻单位的联系，提高广大干警应对媒体的能力，积极争取新闻单位的支持，采取与新闻单位联合举办专题节目、创办专刊等形式，切实加大法院工作的宣传力度，扩大宣传范围，增强全民的法律意识，进一步促进和谐社会建设。2013 年，全市法院参与新闻媒体法治宣传 15 次，在公共场合开展法治宣传活动 8 次，发放法治教育宣传单 3100 余份。

2014 年 4 月，最高法院发来明传，邀请在全国“两会”期间网络评论工作表现突出的 18 位全国法院核心网评员参加“新闻人茶座”研讨活动和部分应急队员座谈会，对新媒体环境下的舆论引导和应急阅评工作进行研讨。市法院政治部甘军同志应邀参加会议，而且是省内唯一被邀请的阅评员。利用媒体进行法治宣传，是市法院多年以来持之以恒的做法，每当国家有新法公布，均及时撰写通俗易懂的文章，解读新法的亮点。2014 年，市两级法院在各新闻媒体刊稿 682 篇，被市级以上单位和部门转发信息、材料 408 份，对宣传法治、教育群众、震慑犯罪、体现法院建设成果起到了重要作用。

2016 年 2 月 27 日，市法院联合海港区法院开展的“法院开放日”活动在《人民日报》（要闻版）刊登。2017 年 5 月，市法院二审宣判，首次以非法采矿罪惩治盗采海砂行为的报道，分别在《人民法院报》《中国环境报》《河北法制报》《秦皇岛日报》等国内多家媒体刊载。市法院一批责任心强、勤奋写作的法官积极主动撰写各类新闻作品和宣传稿件，使市法院的宣传工作始终走在前列。

2017 年 12 月 4 日，“公众开放日”市法院法官宣誓

第二节　宣传活动

2018 年，市法院印发《关于全市法院开展“七五普法”法治宣传教育活动的意见》（以下简称《意见》），《意见》提出，组织开展法治宣传主题活动，大力推进法治宣传教育进机关、进乡村、进社区、进学校、进企业、进单位、进军营，在各行各业掀起学法用法的热潮。（1）深入开展“法律进机关”活动。各院自身要把法律作为机关学习的重要内容。做到有计划、有安排、有落实、有检查；充分利用机关法治学习园地，建设机关法治学习平台，为机关干警学法律提供条件，健全完善机关干警学法制度，逐步实现机关干警法律知识考核工作的规范化。（2）深入开展“法律进乡村”活动。把法治宣传教育纳入基层法庭对社会服务的重要内容，开展法治宣传教育资料、法治信息、法治文艺和法律服务进乡村活动，扩大宣传教育覆盖范围，提高对农村法治宣传教育的服务性。（3）深入开展“法律进社区”活动。要协助当地政府健全社区居民学法制度，完善社区法治宣传橱窗和社区法律图书室，组建社区法治宣传教育队伍，成立社区普法学校，定期开展群众性法治专题活动。（4）深入开展“法律进学校”活动。要借助学校第一课堂的主渠道作用，坚持品德教育和法治教育并重，将法治教育列入课程，推进学校法治教育计划、教材、课时、师资的落实；积极开辟第二课堂。（5）深入开展“法律进企业”活动。要围绕企业生产经营和发展，开展多种形式的法治教育和培训，提高企业经营管理人员和广大职工的法律素质；加

强对广大职工进行劳动、社会保障及民主管理方面的法治教育，协助企业建立健全企业干部职工学法用法制度和法律知识考核制度，完善和规范企业运行机制，提高企业依法经营和管理水平，完善企业民主管理制度，开展争创诚信守法企业活动，促进现代企业制度的建立。（6）深入开展“法律进单位”活动。要切实履行法治宣传教育的社会责任，组织开展形式多样的法治宣传教育；要协助地方单位建立法治学习园地，开展法律培训，坚持和完善法律知识年度考核制度；加强同公园、车站等公共场所管理单位的联系，要在所辖范围内开展法治宣传；要举办开放日向公众开放，让群众走进法院、了解法院，开展法律咨询和服务。同时各院要做好“12·4”全国法治宣传日教育活动，集中开展以《宪法》为核心的法治宣传教育活动。要利用宣传月、宣传周、纪念日等形式，广泛开展群众喜闻乐见的宣传教育活动，营造学法用法的氛围。

《意见》要求各院结合系列活动日开展主题宣传活动。要结合“三八”妇女节、“3·15”消费者权益保障日、“五一”劳动节、“6·26”国际禁毒日、“12·1”世界预防艾滋病日、“12·4”法治宣传日等，集中一定时间，组织人员，采取各种形式，开展相关的法治宣传活动，形成普法的规模效应。

第五章　纪检监察

市两级法院领导认真落实党风廉政建设责任制，率先垂范，严格自律，坚持“一岗双责”、从严治警。市法院坚持从严方针，制定实施《关于法院工作人员不得过问不属于自己审理（执行）或分管案件等行为的规定》，严格落实上级禁令。严肃查处利用司法潜规则获取不义之财以及在办案法官与案件当事人之间充当诉讼掮客的法院干警，坚决遏制少数法官利用审判权、执行权办理“关系案、人情案、金钱案”的蔓延势头。与此同时，坚决查处司法不公、枉法裁判案件。从1993年开始，市两级法院坚持从严治警，强化纪律整顿，以教育为主，提高干警对恪守职业道德、严肃执法、严格审判纪律重要性的认识。多次组织干警学习中纪委历次全会精神，增强广大干警廉政勤政的公仆意识。市法院纪检监察部门一直坚持每年定期或根据上级要求，组织召开若干次全市法院干警警示教育大会，传达上级通知、通报精神，通报违法违纪典型案件，结合案例宣讲人民法院“五个严禁”和中央八项规定及其实施细则精神，做到人人知晓、时刻遵守，不断营造“不敢腐、不能腐、不想腐”的环境氛围。

2001年2月14日，全市法院院长暨纪检监察工作会议

第一节 党风廉政建设

司法廉政是人民法院树立司法权威的重要基石。法官及法院的其他工作人员在法律实施的过程中，如果不能廉洁自律，会导致当事人对法律不信任，从而导致法律实施的社会效果缺失。加强法院队伍的司法廉政建设，能够使法律在实施过程中达到法律效果与社会效果的统一，在民众中树立起法律的权威。

市两级法院始终坚持从严治警，强化纪律整顿，以教育为主，提高干警对恪守职业道德、严肃执法、严格审判纪律重要性的认识。多次组织干警学习中纪委历次全会精神，增强广大干警廉政勤政的公仆意识。结合电视剧《法官潘火中》的播放，再次掀起了学习潘火中、争做廉政勤政好法官的热潮。按照市委要求，市两级法院认真开展了队伍集中教育整顿工作，分别向市、县人大代表、政协委员发出征求意见函并深入机关、企业和城镇、乡村，广泛征求人民群众对法院工作的意见，认真开展自查自纠，制定整改措施。对于查出的违纪干警，给予严肃处理。通过集中教育整顿，广大干警增强了宗旨意识，改进了审判作风，增强了办案责任心，办案质量和执法水平得到了进一步提高。

2004 年，市法院通过多种形式，广泛征求社会各界的意见和建议，制定了《关于进一步加强干警队伍管理的规定》，加强对干警的约束、监督。不断加大对违法违纪人员的查处力度，对 3 起案件 8 名干警进行了严肃查处。在“树讲求—学转促”活动中被市委树为典型，受到市委政法委的表彰。“两为两树”民主评议行风活动，市法院获先进单位。

从 2005 年开始，市法院在全院干警中开展了落实领导干部党风廉政建设责任制工作，建立干警廉政档案；认真执行领导干部“一岗双责”，层层开展谈心活动。对发现的苗头性问题，及时进行诫勉警示。坚持从严治院。严格落实《法官法》和党纪政纪。2005 年，严肃查处违法违纪干警 5 名，其中 2 名已给予党政纪处分。为进一步推进党风廉政建设和反腐败工作，市法院坚持从严方针，制定实施《关于法院工作人员不得过问不属于自己审理（执行）或分管案件等行为的规定》，严格落实上级禁令。组织干警认真学习党纪条规并进行严格测试。严肃查处违法违纪干警。市法院对卢龙县法院原民庭副庭长魏宝春枉法裁判和青龙县法院两名干警违反执行纪律案件进行了严肃处理，其中魏宝春被判处刑罚，开除公职。市两级法院把廉政建设作为“司法公正树形象”的重要环节，层层签订了党风廉政建设责任状，每位干警均写出廉洁自律承诺书，认真落实了领导“一岗双责”，对苗头性问题及时进行诫勉、警示。市法院组织开展了“立党为公、执政为民”教育，组织观看《张思德》《郑培民》电影和反腐倡廉电教片，请党校教授讲反腐课等活动。青龙县法院向违纪干警签发《违纪通知书》，给予黄牌警告，凡受黄牌警告的个人，作为不放心干警离岗思过。部门出现一人黄牌取消当年评先资格，受处分干警不得提拔重用。山海关区法院党组集体作出严格依法办案、坚决拒收财物、坚持以德才用干部、严格要求子女亲属、坚持从严治院等五项承诺，强化廉政建设。市两级法院还进一步加强以“六个严禁”为主要内容的各项纪律的落实，两次组织检查和抽查；对违法违纪干警绝不姑息迁就。2008 年以来，对以往违纪的 5 名干警，分别给予党纪政纪处分，对 3 名有问题干警进行离岗培训，给广大干警以深刻教育。

随着反腐倡廉的深入推进，市法院不断推出新举措。2010 年 3 月，市法院院长闫五一在全市法院反腐倡廉工作会议上要求法院系统要着力抓好司法廉洁。各级领导要认真落实党风廉政建设责任制，既要率先垂范、严格自律，又要坚持“一岗双责”、从严治警。要以理想信念教育为基础，以岗位廉政教育为重点，以勤政廉政典型为榜样，以反面典型为教材，抓好示范和引导，使干警牢固树立公正、廉洁、为民的司法核心价值观，筑牢拒腐防变的思想道德底线。围绕容易滋生腐败的重点岗位和环节，探索建立抗干扰、抗干预、抗诱惑的长效机制，强化对群众关注的“热点”、领导担心的“弱点”、司法管理的“难点”和不易触及的“盲点”的有效预防。认真贯彻执行中央《关于进一步从严管理干部的意见》，严格落实各项廉政纪律，建立和完善个人重大事项报告、廉政监察员、任前谈话、提醒和诫勉谈话等制度。注重研究法院系统发生的违法违纪案件的特点和规律，不断健全案件及时揭露、及时发现、及时查处机制。同年，为进一步规范审判执行工作，强化内部工作监督，促进司法公正、廉洁，根据最高法院的通知要求，市法院任命 14 名身在审判执行等重点岗位、部门的中层副职为廉政监察员。廉政监察员的主要职责：协助所在部门主要负责人分析本部门反腐倡廉工作形势，组织落实反腐倡廉工作任务；协助所在部门主要负责人对本部门人员遵守和执行法律、法规、纪律以及各项规章制度的情况进行监督检查；协助所在部门主要负责人了解掌握本部门人员思想动态，对本部门人员进行职业道德、纪律作风和廉洁司法教育；协助所在部门主要负责人健全完善本部门的廉政制度；协助本院监察部门受理人民群众对所在部门及其人员纪律作风问题的举报；向所在部门人员提供廉政指导和廉政咨询；对所在部门人员在纪律作风方面存在的苗头性、倾向性问题及时进行提醒；完成所在部门主要负责人和本院监察部门交办的其他反腐倡廉工作任务。为使廉政监察员熟悉情况、掌握政策、进入角色、展开工作，2010 年 1 月 25 日，市法院组织对新任廉政监察员进行了上岗培训。党组成员、纪检组组长宁雨卿要求廉政监察员务必增强大局意识和责任意识，以对组织、对人民、对同志高度负责的精神，充分发挥工作生活在审判执行岗位一线的优势，认真领会上级要求，探索监督新方式，创造性地开展好监督工作，为法院的党风廉政建设作出努力。

市两级法院于 2010 年结合开展“人民法院为人民”主题实践活动，以党性党风党纪教育和社会主义法治理念教育为主要内容，以正面典型示范教育和反面典型警示教育为主要形式，进一步强化司法廉洁教育，不断提高教育的针对性和时效性，为公正廉洁执法打下坚强的思想基础。全院以党性党风党纪教育为重点，加强对党员干部特别是党员领导干部的理想信念教育和廉洁自律教育，促使全市法院党员干部加强党性修养、坚定理想信念、牢记宗旨意识，树立正确的权力观、地位观、利益观。结合深入开展社会主义法治理念教育，在法院干警中广泛开展司法廉洁教育，引导广大干警不断增强公正司法理念和廉洁司法意识。结合反腐倡廉建设的工作实际，广泛开展正面典型示范教育和反面典型警示教育，一方面善于用法官队伍中廉洁勤政的先进典型去感染、激励广大干警；另一方面善于用发生在干警身边的腐败典型案例去教育广大干警，使广大干警在经受考验的时候能够找得到榜样、看得见风险、经得住诱惑、守得住底线。按照上级法院的统一安排，市法院把党性党风党纪教育纳入党组中心组的教育计划，将司法廉洁教育纳入法官队伍培训的内容之中，并在全市法院干警中集中开展职业纪律教育。积极建立示范教育、警示教育和岗位廉政教育的长效机制，大力开展以建设社会主义核心价值体系为目标，以树立社会主义荣辱观为主要内容的廉政文化建设，积极开展廉政文化进庭室、进家庭活动，倡导读书思廉、文化倡廉、先进引廉、案例警廉、家庭助廉的五廉理念，营造风清气正的司法环境。

从 2015 年开始，市两级法院把查处法院领导干部贪污受贿、权钱交易、腐化堕落、失职渎职案件和审判执行人员徇私舞弊、枉法裁判、以案谋私案件作为查案工作的重点，尤其要严肃查处利用司法潜规则获取不义之财，以及在办案法官与案件当事人之间充当诉讼掮客的法院干警，坚决遏制少数法官利用审判权、执行权办理“关系案、人情案、金钱案”的蔓延势头。与此同时，坚决查处司法不公、枉法裁判案件。市法院纪检组会同市两级法院审管办和监察室，对 2011 年以来市两级法院发回重审案件、二审和再审改判案件进行摸底，对错误明显的重点案件进行评查，对评查发现的问题予以通报，对当事人反映较多、问题突出的重点审判庭、审判人员进行调查，并按照有关规定对违规违纪人员及有关责任领导进行问责和责任追究；按照最高法院、省法院《关于开展对以房抵债类虚假案件自查清理活动实施方案》的要求，对全市以房抵债类虚假案件进行再梳理、再核查，对拒不承认错误、隐瞒事实或隐瞒不报的，除追究当事人责任外，还要追究领导责任；对群众反映强烈的“执行难”问题进行调查研究，了解和掌握执行立案情况和执结案件归档情况，坚决查处执行活动中的不作为、乱作为和慢作为以及“吃拿卡要”问题；坚决查处立案、执行、评估拍卖等司法活动中的乱收费、乱摊派行为。

强化制度约束。市两级法院及其工作人员严禁滥用司法职权乱收费、乱拉赞助，严禁让案件当事人承担办案差旅费用，严禁法院干警到私人会所活动，严禁将公款吃喝、旅游、送礼的费用拿到预算外收入中列支或用假发票报账。对违反中央八项规定精神的行为，发现一起查处一起，同时要点名道姓通报曝光，并依法依纪严肃处理，让其他干警对制度规定心生敬畏，自觉远离违纪违规的“高压线”，坚决遏制腐败蔓延势头。反腐倡廉没有回头路，廉政建设永远在路上。2017 年 4 月，市法院召开廉政建设暨政治工作会议，胡华军院长在会上提出反腐倡廉的“六个必须”：（1）必须讲政治。人民法院作为政法职能部门，是党和国家的“刀把子”，必须与党和国家的命运同频共振，这是首要的政治任务。所以首先要讲政治，坚定理想信念，牢固树立“四个意识”，坚定“四个自信”。要克服单纯的业务观点，克服孤立办案、机械办案倾向，在执法办案中坚持为大局服务、公正司法，力争实现三效统一。要在执法办案中积极弘扬社会主义核心价值观，维护社会主流价值观和意识形态。要讲纪律懂规矩，扎扎实实落实上级工作安排，不折不扣落实上级的工作部署。（2）必须狠抓学习。解决能力水平、思维方式低层次徘徊的唯一办法就是加强学习，要强化政治理论学习，精心研读马克思主义、毛泽东思想中的经典论述，认真学习党章和习近平总书记系列重要讲话精神以及中央、省市委重要会议精神，认准方向、把握全局。（3）必须振奋精神。有担当精神才能激发破解难题的勇气，才会有极致精致细致的工作追求，才能在没有鼓励没有外界物质刺激的情况下努力工作。市第十二次党代会明确提出“一个全面建成、四个走在前列、五个明显提升”奋斗目标，这就需要市两级法院振奋精神，坚持极致精致细致的工作追求和“马上就办、办就办好”的工作作风，深入贯彻中央、省、市的决策部署，牢牢把握司法为民、公正司法主线，紧紧围绕“四市”发展战略和市十二届党代会提出的工作目标，充分发挥司法职能作用，为加快转型、绿色发展、跨越提升，建设沿海强市、美丽港城和国际化城市提供有力司法保障。（4）必须强化廉洁。廉洁和公正，是司法公信力的“车之两轮、鸟之两翼”，缺一不可。廉洁而不公正，产生不了公信力；低水平的廉洁，虽然廉洁但办案效果差，无法真正定分止争；公正而不廉洁，是一种腐败的公正，也会缺乏公信力；公正加廉洁才会有公信力。从个人发展角度讲，廉洁是高端智慧。法官必须在复杂的社会里独善其身。当前不良的社会风气也冲击着一些法官的思想，但是法官裁判绝对不应受任何非法因素的不当影响，社会也不能成为司法不廉的借口。（5）必须发挥领导表率作用。无论是党风廉政建设还是政治工作，法院领导班子特别是“一把手”堪称动力源和火车头，动力不行，再好的车厢也跑不快。没有落后的群众，只有不合格的领导和落后的管理。资源禀赋没有富饶和贫瘠之说，只要领导的思想水平不僵化、创新意识不枯竭，所谓的难题就不是难题。所谓“落后的群众”其实是一种“放错了地方的人力资源”，工作滞后的根子在干部、关键在领导。领导干部一定要不断增强自我提升和自我革新的动力，提升自我管理、自我控制的能力，发挥好示范带头作用。要高站位、谋发展，善于统筹，认真履行“一岗双责”，履行好主体责任和监督责任，努力开创法院工作的新局面。（6）必须持之以恒抓好队伍建设。要坚持以人为本，严管厚爱。严管就是讲管理、讲监督、讲问责，通过严格管理和监督，预防和减少问题发生。对顶风违纪的

"害群之马"，要严肃问责，绝不护短。厚爱就是要千方百计关爱干警，关注干警的成长，关心干警的家庭和生活，努力为干警的执法办案营造良好的工作氛围，为干警的顺利成长营造良好的政治生态。对于干警在努力工作中出现的失误和瑕疵，应建立容错机制，努力营造敢于创新的良好氛围。会上，胡华军院长还和院班子成员签订了廉洁司法承诺书，持续强化领导班子的廉洁自律意识。

2017 年，市法院按照省法院的要求，制定下发《关于深入落实全面从严治党要求，进一步加强人民法院党的建设的指导意见》《市法院党组党风廉政建设主体责任清单》，层层签订了党风廉政建设主体责任状，建立了党组和各个成员履行主体责任的工作台账和向市委定期汇报制度。党组主要负责同志认真履行党建主体责任，定期调度工作，并及时督导和检查其他党组成员履责情况的落实。党内主要法规制度的学习和党内政治生活坚持经常，党组织活动丰富多彩，党员的先进性得到充分显现。市法院按市委要求开展"一问责八清理"专项整治和"不作为、乱作为、慢作为专项治理"，严格制定各项工作方案，自查自纠各类问题 33 条 15 人。制定下发《中院党组艰苦奋斗率先垂范十条规定》《中院"三项活动"检查剖析工作方案》。及时完成了市法院主官调研报告、落实市委 7 号文件及作风整顿情况报告。随着各项教育整顿的不断深入，全体干警的"四个意识"、担当精神和做合格党员的政治敏锐性不断增强，有效推动了审判执行工作和司法改革工作的落实。

市法院院长闫五一（左一）与基层法院院长签订党风廉政建设责任状（2011 年）

全市法院党风廉政建设暨政治工作会议（2017 年）

第二节　监察工作

最高法院于 1990 年 3 月 31 日发布实施《人民法院监察工作暂行规定》，规定人民法院监察部门的主要任务：（一）监督、检查法院及其工作人员执行国家法律、法规、政策以及行政纪律的情况；（二）受理对法院及其工作人员违法违纪行为的检举、控告；（三）调查处理法院及其工作人员违反国家法律、法规、政策及行政纪律的行为；（四）受理法院工作人员不服行政处分的申诉；（五）开展对法院工作人员遵纪守法、廉洁奉公的教育；（六）制定监察工作的规章制度。2002 年 5 月 15 日开始实施《秦皇岛市中级人民法院职能配置、内设机构和人员编制规定》明确，市法院监察室负责党风廉政教育，开展反腐败斗争。监督、检查所在单位党组织及其领导干部执行党的路线、方针、政策情况，查处所在单位党组织及党员违反党的纪律的案件。监督、检查全市法院及其工作人员执行国家法律、法规、政策及行政纪律情况，负责对违法审判和两错案件线索的收集、调查及对责任人的追究工作；调查处理本院各庭、室及其工作人员，下级人民法院院长、副院长、监察室主任违法违纪案件；受理对法院及其工作人员的检举、控告，受理法院工作人员对不服行政处分的申诉。2008 年 6 月 5 日，最高法院法发〔2008〕17 号通知，宣布废止《人民法院监察工作暂行规定》，公布实施《人民法院监察工作条例》，该条例第十四条规定，人民法院监察部门的主要职责：（一）检查人民法院以及法官和其他工作人员遵守和执行国家法律、法规的情况；（二）制定和完善人民法院廉政制度，检查人民法院及其法官和其他工作人员执行廉政制度的情况；（三）受理对人民法院及其法官和其他工作人员违纪违法行为的控告、检举；（四）调查处理人民法院及其法官和其他工作人员违反审判纪律、执行纪律及其他纪律的行为；（五）受理法官和其他工作人员不服纪律处分的复议和申诉；（六）组织协调、检查纠正审判工作、执行工作和法院其他工作中损害群众利益的不正之风；（七）组织协调、检查指导预防腐败工作，开展对法官和其他工作人员司法廉政和遵纪守法的教育。

为加强内部监督、积极促进全市法院公正廉洁司法，市法院细心研究人民法院纪检监察工作的发力点，认真对各基层法院开展司法巡查工作，发现问题，总结经验，突出巡查成果运用，指导全市法院加强管理，改进工作，推动全市法院司法作风建设取得根本性提高。根据人民法院审务督查工作的任务要求，调整职责定位、督查内容，研究制定工作标准和工作流程，扎实开展审务督查工作，督促干警形成严守审判纪律和政治纪律的高度自觉。适时开展专项督查活动，抓节点，抓经常，专项督，随时查，促进全市法院政治生态、司法环境、纪律作风根本好转。认真贯彻最高法院《关于在审判执行活动中主动接受案件当事人监督的规定》，严格落实随案发放廉政监督卡，并建立案件廉政回访制度，对全院审执结的案件按一定比例进行抽查，对当事人进行廉政回访，主动接受案件双方当事人对法院审判工作进行监督，从中发现并纠正办案人员违反廉洁制度的行为，促进全市法院公正廉洁司法工作取得长足进步。

为了加强对审判工作纪律作风状况的日常监督，促进司法廉洁，维护司法公正，2010 年 1 月 22 日，市法院发布《河北省秦皇岛市中级人民法院关于在审判执行部门设立廉政监察员的决定》（秦中法〔2010〕5号），在审判执行部门设立廉政监察员，并按规定开展相关工作。2013年9月，制定实施《秦皇岛市中级人民法院廉政风险防控管理工作实施办法》。2014年，研究制定《秦皇岛市中级人民法院党风廉政建设主体责任实施意见》，进一步明确党组在党风廉政工作中的主体责任和纪检监察部门的监督责任。2018年5月，制定实施《秦皇岛市中级人民法院廉政风险防控机制建设实施意见》。2018年9月，制定下发《秦皇岛市中级人民法院中层领导干部“一岗双责”暂行办法》。2018年11月，制定实施《秦皇岛市中级人民法院特约监督员工作实施办法》，从市人大代表、市政协委员、各民主党派和无党派人士、专家、企业家、律师、学校、医院、居委会、村党支部聘请30名特约监督员，颁发聘书和特约监督员证。采取邀请参加审判执行工作、召开座谈会征询意见等形式，对市法院审判、执行、司法作风、队伍建设以及廉政建设等工作进行监督，提出意见建议。

加强对法院各级领导干部和法院工作各环节的监督管理，是防止和减少司法腐败的有效途径之一。主要方面包括：（1）强化对法院领导干部的监督，要通过对法院领导干部的重点监督，督促自觉遵守党组决策程序和审判委员会议事规则，带头执行廉政制度和办案纪律，正确行使权力，要综合运用司法巡查、谈话函询、举报核查、派员参加下级法院党组民主生活会、组织下级法院主要负责人述职述廉等方式，切实加强对下级法院领导班子及其成员的协管监督。（2）强化对审判执行岗位的监督。要针对各审判执行岗位权力运行的不同规律和特点，综合运用办案信息公开、办案流程控制、案件质量评查、执法过错追究等措施，对审判活动实行全方位、全过程的监督。要进一步规范廉政监察员的选任条件，创新廉政监察员的履职方式，充分发挥廉政监察员在办案一线的日常监督作用。（3）强化对干警业内活动的监督。要以制约和监督司法权运行为核心，进一步完善“合理分权、公开示权、有效控权”的廉政风险防控机制，并把现代信息技术手段融入廉政风险防控的制度设计和管理流程之中，全面打造“事前预警、事中监控、事后查究”的监督防线，促进公正高效廉洁司法。（4）强化对干警业外活动的监督。要进一步完善审务督查制度，不断加大对法院干警业外活动的监督力度，及时查究法院干警在业外活动中的违纪违规行为。要扩大监察视野，拓展督查渠道，积极探索对法院干警业外活动实施监督的有效方式，督促广大干警管好自己的“生活圈”“社交圈”“娱乐圈”，自觉做倡导社会道德风尚的引领者、遵守社会公序良俗的示范者。（5）更加积极主动地加强外部监督。要全力打造“审判流程公开、裁判文书公开、执行信息公开”三大平台，进一步健全主动接受案件当事人监督和主动接受社会公众监督的制度，建立对社会舆情的收集、预警、核查、回应机制，将审判权和执行权的运行置于社会的广泛监督之下，紧紧依靠人民群众和社会各界的力量来推进人民法院党风廉政建设和反腐败工作。在实施监督过程中，市法院始终紧盯审判执行纪律，对群众反映的问题线索一查到底，严肃监督执纪问责。经统计，1997年，市法院干警 1 人受到党内严重警告处分；1998 年，1 人受到行政警告，2 人受到党内警告处分；2000 年，1 人受到降级处分；2001 年，1 人受到党内警告处分；2002 年，2 人受到开除党籍处分；2004 年，1 人受到行政记过处分；2006 年，1 人受到行政警告处分；2008 年，1 人受到行政记过处分；2011 年，1 人受到行政记过处分；2012 年，1 人受到开除处分并被追究刑事责任；2013 年，1 人受到开除处分并被追究刑事责任；2018 年，5 人受到行政警告处分。

注重预防是落实全面从严治院的重点。预防当先、惩防并举是开展警示教育的前提，更是落脚点。市法院纪检监察部门一直坚持每年定期或根据上级要求，组织召开若干次全市法院干警参加的警示教育大会，传达上级通知、通报精神，通报违法违纪典型案件，结合案例宣讲人民法院“五个严禁”和中央八项规定及其实施细则精神，做到人人知晓、时刻遵守，不断营造“不敢腐、不能腐、不想腐”的环境氛围。

第六章 荣　誉

第一节 集体荣誉

经过自下而上评选，1997—2017 年，市法院有 42 个庭（室）获国家、省级表彰，其中获国家级表彰 6 个，省级表彰 36 个。受国家级表彰的分别是：民一庭 2007 年“全国青年文明号”，研究室 2011 年、2015 年“全国法院先进集体”，市法院 2016 年“全国法院党建工作先进集体”，民一庭 2017 年“全国维护妇女儿童权益先进集体”，司法警察支队 2017 年“全国法院先进集体”。

市法院受奖单位一览表

奖励时间	单位	奖励名称	批准机关
1997.04	中院刑一庭	集体二等功	省法院
2003.07	中院民一庭	集体二等功	省法院
2003.12.14	中院	集体三等功	省法院
2003.12.14	中院	全省法院系统民主评议作风先进单位	省法院
2004.12.14	中院刑二庭	残疾人维权示范岗	省人大、省法院、司法厅、公安厅、劳动与社会保障厅、残联
2004.02	中院民一庭	集体二等功	省法院
2004.12	中院刑二庭	残疾人维权示范岗	省法院、省司法厅、省公安厅等七部门
2005.04	中院	全省法院档案工作先进集体	省法院
2005.04	中院民一庭	集体一等功	省法院
2005.02.11	中院	全省档案工作优秀集体	省档案局
2005.04.18	中院	集体二等功	省法院
2005.04.02	中院民一庭	集体一等功	省法院
2005.04.22	中院民一庭	河北省青年文明号	河北省创建青年文明号活动组委会
2005.05.04	中院纪检监察室	全省法院纪检监察工作先进集体	省法院
2006.01	中院刑二庭	省级优秀青少年维权岗	省创建青少年维权岗活动组委会办公室

（续表）

奖励时间	单位	奖励名称	批准机关
2006.10.26	中院刑二庭	省级优秀青年维权岗	团省委
2006.04.10	中院	集体二等功	省法院
2007.01.06	中院民一庭	第五届河北省十大青年文明号标杆优秀奖	团省委、省人事厅、省电视台、河北报业集团
2007.02.17	中院民一庭	全国青年文明号	最高法院
2007.02.06	中院刑一庭	集体二等功	省法院
2008.11.07	中院	全省法院宣传工作先进集体	省法院
2008.02.15	中院刑一庭	集体二等功	省法院
2009.02.10	中院刑一庭	集体一等功	省法院
2010.01.21	中院司法警察支队	集体二等功	省法院
2011	中院研究室	全国法院先进集体	最高法院
2011	中院执行局	全省法院集中清理农村信用联社申请执行案件专项活动先进集体	省法院集中清理农村信用联社申请执行案件专项活动领导小组
2011	中院民二庭	集体二等功	省法院
2013	中院司法警察支队	全省法院司法警察体能达标活动先进集体	省法院
2013	中院民一庭	河北省维护妇女儿童权益先进集体	省妇联
2013	中院	集体三等功	省法院
2015	中院刑一庭	集体二等功	省法院
2015	中院研究室	全国法院先进集体	最高法院
2016.01.27	中院司法警察支队	全省法院司法警察技能大训练活动先进集体	省法院
2016.02.24	中院民四庭	河北省工人先锋号	省工会
2016.03	中院民四庭	河北省五一巾帼标兵岗	
2016	中院	全国法院党建工作先进集体	最高法院
2016	中院民四庭	集体二等功	省法院
2016	中院	集体二等功	省法院
2016	中院民一庭	集体二等功	省法院
2017	中院民一庭	全国维护妇女儿童权益先进集体	中华全国妇女联合会
2017	中院民二庭	集体二等功	省法院
2017	中院司法警察支队	全国法院先进集体	最高法院

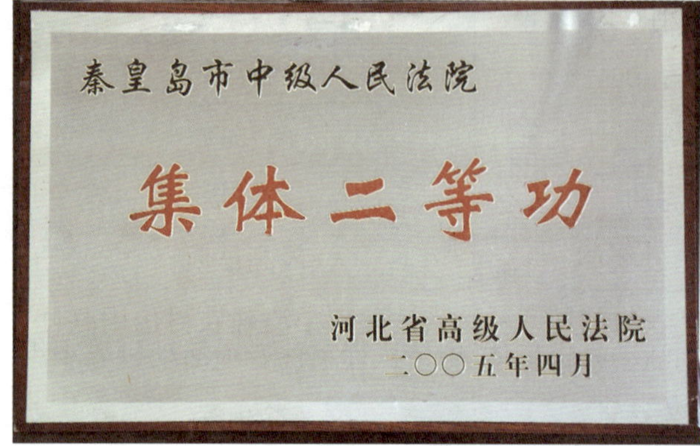

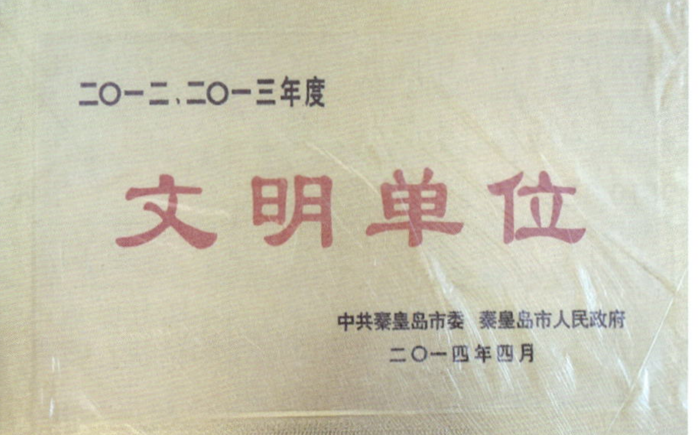

第二节　个人荣誉

经过自下而上评选，1990—2018 年，市法院获国家、省级表彰 86 人次，其中获国家级表彰 10 人次，省级表彰 76 人次。受国家级表彰的分别是市法院赵爱彬 2005 年全国优秀女法官、2006 年“2005 中国法官十杰”、2006 年全国三八红旗手、2008 年全国模范法官荣誉称号，张勇武 2011 年全国政法系统党建工作先进个人，袁相坡 2011 年二等功、2012 年全国法院办案标兵，刘旭 2013 年全国法院司法警察体能达标活动先进个人，王东明 2015 年全国法院司法警察先进个人，张少杰 2017 年全国法院先进个人。

市法院受奖个人一览表

奖励时间	姓名	奖励名称	批准机关
1990	王晋辉	先进工作者	省法院
1990	甄晓丽	先进工作者	省法院
1993	王秀兰	二等功	省法院
1994	孙志宏	二等功	省法院

（续表）

奖励时间	姓名	奖励名称	批准机关
2003	赵爱彬	全省优秀法官荣誉称号	省法院
2003	赵爱彬	一等功	省法院
2005	赵爱彬	十佳人民法官	省法院
2005	谢绍忠	三等功	省法院
2005	赵爱彬	全省十佳法官	省法院
2005	赵爱彬	全国优秀女法官	最高法院
2005	杜清徐	全省法院宣传工作先进工作个人	省法院
2005	谢　益	全省法院宣传工作先进工作个人	省法院
2005	王海忠	全省法院司法警察先进个人	省法院
2005	王海忠	二等功	省法院
2006	潘广友	全省法院纪检监察工作先进个人	省法院 2005 第 24 号
2006	张传友	司法公正树形象先进个人	省法院
2006	张　涛	集中清理申诉案件先进个人	省法院
2006	曹敬东	二等功	省法院
2006	黄永维	领导调研成果评比活动特别奖	省法院
2006	邵中玲	领导调研成果评比活动优秀奖	省法院
2006	谢　益	全省法院宣传教育先进个人	省法院
2006	赵爱彬	2005 中国法官十杰	最高法院、人民日报、中央电视台、法制日报
2006	赵爱彬	全国三八红旗手	中华全国妇女联合会、最高法院
2006	赵爱彬	第十届河北省青年五四奖章	团省委、省人事厅
2006	曹敬东	优秀审判长	省法院、燕赵都市报
2007	赵爱彬	全省优秀共产党员	省委
2007	杜清徐	文章二等奖	河北审判编辑部
2007	刘　旭	全省打黑除恶专项斗争和侦查大要案先进个人	省委政法委
2007	谢　益	文章二等奖	河北审判编辑部
2007	杨连升	二等功	省法院
2008	李　蓬	践行社会主义法治理念岗位能手	省法院
2008	李跃东	践行社会主义法治理念岗位能手	省法院
2008	刘金芳	践行社会主义法治理念岗位能手	省法院

（续表）

奖励时间	姓名	奖励名称	批准机关
2008	史林波	践行社会主义法治理念岗位能手	省法院
2008	陶应海	践行社会主义法治理念岗位能手	省法院
2008	谢　益	全省法院宣传工作先进个人	省法院
2008	赵爱彬	全国模范法官荣誉称号	最高法院
2009	刘子明	二等功	省法院
2009	王海军	全省法院司法警察先进个人	省法院
2009	吴孔海	国庆 61 年安保工作先进个人	省法院
2009	吴孔海	涉诉信访工作先进个人	省法院
2009	杨连升	个人二等功	省法院
2009	赵爱彬	特级劳模	省级
2009	刘　旭	十佳审判长	省法院
2010	郭　辉	二等功	省法院
2011	张勇武	全国政法系统党建工作先进个人	中央政法委
2011	贾晟途	二等功	省法院
2011	张　涛	河北省维护妇女和儿童权益先进个人	省妇女联合会、 省人力资源和社会保障厅
2011	贾文华	全省法院集中清理农村信用联社 申请执行案件专项活动先进个人	省法院集中清理农村信用联社 申请执行案件专项活动领导小组
2011	任秀文	河北省涉法涉诉信访工作先进个人	省委组织部、政法委、人力资源和社会保障厅
2011	袁相坡	二等功	省法院
2012	袁相坡	一等功	最高法院
2012	任秀文	省十八大信访维稳工作先进工作者 并授予个人二等功	省委组织部、 人力资源和社会保障厅
2012	袁相坡	全国法院办案标兵	最高法院
2012	戚　锐	后勤工作先进个人	省法院
2013	刘　旭	全国法院司法警察体能达标活动先进个人	最高法院
2014	李跃东	全省法院司法警察体能达标活动先进个人	省法院
2014	陈信强	全省法院司法警察体能达标活动先进个人	省法院

（续表）

奖励时间	姓名	奖励名称	批准机关
2014	李朝富	全省优秀驻村工作人员	省委组织部、扶贫开发办公室
2014	耿　圣	二等功	省法院
2014	韩　颖	二等功	省法院
2014	刘子明	河北省优秀军转干部	省委、省政府、省军区
2014	韩　颖	全省法院办案标兵	省法院
2015	韩　颖	二等功	省法院
2015	汪向荣	二等功	省法院
2015	王东明	全国法院司法警察先进个人	最高法院
2015	董　明	全省法院司法警察技能大训练活动先进个人	省法院
2015	陈　宏	全省法院司法警察技能大训练活动先进个人	省法院
2015	陈信强	全省法院司法警察技能大训练活动先进个人	省法院
2015	崔建辉	全省法院司法警察技能大训练活动先进个人	省法院
2015	王庆磊	全省法院司法警察技能大训练活动先进个人	省法院
2015	李春毅	全省法院司法警察技能大训练活动先进个人	省法院
2015	陈彩东	二等功	省法院
2015	潘小双	二等功	省法院
2016	王　巍	全省法院办案标兵	省法院
2016	张培刚	二等功	省法院
2016	王林果	二等功	省法院
2016	王　巍	二等功	省法院
2017	张少杰	全国法院先进个人	最高法院
2017	戴臻喜	二等功	省法院
2017	张继红	二等功	省法院
2018	陈广民	全省法院司法警察先进个人	省法院
2018	崔建辉	全省法院警务辅助人员先进个人	省法院
2018	刘　旭	二等功	省法院
2018	陈信强	二等功	省法院
2018	王海忠	二等功	省法院

全国优秀女法官赵爱彬为全市政法干警作报告（2005 年）

第十四编　司法监督与指导

市法院始终坚持中国共产党的领导，认真贯彻党委的决策部署，主动向党委报告法院重要工作、重要事项、重要案件，紧紧依靠党委的领导，积极争取政府的支持，努力解决队伍建设、基层基础工作等方面的困难和问题。市法院自觉接受同级人大及其常委会的权力监督和工作监督，走出了一条在监督中给予支持、在支持中加强监督的路子，形成了人大监督与司法活动之间的良性互动关系，有效促进了全市法院工作科学发展。市法院在自觉、主动接受人大及其常委会权力监督的同时，也十分重视政协的民主监督。认真履行法律职责，主动接受检察机关的法律监督。为推进司法工作的公开、公平和公正，在不断加强内部管理的同时，自觉接受新闻媒体的舆论监督，对一些具有重大影响和教育意义的案件主动邀请媒体采访报道，接受监督。

第一章　司 法 监 督

市法院在工作中认真贯彻党委的决策部署，围绕中心，服务大局，切实将党委的决策体现和落实在法院的具体工作中。市法院不断增强接受监督意识，自觉把法院工作置于人大及其常委会的监督之下，切实加强与各级人大代表、政协委员的沟通联系，使市法院与人大代表、政协委员的工作联系更加制度化、规范化和常态化，主动接受检察机关的法律监督。重视发挥新闻媒体的监督作用，对一些具有重大影响和教育意义的案件主动邀请媒体采访报道，接受监督。

第一节　党对政法工作的绝对领导

在中央政法工作会议上，习近平总书记发表重要讲话，重申坚持党对政法工作的绝对领导。习近平总书记要求，要旗帜鲜明地把政治建设放在首位，努力打造一支党中央放心、人民群众满意的高素质政法队伍。习近平总书记的重要讲话为新时代政法事业发展擘画了宏伟蓝图，提供了根本遵循。广大政法工作者要坚持以习近平新时代中国特色社会主义思想为指导，把学习贯彻习近平总书记重要讲话精神作为首要政治任务，树牢“四个意识”，坚定“四个自信”，坚决做到“两个维护”，着力维护国家政治安全，确保社会大局稳定，促进社会公平正义，保障人民安居乐业。

中国共产党领导是中国特色社会主义最本质的特征，是中国特色社会主义制度的最大优势。一切工作都必须始终坚持党的集中统一领导，政法工作当然不能例外。2015 年 1 月，习近平总书记对政法工作作出重要指示，指出要加强和改进党对政法工作的领导，选好配强政法机关领导班子，不断提高政法队伍思想政治素质和履职能力，培育造就一支忠于党、忠于国家、忠于人民、忠于法律的政法队伍，确保刀把子牢牢掌握在党和人民手中。2016 年 1 月，习近平总书记再次指示，各级党委要深入分析社会稳定形势新变化新特点，担负起维护一方稳定的政治责任，加强和改善党对政法工作的领导，选好配强政法机关领导班子。要支持政法机关依法履行职责，积极研究解决制约政法工作的体制性、机制性问题，为全面做好政法工作创造条件。

中国共产党的领导是人民法院依法独立公正地行使审判权的重要保证，没有中国共产党的领导，审判工作就不能顺利进行。长期以来，市法院在工作中认真贯彻党委的决策部署，围绕中心，服务大局，切实将党委的决策体现和落实在法院的具体工作中。主动争取党的领导，就涉众型重大疑难案件的审理，及时向党委汇报，请示协调；就法院工作中的重大事项主动向党委报告，求得政策上的支持。主要体现在：始终坚持党对法院工作的领导，认真贯彻党委的决策部署，主动向党委报告法院重要工作、重要事项、重要案件；紧紧依靠党委的领导，积极争取政府的支持，努力解决队伍建设、基层基础建设等方面的困难和问题；充分运用党委统揽全局、协调四方的政治优势和政府主导的行政优势，依法妥善处理“鑫旺公司”破产、奥莱特腈纶公司破产重组、金原商厦业主纠纷、秦皇岛港方大房地产公司股权收回等涉及秦皇岛市改革、发展、稳定的重大案件。

第二节　人大及其常委会权力监督

人民代表大会制度是国家的根本制度，人大及其常委会是代表人民管理国家和社会事务的国家权力机关。人民法院是由人大及其常委会产生，并向人大及其常委会负责，受人大及其常委会监督的国家审判机关。人大及其常委会的监督是代表人民的监督，在人大及其常委会的监督下依法独立公正行使审判权是中国特色社会主义司法制度的本质特征和运行机制。自觉接受人大及其常委会的监督是实现司法审判工作政治性、人民性、法律性有机统一的制度保障，是人民法院必须遵循的政治原则。秦皇岛市两级人大及其常委会对法院工作认真履行监督职责，市、县（区）法院自觉接受同级人大及其常委会的法律监督和工作监督，走出了一条在监督中给予支持，在支持中加强监督的路子，形成了人大监督与司法活动之间的良性互动关系，有效促进了全市法院工作科学发展。一方面，人大及其常委会不断强化监督职能，确保了司法公正高效权威。近年来，市两级人大及其常委会通过认真履行重大事项决定权和监督权，大力加强新形势下对法院工作的监督。除了通过审议法院工作报告、听取工作汇报、接待群众信访等基本形式依法实行监督之外，两级人大及其常委会还采取组织人大代表检查指导工作、开展人大代表视察活动、适时进行执法检查、旁听和评议法院庭审等形式，充实监督内容，强化监督职能，扩大监督效果。通过有效监督进一步增强了法院工作的公开性和透明度，使人民群众对案件处理结果的评价和意见得到及时反馈，确保审判权、执行权不被滥用，促进了司法公开；通过加强代表联络工作，邀请代表、委员视察等多种方式，使法院在司法审判工作中更加体察民情、顺应民意、保障民生，不断满足人民群众对司法的新要求，增进了司法民主；通过人大及其常委会的监督，及时发现和纠正审判执行工作中的不规范行为，尽力铲除违法违纪问题产生的土壤，及早发现违法违纪的苗头，筑牢拒腐防变的思想防线，保障了司法廉洁。在监督的同时，人大及其常委会对法院在审判执行工作、队伍建设、司法改革、基层基础建设方面存在的困难和问题，认真行使建议权，呼吁协调政府有关部门予以解决。市两级人大及其常委会先后制定了进一步加强法院执行工作、审判监督工作等决定，对支持人民法院解决执行难、加强队伍建设、强化审判管理、维护司法公正、树立司法权威起到了重要的推动和保障作用。市两级人大及其常委会还按照党管干部、依法办事、集体行使职权原则，严格法定程序任免法院工作人员，严把干部任免关，促进了法院队伍素质的提高和法院领导班子的加强。另一方面，全市法院不断增强接受监督意识，自觉把法院工作置于人大及其常委会的监督之下。始终坚持重大事项报告制度，对审判、执行、队伍建设中遇到的重大问题，认真向市人大及其常委会作专题汇报，对涉及服务经济社会发展的重点工作、重大部署及时向人大及其常委会报告，争取监督和支持。进一步加强人大代表联络和建议督察工作，确保代表建议、意见“事事有着落、件件有回音”，做到“办妥一个建议、解决一批问题、推动一项工作”。始终坚持依法纠错原则，对人大及其常委会交办的案件，本着对法律负责、对群众负责、对人大负责的精神，严格按照法定程序进行全面、细致审查。着力加强队伍的思想政治建设、司法能力建设、反腐倡廉建设，对人大代表、人大及其常委会组成人员在监督中发现的法院队伍存在的问题高度重视，认真核实，严肃处理，及时反馈。

全国、省、市人大代表视察法院工作座谈会（2009 年）

自觉接受人大及其常委会的监督，还突出表现在这种监督工作的经常化、制度化和科学化。从 20 世纪 90 年代至今，历次的市人民代表大会上，市法院院长所作的法院工作报告中，都把接受人大及其常委会的监督内容作为其中最重要的一项。工作中，市法院高度重视人大代表的批评、建议，认真研究、解决并及时反馈；认真学习监督法，改进接受人大监督的方式、方法，召开人大代表座谈会，邀请人大代表视察法院工作，旁听、评议庭审。自觉接受人大及其常委会的监督，积极落实人大及其常委会的决议、决定和审议意见，认真配合人大及其常委会开展的视察、检查和调研活动。切实做好与人大代表联络工作，邀请全国、省、市三级人大代表开展视察法院活动，向人大代表寄送《秦皇岛法院信息》。认真办理人大代表建议，做到件件有落实、事事有回音。对有社会影响的重大案件和涉诉信访案件，主动邀请人大代表、政协委员旁听庭审或参加听证、参与调解，认真听取意见和建议。1996 年，市人大及其常委会作出了在全市国家机关实行部门执法责任制的决定。作为落实这一责任制的重点部门——人民法院，深刻认识到执法责任制的重大意义，及时制定了全系统执法责任制的实施意见，并派专人考察并学习外地的先进经验。在较短时间内完成了整理所执行的法律法规目录，分解部门工作责任，完善院内规章制度等一系列工作，共整理法律法规 412 个，并分解到各业务庭室。出台了执法责任制暂行规则和 20 多万字的法院制度汇编，为全市法院更好地接受人大监督、强化制度管理、提高工作效率奠定了坚实的基础。2004 年，由市法院撰写的《自觉接受监督，充分发挥职能作用，努力为我市发展稳定大局提供司法保障》一文被市人大转发，并在《秦皇岛日报》刊发。2015 年，在举国上下共同庆祝全国人民代表大会成立 60 周年之际，市法院院长闫五一撰文强调，自觉接受人大及其常委会监督是做好法院工作的重要政治保障，面对新的形势和任务，全市法院将不断更新理念、创新机制、建章立制，努力实现接受人大及其常委会监督工作的经常化、制度化和科学化，充分发挥审判职能作用，为建设“沿海强市、美丽港城”提供强有力的法律服务和司法保障。

2013 年 3 月 20 日，市人大常委会主任李秦生（左二）到市法院调研

2015 年 8 月 8 日，市人大常委会视察组到市法院视察指导工作

第三节　人民政协民主监督

在自觉、主动接受人大及其常委会监督的同时，市法院也十分重视人民政协的民主监督。1993 年，采取多种形式广泛征求社会各界对法院工作的意见和建议，向全市人大代表、

政协委员发出征求意见信函630余封，邀请人大代表、政协委员进行座谈。各法院院长深入工厂、乡村、机关、街道180多个单位，并对重点案件当事人进行回访。从1997年开始，在审判庭专设旁听席，邀请人大代表、政协委员参加庭审活动，直接向他们征求意见。2001年，市两级法院办理人大、政协批评建议29件，审理人大监督个案41件，接受人大代表、政协委员视察10余次，聘请市、县（区）人大代表、政协委员、执法监督员旁听庭审91人次，旁听29件案件的审理。2010年，市法院认真做好与人大代表、政协委员联络工作，全年走访各级人大代表258人次，其中市法院领导走访55人次；邀请人大代表视察13次、旁听庭审和参加听证57次，共有210名代表参加；采取赠阅《人民法院报》、寄送《秦皇岛法院信息》等措施，增进与人大代表、政协委员的联系和沟通。2015年8月25日，市法院修改完善了《关于全市法院院长定向分级联络人大代表、政协委员的实施意见》（以下简称《实施意见》），明确要求全市法院分别成立院长定向分级联系人大代表、政协委员的组织机构，明确责任领导和责任人，定期认真征求人大代表、政协委员对法院工作的意见和建议，通报法院工作情况，切实加强与各级人大代表、政协委员的沟通联系，使全市法院与人大代表、政协委员的工作联系更加制度化、规范化和常态化。根据《实施意见》，市法院请市人大代表、市政协委员分别担任市法院特邀监督员、咨询员；通过定期上门走访、电话沟通、寄送《秦皇岛法院信息》，邀请视察法院、旁听庭审，使代表、委员更好地了解和监督法院工作。满意率达到100%。

市法院开庭审理案件，政协委员旁听（2005年）

第四节　人民检察院法律监督

人民检察院是国家法律监督机关，负有对其他国家机关执行国家法律的情况进行监督的职权，人民检察院依法行使对公诉案件审查起诉的职权，人民检察院还负责对其他直接受理的案件的侦查工作。因此，人民检察院依法行使职权是实现司法公正的重要保障。

人民检察院作为国家的法律监督机关，有权对民事、刑事、行政诉讼进行法律监督。监督的对象是人民法院及其工作人员行使审判权和执行权的行为。监督的方式是抗诉和检察建议。检察监督的对象是人民法院及其工作人员行使审判权和执行权，是一种公对公的监督，即检察院不能对当事人和其他诉讼参与人进行监督，不能对人民调解委员会、仲裁委员会等进行监督。

人民检察院对人民法院民事诉讼实行监督的内容主要表现为两个方面：（1）对审判人员、执行人员在民事诉讼中是否存在贪赃枉法、徇私舞弊等违法行为进行监督。（2）通过对人民法院作出的生效判决、裁定、调解书存在法定情形而提出抗诉或者检察建议以启动审判监督程序。

检察监督的方式包括抗诉和检察建议。（1）抗诉是要求启动对生效法律文书进行再审，必须满足再审条件。（2）检察建议可以要求对生效法律文书进行再审，必须满足再审条件，也可以对法院或者法官的某个违法行为提出检察建议，要求法院予以纠正，适用比较灵活。

秦皇岛市人民检察院 2008—2013 年提出、提请抗诉情况一览表

	年度	件数	年度	件数
刑事	2008	12	2014	35
	2009	6	2015	44
	2010	16	2016	177
	2011	16	2017	65
	2012	19	2018	47
	2013	31	合计	468
民事	2008	11	2014	19
	2009	45	2015	18
	2010	34	2016	111
	2011	49	2017	23
	2012	45	2018	19
	2013	17	合计	391

民事执行监督 2014—2018 年总计 25 件。

检察建议情况。2009 年 15 件，2010 年 16 件，2011 年 58 件，2012 年 46 件，2013 年 80 件，2014 年 55 件，2015 年 8 件，2016 年 170 件，2017 年 31 件，2018 年 6 件，总计 485 件。

第五节　媒体舆论监督

近年来，市法院为推进司法工作的公开、公平和公正，在不断加强内部管理的同时，非常重视发挥新闻媒体的监督作用，对一些具有重大影响和教育意义的案件主动邀请媒体采访报道，接受监督。但随着形势的发展变化，在部分干警身上也暴露出接受媒体监督意识不强，不愿、不会与媒体打交道等问题，个别的甚至出现排斥新闻媒体的现象。为增强干警的舆情意识，提高与媒体的互动能力，更好地发挥新闻舆论在推进公正司法中的监督作用，2010 年，市法院举办党组理论学习中心组（扩大）会议，邀请省法院政治部副主任兼宣传处处长、《人民法院报》驻河北记者站站长韩元恒同志进行网络舆情知识讲座。中院全体干部参加了学习。韩元恒同志结合自身工作体会，先后从“当前网络舆情形式”“如何正确对待舆论监督”“如何利用媒体推动法院工作”“如何做好新闻策划”和“怎样加强与媒体合作”5 个方面，详细讲述了自己与新闻媒体多年交往的经验和感受，阐述了与媒体相处中应把握的原则、方法和技巧，使干警在应对网络舆情、提高与媒体互动的能力方面深受教育和启发。讲座结束后，市法院党组书记、院长闫五一要求处理好“接受媒体监督与推动法院工作的关系”“重视宣传工作与加强队伍建设的关系”“应对网络舆情与树立司法公信力的关系”，推动司法公信力和司法能力的不断提高。闫五一院长还要求全市法院要高度重视新闻宣传工作，要切实严格新闻纪律，要进一步加强宣传队伍和网评队伍建设，注重研究学习网络舆情知识，自觉接受媒体监督，切实提高司法能力和水平，不断推动全市法院各项工作取得新成绩。

对于已被媒体关注案件，市法院采取主动方式与媒体沟通，用积极的态度实现案结事了。（1）对尚未判决的媒体关注案件，就可能出现的不利言论问题，进行适当的引导，重点说明法律审理的程序和相关步骤公开，可通过新闻发布会等形式让公众了解案件的审理阶段，防止因对程序的不理解，造成对法院的批评。（2）切实执行公开旁听制度、邀请旁听制度。对群众广泛关注、有较大社会影响的案件，有计划地通过相关组织安排群众旁听，邀请人大代表、政协委员、有关行政机关旁听、观摩庭审活动。（3）裁判文书上网，并提供网上答疑，主动应对质疑，增强裁判文书公开性。裁判文书的及时公布，并且加大说理的力度，可以在短时间内迅速解疑释惑。

第二章　业务指导

1990 年以来，市法院牢记自身的职责，不间断地加强对基层法院工作的指导，适时抽调业务骨干到基层法院巡回讲课，面对面传授审判经验，统一裁判标准。切实加强对基层法院审判执行工作、司法改革、基层基础工作、队伍建设及创新社会管理的重大疑难问题的调研指导，分析形成问题的背景和原因，结合实际，提出具体的措施、方法和实施工作建议，促进社会管理法治化、规范化。

第一节　审判工作指导

市法院认真贯彻“办案就是指导”的观念，不断强化案件指导制度。通过审判层级监督、制定实施意见、编撰参考案例等形式，统一裁判尺度，提高整体司法水平，不断解决审判实践中存在的问题。2007 年，市法院制定《严格落实鉴定人出庭作证的暂行规定（试行）》《一审行政诉讼案件指定管辖暂行办法》等规定，指导业务开展；十余次抽调业务骨干到基层法院巡回讲课，面对面传授审判经验，统一司法标准。为贯彻落实《秦皇岛市中级人民法院关于规范裁判文书制作的实施意见（试行）》，市法院审判质量管理办公室对全市法院裁判文书进行定期或不定期抽查和评查，提高全市法院裁判文书制作质量，进一步提升案件的整体质量和效率，从源头减少和避免涉法涉诉上访案件的发生。

授课指导。2017 年 4 月，市法院民二庭庭长任秀文专题为北戴河区法院全院干警讲授民商事案件审判实务。北戴河区法院院长黄滨、主管业务副院长、各审判庭及人民法庭审判人员参加了本次授课。在 3 个多小时的授课中，任秀文庭长全方位就民间借贷、房屋买卖合同、劳动争议、保险合同、物业服务合同、机动车交通事故责任等纠纷审判实务进行了讲解。为使授课内容生动翔实，任秀文庭长分 3 个专题专门制作 PPT 课件 3 个，将自己的学习成果与听课人员进行沟通交流。特别是针对劳动争议案件中的热点问题，任秀文庭长结合自己多年的审判经验，列举了近 4 年来比较典型的案例与听课人员共同分析探讨。大家纷纷表示上级法院的指导及时到位，对一些具体问题进行了深入指导，为以后有针对性地开展劳动争议审判工作提供了有益借鉴。通过此次授课，有效提高了基层法院审判人员业务素质，对市两级法院统一裁判尺度起到了很好的指导促进作用。民二庭还将进一步加深审理劳动争议案件专题研究，加强对基层法院审理劳动争议案件的指导，提高市两级法院审理劳动争议案件的整体水平。同年，应昌黎县法院邀请，市法院民二庭庭长任秀文为该院全院干警讲授了劳动争议纠纷案件在审判实务中的相关问题。昌黎县法院院长曹敬东、主管业务副院长刘胜利以及全体入额法官参加了本次授课。任秀文庭长针对劳动争议案件中的热点问题，结合自己多年的审判经验，专门制作PPT课件，毫无保留地将自己的学习成果与听课人员进行沟通交流，并列举了比较典型的8个案例与听课人员共同分析探讨。通过此次授课，有效提高了基层法院审判人员业务素质，对市两级法院统一裁判尺度起到了很好的指导促进作用。

调研指导。2013年，市法院领导深入落实省法院关于加强各级法院领导班子调研工作的安排部署，深入基层开展经常性的调查研究，切实加强对基层法院建设的调研指导，及时发现和解决问题，对事关加强和创新社会管理的重大问题进行调研论证，提出相关司法措施的制定和实施工作建议，促进社会管理法治化、规范化；认真落实联系点制度，确定海港区海阳镇作为市法院综治工作的联系点，定期进行实地考察，帮助解决实际问题。对基层建设中可能出现的问题加强前瞻性研究，摸准情况，把握趋势，及时出台有针对性的举措。2017年5月16日，市法院党组书记、院长胡华军赴昌黎县法院、抚宁区法院调研指导工作。胡院长此行重点调研当年审判执行工作运行情况、司法改革进展，特别是司法责任制落实、法院队伍建设等情况，了解县区法院在工作中存在的突出困难、倾向性问题等。在昌黎县法院，胡华军院长首先听取了昌黎县法院党组对该院整体工作和建设情况的汇报。曹敬东院长全面介绍了昌黎县法院审判执行工作运行总体态势和司法公开工作情况、司法改革工作进展、法院队伍建设状况，查找了当前法院建设发展中存在的薄弱环节以及人案矛盾等困难问题，提出了坚持执法办案第一要务、服务保障党委发展大局等具体举措，胡院长还与昌黎县法院党组成员及法官代表进行了座谈，全面了解该院当前司法体制改革情况、基层法院落实司法责任制迫切需要解决的具体问题。在抚宁区法院，胡华军院长听取了抚宁区法院党组关于近年来审判执行工作情况介绍，重点听取了杨丽颖院长关于建立诉调对接工作机制，繁简分流工作机制，立案、审判、执行相互协调、相互衔接工作机制情况；详细了解了该院在司法体制改革中探索建立的审判团队制度，对审判团队成立后司法辅助人员相对短缺、审判团队运行机制需进一步完善、急需配套制度保障等方面的问题进行了深入的探讨；听取了该院就进一步完善工作制度、发挥审判团队作用的计划措施。胡院长在充分听取了两个法院的汇报和基层干警的意见后，对两个法院的工作给予了充分肯定，指出昌黎县法院干警奋发进取的精神状态和抚宁区法院勇于创新的精神尤其值得全市法院学习，希望市两级法院都要拿出争一流的决心与干劲，大胆实践探索、积极创新进取。胡院长针对下阶段工作提出了三点具体要求：（1）要牢固树立四个意识推进人民法院各项工作。人民法院要牢固树立政治意识，讲政治、顾大局、守纪律，自觉将自身定位于党委大局之内，以高标准工作创造良好环境，迎接党的十九大召开，保障市第十二次党代会精神落实和市“一四五”战略布局的推进，特别是要充分发挥好旅游巡回法庭作用，为省第二届旅游发展大会召开提供优质的司法服务和保障，上下级法院和法院内部都要同心协力、同频共振、团结一致，破解当前法院面临的困难，实现法院建设的科学发展。（2）要全面落实好以司法责任制为核心的司法体制机制改革。要围绕当前及今后改革的热点、难点问题进行深入研究，抓好配套机制的完善，并不断进行深化，努力创新适合于本院特点的方式方法，加强统筹好服务大局、社会治理、实现稳定、纠纷化解等各项工作的协调发展，在做好法律考量的同时多作社会效果和政治效果的考量，实现法律效果、政治效果和社会效果的统一。（3）要大力加强队伍建设。首先是建强班子，要不断增强班子的战斗力、凝聚力，充分认清当前队伍建设的内容越来越厚重的形势，注重加强业务建设，更要提升政治素质，加强思想政治建设，强化理想信念的培养，推动核心价值观的培育，在条件不完全具备的情况下，强力推进，适应法院多重困难叠加的现实，应对案件数量多、复杂程度高的困难，以急难险重任务锤炼过硬队伍。

第二节　审判工作整改

为确保秦皇岛市第十四届人大及其常委会第一次会议和政协第十三届委员会第一次会议中各代表团审议市法院工作报告时对法院工作提出的十条意见和建议落实到位，市法院针对审判执行工作中存在的问题，结合2017年全市法院工作要点，研究制定整改措施及分工方案。

总体目标：围绕代表委员的意见建议，进一步全面落实党的十八届三中、四中、五中、六中全会和省第九次党代会以及市委重大决策部署，紧紧围绕“让人民群众在每一个司法案件中感受到公平正义”目标、京津冀协同发展大局和“生态立市、产业强市、开放兴市、文明铸市”战略，牢牢把握司法为民、公正司法主线，着力破解工作难题，提升法院队伍整体司法能力水平，为建设“沿海强市、美丽港城”提供更加有力的司法保障，以优异的成绩迎接党的十九大胜利召开。

整改措施及任务分解：

（一）把服务发展大局放在更加突出的位置，充分发挥审判职能，加强对市场准入、不正当竞争等问题的法律监督，建设法治化营商环境，为建设沿海强市、美丽港城和国际化城市提供有力的司法保障。针对此项建议的整改措施：（1）各民事审判庭在民商事审判工作中，进一步树立和强化服务大局、建设法治营商环境的审判理念；要牢固树立创新、协调、绿色、开放、共享的五大发展理念，切实服务好“加快转型、绿色发展、跨越提升”发展战略，为“四市战略”提供强有力司法保障。要依法服务保障供给侧结构性改革，积极适应把握引领经济发展新常态，围绕去产能、去库存、去杠杆、降成本、补短板五大任务，积极加强司法应对。（2）加强调研，在司法责任制背景下通过召开民商事案件研讨会、出台民商事审判工作报告、类型案件审判指南等形式统一裁判尺度，加强对下指导。（3）研究室对于案件审理中有利于优化营商环境的案例进行挖掘、推广。

进度和工作成果要求：年底前完成。

责任单位：民一庭、民二庭、民三庭、民四庭、研究室。

责任领导：李顺武、赵爱彬、郭辉。

（二）增强风险防控意识，扎实开展各类矛盾风险防范化解工作，进一步解决好涉法涉诉信访突出问题，结合案件办理强化矛盾化解，探索矛盾纠纷化解多元机制，实现案结事了人和，营造和谐稳定的社会环境。针对此项建议的整改措施：立案二庭要牢固树立风险防控意识，扎实开展各类矛盾风险防范化解工作，进一步解决好涉法涉诉信访突出问题，2017 年是十九大召开之年，秦皇岛作为首都的“护城河”，在维护国家安全和社会稳定方面任务艰巨、责任重大。各业务庭要强化忧患意识，提高政治警觉，增强工作预见性，不断创新理念思路、体制机制、方法手段，全面提升防范应对各类风险挑战水平，坚决贯彻国家安全观，确保国家长治久安、人民安居乐业。要维护意识形态安全，严厉打击编造传播政治谣言等违法犯罪，严防在党的十九大召开前后出现大的意识形态问题。切实发挥好“一乡一庭”“法官进社区”在基层法治建设中的作用，前移工作关口，主动延伸服务，促进纠纷多元化解决。审管办注重加强多元化纠纷解决机制方面调研。结合省法院 2017 年 4 月 13 日召开的全省法院多元化纠纷解决机制及繁简分流推进会的要求，为破解案多人少矛盾重点针对基层法院开展诉非衔接、繁简分流工作的实际情况加强调研指导。

进度和工作成果要求：年底前完成。

责任单位：立案二庭及其他各业务庭、审管办。

责任领导：李顺武、程安、董宝军、王建文、赵爱彬、李敬松、郭辉。

（三）加强与金融、电信部门及互联网企业合作，对互联网金融业务进行规范和管理，防范和打击利用电信网络进行诈骗，研究出台打击电信网络新型犯罪等严重影响群众安全感的犯罪，加强预警工作，提高群众防范意识，防患于未然，积极推动平安秦皇岛和法治秦皇岛建设。针对此项建议的整改措施：（1）刑一庭、刑二庭加大对电信诈骗案件打击力度，对全市有重大影响的电信诈骗案件要拓宽公开渠道，积极回应代表委员对此类案件的关注；（2）在审理中发现的秦皇岛市电信网络安全管理方面亟待解决的问题，以司法建议等形式为党委政府、相关部门提供参考意见。

进度和工作成果要求：年底前完成。

责任单位：刑一庭、刑二庭。

责任领导：程安。

（四）保障秦皇岛市旅游产业发展，服务第二届旅游发展大会，研究法院服务旅游发展的具体措施，进一步发挥旅游巡回法庭作用，加大对涉旅违法犯罪的打击力度。针对此项建议的整改措施：（1）建立法院与工商、公安、旅游、司法等职能部门衔接联动机制，实现涉旅纠纷多元化解决机制；（2）制定为河北省第二届旅游发展大会顺利举办提供司法保障和服务的具体措施；（3）对涉旅违法犯罪案件快审快结，通过案件发布会等形式加强宣传；（4）全市旅游法庭加强旅游审判工作，注重结合审理过程中的热点、难点问题，注重从中发现影响全市旅游发展亟待解决的问题，以司法建议、年度旅游审判工作报告等形式向党委政府、相关部门提供参考意见。

进度和工作成果要求：年底前完成。

责任单位：民一庭、民四庭、刑二庭。

责任领导：李顺武、程安、赵爱彬。

（五）加强生态环境司法保护，持续开展打击破坏生态环境犯罪，进一步健全海上综合执法等长效机制。加强环境资源行政执法与司法的衔接配合机制建设，建立健全专门的环境资源司法审判组织，严惩失职渎职犯罪。针对此项建议的整改措施：（1）加强环境资源法庭审判工作，在案例中发现全市法院环境资源审判热点、难点问题，从中反映出全市旅游发展中亟待解决的问题，向相关部门反映；（2）年底公布10起环境资源重点案例，网络直播1起在本市有重大影响的环境资源案件的庭审，以此回应代表委员对此类案件的关注；（3）建立法院与环保行政执法的衔接机制；（4）加强对环境资源法庭审判人员的培训，拓宽环境资源司法国际视野，为确保公正高效审理环境资源案件培养专家型法官。

进度和工作成果要求：年底前完成。

责任单位：环境资源审判庭。

责任领导：郭辉。

（六）加强市场诚信体系建设，依法制裁失信者，建立健全执行查控体系、失信被执行人惩戒体系，进一步破解“执行难”问题。同时，加大对虚假诉讼活动和恶意逃避债务的打击力度，维护市场诚信。针对此项建议的整改措施：执行局进一步加强司法公开工作，注重查控系统、失信被执行人公开的信息化应用工作。依托执行案件管理系统，建立健全执行查控体系、失信被执行人惩戒体系以及执行指挥体系，进一步破解“执行难”问题。

进度和工作成果要求：年底前完成。

责任单位：执行局、立案一庭。

责任领导：董宝军、李敬松。

（七）进一步提高司法效率，延伸服务触角。出台更加接地气的便民利民措施，努力为广大群众提供更加迅速便捷的诉讼服务，真正把司法为民落到实处，提升人民群众的安全感和满意度。针对此项建议的整改措施：（1）立案一庭要全面落实最高法院《关于全面推进人民法院诉讼服务中心建设的指导意见》的要求，继续强化全市法院诉讼服务中心建设，拓展立案信访窗口功能；（2）加强信息化应用，同步加强线上服务，尤其是加强全市法院网上立案、网上阅卷、网上调解工作，进一步方便人民群众参与诉讼；（3）定期以征求意见会、网上征求意见等形式征求人大代表、政协委员、律师对全市法院工作的意见建议。

进度和工作成果要求：年底前完成。

责任单位：立案一庭。

责任领导：李敬松。

（八）进一步提高司法公信力，主动适用信息时代要求，充分运用信息化技术，深入推进审判公开、执行公开，全面拓展司法公开的广度和深度，真正让公平正义以看得见、感受得到的方式实现。针对此项建议的整改措施：（1）审管办继续把深化司法公开化作为加强审判管理的重要内容，进一步完善审判流程、审判活动、裁判文书、执行信息四大公开机制，提升审判执行工作透明度；进一步推动信息技术与司法公开的深度融合，实现诉讼案件从立案、审理、裁判到执行全程网上运行，深入推进“互联网＋人民法庭”工作新机制建设，促进审判体系和审判能力现代化。（2）信建办推动信息化技术促进全市法院执法办案良性运转。推动和强化信息化平台应用，推进电子卷宗同步录入、庭审语音识别、审判智能服务等科技系统尤其是“智审系统”，减轻法官办案压力，促进司法公正。

进度和工作成果要求：年底前完成。

责任单位：审管办、信建办。

责任领导：李顺武、郭辉。

（九）提高全社会法治意识，加大普法宣传力度，推动国家机关“谁执法谁普法”责任制落实，健全法官以案释法制度，深入实施“七五”普法规划，开展“法律进农村”“法律进社区”“法律进企业”“法律进军营”等活动，积极推进公共法律服务体系建设。针对此项建议的整改措施：继续组织好市委市政府及相关部门要求的各种形式的普法宣传，要求各业务庭积极配合，按照宣传处、机关党委、办公室要求选派法官。

进度和工作成果要求：年底前完成。

责任单位：宣传处、机关党委、办公室。

责任领导：薛文明、李敬松。

（十）不断加强法官队伍建设，努力提高法官的业务素质和政治素质，注重培树优秀典型，加大司法公正、司法腐败惩处力度。借助司法体制改革，破解影响司法公正、制约司法能力的深层次问题。贯彻中办下发的《从律师和法学专家中公开选拔立法工作者、法官、检察官办法》，拓宽进人渠道，解决法官队伍年龄结构断层、人才引进和培养力度不够等难题，建设一支正规化、专业化、职业化的司法队伍。针对此项建议的整改措施：以强化“四个意识”为统领，特别是把核心意识和看齐意识落实到执法办案工作中。认真贯彻规范党内政治生活，落实从严治党主体责任。政治部要进一步推进法院队伍正规化、专业化、职业化建设，提升司法责任制背景下队伍的政治、业务素质，开展培训，组织岗位练兵，全面提升法官的司法能力和水平；确保本院司法责任制改革落地见效，实现审判组织“扁平化”、辅助事务“集约化”、运行管理“流程化”、监督制度“规范化”、绩效考核“责任化”。监察室要持之以恒落实中央八项规定，坚持作风建设不放松；深入整治“四风”和“六难三案”问题，以零容忍的“铁腕”惩治司法腐败，努力建设信念坚定、执法为民、敢于担当、清正廉洁的法院队伍。

进度和工作成果要求：年底前完成。

责任单位：政治部、监察室。

责任领导：宁雨卿、薛文明。

第三节　司法技术辅助

2005年全国人大常委会《关于司法鉴定管理问题的决定》实施后，法院不再设立鉴定部门和从事鉴定工作。2006年，根据最高法院《关于地方各级人民法院设立司法技术辅助工作机构的通知》（法发〔2006〕182号）要求，市法院在原法医室的基础上，设立了独立建制的司法技术辅助室并明确了新的工作职能，由原来的法医技术咨询、审查和法医鉴定，调整为负责统一办理对外委托鉴定、评估、拍卖、审计等工作；同时担负为本院和下级人民法院审判工作提供技术咨询、技术审核服务，答复和解释法官提出的涉案技术问题、审查送审案件中的鉴定文书及相关材料并提出审核意见等为审判执行工作提供技术保障服务工作。

市法院司法技术辅助室自成立以来，已办理对外委托鉴定、审计、评估类案件600余件，委托拍卖、变卖案件400余件，答复和解释各类技术咨询100余次，审查各类鉴定报告400余份；2016年开始，按照上级法院要求，市法院司法技术辅助室积极探索和开展网络司法拍卖工作，按照“河北拍卖模式”已完成法院自主拍卖、变卖案件60余件，网络司法拍卖工作做到了零投诉。

2014 年 12 月，最高法院下发通知，要求全国各级人民法院组织开展“罪犯交付执行前暂予监外执行组织诊断工作”，明确各地中级人民法院司法技术部门负责本辖区该项工作的组织开展。市法院司法技术辅助室完成了 160 余件“罪犯交付执行前暂予监外执行组织诊断工作”，出具法医审查报告 100 余份。

市法院司法技术辅助室认真严肃地完成了市法院死刑执行中的技术监督、指导和确认死亡工作。在完成和做好上述工作职能的情况下，技术辅助室按照职能要求积极开展法院司法技术辅助工作的调研和监督、指导辖区下级人民法院的司法技术辅助工作。近 10 年来，完成的《人民法院保外就医涉及技术审核有关问题的调研》被最高法院评为司法辅助工作优秀调研文章，《对人民法院司法拍卖制度改革的粗浅理解和几点建议》被最高法院《人民法院・司法辅助工作专刊》选用。

第十五编　司法行政

司法行政是司法机关的行政活动，是围绕司法活动而展开的各种保障和服务的统称。广义的司法行政，是指国家对司法组织和司法活动的管理。狭义的司法行政，是指对法院和检察院司法过程的管理。它包括两个层面：一是外部系统对其进行的司法管理；二是法院、检察院内部的自我管理。市法院紧跟时代发展步伐，坚持科技建院、优化管理、快速发展的工作思路，不断加强信息化建设，切实提高执法工作水平，并把信息化管理融入工作的方方面面，有力地推动了全院工作的健康快速发展。按照队伍知识化、建设规模化、审判规范化、工作制度化、检查经常化、环境优美化、形象文明化的要求，市法院大力加强基础设施建设，37 个法庭硬件建设全部达标。市法院和基层法院审判办公条件逐步改善，智慧法院建设、机关保密与档案管理等项工作取得新进展，各项服务保障水平逐年加强，这些都为审判工作的顺利开展奠定了基础。

第一章　基础建设

1998 年，全市 80% 以上的法庭达到五室配套，功能齐全，法庭硬件建设步入全省法院先进行列。2001 年，投资 200 多万元建设的固定刑场，6 月底正式竣工并投入使用，从而结束了市法院长期以来执行死刑无固定刑场的历史，成为河北省首家具有固定刑场的中院。2004 年，市法院着力抓好“两庭”建设为重点的基层法院物质装备建设，改善司法条件。同时，加快科技强警、强院的步伐，注重办公自动化建设，增强法院管理的科技含量，计算机信息网在审判工作中的运用水平得到提高。

第一节　法庭设施建设

1990 年以来，市法院大力推进人民法庭设施建设，使法庭执法环境产生了质的飞跃。1996 年，市法院根据发展需要，制定了人民法庭三年建设规划，到 1998 年全市 80% 以上的法庭达到“五室”配套，功能齐全，法庭硬件建设步入全省法院先进行列。全市 9 个法院的办公环境大为改善，各院基本实现了办公区与审判区的分离，交通通信等物质装备建设迈上了新台阶。1996—2000 年，全市法院的档案设施建设工作全部达到了省一级标准，海港区法院的档案工作受到国家档案局的表扬，并派代表出席了世界档案大会。此后，法庭建设开始逐步向正规化迈进。按照队伍知识化、建设规模化、审判规范化、工作制度化、检查经常化、环境优美化、形象文明化的要求，市法院大力加强基础设施建设。2001 年投资 200 多万元建设的固定刑场，6 月底正式竣工并投入使用，从而结束了市法院长期以来执行死刑无固定刑场的历史，成为河北省首家具有固定刑场的中院。根据最高法院全国计算机网络规划，市法院投入 180 多万元，建成了计算机局域网，初步实现了审判、办公信息管理现代化，其他基础工作取得长足发展。“两庭”建设步伐加快。37 个法庭硬件建设全部达标，市法院和部分基层法院审判、办公条件有所改善。信息、宣传、调研、档案、保密等工作取得进展；司法警察队伍向正规化迈进，法医技术工作稳步提高，保障水平逐年加强，这些都为审判工作的顺利开展奠定了基础。

2004 年，市法院着力抓好“两庭”建设为重点的基层法院物质装备建设，改善司法条件。全市法院有基层人民法庭 35 个，其中小楼式法庭 19 个、平房式法庭 16 个，按照省市政法委“三所一庭”建设要求，当年新建和改扩建 8 个人民法庭工程项目（建筑面积 1480 平方米，总投资 196 万元）。海港区、昌黎县、开发区法院动工建设的办公楼，主体工程基本完成。同时，加快科技强警、强院的步伐，注重办公自动化建设，增强法院管理的科技含量，计算机信息网在审判工作中的运用水平得以提高；海港区、开发区法院基本实现了电子公文传输、电子流程管理和庭审数字网络监控系统。2006 年，市法院继续加强对下指导，夯实基层基础。在党委、政府的大力支持下，省委关于加强法院基层建设“五条决定”得到了认真贯彻落实，各县区党政领导经常研究基层法院工作，帮助解决基层法院的困难。继海港区、开发区、昌黎县法院新审判综合大楼投入使用后，山海关区、北戴河区、抚宁县法院审判综合大楼建设都有新进展，海港区委、区政府决定拨款 1000 万元用于解决办公楼欠款问题，其余由财政逐年偿还。全年新建人民法庭 2 个，改扩建人民法庭 16 个。市两级法院用于“两庭”及物质现代化建设的资金达 600 多万元，基层法院、人民法庭的工作环境和条件有了明显的改观。

在加大基础设施建设步伐的同时，市法院还加强办公和审判场所的文化建设，做到威严庄重，沉稳大气，让干警增强责任感和使命感，让当事人和社会公众感觉到浓厚的法院文化气息，产生敬畏和尊重感。2012 年开始，市法院依托职业化建设活动完善了活动室、图书室、阅览室、健身房、运动场文体设施设备，经常组织积极向上的文体娱乐活动，陶冶干警情操，增强干警身心健康，激发工作积极性。

2014 年，市法院执行指挥中心正式成立。执行指挥中心通过远程视频调度指挥功能、被执行人信息查控功能、执行案件信息管理功能等六大信息化系统和高科技装备实现对全市法院相关执行工作的统一指挥、快速反应、信息共享的职能作用。2016 年，针对审判办公楼陈旧老化拥挤的现状，在市政府的支持下，市法院就近新租一幢 2000 平方米的楼房，添置了新办公办案设施，对档案室进行改造，将审判区办公区隔离，调整了信访办、立案庭设置布局，进一步完善了立案、信访“一站式”体系和标准，设立了立案、信访导诉台，对当事人进行引导交流，方便群众诉讼。在队伍职业化建设活动中，市法院和两个试点法院对信息化建设作了重大投入，规范了办公用具的摆放，统一了桌牌、胸牌的式样，对海港区法院长城法庭、海港法庭、昌黎县法院大蒲河法庭进行了标准化改造，长城法庭按照现代化标准重新进行了内部装修，建立了高标准的数字化法庭，实现同步录音录像。大蒲河法庭从外观式样、楼房颜色、院内美化、围墙用材、大门形状、国旗和国徽悬挂、法庭标识、灯箱规格、庭训张贴位置以及办公室、审判庭的整齐划一都作了统一规范，为全市基层法庭的改建和新建确立了示范样板。经过三年时间的努力，全市基层法庭达到整齐划一，并使这种法庭形象逐步印在人民群众心中，进一步提高了审判机关的形象，维护了法律权威。

第二节　新建庭审工程

市法院审判庭工程是国家“十二五”建设项目，中央预算内投资 2800 万元，省配套 748 万元，其余为市财政筹措。2012 年 6 月立项，2016 年 8 月 1 日开工建设，预计 2018 年 8 月竣工。期间经历了 3 次大的设计变更，一是国家不允许建设办公用房，原为审判和办公合建；二是增加地下车库，原地下车库批在办公用房工程中；三是重新审定工程概算，施工总包超出原概算，超出原概算的原因主要是建安工程费 2600 元 / 平方米太低和人工费、原材料上涨。该项目按照《人民法院法庭建设标准》设计，总投资 1.4322 亿元。具体情况如下：

一、建设用地。项目位于海港区归提寨规划新行政区内，与新建市政府办公楼南北相对，南侧为西部快速路，东侧为规划路，西侧为规划的市民广场，北侧为其他项目建设用地，占地35.6亩，东西宽139.87米，南北长169.68米（已办土地证面积23.4亩，东西宽139.87米，南北长111.53米，用地南端与西部快速路有58.15米的距离。原因为国家不允许建设办公用房，减少1万平方米办公用房后，其容积率超出规划标准，经市政府同意，市规划局将规划用地调整为23.4亩，但明确表示，调减的12.2亩归市法院使用），用地与西部快速路有6～7米的高差。

二、主要技术经济指标。该项目总建设面积为29366平方米，建筑层数为地上5层，21366平方米，层高5.4米，其中大审判庭层高8.1米；地下一层，8000平方米，其中车库层高4.2米，设备用房层高6.3米；容积率为1.37；建设高度为距檐口33.2米，距5层楼板29.6米，女儿墙高度为3.6米，下一步可作封闭处理；建筑基地面积为4668平方米，建设密度30%；绿地面积4680平方米，绿地率为30%；停车位181个，地上20个、地下161个；耐火等级为一级；结构形式为框架结构，局部设有剪力墙；抗震烈度为7级；设计使用年限为50年；防水等级为一级；建筑类别为二类高层建筑（高度50米以下）。

三、主要结构和布局。（1）地下车库。地下一层，8000平方米，包含设备用房394平方米，功能为给水泵房、消防泵房、消防水池、空调机房；车库7606平方米，扣除汽车坡道后，地下停车库面积为6720平方米，平均每个停车位41.9平方米/辆，如地下停车库西侧部分改为食堂（面积为1056平方米），地下停车库面积减为5664平方米，停车位减少26个，只剩135个，平均每个停车位仍为41.9平方米/辆。（2）地上各层为审判用房，分为A、B、C三个区，包含1个诉讼服务中心、22个审判庭、1个审判委员会、1个远程庭审观摩室等，除诉讼服务中心等专业用房、机房外，大中小合议室、调解室、听证室、远程提讯室等164间；具体为诉讼服务中心1940平方米（等候、登记大厅1个，立案登记、听证、调解、候谈等各类用房33间）、审判用房11700平方米（1个大审判庭、6个中审判庭、15个小审判庭共22个审判庭，大中小合议室55间，调解室14间，听证室12间，远程提讯室2间，审判委员会、远程庭审观摩室各1间）、执行用房250平方米（包括执行指挥中心1个、其他用房6间）、审判配套用房1750平方米（包括监控室5间、其他各类用房23间）、审判信息管理用房900平方米（16间各类机房）、诉讼档案用房2200平方米（档案库22间、其他各类用房15间）、司法警察警务用房400平方米（包括值班室、宿舍8间、枪弹室2间、装具3间）、辅助用房2226平方米（新闻发布、外宾会见、文印、资料、存放、赃物、阅卷室29间及各类机房）；A区位于西侧，主要分布为：一、二层为大刑事审判庭，建筑面积726.9平方米，能容纳411人旁听，羁押车库69.16平方米，羁押室55平方米，以及弱电机房、空调机房、控制室、电梯、纸质档案库。三层为半大刑事审判庭1个，建筑面积230.82平方米，能容纳160人旁听；中刑事审判庭2个，每个162.9平方米，能容纳87人旁听；以及羁押室1个，79.26平方米，公诉人室、律师室、证人室、翻译室、合议室等。四层主要包括执行指挥中心、集控中心、涉密机房、审判信息化机房等；包括 23 间房屋，西侧房间建筑面积 35.28 平方米，东侧房间建筑面积 24.36 平方米。五层为审判委员会和远程案件观摩室，建筑面积每个 134.6 平方米；大合议室 1 个，建筑面积 50 平方米；中合议室 6 个，建筑面积每个 49 平方米；远程提讯室 2 间，建筑面积每个 35.28 平方米；以及新风机房、阅卷室等。

B 区位于东侧，主要分布为：一层为诉讼服务中心。二、三、四层每层 5 个小审判庭，1 个中审判庭，小审判庭每个建筑面积 103.83 平方米，能容纳 59 人旁听；中审判庭每个建筑面积 158.26 平方米，能容纳 100 人旁听。五层主要大合议室 1 间（54 平方米）、中合议室 3 间（31 ～ 53 平方米）、阅卷室 12 间（18 平方米）等。C 区位于南侧，一层包括大厅（88

市法院领导班子成员参加审判庭工程奠基仪式（2016 年）

平方米）、变配电室（209 平方米）、消防控制室（86 平方米）、法警值班室、枪弹库、纸质档案库、新闻发布室（65 平方米）；二层为档案用房 27 间，南面每个 20.58 平方米，北面每个 26.46 平方米；三层为司法警察警务用房、执行用房，及审判业务资料室共 27 间；四层为诉讼调解室和机房 27 间；五层为 27 间小合议室。

该项目由清华大学建筑设计研究院设计；由秦皇岛秦星工程项目管理有限公司负责监理；工程采用代建制，由秦皇岛市社会公益项目建设管理中心承建，由秦皇岛市兴龙建设工程有限公司负责施工。

四、项目实施情况。

（一）招投标实施情况：1. 招标代理机构招标。2013 年 5 月 13 日，在秦皇岛建设网发布秦皇岛市中级法院审判庭工程招标代理机构比选公告（秦工招比字〔2013〕第 038 号 -01），5 月 17 日在秦皇岛市公共资源交易中心以公开招标的方式举行竞争比选，6 家公司报名，4 家公司通过资格预审，实际 3 家公司参加比选，经 7 名专家评委打分，中标单位为河北宏信招标有限公司，浮动系数 K=0.2，代理范围为完成市法院审判庭工程勘察、设计、施工、监理及材料、设备采购等内容的招标代理，5 月 20 日出具中选通知书，当日双方签订招标代理合同。2. 勘察招标。2013 年 5 月 22 日在河北省建设工程招投标交易管理及计算机辅助评标系统发布招标公告;2013 年 6 月 8 日在秦皇岛市公共资源交易中心现场开标，共 3 家公司参与竞标，中标单位为河北宝地建设工程有限公司，勘察浮动系数 K=0.2；2013 年 6 月 8 日发布中标公告；2013 年 6 月 17 日出具中标通知书；2013 年 7 月 5 日签订合同，合同价款 7.85 万元。3. 设计招标：2013 年 5 月 30 日在河北省建设工程招投标交易管理及计算机辅助评标系统发布招标公告；2013 年 6 月 20 日在秦皇岛市公共资源交易中心现场开标，共 3 家公司参与竞标，中标单位是清华大学建筑设计研究院有限公司，中标价 316.1304 万元；2013 年 6 月 20 日发布中标公告；2013 年 6 月 25 日出具中标通知书；2013 年 7 月 23 日签订合同，合同价款 316.1304 万元。4. 监理招标：2015 年 7 月 16 日在河北省建设工程招投标交易管理及计算机辅助评标系统发布招标公告；2015 年 8 月 27 日在秦皇岛市公共资源交易中心现场开标，共 3 家公司参与竞标，中标单位是秦皇岛秦星工程项目管理有限公司，中标价 160.584 万元；2015 年 8 月 27 日发布中标公告；2015 年 9 月 1 日出具中标通知书；2015 年 9 月 28 日签订合同，合同价款 160.584 万元。5. 施工总承包招标：2015 年 7 月 16 日在河北省建设工程招投标交易管理及计算机辅助评标系统发布施工总承包招标公告；2016 年 6 月 13 日在秦皇岛市公共资源交易中心现场开标，共 29 家公司参与竞标，中标单位是秦皇岛兴龙建设工程有限公司，中标价 8809.4953 万元；2016 年 6 月 13 日发布中标公告；2016 年 6 月 17 日出具中标通知书；2016 年 7 月 21 日签订合同，合同价款 8809.4953 万元。6. 设备招标：（1）2017 年 5 月 8 日在河北省建设工程招投标交易管理及计算机辅助评标系统发布电梯招标公告；2017 年 5 月 31 日在秦皇岛市公共资源交易中心现场开标，共 6 家公司参与竞标，中标单位是秦皇岛金兴电梯有限公司，中标价 189.7 万元；2017 年 5 月 31 日发布中标公告；2017 年 6 月 9 日出具中标通知书；2017 年 7 月 7 日签订合同，合同价款 189.7 万元。（2）2017 年 9 月 8 日在河北省建设工程招投标交易管理及计算机辅助评标系统发布消防施工招标公告；2017 年 9 月 30 日在秦皇岛市公共资源交易中心现场开标，共 13 家公司参与竞标，中标单位是秦皇岛腾升智能科技有限公司，中标价 378.9853 万元；2017 年 9 月 30 日发布中标公告；2017 年 10 月 9 日出具中标通知书；2017 年 10 月 30 日签订合同，合同价款 378.9853 万元。（3）2017 年 10 月 10 日在河北省建设工程招投标交易管理及计算机辅助评标系统发布空调施工招标公告；2017 年 10 月 30 日在秦皇岛市公共资源交易中心现场开标，共 17 家公司参与竞标，中标单位是辽宁鑫罡风空调冷暖设备工程有限公司，中标价 481.1165 万元；2017 年 10 月 30 日发布中标公告；2017 年 11 月 3 日出具中标通知书；2017 年 11 月 23 日签订合同，合同价款 481.1165 万元。（4）2017 年 10 月 26 日在河北省建设工程招投标交易管理及计算机辅助评标系统发布空调主机招标公告；2017 年 11 月 17 日在秦皇岛市公共资源交易中心现场开标，共 8 家公司参与竞标，拦标价 240 万元，中标单位是秦皇岛卓马环境科技有限公司，中标价 202 万元，品牌特灵；2017 年 11 月 17 日发布中标公告；2017 年 11 月 24 日出具中标通知书；2017 年 12 月 5 日签订合同，合同价款 202 万元。（5）2017 年 10 月 26 日在河北省建设工程招投标交易管理及计算机辅助评标系统发布空调末端招标公告；2017 年 11 月 16 日在秦皇岛市公共资源交易中心现场开标，共 9 家公司参与竞标，拦标价 193.8 万元，中标单位是河北玄通智能科技有限公司，中标价格为 168.5395 万元，品牌西屋康达；2017 年 11 月 16 日发布中标公告；2017 年 11 月 24 日出具中标通知书；2017 年 12 月 5 日签订合同，合同价款 168.5395 万元。（6）2017 年 12 月 13 日在河北省建设工程招投标交易管理及计算机辅助评标系统发布变配电施工招标公告；2018 年 1 月 5 日在秦皇岛市公共资源交易中心现场开标，共 5 家公司参与竞标，拦标价 305.6269 万元，中标单位是秦皇岛华源电力实业有限公司，中标价 297.24 万元；2018 年 1 月 5 日发布中标公告；2018 年 1 月 11 日出具中标通知书；2018 年 1 月 17 日签订合同，合同价款 297.24 万元。（7）厂区管网及道路硬化施工招标：2018 年 8 月 1 日在河北省建设工程招投标交易管理及计算机辅助评标系统发布厂区管网及道路硬化施工招标公告；2018 年 8 月 31 日在秦皇岛市公共资源交易中心现场开标，共 60 家公司参与竞标，拦标价 411.9366 万元，中标单位是河北帅龙建筑安装有限公司，中标价 379.3986 万元；2018 年 8 月 31 日发布中标公告；2018 年 9 月 4 日出具中标通知书；2018 年 9 月 25 日签订合同，合同价款 379.3986 万元。（8）市法院审判庭工程业务用房功能提升及室外配套工程设计招标：2018 年 7 月 19 日在河北省建设工程招投标交易管理及计算机辅助评标系统发布市法院审判庭工程业务用房功能提升及室外配套工程设计招标公告；2018 年 9 月 11 日在秦皇岛市公共资源交易中心现场开标，共 6 家公司参与竞标，拦标价 168.97 万元，中标单位是中通服咨询设计研究院有限公司，中标价 125 万元；2018 年 9 月 11 日发布中标公告；2018 年 9 月 18 日出具中标通知书；2018 年 10 月 18 日签订合同，合同价款 125 万元。

（二）工程进展情况：工程于 2016 年 8 月 1 日开工建设，2017 年 8 月已完成主体建设，8 月 30 日通过主体验收，验收结果合格，主楼内墙抹灰完成，地面找平层施工完成，车库地面施工完成，车库坡道防水及回填土施工完成，电气墙体预埋管线完成，屋面避雷网格完成，给排水管道安装完成，外墙干挂石材已完成 90%，目前正在进行主体内外装修。截至 2018 年 2 月 28 日，已完成工程量的约 80%，其中土建施工完成约 90%，设备购置完成约 70%。

第二章　信息化建设

市两级法院适应时代需求，善于运用互联网思维，坚持服务人民群众、服务审判执行、服务司法管理，大力加强信息化建设，努力实现人民法院审判体系和审判能力的现代化。截至2018年，市两级法院全部安装了审判流程管理软件系统和自动化办公系统，实现了电脑分案、审限自动跟踪和无纸化办公；30%以上的审判庭和派出法庭安装了同步录音录像设备、数字审委会及庭审直播点播系统、刑事量刑规范化系统、法律法规查询系统、法院审判及执行联动信息共享平台等，审判工作的信息化水平和审务公开程度明显提高。市两级法院投入资金2800余万元，加大智慧法院建设力度，基本实现了全业务网上办理，全流程依法公开，全方位智能服务，信息化应用水平得到极大提升，在全省智慧法院建设验收活动中，受到了省法院领导的高度肯定。

信息化建设暨司法公开工作推进会（2016年）

第一节　信息化办公

随着国家信息技术的快速发展，信息产业已经成为中国经济发展中的重要支柱产业之一，同时也为国家的各行各业信息化发展提供了基础条件，在当前社会中司法信息化已经成为必然要求。市法院紧跟时代发展步伐，坚持科技建院、优化管理、快速发展的工作思路，不断加强信息化建设，切实提高执法工作信息化水平，并把信息化管理融入工作的方方面面，有力地推动了全院工作的健康快速发展。2011 年，全院实行了审判管理流程化。形成立案，案件排期，审核结案，院长、庭长审批，裁判文书的公开，案件审限的延长和监督，司法统计等工作都在网上进行，通过局域网，案件的进展程度一目了然。实行庭审办公监控视频化，建成了可以实现对庭审活动、庭审观摩、机关保卫、行为监督的监控系统，通过闭路监控系统，可以使法院整个建筑群连成一体，实行统一集中控制，能够方便对办公、审判等重点区域实施视频监控，便于及时处置应对突发性安全事件，也可以对审判和窗口部位的干警进行实时监督，进而促进了庭审质量、庭审规范化水平的提高和办公秩序的根本好转。实行档案管理电子化，将所有案件的受理、开庭、审结、中止、归档等基本信息和法律文书全部输入微机，进行数字化处理，形成电子文档，建立起电子案件档案。

2013 年，市法院制定了逐步推进法院信息化建设的指导意见，将信息化建设任务、责任划分相关部门。（1）审理、结案、评查、执行、收费、统计、归档等各个环节都在网上运行，实现对案件的全程监督、全方位管理，建成庭审电视、网络直播系统。建成庭审证据展示系统、立案大厅电子触摸查询系统，实现审判委员会研讨案件的多媒体技术（责任部门：研究室、计财处、立案一庭、立案二庭、各审判执行庭）。（2）实现办公设施自动化。大力推行网上办公，推进电子政务，实现计算机等现代化科技手段在庭审记录、文书制作、审判管理、统计数据、信息处理、行政管理、档案管理等方面的普遍应用。内部管理网络开通后，逐步取消纸质文件的内部发放，实现政务信息、下发通知及安排任务在网上运作、公布（责任部门：研究室、办公室、计财处）。（3）庭审活动科技化。依托数字化监控体系，建设科技审判法庭，使审判工作的各个环节纳入计算机网络化管理，形成畅通的信息环流，构成法院各类资源齐全共享的应用平台（责任部门：研究室、计财处、各审判执行庭）。（4）行政管理智能化。建设对庭审活动、庭审观摩、机关保卫、行为监督的监控系统，对重点防范部位的报警系统，对审判大楼的楼宇消防系统，对行驶车辆的指挥、调度、监控系统，实现公共服务的安全高效（责任部门：计财处、法警队）。（5）完善法院局域网建设，充分发挥网站在宣传、服务管理等方面的功能，拓宽法院与社会对话渠道（责任部门：宣传处、计财处）。（6）开通市法院官方微博。可在新浪、搜狐等网站上开通官方微博，安排优秀法官与网民进行在线交流，随时解答法律问题（责任部门：宣传处、各审判庭）。（7）建设市法院执行信息查控网络。经初步了解，市政府政务网已实现了和所有政府部门和公共事业单位、人民银行的联网。考虑到市法院规模较小、案件不多、资金不足等因素，初步建议市法院亦可采用与政务网相连的查控网络建设模式，各个商业银行的连线方法可与人民银行沟通后确定方案（责任部门：协调处、各执行庭、计财处）。当年，信息化办公室完成了全市法院审判流程系统的架构升级，实现了市两级法院审判流程数据的集中汇总、集中分析、集中评估、集中管控、集中指挥、集中应用，为全市司法公开提供了数据支撑，并实现了与省法院审判数据的实时传输。建成数字法庭管理平台，实现了全市法院数字法庭系统的互联互通和集中管控，该平台实现了庭审管理现场化、庭审评查网络化、庭审巡查实时化。建设完成执行指挥中心。实现了全市执行指挥中心对重大执行活动的远程指挥、远程监控、远程协调等功能；初步完成司法查控体系建设，已实现与银行、税务、工商、民政等部门的数据链接和数据应用，提高了工作效率，增强了执行威慑力。

2014 年 1 月，市法院信息化办公室正式成立，其主要职能包括：负责信息化总体规划、需求管理、项目建设、信息安全、运维保障和效能评估等。市法院加强对基层法院信息化建设指导，使全市信息化项目统一规划，有计划、有重点、分阶段逐步推进。建立信息化部门在信息化项目的立项、选型、参数指定、评标等全过程参与的工作机制，业务部门的信息化需求应当由信息化部门进行统筹研究、合理规划。理清建设与应用的关系，建立信息化建设、应用、管理和运行维护等方面的工作机制，按照“平台专管、应用分管、安全统管”的原则，明确各相关部门职能职责，确保分工清晰、应用到位。辅助领导制定信息化相关决策，制定信息化建设规划，完成领导交办的各种任务。维护和保障网络与应用平台的正常运行，处理各种网络系统故障，负责网站运行与维护工作。2014 年 5 月 15 日，《秦皇岛日报》头版报道了市法院数字化建设应用的消息，标题为“市法院官方微博成传播公正司法的窗口”。报道说：截至 5 月 13 日，该院在其腾讯官方微博发布的“公正为民心 情映法官林”阅读量已近 6000 次，并被多次转发，标志着全市法院再添传播公正司法新窗口，已经发挥出重要的作用。

2016 年 1 月 20 日，市法院组织了执行办案网络技能培训，主管副院长董宝军主持培训并提出要求，市法院执行局全体干警以及基层法院执行局部门业务骨干共 30 多人参加了培训。同年，市法院信息化办公室圆满完成应用和系统软件的升级、维护，庭审直播值守各类设备、网络、机房等各信息化设备的管理和维护工作。具体包括：（1）各类案件信息修改。由于省法院为保证数据质量，取消了基层法院案件修改权限，所有要修改案件信息都由市法院进行修改，截至 6 月 30 日市法院修改承办人 299 次，全市共修改案件信息 1497 次（变更承办人、修改结案方式、改正录入错误、补充案件信息等）。（2）日常会议、重大活动技术保障。保障日常视频会议及调试20多次，重大会议活动3次。保障省法院接待来访人员参观信息化设备正常运行，主要包括立案大厅远程视频会议系统、远程接防系统、执行指挥系统、执行单兵和车载系统正常运转（配合省法院、调度县区法院对设备进行稳定性测试联调）软件维护。市法院现有各类应用软件22个，数字法院应用系统（版本更新4次、数据矫正、人员信息维护等），网络办公自动化OA系统、数字法庭管理系统、庭室直播点播系统、审委会应用系统、电子档案系统、裁判文书校对系统、上网裁判文书敏感信息屏蔽系统、法院人事系统、文印传输系统、法律检索系统、最高法院远程视频接访系统、河北省法院远程接访系统、最高法院执行案件信息管理系统、执行查控系统、执行指挥系统、囚车3G回传系统、单兵3G回传系统、刑事量刑规范化系统、庭审自动巡查系统、法官工作平台、一乡一庭系统等。（3）网络和各类设备维护。数字法庭设备维护（华夏数字法庭设备及存储、天地伟业数字法庭及存储）；互联网直播点播设备维护（直播机、服务器等）；计算机、打印机、一体机维修维护；电话线路调整、维修（联通、移动），移动集团网入网管理，移动短信群发平台管理；远程视频会议调试及保障；新购置设备的登记、发放、安装、调试工作（计算机、笔记本、打印机、一体机、碎纸机等）；网络维护（内、外网络维护、维修、布线，专线网络调试、维护）；监控设备维护、维修，特殊情况监控录像导出、刻录；机房线路接入（目前我院机房接入线路：政法网、电信接入互联网、政务外网、政务内网、联通GRE专网、新区联通线路专网），服务器安装调试、维护，存储维护等。（4）各类数据备份。主要包括数字法院应用系统、网络化办公自动化OA系统、数字法庭管理系统、庭室直播点播系统、审委会应用系统、电子档案系统、裁判文书校对系统、上网裁判文书敏感信息屏蔽系统、法院人事系统等的日常备份和阶段备份。

2017年，随着法院信息化建设的不断深入，市法院提出要大力推进智慧法院建设。针对信息化建设中存在系统建设不完善、智能化程度不高，特别是信息化应用水平整体偏低；个别法院对信息安全重视不够，保密和信息安全意识不强；保密网建设进度不均衡等问题，要求要把智慧法院建设成果转变为具体的工作成效。院长、庭长要带头学习应用，彻底改变传统的思维方式和工作习惯，推动实现智能化办案、无纸化办公。充分发挥数字巡回法庭等诉讼服务平台的作用，完善诉讼服务中心功能，为群众提供更加便利有效的服务，全面实现网上立案和诉讼费网上缴纳，让人民群众切身体会到智慧法院建设带来的便利。要加大技术保障支持。推广运用语音识别录入、裁判文书智能纠错、法条案例自动推送、类案强制检索等智能技术，提高审判工作质量和效率。要切实加强安全管理。强化安全保密意识，大力开展网络和信息安全隐患排查，加快保密网建设步伐，提升信息化安全能力。要坚持建用并重、注重实效，着力构建法院信息化应用体系。加强网上智能办案、办公应用系统的推广使用；力推诉讼服务信息化，深度融合诉讼服务大厅、诉讼服务网、12368诉讼服务热线的功能；提升执行指挥中心智能水平，加深与协助执行单位信息资源共享；依托审判流程管理系统，实现审判执行工作全程留痕、全程可查、全程监督；健全审判流程、庭审活动、裁判文书、执行信息四大司法公开平台。

2018 年 8 月，最高法院院长周强对法院信息化建设提出了全新的要求：各级人民法院要适应时代需求，善于运用互联网思维，坚持服务人民群众、服务审判执行、服务司法管理，大力加强信息化建设，努力实现人民法院审判体系和审判能力的现代化。同年，全市法院全部安装了审判流程管理软件系统和自动化办公系统，实现了电脑分案、审限自动跟踪和无纸化办公；30% 以上的审判庭和派出法庭安装了同步录音录像设备、数字审委会及庭审直播点播系统、刑事量刑规范化系统、法律法规查询系统、法院审判及执行联运信息共享平台等，审判工作的信息化水平和审务公开程度明显提高。大力推进长期未结诉讼案件防控和清理工作，扎实开展发回重审、指令再审、改判等案件专项评查活动。严格执行立案审查、排期开庭、审限跟踪等制度，重点围绕审判流程加强司法管理，促进了司法质效的提升。2018 年，市法院信息化办公室再接再厉，完成了如下工作：部署智能语音服务系统，完成语音识别系统建设，包括语音识别基础服务系统、语音识别应用系统如庭审、会议、办公桌面等。部署执法记录仪采集站，根据省法院对各中院执法记录仪采集站建设要求，市法院已参加培训并完成建设。合理高效提高执法记录仪使用并完成相应修改、上传工作。建设涉案财物集中管理信息平台，完成涉案财物集中管理信息平台的建设，同时组织刑事审判相关人员进行平台使用培训，使法院对涉案财物管理更加规范化、精细化。完成存储扩容、服务器虚拟化及机房改造建设，完成办案系统存储扩容、服务器虚拟化建设工作，同时对机房进行设备、空调改造，保障中院办案系统正常运行。部署完成智审辅助办案系统 1.0，这套系统最大限度地把法官从重复性、没有技术含量的工作中解脱出来，让法官能够真正专注于案件本身。该系统适用于全体法官的文书制作、相似案件参考等。建设完成电子签章系统，该系统解决了文件必须返回本院签章的问题，提高了工作效率，减少了人力、物力、财力的消耗，同时减少了发生在空白文件上盖章的情况，避免带来严重的社会隐患。建设完成诉讼衔接平台，法院提供从调解登记到调解转办，从调解机构管理到调解案件监控等流程性的工作模式。实现了网上委派、委托和邀请，传送文件，远程培训，业务交流，视频和语音通话及人民调解平台的民调数据共享，民调员网络帮扶等功能。建设完成 cocall 系统，该系统可实现基层院、中院、高院三方人员的各类电子文件的内网传输，实时文字传输，极大地提高了工作效率。建设完成审判决策支持系统，该系统包括收结案分析、审判效率、审判质量、案件执行、案件聚焦、自定义报表、综合评估报告等功能。主要服务于院领导、审管办、研究室等，使其通过信息化手段及时、全面地掌握从宏观到微观的业务工作情况。部署完成政法协同共享平台，可实现公检法三部门之间信息共享，实现了部分法律文书、文件资料的网上传输、信息共享，有效推进公检法三家的执法透明化、规范化，实现与案件同步实施监督职能，公检法联网实现协同办案“零距离”，有效提高了办案效率。

第二节 智慧法院

2016—2018年，市两级法院投入资金2800余万元，加大智慧法院建设力度，基本实现了全业务网上办理，全流程依法公开，全方位智能服务，信息化应用水平得到了极大提升，促进了审判体系和审判能力现代化。在全省智慧法院建设验收活动中，受到了省法院领导的高度肯定。

2018年，《河北法制报》系统报道了市法院加大智慧法院建设的情况。全市法院建成了服务于审判、执行、办公的数字法院业务应用系统、智能执行案件流程信息管理系统、办公自动化系统、移动审务通、庭审管理系统等五大系统65项电子系统，实现了全业务网上办理。五大系统的应用，使所有案件全流程信息化操作，案件信息全流程电子化流转；实现了随机分案，避免人情案；实现了审判全流程监管；实现了电子卷宗同步制作和深度应用；实现了庭审过程“每庭必录”常态化办案模式，逐步推进庭审记录方式改革；助推网络司法拍卖改革和全面普及，仅2017年4月至11月，全市法院网上拍卖系统拍卖148件，成交49件，成交金额达2.09亿元。市法院全面推行“智审”系统应用，一键自动生成民事、刑事、行政多种司法文书，实现电子卷宗利用与裁判文书撰写深度结合，通过同案智推服务，促进法官提升类案同判、量刑规范的审判能力。部署语音录入系统、文书智能校对系统、文书智能屏蔽系统，不断推进智能化进程。通过语音录入系统，实现动态生成法庭笔录，减少了文字录入的工作量，提高了审判执行工作质效。通过文书智能校对系统，提高了法律文书整体质量和编写效率，减轻了法官、书记员的工作量。2017年，市法院通过智审系统制作裁判文书6.75万篇，校对文书10万余篇。

“诉讼服务网”让司法为民更方便快捷。全市法院建成“诉讼服务网”，为广大诉讼当事人和诉讼参与人提供“一站式”智能诉讼服务，极大地方便了诉讼当事人、参与人查阅案件基本信息，记录相关文书材料，满足群众对新形势下司法工作的新期待、新要求。诉讼当事人也可以利用该服务网进行网上立案、网上申诉等在线诉讼活动，查询案件审判流程进展情况。2016—2018年，全市法院网上立案1621件。

第三章　机关保密与档案工作

市法院十分重视保密工作，认真分析在新形势下做好法院保密工作对促进司法公正、提高法院公信力的重大意义。完善保密工作机制，以《中共中央关于加强新形势下保密工作的决定》和省法院以及市委有关保密规定为依据，采取多项措施加强法院保密工作建设，规范对要害部门、要害部位及涉密人员的管理。随着审判工作的发展，法院受理的案件逐年增加，卷宗归档工作也日趋繁重。为了适应工作需要、加强基础设施建设，在办公经费十分紧张的情况下，及时更换了档案室原来的陈旧设施，同时根据档案管理的特殊要求，购置了防腐剂、防虫剂，添置了空调、计算机、灭火器等，档案室基本保持了冬不冷、夏不热，使院档案库初步达到具有现代化硬件设施的标准化库房。此外，不断健全档案门类，设立文书、诉讼、会计、基建声像、图片等不同类别的档案，充分发挥了档案为审判工作服务的重要作用。

第一节　保密工作

保密工作机制。市法院十分重视保密工作，认真分析在新形势下做好法院保密工作对促进司法公正、提高法院公信力的重大意义。完善保密工作机制。（1）根据机构变动、人员调整的实际，及时调整成立保密工作领导小组，院长担任组长，常务副院长为副组长，具体分管保密工作，其他庭室负责人为成员，并成立保密工作办公室加以落实。明确保密领导小组成员的职责分工，按业务归口实行条块管理，使庭室负责人不仅做好审判和队伍建设工作，还要做好机关的保密工作，克服审判工作和保密工作“两张皮”脱节现象。（2）以《中共中央关于加强新形势下保密工作的决定》和省法院以及市委有关保密规定为依据，采取多项措施加强法院保密工作建设。每年对法院机关的保密法治宣传教育工作作出安排部署，及时制定年度计划，使机关保密工作有人抓，有人管。（3）开展经常性督促检查，及时研究解决工作中出现的问题，并对各庭室保密工作进行跟进和检查，重点检查院务会、审委会、印鉴、文印、档案等项业务中保密工作开展情况。

保密教育。（1）市法院每年都开展形式多样的宣传教育活动，除了各大节日、假期抓好保密宣传教育和工作检查外，在每季度的院务会上都安排学习时间，通过时时提醒、会会教育，提高全体干警的保密意识。（2）深入开展“四五”保密法治宣传教育活动，通过办墙报、板报、电子显示屏宣传保密法律知识，营造氛围；对干警进行保密宣传，全市法院有组织、有计划地进行多次保密录像教育，寓保密教育于娱乐之中；积极购置宣传资料，为学习保密知识提供方便；每年在干警中开展保密知识业务测试，进一步使干警明确保密工作内容和范围，了解掌握有关保密工作的各项规定，对草拟、审改、发出的公文材料，不忘跟进保密工作；在研究重大案件、疑难案件的过程中，不忘落实保密工作，并尽可能将工作做在前跟得紧；在机构变动、人员调整前，及时督促有关庭室落实好文件资料的清理清退、归档和交接，明确有关庭室和人员负责卷宗材料和案件档案的管理。2015 年 11 月 30 日，市法院在多功能厅召开全院保密教育暨保密工作培训大会，全体院领导和包括临时聘用人员在内的全体干警参加了会议。会上首先观看了保密工作警示教育专题片，院主管领导就保密意识培养、保密制度规范、文件资料保密要求和信息网络安全等进行工作部署。胡华军院长在会议上提出要求：（1）要充分认识做好新形势下人民法院保密工作的重大意义；（2）要全面认识人民法院保密工作面临的严峻形势；（3）要切实做好新形势下的人民法院保密工作。会上还以保密自查问卷形式进行了保密自查和知识强化，并专门部署了年度保密个人自查和保密专项检查工作。

市法院保密安全教育培训（2018 年 5 月）

保密制度。保密工作经常提到“两管三铁一器”即管好文件管住嘴，铁门铁窗铁柜，报警器。现在提倡“三防一加强”，即人防、物防、技防和加强管理。针对法院工作实际，市法院及时制定审判工作十项禁令，规范干警在办案中严守审判保密纪律，违者按禁令处理；为了规范印鉴管理，制定明确《印鉴使用办法》，印鉴管理人离开办公室时印鉴必须锁入保险柜。用印采取领导审批、严格使用、退回登记。加强档案管理，印发《进一步加强档案工作通知》，结合执行最高法院关于查阅民事诉讼卷宗的有关规定，既服务于群众诉讼，又确保保密工作得到落实；严格执行公文处理程序，对上级的各种秘密文件，按传阅范围，及时传阅及时收回，该上交的及时上交。对于领导干部传阅的文件严格按照规定传阅。对于过期一般文件，送造纸厂随人监督销毁。制定保密“十不准”，对于一些重要庭室电话、传真机等严格进行管理，结合“规范司法行为”等项整改活动，制定全市法院系统目标管理考核办法，目标考核办法对保密工作提出了严格要求，分值量加重，并特别规定因工作不负责任导致泄密造成重大影响者，对该单位该部门的整体工作实行一票否决，进一步增强了广大干警的保密责任感。2014 年 5 月 5 日，市法院制定出台 5 个方面 17 项内容的《加强保密工作和网络信息安全管理的若干意见》。要求市两级法院采取必要的安全技术防范措施，不断加强保密和网络安全管理。特别是要搞好网络安全基础建设，加强对网络基础设施的完善综合评测，确保相关技术防护措施健全到位。

第二节　档案管理

档案安全。做好法院档案工作，对于固化人民法院审判执行工作成果、方便相关单位和人员查阅卷宗资料、提高法院管理水平具有十分重要的意义。院党组对此项工作高度重视，加强档案工作组织领导，形成分管副院长亲自抓、办公室主任具体负责的良好局面。配备专职档案员，做到工作有人管，事情有人办。健全档案管理规章制度，实现档案管理规范化、专业化、制度化，保证档案管理工作有序运转，有效防止不规范借阅、调档现象，确保档案安全保密。多年来法院系统从未发生一起损毁、丢失和卷宗被盗事件。定期开展督导检查，院领导定期进行督促检查，保证了管理工作的经常和有序性。每逢节假日，都要对档案保管工作进行强调和警示，确保该项工作不断档。实现审判部门与档案管理部门的有序衔接。制定了相应的措施，切实做好案件的交接、卷宗的交接和归档保密工作。由于责任明确，措施到位，使档案工作得到有序开展。

档案制度。（1）加强并完善了案件月归档报结制度。院推行了归档报结制度，承办人员当月报结的案件，首先将装订好的卷宗送至院案件评查室进行卷宗评查归档，并由评查人员签字确认后报结案，承办人员接收到结案通知书具体报结案件。院立案庭按结案通知书统计结案数量，对没有结案通知书的，视为未结案件，不予结案统计。（2）严把卷宗上架关。院办公室和档案管理人员认真按照上级法院要求严格把关。在验收中，如发现不合格卷宗，退回承办人重新整理直到完全合格，从而使入库的档案全面达到了档案管理标准。已建立的档案管理制度有《档案管理暂行办法》《文书档案接收标准》《诉讼文书立卷归档办法》《档案借阅利用制度》《档案保管期限表》《档案鉴定销毁制度》《档案登记统计工作制度》《档案管理人员工作职责》《岗位目标管理责任制》《档案管理目标分解落实表》等。

档案设施建设。基础设施建设是做好档案工作的前提，随着审判执行工作的发展，法院受理的案件逐年增加，卷宗归档工作也日趋繁重。为了适应工作需要，加强基础设施建设，在办公经费十分紧张的情况下，确保安全保护措施落到实处，及时更换了档案室原来的陈旧设施，同时根据档案管理的特殊要求，购置了防腐剂、防虫剂，添置了空调、计算机、灭火器等，档案室基本保持了冬不冷、夏不热，使院档案库初步达到具有现代化硬件设施的标准化库房。此外，不断健全档案门类，设立文书、诉讼、会计、基建声像、图片等不同类别的档案，充分发挥了档案为审判工作服务的重要作用。

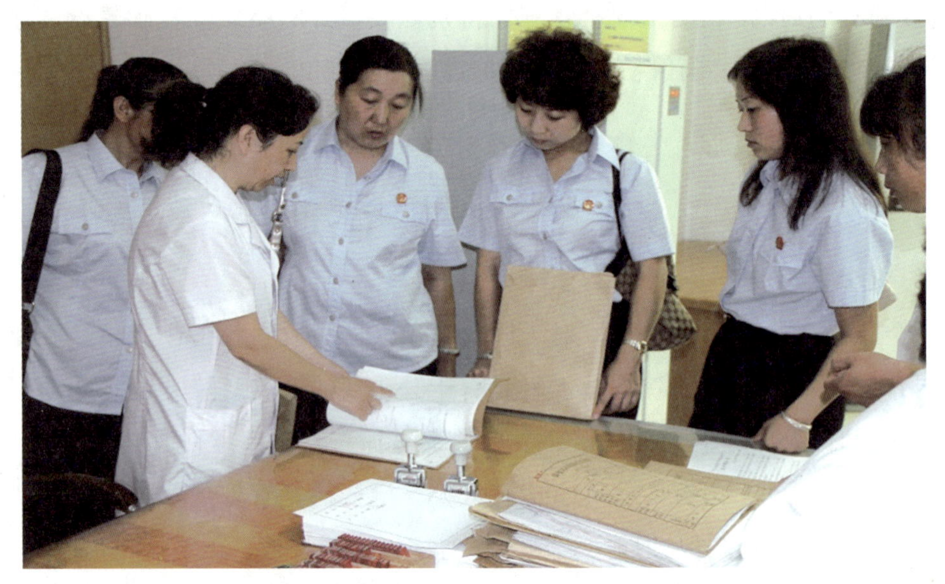

全市法院档案管理工作现场会（2011 年）

档案利用。市法院档案利用工作始终坚持为审判服务、为人民群众排忧解难的宗旨，注重在管理好档案和确保档案安全的前提下，严格按照档案利用的标准，认真履行调阅审批手续。平时对查、借阅档案的当事人，档案工作人员不因手头忙其他事而迟延或推诿、缓办或不办，而是热情服务，宽以待人，随到随查，在尽可能的情况下满足其要求。市法院为公安、检察机关办理案件，为律师参与诉讼，为人民群众依法行使权利，在保证档案安全、不泄漏国家秘密的前提下，发挥了档案管理工作为审判工作服务的应有作用，并取得了较好的利用效果。

档案升级工作。1992 年 5 月，市法院在海港区法院召开档案管理上等升级现场会。市法院院长，市两级法院主管档案工作的副院长、办公室主任参加了会议。会议期间，海港区法院介绍了档案管理上等升级的经验，与会同志参观了该院的档案室和整档现场。各县区法院通过参观学习找出了差距，制定了工作措施。1993 年 3 月 17 日，市法院召开会议，表彰档案管理升级先进单位和先进个人。截至 1993 年 2 月底，全市有 4 个法院晋升省二级、4 个法院晋升省三级管理，有 28 名同志被市法院评为档案管理先进个人。1994 年，市两级法院档案工作创全省法院档案工作最好水平，全部达到省一级和省二级标准。1995 年 4 月 19 日，经省法院和市档案局联合验收，市两级法院的档案管理已全部达到省一级标准，在全国法院系统处于领先地位。1995 年 5 月 25—29 日，最高法院在秦皇岛市召开全国法院档案升级工作经验交流会。会议命名市法院和海港区法院为全国法院系统档案工作先进单位。会议期间，市法院、海港区法院分别介绍了档案管理工作经验。会议讨论了档案工作业务调查提纲，参会人员观摩了海港区法院档案微机管理和工作程序。1996—2000 年，市两级法院的档案工作全部达到了省一级标准。2001 年 10 月 15 日，市法院在市档案局组织的档案管理工作省一级复检中以 99 分的最高分通过复检。至此，市两级法院的档案管理工作全部顺利通过省一级复检。2005 年 1 月 25 日，市法院在全省档案工作暨表彰会上被授予“全省档案工作优秀集体”荣誉称号。

附　　录

一、规范性文件一览表

规范性文件一览表

序号	时间	文件标题
1	2006.04.18	关于贯彻落实违法审判责任追究制若干问题的意见
2	2007.05.15	对外委托拍卖管理工作的规定
3	2007.06.12	关于进一步加强涉诉信访责任追究的规定
4	2007.07.16	关于加强司法调解与人民调解、行政调解衔接配合的意见
5	2008.06.05	关于办理非诉行政案件若干问题的规定
6	2008.06.26	关于诉前和解、立案调解工作的规定
7	2008.09.04	关于为城市改造拆迁工作提供法律服务和司法保障的若干意见
8	2008.10.09	关于为建设良好金融生态环境提供司法保障和服务的若干意见
9	2009.04.02	关于积极应对金融危机，服务保障企业发展，全力维护社会和谐稳定的若干意见
10	2009.07.30	关于完善“三位一体”调解体系建设，进一步加强司法调解工作的指导意见
11	2009.07.30	关于提高审判质量，减少发回改判案件的若干意见
12	2009	关于加强审判管理，确保案件质量的实施意见
13	2011.03.24	关于提高审判效率，预防案件超审限的实施意见
14	2011	市中级人民法院审判流程管理办法
15	2011	关于严防虚假诉讼的意见
16	2011	关于深入推进社会管理创新，全力维护社会和谐稳定的若干意见
17	2011	关于加大知识产权保护力度，积极推进创新型城市建设的实施意见
18	2011	关于从源头治理入手着力营造和谐安全诉讼环境的意见
19	2012	市中级人民法院司法巡查工作实施细则
20	2014	关于为西港搬迁改造工作提供司法保障和法律服务的实施意见
21	2014	关于为建设沿海强市、美丽港城提供司法服务和保障的实施意见

（续表）

序号	时间	文件标题
22	2014	为我市调整经济结构、转变发展方式、治理环境污染和京津冀协同发展战略提供司法保障和服务的实施意见
23	2015.05.07	市中级人民法院登记立案操作规程
24	2016	关于人民陪审员的日常审判管理细则
25	2016	关于深化诉讼服务中心建设的意见
26	2016	为全面推进法治秦皇岛建设提供司法保障和服务的实施意见
27	2016	关于家事审判方式和工作机制改革实施方案
28	2017.06	关于进一步发挥审判职能作用，依法服务和保障我市旅游业健康发展的实施意见
29	2017.06	关于大力推进案件繁简分流机制改革，切实提高审判工作质效的意见
30	2018.03	关于开展“全面深化管理年”活动的实施意见

二、规范性文件内容

河北省秦皇岛市中级人民法院
关于贯彻落实违法审判责任追究制若干问题的意见
（试行）

（2006 年 4 月 18 日）

为贯彻中共中央《建立健全教育、制度、监督并重的惩治和预防腐败体系实施纲要》，落实违法审判责任追究，规范追究程序，根据最高院《人民法院审判人员违法审判责任追究办法（试行）》、《人民法院审判纪律处分办法（试行）》、《人民法院执行工作纪律处分办法（试行）》、《关于审判人员严格执行回避制度的若干规定》、省人大《河北省错案和执法过错责任追究条例》、河北省高级人民法院《关于进一步贯彻落实违法审判责任追究制若干问题的意见》及市人大常委会《关于实行错案和执法过错责任追究暂行办法》的有关规定，确保司法公正与效率，制定本意见：

一、全市两级法院都要建立健全由院长任组长、党组成员为成员的违法审判监督领导小组，负责审查决定违法审判行为及是否需要追究和如何追究。

中院违法审判监督领导小组并负责对各基层法院的违法审判监督工作进行业务指导和督导检查。

二、全市两级法院设立违法审判监督办公室（即原称“案件评查室”）。在本院违法审判监督领导小组领导下进行工作，负责收集违法审判、执法过错线索，对违法审判责任进行调查，并依照有关规定确认是否存在违法审判、执法过错的问题，报违法审判监督领导小组研究决定处理意见。

违法审判监督工作是一项长期性的工作。要健全机构，配强人员。根据省院冀高法发〔2000〕10 号文件规定，中院配备 3 ～ 5 人，基层法院不少于 3 人，专门负责此项工作。

三、违法审判监督办公室成员应从具备下列条件的法官中选调：

（一）政治立场坚定，具有较高的贯彻执行法律法规和国家政策的水平；

（二）坚持原则，清正廉洁，忠实履行职责，自觉维护国家和人民利益；

（三）具有较高的审判业务水平和较丰富的审判实践经验。

四、违法审判监督办公室的主要任务是审查是否存在违法审判、违法执行及执法过错的行为。受理下列案件：

（一）当事人反映有重大问题，可能依法追究违法审判或执法过错责任的案件；

（二）上级法院二审、再审发回重审、改判的案件；

（三）本院二审、再审发回、改判的案件；

（四）案件评查、执法执纪检查中发现的可能存在违法审判或执法过错行为的案件；

（五）上级机关和有关领导同志要求追究责任的案件；

（六）新闻媒体报道的可能存在违法审判行为的案件；

（七）基层法院对本院发回重审、改判有争议的案件；

（八）检察机关抗诉的案件；

（九）其他渠道发现的可能追究违法审判或执法过错责任的案件。

五、违法审判监督办公室开展违法审判责任和执法过错审查工作，有权采取下列方式：

（一）调阅审查案件卷宗；

（二）询问当事人及有关人员；

（三）要求涉嫌违法审判人员、执行人员说明案件情况；

（四）要求审判业务庭就有关案件作出审理情况报告；

（五）对发现的违法审判、违法执行、执法过错行为进行调查；

（六）列席审判委员会。

六、下列案件，有关业务庭应将有关情况书面报告违法审判监督办公室，每月报送一次。

（一）上级法院发回重审、改判的案件；

（二）本院发回重审、改判的案件；

（三）基层法院对本院发回重审、改判有争议的案件；

（四）检察机关抗诉的案件。

七、上级机关和有关领导同志要求追究责任的案件，办公室等部门转交有关业务庭办理的同时应抄送违法审判监督办公室备案，以便对案件进行审查。

有关部门及审判、执行过程中发现违法审判线索的，应及时向违法审判监督办公室反映。

八、违法审判监督办公室在收到第四条所列可能认定违法审判、执法过错案件线索后，应登记案件来源，及时进行初核。

九、违法审判监督办公室对案件线索进行初核后，可分别情况，进行处理：

（一）不属于违法审判或执法过错的，结案存档；

（二）属基层法院监督部门审查对象的，移交基层法院审查，必要时可要查报结果或直接调查处理；

（三）涉及上级法院的违法审判、执法过错线索应将有关材料报送上级法院违法审判监督办公室；

（四）对本院监察室监察对象的违法审判、执法过错线索，直接进行审查。

十、对上级法院及有监督权的主管机关要查报结果的案件，未按要求及时报告结果的，由监督办填写督办卡催办，经催办超过三个月不能报告结果的，要逐月报告审理进度。

十一、违法审判监督办公室对违法审判、执法过错线索审查后，应拿出处理意见报院违法审判监督领导小组研究决定。

报请院违法审判监督领导小组决定后，应给予责任人纪律处分的，由监察室按规定程序作出；应给予其他处理的，移送有关部门落实。

十二、基层法院对违法审判监督和责任追究的情况应逐季上报中院监察室，中院汇总后逐季上报省高院。

河北省秦皇岛市中级人民法院对外委托拍卖管理工作的规定（暂行）

（2007年5月15日）

为了规范全市法院对外委托拍卖工作，保护当事人的合法权益，维护司法公正，根据最高法院《关于地方各级人民法院设立司法技术辅助工作机构的通知》《人民法院司法鉴定人名册制度实施办法》《人民法院关于民事执行中拍卖、变卖财产的规定》的规定，结合我市法院委托拍卖工作实际，作如下规定：

一、市中院成立由有关院领导组成的委托拍卖领导小组，下设由纪检监察、执行、审判、司法技术辅助室组成的监督指导办公室，负责监督、指导委托拍卖工作。司法技术辅助室负责日常工作。

二、市中院委托拍卖领导小组的工作，接受省法院委托拍卖领导小组的监督指导。

三、我市法院的对外委托拍卖工作一律交由市中院司法技术辅助室负责。其他任何部门不得对外委托拍卖工作。

四、拍卖标的物的评估价在100万元以上的，由省法院确定拍卖机构；拍卖标的物评估价在100万元以下的，由中级法院确定拍卖机构。

五、确定拍卖机构时，按照公开、公正、透明原则，统一实行当事人协商选择与公开摇号确定相结合的方法。

六、案件标的物需经拍卖变现的，执行机构或者审判机构应当在决定拍卖后三日内报本院司法技术辅助室，基层法院司法技术室三日内报市中级法院司法技术室，基层法院未设司法技术辅助室的，直接报中院。司法技术辅助室应当在接报后三日内通知各方当事人推荐拍卖机构。一周内各方推荐一致的，由中院司法技术辅助室直接对外委托拍卖机构；双方推荐不一致或者不推荐的，按本规定确定的标准，由市中院司法技术辅助室或者上报省法院司法技术辅助室摇号确定。

七、上报材料包括：立案时间、案号、各方当事人名称及联系方法、拟拍卖标的物所在地、评估价、有关情况说明、案件主办人等。

八、确定拍卖机构，应当从进入我市法院拍卖机构名册中产生。

九、以摇号方式确定拍卖机构时，应当通知本院监督办公室成员参加。确定拍卖机构后，三日内由中院司法技术辅助室办理对外委托手续。

十、两级法院应当严格按照本通知精神贯彻落实。执行中出现情况或者问题，请及时报告我院司法技术辅助室。

十一、本规定自2007年6月1日起执行。

附：市中院委托拍卖管理工作领导小组成员名单

市中院委托拍卖管理工作监督指导办公室成员名单

拍卖管理工作领导小组成员名单

组　长　谢绍忠　党组成员、常务副院长

副组长　秦建国　党组成员、副院长

成　员　王彭年　党组成员、纪检组组长

　　　　褚晓峰　执行庭庭长

　　　　郑新民　司法技术室主任

拍卖管理工作监督指导办公室成员名单

主　任　郑新民　技术室主任

副主任　杨旭高　技术室副主任

　　　　李吉惠　监察室主任

成　员　董　滨　执行庭副庭长

　　　　曹敬东　民一庭副庭长

　　　　张　涛　民三庭副庭长

　　　　王　巍　民四庭副庭长

河北省秦皇岛市中级人民法院关于进一步加强涉诉信访责任追究的规定（试行）

（2007年6月12日）

为了进一步做好涉诉信访工作，减少直至杜绝进京赴省异常上访事件的发生，根据中央政法委《涉法涉诉信访责任追究规定》，最高法院《人民法院审判人员违法审判责任追究办法（试行）》《人民法院审判纪律处分办法（试行）》，省高院《关于进一步严格公正文明司法的规定》等规定，结合我市法院实际，制定本规定。

一、责任追究的形式：

1. 诫勉谈话；

2. 责令作出检查；

3. 通报批评；

4. 调离岗位、免职、辞退；

5. 党纪、政纪处分；

6. 移送追究刑事责任。

二、因下列行为之一，造成进京赴省异常上访事件发生的，视情节给予责任人相应责任追究：

1. 违反法律规定，擅自对应当受理的案件不予受理，或者对不应当受理的案件违法受理，或者私自受理案件的；

因过失致使依法应当受理的案件未予受理，或者对不应当受理的案件违法受理的。

2. 违反法律规定，不调查、核实、保全证据，或者涂改、隐匿、伪造、偷换、损毁、丢失证据材料及指使他人作伪证的。

3. 故意违背事实和法律作出错误裁判，因过失导致裁判错误的，或因故意、工作极不认真负责造成判决漏项的；

对于涉诉案件，能调不调、强行调解、违法调解、故意偏袒一方，造成诉讼双方矛盾激化的。

4. 制作法律文书不认真，出现多处错漏，或者裁判文书违背合议庭评议结果、审委会决定的；

不依规定程序私自制作法律文书，或者不依法送达诉讼文书的。

5. 无正当理由超审限的。

6. 违反法律规定，采取先予执行和财产保全措施，或者擅自解除已被查封、扣押、冻结的财产，造成当事人财产损失的。

7. 对具备执行条件的案件拖延执行、不执行，或者违反法律规定暂缓执行、中止执行、终结执行的；因过失延误执行的。

8. 对申诉、再审申请不认真复查，草率结案，或者审理再审案件有错不纠的。

9. 对当事人作风粗暴、态度冷横硬，不能做到案结事了，或者对涉诉信访处理不认真、不及时，造成重复访的。

10. 其他违反法律规定，或者严重不负责任行为，造成当事人进京赴省异常上访的。

三、审判人员因对法律、法规理解和认识上的偏差及对案件事实和证据认识上的偏差而导致裁判错误，造成当事人异常访的，应责令其停止办案，进行培训。

四、涉诉信访责任的确定，由本院纪检监察部门依照本规定，并参照本院《关于违法审判监督工作的若干规定》执行。

五、本规定自下发之日起施行。

河北省秦皇岛市中级人民法院
关于加强司法调解与人民调解、行政调解衔接配合的意见
（试行）

（2007年7月16日）

为加强司法调解与人民调解、行政调解的衔接配合，深化“三位一体”调解工作体系建设，努力提升化解人民内部矛盾纠纷的能力，经市中院审判委员会研究，制定如下意见：

一、进一步重视和加强对非诉讼调解机制的支持与衔接

1.我国现阶段的社会矛盾，涉及多层次的社会关系、多样化的矛盾主体、多领域的利益冲突以及体制、机制、政策、法律、观念等多方面的因素，绝不是仅仅依靠法院一个部门，仅用法律一种手段就能解决的。特别是越来越突出的矛盾纠纷的复杂性、多样性与司法资源的有限性、司法能力的局限性之间的矛盾，必然要求人民法院充分发挥自身优势，积极推动形成司法调解与人民调解、行政调解等多种矛盾纠纷解决方式有效衔接，多种资源充分整合、相互支持的工作机制。

二、健全人民法院指导调解组织工作机制

人民法院要采取多种形式对人民调解委员会和行政调解组织的工作进行指导。

2.实行人民调解工作“指导员制度”。各基层人民法院及人民法庭指派法官担任辖区内村、居人民调解委员会指导员，定期或不定期地通过组织法律知识讲座、庭审观摩、到纠纷发生地现场指导等形式对人民调解员进行多层次、全方位的培训；重点指导调解协议的文书格式使用是否规范、调解程序是否符合要求、调解内容是否合法等；要积极协助基层党组织和村民委员会搞好人民调解委员会组织建设，推荐政治素质好、精通法律业务、善做群众工作的同志充实、加强调解组织力量。

3.实行行政调解“联络员制度”。市、县两级人民法院指派法官担任本行政区域内行政调解组织的联络员，指导行政调解工作开展。行政调解联络员一方面要将审判实践中发现的行政调解工作中存在的问题、对行政调解组织的建议及时向行政调解组织反馈，另一方面要主动听取行政调解组织在行政调解中遇到的困难和问题，有的放矢地予以法律指导，促进行政调解的规范化。

三、建立诉前劝导制度

4.人民法院立案部门对未经过人民调解委员会、行政调解组织调解而直接起诉的当事人，如果认为该纠纷由人民调解委员会或行政调解组织调处更适宜，更有利于化解矛盾和

促进社会稳定，应劝导当事人提请当地人民调解委员会或行政调解组织解决。人民法院要积极协助当事人与基层人民调解委员会、行政调解组织取得联系。一旦当事人拒绝接受人民调解、行政调解，依法应予立案的，要及时予以立案。

四、实行邀请调解和委托调解制度

5. 在人民法院立案前、立案中、立案后的诉讼全过程，根据实际情况需要，可邀请人民调解委员会、行政调解组织、乡镇（街道）干部、村（居）工作人员、人大代表、政协委员、群众代表、律师及具有专门知识、特定社会经验、与当事人有特定关系的人员共同参与，协同人民法院做好司法调解工作。

6. 对已受理的案件，人民法院认为可以通过人民调解、行政调解等方式解决的，在征得双方当事人同意后，可将纠纷委托相关人民调解委员会、行政调解组织等进行庭外调解。同时，积极鼓励律师主持庭外和解。

五、实行行政案件联络员事先参与调解制度

7. 对进入诉讼程序前的行政案件，人民法院联络员可根据行政调解组织的邀请参与调解，既要指导行政调解组织依法开展工作，又要结合具体案情对当事人进行法律释明，告知诉讼风险，尽力将矛盾化解在行政调解环节。行政调解无效后要积极引导当事人进入相关法律程序。

六、推广海港区长城人民法庭与司法行政等部门联合建立诉前调解室的经验

8. 各基层人民法院及人民法庭可与司法行政机关、乡镇等联合建立调解室，对婚姻家庭纠纷、轻微伤害案件及事实清楚、法律关系明确的债务纠纷等进行诉前调解，力求将矛盾化解在诉前，以减轻当事人诉累，促进社会和谐。

七、积极参与矛盾纠纷排查，建立健全矛盾纠纷信息联席通报制度

9. 两级法院除积极参加市委政法委、综治办牵头的“三位一体”联席会及乡镇治安稳定联席会议外，还要与人民调解委员会、行政调解组织建立健全矛盾纠纷信息联席通报制度。通过开展民间纠纷排查、巡回审判或法庭调查，及时发现民间矛盾纠纷的苗头和隐患，采取联席会议的形式，向基层或其他行政组织提出建议，共同研究解决问题的办法，齐心协力化解矛盾。

10. 注意把握好与司法所、人民调解委员会和行政调解组织的关系，做到不缺位、不错位、不越位，积极参与市委政法委、综治办牵头的联合排查和联合调解活动，发挥优势，取长补短，协作配合，形成化解社会矛盾，维护社会稳定的强大合力。

八、依法及时审理涉及人民调解协议的案件，认可和巩固人民调解成果

11. 实行人民调解或行政调解组织成员诉讼旁听制度。凡纠纷当事人一方向人民法院起诉，请求变更、撤销人民调解协议或行政调解协议，或者请求确认调解协议无效的，人民法

院应通过适当方式通知制作调解协议的人民调解委员会或行政调解组织派员旁听案件的审理。

12. 对双方当事人在人民调解委员会或行政调解组织主持下达成的协议，要依法审查，依法确认，只要不违反法律、法规的禁止性、强制性规定，只要不违反公序良俗，一般不要否定其效力。

13. 人民法院要在依法确认人民调解协议或行政调解协议效力的基础上，力促双方当事人执行和解，必要时可及时采取财产保全措施或支付令的方式，确保人民调解协议或行政调解协议的履行。

九、注重推荐人民调解委员会及行政调解组织成员担任人民陪审员

14. 人民法院要根据人民陪审员任职资格条件，注重在调解委员会、行政调解组织中推荐人民陪审员人选，通过规范考核任用程序，逐步实现从调解员队伍选任人民陪审员工作的制度化、规范化，全面实现人民调解、行政调解与司法调解相互衔接，促进“三位一体”调解体系的形成。

十、加强与行政机关、基层组织的沟通与联系，促进行政机关依法行政和基层组织民主管理

15. 要正确处理对行政机关实施有效监督与促进行政机关依法行政的关系，始终致力于审判机关与行政机关在执行法律法规、追求法治目标方面的一致性。积极支持行政机关把调解工作作为依法行政的组成部分，积极发挥行政调解综合性、专业性的优势，主动做好矛盾调处工作。

16. 强化诉前沟通，采取联席会议和联络员制度等多种方式，与行政机关建立经常联系机制，总结交流行政审判、行政执法的情况和信息，实现资源共享；对一些矛盾尖锐、政策性强、当事人较多的行政纠纷案件，在立案审查阶段，主动与行政机关协调配合，理顺当事人情绪，防止事态扩大。

17. 办理行政诉讼案件，坚持协调优先的原则。在查清事实、分清是非的基础上，对适合调解的案件，包括行政合同案件、行政机关对民事争议作出的行政裁决案件、行政赔偿案件、被告依法享有自由裁量权的案件或其他适用和解程序的案件，优先考虑采用协调方式，促使当事人达成和解。根据个案特点，采取不同的协调方式：对于因平等主体间因民事争议引发的行政裁决案件，多做和解工作，促使双方达成和解协议；对于因行政机关作出的具体行政行为不当，可能判决撤销的案件，多做协调工作，促成被告变更或撤销具体行政行为，动员原告撤诉；对于行政机关具有自由裁量权的行政案件，在行政处理的自由裁量空间内开展协调工作。

18. 根据司法实践发现的行政管理中存在的问题，提出有针对性的司法建议，协助行政机关、基层组织总结经验，完善管理制度；积极参加行政机关的培训班、专题会议，采取

授课等方式宣传行政诉讼法等法律法规，从而促进行政机关提高执法水平。

十一、加强对“三位一体”大调解工作的宣传，引导纠纷当事人通过调解途径化解矛盾

19. 人民法院要发挥自身优势，充分利用报纸、电视、广播、网络等媒体，加强以社会主义法治和“八荣八耻”为主要内容的社会主义荣辱观宣传，大力弘扬“团结互助”“友爱和睦”等中华民族的传统美德和社会公德；大力宣传通过调解圆满解决矛盾纠纷的典型案例，让人民群众看到通过调解化解矛盾纠纷的良好效果；通过各种方式，积极引导纠纷当事人首选人民调解、行政调解解决矛盾，力求将问题化解在初始、化解在基层。

河北省秦皇岛市中级人民法院关于办理非诉行政案件若干问题的规定（试行）

（经秦皇岛市中级人民法院 2008 年 6 月 5 日审判委员会讨论通过）

为了进一步加强司法权对行政权的支持、监督和制约，维护行政权威，提高行政效率，保护行政相对人的合法权益。根据《中华人民共和国行政诉讼法》第六十六条和最高人民法院《关于执行〈中华人民共和国行政诉讼法〉若干问题的解释》（以下简称《解释》）的规定，结合我市两级法院实际情况，制定本暂行规定。

第一章　总　　则

第一条　非诉行政案件是指公民法人或其他组织对具体行政行为在法定期限内不提起诉讼，不申请复议，又不履行的，行政机关或者具体行政行为确定的权利人申请人民法院强制执行的案件。

第二条　办理非诉执行案件，应当遵循以下原则：坚持依法对申请执行的具体行政行为合法性进行审查的原则；坚持合议制度的原则；坚持以生效的有执行内容的行政法律文书为依据的原则；坚持说服教育促使行政相对人自动履行与强制执行相结合的原则。

第二章　管　　辖

第三条　基层人民法院受理本辖区内行政机关申请执行其具体行政行为的案件。

第四条　市中级人民法院可以受理市级以上行政机关申请执行其具体行政行为的案件和基层人民法院认为执行确有困难的案件。

第五条　非诉行政案件可根据案件情况实行异地指定管辖。异地管辖的条件和程序，遵照《最高人民法院关于行政案件管辖若干问题的规定》执行。

第三章　立案与受理

第六条　行政审判庭负责非诉行政案件的立案审查；立案庭负责非诉行政案件的立案登记。

第七条　行政机关在法定期限内申请人民法院执行的非诉行政案件，应向人民法院提交以下法律文书及材料：

（一）强制执行申请书；

（二）行政处罚决定书或行政处理决定书；

（三）行政机关送达回证；

（四）有关现场勘验笔录、图片及相关的证据材料；

（五）行政机关处理此案的有关程序材料；

（六）行政机关作出具体行政行为的法律依据；

（七）被执行人的财产状况。

以上法律文书及材料，行政机关应于申请时提交。

第八条　对生效具体行政行为确定的权利人或者其继承人、权利承受人在法定期限内申请人民法院强制执行的非诉行政案件，法院应当在3日内向作出具体行政行为的行政机关调取有关材料，行政机关应及时提供。

第九条　收到申请人的执行申请后，行政审判庭要按以下条件进行立案审查：

（一）具体行政行为依法可以由人民法院执行；

（二）具体行政行为已经生效并具有可执行内容；

（三）申请人是作出该具体行政行为的行政机关或者法律、法规、规章授权的组织及生效具体行政行为确定的权利人或者其继承人、权利承受人；

（四）被申请人是该具体行政行为所确定的义务人；

（五）被申请人在具体行政行为确定的期限内或者行政机关另行指定的期限内未履行义务；

（六）申请人在法定期限内提出申请；

（七）被申请执行的案件属于受理的人民法院管辖。

第十条　对非诉行政案件，行政庭要填写《立案审批表》。包括案由，收到申请书日期，当事人基本情况，申请内容，申请执行费用收据，审查意见，立案日期和案件编号。以上由行政审判庭内勤负责填写，交行政庭庭长审查签字后，交立案庭登记。

第十一条　对符合条件的申请，应在7日内立案并通知申请人。对不符合条件的，应在7日内作出裁定不予受理。

第十二条　申请人接到立案通知后，应按《国务院诉讼费缴纳办法》的规定标准在7日内先予缴纳执行费用。逾期不缴执行费用的，按撤回申请处理。法律、法规另有规定的除外。

第四章　和　　解

第十三条　行政机关作出的行政罚款类，且行政机关对该罚款具有自由裁量权，在不违背法律、法规和规章规定的条件下，在人民法院主持下，双方当事人自愿协商可以达成和解协议。

第五章　审查与裁决

第十四条　行政审判庭审查行政机关申请执行其具体行政行为的案件。

第十五条　审查非诉行政案件实行合议制，由行政审判庭审判员组成合议庭，对具体行政行为的合法性进行审查。

第十六条　审查一般采用书面方式，审判人员应向双方当事人了解询问有关情况。具有下列情形之一的应举行听证方式进行调查：

（一）涉及征收和征用、房屋拆迁、劳动和社会保障的；

（二）涉及可能难以执行回转，事后不能补救的；

（三）案外人提出异议且人民法院（或合议庭）认为有必要的；

（四）被申请人提出申请，且人民法院（或合议庭）认为有必要的；

（五）以书面审查方式难以查清案件主要事实的；

（六）涉外及涉港澳台的案件的；

（七）执行标的一万元以上的。

第十七条　对生效的具体行政行为进行审查，包括以下内容：

（一）具有下列情形的，应当认定具体行政行为明显缺乏事实根据：

1. 行政机关在法定审查期限内未能向人民法院提供认定事实主要证据的；

2. 行政机关在法定审查期限内向人民法院提供的证据不能证明具体行政行为所认定的基本事实的；

3. 行政机关认定事实的主要证据是行政机关作出具体行政行为之后补充调查的。

（二）具有下列情形的，应当认定具体行政行为明显缺乏法律依据：

1. 具体行政行为适用的法律、法规、规章不适当、明确；

2. 具体行政行为适用法律、法规、规章条、款、项确有错误；

3. 具体行政行为适用了尚未生效的法律或已经废除的法律；

4. 具体行政行为未适用任何法律、法规和规章。

（三）具有下列情形的，应当认定具体行政行为明显违法：

1. 具体行政行为超越了行政机关的法定职权范围；

2. 具体行政行为作出过程中，行政机关滥用职权，严重违反法定程序；

3. 具体行政行为属重复罚款的。

上述 3 项应同时具备“损害被执行人合法权益”的情形。

第十八条　合议庭应在受理案件 30 日内作出是否准予强制执行的裁定。

第十九条　行政裁定书包括下列内容：标题，案号，申请人和法定代表人、被执行人、委托代理人基本情况，案由，具体行政行为合法性审查情况，法律依据，裁定书主文。裁定书主文部分，要写明是否准予执行。对裁定准予执行的，规定自动履行期限，告知逾期将强制执行。最后写明执行费用、合议庭成员、日期。

第六章　执行和期限

第二十条　被执行人逾期不履行法院行政裁定规定的义务，应由行政审判庭或交本院执行庭依法及时采取强制执行措施。采取强制执行措施应当制作裁定书，送达被执行人。

第二十一条　采取强制执行措施的具体程序按最高人民法院《关于人民法院执行工作若干问题的规定（试行）》及有关法律、法规及司法解释执行。

第二十二条　在采取强制措施时，执行人员要认真制定好执行方案，填写、填全各种司法文书。要统一着装，至少二人以上执行公务。执行公务时，要向有关当事人出示执行公务证件，严格遵守各项规章制度，做到严格执法，文明执行。

第二十三条　非诉行政案件的执行应当在立案之日起三个月内执结。有特殊情况需要延长的，经本院院长批准，可以延长三个月。还需要延长的，报上一级人民法院批准。

第七章　附　　则

第二十四条　本规定自印发之日起试行，内容与上级法院规定不一致的，按上级法院的规定办理。

第二十五条　本规定由本院审判委员会负责解释。

河北省秦皇岛市中级人民法院关于诉前和解、立案调解工作的规定（试行）

（秦皇岛市中级人民法院审判委员会2008年6月26日讨论通过）

为了将人民法院诉前和解、立案调解与人民调解、行政调解有机结合起来，充分调动社会各方面的力量联合化解矛盾纠纷，推动“三位一体”调解工作体系建设，充分发挥和解、调解工作在诉讼前和诉讼初始阶段的作用，根据《最高人民法院关于人民法院立案调解工作若干问题的规定》和市中院《关于加强司法调解积极参与“三位一体”调解工作体系建设意见》及相关法律、法规、政策制定本规定。

一、一般规定

第一条　诉前和解是指人民法院在立案前，根据纠纷的性质和当事人的选择，自行或委托特邀调解员、人民调解组织（行政调解组织）对纠纷进行诉前调解、促使当事人和解的工作机制。

立案调解是指人民法院在案件立案后移送审判庭审理前，根据当事人申请或征得其同意，由立案庭召集、组织、主持当事人平等协商，达成协议，并经人民法院确认后，终结诉讼程序的诉讼活动。

第二条　诉前和解工作包括：人民法院诉前调解、委托特邀调解员诉前调解和委托人民调解组织（行政调解组织）诉前调解三项制度。

第三条　诉前和解、立案调解工作的启动、调解的进行、调解协议的达成，均应尊重当事人的意志，坚持当事人的自愿原则，不得强迫、诱导当事人接受和解或调解，不得以建议或暗示等不正当方式表示案件调解不成将会如何判决。

第四条　诉前和解和立案调解工作的期限一般不超过10日。各方当事人书面申请延期调解的，应当准许。立案调解的时间不计入审理期限。

第五条　人民法院委托特邀调解员或人民调解组织（行政调解组织）调解纠纷，应当在接受委托之日起30日内完成，案件简单、事实清楚的，15日内完成。

二、诉前和解和立案调解的范围及受理

第六条　立案庭设立诉前和解、立案调解工作小组，负责诉前和解的对外协调、沟通、联络，负责本院的诉前和解和立案调解工作。

第七条　诉前和解、立案调解主要适用于下列民商事纠纷：

（一）业主与物业公司之间发生的物业管理纠纷、供电热力合同纠纷、房屋租赁合同纠纷；

（二）婚姻家庭（是否同意离婚除外）和继承纠纷；

（三）宅基地和相邻关系纠纷；

（四）交通事故和工伤事故引起的权利义务关系较为明确的损害赔偿纠纷；

（五）劳务合同纠纷；

（六）当事人之间权利义务关系较为明确的欠款合同纠纷；

（七）土地承包和征地拆迁纠纷；

（八）其他可以在诉前和解或立案调解解决的纠纷。

第八条　诉前和解和立案调解不适用下列纠纷：

（一）起诉人明确表示不愿意进行诉前和解和立案调解的；

（二）当事人申请适用特别程序、督促程序、公示催告程序、破产程序的案件；

（三）有关身份、权属、合同效力等确认之诉；

（四）起诉时被告下落不明的案件；

（五）其他依性质不适宜诉前和解和立案调解的纠纷。

第九条　人民法院要利用各种便利方式征求双方当事人是否接受诉前和解或立案调解的意见，并将征求意见的情况记录在册（卷）。立案法官根据双方当事人的意见，对接受诉前和解的，登记后交诉前和解工作小组；对接受立案调解的，办理立案手续后交立案调解工作小组。

第十条　人民法院在征求当事人是否接受和解或调解意见时，一般只选择一种方式。对当事人自行和解或通过诉前和解达成和解协议，当事人请求人民法院确认的，由立案法官审查立案后，转入立案调解程序。

第十一条　通过诉前和解程序纠纷未能解决的，立案庭在依法审查后及时立案或裁定不予受理。

通过立案调解不成的，应及时转入审理程序，防止诉讼拖延。

第十二条　立案庭应建立诉前和解工作登记制度，分别对人民法院诉前调解纠纷、特邀调解员诉前调解纠纷、人民调解组织诉前调解纠纷的基本情况、调解方式、时间和结果进行逐件登记，并按月进行统计。

三、诉前和解工作人员组成及工作流程

第十三条　人民法院诉前和解工作的流程为：

（一）立案法官在立案接待过程中，通过材料审查和口头询问，对纠纷的性质、解决的难易程度、胜诉的可能性大小、执行难易程度以及有无通过诉讼外解决的可能性等情况进行初步判断。

（二）立案法官根据初步判断，对有诉前化解可能的纠纷，提出诉前化解纠纷的建议，指导起诉人选择一种诉前和解模式。

（三）立案法官对于能够自行调解的纠纷应当自行调解，不能自行调解的纠纷应将起诉材料、起诉人填写的诉前和解模式申请书 2 日内移交诉前和解工作小组。

（四）诉前和解工作小组根据纠纷性质和当事人的选择对纠纷进行调解或者联络特邀调解员、人民调解组织（行政调解组织）进行调解。

第十四条　特邀调解员诉前调解制度是人民法院聘任的特邀调解员接受法院委托，对纠纷进行诉前调解的工作机制。

第十五条　特邀调解员由下列组织和个人担任：

（一）与当事人有特定关系的企事业单位、社会团体和其他组织；

（二）与纠纷有一定联系的企事业单位、社会团体和其他组织；

（三）律师及具有专门知识的个人；

（四）具有特定社会经验的个人；

（五）与当事人有特定关系并有利于促成调解的个人。

第十六条　特邀调解员每院设 20 人左右为宜，并根据纠纷性质可随时邀请。

第十七条　特邀调解员调解工作的流程为：

（一）接受人民法院的委托，对案件起诉材料进行初步审查，明确争议焦点，确定调解方案；

（二）协助诉前和解工作小组进行诉前调解；

（三）接受法院委托独立进行诉前调解；

（四）调解结束后，应及时向诉前和解工作小组通报调解情况与结果。调解不成的，向当事人出具调解不成的证明。

第十八条　人民调解组织（行政调解组织）诉前调解制度是指人民法院委托辖区内乡（镇）、居委会、村委会人民调解组织或行政调解组织，对纠纷进行诉前调解的工作机制。

第十九条　人民调解组织（行政调解组织）诉前调解的工作流程为：

（一）人民法院应指定专人作为联络员，保持与乡（镇）、居委会、村委会人民调解组织（行政调解组织）的沟通和联络畅通；

（二）人民调解组织（行政调解组织）对于法院诉前和解工作小组委托调解的纠纷，指派调解员认真审查起诉材料，自行确定或与人民法院协商确定调解方案；

（三）与人民法院配合，共同进行诉前调解工作；

（四）独立进行调解工作；

（五）调解结束后，及时向法院诉前和解工作小组通报调解情况与结果，调解不成的，向当事人出具调解不成的证明。

四、立案调解工作流程

第二十条　立案调解工作小组受理已经办理立案手续，在移送审判庭审理前当事人接受立案调解的案件，包括申请诉前财产保全后起诉已立案的案件，以及经诉前和解未达成调解协议，当事人向人民法院起诉的案件。

第二十一条　立案调解前，立案调解人员应全面了解情况，根据当事人的意愿及时提出调解方案，供当事人协商时参考；当事人自行提出的，经双方认可，可以作为立案调解的调解方案。

第二十二条　立案调解人员对立案调解的案件，要及时确定调解时间、地点，并在一日内通知各方当事人。

第二十三条　原告（上诉人）宣读起诉（上诉）状或口头陈述起诉（上诉）请求及理由后，被告（被上诉人）对原告起诉（上诉）的基本事实无异议，或虽有异议，但能根据双方提供的证据当场查清基本事实的，即可进行调解。

第二十四条　调解程序中，被告对原告起诉的基本事实有异议，且一时难以查清的，调解人员应当场告知当事人，终止立案调解，将案件移送审判庭审理。

第二十五条　立案调解或当事人自行和解的内容，可不限于诉讼请求范围。为保证调解或和解协议的履行，当事人可另行约定担保。

第二十六条　当事人各方（含提供担保的案外人）在调解协议或调解笔录上签名或者盖章，经立案调解人员审查并由立案调解人员、书记员签字或者盖章后即具有法律效力。立案调解人员应当将笔录或者协议附卷。

第二十七条　当事人和解达成协议后，请求人民法院确认的，人民法院应当对其合法性进行审查，确认不违反法律禁止性规定，未损害案外人利益后，制作调解书送达各方当事人。

第二十八条　当事人达成调解协议后当场结清的，可不制作调解书，只需将协议内容和结清情况记入调解笔录，由立案调解人员、书记员、当事人签字即可。

五、附则

第二十九条　本规定中有关立案调解的规定，适用二审案件。

第三十条　本规定由秦皇岛市中级人民法院审判委员会负责解释。法律和司法解释对调解工作有规定的，从其规定。

第三十一条　本规定自下发之日起试行。

河北省秦皇岛市中级人民法院
关于为城市改造拆迁工作提供法律服务和司法保障的若干意见
（试行）

（2008年9月4日第24次审判委员会讨论通过）

为打造“宜居、宜业、宜游，富庶、文明、和谐”新秦皇岛，努力实现市委、市政府提出的“一年一大步，三年大变样”的城市建设总体发展战略目标，充分发挥人民法院的司法保障和法律服务职能作用，依法公正、高效地审理、执行涉城市改造拆迁行政案件，预防和减少有关行政争议发生，针对专题调研中发现的问题，并总结多年行政审判经验，特制定如下若干意见：

一、树立服务大局意识，全力支持城市改造拆迁工作

1. 加强与行政主管部门的交流、沟通，构建互动的协调机制。要充分发挥审判机关的职能作用，主动与行政主管部门保持经常性的联系，定期或不定期地召开座谈会，互通信息，加强沟通交流。对城市改造拆迁工作做到胸中有数，互相配合，共同分析、研究城市改造拆迁的发展走势与涉诉规律。提供法律服务，将法律纠纷化解在萌芽之初，减少涉法诉讼，确保城市改造拆迁工作的顺利进行。

2. 加大司法审查力度，积极提出合理的司法建议。城市改造拆迁工作中，最敏感的问题就是安置补偿问题。两级法院要加强与各级政府有关部门的联系，在出台安置补偿的规范性文件之前，根据多年的司法实践，提出司法建议。注意保护被拆迁人的合法权益，避免出现因安置补偿明显偏低导致群体上访诉讼及多年累讼等现象的发生。

3. 建立强有力的城市拆迁法治宣传机制，弘扬社会主义法治。在这次城市改造拆迁工作中，两级法院要大力弘扬社会主义法治，针对典型案件，公开开庭审理，同时还要组织巡回庭审、庭前协调、庭后释法、判后答疑。充分运用法治宣传的各种途径和形式，大力宣传城市建设规划、城市改造拆迁是一项利国利民的惠民工程，宣传国家拆迁政策，宣传审理拆迁案件的法律依据，让广大人民群众理解拆迁工作、配合拆迁工作、支持拆迁工作，以强大的舆论攻势推动拆迁工作的顺利进行，努力营造和谐拆迁的氛围和法治环境。

二、依法公正、高效审理行政诉讼案件，保证拆迁工作顺利进行

4. 在确保公民、法人和其他组织诉讼权利的前提下，严格掌握行政诉讼案件的立案标准，严把立案关。为保证城市改造拆迁工作的效率、确保这项工作的顺利进行，对下列不符合立案条件的情形，当事人提起诉讼的，人民法院不予受理：①对市、县、区人民政府

出台的有关城市改造、拆迁方面的规范性文件提起行政诉讼的；②被拆迁人与拆迁人已达成安置补偿协议后反悔，或标的物已被拆除，尔后提起行政诉讼的；③被拆迁人与拆迁人在财产登记时已登记造册，事后对登记造册行为提出异议，提起行政诉讼的；④行政主管部门对违章建筑进行处罚且已发生法律效力，对拆除行为或提出补偿提起行政诉讼超过诉讼时效的；⑤对行政主管部门在拆迁程序中的公告、公示、告知等不影响被拆迁人实体权利的程序性中间环节提起行政诉讼的；⑥对拆迁许可证等行政许可行为提起行政诉讼超过诉讼时效的；⑦其他法律有明确规定，不予受理的案件。

5. 对符合立案条件的案件，要快审、快结，在审限内提前结案。原则上不准延期审理，在确保案件质量的前提下，提高办案效率。坚持以协调为主，调判结合，不能无故拖延审理案件，影响拆迁工作进程。

三、在强制拆迁、拆除中提供法律服务和司法保障，维护支持行政机关依法行政

6. 按照《城市房屋拆迁管理条例》第十七条和《城乡规划法》第六十八条的规定，由县以上人民政府责成有关部门实施强制拆迁、强制拆除的案件，两级法院可以为其提供法律服务，协助行政主管部门把好事实关、程序关、适用法律关，并可根据个案的实际情况提出合理建议，确保行政机关的强拆工作顺利、有序地进行。

7. 对城市规划区内需拆除的合法性建筑，拆迁人与被拆迁人达不成协议，行政主管部门作出裁决，在法定期限内被拆迁人既不申请复议，又不提起诉讼，且又不履行自动拆除义务，经行政机关申请确需人民法院强制执行的拆迁案件，执行法院应在诉前、立案、审查、执行过程中做好协调、和解工作，促使拆迁人与被拆迁人达成和解协议，促使被拆迁人自动配合拆迁工作，自动履行拆迁义务。要慎用强制措施，处理好拆迁效率与协调结案的关系，达到和谐拆迁、平息拆迁争议的目的。对妨碍法院强制拆除工作，蓄意闹事、社会影响极坏，直接影响城市整体规划和拆迁工作进程的行为，人民法院依照《中华人民共和国民事诉讼法》及其他关于执行的有关法律规定，可以对被执行人及其他相关人员采取司法强制措施。

8. 两级法院对行政机关申请法院执行的拆迁案件，要加强领导，精心谋划，严密组织，确保万无一失。执行法院在接到行政主管部门的申请后，应“审查、立案、听证、协调、执行”同步进行。即通过审查，对符合立案条件的要及时立案，立案后应及时举行听证会，在听证的同时进行协调，协调不成的予以强制执行。在进行强制执行时，要依靠当地政府的支持，争取行政机关及社会各方力量的配合，精心组织、周密安排，并制定强制执行预案。对可能发生的突发事件，要具有预见性，妥善处理，避免发生人身伤亡等事故。重大的强制执行活动，各县、区法院要报市中院。两级法院要互通情况，互相配合，互相支持，确保城市改造拆迁工作顺利进行。

河北省秦皇岛市中级人民法院
关于为建设良好金融生态环境提供司法保障和服务的若干意见
（试行）

（2008 年 10 月 9 日第 26 次审判委员会通过）

为贯彻落实省法院《关于为优化金融生态环境、完善社会信用体系提供司法保障和法律服务的指导意见》，充分发挥人民法院的职能作用，推动金融生态环境和社会信用体系建设，促进我市经济社会又好又快发展，针对专题调研中发现的问题，结合多年金融审判、执行工作实际，并依据有关法律法规及司法解释的规定，特制定如下意见：

一、进一步提高对加强金融生态环境建设重要意义的认识，切实增强服务和保障金融业发展的责任感和使命感

1. 金融是现代经济的核心，国家的经济血脉，事关国家改革发展稳定大局。现代金融具有明显的生态特征，良好的金融生态环境既有助于社会经济资源的有效配置，又有助于保障经济秩序、促进社会诚信体系建设、推动国民经济的可持续发展。全市法院各级各部门要站在贯彻落实科学发展观的高度，从保障经济社会又好又快发展的大局出发，切实把防范和化解金融风险，为建设良好金融生态环境提供司法服务工作摆在十分重要的位置，进一步增强紧迫感、责任感，加强与金融机构及有关部门的协调配合，加大工作力度，采取有效措施，努力将我市金融生态环境建设提高到一个新水平。

2. 金融业发展的新形势对人民法院的审判执行工作提出了更高、更新的要求。全市法院各级领导和广大法官在涉及金融问题的司法实践中，要注意正确处理好维护整体利益和维护局部利益的关系；正确处理好金融稳定和社会稳定的关系；正确处理好保护金融债权和规范金融秩序的关系；正确处理好依法公正高效司法与提供延伸服务的关系；正确处理好办案法律效果与社会效果的关系。

二、依法公正、高效地审理执行金融案件，努力为金融生态环境建设营造良好的司法环境

3. 构筑高效、快捷、便利的“绿色诉讼通道”。对金融机构作为债权人申请支付令的借款合同案件，只要事实清楚、证据确凿，债权债务关系明确、合法，符合法定条件的，要依法及时适用督促程序。两级法院要全面推行诉前和解和立案调解制度，尤其对法律关系明晰的金融纠纷案件，要尽可能将纠纷化解在诉前和立案环节。基层法院要实行繁简分流制度，除对明显疑难、复杂的金融纠纷案件确定由合议庭审理之外，其他金融纠纷案件一

律适用简易程序由法官独任审理，加快办案进度，缩短办案周期。

4. 依法及时采取诉讼保全措施，有效保障金融债权的实现。全市两级法院对债务人可能隐匿、转移财产，逃避银行债务，且情况紧急或有可能因债务人一方的行为及其他原因，使判决不能执行或难以执行的案件，要依债权人的申请或依职权及时裁定采取财产保全措施，并迅速执行。

5. 加大执行工作力度，创新、丰富执行手段，最大限度兑现金融债权。对那些有干扰、有阻力的金融案件，要积极采取提级、指定、交叉执行措施；要通过资产抵债返租、使用权抵债、经营权转让、委托经营等有效方法，破解执行标的变现难的问题；完善执行工作的协调配合机制，积极求得金融、房地产管理、工商行政管理、车辆管理、税务以及其他各有关部门的支持、协助，对被执行人的融资、投资、经营、置产、高消费以及出境等活动依法采取制约措施，促使被执行人自动履行还款义务；与公安机关加强协调，积极推广和建立通过公安机关协助查找被执行人财产的工作机制。

6. 认真执行修订后的《民事诉讼法》，强化执行措施，促使被执行人依法履行义务。对拒不履行或拒不协助执行人民法院已经发生法律效力的判决、裁定的，要依据《民事诉讼法》第一百零二条、一百零三条、一百零四条予以严厉制裁。

被执行人不履行法律文书确定的义务，并可能隐匿、转移财产的，法院要立即采取执行措施。

被执行人未按执行通知履行法律文书确定的义务，应报告当前以及收到执行通知之日前一年的财产状况。被执行人拒绝报告或者虚假报告的，法院可以根据情节轻重对被执行人或其法定代理人、有关单位的主要负责人或直接责任人员予以罚款、拘留。

7. 依法足额支持金融机构的债权。在审理、执行金融纠纷案件时，判决债务人支付利息的日期应截止到生效判决确定的执行之日止；被执行人未按法院裁判指定的期间履行给付金钱义务时，应当加倍支付迟延履行期间的债务利息。

8. 依法快捷实现抵押权。根据《物权法》第一百九十五条第二款的规定，抵押权人与抵押人未就抵押权实现方式达成协议的，抵押权人可直接申请法院强制拍卖、变卖抵押财产，而无需通过诉讼取得生效判决。

9. 加大对设置抵押房屋的执行力度，依法维护金融机构的合法权益。严格执行最高人民法院《关于人民法院执行设定抵押的房屋的规定》，对已经依法设定抵押的被执行人及其所抚养家属居住的房屋，可依据抵押权人的申请，依法查封、拍卖、变卖或抵债。在裁定拍卖、变卖或抵债后，要给予被执行人六个月的宽限期，宽限期届满后，被执行人仍未迁出的，法院可作出强制迁出裁定。强制迁出时，被执行人无法自行解决居住问题的，可由申请执行人为被执行人及其所抚养家属提供临时住房。

申请执行人提供的临时住房，其房屋品质、地段可以不同于被执行人原住房，面积参照建设部、财政部、民政部、国土资源部和国家税务总局联合公布的《城镇最低收入家庭廉租住房管理办法》所规定的人均廉租住房面积标准确定。申请执行人提供的临时住房，应计收租金。租金标准由申请执行人和被执行人协商确定；协商不成的，由法院参照当地同类房屋租金标准确定；当地无同类房屋租金标准可以参照的，参照当地房屋租赁市场平均租金标准确定。

但被执行人属于低保对象且无法自行解决居住问题的，法院不应强制迁出。

10. 积极向政府有关部门和中介机构建议，使价格评估适应市场变化，保证抵押物变现价格的公正。由于受国家宏观政策调整等多种因素影响，当前我市房地产市场低迷，土地市场成交价格回落，但我市楼房、土地评估参考价格仍未下调，导致评估价格偏高，使一些银行抵押物难以变现。为此，法院要积极向制定评估、鉴定参考价格的政府部门建议，及时下调参考价格，并加强与评估、鉴定、拍卖等中介机构的沟通，通报情况、提出意见，促使其在办理鉴定和评估业务过程中充分考虑市场变化的因素。

11. 充分尊重当事人对资产评估机构的自主选择权。资产评估机构的选择由当事人协商一致后经人民法院审查确定；协商不一致的，由人民法院随机确定。当事人双方经协商一致申请通过招标方式确定评估机构的，人民法院应当准许。

12. 认真稳妥审理涉及金融监管部门的行政和非诉行政执行案件。既要依法支持金融监管部门正确履行职责行为，又要依法监督纠正金融监管部门的违法渎职行为，依法保护金融机构、存款人及投资人的合法权益；积极采取协调手段化解金融监管部门与行政管理相对人之间的行政争议。

13. 依法处理债务人恶意逃废银行债务的问题。针对债务人故意遣散员工、转移账册，借所谓人去楼空逃废银行债务的情况，要根据《最高人民法院关于债权人对人员下落不明或财产状况不清的债务人申请破产清算案件如何处理的批复》，对债权人就人员下落不明或财产状况不清债务人申请破产清算，符合企业破产法规定的，应依法予以受理。受理上述破产案件后，应依据企业破产法的有关规定，指定管理人追收债务人财产；经依法清算，债务人确无财产可供分配的，应当宣告债务人破产并终结破产程序；破产程序终结后两年内发现有依法应追回的财产或有应供分配的其他财产的，债权人可请求法院追加分配。债务人的有关人员不履行法定义务，法院可依据有关法律规定追究其相应责任；其行为导致无法清算或造成损失，有关权利人起诉请求其承担相应民事责任的，法院应依法予以支持。

切实加强对破产企业管理人的监管，增强管理人工作的透明度，努力实现破产财产价值的最大化，提高清偿率，最大限度地保护金融机构的合法债权。加快破产案件的审理速度，提高清偿债权的效率。

14. 依法严厉打击各类涉金融犯罪活动。要依法从重从快惩处非法集资、贷款诈骗、金融票据诈骗、信用证诈骗、信用卡诈骗等破坏金融管理秩序犯罪，发生在金融领域的贪污、贿赂、侵占、挪用型犯罪，以及盗窃、抢劫金融机构等犯罪，规范金融秩序，维护金融安全。加大对罚金、没收财产等财产刑使用和赃款赃物追缴的力度，依法帮助金融机构挽回经济损失。要注重对金融系统违法犯罪人员的帮教，预防和减少重新犯罪发生。

15. 对符合条件的金融机构，予以缓减免诉讼费。市商业银行、农村信用社等诉讼案件较多、诉讼费挂账较多的金融机构就金融债权案件向法院提起诉讼时，只要持有省市、县（区）政府关于诉讼费可以缓减免的文件及市财政局有关批复，提出缓减免诉讼费申请的，法院应予支持，允许缓减免诉讼费。

16. 及时给付申请人执行到账的执行款。认真执行最高人民法院《关于执行款物管理工作的规定（试行）》，执行款由法院财务部门设专户管理，执行款到账下一个工作日，财务部门应将到账情况告知执行机构，执行机构应在 3 个工作日内将收款时间和数额等情况告知案件当事人。执行款到账后，执行机构应在 7 个工作日内核算执行费用和执行款，并及时通知申请人办理取款手续。需要延期划付的，应当在期限届满前书面说明原因并报主管院领导审查批准。

17. 及时退还胜诉当事人垫付的诉讼费用。认真落实最高人民法院《关于适用〈诉讼费用交纳办法〉的通知》要求，对金融机构作为原告的胜诉并已生效案件，诉讼费用由被告负担，法院直接向被告收取，并将预收的诉讼费用退还原告，但原告自愿承担或同意被告直接向其支付的除外。

18. 执行、制裁金融机构时要严格依法进行。对金融机构缴存在人民银行的法定存款准备金、超额存款准备金不得冻结和扣划；不得查封金融机构的营业场所。对拒不协助法院冻结、扣划被执行人款项等违法行为，要依据民事诉讼法的有关规定严肃处理。

19. 积极主动服务金融机构债权清收工作。全市法院民商事审判庭、执行庭要加强与市商业银行、农村信用社等债权清收任务重的金融机构的沟通联系，共同研究清收工作方案，适时开展金融案件集中审判和执行活动。对中止执行的金融机构长期挂账的案件，法院可协助、配合金融机构进行一次全面清理，责成专人或合议庭与金融机构有关人员共同调查被执行人情况，对那些作为被执行人的企业已彻底倒闭、公民死亡或完全丧失劳动能力，依法不可能履行法律义务的情形，由金融机构提出申请，法院依法及时作出终结执行的裁定。

三、依法妥善处理不良金融债权转让案件，防止国有资产流失

20. 严格审查不良金融债权转让合同的效力，保障金融债权交易安全。对不良金融债权转让合同效力的审查，应参照财政部《关于进一步规范金融资产管理公司不良债权转让有

关问题的通知》，从银行及资产管理公司的处置程序、参与主体、债权评估等多方面严格审查，依据《合同法》的有关规定正确确定合同效力，防止诉讼成为少数违法者牟利的工具，保障不良金融债权转让的安全。

法官在审理打包处理不良金融债权等类似案件时，要切实增强社会责任感和职业敏感性，积极主动地审查合同效力，强化对该类案件依职权调查的强度，尽可能在司法过程中维护国有资产的安全，促进金融债权交易的合法稳定发展。

21. 促进金融机构规范运作核销债权行为。对金融机构为达到核销目的，违反财政部有关规定向债务人和担保人披露核销信息，促使债务人或担保人放弃有关诉讼权利，形成对外免除债务的客观效果，使“账消案存”失去基础的，法院应当认定为放弃债权。对上述行为，法院应向金融机构及相关当事人释明有关法律后果，并记录在案，固定证据，作为债权消灭处理，并以此促进金融机构规范运作核销债权行为，切实保护债务人和担保人的合法权利。

22. 严厉制裁内幕人员在处置不良金融债权过程中的非法牟利行为。对恶意参加不良金融债权处置的金融监管机构工作人员、政法干警、资产管理公司工作人员、原债务企业管理层、律师及中介机构人员等内幕人员，要加大制裁力度。对司法过程中发现的内幕人员违法违规行为，构成妨害诉讼的，要依据《民事诉讼法》有关规定严肃处理；涉嫌犯罪的，要及时移交侦查机关查处。有关情况应在一定范围内予以通报，以加强对该内幕人员参与其他金融资产处置案件的审查。

四、充分发挥审判职能作用，积极促进社会信用体系建设，不断优化金融生态环境

23. 加大对违约、失信行为的制裁力度。在审判、执行各类金融纠纷案件时，要认真负责，严格审查，及时发现那些借企业改制之机“金蝉脱壳”、假破产真逃债、隐匿财产逃废银行债务等失信违约、规避法律行为，并给予严厉制裁，加重违法、违约的代价和成本，以儆效尤，切实维护金融债权的安全，努力建立激励守信、惩戒失信的信用维护机制。

24. 发挥自身优势，努力在全社会营造诚信氛围。全市法院要与金融机构密切合作，将那些有财产可供执行，但由于被执行人藏匿、转移财产而长期拖欠银行债务的，列入赖账者“黑名单”，适时在媒体予以公开曝光。同时，对法院制裁违约失信行为的典型案例进行广泛、深入的宣传，教育广大公民，努力在全社会营造“一处失信、寸步难行”的舆论导向。

25. 促进中介机构规范运作，严格审查涉案鉴定结论。积极配合有关部门加大对评估拍卖机构、技术鉴定机构、价格事务所、会计师事务所等中介机构的整顿力度；严格审查中介机构的资质条件，熟悉掌握其行业规则；中介机构在办理法院委托事务过程中，必要时法院可派员提前介入，实施全程监督。在审判和执行中，应将评估、鉴定结果作为一种

证据进行严谨、细致的审查，坚决防止采信中介机构出具的低价高估、高价低估及不客观、不准确的结论。要打破行业垄断，打击虚假评估行为，严厉查处中介机构违法违规行为，努力促进中介机构法治化、规范化、诚信化管理。

五、积极构筑法院与金融机构多层次沟通协调互动机制，共同促进金融生态环境的健康发展

26. 建立法院与金融机构联络机制。两级法院要成立金融审判、执行领导小组，由一把手担任组长，分管副院长任副组长，各业务部门负责人为成员。各院还要确定一名班子成员，成立联络领导小组，并明确日常联络部门，指派专人担任联络协调员。每半年举办一次联席会议，市中院邀请金融机构主要领导、市政府有关领导及有关业务部门负责人参加，共同研究金融生态环境建设中亟待法院解决的热点、难点问题，探讨防范和化解金融风险的对策和商讨双方关心的其他重大事项。会后形成纪要，在一定范围内予以通报。法院和金融机构的有关业务部门、联络部门要定期或不定期地开展联谊、沟通、交流活动，及时协调解决日常工作中遇到的问题。

27. 建立信息资源共享机制。法院要及时将新出台实施的与金融业有关的法律法规、司法解释及典型案例通报给各金融机构；对金融机构因公需要查询公民个人、企事业单位及其他组织涉及诉讼、执行信息的，法院应予以协助和配合；市中院要加强与人民银行秦皇岛中心支行的合作，积极探索解决法院审判、执行信息与银行信贷征信系统的链接问题，尽早实现双方局域网络信息的共享。

28. 建立重大事项会商机制。金融机构遇到不良债权转让、金融风险处置、重大项目贷款、机制改革等重大事项，向法院提出帮助请求的，法院应当积极配合，通过采取联合调研、共同研讨等方式，综合分析、研判，依法提出切实可行的应对措施。要积极与金融机构会商解决协助法院执行中遇到的一些困难和问题，努力营造积极支持、配合执行工作的良好外部环境。

29. 建立重大案件沟通、协调机制。在审理或执行辖区内群体性、疑难复杂及备受社会关注的涉及金融的重大案件时，法院要加强与金融监管部门、国有资产管理部门的沟通、协调，在处理前应积极主动征求上述部门的意见和建议，使案件处理结果既有效维护金融机构的合法权益，又有利于维护社会和谐稳定。

30. 聘请金融机构资深、谙熟业务的工作人员担任人民陪审员。一方面在审判金融纠纷案件时，通过听取他们的意见，使法官更准确地适用金融法律法规，促进公正司法；另一方面通过他们参加诉讼，使法官更全面、深入地了解掌握金融知识，提高自身的综合业务素质。

31. 积极向金融机构提出有针对性的意见和建议。广大法官要针对司法实践中发现的金

融机构在经营管理方面存在的漏洞，及时向有关单位提出司法建议；为金融企业推出的新产品主动提供法律咨询，评估市场法律风险。同时，还要定期对全市金融纠纷案件的特点、成因，进行综合分析，提出切实可行的对策。

六、狠抓法官队伍建设，增强司法能力，为服务和保障金融生态环境建设提供强有力的保证

32. 切实加强思想政治教育，使广大法官牢固树立围绕中心、服务大局的观念。要通过深入开展社会主义法治理念、“大学习、大讨论”、“人民法院为人民、人民法官为人民”等主题教育实践活动，进一步增强广大法官的政治意识、大局意识、责任意识、法律意识和廉洁意识，牢固确立党的事业至上、人民利益至上、宪法法律至上的指导思想。同时，深刻理解、全面领会胡锦涛总书记关于“政法工作是党和国家工作的重要组成部分，必须在党和国家工作大局下开展，为党和国家工作大局服务”的重要论述。始终关注全国、省市经济社会发展形势，时刻做到心中有大局、心中有全局，切实增强为建设良好金融生态环境和社会信用体系提供司法保障和服务的主动性和自觉性。

33. 着力规范司法行为，加强金融审判业务培训。大力开展金融审判执行领域的司法规范化建设，强化对送达、保全、调解、庭审、合议、裁判、执行等各个环节的管理，进一步完善司法监督和司法责任机制，努力提升司法公信力。要注重法官金融审判业务的培训，加强对现代金融知识的学习，了解掌握金融业发展的新趋势，出现的新情况、新问题，提高司法水平，依法正确审理委托理财、证券、期货、融资等新类型金融纠纷案件。

34. 突出抓好廉政建设，打造一支风清气正的法官队伍。全市两级法院要以“如临深渊、如履薄冰”的危机感和责任感，始终把党风廉政建设作为法官队伍的关键环节来抓。要通过采取签订廉政责任状、经常性警示教育、诫勉谈话等有效措施，不断增强法官的自律意识。同时，要严格执行中政委“四条禁令”、《法官法》规定的十三种不得有行为、省委政法委“约法三章、三条纪律”和省法院“六个严禁”等法纪条规；进一步强化法官相互监督制约、规范法官与当事人及律师相互关系。对违法违纪的行为，坚决依法依纪严肃查处。

河北省秦皇岛市中级人民法院
关于积极应对金融危机，服务保障企业发展，
全力维护社会和谐稳定的若干意见
（试行）

（2009年4月2日市中院第7次审判委员会讨论通过）

为深入学习实践科学发展观，积极应对金融危机影响，促进“扩内需、调结构、保增长、惠民生”政策措施的落实，充分发挥人民法院围绕中心、服务大局的职能作用，服务保障企业发展，全力维护社会和谐稳定，特提出如下意见：

一、高度重视金融危机给企业发展带来的影响，切实增强服务保障企业发展的紧迫感和自觉性

1. 深刻认识保障企业发展、维护企业稳定的重要意义。企业作为创造社会财富、实现物资交换的重要载体，是市场经济的主要支撑。只有企业搞活，市场才能搞活；只有企业发展，经济才能发展；只有企业稳定，社会才能进一步稳定。全市法院要把服务保障企业发展、维护企业稳定作为围绕中心、服务大局的重中之重，切实有效地发挥审判职能作用，努力为企业平稳发展营造良好的法治环境。

2. 切实增强应对金融危机，服务保障企业发展的使命感、责任感。随着国际金融危机对国内经济影响的进一步加剧，企业遇到的各种发展问题逐渐反映到司法领域，法院受理的劳动争议、企业破产、经营合同纠纷、商品房预售合同纠纷、担保合同纠纷等涉及企业发展的案件大幅增长。特别是因企业之间存在业务关联而引发的“多米诺骨牌”效应明显，往往形成连环或系列诉讼。同时，因受市场萎缩、消费放慢的影响，企业开工不足，盈利能力下降，效益增速放缓，亏损面扩大。企业发展困难必然会造成民众生存压力加大，利益冲突加剧，进而增加了突发性、群体性事件发生的可能性，给社会稳定带来了严峻的挑战。为此，全市法院各级领导和广大干警要切实增强政治意识、大局意识、忧患意识和责任意识，密切关注金融危机对企业发展及社会稳定产生的影响，加强司法应对的前瞻性、战略性研究，根据审判执行工作出现的新情况、新问题，及时调整工作方式、方法；要充分发挥主观能动性，变被动为主动，不断把审判职能向前、向后、向外延伸和拓展，积极服务企业发展。

3. 遵循“五个有利于”的工作原则，切实为企业发展提供服务和保障。在当前金融危机对企业发展影响日益加重的情况下，全市法院无论是在审判执行中，还是在延伸服务的

过程中，要坚持预防在先、和谐司法，采取灵活多样的方式、方法，帮助企业有效预防和化解纠纷。始终遵循“五个有利于”的工作原则，即有利于企业破解难题，正常生产经营；有利于维持和保障企业生产链、资金链的有序运转；有利于理顺企业职工情绪，安定人心；有利于企业重组、联营、合作和结构调整，盘活资产；有利于增强企业的核心竞争力和可持续发展能力。

二、依法稳妥处理金融危机引发的涉企案件，最大限度为企业发展创造良好条件

4. 坚持“五快”原则，开辟涉企案件审执“绿色通道”。对金融危机引发的涉企案件要做到快立案、快审理、快宣判、快送达、快执行，并依法尽可能地用督促程序、简易程序和速裁程序，努力缩短办案周期，尽快使涉诉企业从诉讼缠绕中解脱出来；加强诉讼指导和法律释明，减少涉诉企业的诉讼负担与风险；对经济特别困难或暂时出现困难的企业，认真落实国务院及最高法院有关诉讼费缓、减、免的规定，切实保障企业依法行使诉权。

5. 加大诉前和解与立案调解的力度，切实减轻企业的诉讼负担。对事实清楚、法律关系明晰的涉企案件，在立案前要积极征得双方当事人同意，自行或法院委托人民调解组织、行政调解组织或特邀调解员等，对纠纷进行诉前调解，积极促使当事人和解；在案件立案后移送审判庭审理前，根据当事人申请或征得其同意，由立案部门召集、组织、主持当事人平等协商，积极促使双方达成协议。

6. 慎重使用诉讼保全和强制措施。对于仍在生产经营或有发展潜力但因受金融危机的影响暂时出现生产经营困难的企业，特别是职工人数众多的劳动密集型企业，要采取活封、抵押、入股等方式实行担保或实现债权。对于经营风险很大，已无恢复希望或投资者有逃匿、转移财产等异常行为的企业，要及时采取保全和执行措施。

7. 强化司法调解，努力帮扶企业渡过难关。要深入了解案件事实及企业背景，对资信良好但暂时资金周转困难的负债企业，通过耐心细致地做债权人的调解工作，争取以设置担保等灵活多样的方式促成债权人给予债务企业合理的宽限期，或促成双方达成分期还款等和解协议，帮助负债企业渡过暂时的财务危机。对多个债权人在我市不同法院同时申请执行同一债务企业的案件，市中院要加强协调，统一执行工作措施，并注意做好执行和解工作，尽可能维持有发展前景的困难企业、劳动密集型中小企业的生存，避免因执行工作简单化而激化社会矛盾，防止因被执行企业可供执行财产的分配问题产生新的矛盾和冲突。

8. 讲究执行方式、方法，尽可能维持企业的生存。对涉案众多或个案执行金额较大的被执行企业，如尚有恢复清偿能力条件的，可通过以资产使用权抵债、债权转股权、资产抵债返租、整体承包经营、企业资产强制管理等执行方法，维持其一定的经营资产，帮助其逐渐恢复清偿能力。同时，要加大异地执行力度，穷尽执行手段，切实保障企业债权的实现。

9. 依法审理好公司清算案件。要按照公司法及其司法解释的规定，积极稳妥受理公司清算案件，平等维护债权人和股东合法权益，强化投资者的清算义务，依法追究怠于履行清算义务侵害债权人利益的投资者的民事责任，保障市场主体退出过程规范有序，促进市场法治环境的不断优化。

10. 妥善处理“弃企逃债”案件，促进社会稳定。一些企业尤其是中小企业资金链断裂后，企业主对企业经营丧失信心，纷纷“隐身”，有的弃企外逃。此类企业负债多、资产少，有的还拖欠众多职工工资，处理难度大。对此，要按照“预防在先、发现在早、教育在前、处置在稳”的原则，时刻关注企业主的动向，主动开展风险排查，对有可能“弃企逃债”的，依法及时采取保全措施，有效控制企业财产，并对有关人员依法采取边控等措施，最大限度地保护企业职工利益，最大限度地促进经济社会秩序稳定。

11. 依法受理、审理好企业破产案件。要充分发挥企业破产法公平保护各方利益主体、实现资源优化配置的作用。对于已经符合企业破产法规定的破产原因的企业，要根据当事人的申请依法及时启动强制清算和企业破产程序。对于有挽救希望的企业，鼓励运用破产重整、和解制度，尽可能维持有发展前景企业的生存，避免因企业倒闭破产带来大量职工下岗、银行债权落实、影响社会稳定等连锁反应。对于因产业结构转变且经营前景暗淡而必须破产的企业，要在保障公开、公正、合法的基础上，提高审判效率，降低破产成本。对拖欠职工工资、社会保险等问题较多、历史包袱沉重、挽救无望的企业，要根据新破产法的规定，优先保护职工债权。要支持管理人对破产企业债权的清收，追回破产企业转移、隐匿的资产，努力提高债权清偿率。

12. 加大对涉企犯罪案件的打击力度。要严厉打击侵占企业财产、扰乱企业生产经营秩序的犯罪活动；严惩生产、销售假冒伪劣产品犯罪，努力为企业发展营造良好的市场环境。

三、切实转变审判作风，主动提供法律服务，促进企业发展

13. 建立法院与骨干、劳动密集型企业信息沟通机制。全市两级法院要成立与骨干企业、劳动密集型企业信息沟通领导小组，确定一名领导班子成员为组长，并明确日常负责信息沟通的部门，指派专人担任信息员。每半年举办一次座谈研讨会，邀请辖区骨干、支柱企业负责人，政府主管部门负责人参加，共同研究企业发展中出现的热点、难点法律问题，探讨防范和化解诉讼风险的对策。具体负责的部门要与支柱、骨干企业开展经常性的信息交流活动，及时通报企业所需的典型案例、新实施的法律等情况，帮助协调化解企业发展中遇到的矛盾纠纷。

14. 广泛开展“送法进企”活动。两级法院要与本辖区企业建立良好的联系机制，主动帮助企业消除纠纷隐患，及时化解矛盾；要定期或不定期地为企业员工讲授法律知识，提供法律咨询服务；要选择涉企典型案例编集成手册或光盘，发送给企业作为法治宣传的教

材；要帮助企业完善合同管理，每当企业遇到签订大额合同、与他人合作联营等重大事项，主动为企业“号脉开方”，评估市场法律风险，从源头上防范纠纷发生。

15. 深入企业开展调研活动，为企业发展建言献策。两级法院各级领导和广大干警要深入不同所有制、不同类型、不同规模的企业，调研企业在金融危机发生后产生的法律及经营管理等方面的问题，结合司法实践经验，就依法治企、规范员工管理、预防诉讼风险等提出有针对性的司法建议。

16. 探索建立涉企债权债务纠纷协商建议书制度，力求诉前化解纠纷。为不影响债权企业与合作方（债务人）的正常经济交往，保持双方良好的合作关系，当双方产生债权债务纠纷后，法院立案部门经初步审查认为，双方债权债务关系明确，可应债权企业一方的申请，在立案前先向债务人下达债权债务协商建议书，建议与债权企业协商解决争议，如协商不能正式进入法定程序。

17. 切实转变审判作风。要有效克服“坐堂问案、高高在上”的衙门作风，大力实行“马锡五审判方式”，预约开庭、现场调查、就地审理、诉讼指导、司法救助等便民措施；有效克服“冷、横、硬、推、拖”的官僚习气，大力提倡“说话和气、待人真诚、办事公道、工作快捷”的亲民之风；有效克服“不给利益不办事、给了利益乱办事”的不作为、乱作为现象，坚决杜绝违法超审限、违法中止执行、随意发回重审、徇私枉法等现象，全力为企业发展提供公正、高效、周到的法律服务。

18. 严肃审判工作纪律。两级法院各级领导和广大干警要恪守最高法院“五个严禁”和省委政法委“四条纪律”；不得以服务或办案为名，向企业吃拿卡要、乱摊派；坚决防止因法院工作不慎、裁判不当、作风不正、措施不力，而妨碍企业正常生产，形成社会热点、造成工作被动、导致社会不满，甚至制约经济社会发展。否则将依法依纪严肃追究有关责任人员的责任。

四、借助社会力量，整合各种资源，齐心协力为企业排忧解难

19. 积极争取党委、人大及政府的领导、监督和支持。因金融危机引发的涉企案件，往往影响大、牵扯广、处理难，而且极易引发群体上访事件，这就需要两级法院在审理执行此类案件时，加强与党委、人大、政府的沟通交流，寻求支持，形成处理矛盾的合力。必要时可建议由党委政府牵头，成立包括法院等有关部门在内的涉企纠纷处理应急工作领导小组，及时协调和解决涉企案件审判执行中出现的疑难、复杂问题，有效预防群体上访事件。

20. 与政府及相关部门建立涉重点企业、重点项目的重大纠纷协调会商制度。对辖区重点企业、重点项目产生的事关经济结构调整、产业升级的重大矛盾纠纷，法院接到有关通报或受理案件后，要主动协调政府及相关部门，充分运用经济、行政、法律等综合手段，尽可能以和解的方式予以妥善处理，避免对辖区经济发展和社会稳定产生“震荡”。

21. 努力发挥基层调解组织的作用。大力延伸矛盾处理的链条，善于挖掘村委会、居委

会、企业工会在调处纠纷方面的潜力，力求把大量矛盾纠纷化解在基层、化解在初始。指导基层不断完善人民调解组织，定期对人民调解员进行培训，选派调解经验丰富的法官针对当前高发的涉企纠纷进行经验传授，提高人民调解组织化解纠纷的能力。要注重人民调解与司法调解的有效衔接，对于人民调解组织调解成功的案件以法院裁判文书的形式对其效力及时予以确定；对于调解不成功的案件要及时转入诉讼程序。

22. 建议劳动行政管理部门规范企业对农民工工资的发放，切实防止劳资争议发生。因我市劳务市场还不完善，管理成熟的劳务公司很少，大部分企业的劳务分包普遍通过包工头承包劳务，企业通常将农民工工资全部交给包工头，然后再给农民工。如果包工头截留或克扣，很容易引发劳资争议，给社会稳定造成隐患。为此，要建议辖区劳动行政管理部门向全市企业推广秦皇岛海三金屋集团的农民工工资发放管理模式，避免损害农民工权益情况的发生。

23. 与媒体联手，有效发挥法治宣传的作用。加强与报刊、电视台等媒体的联系，形成强大的舆论联动机制。对于审理的具有典型意义的涉企案件，尤其是社会各界关注、影响广泛的群体性案件，在不违反有关规定的前提下，通过法官说法、疑案解析的形式及时向社会公布，起到“审结一案、教育一片”的作用，提高同类纠纷当事人对司法裁判的预见性，避免矛盾的进一步升级，促进纠纷的有效化解。

河北省秦皇岛市中级人民法院关于完善“三位一体”调解体系建设，进一步加强司法调解工作的指导意见（试行）

（2009年7月30日市中院第23次审委会讨论通过）

为认真贯彻落实省委政法委《关于深化“三位一体”调解工作，推进执法质量建设的意见》，按照省法院的要求和部署，充分发挥人民法院的诉讼调解工作在多元化纠纷解决机制中的重要作用，坚持司法为民，提高案件质量，减少涉法涉诉上访，维护社会和谐稳定，根据当前审判工作面临的形势和要求，依照相关法律、法规和司法解释的有关规定，结合我市法院审判工作实际，制定本指导意见。

一、明确指导思想，正确把握调解的基本原则

1. 指导思想。深入贯彻落实科学发展观和人民法院坚持“三个至上”的指导思想，践行“为大局服务，为人民司法”的工作主题，坚持社会主义法治理念，整合社会资源，创新工作机制，努力形成以诉讼调解为核心、各种机制之间衔接配合的多元化纠纷解决机制，提高审判质量、提升群众满意度、降低涉法涉诉信访，及时化解各类矛盾纠纷，维护社会和谐稳定。

2. 基本原则。合法原则，调解不得违反国家法律法规的禁止性规定，避免违法调解，防止利用调解规避法律，损害国家利益、社会公共利益和第三人利益；自愿原则，自愿是调解的前提，是当事人处分自己权利的基础，要坚决防止违背当事人的真实意思表示而强迫调解，甚至久调不决问题；调解优先原则，倡导有案必调，先调后判，多调少判，能调不判，实现诉讼调解的独立价值；调判结合原则，认真贯彻“能调则调、当判则判、调判结合、案结事了”的原则，防止以调代判、久调不决、久拖不结；即时履行和便于执行原则，注重调解内容的实际履行和全面履行，尽量实现即时履行，不能即时履行的，应充分考虑案件进入执行程序后履行的现实性和可能性；廉洁和中立原则，调解人员应清正廉明、居中调解、讲法释理，以赢得当事人信任，促成和解。

二、整合社会资源，逐步完善“三位一体”调解体系建设

3. 积极参与“三位一体”调解体系建设，促进矛盾纠纷的多元化处理。坚持党委领导，加强与政府及司法行政部门和行政执法部门的沟通与联络，既要发挥司法调解的优势，又要与人民调解、行政调解在机构人员、工作机制、调解程序、协议效力等方面的衔接、协调和配合，最大限度地弥合社会关系，降低诉讼成本，节省司法资源。

4. 认真贯彻落实市中院《关于加强司法调解与人民调解、行政调解衔接配合的意见》，不断丰富、完善各级、各类调解组织的联络员制度、指导员制度、联席会议制度、诉前劝导制度、委托调解制度、邀请调解制度、人民陪审员参与调解制度以及对调解协议的司法确认等内容，及时总结经验，弥补差距不足，力争在体制机制、方式方法、程序衔接等方面有所创新。

5. 构建基层调解组织网络。建立以基层法庭为中心，以乡镇调解中心、各村（居）调解委员会、各组调解员为基本点的基层调解组织网络，依托乡镇司法所、综治办、乡村民调小组等社会力量，为当事人提供便捷、高效的司法服务。

6. 积极探索“调解窗口”建设。推广海港区长城法庭的经验，全市法院可在立案庭设立“人民调解工作室”，聘请特邀调解员，对婚姻家庭纠纷、轻微伤害案件及法律关系明确的债权债务纠纷等开展诉前调解。同时吸纳社会各界力量参与法院各类案件的审中和审后调解、协调。通过以法院指导，法官主导，人民调解、行政协调、社会团体、行业协会、律师及专业技术人员共同参与的调解方式，实现诉外调解与诉内调解的“无缝对接”。

7. 积极主动服务，延伸司法功能，妥善处理和化解全市经济社会发展中出现的各类矛盾和纠纷。要以专门的体制机制为保障，以服务大局为己任，对“三年大变样”及国家重点项目建设涉及的征地、拆迁问题，对因国际金融危机引起的企业借贷问题、劳动争议问题等重大、疑难、群体性事件，提前介入，当好党委、政府的参谋，与其他相关部门一起做好沟通、梳理、安置和协调工作，最大限度地减少影响重大、社会反映强烈的热点、难点及敏感性问题进入司法途径解决。

8. 完善对相关民调组织调解协议的司法确认。人民法院立案前，经人民调解、行政调解及人民法院认可的其他特定调解组织和调解人员的调解，当事人达成协议但请求人民法院出具诉讼调解书确认司法效力的，应当予以立案，根据最高法院《关于审理涉及人民调解协议的民事案件的若干规定》，依法确认调解协议内容，以法院名义出具调解书。

三、明确目标任务，进一步提高诉讼调解能力

9. 落实岗位目标责任，确保硬性指标完成。各县区法院及市中院各部门在努力实现岗位目标责任状所规定的各项调解数据外，必须完成以下指标：市中院民商事案件一审调撤率不低于 60%，二审调撤率不低于 20%；有财产可供执行的案件执行和解及撤回执行申请的比例不低于 30%；刑事自诉案件、刑事附带民事案件调撤率和行政诉讼案件的和解、撤诉率不低于 20%。各县区法院民商事案件一审调撤率不低于 70%；有财产可供执行的案件执行和解及撤回执行申请的比例不低于 40%；刑事自诉案件、刑事附带民事案件调撤率和行政诉讼案件的和解、撤诉率不低于 50%。市中院要进一步完善考评机制，督促两级法院加强调解工作，确保指标任务落实。

10. 实行全员、全程、全方位调解。全市法院要将调解置于诉讼过程中的每一个环节，实现调解人员和调解手段的全程覆盖，最大限度地提高调解成功率。在案件的立案、一审、二审、申诉、再审等不同诉讼阶段，在民事、刑事、行政、执行等不同工作环节，开展环环相扣的全方位、多层次的调解工作；还可以根据具体情况进行调解主体的梯次变化，书记员、人民陪审员、主审法官、合议庭成员、庭长、主管副院长、院长都应成为案件调解的主体，实现以调解为手段，化解矛盾纠纷，达到案结事了的终极目标。

11. 探索多调少判、能调不判的工作机制，倡导基层法庭“零判决”模式。对婚姻家庭、邻里纠纷及一般性侵权、法律关系明确的债权债务或小标的额案件，要尽最大努力以调解方式结案，实现“一审终局”，以节约司法资源，并实现案结事了。要充分发挥基层法庭“人缘、地缘”熟络的优势，把握基层纠纷简易的基本特点，激发基层法庭的调解工作热情，除法律规定必须以判决方式结案的以外，力争全部实现调解结案。

12. 坚持巡回调解制度。要实现便民利民诉讼与案件审理效果有机的结合，在乡村、社区、企业设立巡回调解点，或针对涉及民生及社会稳定的案件，深入案发地，采取定期或随机的方式，与当地基层组织或相关人员密切配合，进一步将调解工作重心下移，贴近基层、贴近群众、贴近当事人，提高调解成功率，及时化解矛盾纠纷。

13. 深化诉前调解、诉前和解制度。推广昌黎县法院经验，对到法院起诉的当事人，宣传法治、弱化对立、提示风险、防止激化、鼓励协商、降低对抗，以完备的劝解、和解机制，实现案件分流，节约司法资源。

14. 加大庭前调解力度。在庭前准备阶段，承办法官或承办法官委托的法官助理、书记员要根据案件的具体情况，充分利用送达诉讼文书、诉讼保全、证据交换、庭前会议等形式，引导当事人对案件的争议焦点、证据情况、对方态度形成基本认识，利用庭前准备的宽松气氛，尽量调解或和解化解纠纷，避免因庭审中正面对抗而引发情绪对立。庭前调解时应依法尊重当事人的实体权利处分权，不必过分强调“事实清楚、分清是非”的原则。

15. 加大庭审调解力度。在依法开庭审理案件中，要灵活运用开庭审理过程中的调解程序，让双方当事人充分表达自己的观点和主张，引导和鼓励双方当事人在庭上达成调解协议。对按照普通程序审理的案件，要注重发挥合议庭的集体力量和智慧，共同参与调解，对重大疑难复杂或社会敏感性强的案件，要由庭长、院长担任审判长参加庭审和调解，力争把诉讼对抗降到最低。调解结案的案件原则上应由承办法官或合议庭负责执行。

16. 加大判前调解力度。对于经过开庭审理的案件，要利用当事人对事实、法律争点及诉讼结果判断更合乎理性的特点，依法向当事人作出风险提示，降低当事人的诉讼预期，不失时机地做好调解工作，以提高服判息诉率，缓解执行压力。对一些判后可能导致矛盾激化的案件，要及时向院、庭长报告，逐案做好涉诉信访可能性评估，对有信访可能性的案件，要及时协调有关部门制定切实可行的稳控方案。

17. 加大执行和解力度。要把调解和协调工作贯穿于执行各环节，对穷尽一切执行措施仍不能执行或不能完全执行的案件，主动向申请执行人通报情况，积极促进当事人各方达成和解，避免引发涉及执行的信访上访问题，但不得违背申请执行人意愿，以牺牲申请执行人利益的方式促成和解。要积极探索执行和解协议反悔制约机制，人民法院依法撤销对被执行人财产的查封、扣押、冻结等强制措施的，应征得申请执行人的同意，同时要加强执行和解协议审查力度，防止被执行人借执行和解之机隐匿、转移财产，销毁执行证据，人为造成信访上访。

18. 加大申请再审案件的调解力度。要克服畏难情绪，针对受理审查和再审阶段双方当事人对立情绪较为激烈的特点，因人而异、因地而异、因案而异，有的放矢进行调解，尽可能通过调解实现息诉罢访，必要时可以邀请主管院领导或原审承办人共同参与调解。要增强稳定意识、责任意识，对再审后依法予以改判，或者依法维持原生效裁判的案件，都要及时与原审法院沟通，共同做好败诉方或双方的息诉服判工作，切实解决重信重访问题。

19. 加大申诉信访案件调解力度。坚持和完善领导干部“大接访”机制，继续推行领导包案的做法，通过就地接访、定期接访、带案下访、领导约访等形式，尽量通过调解、协调的方式，切实解决涉诉信访案件，最大限度减少社会不稳定因素。要畅通领导干部接访渠道，要坚持院领导接访制度，对能够解决的要及时协调有关部门解决，对不能解决的要做好当事人的情绪疏导工作，尽最大努力息诉罢访。

20. 加大民商事案件调解力度。除依据案件性质不能进行调解的民商事案件以外，对于其他有可能通过调解解决的民商事案件，一律优先调解。要重点做好因金融危机引发的劳动争议、金融借贷、土地流转以及征地拆迁等民商事案件的调解工作，让有发展前景、一时经济困难的企业渡过难关，让下岗职工、农民工等社会弱势群体最大限度地实现自己的合法权益，把经济形势变化对当事人生产、生活的影响降到最低。

21. 加大刑事自诉案件和其他轻微刑事案件调解力度。人民法院应当坚持“调解优先、教育为主”的原则，把教育疏导工作贯穿审理刑事自诉案件以及其他轻微刑事案件的始终，从“法、理、情”的角度，着力做好双方当事人的思想疏导工作，尽量以调解、和解的方式结案，力争一审终了，及时化解矛盾。针对事实不清、证据不足，不符合立案条件的案件，要积极引导当事人进行举证，在一定时间内仍不能举证的，要做好自诉人的思想工作，说服当事人撤诉或依法驳回起诉。

22. 加大刑事附带民事案件的调解力度。在刑事附带民事诉讼案件调解过程中，承办法官既要熟悉案情，又要掌握附带民事诉讼原告人及被告人的家庭状况、心理状态及经济能力，耐心细致地做好法律释明和风险提示工作，使当事人对判决结果和诉讼风险有合理的心理预期，引导当事人各方达成调解协议。要注重发挥一审法官在附带民事案件调解中的作用，确保矛盾不扩大、不激化、不上交，把矛盾解决在基层、化解在萌芽。

23. 加大行政案件的协调力度。在行政诉讼案件中，要注重保护行政相对人的合法权益，对于被诉具体行政行为违法或明显不当的，可以根据案件的具体情况，建议行政机关改变具体行政行为，主动赔偿原告的损失，行政相对人同意后可准予撤诉。承办法官要加强与行政机关的沟通，做好诉讼风险提示，防止出现因行政机关不应诉、不举证、不出庭，而损害国家、集体和社会公共利益，造成难以挽回的损失。

四、强化组织领导，建立多元化纠纷解决保障机制

24. 加强组织领导，确保调解工作取得实效。全市两级法院的一把手是“三位一体”调解工作的第一责任人，对辖区或部门系统“三位一体”调解工作负总责；两级法院都要确定一名院领导专门负责“三位一体”调解工作各项制度和措施的落实；按照“一岗双责”的原则，其他党政领导班子成员在抓好业务工作的同时，负责抓好分管方面的调解工作。

25. 加强物质保障，确保调解工作的正常开展。调解工作的复杂性与艰巨性，不可避免地造成办案成本的加大。全市两级法院要加强对调解工作经费的保障，在物力、财力等方面给予支持和倾斜，以激发法院、法官调解工作的积极性。

26. 加强指导协调，确保调解能力全面提升。市中院要加强对各县区法院调解工作的指导，定期或不定期召开全市刑事、民事、行政及执行工作调解、协调、和解工作会议，相互沟通、交流、学习、总结调解工作经验，分析审判形势，对调解工作中的难点、盲点、热点、焦点问题进行集中研究，分析原因，制定对策，最终形成对全市法院调解工作的指导性意见，确保调解能力的全面提高。

五、加强调研培训，建立调解工作的长效机制

27. 将调解工作纳入年度培训计划，建立调解培训的常态化机制。全市两级法院的政工部门要把法官的调解能力作为提升法院、法官司法能力的重要抓手，详细周密地制定培训计划，采取专家讲座、经验交流、巡回宣讲、定期培训、选树典型等方式，建立长效机制，全面提高调解主体的技能和水平。

28. 加强对调解工作的调研力度，促进调解工作贴近实际。全市两级法院要将司法调解制度的研究纳入发展规划，并作为法院文化建设的重要内容。要由院领导主抓，专职调研部门协调，相关审判业务部门进行配合，对审判执行调解工作中出现的新情况、新问题，有针对性开展调查研究，不断总结经验，创新方式方法。

六、完善奖惩机制，促进调解工作的深入开展

29. 建立调解激励机制，调动法院、法官调解工作的积极性。要把调解工作与司法评估工作相结合，加大调解率和息诉服判率在司法评估各项指标中的权重，作为衡量案件质量

的重要标准；要把调解工作与队伍建设相结合，将调解率作为法院评先选优、晋职晋级、选拔任用的重要依据；要把精神激励与物质奖励相结合，对调解结案率高的法院和法官，除评选调解能手、记功等精神鼓励外，还应给予适当的物质奖励。

30. 完善刚性问责制度，加大责任追究力度。调解结案率的高低，是衡量法院审理案件实现法律效果与社会效果统一的重要标准，也是评价法院领导、评判法院工作的一个重要指标。对不能完成硬性指标数据的单位和部门，年底将实行“一票否决”。对于能调不调，或因调解不当出现问题而导致重大影响事件、群体性事件发生的，要依法依纪严肃查处。

河北省秦皇岛市中级人民法院
关于提高审判质量，减少发回改判案件的若干意见
（试行）

（2009 年 7 月 30 日市中院第 23 次审委会讨论通过）

为加强审判管理，提高案件质量，降低案件的发回、改判率，确保“审判质量年”活动取得实效，根据法律及相关司法解释的有关规定，结合本市法院实际情况，制定本意见。

一、强化程序意识，实现程序公正

1. 一审法院审理民事案件，应认真审查原被告双方提供的各种材料和证据，充分做好开庭前的各种准备工作。同时应结合当事人的诉讼请求，对原被告的身份进行核对确认，防止错列当事人，及时追加必须参加诉讼的当事人到庭应诉。

2. 审判人员应综合原告起诉的事实、证据以及被告答辩的事实和证据，全面准确确定当事人诉争的焦点，被告人提起反诉的，应与本诉合并审理。针对案件的全部事实和当事人的请求，全面作出裁判，防止漏审、漏判。

3. 一审法院立案庭根据案件事实，准确确定案由。审判人员根据案由和当事人的诉请，准确适用法律。经审理发现案件事实可能超出当事人的诉请时，应及时向当事人释明，告知其增加诉讼请求。当事人拒不采纳的，法院应针对其诉请作出裁判，避免超诉请裁判。

4. 严格遵守诉讼法、《人民法院组织法》以及《法官法》中关于审判人员的回避制度。审慎对待当事人提出的回避申请，法官从人民法院离任后二年内，不得以律师身份担任诉讼代理人或者辩护人；法官从人民法院离任后，不得担任原任职法院办理案件的诉讼代理人或者辩护人；法官的配偶、子女不得担任该法官所任职法院办理案件的诉讼代理人或者辩护人。

5. 案件事实的确定需以审计、鉴定、评估结论为依据的，应依照《最高人民法院关于民事诉讼证据的若干规定》的有关要求，由双方当事人协商确定有鉴定资格的鉴定机构、鉴定人员，协商不成的，由人民法院指定对审计、鉴定、评估机构资质的审查，应以省高级人民法院编制的名册为依据。

二、深化调解工作，力争全面提高

6. 严把立案关，准确确定案由。要严格按照立案标准把关审核，防止不属人民法院管辖的矛盾纠纷进入诉讼环节，防止恶意诉讼，逃避法律责任，损害公共或他人利益。要严格审查案件事实，准确确定案由，防止因案由变更引起的矛盾纠纷，防止因案由不当导致裁判出现偏差。

7. 建立健全诉前调解、诉前和解的机构机制。设立诉前调解庭，立案调解窗口，完善诉前调解联络员制度，深化“三位一体”调解体系建设。加大诉前调解、诉前和解工作力度，力争将矛盾和纠纷解决在诉前。节约审判资源，减轻当事人诉累。

8. 完善“能调不判、多调少判”的长效工作机制。在案件审理过程中，穷尽方式方法，畅通多种渠道，利用各种资源，采取多种手段，最大限度地以调解方式结案，实现“案结事了”。

9. 审判执行过程中，依法做好民商事案件、告诉才处理的刑事案件、被害人有证据证明的轻微刑事案、刑事附带民事案件的调解工作；依法做好行政案件的协调和执行案件的和解工作。以审判质量管理为手段，根据案件的不同审级、不同类型，分别量化指标，纳入考核范围。

三、加强审判管理，确保案件质量

10. 建立和不断完善案件流程管理、审判绩效考评、案件质量评查、干警司法档案等制度，以专项审判管理手段对审判的全过程实行全方位、无缝隙的监督和控制。实现评优与评差相结合、奖励与问责相结合，将考核的各类指标与结果作为干警评先选优、晋职晋级的重要依据。

11. 认真贯彻落实《秦皇岛市中级人民法院关于进一步规范庭审活动的规定（试行）》。提高庭审能力，准确把握案件事实、全面归纳争议焦点，主动引导当事人举证、质证，力争当庭查清事实，并予以确认。

12. 进一步增强裁判文书写作的责任意识和质量意识。以端正的态度、负责的精神、求精的理念，按照《秦皇岛市中级人民法院关于规范裁判文书制作的实施意见（试行）》的要求，切实增强裁判文书的全面性、规范性、通俗性、逻辑性以及说理性，让当事人通过裁判文书直观了解法院对事实、证据的分析与认定，对适用法律的解释与说明，进而通过裁判文书促使当事人息诉服判。

13. 强化案件质量意识，加大对案件的监督、检查和处理的力度。认真贯彻落实《河北省高级人民法院案件质量监督评查办法（试行）》，采取定期抽查、重点评查和专项检查相结合的方式，由案件质量监督评查部门对已审结、已执结的各类案件进行全方位、深层次的审查与梳理。尤其是对当事人多次上访、申诉，上级法院发回重审、改判以及本院再审改判等重点案件，审判工作管理部门要加大评查的力度。按照《案件质量监督评查办法》规定的程序，客观地界定被评查案件是否存在差错、差错的性质并确定相关责任人，按照该办法的规定对相关责任人予以处理。

四、建立重大疑难案件汇报备案制度，完善统一协调机制

14. 重大疑难案件是指涉及国家安全和国家利益的案件；案情复杂，上下级法院意见和

观点分歧较大的案件；在当地群众中反映强烈、影响面广、涉案人数较多、处理不当可能引起社会不稳定因素的案件；中央、省、市级党政机关批办协调的案件；新闻媒体、互联网、社会各界关注的案件以及其他在社会上有重大影响的案件。

15. 各县区法院应建立重大疑难案件、新类型案件的汇报备案制度。各基层法院在日常的审判执行工作中，如果遇到上述案件，认为法律规则不明、经验相对匮乏、社会关注度高，处理不当可能引起不稳定问题，应经基层法院审判委员会讨论，拿出案件初步的处理结果和意见，向市中院汇报备案。

16. 建立重大疑难案件法律适用研究指导小组。对于占发回、改判案件80%的土地承包、村民待遇、交通肇事、劳动争议、矿产纠纷、故意伤害、群体性纠纷以及违约金等重点案件，逐一建立法律适用研究指导小组，由主管副院长任组长，有关庭长任副组长，中院和基层法院理论素养较高、审判经验较丰富的人员为成员。采取调查分析、研究讨论、学习外地经验、汇报沟通等方式，逐步形成统一的审判理念、统一的指导思想、统一的裁判标准。

17. 建立重大疑难案件审判执行统一协调机制。市中院对于不同地区、不同审级以及同一法院不同部门之间受理的性质相同的重大疑难、新类型案件，由各类不同案件的研究指导小组统一指导，集中协调、集中判决、协调执行。避免各地法院针对性质相同案件出现裁判标准不统一，以及针对同一被执行人的多个案件在执行中出现矛盾和冲突的现象。

五、加强对下指导，促进共同提高

18. 市中院通过审理二审案件实现对基层法院的个案指导，是法定的职责和义务。因此，二审法院除进行询问当事人、开庭、阅卷工作外，应加强与原审法院的沟通联系，了解案件之外的风俗习惯、社情民意等社会背景，必要时到案发地或矛盾纠纷产生地，勘查现场，与群众座谈，认真听取人民群众对案件处理的意见和建议，确保案件的社会效果。发回重审的案件，应将明确的意见以确定的语言在发回提纲中列明。不能以简单的“事实不清、证据不足”或“加大调解力度”为理由发回重审，导致原审法院难以把握。二审改判的案件，应将改判的理由在判决中详细阐述和说明，以便两级法院共同做好当事人的判后答疑、息诉服判工作。

19. 加强业务交流，发挥“案例”指导作用。要建立两级法院审判业务交流机制。针对一个时期审判工作中突出的共性问题，中院各业务部门采取定期或不定期地召开座谈会或案例分析会等形式，分析原因，统一思想，制定措施，共同促进全市两级法院审判质量的提高。尤其针对重大疑难案件或新类型案件，中院应认真总结，及时归纳。经审判委员会讨论后，以《审判委员会通报》的形式发布，以指导全市法院的审判实践，统一全市法院的裁判标准。

20. 坚决防止因人情等因素造成的发回、改判。市中院各业务庭要严格把握发回、改判的统一标准，坚决防止因人情因素、回避矛盾或其他非法因素造成的发回、改判。

六、开展调查研究，总结审判经验

21. 中院各业务部门要加强对审判工作中法律适用疑难问题的调查研究，根据经济社会发展形势的新变化，从人民群众日益增长的司法需求出发，及时总结审判经验，提出相应的对策。

22. 中院审判工作管理办公室要在日常审判管理及案件评查中，针对两级法院在审判中存在的共性问题，以及在审判工作中出现的各种新情况和新问题，深入开展调查研究，分析问题原因症结，制定整改制度措施，向领导及有关部门提出意见和建议。

河北省秦皇岛市中级人民法院
关于加强审判管理，确保案件质量的实施意见

（2009年）

为进一步提高全市法院审判、执行案件的质量和效率，不断健全和完善全市法院审判管理工作机制，增强司法能力，提升司法水平，努力树立新时期人民法院公正、高效、权威的司法形象，为建设沿海经济社会发展强市提供有力司法保障，经中院党组研究决定，制定本实施意见。

一、指导思想

以“三个代表”重要思想为指导，以科学发展观为统领，以司法为民、司法便民、司法护民为宗旨，深入贯彻落实党的十七大、省委七届四次全会和市委十届五次全会精神，紧紧围绕党委工作大局，积极践行“党的事业至上、人民利益至上、宪法法律至上”的指导思想，按照最高法院、省法院的工作方针和工作部署，不断加强和改进法院工作，切实强化审判工作管理，努力提高案件质量，充分发挥审判职能作用，为建设“宜居宜业宜游、富庶文明和谐”的新秦皇岛提供坚强有力的司法保障和优质高效的司法服务。

二、目标任务

要通过加强审判管理，进一步加强法院自身建设，努力实现审判工作的科学化、规范化；要通过加强审判管理，全面提升广大干警的政治业务素质，最大限度地遏制司法不公、效率不高、作风不正、态度不好等人民群众反映强烈的问题，最大限度地实现发还改判率、超审限率、案件未执结率、涉诉信访案件数量及干警违法违纪率下降，最大限度地实现调撤率、服判息诉率、实际执结率、执行到位率和公众满意度上升，最大限度地增加社会和谐因素，最大限度地减少社会不和谐因素；要通过加强审判管理，切实增强广大干警的大局意识、责任意识、质量意识和效率意识，坚持党的事业至上、人民利益至上、宪法法律至上，始终做到党在心中，人民在心中，法律在心中，正义在心中，努力实现案件法律效果和社会效果的有机统一，使全市法院建成队伍清正廉洁、司法公正高效、决策科学民主、党和人民满意的一流审判机关。

三、方法措施

（一）加强政治理论和业务学习，不断夯实干警的思想和业务理论基础

要组织干警认真学习邓小平理论和“三个代表”重要思想，深入贯彻落实科学发展观，牢固树立“三个至上”指导思想，确保人民法院执法办案的正确政治方向。要紧密联系法

院工作实际，深入开展业务理论学习活动。要创新学习方式，采取集中培训、专题研讨、案例分析、旁听评议等多种形式，寓学于教、寓教于学；要丰富学习内容，不仅学习旧法律法规，更要加强对新颁布法律、法规、司法解释的学习；要结合本地区、本部门工作实际学习，注重对当前形势和突出问题的研究，增强司法应对能力，不断提高广大干警的政治理论水平、法学素养和司法实践能力。

（二）建立和完善科学的审判管理工作机制，促进审判执行工作管理的科学化、规范化

建立健全审判管理制度。要健全审判流程管理制度，全市两级法院都要安装并运行审判流程管理软件，切实做到统计数据报表的自动提取和生成，杜绝手工填报，确保统计工作的科学性和真实性。要健全审判质量评估制度，通过设置科学的指标评估体系，明确案件质量考核标准，实现对案件质量评价的精确量化，切实发挥其规范作用和激励作用。要建立案件定期评查制度，制定规范的评查程序和评查范围，并与案件责任追究制度相衔接，切实实现案件评查制度的目的。

明确科学的审判管理职责。依照审判权的运行规律，在各个审判管理主体之间合理分配审判管理职责，形成各个审判管理主体相互配合、相互促进、相互制约的科学审判管理模式，使审判管理真正成为审判质量长效机制的有力抓手。

（三）明确案件质量的考核标准，全面实现案件质量量化管理

首先，两级法院从事审判执行工作各部门必须达到全年干警无违法违纪、无“两错”案件、无非正常越级上访、无超审执限案件“四无指标”。市中院根据《最高人民法院关于开展案件质量评估工作的指导意见（试行）》，结合我市两级法院审判工作实际，制定如下考核标准：

1. 市中院各审判庭业务考核指标

（1）刑一庭

a. 结案率应达到 100%；

b. 发改率不超过 20%；

c. 申诉率不超过 0.6%；

d. 刑事附带民事案件调处率应达到 35% 以上。

（2）刑二庭

a. 结案率应达到 100%；

b. 申诉率不超过 0.5%；

c. 刑事附带民事案件调处率应达到 35% 以上。

（3）民一庭

a. 一、二审案件结案率应达到 99%；

b. 一审案件发改率不超过 30%；

c. 一、二审案件调撤率应分别达到 30%、15% 以上;

d. 申诉率不超过 0.7%。

（4）民二庭

a. 一、二审案件结案率应分别达到 95%、98%；

b. 一审案件发改率不超过 30%；

c. 一、二审案件调撤率应分别达到 20%、10% 以上;

d. 申诉率不超过 0.7%。

（5）民三庭

a. 一、二审案件结案率应分别达到 95%、98%；

b. 一审案件发改率不超过 30%；

c. 一、二审案件调撤率应分别达到 30%、15% 以上;

d. 申诉率不超过 0.7%。

（6）民四庭

a. 结案率应达到 98%；

b. 案件调撤率应达到 10% 以上;

c. 申诉率不超过 0.7%。

（7）行政庭

a. 一、二审案件结案率应分别达到 100%、98%；

b. 案件协调和解应达到 8%；

c. 申诉率不超过 0.7%。

（8）执行庭

a. 新收案件执结率应达到 96%；

b. 清积活动“六类”案件执结率应达到 95%；

c. 执行和解率应达到 30% 以上;

d. 申诉率不超过 0.7%。

（9）立案庭

a. 结案率应达到 98%；

b. 诉前和解与立案调解率应达到 10% 以上;

c. 申诉率不超过 0.7%。

2. 海港区法院审判工作考核指标

（1）各类案件总结案率应达到 96%；

（2）清积活动“六类”案件执结率应达到 95%；

（3）执行案件总执结率应达到 88%；

（4）民事案件调撤率应达到 71% 以上；

（5）刑事附带民事案件调解率应达到 95% 以上；

（6）行政案件协调和解率应达到 50% 以上；

（7）一审案件服判息诉率应达到 90%；

（8）上诉率不超过 7%；

（9）人均结案数达到 98 件以上；

（10）上级交办涉诉信访案件办结率应达到 100%；

（11）各类案件发回改判率不超过 20%。

3. 北戴河区法院审判工作考核指标

（1）各类案件总结案率应达到 99%；

（2）清积活动“六类”案件执结率应达到 95%；

（3）执行案件总执结率应达到 90%；

（4）民事案件调撤率应达到 75% 以上；

（5）刑事附带民事案件调解率应达到 80% 以上；

（6）行政案件协调和解率应达到 75% 以上；

（7）一审案件服判息诉率应达到 92%；

（8）上诉率不超过 8%；

（9）人均结案数达到 45 件以上；

（10）上级交办涉诉信访案件办结率应达到 100%；

（11）各类案件发回改判率不超过 20%。

4. 山海关区法院审判工作考核指标

（1）各类案件总结案率应达到 100%；

（2）清积活动“六类”案件执结率应达到 95%；

（3）执行案件总执结率应达到 90%；

（4）民事案件调撤率应达到 75% 以上；

（5）刑事附带民事案件调解率应达到 100%；

（6）行政案件协调和解率应达到 80% 以上；

（7）一审案件服判息诉率应达到 100%；

（8）上诉率不超过 4%；

（9）人均结案数达到 90 件以上；

（10）上级交办涉诉信访案件办结率应达到 100%；
（11）各类案件发回改判率不超过 20%。
5. 开发区法院审判工作考核指标
（1）各类案件总结案率应达到 98.50%；
（2）清积活动“六类”案件执结率应达到 100%；
（3）执行案件总执结率应达到 90%；
（4）民事案件调撤率应达到 78% 以上；
（5）刑事附带民事案件调解率应达到 95% 以上；
（6）行政案件协调和解率应达到 50% 以上；
（7）一审案件服判息诉率应达到 95%；
（8）上诉率不超过 7%；
（9）人均结案数达到 65 件以上；
（10）上级交办涉诉信访案件办结率应达到 100%；
（11）各类案件发回改判率不超过 20%。
6. 抚宁县法院审判工作考核指标
（1）各类案件总结案率应达到 99%；
（2）清积活动“六类”案件执结率应达到 96%；
（3）执行案件总执结率应达到 90%；
（4）民事案件调撤率应达到 70% 以上；
（5）刑事附带民事案件调解率应达到 85% 以上；
（6）行政案件协调和解率应达到 50% 以上；
（7）一审案件服判息诉率应达到 93.45%；
（8）上诉率不超过 6.55%；
（9）人均结案数达到 70 件以上；
（10）上级交办涉诉信访案件办结率应达到 100%；
（11）各类案件发回改判率不超过 20%。
7. 昌黎县法院审判工作考核指标
（1）各类案件总结案率应达到 95%；
（2）清积活动“六类”案件执结率应达到 96%；
（3）执行案件总执结率应达到 93.50%；
（4）民事案件调撤率应达到 71% 以上；
（5）刑事附带民事案件调解率应达到 90% 以上；

（6）行政案件协调和解率应达到 50% 以上；

（7）一审案件服判息诉率应达到 93%；

（8）上诉率不超过 9%；

（9）人均结案数达到 70 件以上；

（10）上级交办涉诉信访案件办结率应达到 100%；

（11）各类案件发回改判率不超过 20%。

8. 卢龙县法院审判工作考核指标

（1）各类案件总结案率应达到 98.50%；

（2）清积活动“六类”案件执结率应达到 100%；

（3）执行案件总执结率应达到 80%；

（4）民事案件调撤率应达到 71% 以上；

（5）刑事附带民事案件调解率应达到 90% 以上；

（6）行政案件协调和解率应达到 50% 以上；

（7）一审案件服判息诉率应达到 96%；

（8）上诉率不超过 4%；

（9）人均结案数达到 100 件以上；

（10）上级交办涉诉信访案件办结率应达到 100%；

（11）各类案件发回改判率不超过 20%。

9. 青龙县法院审判工作考核指标

（1）各类案件总结案率应达到 99%；

（2）清积活动“六类”案件执结率应达到 96%；

（3）执行案件总执结率应达到 95%；

（4）民事案件调撤率应达到 77% 以上；

（5）刑事附带民事案件调解率应达到 100%；

（6）行政案件协调和解率应达到 50% 以上；

（7）一审案件服判息诉率应达到 95%；

（8）上诉率不超过 5%；

（9）人均结案数达到 60 件以上；

（10）上级交办涉诉信访案件办结率应达到 100%；

（11）各类案件发回改判率不超过 20%。

（四）大力开展岗位练兵活动，努力提高干警的司法能力和执法水平

要通过广泛开展各种形式的岗位练兵活动，引导广大干警在学中干、干中学。通过开

展庭审评查活动，促进干警庭审驾驭能力和释法明理水平的提高；通过开展调解能手竞赛活动，确保干警化解社会矛盾纠纷、促进社会和谐能力的进一步提高；开展办案能手评比活动，从思想作风、审判业绩、群众公认度等方面对干警进行考评，激励干警增强司法能力，提高执法办案水平；开展裁判文书评比活动，对各类案件的裁判文书进行抽查评分，促进裁判文书的规范化和制作水平的提高；开展书记员岗位技能演练评比活动，对书记员进行现场庭审记录评比和现场微机操作评比，促进书记员队伍的整体业务素质和技能水平的提高。

（五）广泛开展调研和对下指导工作，统一全市法律适用

市中院审判业务部门要充分发挥对下监督、指导作用。加强对审判工作中新类型问题、突发性问题的调研，增强法院应对能力；加强对审判工作中重点、疑难问题的调研，及时指导审判工作实践，统一全市法律适用；积极发掘、推荐对全市审判实践工作有指导意义的典型案例，市中院将择优在《秦皇岛市中级人民法院审判委员会通报》及《法院工作研究》上公布，作为全市法院审判工作的参考。

（六）明确分工强化责任，不断健全内部监督机制

要狠抓内部监督制约。进一步强化承办人、审判长、合议庭、庭长、院长、审委会等各个审判岗位的审判质量监督管理责任；完善一审、二审、再审等各个审判程序的质量把关和依法纠错职能；健全立案、审判、执行、监督和信访等各个审判环节的分工负责及监督制约机制；充分发挥文书把关、案件评查、司法检查、质量评析等各种方式的监督指导作用。

（七）大力加强执行工作力度，努力实现执行工作的良性循环

加大执行工作力度，不断丰富和创新执行工作手段，健全和完善执行工作机制；要规范执行工作程序，确保执行工作严格依法进行；要严格执行款物管理，坚决杜绝执行款物的挪用、滥用和毁损；要多措并举，努力提高执结率。要建立、健全执行威慑机制、执行案件信息管理机制和执行工作社会联动机制，努力实现执行工作的良性循环。

（八）努力解决涉诉信访问题，全力化解社会矛盾纠纷

继续完善涉诉信访工作机制，细化涉诉信访工作各环节的责任、要求。深入研究涉诉信访工作的规律、特点，把预防和减少涉诉信访问题落实到执法办案的每一个细节，尤其要积极探索依法处置群体性、突发性事件的途径和办法，建立起有效的预警和应急处理机制。进一步抓好接访稳控工作，认真处理消化上访案件，严格控制新的上访案件发生，在解决问题、就地稳控、息诉罢访上求实效。健全涉诉信访工作责任追究制度，对因案件质量问题引起的涉诉信访案件，两级法院纪检监察部门对责任人要依照相关规定，从严进行责任追究。

四、提高认识，加强领导

（一）统一思想，提高认识。案件质量是法院工作的核心和灵魂，是检验和衡量法院工作的唯一标准，是彰显公平正义、树立司法权威的重要载体，也是人民法院发挥职能作用、促进经济社会又好又快发展的重要抓手。加强审判管理、确保案件质量是新形势下人民法院加强自身建设、谋求长远发展的首要政治任务，因此，全市两级法院全体干警要充分认识开展此项活动的重要性和必要性、现实意义和长远意义，自觉地把思想和行动统一到党组的决策和部署上来，严格按照意见要求，深入扎实地开展好这次活动，力争达到预期效果。

（二）健全组织，加强领导。为确保此项活动的顺利开展，市中院成立活动领导小组，由党组书记、院长闫五一任组长；党组副书记、常务副院长刘福明，党组副书记、副院长赵秀义为副组长；中院领导班子成员及各县区法院一把手为领导小组成员。领导小组下设办公室，办公室设在中院审判工作管理办公室。办公室在活动领导小组的领导下，具体负责对全市两级法院此项活动开展情况的组织、指导、监督和协调。同时，根据本《意见》规定，对两级法院各项审判工作完成情况进行量化考核。各县区法院党组要高度重视，精心组织，要成立由“一把手”任组长的组织领导机构，为活动的顺利开展提供有力的组织保障。

（三）认真总结，务求实效。要注重总结规律和共性问题，及时制定对策，做到边整改，边总结，及时纠正问题，确保收到预期效果，同时，要以此次活动为契机，努力提高审判执行人员的业务素质。要大力开展岗位练兵活动，着力提高审判执行人员的语言表达能力、驾驭庭审能力、裁判文书写作能力、依法强制执行能力和处置应对突发事件能力。要不断强化干警的宗旨意识、责任意识、公平意识、效率意识和平等意识，树立民主、中立、公平、正义的司法形象，用良好的工作作风增强当事人对公正的信心，提高我市两级法院司法公信力，维护司法权威。

（四）协调联动，服务大局。加强审判管理，确保案件质量，是我市两级法院的一项整体工作，不仅涉及法院各业务庭室，还涉及相关综合部门的配合；不仅涉及法官、执行人员，还涉及干警、书记员、后勤人员，两级法院必须切实加强人员的组织调配，注重部门之间的协调配合，以确保取得实效。

（五）严肃纪律，从严要求。各县区法院党组、中院各庭务必要高度重视，精心组织，根据活动要求，不折不扣地抓好落实。要坚决防止和克服抵触、懈怠和厌倦心理，克服得过且过、不思进取的惰气，克服安于现状、敷衍塞责的暮气，全体干警要以更加饱满的精神状态，以强烈的责任心和使命感积极主动地投入活动中来。对违反四项基础性指标，出现干警违法违纪、“两错”案件、非正常越级上访案件、超审执限案件的法院，中院将实行“一票否决”，取消年终评先资格。对消极应付、得过且过造成执法过错或因案件质量问题引起当事人涉法涉诉上访的案件主办人、部门领导要从严追究责任，后果严重、影响恶劣的，中院将作为反面典型予以全市通报。同时，对于在活动开展过程中涌现出的好人好事、调解能手、执行能手，中院将大张旗鼓地予以表扬、宣传和奖励；对于社会效果良好、当事人息诉服判、制作质量较高的案件裁判文书，中院将适时辑印成册，予以转发。

河北省秦皇岛市中级人民法院
关于提高审判效率，预防案件超审限的实施意见
（试行）

（2011 年 3 月 24 日第 7 次审委会讨论通过）

为深入推进三项重点工作，提高审判效率，确保案件质量，以程序公正促进实体公正，从根本上解决群众反映强烈的案件久拖不结、久拖不执问题，从源头上预防和遏制涉诉信访案件的发生，依据《中华人民共和国刑事诉讼法》、《中华人民共和国民事诉讼法》、最高人民法院《关于严格执行案件审理期限制度的若干规定》等相关法律及司法解释的有关规定，结合本市法院实际情况，制定本实施意见。

一、强化司法为民意识，促进司法效率提升

1. 进一步提高全体干警司法为民意识。坚持“为大局服务、为人民司法”工作主题，牢固树立“以人为本”理念，把遏止违法超期审判、执行作为落实质量、效率、效果有机统一的办案目标要求和“司法为民”主题实践活动的重要内容，采取有效措施预防超审限案件。加强教育培训，强化干警司法为民意识和能动司法意识，切实转变工作作风。

2. 进一步提高审判人员的司法能力。通过组织专项业务培训、开展法律知识竞赛、专题讲座、典型案例剖析、庭审观摩等岗位练兵活动，进一步提高审判人员的业务素质和法律适用水平。大力开展“察民情、知民意、重民俗、熟民风、懂民语”活动，提高干警的群众工作能力，为审判效率的提升夯实基础。

3. 紧紧围绕“案结事了人和”的目标正确处理调判关系，妥善把握结案方式。对案件事实和法律适用进行具体分析，根据案件具体情况合理确定审判方式。对不宜调解、穷尽方法不能达成调解、和解协议的案件，应当及时作出裁判和执行，避免久调不判、久调不执。

4. 正确履行诉讼告知义务和风险提示。避免当事人因对诉讼程序的不了解引发对司法公正的质疑，积极引导当事人行使诉讼权利。

二、强化程序意识，严格节点管理

（一）强化程序意识，严格明确责任

5. 建立审判人员案件质效终身责任制，强化责任意识。

6. 增强审判人员审限意识、均衡结案意识，缩短案件平均审理周期，杜绝超审限和隐性超审限。

7. 建立审判组织和审判机构分别对流程节点的严格管理责任制。对案件的审理期限实行主审法官、合议庭审判长、审判庭庭长、分管副院长四级管理，完善审限管理的审判人员案件质效终身责任制、合议庭审判长负责制、庭长审核把关制、主管院长领导监督责任制。

（二）强化审判、执行各节点期限监督

8. 加强立案审查受理阶段的期限监督。认真贯彻落实《最高人民法院关于严格执行案件审理期限制度的若干规定》中关于立案审查、受理、诉前保全等时限的规定，严格执行市中级法院《关于严格执行上诉案件卷宗移送期限的通知》。

严格规范管辖权异议案件的审理程序。已经受理的民商事案件，当事人对管辖权有异议的，应当在提交答辩状期间提出。虽然审理当事人提出的管辖权异议和处理法院之间的管辖争议的期间不计入审理期限，但应最大限度缩短审理周期，避免因时间过长导致当事人的利益损失。

9. 严格规范送达环节的时限监督。严格执行相关法律关于直接送达、留置送达、邮寄送达、公告送达的具体规定。

10. 延期审理应严格遵守《中华人民共和国刑事诉讼法》第一百六十五条、《中华人民共和国民事诉讼法》第一百三十二条关于适用条件及延期审理期限的规定。当影响审判进行的原因消失后，法庭应当及时开庭，恢复审理。

11. 加强对诉讼中止程序的规范监督。中止诉讼事由必须符合《最高人民法院关于执行〈中华人民共和国刑事诉讼法〉若干问题的解释（试行）》第一百八十二条、《中华人民共和国民事诉讼法》第一百三十六条等相关法律和司法解释规定的条件；决定是否中止诉讼必须经合议庭评议，并制作合议庭笔录；中止诉讼必须制作裁定书，并将裁定书送达当事人；中止诉讼的原因消除后，应当尽快恢复诉讼，避免因责任心不强而疏忽遗忘导致案件超审限。

12. 严格执行最高人民法院《关于民事诉讼证据的若干规定》，要求当事人在举证期限内提交证据材料，加强对举证时限的诉讼指导，释明超期举证应承担的法律责任，确保审判执行工作的有序开展。

13. 积极实行案件繁简分流机制，提高审理案件简易程序的适用率。

适用简易程序审理的民商事案件，超过三个月未审结需转为普通程序审理，要及时组成合议庭，并通知双方当事人。

14. 严格规范各类案件延长审理期限的申请与审批程序。严格按照《最高人民法院关于严格执行案件审理期限制度的若干规定》关于提出延长审限申请的时间、审限延长时间及审批机构的要求，认真贯彻落实。延长审限需报请上级法院批准的，必须在卷宗中附有上级法院批准的相关材料。

15. 严格规范结案环节的期限监督。判决书宣判、裁定书宣告或调解书送达最后一名当事人的日期为结案日期。

16. 执行程序中的执行人员送达执行通知书后，应及时采取执行措施，为顺利执结案件创造条件。在法定时间内不能执行终结的，应当按照法律规定延长审限，避免超审限执行。

17. 加强对非正常程序的监控和应对。防止诉权滥用对司法效率的干扰。对存在虚假诉讼（虚假调解）嫌疑的起诉，立案庭应加强审查；对于诉讼中当事人提出的无正当理由的管辖异议、无理回避请求的应设置快速裁决机制予以驳回。

18. 进一步规范在案件材料收转、案卷移送、调卷环节的时限监督。避免卷宗移送时间过长而影响上诉、申诉、申请再审的审查和二审、再审案件审理效率。

（三）强化案件审计、评估、鉴定环节的期限监督

19. 案件审理过程中，对于交通事故、医疗事故、财产审计、评估、工程造价等专业性问题需委托中介机构进行审计、评估、司法鉴定时，是否需要或同意委托鉴定应当经合议庭评议，并制作合议庭笔录。

20. 审判庭、司法技术辅助室应严格执行案件审计、评估、鉴定环节的期限规定。司法技术辅助室应对统一对外委托的审计、评估、鉴定事项进行监督，及时与鉴定部门沟通协调，缩短鉴定期限，提高审判效率。

三、加强审判管理，严格责任追究

21. 全市法院审判管理部门应根据各单位的实际情况，科学设定流程节点，在审限控制基础上，合理规定立案、送达、委托鉴定、开庭、结案、执行、归档等各节点运行期限。

22. 全市法院审判管理部门应加强对隐性超审限问题的专项检查，杜绝违法违规延长、中止审限等规避审限制约的现象发生。依托法院局域网管理系统，严格案件审、执限预警机制，对案件审限跟踪管理，及时督促办案人员及时审理、执行案件。建立审限跟踪预警通报制度，避免“抽屉案”等超审限情况发生。

23. 市中院审判管理办公室作为全市法院审判管理组织协调部门，定期对全市法院审判效率指标数据客观评析，发现问题及时预警并限期整改。通过对审限内结案率、六个月以上未结案数、一年以上未结案数等各项审判效率指标的分析评估，找准原因，有针对性制定相应措施，降低案件平均审理期限，提高审限内结案率。

24. 进一步严格审限监督。通过建立和不断完善案件流程管理、审判绩效考评，案件质量评查、干警司法档案等制度，以专项审判管理手段对审判、执行期限进行监督和控制。将审限考评的结果作为干警评先选优、晋职晋级的重要依据。

25. 进一步严格超审限案件责任追究。对审判人员故意拖延办案，或者因过失延误办案，造成严重后果的；对审判人员故意拖延移送案件材料，或者接受委托送达后，故意拖延不予送达的，参照《人民法院审判纪律处分办法（试行）》第五十九条的规定予以追究

责任。

26. 将预防案件超审限与加强审判作风建设相结合。通过设立意见箱，向社会公布监督电话，从社会聘请执法执纪监督员，公开法院电子邮箱等，主动接受社会监督，有效地杜绝和预防司法效率不高等问题的发生。

27. 本意见由市中院审委会负责解释，自下发之日起施行。

河北省秦皇岛市中级人民法院
审判流程管理办法
（试行）

（2011年）

第一章　总　　则

第一条　为健全和完善审判流程管理机制，确保立案及时准确，裁判公正高效，执行迅速有力，分工明确合理，管理严密有序，实现公正与效率主题，根据现行诉讼法及相关司法解释的规定，结合本院工作实际，制定本办法。

第二条　审判流程管理是根据审判程序和审判工作的特点及规律，对案件立案、分案、送达、排期开庭、审理、执行、审限监督、结案、评查和归档等环节进行全程跟踪、协调和监督的管理活动。

第三条　审判流程管理由院长全面监督。审判管理办公室具体负责组织实施，根据案件在审理过程中的不同环节、阶段统一跟踪、管理、协调和督办，并实行审判流程管理定期通报制度。监察室对审判流程全程监督，对存在的违法违纪问题进行责任认定并作出处理。

第四条　本院各业务庭依照本办法的规定负责本单位的审判流程管理，随时配合审判管理办公室、监察室的监督。

审判流程管理的执行情况是本院审判绩效综合考评的重要依据，由政治部评价考核。

第二章　立　　案

第五条　立案一庭负责对各类案件的审查和统一登记立案，但下列各类案件应由立案一庭移送各相关业务庭先行审查，符合法定受理条件的通知立案一庭登记立案，不符合的由各相关业务庭出具书面审查意见交立案一庭统一处理：

（一）刑事一审案件，由刑一庭先行审查；

（二）减刑假释案件，由审监庭先行审查；

（三）破产案件，由民四庭先行审查；

（四）行政案件、非诉行政执行案件、国家赔偿案件（含本院为赔偿义务机关案件）由行政庭先行审查。

业务庭审查各类案件实行合议制。

第六条　不服基层人民法院民事制裁、处罚决定的上诉或申请复议案件，本院决定再审、上级法院指令再审和人民检察院依照审判监督程序提起抗诉的案件，由立案一庭直接立案登记。

第七条　对当事人信访、申诉和申请再审的案件，由立案二庭负责收案登记和处理。

信访案件不适用本办法流程管理规定，但立案二庭每月 15 日前应将信访案件的登记及处理情况向审判管理办公室呈报一次。申诉复查、申请再审案件由立案二庭调阅相关卷宗后，执行本办法流程管理的规定。

第八条　基层法院之间因管辖权发生争议或因故申请基层人民法院回避报请本院指定管辖的案件，由立案一庭在 15 日内指定管辖。基层法院及本院与外地法院发生管辖权争议的案件，由立案一庭在 30 日内与外地法院协调，协调不成的，逐级报上级法院处理。

超标的指定管辖的案件，应报请省法院同意由立案一庭裁定处理。

上级法院指定管辖与同级人民法院移送管辖的案件由立案一庭先行审查，无异议的直接立案登记。

第九条　对当事人提交的证据，立案一庭应出具证据清单，清单一式两份，一联交付当事人，一联附卷。证据清单中应注明证据名称、收到时间和页数，由提交人签名确认。对于不予立案或审查期间撤回起诉（上诉、申诉），当事人要求退还证据材料的，应当退还证据并由当事人签收。

当事人提交的证据系复印件的，应当与原件进行核对并由审判人员签名确认。

第十条　立案人员应当要求当事人提供或确认自己准确的送达地址及联系方式，并填写送达地址确认书。当事人拒绝提供的，应当告知其拒不提供送达地址的不利后果，并记入笔录。

第十一条　立案一庭对不予受理、撤诉、驳回起诉、管辖权争议等相关案件的处理，应单独进行收、结案登记。

第十二条　当事人提出的法律关系明确的诉前财产保全申请，由立案一庭审查后报分管院领导决定，需采取保全措施的由立案一庭执行，法警支队协助。

第十三条　应该公开审理的案件实行排期开庭。排期开庭由各业务庭进行。

第十四条　排期开庭原则上按下列规定确定开庭日期：

（一）一审刑事案件，一般应在立案之日起 20 日内开庭；

（二）二审刑事案件，一般应在立案后 15 日内开庭；

（三）一审民商事、行政案件，一般应在立案后 45 日内开庭；

（四）二审民商事案件，一般应在立案后 40 日内开庭；

（五）二审行政案件，一般应在立案后 15 日内开庭；

（六）再审案件，参照本条上述规定确定开庭日期。

第三章　分案与移送

第十五条　立案一庭按照各业务庭的职责分工随机确定案件承办人，并将立案登记信息分流到承办人名下。立案后 3 日内随卷移送《立案审批表》和《案件流程管理信息表》，各业务庭内勤负责接收案件。

第十六条　各业务庭对于立案一庭移送的案件，如发现移送错误的，应当自发现后的 3 日内与立案一庭协商解决，不得自行退回或直接向其他部门进行移送。

业务庭与立案一庭对移送存在分歧的，由分管院领导协商处理。

第十七条　各业务庭负责人应在内勤完成收案登记后的 3 日内予以确认。

第十八条　有下列情形之一的，由业务庭提出申请，经主管院领导审批，可以更换承办法官：

（一）承办法官对案件应当回避的；

（二）承办法官因健康、外出工作学习等客观原因需要脱产一个月以上的；

（三）因案件重大、疑难或者案件之间有关联的；

（四）因其他原因需要更换承办法官的。

经分管院领导审批更换承办法官后，应当由业务庭将变动情况通知立案庭，由立案庭、技术部门及时修改承办法官信息。

第四章　审理与执行

第十九条　审判庭接到案件后，当事人提出案件管辖权异议或人民法院之间发生管辖权争议的，应将案件移送立案一庭审查处理。管辖权异议被驳回或经省高级人民法院指定由本院管辖的，重新移送案件。

第二十条　审理中当事人提出诉讼保全、证据保全或先予执行申请的，由案件承办法官负责审查并经合议庭合议，认为符合法律规定的，报经分管院领导同意后作出裁定予以执行，必要时由法警支队协助。

第二十一条　业务庭对当事人提交的证据应出具证据清单，清单一式两份，一联交付当事人，一联附卷。证据清单中应注明证据名称、收到时间和页数，由提交人签名确认。当事人提交的证据系复印件的，还应当与原件进行核对并签名确认。

第二十二条　案件承办法官应审查当事人是否已提供或确认自己准确的送达地址，未提供或确认的，承办法官应要求当事人予以提供或确认，并填写送达地址确认书。当事人拒绝提供的，应当告知其拒不提供送达地址的不利后果，并记入笔录。

第二十三条　合议庭审判长和其他组成人员由庭长决定，院长或副院长担任审判长的除外。

合议庭组成人员名单应在确认后 3 日内书面告知当事人。

第二十四条　案件承办法官和书记员排期后应做好庭前准备工作，如期开庭。

对案情较复杂、当事人提交证据较多的一审民商事案件，承办法官可以组织双方当事人进行庭前证据交换。

第二十五条　开庭时需法警执勤的，由业务庭在开庭3日前将有关手续送交法警支队，由法警支队执行。

第二十六条　因法定事由不能按预定排期时间开庭的，承办法官应报经业务庭负责人同意后重新确定开庭日期、地点及合议庭组成人员名单，重新进行排期公告。变更情况应向当事人释明，同时将变更情况录入微机管理系统。

第二十七条　开庭审理的案件，合议庭应在庭审结束后7日内评议；不需要开庭审理的案件，应在审限过半前评议。除当庭评议的案件外，没有书面审理报告的，合议庭不得评议。

第二十八条　案件经合议庭评议后，应在3日内按照审批权限分别处理：

（一）按照本院相关规定需审判委员会决定的，由分管院领导提交审判委员会讨论决定；

（二）一审案件，二审发回重审、改判和再审案件应向分管院领导汇报；

（三）其他案件由合议庭决定，合议庭认为需要汇报的应逐级汇报；

（四）分管院领导认为需要听取汇报的案件应逐级汇报。

第二十九条　结案意见形成后，承办法官应在5日内制作法律文书报庭长审核。法律文书经审核后，按照审核权限签发。法律文书签发应在3日内完成。

第三十条　法律文书签发后应在3日内印制完毕。用印的法律文书原始稿件上必须有拟稿人、核稿人、签发人的签名，不符合要求的，办公室不得盖章。

第三十一条　法律文书由业务庭按照法律规定及时宣判和送达。二审案件除能够直接宣判和送达的外，当事人有准确的送达地址的，可通过特快专递方式邮寄送达；不能直接宣判和送达或不能通过邮寄送达的，委托一审法院宣判和送达。送达回证由各业务庭回收附卷或移送档案室归档。基层法院在收到中级法院的委托宣判函后应在7日内送达，并及时将送达回证寄（送）回本院。

第三十二条　执行工作遵循执行裁决和执行实施相分离的原则，具体流程管理实施办法由执行局制定。

第三十三条　判决、裁定案件的报结日期以裁判文书落款日期为准；调解结案的案件报结日期以最后一名当事人在调解协议上的签字日期为准；不制作裁判文书案件的报结日期以结案报告最后落款日期为准。

第三十四条　案件审理或执行完毕后，各业务庭内勤应在2个工作日内将裁判文书或其他相关结案依据录入微机管理系统。

第五章　审限与督办

第三十五条　各类案件的实际审理天数为从立案一庭立案次日起至结案之日止。案件实际审理天数超过法定审限的为超审限，但是有不计入审限的情形和在法定审限届满前按法律规定延长、中断审限及重新计算审限的除外。

第三十六条　刑事案件的审理期限为：

（一）刑事一审、二审案件的期限为一个月，至迟不得超过一个半月，有《刑事诉讼法》第一百二十六条规定情形之一的，经省高级人民法院批准或决定，审理期限可以再延长一个月；

（二）附带民事诉讼另行审判的，有关审理期限依照本办法第三十七规定的期限执行；

（三）减刑、假释案件和撤销缓刑、假释案件的审理期限为一个月。

第三十七条　民事案件的审理期限为：

（一）民事一审案件的期限为六个月，有特殊情况需要延长的，经分管院领导批准，可以延长六个月，还需要延长的报请省高级人民法院批准，可以再延长三个月；

（二）审理对民事判决上诉的二审案件，期限为三个月，有特殊情况需要延长的，经分管院领导批准，可以延长三个月；

（三）审理对民事裁定上诉的二审案件，期限为一个月；

（四）审理对妨害诉讼的强制措施的民事决定不服申请复议的案件，期限为 5 日。

第三十八条　行政案件（国家赔偿案件）的审理期限为：

（一）行政一审案件的期限为三个月，有特殊情况需要延长的，经省高级人民法院批准，可延长三个月；

（二）行政上诉案件的期限为两个月，有特殊情况需要延长的，经省高级人民法院批准，可延长两个月；

（三）国家赔偿案件的期限为三个月，有特殊情况需要延长的，经省高级人民法院批准，可延长三个月。

第三十九条　再审案件（含申诉复查）的审理期限为：

（一）依法由本院立案受理的各类申诉或申请再审案件，应当在三个月内复查完毕，有特殊情况需要延长的，报分管院领导批准，可延长三个月；

（二）按审判监督程序审理的刑事案件的审理期限为三个月，有特殊情况需要延长的，经分管院领导批准，可延长三个月；

（三）裁定再审的民事、行政案件，分别执行第一审或第二审审理期限的规定。

第四十条　执行案件的执行期限为：

（一）执行案件应在六个月内执结，有特殊情况需要延长的，经执行局局长批准，可延长三个月，还需延长的，经院长批准，报省高级人民法院备案；

（二）委托执行的案件，委托法院应在立案后一个月内办理完委托执行手续，受委托法院应当在收到委托函件后30日内执行完毕，未执行完毕的应当在期限届满后十五日内将执行情况函告委托法院。

第四十一条　其他案件一般应在以下期限内审结：

（一）办理管辖争议案件的期限为一个月，有特殊情况需要延长的，经院长批准，可以延长一个月；

（二）请示案件为三个月；

（三）一审涉外、涉港澳台案件为十二个月，二审涉外、涉港澳台案件为六个月。

第四十二条　下列期间不计入审理、执行期限：

（一）刑事案件对被告人作精神病鉴定的期间；

（二）刑事案件因另行委托、指定辩护人，法院决定延期审理的，自案件宣布延期审理之日起至第十日止准备辩护的时间；

（三）公诉人发现案件需要补充侦查，提出延期审理建议后，合议庭同意延期审理一个月之内的期间；

（四）刑事案件二审期间，检察院查阅案卷超过7日后的时间；

（五）因当事人、诉讼代理人、辩护人申请通知新的证人到庭、调取新的证据、申请重新鉴定或者勘验，法院决定延期审理一个月之内的期间；

（六）民事、行政案件公告、鉴定的期间；

（七）审理当事人提出的管辖权异议和处理法院之间的管辖争议的期间；

（八）民事、行政、执行案件由有关专业机构进行审计、评估、资产清理的期间；

（九）因法定事由中止诉讼（审理）或执行至恢复诉讼（审理）或执行的期间；

（十）当事人达成执行和解或者提供执行担保后，执行法院决定暂缓执行的期间；

（十一）上级人民法院通知暂缓执行的期间；

（十二）执行中拍卖、变卖被查封、扣押财产的期间；

（十三）请示案件自请示报告呈报上级法院至收到上级法院答复意见的期间。

第四十三条　需要延长审理期限的，刑事案件应当在审理期限届满7日前，其他案件应在审理期限届满15日前向省高级人民法院或分管院领导提出申请。

分管院领导批准延长办案期限的，应当在审限届满前批准或者决定。

第四十四条　除依本办法规定的应重新计算案件的审限外，刑事公诉案件需要补充起诉、补充侦查的，从补充起诉或补充侦查完毕移送人民法院之日起重新计算审限。

第四十五条　案件具有扣除审理期限、审限延长情形的，案件承办法官或内勤应当在相关情形发生后 3 日内报审判管理办公室登记备案并提交相关证明材料。

第四十六条　对下列审限届满前尚未结案的案件，由审判管理办公室向案件承办法官发出《催办通知书》进行催办。

（一）刑事一审、二审案件，一个月未审结的；

（二）民事一审案件五个月未审结的，民事二审案件两个半月未审结的；

（三）行政一审、赔偿案件两个半月未审结的，行政二审案件一个半月未审结的；

（四）再审刑事案件两个半月未审结的，再审民事、行政案件按不同程序分别执行以上规定；

（五）执行案件五个月内未执结的。

第四十七条　审判管理办公室发出《催办通知书》后，被督办案件在审限届满前 7 日内仍未审结的，由审判管理办公室发出《督办令》进行督办。

第四十八条　审判人员因严重不负责任故意拖延办案或因重大过失延误办案，依照《人民法院工作人员处分条例》的规定予以处理。

第六章　上诉与请示

第四十九条　一审上诉（抗诉）的刑事案件，应在上诉期限届满后 1 日内，由承办法官或内勤将相关卷宗材料装订完毕并移送立案一庭统一办理案件移送手续。一审上诉的民事、行政案件，应在上诉期限届满后 3 日内，由承办法官或内勤将相关卷宗材料装订完毕并移送立案一庭统一办理案件移送手续。

请示省高院案件自请示决定意见形成后的 2 日内，承办法官或内勤应当将相关卷宗材料装订完毕随请示报告一并移送立案一庭统一办理案件移送手续。

第五十条　立案一庭对各业务庭移送的上诉案件，应在 2 个工作日内完成案件移送工作；对各业务庭移送的请示案件，应在 1 个工作日内完成案件移送工作。

第五十一条　立案一庭在办理案件移送手续时，应同时填写《上诉（请示）案件登记管理表》，并于案件移送当日将案件登记管理表呈报审判管理办公室登记备案。

第七章　评查与归档

第五十二条　案件结案后 20 日内，书记员或案件承办法官应将案卷装订、检查完毕并签名后移交内勤。按照本院的相关规定，需要进入案件质量评查程序的，由内勤按相关规定和要求将卷宗移送审判管理办公室进行评查。

第五十三条　案件质量监督评查主要采取定期评查的方式进行。必要时，审判管理办公室可根据院领导要求或实际需要对某一类案件实行专项评查或重点评查。

第五十四条　结案后，各业务庭对不需要进入案件质量评查程序的案件，应在判决生效之日起 30 日内，将卷宗移送档案室进行归档。确有特殊情况经主管院领导批准可以延长期限，但最长归档期限不得超过三个月。

第五十五条　档案室在收到卷宗后三个月内严格按照档案管理规定进行检查、登记、归档，并输入微机管理系统。装订不合格的卷宗应退回相关业务庭，相关业务庭应在 15 日内重新装订后交档案室归档。

第八章　附　　则

第五十六条　本办法由本院审判委员会负责解释。

第五十七条　本办法自 2011 年 10 月 1 日起施行。

河北省秦皇岛市中级人民法院
关于严防虚假诉讼的意见

（2011 年）

近期，我市两级法院在审判和执行工作中发现，个别案件一方或双方当事人涉嫌以虚构法律关系、捏造案件事实方式提起民事诉讼或申请诉前调解、立案调解，意图通过法院裁判或调解使其虚假的民事法律关系合法化，进而牟取非法利益。虚假诉讼不仅干扰法院正常司法秩序，浪费司法资源，而且严重损害国家、集体或第三人的合法权益，给司法权威和法院形象带来严重的负面影响，具有很大的社会危害性。

为严格防范虚假诉讼发生，维护正常的司法秩序，经市中院审委会研究，现就有关问题制定如下意见：

一、在审判或执行工作中，审判人员要对下列类型案件和情形予以严格审查，防范虚假诉讼。

（一）案件类型：1. 涉及国有土地使用权和城镇房屋产权流转的案件；2. 民间借贷案件；3. 离婚案件一方当事人为被告的财产纠纷案件；4. 已经资不抵债的企业、其他组织、自然人为被告的财产纠纷案件；5. 改制中的国有、集体企业为被告的财产纠纷案件；6. 拆迁区划范围内的自然人作为诉讼主体的分家析产、继承、房屋买卖合同纠纷案件；7. 保险索赔案件；8. 债权转让的案件；9. 其他容易发生虚假诉讼的案件。

（二）案件情形：1. 原告起诉的事实、理由不合常理的；2. 当事人提交的证据存在涂改、变造或伪造可能的；3. 当事人无正当理由拒不到庭参加诉讼，委托代理人对案件事实陈述不清，导致案件基本事实无法查明的；4. 原告、被告配合默契，不存在实质性诉辩对抗的；5. 未有协商过程主动达成调解协议，且涉案金额较大的；6. 同一当事人曾多次启动同类诉讼的；7. 涉案金额较大且双方当事人具有近亲属关系的；8. 双方同意调解又不主动履行，而申请法院执行的；9. 诉讼中有其他异常表现的。

二、审判人员要切实增强防范意识和责任意识，对案件涉及的相关证据严格细致地进行审查，特别是要加大对基础法律关系和事实的审查力度。比如：对债务纠纷案件，法院应当严格审查债务产生的时间、地点、成因、用途、支付方式、基础合同以及债权人和债务人的经济状况。需要注意的是：借贷合同订立和款项交付是两项不同的事实，出借人对自己主张的两项事实均应承担相应的举证责任。对于大额借款的出借人主张已现金支付的，可责令其详细说明现金来源、支付时间、地点等情况，再结合交易习惯、借款人抗辩以及其他证据来判断款项是否确已交付。

三、在审理或执行中发现有虚假诉讼嫌疑的案件，审判人员要及时向庭长、院长报告，并将有关案件异常情况予以记载附卷，并在每个办案环节予以警示。同时，可以采取以下措施：（一）传唤当事人到庭参加诉讼；（二）通知当事人提交原始证据；（三）要求证人出庭作证；（四）向利害关系人通报情况，并通知其参与诉讼；（五）依职权调查取证；（六）邀请有关部门、基层组织人员参与审查调解协议；（七）依法可以采取的其他措施。

四、要强化当事人本人出庭义务，提高法院对当事人诉讼真实意思的识别能力。对于代理人拒不提供委托人联系方式导致法院无法核实当事人真实诉讼意愿及委托诉讼事实存在的，应当依法确认代理人的代理行为无效。

五、要坚持自愿与合法原则，依法加强对调解协议的审查。调解民事案件，必须坚持自愿与合法的原则，在当事人自愿调解的基础上，要十分重视合法性审查和案件事实的真实性审查。审判人员不能单纯为追求调撤率而忽视对案件事实和调解协议合法性的审查，对当事人双方要求法院调解的案件，应要求双方均提供相应的事实依据和理由，在查清案件事实的基础上再进行调解；对当事人在人民调解等社会调解组织主持下达成调解协议后，要求法院制作民事调解书的，也应认真把关，严格审查证据后慎重确认。

六、对有虚假诉讼嫌疑的案件，法院应传唤当事人到庭，原告无正当理由拒不到庭的，或未经法庭许可中途退庭的，可以按撤诉处理；被告无正当理由拒不到庭的，可以依照民事诉讼法第一百条的规定予以拘传。

对有虚假诉讼嫌疑的案件，法院通知当事人提交原始证据或要求证人出庭作证的，当事人无正当理由拒不提交原始证据，或证人无正当理由拒不出庭作证的，法院可以依法认定当事人主张的事实证据不足。

对有虚假诉讼嫌疑的案件，当事人申请撤诉，法院可以准许；经审查确认属于虚假诉讼的案件，当事人申请撤诉的，法院不予准许。

七、经审查确认属于虚假诉讼的案件，已经作出生效的裁判文书或民事调解书的，法院应当依照法定程序撤销生效的裁判文书或民事调解书，并裁定驳回起诉。对构成妨碍民事诉讼的，应依据民事诉讼法的相关规定严厉制裁；对可能涉及刑事犯罪的案件，应及时通报、移送相关机关查处；对虚假诉讼受害人依照侵权责任法提起侵权之诉的，法院应依法予以支持。

八、审判人员在审判、执行工作中，故意违反与审判工作有关的法律、法规，或者因过失违反与审判工作有关的法律、法规，形成虚假诉讼、造成严重后果的，应承担违法审判责任，并依据《人民法院审判人员违法审判责任追究办法（试行）》和《人民法院审判纪律处分办法（试行）》严肃处理。

河北省秦皇岛市中级人民法院关于深入推进社会管理创新，全力维护社会和谐稳定的若干意见

（2011 年）

为认真贯彻落实党中央、国务院《关于加强和创新社会管理的意见》和省市委的有关决策部署，充分发挥全市法院在深入推进社会管理创新、维护社会和谐稳定中的职能作用，现结合法院工作实际，制定本意见。

一、强化主体意识，做社会管理创新的积极推动者和实践者

1. 学习领会精神，统一思想认识。全市两级法院要组织全体干警认真学习党的十七届三中、四中、五中、六中全会和省部级主要领导干部社会管理及其创新专题研讨会精神，理解掌握党中央、国务院《关于加强和创新社会管理的意见》、中央政法委、中央维护稳定工作领导小组《关于深入推进社会矛盾化解、社会管理创新、公正廉洁执法的意见》和中央政法委、中央综治委《关于社会管理创新项目建设指南》和省市有关加强和创新社会管理等系列文件的部署要求，明确当前及今后一个时期加强和创新社会管理的指导思想、根本目的、基本任务、重点工作，切实将思想和行动统一到上级的指示精神上来。

2. 增强历史使命感和现实责任感。要深刻认识到，推进社会管理创新是全党、全社会的共同任务，人民法院作为人民民主专政的重要组成部分，担负着化解社会矛盾、保障人民权益、维护社会稳定、促进社会和谐的重要任务，发挥着司法的规范、引导、调节社会关系的社会管理职能作用，在推进社会管理创新的伟大历史进程中，人民法院责无旁贷。全市法院要自觉把加强和创新社会管理融入审判实践之中，当好社会管理的参与者，不当社会管理的局外人。要明确三个定位：一是进行正确的角色定位，明确既是捍卫者又是建设者；二是进行正确的工作定位，明确既是裁判者又是管理者；三是进行正确的目标定位，明确既是矛盾化解者又是社会和谐的推动者。

3. 加强组织领导，为深入推进社会管理创新提供保障。全市两级法院党组要把加强和创新社会管理工作作为服务大局的重点来抓，精心安排、周密部署。要成立专门工作领导小组，由党组书记、院长担任组长，党组副书记、常务副院长担任副组长，其他班子成员为成员；明确一职能部门为办事机构。要定期研究谋划、细化责任、协调督导、检查验收，切实形成各负其责、各司其职，一级抓一级、层层抓落实的工作格局，不断推动全市法院社会管理创新工作的制度化、规范化和常态化。

二、强化司法办案，依法推进社会管理创新

4. 认真贯彻宽严相济的刑事政策。全市两级法院要通过惩治刑事犯罪有效维护社会管理秩序，预防违法犯罪发生，减少和消除社会对抗，促进社会和谐稳定。在刑事审判实践中，要严格落实宽严相济的刑事政策，坚持依法区别对待，该宽则宽、当严则严，宽严适度、宽严有据，做到有利于惩罚犯罪，防止打击不力；有利于促进和保障人权，避免打击过度；有利于预防和改造犯罪，减少重新犯罪；有利于增加社会和谐因素，消减社会不和谐因素。要扎实推进量刑规范化工作，增强量刑的公开性和透明度，实现量刑的公正和均衡，不断提高司法公信力和司法权威，从而更好地履行社会管理职能。

5. 充分发挥民商事和行政审判职能作用。要依法妥善审理婚姻家庭、继承纠纷案件，权属、侵权纠纷案件，合同纠纷案件，注重分析纠纷形成的背景和成因，平衡各方利益，有效发挥民商事审判对社会管理、道德建设的司法导向作用，弘扬社会主义道德和社会主义荣辱观，规范市场主体民事行为，提升公民的法律和文明素养，提高基层社会管理水平。要加强司法审查工作，坚持“依法监督与支持并重”的原则，规范公权力的行使，保护公民的权利和自由，修复官民关系，促进官民和谐，为建设服务型政府和法治政府创造条件。

6. 加大执行工作力度。着力破解“执行难”问题，捍卫司法权威，引导全社会增强法治观念和诚信意识，促进法律秩序的形成。进一步强化执行手段，拓宽财产发现路径，依法严厉制裁规避执行和拒不履行生效裁判的违法行为，旗帜鲜明地支持、鼓励和保护守法者、守信者，惩罚和打击违法者、失信者；不断完善执行联动、执行威慑、社会信息共享等执行工作机制，加强对违法失信人员生活、生产经营活动的限制，增强法律的威慑，促其自觉履行法律义务。

7. 依法化解矛盾，解决纠纷。要坚持把化解矛盾贯穿于司法工作的全过程，努力从根本上化解当事人之间、当事人与社会之间的矛盾，实现案结、事了、人和的目标。要在查明事实、分清是非、公正司法，从法律上化解已经形成的矛盾的基础上，还要注重消除当事人之间心理的敌视和对抗，最大限度地消弭藐视以致对抗社会的心理状态，增强社会的共容性。要坚持“调解优先、调判结合”原则，把调解作为解决矛盾纠纷的主要选择。在加强民商事案件的调解的同时，积极探索刑事自诉案件调解、轻微刑事案件和解工作，认真做好刑事附带民事诉讼调解工作，尽量化解当事人怨恨，缓和对抗情绪；加大行政案件协调和解工作力度，强化协调和解在化解行政争议中的作用；积极促进执行和解，最大限度地以非强制手段实现申请人合法权益。此外，要注重规范调解工作，对不能调解及调解不成的，及时依法裁判，切实发挥调解和判决两种结案方式在化解矛盾中的作用。

8. 建立多方配合、协调联动化解重大纠纷案件的工作机制。对涉及群众切身利益或区域经济社会发展的群体性纠纷案件、重大敏感案件、疑难复杂涉诉信访案件，要及时向党委报告、政府通报，积极争取党委领导和政府支持，充分依靠党委“统揽各方”的政治优势和政府“主导解决”的行政优势，并加强与相关部门、单位、基层组织、社会团体的沟通协议，整合社会资源、借助各方力量，通过采取“1+X”工作方法，即以法律手段为主，辅之行政、经济、教育等综合手段，坚持法、理、情并用，力促重大矛盾纠纷得以化解，有效避免稳定风险失控和扩散。

三、强化群众路线，找准社会管理创新的着力点

9. 及时全面收集民意，有针对性地改进工作。要把群众关心的司法热点和难点问题作为工作的重点和着力点。要建立科学、畅通、有效的民意收集机制，及时掌握涉诉民生需求。积极探索收集民意的新方式，特别要密切关注互联网、新闻媒体等反映的民意呼声，建立涉诉舆情分析研判机制。在涉及群众切身利益的重大司法措施出台前，要深入调查研究，广泛听取群众的意见和建议，以集中民智，反映民意。要认真梳理群众的司法需求，正确判断，去伪存真，在法律规定的框架内，适时调整司法政策，采取有针对性的措施。通过多种形式，及时反馈群众的意见、建议办理情况，主动接受群众监督。

10. 认真落实司法便民惠民举措。要实行立案、导诉、法律咨询、指导举证“一站式”服务，进一步完善网上立案、预约立案、电话立案等便民立案方式。推行巡回审判方式，选择群众关注、有影响的案件，下到乡村、走进社区，把审判法庭搬到田间、地头、群众家门口，进一步方便群众。设立“假日法庭”、“流动法庭”、法官社区工作室等，努力实现审判服务的“三个延伸”，即诉讼案件发生在哪里，巡回法庭就延伸到哪里；法律热点集中在哪里，普法宣传就延伸到哪里；矛盾纠纷出现在哪里，联动调解就延伸到哪里。坚持院领导包案接访、带案下访、联合处访等制度，畅通涉诉信访渠道，妥善解决群众合法合理诉求。积极争取党委、政府及财政部门的支持，不断完善司法救助金制度，加大对生活困难的涉诉信访老户、执行案件的申请人、刑事案件的受害人司法救助力度。

11. 深入推进司法民主和司法公开。要不断满足群众对司法的知情权、参与权、表达权和监督权的新需求。大力推行“阳光司法”，在立案、庭审准备、庭审、裁判、执行、监督措施、审判信息等各方面，采取多种形式，全面落实司法公开。要完善人民陪审员制度，优化人民陪审员队伍结构，增强陪审员来源的广泛性，适当增加专业人士的比例，保证被选任的人民陪审员有足够的精力和时间参与司法活动；拓宽人民陪审员参与司法活动的范围，探索人民陪审员参与案件调解和执行的制度措施。建立健全人大代表、政协委员联络工作领导负责、意见督办落实、关注案件处理、定向联络等制度，加强与人大代表、政协委员的联络沟通，主动接受人大的法律监督和政协的民主监督。同时，还要积极接受检察监督、舆论监督和社会各界的监督。

四、强化能动司法，努力拓展社会管理创新的路径

12. 积极构建多元化纠纷解决机制。要努力配合构建人民调解、行政调解和司法调解“三位一体”的大调解格局，注重建立资源共享机制、工作交流机制、职能互补机制，充分发挥司法在大调解格局中的引导作用。要积极推动有关部门和社会团体、行业协会、企事业单位等建立健全矛盾纠纷调处机制，支持行政机关、仲裁机构、人民调解组织及其他社团组织开展工作。要着力健全诉讼与非诉讼相衔接的矛盾纠纷解决机制，加强诉前调解和立案和解工作，巩固和扩大交通巡回法庭、劳动巡回法庭、矿产资源巡回法庭的成果，前移司法化解社会矛盾的时间，利用司法的指引功能，促进社会管理。要加强与各调解组织的工作联系，及时给予业务指导，帮助他们提高业务水平，齐心协力推进社会管理。

13. 积极参与特殊人群帮教和网络虚拟社会建设管理工作。要认真贯彻“教育、感化、挽救”方针，扎实推进少年审判法庭建设，切实保护未成年人合法权益；加强与未成年人保护组织、中小学校的密切配合，共同做好未成年人违法犯罪预防工作；积极配合司法行政机关做好社区矫正工作，对被判处管缓免人员以及刑释解教人员，加强跟踪帮教，帮助他们改过自新、重新融入社会，防止重新犯罪。积极参与网络虚拟社会建设管理工作，在依法制裁和打击利用网络进行的违法犯罪活动的同时，要高度重视网络舆情，建立健全应对、引导机制，认真评估舆情影响，正确疏导网上舆论，营造有利于社会稳定的舆论环境。

14. 加强司法调研，预警社会风险。要通过加强对各类诉讼案件情况的综合调研，广泛收集第一手材料，建立审判信息评估分析制度，深入剖析经济社会发展变化反映在司法领域的各种问题，以审判信息预警的形式，为党委、人大、政府依法决策提供前瞻性、有价值的参考。要切实加强对不稳定因素的排查摸底，特别是审理或执行矛盾比较尖锐的重大敏感案件，要及时进行风险评估，做到事先研判、准备在前、应对有方，防止因工作措施不当影响社会矛盾化解。要提高社会稳定风险评估能力，把风险评估制度化、规范化，根据评估结果及时研究司法对策，针对可能发生的问题制定工作预案，不断提高社会管理的针对性和可操作性。

15. 加强司法建议工作。针对在审判、执行、信访等工作中发现的社会管理方面的问题，以司法建议、审判白皮书等形式，及时向政府及有关部门或单位提出建议，并注意收集整理反馈意见，将其转化为制定司法措施的重要依据。对未引起重视的重大建议，应采取适当方式加以督促，也可以向其主管部门或上级领导机关提出意见，力求将建议事项落到实处，扩大审判效果，促进社会管理手段和措施的不断完善。

16. 深入开展司法宣传。要紧密结合审判实践，通过公开审判、巡回审判、发布典型案例等形式，寓教于审，努力实现“审判一案、教育一片”的良好效果。要积极开展法律服务进社区、进乡村、进学校、进机关、进企业、进军营“六进”活动，开办法治讲座，向

社会各界宣讲法律知识。要与报社、广电等宣传部门合办法治栏目，广泛宣传法治，努力提高公民的法律意识，从源头上预防和减少违法犯罪。

五、强化自身管理，为推进社会管理创新提供内在动力

17. 加强和创新审判管理。要搭建专门的审判管理工作平台，由审判管理机构统一行使管理职能，推动审判管理工作规范有序运行。要加快研发使用审判质效管理配套软件，努力实现审判质效数据自动生成、即时运算、实时监控，使审判质效评估体系成为审判工作的“体检表”和“指挥棒”。要切实加强对审判执行工作的动态分析，推行案件质效定期通报制度，激励先进、督促后进，促进审判工作良性运行。要健全完善审判绩效考评机制，设定科学的考评指标体系，形成以绩效论英雄的正确导向，充分调动广大干警参与社会管理创新的积极性和创造性。

18. 健全完善司法监督机制。要大力加强司法廉政建设，注重廉政风险防控，严格执行“四个一律”“五个严禁”和法官任职回避、防止内部人员干扰办案等审判纪律和制度。细化案件审判和执行的操作规程，切实规范各个环节的司法行为，防止干警不作为、乱作为、滥作为。加强司法责任体系建设，建立审判督察工作机制，完善审判责任终身制，对违法违规行为及时查究、刚性问责，切实保障广大干警依法正确履行职责。

19. 大力加强司法能力和作风建设。要不断提高广大干警群众工作和参与社会管理创新的本领。广泛开展岗位练兵活动，切实增强干警法律适用能力、驾驭庭审能力、制作裁判文书能力和把握法律精神，解决新型、疑难、复杂案件的能力。要有针对性地加强群众观念教育和群众工作技能的培训，使广大干警正确认识和把握群众心理、社会心态，学会群众语言、学会与群众打交道。要加强干警作风建设，努力锻造一支胸怀大局、忠于法律、甘为公仆、文明司法、热情服务的法院队伍。

河北省秦皇岛市中级人民法院关于加大知识产权保护力度，积极推进创新型城市建设的实施意见

（2011 年）

为贯彻落实市委、市政府关于建设创新型城市的决定，进一步完善知识产权司法保护机制，加大知识产权司法保护力度，充分发挥知识产权司法制度激励创新、保护创新的作用，服务和保障秦皇岛自主创新型城市建设，制定本实施意见。

一、知识产权审判工作的指导思想、目标任务和基本原则

1. 为建设创新型城市提供司法保障，必须坚持以邓小平理论和“三个代表”重要思想为指导，全面贯彻落实科学发展观，按照建设创新型城市的要求，坚持“为大局服务、为人民司法”工作主题，坚持“公正、廉洁、为民”的司法核心价值观，进一步加大知识产权司法保护力度，依法保护知识产权，维护公平竞争，促进自主创新，服务对外开放，把知识产权司法保护贯穿于知识产权创造、管理和运用的全过程，为实施国家知识产权战略，为建设创新型城市和构建和谐社会提供强有力的司法保障。

2. 为建设创新型城市提供司法保障的主要目标和任务是：知识产权审判工作全面加强；知识产权刑事、民事和行政审判职能作用得到充分发挥；落实知识产权诉讼制度的工作机制不断完善；知识产权法官队伍素质显著提高；司法公正高效权威、权利人维权积极便捷、侵权人必受惩处、知识财富有序流转的良好的知识产权司法保护环境基本建立；知识产权司法保障能力和水平显著增强；创新型城市的司法需求得到全面满足。

3. 为建设创新型城市提供司法保障，必须坚持以下原则：一是坚持公正司法。始终把公正司法作为知识产权审判的灵魂和生命，通过依法公正高效权威的知识产权司法，最大限度地维护和实现知识产权领域的公平正义。二是坚持司法统一。严格依法办案，确保法律规范和司法解释在知识产权审判中的统一适用，努力实现司法标准和裁判结果的协调。三是坚持平等保护。依法平等保护中外当事人的合法权益，坚决抵制地方保护和部门本位，克服地方封锁和行业垄断。四是坚持利益平衡。正确处理保护知识产权和维护公众利益的关系、激励科技创新和鼓励科技运用的关系，既要切实保护知识产权，也要制止权利滥用和非法垄断。五是坚持服务大局。牢固树立大局观念和服务意识，克服就案办案的单纯业务观念，实现个案处理的法律效果与社会效果的有机统一。

二、充分发挥知识产权司法保护的职能作用，保障全社会的创造活力和创新能力

4. 加大对侵犯知识产权犯罪的惩处力度。依照刑法的规定，加大对侵犯著作权罪、假冒注册商标罪、销售假冒注册商标的商品罪、销售非法制造的注册商标标识罪、假冒专利罪等犯罪的打击力度，应当判处实刑的坚决判处实刑，应当重判的坚决重判，用好用足法律，进一步增强刑罚惩治和预防犯罪的功效。（责任部门刑一庭、刑二庭）

5. 加强刑事处罚中财产刑的适用。充分发挥刑罚的剥夺、限制功能，综合运用各种刑罚方法，在依法适用主刑的同时，特别重视运用财产刑审理侵犯知识产权犯罪案件，通过采取追缴违法所得、收缴犯罪工具、销毁侵权产品、责令赔偿损失、单处或并处罚金等措施，从经济上剥夺犯罪分子的再犯罪能力和条件。（责任部门刑一庭、刑二庭）

6. 完善知识产权刑事自诉案件的审理程序。进一步明晰知识产权案件刑事公诉与刑事自诉的界限与衔接，知识产权权利人能够举证证明被告人侵犯知识产权犯罪事实的轻微刑事案件，法院可以依法直接受理和判决。对严重危害社会秩序和国家利益的侵权行为，告知权利人到公安机关立案或直接移送公安机关依法处理，通过刑事公诉程序追究侵权人的刑事责任。（责任部门刑一庭、刑二庭）

7. 严厉打击拒不履行法院判决裁定的行为。被执行人有能力履行生效法律文书确定的义务而拒不履行的，法院应当根据情节轻重对被执行人予以罚款、拘留；情节严重的，依据刑法规定追究其刑事责任。被执行人在法院对其强制执行期间继续发生重复侵权行为的，一律以拒不执行判决、裁定罪追究其刑事责任。（责任部门刑一庭、刑二庭）

8. 依法妥善审理知识产权民事案件。充分发挥知识产权民事审判在保护知识产权和激励自主创新中的主导作用。依法审理涉及著作权、商标权、技术秘密等技术性知识产权案件，依法保护创新成果，加大对经济发展，特别是对经济结构调整和优化产业转型升级有重大突破性带动作用、具有自主知识产权的关键核心技术的依法保护力度；依法审理涉及商标等标识性知识产权案件和各类不正当竞争案件，严格规范市场竞争秩序；依法审理涉及作品和录音录像制品等表达性知识产权案件，促进版权相关产业健康发展；依法审理涉及计算机网络和新技术、新类型知识产权纠纷，促进新兴产业的健康成长；依法审理涉外知识产权案件，平等保护中外当事人的合法权益；积极保护传统知识、遗传资源和民间文艺，保护持有者知情同意和惠益分享的权益；注意商业秘密案件中对当事人的双向保护，依法平衡择业自由和商业秘密保护的关系；准确认定知识产权合同的效力与责任，严格合同解除条件，充分尊重当事人意思自治。（责任部门民二庭）

9. 依法监督和支持行政机关依法行政。切实发挥行政审判对知识产权行政执法行为的司法审查职能，监督和支持行政机关依法行政，保护知识产权行政相对人的合法权益，维护知识产权行政管理秩序，促进知识产权行政保护。依法支持行政机关制裁侵权行为；行

政机关申请强制执行行政处理决定，经审查符合执行条件的，应及时裁定并予以强制执行；加大对知识产权严重侵权行为行政不作为的司法监督力度，督促行政执法机关及时依职权制止侵权行为。（责任部门行政庭）

10. 加强知识产权案件协调。对有较大社会影响的关联案件，审理法院要注意同其他地市法院沟通，统一案件审判标准，保证裁判结果的协调，发现裁判结果可能发生冲突的，及时报请上级法院予以指导和协调解决；建立重大知识产权案件报告制度，对关系全局、有重大影响的案件，以及诉讼标的额巨大的案件、尚无先例的新类型案件，受理法院应及时向上级法院通报审理情况。（责任部门立案一庭、民二庭）

11. 健全知识产权案件执行制度。建立知识产权案件归口执行制度；被执行人拒不履行停止侵权的生效裁判内容继续其原侵权行为的，除权利人可依法追究其民事责任以外，法院应当依法协调公安、检察机关以拒不执行判决、裁定罪追究其刑事责任。（责任部门执行局）

12. 依法正确适用诉前停止侵权措施。对于当事人诉前或者诉中提出的临时禁令或者先予执行、财产保全和证据保全等申请，要积极受理、迅速审查、慎重裁定、立即执行。高度重视诉前临时措施的时效性；准确把握采取临时措施的实质性条件，对于临时禁令要在重点审查侵权可能性的同时，考虑诉讼时效和损害状况；对于证据保全，在考虑侵权可能性的同时，重点考虑证据风险和申请人的取证能力；科学、合理地确定担保要求。（责任部门立案一庭、民二庭）

13. 加大知识产权案件调解力度。在运用裁判方式审判案件的同时，注重知识产权案件的诉讼调解，坚持“能调则调、当判则判、调判结合、案结事了”的原则，将调解贯穿于案件审理的全过程，提高诉讼的调解率、和解撤诉率；积极探索和总结知识产权行政案件协调和刑事自诉案件调解的经验；注意发挥行业协会和专业人士等的沟通协商作用，帮助消除对立情绪，协调解决矛盾纠纷。（责任部门刑一庭、刑二庭、行政庭、民二庭）

14. 认真落实司法为民措施。加强诉讼指导和诉讼释明，增进当事人参与诉讼的能力，增强裁判的公信度和执行力。编制知识产权诉讼指南；坚持公开审判制度；全面实行当事人权利义务告知制度和诉讼风险提示制度；探索当事人举证指导制度；探索试行调查令制度，对于属于国家有关部门保存而当事人无法自行取得的证据和当事人确因客观原因不能自行收集的其他证据，可以探索由法院授权当事人的代理律师进行调查取证；加大司法救助力度，对经济确有困难的知识分子和特困、濒临破产企业，依法缓、减、免缴诉讼费；加强对代理人资格的审查，依法规范公民代理知识产权诉讼；依法规范法官和律师的关系，认真审查律师依法提交的诉讼材料，充分听取律师的意见；强化审限意识和效率意识，严格审查决定中止诉讼，避免造成当事人的诉累；提高裁判文书制作水平，做到辨法析理、胜败皆明。（责任部门民二庭）

三、采取有力措施，提高知识产权司法保障能力

15. 加强知识产权审判队伍职业化建设。注意从精通法律、外语基础较好、具有理工专业背景和一定审判经验的人员中选拔、培养知识产权法官，进一步优化知识产权审判队伍的专业水平；注意保持知识产权法官队伍的相对稳定；建立科学合理的绩效评价制度，避免简单以案件数量为衡量标准；加大对知识产权法官职业技能的培训力度；注意提高知识产权法官的政治素质和职业道德修养，切实提高廉洁司法意识。（责任部门政治部）

16. 坚持党的领导，自觉接受人大监督、法律监督及社会各界的监督，加强与知识产权保护职能部门的协调配合。充分依靠党委“总揽全局、协调各方”的政治优势，及时向市委、人大汇报知识产权审判工作开展情况，积极与政府、政协及社会各界沟通协调，努力营造知识产权司法保护良好的外部环境。加强与行政主管部门在知识产权行政执法程序上的衔接，实现司法保护与行政保护的优势互补和良性互动；加强与公安、检察机关在知识产权刑事司法程序中的配合，切实加大刑事保护力度；加强同科技、信息、新闻、宣传、外事等职能部门在知识产权保护工作中的信息沟通与相互协作，扩大知识产权保护的影响力。（责任部门刑一庭、刑二庭、民二庭）

17. 探索建立知识产权审判工作新机制。要从整体提升知识产权司法保护能力出发，以实现方便当事人诉讼和法院审理、优化审判资源配置、简化救济程序、保证司法统一为目标，提出完善知识产权司法保护的组织基础和理顺程序运作机制的科学对策。深入研究和推动完善著作权、商标权等知识产权确权纠纷解决机制。（责任部门研究室）

18. 深入开展司法保护调研，提升司法活动的专业化水平。结合审判工作实际，建立健全经济社会发展形势分析研判机制，加强对知识产权司法保护新问题的法律适用和诉讼制度建设的研究。及时总结审判实践经验，借鉴先进地区知识产权保护的有益做法，掌握知识产权立法和理论研究的最新成果。支持当事人聘请具有专门知识的人员作为诉讼辅助人员出庭就案件的专门性问题进行说明，从而有效解决知识产权审判中专业技术事实的认定问题；建立知识产权审判咨询专家制度，聘任技术专家辅助审判，逐步探索形成知识产权专家陪审制度。（责任部门研究室）

19. 加大司法保护宣传力度，增强司法的透明度。扩大对外宣传渠道，做到“4•26”世界知识产权日司法保护宣传活动常态化，加深社会各界对知识产权司法保护状况全面、客观的了解，提高全社会知识产权意识，推进知识产权文化建设。通过新闻通报制度，适时发布知识产权审判中的重要新闻和典型案例。坚持裁判公开和透明原则，严格按照有关规定，将生效裁判文书及时上网公开；搞好“秦皇岛知识产权审判网”的建设，使其成为宣传、展示知识产权审判风采的平台。坚持依法公开开庭审理制度，选择有影响的案例，邀请人大代表、政协委员、社会各界代表和普通公众旁听庭审，增强知识产权审判的公开度

和公信力。（责任部门宣传处）

20. 开展司法延伸服务，积极参与推进社会管理创新。针对审判工作中发现的问题，及时提出科学合理、切实可行的对策建议，为党委、政府决策提供依据。建立健全人民法院联系企业的长效机制，通过走出去请进来等多种形式，积极为企业的知识产权保护提供法律咨询和服务。有针对性地提出司法建议，指导相关单位健全制度、加强管理、堵塞漏洞、消除隐患。建立与权利人、相关知识产权保护协会、学术单位的沟通互动机制，及时掌握行业知识产权动态，了解社会各界的司法需求，不断提高司法服务的能力和水平。（责任部门民二庭）

河北省秦皇岛市中级人民法院
关于从源头治理入手着力营造和谐安全诉讼环境的意见

（2011 年）

为深入贯彻落实上级法院关于进一步加强人民法院安保工作的指示精神，努力从源头上预防和减少危害人民法院安全因素的发生，经市中院党组研究制定如下意见：

一是要切实增强抓好安保源头治理工作的自觉性和主动性。当前，我国正处于经济社会转型、利益格局调整的时期，各类社会矛盾碰头叠加，社会治安压力持续增大，人民法院面临的执法环境越来越复杂，自身安全保卫工作受到重大挑战和严峻考验。实践证明，强化安保措施，发挥人防、物防、技防的作用，尽管在安全保障工作中不可或缺，但只是“治标”的手段，有的甚至可以说是权宜之计，不能从根本上营造和谐安全的诉讼环境。为此，全市两级法院要深刻认识到，要从根本上解决自身安全问题，必须着眼于“治本”，始终坚持预防为主的原则，紧紧抓住队伍思想作风和能力建设这个核心，深入推进社会矛盾化解这个关键，从改进和加强执法办案工作做起，狠抓源头治理，在为经济社会发展提供有力司法保障的同时，努力营造和谐安全的诉讼环境。

二是要深入推进社会矛盾化解。要始终坚持“调解优先、调判结合”工作原则，发挥司法调解主导作用，凝聚多方智慧，借助各方力量，形成化解纠纷的强大合力，最大限度地消除当事人之间的怨恨和矛盾；要始终坚持“关口前移、注重预防”的工作要求，不断加强立案和解和诉前调解工作，积极采取诉前劝导、委托调解、邀请调解等方式，尽最大努力将矛盾纠纷化解在诉前、化解在案外；对于矛盾尖锐对立的涉众型、疑难复杂、敏感案件，要及时主动向党委汇报、政府通报，在争取党委、政府支持配合的基础上，采取综合、协调的手段，尽可能通过非诉讼方式解决问题。

三是要认真排查消除安全隐患。日常要高度重视对案件的分析研判和安全隐患风险的评估，凡事谋划在前、料变在先，提前应对，努力从源头上预防突发事件的发生。全市法院各级的领导和广大干警要时刻绷紧安全这根弦，要把排查案件安全隐患工作机制化、常态化，切实解决时冷、时热，时松、时紧的问题。对于受理的婚姻家庭纠纷、宅基地纠纷、土地承包纠纷、相邻关系纠纷等容易矛盾激化、当事人可能采取极端手段的案件，在立案、审判、执行和申诉等各个环节，要深入细致地了解案情、当事人的基本状况和案件的有关背景，尤其要善于从当事人言语、情绪、行为等表象特征，来深入分析和掌握其心理变化，做到防患于未然。还要重点排查涉诉信访案件，一旦发现不满法院裁判、误解法官、有可能行凶报复的重点人员，要耐心扎实地做好辨法析理、判后答疑和思想疏导工作，必要时要报告党委政法委、通报公安机关及有关部门，齐心协力进行稳控和管控，做到排查得出、控制得住、处置得了，严防造成现实危害。对具有铤而走险苗头、可能制造事端的，以及威胁、恐吓法院干警的高危人员要果断采取措施，依法处理，同时对干警采取必要的保护措施。

四是要不断改进审判工作作风。人民法院既是国家审判机关，也是群众工作部门，人民法官既是司法工作者，也是群众工作者，广大干警要始终坚持群众路线、站稳群众立场、牢记群众观点、把握群众工作方法。要学会与群众打交道，正确认识和把握群众语言，增强群众工作能力。广大干警在内心要尊重群众，用真心贴近群众，想群众之所想、急群众之所急、解群众之所困，努力赢得群众的支持和信任。要学习、借鉴和推广优秀法官陈燕萍的“四用”工作法，即用群众认同的态度倾听诉求，用群众认可的方式查清事实，用群众接受的语言诠释法理，用群众信服的方式化解纠纷。一些案件当事人对法官存有疑虑，甚至抵触，大多因为他们缺乏法律知识，法官首先要抱着理解去面对质疑，而不能一味地埋怨和指责。对判决结案的案件，要坚持判后答疑制度，在判决后与当事人面对面沟通，给予当事人提问的机会，给予当事人表达情绪的空间，给予当事人质疑的权利。要带着对人民群众的深厚感情做好接待工作，做到态度和气、服务周到、语言文明，力求实现“带着怨气来、挂着微笑走”的良好效果。要杜绝和防止因干警语言生硬、态度粗暴、推诿扯皮，而伤害当事人感情、激化矛盾的现象发生。对弱势和特困当事人，要依法加大司法救助力度，切实落实便民利民措施，提供公正高效、和谐、文明的司法服务。

五是要狠抓队伍的教育管理。面对越来越繁重的执法办案任务，面对人民群众日益增长的司法需求，面对一些当事人对法院和干警的批评、责难甚至暴力抗法行为，绝大多数干警头脑清醒、立场坚定、坚持原则、勤奋工作、秉公司法，但有些干警的心态发生了明显的变化：有的认为办案越多责任越大，出错概率越高，因而不愿多办案、快办案；有的担心被当事人报复伤害，刻意疏远当事人，与当事人保持距离，不愿深入基层做群众工作；有的认为工作压力大、责任重、收入低，工作积极性下降，极少数人还向当事人吃拿卡要等。全市法院务必高度重视这种复杂司法环境下的队伍建设问题，一方面，要继续坚持对广大干警进行严格教育、严格管理和严格监督，依法规范司法行为，不断改进司法作风，加强对干警业外活动的约束，认真落实“五个严禁”等反腐倡廉制度规定，确保广大干警正确行使审判权、执行权；另一方面，要继续坚持从优待警政策，充分考虑干警工作任务重、压力大等实际情况，真情关心大家的身心健康，想方设法改善干警的工作和生活条件，切实加强职业保障，舒缓干警的心理压力，激励大家更好地为大局服务，为人民司法。

河北省秦皇岛市中级人民法院
司法巡查工作实施细则

（2012 年）

第一条　为加强对县、区人民法院领导班子及其成员的监督，规范司法巡查工作，提高监督实效，根据《河北省高级人民法院司法巡查工作暂行办法》，结合全市法院工作实际，制定本细则。

第二条　司法巡查工作以邓小平理论、“三个代表”重要思想为指导，深入贯彻落实科学发展观，坚持从严治党、从严治院方针，健全和完善法院机关党内监督与上级院对下级院监督相结合的监督机制，维护党的纪律和国家法律，保证党的路线、方针、政策和上级法院决议、决定在全市法院得到认真贯彻执行。

第三条　司法巡查工作在市中级人民法院党组领导下开展工作。

第四条　市中级人民法院巡查对象是各县、区人民法院领导班子及其成员。

第五条　司法巡查工作的主要内容：

对被巡查人民法院领导班子及其成员的下列情况进行监督检查：

（一）贯彻落实科学发展观，贯彻执行党的路线、方针、政策，执行上级人民法院决策部署的情况；

（二）落实党风廉政责任制、坚持廉政勤政的情况；

（三）执行民主集中制的情况；

（四）选拔任用干部的情况；

（五）涉及领导班子建设的其他有关情况。

对被巡查人民法院司法业务建设的下列情况进行监督检查：

（一）在执法办案工作中执行国家法律和上级人民法院决议决定的情况；

（二）在执法办案工作中为经济社会发展服务的情况；

（三）在执法办案工作中破解工作难题、化解社会矛盾的情况；

（四）在执法办案工作中落实司法为民便民措施的情况；

（五）在执法办案工作中创新审判管理机制、提高办案工作质量、确保公正高效司法的情况；

（六）涉及司法业务建设的其他有关情况。

对被巡查人民法院司法队伍建设的下列情况进行监督检查：

（一）组织开展专题教育活动、加强思想政治建设的情况；

（二）组织开展业务培训工作、加强司法能力建设的情况；

（三）构建人民法院惩治和预防腐败体系、加强反腐倡廉建设的情况；

（四）纠正损害群众利益和伤害群众感情的不正之风、加强司法作风建设的情况；

（五）完善司法保障、加强基层基础建设的情况；

（六）涉及司法队伍建设的其他情况。

第六条　市中级人民法院成立司法巡查工作办公室，作为组织开展司法巡查工作的常设办事机构。市中院纪检组设一名副组长兼任司法巡查工作办公室主任。

根据本院党组决定，司法巡查工作办公室负责组建司法巡查组，具体负责对县、区人民法院的司法巡查任务。巡查组由 4 ～ 6 人组成，设组长 1 人、副组长 1 人，巡查组组长由市中院院级领导或由县、区人民法院离职的院长担任，副组长由市中院司法巡查工作办公室主任担任，成员由纪检组、政治部、审判管理办公室及业务庭室工作人员担任，必要时也可从下级人民法院临时借调。

司法巡查工作，届内对县、区人民法院普遍巡查一次，自换届后的第二年起，一般每年巡查 2 个县、区法院，每次巡查 10 ～ 15 天。巡查计划和巡查方案由司法巡查工作办公室提出，报市中院党组同意后实施。

第七条　巡查工作开展前，司法巡查工作办公室应当向本院有关部门了解被巡查人民法院的有关情况，征求对被巡查人民法院的意见，并对巡查组成员进行行前培训。

第八条　巡查组进驻被巡查县、区人民法院前，由司法巡查工作办公室将巡查组组成人员、巡查内容、巡查方法、工作要求等内容以正式文件的形式通知被巡查单位党组。由被巡查单位主要领导向县区委、县区人大、县区纪委、县区政法委领导通报巡查工作安排。县、区人民法院党组确定一名联络员，负责与巡查组的工作联系，协助巡查组向本系统干警通报公示巡查工作安排及巡查组办公地址、联系电话，在单位设立巡查工作意见箱，提供相关人员名册和联系电话等。

第九条　巡查组进驻被巡查县、区人民法院后，召开县、区人民法院党组领导班子见面会，巡查组组长就巡查工作的内容、对象、任务、方法、时间、工作安排及其他有关情况进行通报，县、区人民法院主要领导作表态发言。

第十条　召开全体干警大会，由巡查组组长作开展巡查工作动员，讲清巡查的目的、意义、任务、方法和要求；县、区人民法院主要领导作表态讲话；巡查组开展民主测评或问卷调查。

第十一条　县、区人民法院召开党组扩大会，由县、区人民法院主要领导围绕本次巡查的主要任务和范围汇报工作。参加人员：县、区人民法院党组成员、庭室负责人及科级审判员。政治处、监察室等相关部门作专题汇报。

第十二条　巡查组进行个别谈话，谈话范围：县、区人民法院党组成员、庭室负责人、科级审判员、部分近年退休的老领导、老同志和部分干警。个别谈话时巡查组至少有两人参加。

第十三条　巡查组走访县、区人大、政协、纪委、政法委等有关部门。召开部分人大代表、政协委员等不同类型座谈会，并对被巡查人民法院工作进行测评。

第十四条　巡查组可根据工作需要，列席县、区人民法院党组会、审委会、院长办公会等有关会议。

第十五条　巡查组可根据工作需要，调阅复制县、区人民法院党组会、审委会、院长办公会等会议记录和有关文件、案件材料等资料。

第十六条　巡查组受理和巡查内容有关的群众来信来访。根据群众来信来访反映的问题，经市中院主要领导授权，对有关问题、情况，进行初步了解。

第十七条　巡查组可对被巡查人民法院及其所辖人民法庭进行暗访检查。

第十八条　巡查工作结束后，巡查组写出巡查工作报告，向本院党组汇报。报告的主要内容：

（一）开展巡查工作的基本情况；

（二）对被巡查人民法院党组及其成员的总体评价及民主测评结果；

（三）对被巡查人民法院工作的总体评价及问卷调查结果；

（四）通过司法巡查了解掌握的主要问题；

（五）拟向被巡查人民法院反馈的意见和建议；

（六）被巡查法院对本院工作的意见和建议。

第十九条　根据市中院党组审议意见，巡查组向被巡查的人民法院反馈结果。

（一）向被巡查的人民法院同级党委通报司法巡查结果；

（二）向被巡查的人民法院党组反馈司法巡查意见；

（三）向被巡查的人民法院党组主要领导个别反馈干警对被巡查的人民法院党组成员的评价意见及民主测评结果；

（四）向被巡查的人民法院党组成员个别反馈干警对其本人的评价意见及民主测评结果。

第二十条　受本院党组及纪检监察部门、政治部门的委托，司法巡查组可以向被巡查人民法院党组成员个别反馈干警意见的同时，对其进行提醒谈话。

第二十一条　巡查意见反馈后，被巡查县、区人民法院党组召开民主生活会，研究整改措施并进行整改。县、区人民法院党组在巡查意见反馈后30个工作日内，将整改方案报市中院司法巡查工作办公室，6个月内报送整改情况书面报告。司法巡查工作办公室收到被巡查人民法院的整改方案和整改落实情况报告后，及时报送本院党组主要领导审阅。

第二十二条　司法巡查工作办公室应当选择适当时机，通过听取情况汇报、组织整改满意度测评、回访谈话、开展明察暗访等方式，对被巡查人民法院的整改落实情况进行回访，并将回访情况向本院党组主要领导报告。

第二十三条　司法巡查工作办公室应当把巡查结果及整改情况通报本院政治部门，作为考核任用领导班子和领导干部的重要依据。

第二十四条　巡查中发现的重大问题巡查组应当形成专题报告，通过司法巡查工作办公室报送本院党组主要领导审阅；违法违纪案件线索移送纪检监察部门；其他问题，可视情况转交相关部门处理。相关部门应将办（处）理的情况，向司法巡查工作办公室反馈，司法巡查工作办公室及时汇总并向本院党组主要领导报告。

第二十五条　巡查组成员要认真履行职责，严格按照规定的程序和方法开展工作，注重发现问题，客观公正地了解、反映真实情况，落实巡查工作责任制。对属于巡查工作职责范围内的重要问题，应当了解的情况而未了解，应当报告的事项而未报告；泄露巡查工作秘密；隐瞒、歪曲、或捏造事实；利用巡查工作之便为他人牟取不正当利益或为自己牟取私利以及违反巡查工作纪律行为的。视情节轻重，分别给予组织处理或纪律处分，涉嫌犯罪的，依法移送司法机关处理。

第二十六条　被巡查人民法院及其所属工作人员，不按要求提供相关情况或文件资料；提供虚假情况；指使有关单位、部门及其工作人员阻挠司法巡查工作；拒不纠正存在的问题，或者不按照要求对存在的问题进行整改或者其他干扰巡查工作行为的。视情节轻重，分别给予组织处理或纪律处分，涉嫌犯罪的，依法移送司法机关处理。

第二十七条　巡查组不干预被巡查人民法院的正常工作，不过问被巡查人民法院正在办理的案件，不直接查办违法违纪案件。

第二十八条　巡查工作所需经费、用车由市中院统一解决。

第二十九条　本细则由市中级人民法院负责解释。

第三十条　本实施细则自颁发之日起施行。

河北省秦皇岛市中级人民法院
关于为西港搬迁改造工作提供司法保障和
法律服务的实施意见

（2014年）

为贯彻落实《秦皇岛西港搬迁改造工作实施方案》，围绕西港搬迁工作的总体目标、工作内容及责任分工，依据法院工作实际，制定本实施意见。

一、充分认识西港搬迁工作的重要意义

秦皇岛港西港搬迁改造是省委、省政府实现河北沿海地区率先发展的重大举措，对于京津冀协同发展，优化秦皇岛沿海生产力布局，拓展城市发展内涵，促进港城协调互动，打造河北沿海经济增长极，建设沿海强市、美丽港城具有重大而深远的意义。全市法院要把思想和行动统一到市委、市政府的工作部署上来，统一到《秦皇岛市西港搬迁改造工作实施方案》的具体要求上来，充分发挥审判职能，依法严厉打击妨碍西港搬迁工作的各类犯罪活动，妥善化解平等主体间的民事纠纷，快速审理征地拆迁的行政诉讼；能动司法，延伸职能，提供法律咨询，确保征地拆迁工作依法、规范、有序，为我市西港搬迁改造工作顺利进行提供司法保障和法律服务。

二、发挥审判职能，提供司法保障

1. 建立西港搬迁纠纷立案绿色通道。对符合立案条件的各类案件，缩短审查期间，尽快导入诉讼程序；对欠缺材料、证据的案件，主动释明、限期补正、完善手续、及时分流。对经济确有困难的企业和群众，可暂时缓交诉讼费用，确保西港搬迁纠纷及时进入诉讼程序。（此项工作由市中院、海港区法院、山海关区法院立案庭负责）

2. 充分发挥刑事审判的惩治功能。依法严厉打击影响西港搬迁工作的黑社会性质组织、寻衅滋事、故意伤害及妨碍国家工作人员执行公务等犯罪活动，依法保护公民的人身权利不受侵犯，为西港搬迁工作顺利进行净化社会环境；依法严厉打击西港搬迁工作中的抢劫、盗窃、诈骗等侵犯财产权、人身权犯罪，确保国家、集体及公民个人财产、人身不受侵犯；依法严厉打击侵吞、盗窃、骗取西港搬迁征地、拆迁补偿款等职务性犯罪活动，确保西港搬迁工作廉洁高效运行。（此项工作由市中院、海港区法院、山海关区法院刑事审判庭负责）

3. 充分发挥民事调处功能，及时审结平等主体间的民事纠纷。缩短审理周期，及时审结西港搬迁中的农村土地承包合同、海域使用权承包合同解除纠纷；及时审结征地拆迁补偿合同纠纷，确保西港搬迁工作进度；及时审结涉搬迁企业劳动争议、破产重组、职工安置案件，依法维护职工合法权益，推进西港搬迁工作的顺利进行。要充分利用调解手段，最大限度地以和解方式化解矛盾纠纷，防止强行判决引起不稳定因素的产生，影响搬迁进程。但要防止久调不决，对不能或不宜调解的案件要及时作出判决。（此项工作由市中院、海港区法院、山海关区法院民事审判庭负责）

4. 充分发挥行政审判职能，及时化解官民矛盾。及时审结土地征收，海域使用权收回、补偿裁决等行政纠纷案件，指导相关部门对征收土地上的违法、违章建筑的处罚、处理决定，提高西港搬迁工作效率。（此项工作由市中院、海港区法院、山海关区法院行政庭负责）

5. 加大执行力度，尽快执结法院生效判决。紧紧依靠党委政府，征得社会支持，采取强制措施，穷尽方式方法，使西港搬迁案件生效判决内容及时履行，实现法律效果与社会效果的有机统一，为西港搬迁工作顺利进行创造条件。（此项工作由市中院、海港区法院、山海关区法院执行局负责）

三、积极能动司法，提供法律服务

1. 政策法律咨询。延伸审判职能，建立联席会议平台，为西港搬迁工作的重大决策，土地、海域征收决定，拆迁补偿方案，职工安置方案等提供法律政策咨询，使西港搬迁的各项工作在法律的框架内运行。

2. 重点项目对接。针对西港搬迁工作的不同阶段、不同环节中的重点项目，明确相关部门或相关负责人提前介入，对口联系，严格征地拆迁工作法律程序，减少诉讼发生，防止发生信访或群体性事件，确保搬迁工作进度。

3. 具体工作指导。就搬迁工作中的具体问题进行专题研究，重点指导行政强拆。围绕强拆工作的前期准备、具体实施、突发事件的应对及善后处理等提出合理的意见和建议，确保搬迁工作有序进行。

四、加强组织领导

为贯彻落实好《秦皇岛市西港搬迁改造工作实施方案》，为西港搬迁工作提供强力的司法保障和法律服务，市中院成立西港搬迁司法保障领导小组，服务指导西港搬迁工作依法进行，协调解决西港搬迁过程中涉诉纠纷和重大问题，对接相关工作小组，主动提供法律服务。（鉴于人员变动，调整后的领导小组成员名单附后）

司法保障领导小组办公室设在市中院研究室，由专职审委会委员郭辉兼任主任，副主任由研究室（审管办）主任高侠担任。负责对上、对下及部门间的沟通协调；督办相关业务庭涉西港搬迁案件的审理进度；研究解决西港搬迁工作中存在的司法问题；完成领导小组交办的各项工作。

五、服务保障搬迁工作的总体要求

1. 对于涉西港搬迁的案件，在审理、执行过程中要依法慎用诉讼保全措施、执行措施。

2. 坚持主动服务，通过开展西港搬迁工作法律咨询，防范和及时化解出现的矛盾和问题，关口前移、积极参与，减少诉讼发生。

3. 两级法院行政庭要与市区国土局、房管局主动对接；市中院民二庭要与市区人社局、总工会、港口集团主动对接；司法服务保障领导小组办公室要与市西港搬迁指挥部办公室、港口集团主动对接。

4. 市中院主管领导负责督促相关业务庭主动提供司法服务。

河北省秦皇岛市中级人民法院
关于为建设沿海强市、美丽港城提供司法服务和保障的实施意见

（2014 年）

为贯彻落实党的十八大精神和省市委的决策部署，服务沿海强市、美丽港城目标，为打造河北沿海经济增长极提供司法保障，经研究，提出如下意见：

一、以促进发展为己任，切实增强服务保障发展大局的紧迫感和使命感

1. 牢固树立服务意识，切实担负起服务和保障赶超发展的政治责任和历史使命。市委十一届五次全会作出了《关于率先开放、赶超发展，奋力打造河北沿海经济增长极的决议》，提出了“沿海强市、美丽港城”建设目标，制定了“开放强市、产业立市、旅游兴市、文化铸市”发展战略，进一步明确了奋力打造河北沿海经济增长极的各项任务，为法院工作指明了方向。紧紧围绕发展目标、战略和任务，提供良好的法律服务和保障，是立党为公的集中体现，也是司法为民的应有之义。法院全体工作人员要不断增强服务意识，以奋发有为的精神状态和务实清廉的工作作风，切实担负起服务和保障我市赶超发展的政治责任和历史使命。

2. 牢固树立主人翁意识，争做沿海强市、美丽港城的保障者和建设者。作为全国首批沿海开放城市的人民法院，站在新的历史起点，应当以主人翁的姿态，融入赶超发展的大局中，既要善于把握机遇，又要敢于迎接挑战；既要做赶超发展的保障者，又要做赶超发展的建设者。要坚决摒弃“与己无关”的思想，充分发挥司法审判的职能作用，立足本职，建功立业。

3. 牢固树立大局意识，始终坚持法院工作与党委中心工作同步合拍。为实现跨越赶超，市委提出全力打好沿海开放、对接京津、县域振兴、生态环境和借力暑期“五张牌”。全市法院要紧密围绕我市当前和今后一个时期的工作大局、工作重点，统一思想，凝心聚力，使法院工作与党委中心工作同频共振、和声合拍，找准服务和保障跨越赶超的着力点和切入点，确保取得实实在在的效果。

二、着眼开放强市，不断优化赶超发展的司法环境

4. 切实增强司法保障工作的针对性和有效性。全市法院要及时掌握党委的重大决策部署，做到胸怀全局、心中有数。积极学习借鉴沿海经济发达地区法院的先进经验，以法治思维、开放思维和科技思维认真研究我市实施开放带动战略中出现的新情况、新问题，加强司法应对，创新服务举措，不断增强司法保障工作的针对性和有效性。

5. 克服就案办案、孤立办案、机械办案倾向，依法妥善处理好每一起案件。要把审判

执行工作关口向前移动、向后延伸，尤其是对于涉及我市改革发展稳定的重大矛盾纠纷，案前要熟悉情况、了解背景、灵通信息、评估研判，依法应对、妥善化解，实现办案法律效果与社会效果的统一；案后要善于总结思考，通过办案及时发现我市经济发展和社会管理中存在的突出问题，为党委科学决策提供参考。

6. 严厉打击刑事犯罪，营造安全稳定的社会环境。依法打击危害国家安全犯罪、黑社会性质犯罪和恶势力犯罪，依法严惩爆炸、杀人、绑架等严重暴力犯罪，坚决打击抢劫、抢夺、盗窃等多发性犯罪，始终保持强大的惩治力和威慑力。依法从重从快惩处阻挠重点项目施工、破坏企业生产经营、侵害投资者合法利益等违法犯罪行为。

7. 坚持依法打击与依法保护并重。依法严惩国家工作人员贪污、贿赂、渎职、滥用职权等职务犯罪和企业经营人员侵占、挪用资产等犯罪行为，严厉打击偷税漏税、制售假冒伪劣产品、走私等破坏市场发展环境、扰乱市场经济秩序的犯罪活动，依法维护经济安全和市场稳定。同时，准确区分罪与非罪、合法与违法，依法保护创新者、支持创业者。

8. 依法调节经济关系，充分发挥司法审判对市场的规范引导作用。加强重点领域民商事案件审理，依法平等保护各类市场主体的合法权益，积极引导投资融资、商贸物流、资源开发等商务活动的依法守约和规范有序。自觉把个案审判置于大局中考量，力求办案法律效果与社会效果有机统一。

9. 积极推动社会诚信体系建设。依托电子政务平台，建立法院与公安、工商、住建、国土资源、海关、银行等部门互通共享的信息查询系统和执行威慑机制，使法院和各有关方面更便捷地了解企业和个人资产状况和诚信记录，对恶意失信者采取相应的出境、借贷、融资、登记注册、房产过户、招标投标等限制民事行为措施，加大市场主体的失信成本。同时，在立案、审判等环节严格审查，从源头上防止虚假诉讼、恶意诉讼。

10. 加强和改进司法建议工作，服务法治政府建设。针对案件审理中发现的共性问题，及时向有关部门提出立法、司法建议或意见，完善市场经济政策，堵塞市场监管漏洞，规范市场有序运行。对审理重大民商事纠纷中发现的典型问题，要认真剖析产生纠纷的原因，及时向有关企业提出完善管理的司法建议。坚持定期发布《行政审判白皮书》，坚持监督与支持并重，依法妥善审理好各类行政案件，既注重依法保护行政相对人的合法权益，又注重促进各级行政机关依法执政。

三、对接产业立市，依法保障跨越赶超重点部署顺利推进

11. 积极主动为重点工程、重点项目建设提供司法服务。全市法院要主动在重点工程和项目的筹划、谈判、签约、建设的各个阶段进行法律风险研判和提示，有效预防和化解纠纷，为实施“央企入秦”“民企入秦”“外企入秦”“引智入秦”等专项行动提供司法服务。

12. 适应港城互动的现实要求，全力保障西港搬迁工程。依法妥善预防和解决搬迁过程

中征地拆迁、产权交易、职工安置、工程建设等诉讼问题，依法严厉打击针对国有企业、国有资产的侵权行为和违法犯罪活动。

13. 依法妥善解决重点企业涉诉问题。在具体工作中，要依法适用最有利于企业生产经营的审判执行方式，调解或判决，执行和解或强制执行，要因案制宜、区分缓急，依法营造安商、护商的司法导向。改进司法服务的方式方法，搭建法院与企业的沟通平台，积极构建以依法保护企业交易安全和创新能力为核心的风险防范和维权机制。

14. 依法服务保障小微企业发展。坚持债权人和债务人利益兼顾原则，对资金周转暂时困难、尚有发展前途的企业，依法慎用司法保全及其他强制措施，依法最大限度地保护双方的合法权益。依法严厉制裁民间融资中的非法吸收公众存款、高利贷等扰乱金融秩序的违法犯罪行为，为小微企业融资创造安全稳定的司法环境。要深入开展联企、帮企活动，通过法律宣讲、案例释法、现场咨询等形式分层次、分区域送法进企。要积极主动、因地制宜搭建对接小微企业发展的服务平台，为其提供更加便利快捷的司法服务。

15. 依法支持城镇化和新农村建设。依法保障土地征收、房屋拆迁等工作顺利实施，严格执行土地征收和房屋拆迁补偿安置标准，依法保护失地农民和被拆迁人的合法权益。依法妥善审理土地流转，土地承包经营权互换、转让、出租等环节发生的纠纷案件，依法促进现代农业健康发展。依法稳妥处理好良种、化肥技术指导等农业科技服务类案件，促进农村经济结构调整和农业经济增长方式转变。

16. 依法保护高新技术产业发展。依法审理技术合同纠纷，切实保护公民、法人和其他组织进行科学研究和发明创造的积极性，促进科学技术成果的快速应用和推广。依法保护高校、企业、科研机构及科技人员自主研发的知识产权，依法制裁侵犯商标权、著作权、商业秘密等严重扰乱技术市场的行为，激发技术市场主体的创造活力，增强我市对各类人才的吸引力。

17. 依法服务保障外向型经济发展。坚持平等保护、法制统一、审判独立和公开透明原则，努力搞好涉外审判工作。认真研究国际惯例与国内法的衔接问题，在适用法律上寻求其与国内法的最佳结合点；依照平等互利原则，依法保护来秦从事经贸活动的外国企业和外国公民的合法权益。

18. 强化司法调研和审判指导。着眼于解决制约我市发展的突出矛盾，围绕金融生态环境建设、县域经济发展、房地产开发、征地拆迁、矿产资源开采以及食品药品安全等领域存在的问题，加强司法调研和审判指导。进一步健全完善司法审判机制，综合运用多种手段，平衡各方面利益关系，促进社会矛盾纠纷多元化解。

四、助推旅游兴市，依法保护生态环境、规范旅游市场

19. 加大生态环境保护力度。依法惩治环境污染、非法采矿、盗伐林木等犯罪行为，依

法保护风景名胜、河流湖泊、森林湿地等环境资源，促进自然资源的合理开发利用。加大与检察机关、环保职能部门等单位的协调配合力度，积极探索生态环境公益诉讼，完善审理公益诉讼案件的程序。

20. 积极参与城乡环境综合整治行动。对环境侵权和资源毁坏以及影响人民群众生命健康、危害公共安全的案件，要正确分配举证责任，依法认定损害后果，并充分体现赔偿性惩罚和补偿功能。

21. 加强旅游市场消费者权益保护。妥善处理旅游市场合同纠纷和人身损害赔偿案件，准确把握审理消费者权益纠纷案件的基本原则，在依法维护经营者正当利益的同时，更加注重保护消费者的合法权益，引导、规范经营者提高服务水平，依法诚信经营，促进旅游服务市场和旅游产业健康发展。

22. 切实维护我市旅游市场治安秩序。积极参与社会管理创新，努力构建有序稳定的旅游环境。加大对欺诈宰客等违法违规行为的惩处力度；依法严厉打击旅游景区、产业园区、铁路、公路、港口等重点区域的暴力犯罪、财产犯罪，切实维护我市旅游市场的治安秩序。

五、聚焦文化铸市，充分发挥司法的教育引导功能

23. 依法保护城市文化遗产。加强对城市文化遗产保护相关法律问题的研究，综合运用多种法律手段，积极推动物质与非物质文化遗产的保护、传承和开发利用，促进我市丰富的文化资源转化为强大的文化竞争力。严厉打击文物犯罪，结合审判案例大力宣传《文物保护法》《文物保护法实施条例》《长城保护条例》等相关法律法规。

24. 依法促进文化大发展大繁荣。加强文化类知识产权案件的审判，促进文化产业创新和培育新型文化业态，积极推动文化产业发展成为我市国民经济的支柱性产业。依法加强出版发行、影视制作、广告、演艺、娱乐、设计等产业领域的著作权保护，推动传统文化产业发展壮大。加强商标权保护，培育和维护知名品牌，积极促进社会主义市场经济的竞争性、创新性和包容性增长。依法规范竞争秩序，培育自由平等、诚信守法的竞争文化，创造公平有序、充满活力的市场环境。

25. 积极营造弘扬中华传统美德、社会公德和家庭美德的司法导向。妥善化解人民内部矛盾，正确处理婚姻家庭案件和社区邻里纠纷案件，倡导男女平等、婚姻自由、尊老爱幼、相互扶助、爱护环境、举止文明的道德风尚；依法制裁家庭暴力，遗弃、虐待老人和儿童，不尽赡养、抚养义务以及破坏环境、毁坏公物等违法行为。

26. 不断加大宣传工作力度。结合典型案例，充分利用各种传统媒体和新兴媒体，加强法治宣传，增强全民守法意识，弘扬爱国、敬业、诚信、友善的社会主义核心价值观，提升城市文明形象。

六、强化法官职业素质，不断提升服务保障发展大局的能力和水平

27. 加强思想政治建设。坚持中国特色社会主义司法制度，始终保持人民法院工作的正确方向。牢固树立社会主义法治理念，忠诚履行宪法和法律赋予的神圣职责。切实加强法院党的建设，充分发挥党组的核心领导作用、基层党组织的战斗堡垒作用和党员的先锋模范作用。

28. 加强职业纪律作风建设。深入推进法院队伍职业化建设，在坚持司法为民、维护司法公正、改进司法作风、确保司法廉洁上持续取得新进展。进一步健全各项工作制度，形成以制度管案、管事、管人的工作机制，并通过开展明察暗访等经常性审务督查活动，及时发现和查纠问题，努力做到法官清正、法院清廉、司法清明。

29. 强化教育培训。扎实推进高层次人才培养工作，努力造就一批在全省乃至全国叫得响、影响力强的“专家型”“学者型”“复合型”法官和综合管理人才。广泛开展岗位大练兵活动，全面提升法院队伍的整体素质。加强学习型机关建设，营造氛围，创造条件，完善机制，引导干警牢固树立终身学习理念。强化实践锻炼，坚持新招录干警下基层、新进干警进立案信访窗口锻炼、资深法官传帮带等制度，不断提高新形势下的群众工作能力。

河北省秦皇岛市中级人民法院
为我市调整经济结构、转变发展方式、治理环境污染和
京津冀协同发展战略提供司法保障和服务的实施意见

（2014 年）

为深入贯彻落实党的十八届三中全会精神、中央政法工作会议精神和省市委决策部署，进一步提升全市法院围绕中心、服务大局水平，努力为我市建设全面小康、富裕殷实、山清水秀的沿海强市、美丽港城提供司法保障和服务，经研究，提出如下意见：

一、认清形势、牢记使命，切实增强保障服务发展大局的使命感和紧迫感

1. 认清形势，勇于担当，自觉把法院工作置于党委中心工作中。2014 年是全面深化改革的开局之年，也是我市打造河北沿海地区率先发展增长极的攻坚之年。虽然宏观经济形势错综复杂，但京津冀协同发展战略、河北沿海地区率先发展战略的实施，京津产业的加快辐射外溢，全市加快发展面临前所未有的发展机遇。全市两级法院务必要统一思想，认清形势，凝心聚力，勇于担当，切实增强保障服务发展大局的责任感和紧迫感。

2. 围绕中心，服务大局，切实找准服务和保障跨越赶超的着力点和切入点。市委十一届六次全会作出《关于学习贯彻党的十八届三中全会和省委八届六次全会精神的决议》，为实现我市科学发展、绿色崛起规划了宏伟蓝图。全市法院要深刻领会市委“在全面深化改革中推进开放强市、产业立市、旅游兴市和文化铸市”的总要求，切实增强政治意识、大局意识和责任意识，围绕“调整经济结构、转变发展方式、治理环境污染”和推进京津冀协同发展，按照贯彻政策与执行法律相统一、维权与维稳相协调、促进发展与民生保障相一致的原则，充分发挥司法职能作用，坚持司法为民、公正司法，依法妥善审理好与经济、政治、文化、社会和生态文明建设及体制改革相关的各类案件，维护社会大局稳定，促进社会公平正义，保障人民安居乐业。

3. 牢记使命，赶超发展，争做沿海强市、美丽港城的保障者和建设者。作为全国首批沿海开放城市的人民法院，站在新的历史起点，必须不断强化保障和服务赶超发展的主人翁意识，密切关注全市中心工作，随时了解知悉党委、政府提出的发展思路、发展目标和采取的具体措施，时刻关注各项工作动态，使法院工作与党委中心工作同频共振、和声合拍。要按照“改革引领、稳中求进、创新驱动、科学发展”的工作要求，以开展党的群众路线教育实践活动为动力，大力弘扬奋发有为的精神状态和为民务实清廉的工作作风，切实担负起保障和服务我市赶超发展的政治责任和历史使命。

二、依法惩治刑事犯罪，维护全市社会大局稳定

4. 依法严惩严重刑事犯罪行为。深入推进平安建设，依法从严、从快、从重审判暴力恐怖、宗教极端和邪教组织等危害国家安全的犯罪行为，维护全市社会大局稳定和国家长治久安。严惩杀人、抢劫、绑架、强奸、侵害儿童等严重犯罪，对危害公共安全、“两抢一盗”、黑恶势力等严重危害人民群众安全感的犯罪，依法加大惩处力度。针对不同时期、不同地域出现的突出犯罪类型和严重犯罪分子，依法予以严惩，坚决遏制相关犯罪高发态势，保障人民群众安居乐业。

5. 依法严厉打击环境污染犯罪。深入开展打击环境污染刑事犯罪专项行动，对该类犯罪严重、多发的区域，集中时间、集中力量，重点打击。主动加强与公安、检察和环保等部门的沟通协调，完善执法衔接配合，形成打击合力。严格执行刑法及司法解释的有关规定，准确把握定罪和量刑标准，从重从快依法严惩破坏生态违法犯罪行为，有效遏制污染环境违法犯罪活动。

6. 切实保障和改善民生，依法严惩危害食品药品安全犯罪。针对食品药品安全犯罪屡有发生，严重危害人民群众生命健康的严峻形势，要依法加大惩处力度。对于犯罪情节恶劣、危害严重，群众反映强烈，给国家和人民利益造成重大损失的犯罪分子，要依法严惩。要加大财产刑适用力度，用足用好罚金、没收财产等刑罚手段，彻底摧毁犯罪的经济基础。

7. 依法惩治职务犯罪。依法惩治贪污、贿赂、渎职等职务犯罪，推动反腐败斗争深入开展，促进形成廉洁的政务环境。对于国家机关工作人员包庇、纵容违法犯罪活动，对违法犯罪行为不履行法定职责，徇私枉法、滥用职权、玩忽职守构成犯罪，情节恶劣的，应当依法从重惩处。

8. 积极参与社会管理综合治理。学习“枫桥经验”，完善诉前调解，加快“一乡一法庭”建设步伐，努力落实人民陪审员倍增计划，最大限度把社会矛盾预防在发生之前、化解在萌芽状态、处置在初始阶段，做到小事不出村，大事不出乡，有效防止因矛盾激化引发犯罪或形成群体性事件。探索涉诉信访工作机制改革，研究建立分工明确、配合有力、流转顺畅的衔接机制，引导涉法涉诉信访问题在法治轨道上解决。进一步规范减刑、假释和暂予监外执行工作，与有关部门共同推进对刑释解教人员、社区矫正对象等特殊人群的帮教管理。积极参与重点地区、重点场所的综合治理，推进基层平安创建，促进社会管理综合治理深入开展。

三、依法平等保障各类市场主体合法权益，不断增强经济发展活力

9. 依法推动招商引资的顺利开展。以优化发展环境、推动招商引资为目的，以深化“三提（提素提质提效）”和开展整风肃纪专项行动为契机，严格坚持司法为民公正司法，对诉讼到法院的涉外来投资案件不推、不拖，及时立案；在程序许可的范围内，对此类案件快审、快判、快执行，依法保护好外来投资者合法权益。同时，要通过诉前调解、法律咨询、

实地走访、上门服务等职能，实实在在地帮助解决司法难题；通过办案及时发现招商引资中存在的问题，积极向市委、市政府和有关部门提出司法建议，帮助改进工作。

10. 依法保障和促进民营经济发展。优化民营经济发展环境，加大从司法方面对重点民营企业的服务和支持，为本土民企“二次创业”营造良好司法环境；强化对中小投资者特别是民间投资者权益的保护，依法支持和服务民间投资进入基础设施、基础产业、公用事业等领域。认真落实市委“个转企、小升规、规改股、股上市”工作部署，依法支持做大做强做活市场主体。依法妥善审理民营公司因内部治理引发的各类纠纷案件，通过司法裁判规范民营企业各类股东间、股东与管理层间的法律关系，引导和促进民营公司提高依法科学管理的水平，健全现代企业制度。

11. 依法支持和保障金融市场主体发展。积极配合市委有关“放宽金融行业市场化准入，大力发展金融机构和金融业态，吸引更多金融机构企业入秦，推进小额贷款公司、村镇银行建设”的决策部署，在诉讼中依法保障民间资本以入股方式参与商业银行增资扩股及农村信用社改制。妥善审理股权融资、债券融资等引发的纠纷案件，依法规范并支持民间资本以投资方式进入中小民营企业。积极运用民商事审判中积累的金融案件审判经验，支持金融产品创新和金融政策贯彻落实，依法保障服务全市金融体制改革。

12. 依法支持和保障国有企业改革。平等保护、公平对待各类资本主体在控股、参股国有企业的财产权利和发展权利；支持国有资本授权经营体制改革，推动国资监管由管企业转向管资本；依法为我市混合所有制经济改革保驾护航。对造成国有企业经营投资损失的责任人，依照有关法律规定，判定承担民事责任；渎职、侵占构成刑事犯罪的，依法追究刑事责任。

13. 支持和监督行政机关依法行政。对行政机关在整顿和规范市场经济秩序中依法做出的具体行政行为，依法予以支持。对行政机关在行政审批制度改革中，不依法履职或越权、乱作为等，及时作出公正裁决。继续总结完善行政审判白皮书制度、联席会议制度，定期分析梳理行政执法工作中存在的问题，及时向政府有关部门提出意见建议，支持监督行政机关依法行政。

四、依法保障和服务我市经济结构调整和发展方式转变，提高经济发展质量

14. 依法支持我市西港搬迁等重点项目建设。紧密围绕市委决策部署，依法在西港搬迁项目的规划审批、土地收储、劳资纠纷、招商引资和基础设施建设等方面，积极提供法律咨询和服务。结合审判实践，加强司法调研，为东扩港区建设、港口码头和 20 万吨航道项目建设，提供周到细致的法律服务。成立专门组织，为我市推动滨海新城区建设，调整完善临港产业布局，加快建立秦皇岛综合物流信息平台，打造区域性物流基地，提供“一对一”法律服务。按照市委“项目建设落实年”规划，围绕打造临港先进制造业、战略性新

兴产业、现代服务业“三大高地”，依法为大批外来重大投资项目建设、秦皇岛临港产业园区建设、北戴河新区总部经济、海洋产业园区建设，提供司法保障和服务。

15. 依法支持我市产业结构调整和转型升级。紧密围绕市委“产业立市”战略，全力保障绿色现代产业体系建设。依法支持我市推进现代农业“双五双十双百”行动，积极为加快农产品交易市场、现代农业示范园区建设提供司法保障。依法审理运用先进技术改造提升传统产业、培育壮大新兴工业过程中出现的新类型案件，公正处理我市在培育节能环保、数据产业、生物医药、新材料、新能源等战略性新兴产业，发展海洋经济过程中发生的企业购并、股权确认、股权转让等纠纷，维护投融资合同和企业兼并重组合同效力。发挥好司法裁判的导向作用，引导资本、劳动力、科技成果和其他生产要素向符合我市发展定位的现代物流、服务外包、文化创意、电子商务等生产性服务行业和康复养老、体育服务、商贸购物、家政服务等生活性服务业流动。依法保障、支持旅游兴市战略，依法服务低端旅游向高端旅游转型，依法促进旅游和文化、体育融合，服务经济结构优化和调整。

16. 依法支持和鼓励新兴产业发展和科技创新。按照市委“加快打造北方科技之城、创新之城”的要求，依法服务推进国家创新型城市试点，加大对知识产权的司法保护力度。根据科技体制改革要求，依法保护技术创新主体所得收益及奖励，严厉制裁侵犯商标权、著作权及不正当竞争行为。加大技术合同纠纷案件的审判和指导力度，依法支持企业建立健全协同创新和政产学研用融合的创新体制。加大对经济增长有重大拉动作用、具有自主知识产权的关键核心技术的保护力度，在诉讼中依法保护科技人员的创新热情，推动企业自主创新，支持创新驱动发展战略和知识产权战略的实施，依法促进和服务节能环保、电子信息、3D 打印、生物产业、新能源、新材料、高端装备制造等战略性新兴产业、高新技术产业健康成长。

五、依法服务我市深度融入京津冀协同发展，全力保障对外开放水平提升

17. 立足职能，努力为我市融入京津冀协同发展提供司法保障。京津冀协同发展是我市面临的重大机遇，也是加快建设美丽港城、聚集优质发展要素的有利契机。要立足职能，把主动服务我市融入京津冀协同发展摆在法院工作的重要位置，依法为我市承接首都功能疏解和产业转移，推动我市科学发展、绿色崛起提供强有力的司法保障和服务。

18. 加强调研，努力为我市吸引京津产业转移营造良好司法环境。两级法院要加强前瞻性研究，对我市在承接京津产业转移过程中出现的新情况、新变化、新特点，加强调研并提出司法对策，以求真务实和开拓创新的精神，努力化解我市在搭建承接平台、优化发展环境和实现互动共赢过程中可能出现的立案难、诉讼难、执行难、申诉难和司法能力作风等问题。

19. 总结经验，准确把握司法政策导向，确保办案效果。对我市推进“四个入秦专项行

动”、承接京津各类产业以及教育医疗、科研机构、专业市场等方面的转移过程中出现的合同纠纷、侵权纠纷、企业破产和重组整合等案件，要善于总结经验，准确把握司法政策导向，依法维护各类市场主体合法权益，促进对外开放水平提升。

六、依法保障和服务我市生态环境建设，促进经济社会可持续发展

20. 积极配合大气污染治理攻坚行动。按照市委大力开展“环境整治攻坚年”的决策部署，依法审理大气污染相关案件，确保大气污染防治措施落实和大气质量保持良好态势。依法保障服务近岸海域环境综合整治，加大对违法违规企业和排污企业的司法制裁力度；依法打击“绝户网”，重视海洋生态保护和渔业恢复；发挥司法职能，积极为健全海域治理长效机制和流域水环境生态补偿机制贡献力量。支持环首都森林圈绿化、城乡造林和城区增绿“三年行动计划”等以“雾霾治理”和“大气污染防治”为重点的生态工程建设，保障大气污染治理攻坚行动顺利进行。

21. 妥善审理环境污染民事案件。认真审理污水排放、噪声污染、电磁辐射污染等环境污染侵权案件，把握既有利于促进经济发展、又有利于保护生态环境的原则，合理确定污染者的民事责任，保障受损害人及时获得民事赔偿。

22. 依法审理环保领域行政案件。支持和保障环保行政执法机关依法履行职能，坚持合法性审查原则，依法办理环保非诉执行案件，对符合执行条件的应及时予以强制执行，保障环保行政处罚措施的落实。对于环保行政机关不履行职责的行政行为，依法进行司法监督。

23. 完善环境保护工作协作机制。注重环境审判机构建设，指定专门审理环保案件的审判庭，并成立专门的合议庭审理环保案件，以提高办案效率和审判的专业化水平。积极与环保行政部门进行沟通交流，建立信息交换平台，进一步完善协调互动工作制度，实现执法与司法信息共享。对在案件审理中发现的环境监管方面存在的漏洞和隐患，及时向有关部门提出司法建议。对环境监管活动中的玩忽职守、滥用职权等犯罪行为，要依法从严惩处。

七、依法保障和服务改善民生，切实维护人民群众合法权益

24. 切实维护消费者合法权益。正确运用举证责任分配和惩罚性赔偿的规定，加大制售假冒伪劣商品经营者的违法成本，把维护消费者合法权益真正落到实处。合理分配当事人的举证责任，既要充分运用举证责任倒置，解决当事人商品信息不对称的问题，充分保护消费者的合法权益，又要明确消费者的初步举证的义务，及时查明案情，分清责任，促进形成良好的消费环境，推动形成消费、内需拉动的经济增长格局。着重依法制裁以利诱、误导等方式欺诈消费者，设置消费陷阱或者霸王条款损害消费者权益等不法行为，促进诚信、有序、健康、繁荣的消费市场环境的形成。

25. 依法保护好劳动者合法权益。妥善处理劳动合同、就业等引发的纠纷，依法保障劳动者在经济转型升级进程中合法权益不受侵害。在审理劳动者与企业在订立、履行、变更、解除或者终止劳动合同过程中产生的纠纷时，要切实保障劳动者的劳动报酬权益和就业技能培训权利的实现，维护劳动者合法利益，维护和谐稳定的劳动关系。

26. 妥善处理涉及群众切身利益的民事案件。认真落实市委部署的群众路线教育实践活动“十项惠民举措”，立足职能，全力维护人民群众合法权益。对涉及就业、教育、医疗、生育和工伤等民生类案件，要加强诉讼指导，采取各种便民措施，落实司法救助制度，最大限度降低群众诉讼成本，妥善化解相关矛盾纠纷。在医疗损害赔偿、校园人身损害赔偿案件中，探索推动引入保险机制。依法保障城镇就业困难人员、农民工等特殊群体合法权利的实现，依法服务基本公共服务均等化。

27. 依法保障申请执行人合法权利。探索建立适应民生案件执行工作的快速执行、优先执行、主动执行等长效机制。加大对追索拖欠农民工工资、赡养费、抚养费、扶养费等民生案件的执行力度，坚持强制与教育相结合，坚持主动执行与尊重当事人处分权相结合，坚持强制执行与执行救助相结合，依法保障申请执行人的权利。推进“点对点”网络执行查控系统建设，建立银行账户、户籍、车辆、社保、婚姻、工商、征信等网络查询系统，拓宽财产调查渠道，提高财产调查效率。将拒不履行法律义务的被执行人，纳入失信被执行人名单库向社会公布，并对其予以信用惩戒，促使其自动履行。

28. 创新和完善便民利民举措。深入落实《河北省高级人民法院关于推进民事简易程序改革的试点方案》，切实解决立案难、送达难等问题。认真落实市中院与市保险行业协会、市消费者协会关于加强诉调对接机制建设的意见，进一步推动矛盾纠纷的多元化解决，方便群众诉讼。着力构建诉讼与非诉讼相衔接的矛盾纠纷解决机制，健全多元化纠纷解决机制，充分利用社会各方面的力量，有效分流化解社会矛盾。在健全完善全市法院诉讼服务中心功能的基础上，大力推进网上诉讼服务中心建设，不断完善网上立案、信息查询等各项服务功能。进一步细化和完善立案、审判、执行和信访等环节的便民利民措施，加强诉讼指导，引导当事人理性诉讼。注重发挥人民法庭面向农村、面向基层、面向群众的优势，完善法庭布局，推进一乡一法庭建设，强化人民法庭在多元化纠纷解决机制中的基础作用。

八、依法保障和服务我市城乡一体化建设，提升城镇化水平

29. 妥善审理因农村各类产权抵押、流转产生的纠纷。要根据推进农村经济结构调整、发展优质高效现代化大农业的需要，依法运用司法手段调整和规范土地承包经营权流转行为。按照促进农业集约化和组织化的原则，维护合法流转合同的效力，制裁非法改变土地性质和用途、损害农民权益的行为。对农民工返乡后因耕地、林地、草地等承包经营权引发的案件，在审理中既要注意保护承包关系的稳定，又要依法保护返乡农民工的合法权益。

30. 依法服务农村土地制度改革。及时了解各地在农村宅基地使用权、建设用地使用权、县级农村产权交易市场等产权制度改革的试点工作部署及推进措施，对可能出现的普遍性问题及时提出司法建议，防止发生群体性案件。妥善处理因城镇化建设和新农村建设中发生的土地征收、房屋拆迁纠纷，严格执行农村土地征收和房屋拆迁补偿安置有关法规，保障农民公平分享土地增值收益，依法促进有关部门解决好被征地农民就业、住房和社会保障等问题。

31. 依法保障和促进县域经济发展。紧密围绕市委确定的“大县城”战略，依法支持县城建设扩容提质，积极配合“三治两提”攻坚行动，努力为县城环境容貌改观和管理水平有效提升提供司法保障。通过民商事案件审判，妥善处理市场主体间的合同、侵权纠纷，促进形成诚实信用、规范有序的市场环境，增强县乡经济发展活力。

32. 依法保障农村面貌改造提升行动。妥善审理好涉及农业人口转移、城镇棚户区改造、城镇房地产开发和 136 个重点村改造等与“农村面貌改造提升行动”相关的案件，促进城镇化与新农村建设协调推进。在相关案件审理中，要注意平衡城市发展与生态环境、群众利益、耕地保护、投资主体的关系，更好地为农村劳动力转移就业、土地整治及城乡一体化等工作的开展提供法律保障。

九、深化司法机制改革，规范司法权力运行

33. 进一步规范审判权力运行。要按照健全司法权力运行机制的要求，优化司法职权配置，形成以审判权为核心的审判权力运行机制。建立主审法官、合议庭办案责任制，做到让审理者裁判，让裁判者负责。健全完善权责明晰、权责统一、管理有序、监督留痕的审判权力运行机制，保障司法公正，提升司法公信力。

34. 进一步完善司法公开机制。要全面落实最高法院《关于推进司法公开“三大平台”建设的若干意见》，多方式、全方位进行司法公开，确保司法权力在阳光下运行。把信息化与司法公开结合起来，大力推进审判流程公开、裁判文书公开、执行信息公开“三大平台”建设，增强司法透明度。适应新媒体时代的要求，全面推进法院微博、微信等新平台建设，以全媒体立体化的信息传播方式及时发布司法信息，提高人民法院新闻宣传工作的传播力和影响力。

35. 进一步加强审判管理与监督。严格执行法律规定的程序制度，切实防止司法不严格、不文明、不作为、乱作为等问题。针对容易发生司法不公问题的重点领域和关键环节，完善制度措施，重点规范庭审、执行行为，确保司法活动严谨规范、公正高效。健全完善审判管理机制，规范、监督办案过程的各个环节、各项程序，以严格管理防止权力失控、行为失范。

十、强化法官队伍职业化建设，不断提升保障服务发展大局的能力和水平

36. 加强思想政治建设。紧密围绕我市科学发展、绿色崛起的新路径和建设沿海强市、美丽港城目标，努力打造一支信念坚定、司法为民、清正廉洁的法官队伍。要把理想信念教育放在首位，打牢忠于党、忠于国家、忠于人民、忠于法律的思想基础，严明党的组织纪律，增强党性观念，坚持党性原则，保证理想不滑坡、信念不动摇、精神不缺钙，以切实增强法院干警秉公司法、忠于职守的定力。要组织干警深入学习习近平总书记关于法治建设的重要论述，特别是在中央政法工作会议上的重要讲话精神，结合学习孟建柱同志、周强院长有关重要讲话，充分认识维护社会大局稳定是人民法院工作的基本任务，促进社会公平正义是人民法院工作的核心价值追求，保障人民安居乐业是人民法院工作的根本目标，进一步增强政治责任感和历史使命感，切实打牢司法为民、公正司法的思想根基。

37. 加强职业纪律作风建设。深入推进法院队伍职业化建设，坚持从严管理队伍，强化正风肃纪，严肃查处执法办案中冷硬横推、吃拿卡要、敷衍塞责、推诿扯皮等行为，对群众深恶痛绝的事零容忍，对群众急需急盼的事零懈怠。加强司法巡查和审务督察，严格执行廉政监察员、法官任职回避、防止内部人员干扰办案、主动接受当事人监督等制度，推进司法廉洁制度刚性运行。要强化纪律作风长效机制建设，切实把权力关进制度的笼子，依靠制度实现司法作风的切实转变。

38. 强化教育培训。加强学习型机关建设，营造氛围，创造条件，完善机制，引导干警牢固树立终身学习理念。紧密结合法院队伍实际，突出抓好以党的十八届三中全会和中央政法工作会议精神、司法核心价值观、法官职业道德和行为规范等为主要内容的思想政治培训。着力抓好以审判执行热点难点问题，新法律法规、司法解释，做群众工作，化解社会矛盾为主要内容的司法能力培训。强化实践锻炼，坚持新招录干警下基层、新进干警进立案信访窗口锻炼、资深法官传帮带等制度，不断提高新形势下的群众工作能力。

河北省秦皇岛市中级人民法院
登记立案操作规程
（试行）

（秦皇岛市中级人民法院审判委员会于2015年5月7日讨论通过）

根据中央全面深化改革领导小组审议通过的《关于人民法院推行立案登记制改革的意见》，依据《中华人民共和国民事诉讼法》《中华人民共和国刑事诉讼法》及《中华人民共和国行政诉讼法》《中华人民共和国国家赔偿法》《最高人民法院关于人民法院登记立案若干问题的规定》的规定，结合我市两级法院登记立案工作实际，制定本规程。

第一条　一审民事起诉、行政起诉、刑事自诉、初次提出的强制执行申请及人民法院作为赔偿义务机关的国家赔偿申请，以及对人民法院赔偿委员会审理的国家赔偿案件，适用登记立案范围。

第二条　有下列情形之一的，应当登记立案：

（一）与本案有直接利害关系的公民、法人和其他组织提起的民事诉讼，有明确的被告、具体的诉讼请求和事实依据，属于人民法院主管和受诉人民法院管辖的；

（二）行政行为的相对人以及其他与行政行为有利害关系的公民、法人或者其他组织提起的行政诉讼，有明确的被告、具体的诉讼请求和事实根据，属于人民法院受案范围和受诉人民法院管辖的；

（三）属于告诉才处理的案件，被害人有证据证明的轻微刑事案件，以及被害人有证据证明应当追究被告人刑事责任而公安机关、人民检察院不予追究的案件，被害人告诉且有明确的被告人、具体的诉讼请求和证明被告人犯罪事实的证据，属于受诉人民法院管辖的；

（四）生效法律文书有给付内容且执行标的和被执行人明确，权利人或其继承人、权利承受人在法定期限内提出申请，属于受申请人民法院管辖的；

（五）赔偿请求人向作为赔偿义务机关的人民法院提出申请，对人民法院、人民检察院、公安机关等作出的赔偿、复议决定或者对逾期不作为不服，提出赔偿申请的。

第三条　登记立案以保障当事人诉权为目标，对起诉、自诉和申请，人民法院应当一律接受诉状或申请，出具书面凭证并注明收到日期。对符合法定受理条件的起诉、自诉和申请，人民法院应当当场予以登记立案。对不符合法律规定的起诉、自诉和申请，人民法院应当予以释明。

第四条　有下列情形之一的，不予登记立案：

（一）违法起诉或者不符合法律规定的；

（二）涉及危害国家主权和领土完整的；

（三）危害国家安全的；

（四）破坏国家统一和民族团结的；

（五）破坏国家宗教政策的；

（六）诉讼已经终结的；

（七）其他不属于人民法院主管的所诉事项。

第五条　人民法院应当提供诉状样本，为当事人书写诉状提供示范和指引，当事人书写诉状确有困难的，可以口头提出，由人民法院记入笔录。符合法律规定的，予以登记立案。

民事起诉状应当记明以下事项：

（一）原告的姓名、性别、年龄、民族、职业、工作单位、住所、联系方式，法人或者其他组织的名称、住所和法定代表人或者主要负责人的姓名、职务、联系方式；

（二）被告的姓名、性别、工作单位、住所等信息，法人或者其他组织的名称、住所等信息；

（三）诉讼请求和所根据的事实与理由；

（四）证据和证据来源；

（五）有证人的，载明证人姓名和住所。

行政起诉状参照民事起诉状书写。

刑事自诉状应当记明以下事项：

（一）自诉人或者代为告诉人、被告人的姓名、性别、年龄、民族、文化程度、职业、工作单位、住址、联系方式；

（二）被告人实施犯罪的时间、地点、手段、情节和危害后果等；

（三）具体的诉讼请求；

（四）致送的人民法院和具状时间；

（五）证据的名称、来源等；

（六）有证人的，载明证人的姓名、住所、联系方式等。

第六条　当事人提出起诉、自诉的，应当提交以下材料：

（一）当事人、自诉人是自然人的，提交身份证明复印件；当事人、自诉人是法人或者其他组织的，提交营业执照或者组织机构代码证复印件、法定代表人或者主要负责人身份证明书；法人或者其他组织不能提供组织机构代码的，应当提供组织机构被注销的情况说明；

（二）委托起诉或者代为告诉的，应当提交授权委托书、代理人身份证明、代为告诉人身份证明等相关材料；

（三）具体明确的足以使被告或者被告人与他人相区别的姓名或者名称、住所等信息；

（四）起诉状原本和与被告或者被告人及其他当事人人数相符的副本；

（五）与诉请相关的证据或者证明材料。

第七条　当事人提交的诉状和材料不符合要求的，人民法院应当一次性书面告知在指定期限内予以补正。补正期限一般为7日，确需延长的，依当事人申请可适当延长，但最长不超过30日。当事人在指定期限内补正的，人民法院决定是否立案的期间，自收到补正材料之日起计算。

当事人在指定期限内没有补正的，退回诉状或申请并记录在册；当事人坚持起诉、自诉的，裁定或者决定不予受理、不予立案。

经补正仍不符合要求的，裁定或者决定不予受理、不予立案。

第八条　对符合法律规定的起诉、自诉和申请，人民法院应当当场予以登记立案。对当场登记立案的，应指导当事人填写《送达地址确认书》，向当事人发放《廉政监督卡》《书面凭证》《受理案件通知书》和《缴费通知书》。

第九条　当事人所诉请事项不属于人民法院主管，立案工作人员能够明确主管单位的，应当向当事人释明主管单位，立案工作人员不能够明确主管单位的，应当向当事人释明不予登记的理由。

第十条　对当事人提出的起诉、自诉和申请，人民法院当场不能判定是否符合法律规定的，人民法院应当接受诉状或申请，编立“登”字号，并根据具体情况，分别作出以下处理：

（一）对民事、行政起诉，应当在收到起诉状之日起七日内决定是否立案；

（二）对刑事自诉，应当在收到自诉状次日起十五日内决定是否立案；

（三）对第三人撤销之诉，应当在收到起诉状之日起三十日内决定是否立案；

（四）对执行异议之诉，应当在收到起诉状之日起十五日内决定是否立案；

（五）对申请强制执行和国家赔偿的，应当在收到申请之日起七日内决定是否立案。

人民法院在法定期间内不能判定起诉、自诉和申请是否符合法律规定的，应当先行立案。

第十一条　对于不符合受理条件的起诉、自诉和申请，不予受理、不予立案的裁定由两级法院立案庭作出。对基层人民法院不予受理、不予立案不服上诉的，由市中院立案一庭负责审查。

第十二条　登记立案后，两级法院立案庭应当核算诉讼费，向当事人发放缴费通知书。在缴费通知书内特别提示，交款人须在接到本缴费通知书7天内交纳，逾期不交纳的，按自动撤诉处理，并在发放缴费通知书后及时将案件移送审理庭审理。

第十三条　当事人申请司法救助，要求减、缓、免交诉讼费用的，由立案庭受理并做好相关协调工作。如经审核减、缓、免交诉讼费用申请未获批准，由立案庭通知当事人在7天内交纳，如在7天内仍未交纳，立案庭应及时通知审理庭按自动撤诉处理。

第十四条　按照撤诉处理的裁定及登记立案后经审理驳回起诉的裁定，由两级法院审理庭作出。对基层人民法院作出的上述裁定不服提出上诉的，由市中院相关审理庭审理。

第十五条　对立案工作中存在的不接收诉状、接收诉状后不出具书面凭证，不一次性告知当事人补正诉状内容，以及有案不立、拖延立案、干扰立案、既不立案又不作出裁定或者决定等违法违纪情形，当事人可以向受诉人民法院或者上级人民法院投诉。

人民法院应当在受理投诉之日起十五日内，查明事实，并将情况反馈当事人。发现违法违纪行为的，将相关材料转中院监察室，依法依纪追究相关人员责任；构成犯罪的，依法追究刑事责任。

第十六条　为方便当事人行使诉权，人民法院提供网上立案、预约立案、巡回立案等诉讼服务。

第十七条　人民法院推动多元化纠纷解决机制建设，尊重当事人选择人民调解、行政调解、行业调解、仲裁等多种方式维护权益，化解纠纷。全市两级法院立案人员，要处理好当场登记立案与诉前调解工作的关系，要切实尊重当事人的选择权，严禁以诉前调解为由不予登记立案。

第十八条　人民法院依法维护登记立案秩序，推进诉讼诚信建设。对干扰立案秩序、虚假诉讼的，根据民事诉讼法、行政诉讼法和刑事诉讼法有关规定予以罚款、拘留；构成犯罪的，依法追究刑事责任。

第十九条　人民法庭登记立案工作，按照本规程执行。

第二十条　本规程自2015年5月11日起施行。由市中院审判委员会负责解释。

河北省秦皇岛市中级人民法院
关于人民陪审员的日常审判管理细则
（试行）

（2016 年）

第一条　根据全国人民代表大会常务委员会《关于完善人民陪审员制度的决定》、最高人民法院《关于人民陪审员管理办法（试行）》、河北省高级人民法院《人民陪审员管理细则（试行）》；为做好人民陪审员日常审判管理工作，保障人民陪审员制度的实施，结合我院审判管理工作实际，制定本细则。

第二条　我院受理的第一审案件，除法律规定由法官独任审理或者由法官组成合议庭审理的以外，均可以适用人民陪审制审理。

有下列情形之一的第一审案件，原则上应当有人民陪审员和法官共同组成合议庭审理：

（一）涉及群体利益、社会公共利益、人民群众广泛关注或者其他社会影响较大的刑事、行政、民事案件；

（二）可能判处十年以上有期徒刑、无期徒刑的刑事案件；

（三）涉及征地拆迁、环境保护、食品药品安全的重大案件。

前款所列案件中，因涉及个人隐私、商业秘密或者其他原因，当事人申请不适用人民陪审制审理的，人民法院可以决定不适用人民陪审制审理。

第三条　第一审刑事案件被告人、民事案件当事人和行政案件原告有权申请人民陪审员参加合议庭审判。人民法院接到申请后，经审查决定适用人民陪审制审理案件的，应当组成有人民陪审员参加的合议庭进行审判。

第四条　人民陪审员和法官组成合议庭审判案件时，合议庭中人民陪审员所占人数比例应当不少于三分之一。

第五条　各审判庭在审理一审案件时，一审案件主办人接到案卷后三个工作日内，认为需要由人民陪审员参加合议庭审理案件时，经庭长同意向立案一庭提出申请。申请书的格式包括审判庭、主办人、案件号及所需人民陪审员人数、开庭时间等。

第六条　立案一庭在收到业务庭的告知书后，应在两个工作日内按照告知书的内容随机抽取人民陪审员，并分别通知有关审判庭及人民陪审员。

第七条　人民陪审员确定后，相关审判庭应当在开庭前五日向人民陪审员发送《人民陪审员参加案件审理通知书》，将开庭的时间、地点等信息通知人民陪审员。

第八条　人民陪审员因故不能参加案件审判，或者需要回避的，应当向相关审判庭提交书面说明。相关审判庭认为人民陪审员不参加审判理由充分或者符合回避规定情形的，应当重新随机抽取人民陪审员。

第九条　人民陪审员具有下列情形之一，应当自行回避，当事人及其诉讼代理人有权要求回避：

（一）是本案的当事人或者与当事人有直系血亲、三代以内旁系血亲及姻亲关系的；

（二）本人或者其近亲属与本案有利害关系的；

（三）担任过本案的证人、鉴定人、勘验人、辩护人、诉讼代理人、调解人的；

（四）与本案的诉讼代理人、辩护人有夫妻、父母、子女或者同胞兄弟姐妹关系的；

（五）本人与本案当事人之间存在其他利害关系，可能影响案件公正审理的。

第十条　人民陪审员有下列情形之一的，当事人及其诉讼代理人有权要求回避，但应当提供相关证据：

（一）私下会见本案一方当事人及其代理人、辩护人的；

（二）为本案当事人推荐、介绍代理人、辩护人或者为律师、其他人员介绍办理本案的；

（三）接受当事人及其委托人的财物、宴请、其他利益或者要求当事人及其代理人报销费用的；

（四）向本案当事人及其委托代理人借款、借用交通工具、通信工具或者其他物品和好处的。

第十一条　在案件审理过程中人民陪审员需要回避的，审判庭应及时将情况通知立案一庭，立案一庭应在两个工作日内按照告知书的内容随机抽取人民陪审员，并分别通知有关审判庭及人民陪审员。上述时间应从审理期限中扣除。

第十二条　凡在一个审判程序中参与过本案审判工作的人民陪审员，不得再参与该案其他程序的审判。

第十三条　人民陪审员的配偶、子女或者父母不准担任其所任职法院审理案件的诉讼代理人或者辩护人。

第十四条　参加案件审理的人民陪审员，应当严格遵守审判纪律和作息时间，准时到庭参加庭审。庭审期间，不得随意离开法庭。

第十五条　被确定为合议庭成员的人民陪审员应当履行法定职务，未经审判长、民事或行政案件当事人及其诉讼代理人，或者刑事案件被告及其辩护人和公诉机关一致同意，或者无自行回避法定理由的，不得拒绝参加审判活动。

第十六条　人民陪审员在参与合议庭案件审理期间履行下列职责：

（一）开庭审理前，在审判长或合议庭其他法官指导下，审阅参审案件的材料，了解案件事实、证据情况，熟悉涉案法律、法规；在审判长主持下，与合议庭其他成员共同确定案件审理方案、庭审提纲，并做好其他必要的庭审准备工作；

（二）参加案件调查；

（三）参加案件合议，对参加审理案件的事实认定、法律适用等充分发表意见，独立行使表决权，或者参加对参审案件的调解；

（四）可以要求合议庭将案件提交院长决定是否提交审委员讨论。对于经审委会讨论对案件作出的决定，应当服从；

（五）对审判活动违犯程序的，认为案件的事实认定或处理有错误或显失公平而在合议庭未能解决的，审判人员未能依法履行职责或有违法违纪行为的，应当及时向庭长直至院长反映，同时接受法官的监督；

（六）应当及时向人民法院反映人民群众和社会各界对审判工作的意见和建议。

第十七条　人民陪审员应当严格遵守法官职业道德，保证司法公正，提高司法效率，保持清正廉洁，遵守司法礼仪，加强自身修养，约束业外活动。

第十八条　人民陪审员应当严格遵守审判纪律，不得泄露审判秘密、当事人的商业秘密、其他的秘密和个入隐私。未经批准不得向无关人员提供卷宗，不得发表有损人民法院和审判人员形象，不利于审判工作和其他工作开展的言论。尚未审理完毕的案件，不得对外发表意见。

第十九条　人民陪审员应当严格遵守各项廉政纪律，自重、自省、自警、自励。不得违反各项廉政纪律的规定，收受当事人、代理人或者关系人送钱、送物等。特殊情况无法退回的，应当立即向本院纪检监察部门或向有关领导汇报，并将钱、物上交纪检监察部门处理。不得参加案件当事人，或者其他关系人出资的宴请和娱乐活动，不得为律师或代理人介绍案件，收受好处费、介绍费；不得私自会见当事人；不得利用职权对当事人或者与当事人有业务往来关系的单位施加影响，为自己牟取私利；不得利用审判职务之便为自己或者他人经商办企业提供便利、优惠条件。

第二十条　人民陪审员在行使审判职权过程中，故意违反与审判工作有关的法律、法规，或者因过失违反与审判工作有关的法律、法规造成严重后果的，应当承担违纪或违法审判的责任。

第二十一条　本细则自发布之日起试行。

河北省秦皇岛市中级人民法院关于深化诉讼服务中心建设的意见

（2016 年）

为了切实满足人民群众日益增长的多元司法需求，加快实现诉讼服务中心的系统化、信息化、标准化、社会化，推动全市法院诉讼服务中心实现新发展，根据上级法院的部署要求，紧密结合我市法院实际，制定如下指导意见。

一、总体目标和基本原则

1. 全市法院诉讼服务中心建设要坚持以创新、协调、绿色、开放、共享发展理念为引领，紧紧围绕“努力让人民群众在每一个司法案件中都感受到公平正义”的目标，按照“面向群众、面向基层、面向实际”的原则，把握“大服务、大平台、大辐射”这一职能定位，强化精准服务意识，进一步健全完善诉讼服务大厅、诉讼服务网、12368 热线“三位一体”综合性平台，实现诉讼服务中心换档升级，积极为当事人提供更加集中、高效、便捷的“一站式、综合性、低成本”的诉讼服务。

2. 要切合实际，不搞一刀切，根据地域差别、审级功能差异和基础条件不同，统筹考虑新型需求与传统需求、当前需求和长远需求，努力形成具有自身特色的诉讼服务机制。要因地制宜通过改建、扩建、新建的方式，将最好的场所让给群众，最优的设施留给群众。新建的，要纳入法院建设整体规划，高起点设计、高标准建设，一体化推进；改建、扩建的，应压挤办公场所，扩展窗口空间，完善服务功能；新建、改建、扩建要严格落实最高人民法院法〔2016〕154 号通知精神，按照《人民法院诉讼服务中心技术标准》设计、施工。同时，可以结合本地实际，在人民法庭建立“诉讼服务工作站”，在乡镇、社区设立“诉讼服务联系点”，把诉讼服务延伸至司法工作的最前沿，打通服务群众的“最后一公里”。

3. 要规范运行机制，实现诉讼服务中心标准化，使人民群众不受地域、审级限制，在不同法院都能享受到平等、同质、高效、便捷的诉讼服务。要努力实现基础设施、功能设置、服务流程、绩效管理等内容的标准化，统一服务标识、管理机构、工作流程，切实做到功能实用化、管理精细化、服务精准化。

4. 要运用互联网思维，大力提升诉讼服务中心信息化水平，促进诉讼服务转型升级。要以网络和移动应用技术为支撑，依托大数据、云计算等现代信息手段，实现信息化与诉讼服务的深度融合，通过完善和丰富诉讼服务网、12368 热线的功能，集约整合法院信息资源，实现互联互通共享，为群众提供“面对面”“线对线”“键对键”，网上、掌上、线上的多维度、多层次的司法信息服务。

5. 要坚持开放共享，实现诉讼服务中心社会化，推进司法资源与社会资源的交融共享、良性互动。要在诉讼服务中心建立诉调对接平台，强化诉前调解，努力实现诉讼与非诉讼解决纠纷方式的无缝衔接，让更多纠纷在诉讼渠道之外得到有效化解。要借助社会资源和力量，为群众提供立案咨询、心理疏导、矛盾化解、代理申诉等服务。要探索引入市场管理机制，大胆尝试诉讼服务项目外包，进一步节约司法资源，提升服务专业化水平。

二、诉讼服务大厅建设要求

（一）基础设施

1. 诉讼服务大厅应设在交通便捷、出行方便处，标牌醒目、指示明显，建有无障碍通道。大厅面积原则上不得低于最高法院规定的按受理案件数折合的面积标准。

2. 大厅内部布局合理，庄重大方，宽敞明亮，一般应分为安检区、等候区、导诉区、窗口服务区、办公区等五个诉讼服务区域，采取柜台式或窗口式等开放办公方式。

3. 全市法院诉讼服务大厅标牌、标识应相对统一。诉讼服务大厅外部，根据建筑构造和装饰风格情况，做到协调、美观、大方。大厅内部，以统一字体（待定）标牌标识出五个服务区，做到清晰醒目，功能区分显著；以 LED 电子屏幕在服务窗口上方对应标识出窗口功能或是在柜台上摆放统一标牌；各服务窗口的服务过程应置于摄录范围。

4. 在诉讼服务中心合适位置架设大面积 LED 电子显示屏，滚动播放诉讼、执行风险提示、立案流程等信息。

5. 诉讼服务大厅要实现免费 Wi-Fi 全覆盖，并在大厅内张贴法院的微信、微博、司法公开平台、诉讼服务 App 的二维码图标，方便当事人扫描安装。

6. 设置配备公共计算机、扫描仪、自助服务终端等设备，方便当事人处理文档、扫描文件、自助查询等。

7. 在诉讼服务大厅内设立材料收转箱，方便当事人向各庭处室队递交材料。

8. 在来访群众候访区设置休息座椅、饮水器具，配备笔墨纸张、文印、电话、传真、网络等相关服务设施。设有电子触摸屏等诉讼指引设备，摆放诉讼指南、来访须知、风险告知等诉讼指引资料。

9. 设置专门接待室、阅卷室（包括电子阅卷室），内设监控及摄录装置。

10. 设有远程视频接访专门设备和专用场所，配有专门工作和技术人员。

11. 设置安检、监控、消防、存包设备，配备安检安保人员，认真履行安检职责，安保人员由司法警察担任。在总值班处及信访服务区设置报警器，设有安全通道。

12. 已在“中心”外设有前置安检程序的，“中心”内可不再另设。

（二）功能设置

1. 诉讼指引。在候访服务区位置设置导诉台，由专人负责过滤引导、分流来访群众，介绍人民法院的职能、各部门分工、受案条件、诉讼程序等。有条件的地方可设专职导诉员，条件不具备的，也应由当日值班领导兼负导诉职责。各基层法院可考虑购置电子导诉系统。

2. 叫号服务。案件受理数量较大的法院引入排队叫号系统，取代站立排队办事的传统方式，免除涉诉群众站累之苦，营造有序的工作秩序。

3. 登记立案。认真落实立案登记制改革的要求，依法办理立案手续，做到有案必立、有诉必理。

4. 来信办理。认真分拣、拆阅、登记群众来信，及时转办或给予回复。

5. 来访接待。对申诉或申请再审进行登记、分流，按照诉访分离原则，及时将“诉”导入司法程序，对“访”耐心做好思想疏导和法律释明工作。

6. 查询咨询。为来访群众解答来访、法律咨询，提供案件承办法官、审判庭、开庭时间、案件流程、执行情况等信息查询服务。

7. 材料收转。接受当事人、诉讼代理人、辩护人的诉讼材料，在诉讼服务大厅内为各业务庭室设立信箱或储存柜，诉讼服务中心工作人员将材料分类放入各业务庭室信箱，各业务庭室每日派人取走。

8. 联系法官。当事人要求会见法官的，及时与承办法官联系。

9. 会见、接待。在专门接待室，由法官会见、接待当事人及代理人、辩护人。

10. 卷宗查询。在专门阅卷室受理阅卷申请，提供相关卷宗材料供当事人、代理人或律师等查阅，逐步实现档案电子化、阅卷电子化。

11. 文书送达。为前来领取诉讼文书的当事人提供有关文书或联系有关承办法官、业务庭送达。

12. 费用收取。协调银行工作人员承担或安排本院专职财务人员承担。

13. 费用领退。由专职财务人员办理退费、执行款项领取等事务。

14. 院长接访。按照上级有关要求，认真落实院领导接访制度。

15. 视频接访。帮助当事人办理申请向上级法院远程视频接访事项。

三、诉讼服务网及 12368 诉讼服务热线建设要求

（一）基础设施

1. 健全完善诉讼服务网，以法院公开信息、案件流程信息、诉讼电子档案等数据库，作为诉讼服务网的支撑。实现诉讼服务网与审判流程公开平台、裁判文书公开平台、执行信息公开平台的相互链接、资源共享。

2. 健全完善通信系统，实现诉讼服务大厅、诉讼服务网、12368 诉讼服务热线信息共享、

互联互通。

3. 完善案件流程管理系统、网上办公系统，实现与诉讼服务网、通信服务系统数据的及时交换。

4. 开通 12368 诉讼服务热线，设置专门的接听场所，配置必要的工作设施，配备专人接听，实现与案件流程管理系统、网上办公系统、诉讼服务网、通信服务系统的有效衔接，共享基础数据库。

5.12368 诉讼服务热线，有条件的可实现语音化，建立自助语音应答系统。

6. 建立健全网上申诉信访平台和远程接访系统，有条件的可建立律师服务平台，打造手机 App、微博、微信、微视等新媒体司法公开服务平台。

（二）功能设置

1. 信息查询、诉讼指引。自案件受理之日起，当事人、代理人、辩护人凭查询密码登录网页或通过拨打热线查询案件信息。公众直接登录网页查询法院机构、人员、工作流程、生效裁判文书、常用法律法规等公开信息和诉讼指引信息，提供常见程序性法律问题咨询；提供常用诉讼文书格式电子文档，供当事人等查看和下载使用。通过通信服务系统，以短信、微信、微博、移动通信应用客户端等方式主动向当事人、代理人、辩护人推送案件主要流程节点信息，或根据查询申请推送相关案件信息，以及主动向社会公众推送公开信息。

2. 网上立案、预约服务。当事人可通过网络提交案件材料，经立案法官在线审查，符合登记立案条件的，预约当事人、代理人到诉讼服务大厅办理立案手续。探索建立诉讼行为真实性识别机制，实现立案法官在线登记立案。探索建立网上缴费系统，为当事人提供诉讼费等费用的网上支付服务。根据条件和实际需要，提供预约节假日立案、上门立案等服务。

3. 受理申请、材料接收。当事人等通过网络提出财产保全、证据保全、委托鉴定等申请，法官在线审查，符合形式要求的，预约申请人到诉讼服务大厅提交书面申请。探索建立诉讼行为真实性鉴别机制，实现法官在线审查、处理相关申请。当事人、代理人、辩护人可通过网络上传案件材料，法官处理后回复。

4. 联系法官、网上阅卷。当事人、代理人、辩护人可通过网络或拨打热线请求与法官通话、约见法官，或在特定案件公共交流平台上给法官留言，法官处理后回复。

在诉讼档案电子化的基础上，提供网上阅卷服务。当事人、代理人、辩护人经密码验证后，可通过网络按照相关规定查阅卷宗或下载。

5. 网上信访、预约接访。当事人上传申请材料，提出申诉请求，信访法官可通过网上信访系统在线办理并答复当事人。当事人可在网上提出预约接谈申请，信访法官审查后预约排期。

6. 沟通互动、延伸服务。在充分利用诉讼服务网、12368 诉讼服务热线的基础上，还要借力手机 App、微博、微信等新媒体，实现当事人、律师、代理人和法院之间即时互动、沟通，按需获取信息。

四、矛盾纠纷多元化解决机制服务平台建设要求

（一）基础设施

1. 设立诉前（立案）调解室，调解室的布置要营造温馨、和谐的氛围，要悬挂相关工作制度及流程图。

2. 设立律师工作室，配备办公桌、椅、电脑、打印机、复印机等设备，开通律师凭二代身份证免安检“绿色通道”。

3. 设立速裁室，按照简易审判法庭进行设置。

（二）功能设置

1. 诉前（立案）调解。在立案之前经双方当事人同意，对可适用于诉前（立案）调解的案件导入诉前调解程序进行调解。

2. 诉调对接。按照上级法院关于多元化纠纷解决机制改革的要求，建立完善特邀调解、委派调解、委托调解等制度；配备专门调解人员，加强与行政调解、人民调解、行业调解、仲裁机构等矛盾纠纷调处组织的工作对接；通过引入人大代表、政协委员、专家、学者、基层组织人员、志愿者等社会力量，为有需要的当事人提供法律咨询、心理疏导、矛盾调解、诉讼引导、信访接待、申诉代理等诉讼服务；引入妇联、交警、工商、银行、邮政等部门驻点服务，推动矛盾纠纷联动化解。

3. 法律援助服务。与司法行政管理部门及律协协商建立律师驻点服务机制，由驻点值班律师为当事人提供法律援助、代理申诉、法律咨询等服务，参与化解涉诉信访案件。

4. 案件速裁。基层法院诉讼服务中心可设立速裁审判组织，将事实清楚、争议不大、小额诉讼等案件分流到速裁审判组织，进行速调速审，实现繁简分流。

五、诉讼服务中心制度建设要求

1. 规范服务制度。诉讼服务平台均应明确各项服务项目的办理时间、期限和要求，并严格落实，确保诉讼服务规范化。

2. 岗位责任制度。对诉讼服务平台的各个岗位实行定岗、定人、定责，做到职能清晰、任务明确、权责一致。接待来访、接听来电的首位工作人员是首问责任人，应认真负责地做好来访接待、电话接听与登记工作。对职责范围内的事项及时办理；对职责范围外的事项，及时移交有关部门和人员，并将移交、转办情况及时回复来访、来电人员。

建立科学的考核机制，对诉讼服务中心工作人员进行单独考核。

3. 办事公开制度。各项诉讼服务工作的流程和结果应当留有记录并方便群众了解查询，自觉接受群众监督。诉讼服务平台均应建立群众满意度评价系统。

4. 庭长值班制度。审判业务部门轮流安排负责同志在诉讼服务中心值班，指导处理疑难事项，协调各部门开展工作。

5. 督促提示制度。法官及其他工作人员均应在规定的时间内完成相关诉讼服务工作。在规定时间内未完成的，审判管理系统应当以一定方式逐级提示其上级管理者进行督促。

6. 文明接待制度。诉讼服务中心工作人员应当统一着装上岗，做到精神饱满、仪表端庄、举止得体、服务周到、用语文明、工作高效、方法适当。

六、诉讼服务中心建设的组织领导工作要求

1. 提高认识、精心部署。全市两级法院要深入学习领会上级法院的有关指示要求，进一步统一思想、凝聚共识，切实把诉讼服务中心建设工作摆到更加突出的位置来抓。要实行“一把手工程”，由院长亲自抓，各部门通力配合。要根据上级法院的总体要求和各院基础条件、实际需要，制定具体工作方案，明确近期、中期、长远目标任务，不折不扣地抓好落实。

2. 充实力量、强化队伍。要按照“政治坚定、业务精通、纪律严明、作风优良、品德高尚”的要求，为诉讼服务中心配齐配强工作人员。要加强岗位练兵和业务培养，不断提升中心工作人员的政治业务素质。要严格兑现考核奖罚制度，对工作表现优秀、取得突出成绩的，在晋升提拔奖励时要予以充分体现；对敷衍塞责、贻误工作的，务必严肃问责。

3. 完善制度、规范管理。要根据诉讼服务平台的功能作用、岗位要求，制定详细工作制度、规则，规范运行程序，确保相互衔接，协调、高效运转。各院可以依托立案庭，也可以根据自身实际构建诉讼服务中心日常管理部门。

4. 注重宣传、争取支持。要充分利用媒体加大对诉讼服务中心建设的宣传力度，增进人民群众的了解，争取社会各界对诉讼服务中心建设工作的广泛支持。

河北省秦皇岛市中级人民法院
为全面推进法治秦皇岛建设提供司法保障和服务的实施意见

（2016 年）

为深入贯彻党的十八大和十八届三中四中五中全会、中央政法工作会议、省市委全会精神，认真落实市委《关于全面推进法治秦皇岛建设的实施意见》的工作目标和要求，充分发挥全市法院在法治秦皇岛建设中的主力军作用，更好地保障和服务京津冀协同发展大局，特提出如下实施意见。

一、切实增强保障和服务全面推进法治秦皇岛建设的责任感使命感

1. 认清形势，深刻理解全面推进法治秦皇岛建设的重大意义。党的十八大作出了“全面推进依法治国，加快建设社会主义法治国家”的重大决策。党的十八届四中全会审议通过了《中共中央关于全面推进依法治国若干重大问题的决定》，明确要求各级党组织和党员领导干部带头厉行法治，不断提高运用法治思维和法治方式深化改革、推动发展、化解矛盾、维护稳定能力。法治已成为治国理政的基本方式，全市法院必须按照依法治国的要求，更好地运用法治思维和法治方式化解矛盾纠纷，维护国家长治久安。

2. 统一思想，切实增强保障服务全面推进法治秦皇岛建设的紧迫感。市委立足秦皇岛市情和区位特色，站在新的历史起点上，制定出台《关于全面推进法治秦皇岛建设的实施意见》，对全面提高各级党委依法执政水平、加快推进法治政府建设、保障各类市场主体依法经营、促进各级司法机关公正司法、营造全社会崇尚法治的良好环境和加强法治队伍建设等工作作出具体部署和安排。中央、省市委关于法治建设的决策部署和《实施意见》要求，为全市法院全力促进公正司法、保障和服务法治秦皇岛建设指明了方向，明确了目标，注入了强大动力。全市两级法院务必要统一思想，认清形势，凝心聚力，勇于担当，切实增强保障服务全面推进法治秦皇岛建设的责任感和紧迫感。

3. 勇于担当，切实肩负起两级法院作为法治建设生力军的职责使命。两级法院要从落实依法治国基本方略、巩固党的执政地位、保障服务京津冀协同发展、开创全市跨越发展新局面的高度，深刻理解“全面推进法治秦皇岛建设”的重要意义，深刻认识法治秦皇岛建设对全市法院工作提出的新要求，切实担负起人民法院作为法治建设生力军的职责使命。要结合“三严三实”专题教育和解放思想大讨论等活动，忠实履行司法职责，依法妥善审理各类案件，充分运用法治思维和法治方式有效解决改革发展稳定过程中的矛盾纠纷，依法促进营造公平高效的市场环境、山清水秀的生态环境、互利共赢的开放环境、和谐稳定

的社会环境；要着力深化司法体制改革，健全完善确保公正司法的工作机制，不断提高人民法院保障和推进法治建设的能力和水平，为加快全市科学发展跨越发展、全面建成小康社会提供有力司法保障。

二、准确把握保障和服务法治秦皇岛建设的总体要求和目标任务

4. 围绕目标、把握主线，努力为“沿海强市、美丽港城”建设提供有力法治保障。全市法院要紧紧围绕“全面推进‘五位一体’法治体系建设，到2020年基本形成公共权力运行规范、执纪严肃有力、执法严格规范、司法公正权威、法治氛围良好、社会和谐稳定的法治秦皇岛”的总目标，深入学习贯彻党的十八大，十八届三中、四中、五中全会和习近平总书记系列重要讲话精神，认真贯彻中央、省市委关于全面深化改革和京津冀协同发展的决策部署，按照全面落实依法治国基本方略的总体要求，牢牢坚持司法为民、公正司法这条主线，积极稳妥推进司法改革，不断强化司法公信建设，忠实履行宪法和法律赋予的职责，依法保障服务我市经济建设、政治建设、文化建设、社会建设和生态文明建设法治化，为建设“全面小康、富裕殷实、山清水秀”的沿海强市、美丽港城提供有力的法治保障。

5. 不断提升司法公信力。要围绕“让人民群众在每一个司法案件中都感受到公平正义”的目标，持续推进司法公信建设，不断强化依法公正审判，积极推进公正司法、能动司法、和谐司法，努力解决立案难、诉讼难、执行难等问题，切实提升社会各界和诉讼当事人对法院工作的认同度和满意率，有力维护法律尊严和司法权威。

6. 充分发挥审判职能作用。要围绕切实担负起“最后一道防线”的职责使命，充分发挥司法审判对法治精神、强化规则意识、引领社会风尚、维护公共秩序的重要作用，促进全社会诚信意识和规则意识明显增强，促进领导干部运用法治思维和法治方式的能力进一步提升，促进公民的经济、政治、文化、社会和生态权益得到切实尊重和保障，确保社会矛盾纠纷得到有效防范和及时化解。

7. 持续提升审判质效。要围绕公正高效权威司法，进一步深化司法改革、审判管理和监督，推进司法程序便民化、司法裁判标准化、司法行为规范化水平不断提高，努力促进全市法院案件质量评估综合指数稳居全省法院前列，当事人的合法权益得到有效保障和实现。

8. 充分彰显司法公开民主。要围绕构建开放、动态、透明、便民的阳光司法机制，力促审判流程公开、裁判文书公开、执行信息公开三大平台全面建成并高效运行，推进司法公开、服务、宣传等一体化、全媒体建设不断完善，不断完善和规范依法接受党内监督、民主监督、法律监督、舆论监督及社会各界监督机制，充分发挥人民陪审员、特邀调解员等制度作用，切实保障人民群众的知情权、参与权、表达权、监督权。

9. 切实增强队伍素质。要围绕“建设一支信念坚定、执法为民、敢于担当、清正廉洁的高素质过硬法院队伍”，全面加强思想、组织、作风、反腐倡廉和制度建设，教育引导广

大干警牢固树立社会主义法治理念，使司法能力水平更好地适应社会发展和人民群众需求，职业尊荣感进一步增强，充分展示全市法院“为民、务实、清廉”的良好风貌。

10. 坚持“六个始终”，维护公平正义。必须始终坚持党的领导，把坚持党的领导、人民当家作主、依法治国统一起来，确保中央、省市委的决策部署在司法领域得到不折不扣的贯彻落实；始终坚持维护宪法法律权威，切实做到有法必依、执法必严、违法必究，绝不允许以言代法、以权压法、徇私枉法，坚决维护社会主义法治的统一和尊严；始终坚持服务大局，自觉运用法治思维和法治方式深化改革、推动发展、化解矛盾、维护稳定，努力实现法律效果与社会效果的统一；始终坚持以人为本，依法保障和维护人民的合法权益，让有理无钱的人打得起官司、让有理有据的人打得赢官司、让打赢官司的当事人及时实现权益；始终坚持维护公平正义，将实体公正与程序公正体现于司法全过程，使受到侵害的权利得到保护和救济，使违法犯罪行为受到制裁和惩罚；始终坚持带头弘扬法治精神，坚定法治信仰，把好法治底线，提升法治能力，构筑起维护社会公平正义最后一道牢不可破的坚固防线。

三、依法为全市经济、政治、文化、社会、生态文明建设法治化提供有力司法保障

11. 依法保障和推进经济建设法治化。要紧紧围绕中央《京津冀协同发展纲要》和河北省《关于贯彻落实〈京津冀协同发展规划纲要〉的实施意见》，结合我市深入实施开放强市、产业立市、旅游兴市、文化铸市战略，以“学习型、服务型、创新型”法院建设为载体，为我市全面推进法治秦皇岛建设提供全方位法律服务和保障。要坚持和完善基本经济制度，坚持平等保护原则，依法保障混合所有制经济和民营经济平等使用生产要素、公平参与市场竞争，制约和防止行业垄断。要规范市场秩序，妥善审理涉及民间借贷、非法集资、小微企业资金链断裂等案件，打击商业欺诈行为，保护诚信守法经营，推进社会信用体系建设和完善现代企业制度。要立足推进涉京津冀协同发展案件审判专业化、司法互助规范化、司法交流常态化，建立健全相关案件审判指导协调机制，依法保障我市承接北京非首都功能疏解和京津产业向我市转移，促进与京津两地经贸往来。要着眼于城镇化与新农村建设协调推进，为推进农村面貌改造提升行动和美丽乡村建设提供优质司法服务。

12. 依法保障和推进政治建设法治化。针对法律实施中遇到的新情况及司法实践中遇到的困难和问题，深入开展法律适用、审判理论和司法方法研究，配合市人大等部门做好立法的起草、论证、协调和审议工作，努力在推进科学立法、民主立法进程中发挥积极作用。依法审理涉及选举权与被选举权、职工维权、协调劳动关系等与公民民主政治权利密切相关的案件，促进民主选举、民主决策、民主管理和民主监督；妥善审理涉民族、宗教等案件，在司法领域贯彻执行好党的民族政策和宗教工作基本方针。深入推动反腐败斗争，认真审理贪污、贿赂、渎职等职务犯罪案件，促进廉洁政治建设。加强行政审判和国家赔偿

工作，推动行政机关负责人出庭应诉制度化、常态化，完善行政争议判前协调、联合约谈等制度，深化行政审判白皮书、联席会议、司法建议等工作机制，促进依法行政。

13. 依法保障和推进文化建设法治化。围绕扎实推进“文化铸市”战略，依法妥善审理好涉及文化产业、文化事业的矛盾纠纷，加强对优秀文化资源、文化创新成果和新型文化业态的司法保护，为实现文化发展繁荣提供法治保障。加强知识产权司法保护，完善审判技术咨询、司法鉴定、专家辅助人和专家陪审制度，深化知识产权纠纷诉调对接机制建设，注重激励文化发展和科技进步。促进完善文化管理体制，积极参与扫黄打非、打击制售假冒伪劣商品等专项活动，维护良好的文化管理秩序。依法维护信息网络安全，积极参与网络违法犯罪防范和打击工作联动机制建设，完善网络舆情引导应对机制，推动形成正面引导与依法管理相结合的网络舆论工作格局，营造良好网络环境。推进法院文化建设，研究实施全市法院文化建设规划，推进社会主义核心价值观教育，打造弘扬公平正义的法院文化阵地。

14. 依法保障和推进社会建设法治化。正确处理维稳与维权、活力与秩序、民主与专政的关系。依法惩治各类刑事犯罪，严厉打击危害国家安全犯罪、严重暴力犯罪和重大安全生产事故、危害食品药品安全等严重危害人民群众安全感的犯罪，促进社会安定有序、人民安居乐业。推进立体化社会治安防控体系建设，研究实施案件审判效果和社会稳定风险“双评估”，建立完善全市法院重大敏感案（事）件处置工作监督指导机制和突发事件应急处置机制，积极参与对社会治安重点地区的排查整治，促进社会治安总体状况进入良性循环轨道。学习和推广“枫桥经验”，认真落实与市金融主管部门共同制定出台的《关于建立全市金融审执联动机制的实施意见》和与市司法局共同制定出台的《关于建立矛盾纠纷多元化解机制的实施意见》，结合优化“三位一体”调解工作体系建设，积极引导人大代表、政协委员、专家咨询员、律师等社会第三方参与调解，推动完善人民调解、行政调解、司法调解衔接互动的工作体系，有效发挥“大调解”体系作用。深入实施《关于依法处理信访活动中违法犯罪问题的指导意见》，依法妥慎处理信访案件，完善申请再审和申诉立案受理制度，严格涉诉信访终结程序，健全符合信访工作规律和法院工作实际的信访工作机制，推动涉法涉诉信访纳入法治轨道解决。依法保障对重点青少年群体的教育管理，推动建立健全关怀帮扶体系。推进社区矫正法治化、规范化建设，加强与有关部门衔接配合，促进社区矫正工作依法、公正、及时、有效开展。

15. 依法保障和推进生态文明建设法治化。党的十八届五中全会对新时期生态文明建设作出了重大部署，要全面落实中央和省市委关于生态文明建设的决策部署，充分发挥并不断拓展生态司法的职能作用和发展空间。要认真实施修订后的环境保护法，依法审理涉及山林权属、资源开发等纠纷案件；深入开展“打击污染生态环境犯罪专项行动”，依法制裁水、大气、土地、海洋等环境污染行为，促进完善最严格的源头保护制度、损害赔偿制度、责任追究制度和体现生态文明要求的评价考核体系。注重生态司法保护，建立生态审判技术咨询专家库，探索从森林延伸到空气、水流、海域、滩涂、矿产资源等领域的生态司法保护和修复模式；加强与林业、环保、海洋渔业、国土资源等部门的协调联动，推动建立“陆海统筹”的生态系统保护修复和污染防治区域联动机制。大力弘扬生态文化，积极探索通过稳妥开展生态资源公益诉讼、设立景区法庭、加强生态巡回审判、开展主题宣传活动等，提高人民群众支持生态司法、关心绿色司法的积极性，促进绿色意识的培养和绿色消费观的形成，引导全社会参与生态文明建设，树立“沿海强市、美丽港城”新形象。

四、健全完善保障和服务法治秦皇岛建设的公正司法机制

16. 健全完善依法独立公正审判机制。坚决贯彻人民法院依法独立行使审判权的宪法原则，坚决维护法律尊严和权威，坚决排除法外因素的干扰，严格依法公正办案。规范上下级法院审级监督关系，完善对下考评机制，形成定位科学、职能明确、监督得力、运行有效的审级制度。按照最高法院的《人民法院“四五”改革纲要》要求，结合我市实际，积极配合做好省、市、县（区）地方法院人财物统一管理工作；完善指定管辖、提级管辖、相对集中管辖制度；建立符合法院工作特点的人员管理制度，健全法官统一招录、有序交流、逐级遴选机制，推进人员分类管理制度改革，推动完善法官职业保障措施。完善政法各家之间配合制约工作机制，加强与公安、检察、司法等部门的沟通配合，注重发挥审判对侦查、起诉环节的制约和引导作用，健全完善司法权力分工负责、相互监督、相互制约机制。

17. 健全完善司法权力运行机制。建立以审判权为核心的审判权力运行机制，理顺审判权、审判管理权、审判监督权之间的关系。深化合议庭改革，探索推进主审法官、合议庭办案负责制，实行院长、庭长直接参加合议庭审理重大疑难复杂案件的制度，让审理者裁判、由裁判者负责。改进和完善审判委员会工作规则和议事规程，充分发挥审判委员会作用。完善审判管理机制，建立科学规范的审判质效和工作业绩考评体系，实现靠制度管人、按制度办事。扎实推进审判流程公开、裁判文书公开、执行信息公开三大平台建设，录制并保留全程庭审资料，在全市法院实行依法能够公开的裁判文书全部上网公布制度，实现“阳光司法”。广泛实行人民陪审员制度，完善“倍增计划”，扩大基层群众和专家型陪审员入选比例，加强对人民陪审员的管理、培训和保障，充分发挥人民陪审员作用。

18. 健全完善人权司法保障机制。健全冤假错案防止、发现、纠正、责任追究机制，严格实行非法证据排除规则，落实办案质量终身负责制，在审判环节坚决守住防范冤假错案底线。全面推进量刑规范化工作，确保刑罚适用统一、规范；配合废止劳动教养制度，探索建立轻微刑事案件简易处理程序。进一步规范查封、冻结、扣押、处理涉案财物的司法

程序，探索建立涉案财物集中管理平台，完善涉案财物处置信息公开机制。加强减刑、假释案件审理的规范化建设，建立公开透明的监督规范机制。深化执行工作信息化、规范化建设，完善执行联动威慑机制，推进执行指挥中心、“点对点”网络执行查控机制、失信被执行人名单制度等，着力解决执行难问题。健全司法救助机制，完善刑事被害人救助、涉法涉诉救助资金等制度，加强司法救助与法律援助的有效衔接，推动完善程序规范、保障全面、运转顺畅的司法救助制度体系。完善律师职业权利保障机制，落实法官与律师相互关系的有关意见，发挥律师在依法维护公民和法人合法权益方面的重要作用。

19. 健全完善司法为民工作机制。全面加强诉讼服务中心和立案信访窗口标准化建设，完善“十项功能”，推行“一站式”便民服务，努力让人民群众在立案、审判、执行、信访各环节都能感受到热情、合法、高效的服务。根据人民群众的需求和审判工作的实际需要，深入开展“法官进社区”活动和“一乡一庭”建设，构建符合我市地域特征的便民诉讼体系。充分运用现代科技手段，推行网上预约立案、送达、庭审和“12368”司法信息公益服务系统等便民措施，创新和完善多样性司法服务机制。建立健全各种方便立案、快速审理、有效化解矛盾的新机制，加强小额诉讼、简易审判、诉前调解等工作，提高便民利民措施实效。深化和提升司法权益保障机制建设，继续完善婚姻家庭法庭、交通巡回法庭、矿业巡回法庭和劳动争议巡回法庭等专业法庭的功能，深入开展涉民生案件专项集中执行等活动，促进司法维权和诉讼服务规范化、便利化、信息化、制度化。继续深化党的群众路线教育、“三严三实”专题教育和解放思想大讨论活动，通过“司法走转改”等举措，健全完善领导分包联系基层、法官带案下访接访、党建结对、困难帮扶等维护群众权益机制，畅通群众诉求表达、利益协调、权益保障渠道。

20. 健全完善创先争优工作机制。将开展好全市法院的创先争优工作作为保障和服务法治秦皇岛建设的有力抓手，积极推进先进法院和“品牌法官”评选活动。在巩固赵爱彬、杨超、杨红梅和青龙县法院等老典型的基础上，汇聚两级法院在保障和服务法治秦皇岛建设中的新经验新优势，鼓励和支持各县区法院结合基层实际发挥首创精神，促进争创更多司法审判工作新典型。加强创先争优工作制度化、规范化、长效化建设，健全完善先进典型培育生成、优化升级、成果转化与运用、管理指导、考评监督等工作机制，推动全市法院创新争优工作走在全省法院前列。充分发挥先进典型的示范、引领、积聚和辐射效应作用，抓重点带难点，抓典型带一般，打造更多叫得响、立得起、推得开、受好评的法治典型，形成先进模范百花齐放、竞相迸发的生动局面，不断集聚法治建设的正能量，营造人人认同司法、社会各界尊重法律权威、全社会崇尚法治的良好氛围。

21. 健全完善法治宣传教育机制。强化司法的教育、评价、指引、示范功能，更加注重通过庭审直播展现人民法院维护司法公正、依法保障人权的实际行动，通过公正廉洁的司法裁判展现法律面前人人平等的法治理念，通过公正高效的执行维护国家法制的尊严和权威。全面落实省委制定的《关于运用法治思维和法治方式化解社会矛盾纠纷的意见》，完善承办人、庭长、分管领导逐级答疑机制，细化立案、审理、判决、判后、执行等各环节的辨法析理、答疑解惑、说服教育工作。把案件审判、司法服务与法治宣传有机结合起来，加强中院政务网站和两级法院新闻网站建设和管理，深入开展公众开放日、新闻发布会、法制宣传月等活动，共同推动形成办事依法、遇事找法、解决问题靠法、化解矛盾用法的良好法治环境。

五、着力把保障和推进法治秦皇岛建设各项工作落到实处

22. 坚持党的领导，强化政治保障。要把党的领导贯穿于人民法院保障和服务“全面推进法治秦皇岛建设”全过程，善于运用法治思维和法治方式开展工作，正确处理党的政策和国家法律、坚持党的领导和依法独立公正行使审判权的关系，确保党的政策和国家法律统一正确实施。要在审判执行活动中自觉坚持党的基本理论、基本路线、基本纲领、基本经验、基本要求，健全重大事项及年度工作报告制度，完善监督检查及时跟进、组织领导、科学运作、惩戒激励和常态运行机制，确保党的路线方针政策在司法领域得到不折不扣的贯彻落实。要保持高度的政治敏锐性，在原则问题和大是大非面前始终与以习近平同志为核心的党中央保持高度一致。要紧紧依靠党的领导和政府支持，解决制约人民法院工作发展的机制性和保障性问题。要坚持在党的领导下，主动接受人大、政协及社会各界监督，提升人大代表建议和政协委员提案办理工作制度化、规范化水平，完善民意沟通机制，确保依法正确履行职责。

23. 完善责任体系，强化制度保障。全市法院要把保障和服务“法治秦皇岛建设”工作摆上重要议事日程，纳入法院工作全局。主要领导要切实承担起第一责任人的责任，亲自过问，亲自督查，及时协调解决推进法治建设中的困难和问题。完善工作机制，制定符合各地实际情况的工作重点、具体计划和方法，对各项工作逐项细化分解，明确具体的部门和责任人，形成统一领导、分工负责、相互配合、上下联动、有序推进的局面。将工作落实情况纳入下级法院“一把手”每年向上级法院述职制度的重要内容，作为评价领导干部的重要依据。

24. 打造过硬队伍，强化组织保障。认真按照习近平总书记提出的“三严三实”要求深化党的群众路线教育和解放思想大讨论活动，抓好建章立制整改落实工作，持续抓好解决“四难”问题制度措施的落实，促进司法作风方面的深层次问题进一步解决。加强队伍思想政治建设，牢固树立社会主义法治理念，努力建设一支信念坚定、执法为民、敢于担当、清正廉洁的法院队伍。大力推进队伍正规化、专业化、职业化建设，加快高层次审判人才培养和司法人才库建设，培养符合形势发展要求的法院干警素质，确保政治过硬、业务过

硬、责任过硬、纪律过硬、作风过硬。深入推进反腐倡廉，全面落实党风廉政建设责任制，认真实施“五谈话一档案”制度，确保公正廉洁司法。坚持抓党建带队伍促审判树形象创一流，深化机关党建和“学习型、服务型、创新型”法院建设，发挥党组织和党员干警在法治建设中的战斗堡垒和先锋模范作用。

25. 注重固本强基，强化基础保障。进一步强化对基层工作的监督指导，完善领导分包联系基层等制度，为基层法院司法为民、公正司法提供有力保障。认真实施人民法庭五年建设纲要，落实工作保障措施，加强和规范与居民（村民）委员会、司法所等基层组织的联系和沟通，当好推动改革发展、化解矛盾纠纷、践行司法为民的排头兵。大力推进“科技强院”，以天平工程建设为载体，推进全市院司法信息集控管理中心建设，完成庭审录音录像系统、派出人民法庭视频系统、诉讼服务窗口视频系统、执行外勤单兵系统、警车GPS定位系统等系统的建设工作，全面加强全市法院信息化建设。进一步强化司法政务事务警务工作，全面推进法院调研、审判理论建设、信息、督查、档案、保密和司法行政、司法技术辅助等工作，加强司法警察执法规范化建设，提升人民法院保障和服务“全面推进法治秦皇岛建设”的整体工作水平和司法服务质量。

河北省秦皇岛市中级人民法院
关于家事审判方式和工作机制改革实施方案

（2016年）

为积极回应新时期人民群众的司法需求，转变家事审判理念，构建专业化家事纠纷综合解决模式，弘扬社会主义核心价值观和中华民族传统美德，最高人民法院开展家事审判方式和工作机制改革，我院被确定为试点法院之一，此项工作被市改革办列为我市国家级改革试点任务之一，为全面贯彻落实《最高人民法院关于在部分法院开展家事审判方式和工作机制改革试点工作的通知》（法〔2016〕129号）、《最高人民法院关于开展家事审判方式和工作机制改革试点工作的意见》（法〔2016〕128号）文件精神，按照省高院《关于开展家事审判方式和工作机制改革试点的实施方案》的部署，结合我市审判工作实际，制定本实施方案。

一、改革目标

以维护婚姻家庭稳定，依法保障未成年人、妇女和老年人合法权益，弘扬社会主义核心价值观为宗旨，及时转变家事审判工作理念，探索建立符合家事审判特点和规律的程序制度及工作机制，打造专业化家事审判队伍，完善硬件设施，提升服务水平，满足人民群众多元化诉讼需求，让人民群众在每一个司法案件中感受到公平正义。

二、总体要求

探索家事诉讼程序制度，推动家事审判专业化发展，探索我市专业化家事纠纷综合协调解决机制，切实发挥家事审判维护婚姻家庭稳定，依法保护未成年人、妇女和老年人合法权益方面的作用。建立以党委领导、综治协调、法院主导、相关单位和部门联动的“秦皇岛模式”，争创家事审判的“北方一流”。

三、工作理念

1. 坚持先行先试。在最高人民法院确定的改革方向和原则下，在省高级人民法院统一协调、统一调度下，大胆探索，锐意创新，我市两级法院将试点改革工作全面开展，要打造出城市区和县域工作亮点，积极推进改革试点各项工作，以积极培育和践行社会主义核心价值观，维护公序良俗。

2. 适应家事案件特点，全面保护当事人的身份利益、财产利益、人格利益、安全利益和情感利益。在诊断婚姻状况的基础上，注意区分婚姻危机和婚姻死亡，积极化解婚姻危机，正确处理保护婚姻自由与维护家庭稳定的关系。

3. 树立家庭本位的裁判理念。对家庭财产关系的处理以有利于家庭成员共同生活的团体主义为价值追求，坚持以人为本，重视家庭关系修复和确认的落后观念。

4. 审理家事案件，应当优先进行调解。涉及婚姻关系为无效及撤销、身份关系的确认等不适宜调解的案件除外。家事案件的调解应贯彻立案前、开庭前、裁判后等各个阶段。

四、适用范围

家事案件是指确定身份关系的案件及基于身份关系而产生的家庭纠纷，主要案件类型有：

1. 婚姻纠纷及其附带纠纷，婚姻纠纷包括离婚、婚姻无效、婚姻撤销等，附带纠纷包括监护权、子女抚养权、离婚后财产分割等；

2. 抚养、扶养及赡养纠纷案件；

3. 亲子关系案件，包括确认亲子关系，否认亲子关系；

4. 收养关系纠纷案件；

5. 同居关系纠纷案件，包括同居期间的财产分割、非婚生子女抚养等；

6. 继承和分家析产纠纷；

7. 人身安全保护令案件，包括人身安全保护令申请审查案件及人身安全保护令变更案件。

五、试点期限

2016 年 6 月 1 日至 2018 年 6 月 1 日。

六、工作机制

（一）探索家事诉讼特别审判方式

1. 当事人应亲自到庭参与诉讼。为充分查明事实、化解矛盾、修复家庭关系，实行当事人亲自到庭制度。家事案件当事人有诉讼代理人的，本人除不能表达意思的以外，仍应到庭陈述案情、表达诉求；确因特殊情况无法出庭的，法官须在庭前或庭后当面征询当事人本人意见。

2. 不公开开庭审理。家事纠纷具有隐秘性、隐私性，家事审判应以不公开审理为原则，以公开审理为例外，从严把握公开审理的例外情形，以当事人自愿为前提，将公开审理的范围限于当事人的亲属、朋友，保护家庭隐私，弥补双方亲情，修复家庭关系。

3. 实行离婚财产申报制度。离婚诉讼中任何一方当事人请求处理夫妻共同财产，且双方对夫妻共同财产的范围有争议的，法院可要求双方当事人如实申报各自名下的夫妻共同财产。对于故意瞒报、申报不实的一方，法院可依情节给予训诫、罚款等民事制裁措施，并可使用《中华人民共和国婚姻法》第四十七条的规定判决其少分或者不分财产。

4. 加大法官依职权调查取证力度。基于家事纠纷公益性的特点，在依法分配举证责任的基础上，考虑弱势群体利益及当事人的诉讼能力，建立家事案件特殊的举证分配机制。在婚姻无效等涉及公共利益的家事争议问题上，可不限于当事人举证，法院依职权主动调查当事人未主张或未提出的事项。针对家事案件当事人为弱势家庭成员及诉讼能力偏低的情况，家事审判也应适当使用职权主义，加大释明力度，向举证能力较低的当事人释明具体案件需要证明的对象、所需证据种类及相关事实的证明程度，弥补当事人在诉讼能力上的不足。

5. 优先调解制度。除法律、司法解释规定的婚姻关系、身份关系确认案件不能调解外，其余家事案件法院均应依职权组织双方当事人进行庭前调解，当事人庭前最少参加一次调解活动。同时，要在每个审判节点，灵活采用各种调解手段和调解途径全程调解，促使当事人之间恢复感情、消除对立、达成和解，调解时可给予双方一定期限的冷静期，冷静期不计入审限。

（二）改进家事审判工作机制

1. 建立心理疏导机制。家事案件具有强烈的情感因素，有效化解纠纷就要注重婚姻关系和家庭关系的修复。法院的离婚案件当事人、长期受家暴的妇女，特别是离异家庭的未成年人，委托专业的心理咨询师、心理咨询机构进行心理测试和心理辅导；贯彻柔性司法理念，对心理适应方面出现问题并试图寻求解决的当事人要疏通和引导，以合理预判当事人的情绪状态，有针对性地开展矛盾化解工作。

2. 反家暴人身保护机制。秦皇岛中院与市综合办、市公安局、市司法局、市民政局、市教育局、市妇联等各部门建立常态化的协作机制，对于家庭暴力的报告及受理、人身安全保护令的申请及家庭暴力的认定、人身安全保护令的送达和执行监督等方面，将反家暴工作从单纯的事后惩治变为事前预防，形成社会合力，充分发挥好人身安全保护令的作用。

3. 探索建立判后跟踪回访、帮扶机制。家事案件审结后，对重点案件，应进行电话回访或走访，了解当事人的生活情况及调解协议履行情况，修复双方紧张关系，减少社会不稳定因素。法院与妇联、民政等部门探索建立联动机制，对发现当事人存在经济困难、心理创伤的情况，共同进行心理干预和经济帮扶，彰显司法关怀。

4. 司法救助机制。充分发挥司法能动性，对家事案件当事人司法救助。对受助人员需要聘请代理人的，协调法律援助机构指派救援律师提供帮助；对于生活确有困难的当事人，交纳诉讼费时依申请可缓交、减交或免交，保证有经济困难的当事人行使诉讼权利；对于追索赡养费、抚养费、抚育费的当事人，依法进行司法救助。对于家事案件中存在的家庭无法承载其基本生活、教育费用的未成年人，通过向法院申请司法救助来获得帮助，保护其健康成长。

（三）多元化解决机制建设

1. 发挥人民法庭职能作用。充分利用我市“一乡一庭”建设优势和现有成果，化解各类家事纠纷，切实发挥司法服务“排头兵”的作用。紧密联系“互联网 + 诉非衔接”人民法庭工作新机制建设，构建顺畅的家事纠纷化解诉调对接通道，做好家事矛盾的外部化解工作。

2. 实现相关部门联动。借助社会各界力量，共同协作，搭建家事纠纷综合解决平台。与社会服务机构建立合作关系，鼓励法院外的专业机构和人员介入家事案件，以使家事纠纷得到合法、合情、合理的解决。

3. 建立综合解决机制。借助社会各界力量，共同协作，构建新型家事纠纷综合协调解决机制。建立与妇联、居委会等社会团体和组织的沟通联系，吸纳法律、心理学、社会学等方面的专业人员进入特邀家事调解员名册，完善委派或委托调解制度，化解婚姻家庭矛盾纠纷，不断完善诉讼外纠纷解决方式与审判的有效对接与协调。依据市委、市政府下发的《秦皇岛市家事纠纷综合解决机制实施方案》，市法院已与相关部门就家事纠纷的解决构建了综合协调联动机制，为化解家事纠纷，形成了社会合力。

（四）队伍建设

专业化的家事审判团队机制。合理配置家事审判的司法资源，成立单独的家事审判庭或家事审判合议庭，暂时没有条件的法院，指定特定法官专门审理家事案件；建立专业的辅助团队。聘请家事调解员、家事调查员、心理辅导员等家事审判辅助人员，充实专业家事审判队伍；加强专业审判（辅助）团队与人民调解工作衔接配合机制。人民法院专业审判团队聘请家事调解员、家事调查员，可以从人民调解员中选聘；在审理中，需邀请特定人民调解员做好调解工作，人民调解员组织协调解决。

（五）硬件设施建设

通过设立圆桌法庭、亲情关护室等柔和的诉讼场所，构建对等、和谐、温情的诉讼环境，减少当事人对司法的畏惧、排斥的心理，赋予当事人有尊严的诉讼环境，拉近当事人与法官间的心理距离；减少当事人之间的对抗性，变传统对抗式诉讼模式为和谐对话模式，同时建设心理咨询室、儿童托管室、单面镜观察室等各种功能设施与之配套，以利于修复亲情关系，化解矛盾，构建和谐家庭关系。

七、实施步骤

1.2016年上半年，召开全市法院家事审判试点工作调度会，听取部分法院家事审判试点工作开展情况介绍，全面推开试点工作。

2.2016 年 8 月前，向党委、人大、政府及上级法院汇报家事审判改革方案，争取各方支持，完善改革措施。

3.2017 年 3 月前，召开家事审判座谈会，联合高校、妇联、团委研究协调联动及心理疏导机制建设，提请市综治办召开各综治单位和部门研讨《关于反家庭暴力人身保护机制建设的指导意见》及《秦皇岛市家事纠纷综合解决机制实施方案》，建立起以党委领导、综治协调、法院主导、各部门单位参与的综合解决模式。

4.2017 年 4 月召开现场推进会，组织各县区法院家事审判相关人员到海港区法院长城法庭参观学习，将县区院前期的经验做法向全市法院推广，推动全市法院家事改革工作。

5.2017 年 6 月，中期验收并召开总结交流座谈会，主要是对 4 月份全市现场推进会部署的家事审判改革工作是否有推进和完善进行检查，形成新的经验和总结报告，并按省高院的指示对第二年的试点工作提出规划和要求。

6.2018 年 3—4 月评估总结，3 月各县区法院总结两年的试点工作，报市法院，市法院 4 月形成全年总结报告，迎接省法院评估小组的工作评估。

家事审判改革领导小组及办公室人员名单如下：领导小组组长：党组书记、院长胡华军；副组长：党组成员、副院长赵爱彬；领导小组办公室设在民一庭，庭长张勇武任主任；办公室成员：组织人事处、计财处、研究室、办公室、宣传处、立案一庭、民一庭各派一名副职。

河北省秦皇岛市中级人民法院
关于进一步发挥审判职能作用，
依法服务和保障我市旅游业健康发展的实施意见

（2017 年 6 月）

为深入贯彻落实中央、省市委关于优化发展环境的战略部署和市第十二次党代会精神，按照市委《关于全国文明城市创建工作的实施方案》和《关于创建国家全域旅游示范区的实施方案》要求，进一步规范旅游市场秩序，为我市承办河北省第二届旅游发展大会、河北省第三届园林博览会和市委“建设国际滨海休闲度假之都”的战略部署提供司法服务和保障，结合两级法院实际，提出以下实施意见。

一、充分认识服务保障旅游业健康发展的重要意义

1. 切实增强服务保障全市旅游业发展的责任感和紧迫感。旅游业是朝阳产业和绿色产业，对于发展经济、促进就业、优化产业结构、提升市民素质等都发挥着巨大推动作用。秦皇岛作为滨海城市，具有得天独厚的旅游资源。市委牢牢把握“京津冀一体化”历史机遇，印发《关于创建国家全域旅游示范区的实施方案》，明确要求以举办第二届省旅发大会为契机，坚持全年、全域、全产业链、全功能发展旅游，推动旅游业转型升级。两级法院要统一思想，认清形势，凝心聚力，切实增强服务保障全市旅游业发展的责任感和紧迫感。

2. 找准审判工作服务旅游业发展的结合点和着力点。要积极回应和提前研判旅游业发展过程中出现的新情况、新问题，进一步加强审判执行工作和队伍建设，以司法改革为契机，调整审判组织，完善工作机制，运用法治思维和法治方式主动服务旅游业发展大局。要积极谋划、主动作为，坚决维护公平正义、诚实守信、开放文明、优质高效的旅游发展环境，努力为我市创建国家全域旅游示范区和全国文明城提供优质司法服务和有力司法保障。

二、依法规范旅游合同行为

3. 尊重旅游合同订立自由。尊重和保护旅游者与旅游经营者、旅游辅助服务者在不损害国家利益、社会公共利益和第三人合法权益基础上，平等自愿订立的合同，按合同确立双方权利义务，约束双方行为，确定违约责任。对合同一方以格式合同、通知、声明、告示等方式作出对合同另一方不公平、不合理的规定，或者减轻、免除其损害合法权益责任的，应当严格依法认定合同性质，确认合同无效或部分无效、可撤销、可解除等情形，努力实现契约正义。

4. 依法维护旅游者合同权益。依法督促旅游经营者、旅游辅助服务者严格依照合同约定

履行义务。对擅自将旅游合同义务转让给其他旅游经营者，擅自改变旅游行程、遗漏旅游景点、缩短游览时间、减少旅游服务项目；擅自增加购物次数、时间和增加自费项目，在接待旅游者过程中降低或变相降低旅游合同约定的住宿、餐饮、交通等旅游服务标准，因拒绝旅游合同外安排的购物活动或者另行付费的项目增收费用，要综合运用保护权利、明确义务履行、落实违约责任等手段，保护旅游者合法权益，依法明确对违背诚信行为的否定性评价，促使旅游经营者、旅游辅助服务者自觉按合同办事、规范履约行为，促进社会诚信建设。

5. 依法维护旅游经营者、旅游辅助服务者合同权益。对因不可抗力等不可归责于旅游经营者、旅游辅助服务者的客观原因导致旅游合同无法履行；因飞机、火车、班轮、城际客运班车等公共客运交通工具延误，导致合同不能按照约定履行；旅游者在旅游行程中未经导游或者领队许可，故意脱离团队，遭受人身损害、财产损失，旅游经营者或者旅游辅助服务者已尽必要的提示义务、救助义务等情形，要依法合理界定不可抗力、情势变更、合同变更、自由活动期间旅游经营者应承担的责任及责任免除条件，避免无限扩大旅游经营者、旅游辅助服务者的责任。

6. 依法维护旅游者的知情权、自主选择权、公平交易权。依法打击强卖行为，对以暴力、胁迫手段强迫旅游者购买商品或接受服务，情节严重，构成犯罪的，依法追究刑事责任。依法保护旅游者在旅行过程中和在旅游地购买、使用商品及接受服务时，享有人身、财产安全不受损害的权利。对旅游者在被诱导、误导、强迫或变相强迫、威逼等情形下发生购买、使用商品或者接受服务的消费行为，要根据旅游者的诉讼请求，正确适用重大误解、显失公平、胁迫和危险情形等法律规定，确定合同效力。对提供商品或者服务有欺诈行为的，可依法给予惩罚性赔偿。对旅游者在消费中受到侮辱诽谤、搜查身体、侵犯人身自由等侵害行为，造成严重精神损害的，可依法适用精神损害赔偿责任的规定。

三、依法保护旅游文化资源，监督支持旅游行政机关依法履职

7. 加大对自然资源、生态环境、文物古迹的司法保护力度。尊重和维护地方传统文化和习俗，维护资源的区域整体性、文化代表性和地域特殊性，促进旅游业对自然资源和文物等人文资源的合理利用，促进全市旅游产业健康、协调、可持续发展。依法惩治破坏自然资源、生态环境、文物古迹的犯罪行为，探索生态恢复型司法。加强历史文化名城、村镇、街区和传统村落整体格局和历史风貌的依法保护，防止拆真建假、拆旧建新等建设性破坏行为。加大知识产权司法保护力度，对民族文化、物质文化遗产、非物质文化遗产、原产地证明商标等给予严格司法保护，保护好地域性、民族性文化和旅游产品资源。

8. 依法推动形成权责明确、公平公正、透明高效、法治保障的旅游市场监管格局。依法支持旅游主管行政机关，对旅行社的经营行为、导游和领队等旅游从业人员的服务行为，

以及法律、法规规定的其他事项实施监管和查处。依法支持发展改革、物价、商务、工商、旅游等行政机关对欺客、宰客、哄抬物价、违法违规和非法经营等扰乱旅游市场秩序行为的查处和监管。依法支持文物、环保、建设等行政机关对破坏旅游资源行为的查处和监管。对行政机关违反法定程序的行政行为依法确认违法，对行政机关不依法履行职责的依法确认违法或责令限期履行，对行政机关侵权造成损失的依法判决赔偿，切实监督行政机关依法行政。加强对涉旅游市场监管行政处罚案件的执行，对行政机关申请人民法院执行的案件，及时依法审查、依法执行。对审判和执行中发现的行政执法和监管问题，及时提出司法建议，促进行政机关对旅游市场监管工作的完善。

四、建立完善依法服务保障旅游业发展的五大机制

9. 建立完善高效便民的涉旅纠纷快速化解机制。开通涉旅纠纷司法“绿色通道”，对涉旅纠纷坚持快立、快审、快执。来秦游客一旦遇到纠纷，切实保证其能通过电话等快捷方式或直接前往旅游巡回法庭起诉。为方便游客起诉，旅游巡回法庭工作站在重点景区设置告示牌，公告受案范围与服务电话。旅游巡回法庭实行节假日值班制，采取 1 名法官、2 名人民陪审员、1 名书记员的“1+2+1”模式，由工作人员轮流值班，并保持手机畅通，随时待命。如果电话起诉，主审法官接到消息后 30 分钟内赶到现场，最迟不超过 1 小时。

10. 建立完善机动灵活的涉旅纠纷多元化解决机制。在党委统一领导下，充分利用其统揽全局、协调各方的作用，积极争取各方支持，成立旅游纠纷调解中心，整合综治、公安、司法和旅游执法部门等力量，统一高效受理、化解跨区涉旅纠纷。以“一乡一庭”为平台，以“法官进社区（景区）”活动为抓手，构建人民调解、行政调解、司法调解联动化解旅游纠纷的联动调解大格局，形成全天候、全覆盖、多领域、高效率的调处合力，共同促进旅游业健康发展。

11. 建立完善调解优先的案件繁简分流机制。实施案件繁简分流，坚持“简案快审、繁案精审”，对旅游经营活动中存在的出售假冒伪劣产品、餐饮欺诈、强买强卖、非法收取回扣等旅游纠纷案件，力争在当事人自愿和合法基础上，大部分案件适用简易程序，尽可能调解结案，做到当天立案、当天调处、当天执行、当天兑现。对于不属于法院管辖的旅游纠纷，立即启动联动机制与市旅游委、消费者协会、工商、公安、景区多方协调处理。重大情况则迅速报告市委、市政府和上级法院。

12. 建立完善源头预防的综合治理机制。强化对执法办案大数据的分析应用，深化涉旅纠纷社会稳定风险评估，及时向有关部门提出司法建议和工作建议，促进完善社会风险研判、预警和防范机制。建立旅游纠纷化解工作台账，对旅游纠纷协调化解、旅游诉讼案件巡回审理的数量和结案方式，以及工作效果等情况进行专项司法分析，总结旅游纠纷发生规律，研判司法对策。针对旅游纠纷审理过程中发现的服务质量、违规经营、欺诈游客、

旅游资源开发等方面存在的漏洞或薄弱环节，积极提供司法意见或建议，促进旅游经营者规范管理，预防纠纷发生。

13. 建立完善各部门联合的涉旅纠纷协调联动机制。紧紧围绕妥善化解涉旅纠纷案件目标，积极探索建立完善各部门联合的涉旅纠纷协调联动机制，加强与景区主管部门、旅游行政主管部门、公安、司法、交通、工商、物价、卫生、城管和行业协会的沟通协调，积极引导人民群众合法理性表达诉求，努力维护社会和谐稳定。建立涉旅纠纷案例通报制度，及时沟通交流旅游巡回法庭建设事项，共同研究旅游纠纷新情况、新问题，努力实现相关工作信息共享。

五、为旅游纠纷案件高效化解提供综合保障

14. 加强组织领导。各院成立由“一把手”牵头的领导机构，把服务和保障全市旅游业健康发展作为重点工程抓紧落实，把相关工作统一纳入目标实绩考核。市法院要定期对各县区法院工作进行督促检查，各县区法院要及时总结经验、发现问题。在旅游旺季，要建立信息月报制度，做到每月有简报（信息）、季度有专报、半年有总结，并将先进经验和存在问题及时报送市法院。对保障和服务工作开展好的法院要及时通报表扬，对保障和服务工作不到位的法院要通报批评，对服务和保障工作不力、造成严重后果的直接责任人要给予严肃处理。

15. 改进司法作风。积极适应旅游市场迅速发展、旅游纠纷持续增长的态势，应对好信息化、多媒体、自媒体时代下的旅游纠纷传播时间快、范围广、影响大、处理难，形象恢复成本高的特殊形势，防止小纠纷演变成大矛盾，给我市旅游市场声誉造成负面影响。从事旅游审判工作的法官，要注重提升司法素养和司法礼仪，以过硬的业务能力、严谨的工作作风和热情周到的司法言行，切实践行公正、廉洁、为民的政法干警核心价值观，树立良好司法形象，展示人民法官风采。

16. 合理配置司法资源。按照“合理利用司法资源、方便快捷处理纠纷”的原则，充分利用现有审判资源，灵活采取多元化的审判组织形式设置审判机构（设置旅游巡回法庭工作站或设立旅游审判庭），暂时不具备条件的也要指定专门法官审理涉旅纠纷案件，实现对旅游巡回法庭对全市主要旅游景区和旅发大会线路的全覆盖。各县区法院要按照政治素质高、业务能力精、沟通能力强的标准，配齐配强旅游巡回法庭法官，确保其不仅具有很强的沟通协调能力，还懂得社情民意和群众工作方法。要充分发挥人民陪审员参审陪审作用，提高司法公信力。

17. 加强物质装备建设。根据工作实际，以信息化建设为契机，逐步配备能够满足旅游巡回法庭工作需要的车辆、移动办公设备、通信工具和网络终端设备，完善电子签章系统。大力推广车载法庭等巡回审理模式，学习借鉴业已形成有益经验的法院的具体做法，探索适应旅游审判特点的工作方式，最大限度满足旅游司法需求。各县区法院要结合本地实际情况，积极争取当地党委、政府支持，借鉴兄弟法院经验，为涉旅纠纷案件的快速化解提供良好物质装备保障。

18. 加强调研指导和法治宣传。注重总结经验，通过推广典型经验，以点带面、以面带全，使两级法院旅游巡回法庭审判工作不断迈上新的台阶。要把领导干部调研指导旅游巡回法庭工作列入党组重要议事日程，做好调研成果的及时转化。加强涉旅纠纷案件信息上报和法治宣传工作，争取社会各界的关心支持，努力营造旅游审判工作良好的舆论氛围。

河北省秦皇岛市中级人民法院关于大力推进案件繁简分流机制改革，切实提高审判工作质效的意见

（2017年6月）

近几年来，全市法院积极推行案件繁简分流机制，有效缓解了案多人少的矛盾，促进审判工作水平不断提升。但是也要清醒地看到，我市法院繁简分流机制还不够完善，运行状况不很理想，适用简易和速裁等快捷审判程序审理的案件不多，未能释放出案件分流减压的应有效能，给审判工作质效造成一定影响。尤其是有的法院还停留在普通程序、简易程序的案件初步分流，没有拓展到区分案件类型、难易、环节的多层次、多向度分流；有的法院人员配置和案件分配方式落后，忙闲不均现象未能克服，队伍潜力未能充分挖掘；有的法院信息化建设与审判机制改革存在“两张皮”现象，重建设、轻应用，重部门开发、轻资源整合，在繁简区分、集约化处理、类案同判等领域，难以为改革提供有力支撑。这些问题和情况的存在，迫切要求我们进一步提高认识、更新理念，深化案件繁简分流机制改革，扎实落实改革的各项举措。为此，提出如下指导意见：

一是要充分认识大力推进繁简分流机制改革的重要意义。科学调配和高效运用审判资源，依法快速审理简单案件，严格规范审理复杂案件，实现简案快审、繁案精审，是审判工作的内在要求，也是应对解决当前司法改革进程中审判工作遇到突出矛盾和问题的有效办法。面对日益繁重的办案工作任务，全市两级法院不能简单地依靠“5+2”“白＋黑”，层层码、下指标、定任务，或者超负荷加班办案，要用改革的思路、创新的办法提高工作质效。全市法院必须通过深化司法体制机制改革，从制度机制上进行突破，合理配置司法人力资源，做到“人尽其才”，充分激活和运用三大诉讼法现有程序，对案件进行繁简分流，做到“物尽其用”，进而构建和完善速裁程序、简易程序、普通程序相配套的多层次诉讼制度体系。当前法院工作的重中之重就是要结合人员分类管理改革，以诉讼程序机制优化和司法资源结构性调整为抓手，最大限度地释放办案潜力，提高司法生产力。

二是要充分发挥多层次诉讼制度体系功能。在民事审判中，充分发挥民事简易程序、小额诉讼程序、督促程序、实现担保物权特别程序的作用，实现“当简则简、简案快办、以简化多”，不断满足当事人及时、便捷、低成本、高效益处理纠纷的需求。在刑事审判中，积极推进刑事速裁程序改革和认罪认罚从宽制度改革，快速处理占比80%以上的案件，腾出大量的人力资源精心审理疑难复杂刑事案件，确保司法公正。在行政审判中，加大简

易程序的适用力度，积极探索行政速裁机制，有效应对行政案件快速增长势头。

三是积极促进诉讼程序的高效公正运行。在改革过程中，着力推进审判方式改革。1.充分适用督促程序，探索使用电子支付令，以程序创新促进效率提升。2.围绕公正与效率，推进庭审方式改革。通过示范诉讼、简单案件集中审理等庭审方式改革，实现批量案件的高效处理，确保类案同判。通过运用智能语音识别转换文字技术和庭审录音录像，简化或者替代书记员法庭记录，提高庭审效率。3.发挥庭前会议功能，推进庭审实质化。通过庭前会议解决程序性事项、促成当事人和解或者达成调解协议、确认无争议事实和证据、归纳争议焦点，提升庭审实质化水平。4.提高当庭宣判率，有效减少各种外部干扰，降低司法腐败风险，增强法官的公正意识、效率意识和责任意识。

四是积极创新审判工作机制。要坚持在创新中求发展、在发展中破难题。1.丰富送达方式，打破诉讼瓶颈。聘请公证员、律师、社区网格化管理员送达，推行诉前地址确认制度，探索使用电子送达等，破解“送达难”。2.畅通一二审案件衔接机制。运用物联互通技术，实现电子卷宗同步生成，上诉案件卷宗一键移送；对二审民事案件进行繁简分流，专设快审庭，审理一审适用简易程序的二审案件，促进二审案件快速审结。3.推行裁判文书繁简分流。复杂案件围绕争议焦点有针对性地说理，以理服人，定分止争。新类型、具有指导意义的简单案件，加强说理，提炼规则。简单案件，使用令状式、要素式、表格式等文书，简化说理。

五是进一步优化司法资源配置。高度重视司法资源的优化配置，内部挖潜和外部借力双管齐下，不断提高司法服务能力。1.提升人案配比科学性。科学界定法官、法官助理、书记员各自职能定位及其相互关系，合理确定法官、法官助理、书记员的配置比例，最大限度地发挥审判团队的优势。2.推广专业化审判。确定审理类型化案件的专业审判组织及专门审理简单案件与复杂案件的审判人员，推进办案标准化，确保裁判思路和类案裁判规则的统一。尤其要组建好速裁审判团队、诉前调解团队，通过简案快办，节约诉讼成本，促进司法高效。3.推进审判辅助事务集中管理。将法官从繁杂的审判辅助性事务中解脱出来，专注于审判核心事务，不断提高辅助人员专业化水平。4.注重发挥法院外部资源作用。通过完善多元化纠纷解决机制，充分发挥综治组织、行政机关、人民调解组织等各类治理主体预防与化解矛盾纠纷的作用，促进诉外分流。

六是建立科学的案件甄别分流机制。要根据法律规定，科学制定简单案件与复杂案件的区分标准和分流规则，采取随机分案为主、指定分案为辅的方式，确保简单案件由人民法庭、速裁审判团队及时审理，系列、群体性或关联性案件原则上由同一审判组织审理。立案部门要设立专门或兼职的程序分流员，负责案件甄别、程序分流；对于繁简程度难以及时准确判断的案件，立案、审判及审判管理部门应当及时会商沟通，实现分案的有序高效。

七是与法院信息化建设深度融合。大力推进信息科技在司法为民、公正司法以及审判管理、人事管理等方面的应用，有效破解工作难题，促进审判能力现代化。1. 推进“互联网 + 司法”建设，优化司法服务方式，完善司法便民利民举措。通过跨域立案、证据网络交换、异地网上庭审、在线调解等手段，构建开放、动态、透明、便民的阳光司法机制，让信息多跑路，让群众少跑腿。2. 运用大数据，精准测算各类案件人案配比，合理配置司法资源，提升人案配比科学性。3. 打破刑事案件数据壁垒，确保审判质量与效率平衡发展、同步提升。充分抓住以审判为中心诉讼制度改革的契机，通过信息技术，加强侦查、起诉、审判程序的衔接配合，实现信息共享，提升审判质效。4. 强化人工智能运用，提高司法生产力。推进审判辅助系统智能化，全面实现电子卷宗随案同步生成和有效应用，智能推送与案件相关的法律法规以及指导性、参考性案例和法律文献，自动生成格式化裁判文书。

八是加强对繁简分流机制改革工作的组织领导。全市两级法院要指定专门机构，安排专门人员，负责繁简分流机制改革的统筹与推进。特别是一把手要坚定改革的决心和信心，增强推进改革的思想自觉和行动自觉，既当改革促进派，又当改革实干家，以钉钉子精神抓好改革落实。要努力取得党委、政府和全社会的支持，形成合力。案件繁简分流机制改革涉及人力资源配置、社会服务购买、智慧法院建设等，既需要党委、政府的统筹安排，也需要其他部门、社会组织的密切配合和直接参与。要及时向党委政府汇报，向社会宣传，获取理解和支持，聚集改革资源，形成改革合力。要紧紧抓住重点，科学推进。要以建立科学的案件繁简甄别和程序分流机制、完善送达机制、构建诚信诉讼机制等重点改革举措为突破口，撬动全局，实现“一子落而满盘活”。要强化对下督促指导，制定任务书、时间表、路线图；及时发现问题并列出清单、明确责任、限时整改，确保改革不流于形式。要及时总结推广改革经验，把各项成果总结好、巩固好、发展好，努力使实践经验上升为制度成果。

河北省秦皇岛市中级人民法院
关于开展“全面深化管理年”活动的实施意见

（2018年3月）

针对新时代人民法院面临的形势任务以及当前两级法院管理方面存在的问题短板，为通过深化、细化、实化审判管理、党建人事管理和政务管理，不断优化各种资源配置，促进法院各项工作水平不断提升，市中院党组决定，2018年在全市法院开展“全面深化管理年”活动，现结合工作实际，制定如下实施意见。

一、指导思想

认真学习贯彻党的十九大精神，坚持以习近平新时代中国特色社会主义思想为指导，牢固树立“四个意识”，紧紧围绕“努力让人民群众在每一个司法案件中都感受到公平正义”的目标，全面提升法院自身的管理能力和管理水平，实现全市两级法院自身的高质量发展，建设一流领导班子和加强队伍建设，实现法官队伍的正规化、专业化、职业化，不断提升审判质效和综合工作效能。

二、目标任务

1. 实现科学管理。遵循管理规律、合理配置资源，紧紧围绕执法办案主业提供优质高效的保障和服务。遵循审判权的运行规律，既要保证审判权依法独立行使，又要加强对审判权的管理、监督和指导。遵循队伍建设规律，优化人力资源配置，做到人尽其才、才尽其用。遵循政务管理规律，提升办公、办文、办会的科学性和高效率。

2. 实现系统管理。建立职责清晰、运行高效、衔接顺畅的权力结构和运行机制，确保结构合理、配置科学、责任到位、制约有效，坚持“分权、放权、制约”原则，用制度管人、管事、管权、管案，建立科学完善的法院内部管理体系。

3. 实现人性化管理。把尊重、理解、关心干警贯穿于管理的各个环节，充分调动广大干警参与管理的积极性、主动性，实现干警自身奋斗目标与法院工作整体目标的统一。

4. 实现信息化管理。以智慧法院建设为契机，全面提升法院审判执行工作、政务管理和队伍建设的信息化水平，提升工作质效。

三、主要内容

（一）全面深化司法业务管理，构建以公正为核心的审判执行管理体系

1. 司法公正是法治的生命线，司法改革的总目标就是确保司法公正，努力让人民群众在每一个司法案件中都感受到公平正义。全市法院要严格按照审判管理的相关规定，依法、

公开、公正办案。院长、主管副院长、庭长、审判管理部门都要履行好对案件审理执行工作负有的相应审判监督和审判管理职责。

2. 全面落实司法责任制，健全新型审判权运行机制。严格落实合议制和独任审判制度；深化审判委员会制度改革，建立健全专业法官会议机制。

3. 建立完善司法责任制背景下的审判质效监管机制，完善案件质效评估体系。两级法院审判管理部门在常规的年初目标、跟踪督办、月中通报、季度讲评、年终总结基础上，进一步加大评查力度，以开展指令再审及发回改判案件专项评查工作、长期未结案件清理工作为抓手，提升审判质效。

4. 强化全市法院员额法官、司法辅助人员、书记员的绩效评估。遵循审判规律、树立正确业绩导向，以客观、公正、公开原则开展法官办案业绩评价工作，完善员额法官动态进出机制；突出法官作为办案主体的地位和责任，确保审判权规范高效运行。

5. 进一步完善诉调对接、繁简分流、小额诉讼、轻刑快审等工作机制。对于各项机制性改革试点单位、部门年底要进行验收，及时总结推广经验做法。

6. 进一步理顺上下级法院关系，规范案件请示、内审、发改和对下指导制度。市中院各业务部门在充分听取基层法院意见建议的基础上，制定对口指导、案件请示、发回改判等制度相关规定。

7. 加强智慧法院建设和应用。以电子卷宗同步生成及深度应用为切入点，推进智审办案辅助系统全员应用；以四大平台改革完善为突破口，强化司法公开，让审判权在阳光下运行；两级法院力争在今年的全省法院阳光司法指数评估工作中争先进位。

（二）全面深化司法人事管理，构建以公平为核心的党建人事管理体系

1. 始终坚持维护党中央权威和集中统一领导，坚持不懈抓好全市法院党建工作，加强司法能力建设、作风廉政建设。落实好全面从严治党主体责任，紧抓院级和中层领导干部“关键少数”，强化管党、治党主体责任，层层传导压力，严格落实“一岗双责”；推进“两学一做”学习教育常态化制度化，扎实开展“不忘初心、牢记使命”主题教育，认真组织党章修正案学习，认真组织“三会一课”，进一步坚定理想信念，更好践行党的宗旨。

2. 进一步加强领导班子建设。牢固树立求真务实的作风，把调查研究作为科学决策的前提和保证，通过广泛调查了解真实情况和各种问题；两级法院院党组成员要深入基层带头调查研究，重点课题由党组牵头负责；始终坚持问题导向，着力解决制约审判质效、重大敏感案件审判、队伍建设和基层工作等方面的突出问题。

3. 建立科学的人才选拔、培养和使用机制，树立正确的用人导向。加大“五个重用、五个不用、五个调整”干部人事政策的实施力度，让想干事的人有机会，能干事的人有舞台，干成事的人有岗位，不想干、不愿干、不能干、不会干的退出；注重发挥好典型引领作用，

加大各部门各系统领军人才培养力度，发挥其“长板效应”。

4. 进一步建立健全科学合理的人员招录、业绩管理和考核奖惩机制。对于员额法官、审判辅助、司法行政人员进行分类管理、分类考核；坚持公平、公开、公正进行测评、评先工作；对于聘任制人员，严格招录，年终听取所在部门的评价意见，统一进行考核评价。

5. 进一步建立健全廉政风险防控机制。扎实开展“一问责八清理”及基层微腐败“不作为、乱作为、慢作为”问题专项治理；广泛开展谈心活动，组织专题警示教育，进一步完善“五谈话一档案”制度，抓早抓小抓苗头，及时通报、纠正、处理群众反映比较强烈的“四风”及久拖不决、司法不公、“冷横硬推”等问题。

6. 进一步加强教育培训工作。按照政治过硬、本领高强的标准，安排组织好各类培训，进一步强化各类培训、会议的纪律要求。

（三）全面深化司法行政管理，构建以效能为核心的司法行政管理体系

1. 进一步完善两级法院综合协调、信息宣传和调研等工作机制，充分发挥服务和保障审判执行工作的作用。

2. 进一步加强全市法院卷宗档案、行政装备、财务资金、公务车辆、警务安保和网络设备、综合服务的管理工作，不断提升保障能力和水平。

3. 进一步加强制度建设，今年第一季度各部门要进一步完善部门职责、规章制度、工作规程、考核标准，确保司法行政管理安全、有序、稳定、高效运行。

4. 进一步加强机关作风建设。深化纪律作风整顿，认真学习执行《党章》《党内政治生活准则》《党内监督条例》和法院职业纪律；重点规范机关安保、请销假管理等一系列纪律要求；不断消减负能量、凝聚正能量。

5. 进一步强化典型引领作用。培树岗位标兵、行业能手，宣传表彰在平凡岗位发扬工匠精神、做出不平凡事迹的司法行政干警。

6. 进一步突出效率意识、服务意识，加强行政部门间配合协调，禁止推诿扯皮，充分发挥好决策参谋、组织协调、综合管理、服务保障等重要作用。

四、工作要求

1. 领导带头，转变作风。全市法院全面深化管理年活动是“一把手”工程，各级领导要做管理的身体力行者；主管领导要亲自组织分管部门研究存在的问题，抓住管理的关键所在，提出切实可行的解决措施。

2. 直面问题，补齐短板。全市法院要坚持问题导向，通过召开座谈会、谈心活动、自查自纠等形式深入查找管理中的“短板”和“漏洞”，及时查漏补缺，3 月底前拿出问题清单；4 月 20 日前拿出本单位本部门整改措施，细化责任。

3. 查漏补缺，健全制度。各单位、各部门要对现有管理制度深度完善、整合，修改与

新时期不相适应的制度规范，构建起便于操作、管用有效的管理体系，规范法院各个环节的工作，实现管理全覆盖。

4. 细化落实，强化责任。对于本实施方案中确定的要求，各单位各部门要结合实际，进一步细化举措、责任落实到人，周密部署，精心设计，确保“全面深化管理年”活动取得实实在在的成效。

编 后 记

《秦皇岛市中级人民法院志（1990—2018）》为首部《秦皇岛法院志》续修。编纂工作自2019年4月起，截至12月底完成初稿，并为省法院志提供资料。2020年，根据市地方志办公室领导和专家的授课要求，对志书结构篇目进行调整和理顺，对志书内容进行了大幅度的增减。2021年，将院志稿印发呈送市法院领导、相关庭室以及离退休老同志征求意见，然后根据意见和建议，先后5次对志稿进行修改、完善；年底又将志稿呈送市地方志办公室审核。2022年6月23日，市地方志办公室组织专家对志稿进行评审后，又进一步充实、完善、提高。

本志着力突出秦皇岛市中级人民法院地方特色，全书首先设图片、序、凡例、概述、大事记，后按照编、章、节、目4个层次记述，其内容基本体现了市法院的整体形象和干警的精神风貌。

市法院领导对志书编纂工作高度重视，先后成立由党组书记、院长胡华军、张莉为主任，党组副书记、常务副院长李顺武、胡永军，党组副书记、副院长程安和审判委员会专职委员郭辉为副主任，其他院领导为委员的秦皇岛市中级人民法院志编纂委员会，委员会下设办公室，办公室主任由郭辉兼任，副主任为刘光明、周华，成员为奚学峰、周海生、刘鑫、李美悦。在办公条件上专门腾出2间房屋作为修志办公室，配备了桌椅、电脑、扫描仪等用具，保证修志工作正常运转。

《秦皇岛市中级人民法院志（1990—2018）》编纂工作经过了3个阶段：一是制定志书编写大纲阶段。依据省法院下达的《河北省法院志编纂大纲》要求，先后召开6次办公会议，多次与省院志办沟通，最终确定了编志工作的指导思想、原则、方法步骤、编写体例和阶段完成时间。二是收集资料阶段。在收集资料的过程中，按照志书篇目的设定，建立分类卡片，采取逐年收集、逐年分类、逐年排列的方法，对编志所需的文字资料与图片资料进行了收集。院志办领导保持与市地方志办公室领导的沟通与联系，院志办的工作人员深入档案馆等部门，走访一些老同志，查阅法院案件卷宗，各类文件、简报、信息等相关资料。在此基础上对资料进行认真挑选、摘抄，确保编写资料的完整、翔实、可靠。三是组织编纂和修改阶段。运用辩证唯物主义和历史唯物主义的观点和方法，坚持实事求是客观公正的原则，全面、真实、科学地反映本院的历史与现实，如实记载历史和发展的基本脉络。定期召开相关会议，解决院志编纂工作中遇到的问题，确保院志工作的顺利开展。

《秦皇岛市中级人民法院志（1990—2018）》全书形成正文86万余字，共使用图片130余幅，具备了出版印刷的条件。在编志工作中，得到有关部门和领导的大力支持，在此一并感谢！同时，恳请各界人士对志书提出宝贵意见，以便进一步做好人民法院审判工作。

2022年6月30日